# 이탈리아
## ITALIA

로마
피렌체
밀라노
베네치아

홍수연 지음

# the writer introduction;

### 홍수연

성균관대 교육대학원 역사교육전공 졸업
RHK 여행작가 아카데미 원장 역임
EBS 라디오 '세계음악기행' 중 '음악타고 세계여행'코너 출연
여행 콘텐츠 그룹 베이로렐 대표

### 주요 저서 & 이력

- 〈뉴욕 100배 즐기기〉〈인상파와 함께 걷는 달콤한 유럽여행〉〈파리 100배 즐기기〉
  〈제주 100배 즐기기〉〈홍콩 100배 즐기기〉〈유럽여행 컨설팅북〉〈무작정 따라하기 그리스〉
  〈무작정 따라하기 홋카이도〉〈아이와 함께 유럽여행〉 공동 저자
- EBS MBC KBS TBS CBS 동아일보 등 각종 언론 매체 출연 및 인터뷰, 삼성전자 여행 부문 컨설팅
- 신세계 아카데미, 현대백화점, 갤러리아백화점, AK플라자, 롯데문화센터, 삼성물산, 대우건설, OCI,
  공정거래위원회, 제주도립미술관, 김포시립도서관, 부천시설관리공단 등 기업 및 기관 출강

세상에서 가장 볼거리가 많고, 여유 넘치는 로맨틱한 사람들이 있으며,
태어나 이 음식을 맛볼 수 있다는 것에 행복함을 느끼게 하는 이탈리아는
제가 가장 많은 애정을 갖고 있는 나라입니다.
낯선 여행지를 다닐 때 든든한 의지가 되어줄 책을 선보인다는 것은 언제나
어려운 일이라는 것을 매번 느끼지만, 곧 나올 책의 마무리 작업을 하며
작가 소개를 쓰고 있는 이 순간에는 그저 여행자들에게 정말 도움이 되고
유용한 책이 되었으면 하는 바람뿐입니다.
이탈리아 사람들은 언제나 'Mangiare, Cantare, Amore(먹고, 노래하고, 사랑하라)!'고
말합니다. 그러니 이렇게 행복이 가득한 땅 이탈리아로 떠나는 여러분 모두가
아름다운 사랑에 빠지는 행복한 여정을 누리길 진심으로 기원합니다.

---

## Special thanks to;

정말 많은 고생을 한 알에이치코리아 여행출판팀,
멋진 책을 디자인해주신 글터 전애경 실장님,
현지 취재에 도움을 주신 레일유럽의 신복주 소장님께 진심으로 감사드립니다.
마지막으로, 항상 저희와 함께 하시는 하나님, 아낌없는 응원을 해 주는 아버지와 가족들,
특히 제 눈에는 초절정 귀요미 조카들인 Rosie, Samie, Jacob에게
사랑한다는 말을 전하고 싶습니다.

*이 책에 실린 모든 글과 그림은 저작권법에 따라 보호받는 저작물입니다. 책 내용의 일부 또는 전부를 이용해
웹사이트와 블로그, 모바일 앱 등 전자 콘텐츠로 제작하거나 다른 형태의 출판물로 출간하려면 반드시
저작권자와 출판사의 서면 동의를 받아야 합니다.

# 일러두기

이 책에 실린 정보는 2019년 6월까지 수집한 것을 바탕으로 하고 있습니다. 정확한 정보를 싣기 위해 노력했지만, 현지 상황과 여행 시점에 따라 변동 사항이 있을 수 있습니다. 여행을 떠나기 전에 한 번 더 정보에 대한 확인을 부탁드립니다. 만약 새로운 정보나 바뀐 내용이 있다면 아래 연락처로 제보를 부탁드립니다. 많은 여행자가 좀 더 정확한 정보로 편리하게 여행할 수 있도록 빠른 시간 내에 수정하겠습니다.

홍수연 *ttsis1@naver.com, Instagram @syelihong*
알에이치코리아 여행출판팀 *kimyh@rhk.co.kr*

## 본문 보는 방법

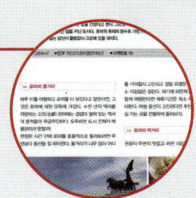

- '어떤 곳일까?'에서는 여행지에 대한 개관적인 설명과 함께 대표 도시의 볼거리, 먹거리, 쇼핑, 숙소에 대한 일반 정보를 제공합니다.

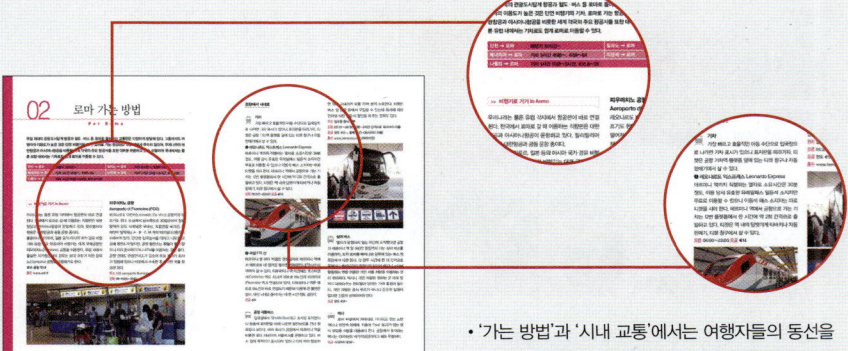

- '가는 방법'과 '시내 교통'에서는 여행자들의 동선을 고려한 다양한 교통 정보를 상세히 소개합니다.

- '이렇게 여행하자'에서는 가장 효율적으로 여행지를 둘러볼 수 있는 최적의 코스를 소개합니다.

- 지역별 볼거리 · 먹거리 · 쇼핑 · 즐길거리 · 숙소 정보를 상세하게 안내합니다.
- 'TIP'과 'TALK'로 여행이 더욱 풍성해지는 다양한 정보를 실었습니다.

- 'SPECIAL' 페이지에서는 함께 여행하면 좋은 근교 볼거리를 소개합니다.
- 'TRAVEL PLUS'에서는 대표 도시를 중심으로 갈 수 있는 근교 도시를 소개합니다.

## 지도 보는 방법

- 각 도시의 전도와 중심 지도는 들고 다니기 편하도록 맵북으로 제작하였습니다.
- 본문 볼거리 소개와 맵북 지도를 연동해 쉽고 빠르게 찾아볼 수 있습니다.

맵북은 구글 맵스와 연동됩니다. 맵북 페이지 상단에 있는 QR 코드를 스마트폰으로 스캔하면, 본문에 소개된 스폿이 찍혀 있는 구글 맵스로 이동합니다. 가고 싶은 스폿을 일일이 검색할 필요 없이 지역별 명소와 쇼핑 플레이스, 음식점의 위치를 한눈에 파악할 수 있습니다.

❶ 해당 확대 아이콘을 누르면 구글 맵스 페이지로 이동합니다.
❷ 해당 공유 아이콘을 누르면 지도 정보를 SNS에 공유할 수 있습니다.

- 이 책의 본문과 맵북에서는 다음과 같은 기호를 사용하고 있습니다.

# Contents

저자 소개 • **002**
일러두기 • **003**

## 인사이드 이탈리아
### Inside Italia

이탈리아 기본 정보 • **012**
이탈리아의 사계절 • **016**
이탈리아의 역사 • **018**
이탈리아의 미술과 건축 • **022**
이탈리아의 오페라 • **026**
영화와 책으로 만나는 이탈리아 • **028**
베스트 여행지 • **030**
베스트 먹거리 • **036**
베스트 쇼핑 • **050**
베스트 코스 • **054**

## 여행 시작하기
### Travel Start

우리나라 공항 안내 • **062**
우리나라에서 출국하기 • **064**
이탈리아 입국하기 • **065**
이탈리아에서 출국하기 • **066**
실전 이탈리아어 • **068**

## 지역 가이드
### Italia Guide

**072** • **로마**
**092** • Area 1 콜로세움 주변
**114** • Area 2 스페인 광장 주변
**142** • Area 3 바티칸 시국
**166** • Area 4 테르미니 역 주변
**186** • Area 5 보르게세 공원 주변
**198** • Area 6 트라스테베레 지구
**215** • SPECIAL 오스티아 안티카
**216** • SPECIAL 카스텔 간돌포
**217** • TRAVEL PLUS 티볼리
**223** • TRAVEL PLUS 아시시
**231** • TRAVEL PLUS 오르비에토

| | |
|---|---|
| **피렌체 · 240** | **508 · 나폴리** |
| 두오모 주변 Area 1 · 252 | 531 · TRAVEL PLUS 폼페이 |
| 우피치 미술관 주변 Area 2 · 274 | 539 · TRAVEL PLUS 소렌토 |
| 아르노 강 남쪽 Area 3 · 296 | 547 · TRAVEL PLUS 카프리 |
| 산 지미냐노 SPECIAL · 312 | 555 · TRAVEL PLUS 포지타노 |
| 피에솔레 TRAVEL PLUS · 313 | 561 · TRAVEL PLUS 아말피 |
| 시에나 TRAVEL PLUS · 319 | 567 · TRAVEL PLUS 라벨로 |
| 피사 TRAVEL PLUS · 331 | 573 · TRAVEL PLUS 살레르노 |
| 루카 TRAVEL PLUS · 339 | 579 · TRAVEL PLUS 파에스툼 |
| **제노바 · 350** | **584 · 팔레르모** |
| 친퀘테레 TRAVEL PLUS · 369 | 602 · SPECIAL 몬레알레 |
| 포르토피노 TRAVEL PLUS · 377 | 605 · TRAVEL PLUS 아그리젠토 |
| 산타 마르게리타 리구레 TRAVEL PLUS · 381 | 611 · TRAVEL PLUS 시라쿠사 |
| | 623 · TRAVEL PLUS 카타니아 |
| **밀라노 · 384** | 631 · TRAVEL PLUS 타오르미나 |
| 코모 호수 TRAVEL PLUS · 411 | |
| 마조레 호수 TRAVEL PLUS · 417 | **여행 준비하기** |
| 베르가모 TRAVEL PLUS · 423 | Travel Preparation |
| 크레모나 TRAVEL PLUS · 429 | 638 · 여행 계획 세우기 |
| 만토바 TRAVEL PLUS · 435 | 640 · 여권과 비자 준비하기 |
| | 641 · 항공권 예약하기 |
| **베네치아 · 440** | 642 · 숙소 예약하기 |
| 무라노 TRAVEL PLUS · 479 | 643 · 철도 패스 구입하기 |
| 부라노 TRAVEL PLUS · 485 | 644 · 철도 구간권 예약하기 |
| 베로나 TRAVEL PLUS · 489 | 646 · 면세점 이용하기 |
| 비첸차 TRAVEL PLUS · 501 | 647 · 환전하기 |
| | 650 · 찾아보기 |

Inside Italia

# 인사이드 이탈리아

- 이탈리아 기본 정보
- 이탈리아의 사계절
- 이탈리아의 역사
- 이탈리아의 미술과 건축
- 이탈리아의 오페라
- 영화와 책으로 만나는 이탈리아
- 베스트 여행지
- 베스트 먹거리
- 베스트 쇼핑
- 베스트 코스

# 이탈리아 기본 정보

**Informazioni di Italia**

## ① 국가 정보

**수도** 로마
**면적** 30만 1,340km²
**인구** 약 60,483,973명(2017년, 세계 23위)
**인종** 라틴족
**언어** 이탈리아어
**종교** 가톨릭
**전압** 220V, 50Hz
(콘센트 모양이 우리와 달라 호환용 플러그가 필요)
**시차** 우리나라보다 평소에는 8시간, 서머타임(보통 3월 말~10월 말)에는 7시간 느리다.
**통화** €1=100 ¢ ≒ 1,370원(2019년 6월 기준)
**국가번호** +39

## ② 국명 및 국기

이탈리아의 정식 국명은 '이탈리아 공화국(Repubblica Italiana)'이다. 국기는 녹색과 흰색, 적색으로 이뤄진 세로 삼색기(Il Tricolore)이며 1789년의 프랑스 혁명 삼색기의 영향을 받은 것으로 알려졌다. 녹색은 희망을, 흰색은 신뢰, 적색은 사랑을 뜻한다.

## ③ 기후 및 여행 시기

1년 내내 온화하거나 높은 기온을 유지하는 곳이라 어느 시기에 여행해도 좋다. 최고 성수기는 7월과 8월이라 어디를 가나 전 세계에서 온 여행자들로 관광지는 북적이지만 때로는 살인적인 더위로 여행이 힘든 경우가 있다. 4월부터 6월까지, 그리고 9월과 10월은 기온도 온화하고 여름보다 관광객 수도 줄어들어 훨씬 쾌적한 여행을 할 수 있다. 영하로 떨어지는 날이 거의 없는 겨울도 다른 유럽국가나 우리나라에 비해 따뜻한 편이다.

## ④ 공휴일(2019년)

**1월 1일** 신정 Cappodanno
**1월 6일** 주현절 Epifania
**4월 21일** 부활절 Pasqua
**4월 22일** 부활절 공휴일 Pasquetta
**4월 25일** 해방기념일
　　　　　Anniversario della Liberazione
**5월 1일** 노동절 Festa dei Lavoratori
**6월 2일** 공화국 선포 기념일
　　　　　Festa della Repubblica
**8월 15일** 성모마리아 승천일 Ferragosto
**11월 1일** 제성절 Ognisanti
**12월 8일** 성모수태일 Immacolata Concezione
**12월 25일** 성탄절 Natale
**12월 26일** 성스테파노 축일 S.Stefano

### 5 세금

이탈리아의 부가가치세는 품목마다 다르지만, 평균 세율은 22%이며 한 상점에서 €154.94 이상을 구입해 택스 프리(TAX FREE)를 받는 경우 상품 종류에 따라 2~14.5%의 부가가치세를 돌려받을 수 있다. 상점에서 먼저 세금 환급 신청 서류를 작성한 후 유럽연합 국가를 떠나는 마지막 공항에서 세금 환급 절차를 밟으면 된다. 호텔이나 유스호스텔 등 숙박업소에서는 등급에 따라 1박에 €2~10씩의 관광세가 따로 추가된다.

### 6 식수

이탈리아 도시나 마을 곳곳에서 볼 수 있는 식수대에서 나오는 물을 그냥 마셔도 별 탈이 없다. 하지만 슈퍼마켓에서 다양한 브랜드와 가격대의 생수를 살 수 있다. 에비앙(Evian) 등 다른 유럽 국가들의 생수도 쉽게 볼 수 있지만, 이탈리아에만 250여 개가 넘는 생수 브랜드가 있어 그 종류가 어마어마하다. 그중에서도 특히 선호도가 높은 브랜드는 산 베네데토(San Benedetto), 산 펠레그리노(San Pellegrino), 레비씨마(Levissima), 페라렐레(Ferrarelle) 등이다.

### 7 영업시간

**관공서** 월~금요일 08:00~19:00, 토요일 08:00~12:00(일요일·공휴일 휴무)
**은행** 월~금요일 09:30~12:00, 14:00~16:00 (토·일요일·공휴일 휴무)
**상점** 월~금요일 09:30~18:30 (토·일요일·공휴일 휴무)

### 8 우편

이탈리아 우편 시스템은 일처리가 느리고 배달 사고가 잦기로 악명 높지만 최근 들어서는 점차 나아지고 있다. 우표는 우체국과 담뱃가게 타바키(Tabacchi)에서 구입할 수 있다.

<u>오픈</u> 월~금요일 08:00~19:00, 토요일 08:00~ 12:00
<u>요금</u> 한국으로의 우편엽서 €0.9~, 2kg 이하 소포 €20.5~

### 9 은행·환전

대부분의 은행 앞이나 거리 곳곳에 ATM이 설치돼 있지만, 기계에 이상이 있는 경우가 많다. 처음 시도로 인출이 되지 않았다면 다른 곳에서 다시 해보자. ATM에서 돈을 찾기는 쉽지만 인출 수수료가 붙으니 사나흘 일정의 여행에 필요한 현금을 나눠서 찾으면 좋다. 인적이 드물거나 어두운 곳에 있는 ATM은 도난의 위험이 있으니 사람의 왕래가 잦은 곳에 설치된 기계를 이용하자. 환전은 은행·환전소·우체국 등에서 할 수 있다. 은행에서 환전하면 환율은 좋지만 보통 €1.5 이상의 수수료가 붙는다. 우체국은 수수료가 대개 €0.5로 저렴하지만 환율은 은행보다 좋지 않다. 여행자수표는 수수료가 더 높으니 환전할 때는 수수료를 내지 않아도 되는 수표 발행 회사의 지점을 이용하자. 사설환전소 앞에 'No Commission(수수료 없음)'이라고 되어 있으면 대부분 환율이 좋지 않으니 먼저 계산해 본 뒤 환전하는 것이 좋다.

### ⑩ 인터넷

속도는 빠른 편이지만 요금은 우리나라보다 비싸다(1시간에 €3.5~). 호텔이나 호스텔, 민박 등에도 투숙객들이 이용할 수 있는 컴퓨터를 갖춰놓는 경우가 많다.

### ⑪ 입국

여행 목적의 90일 이내의 방문이라면 따로 비자를 받을 필요가 없다. 입국 신고서도 따로 없으며 절차가 간단하다.

### ⑫ 전화

정부가 운영하는 텔레콤 이탈리아(Telecom Italia)의 은색 공중전화는 역이나 거리에서 찾을 수 있는데 특히 역 주변에 많이 설치돼 있다. 전화카드는 타바키나 신문 잡지 가판대에서 살 수 있다. 공중전화는 대부분 카드식이니 미리 카드를 구입해 놓자. 전화카드는 사용하기 전에 모서리의 삼각형 귀퉁이를 잘라내야 한다. 카드를 넣고 번호를 누른 후 마지막에 'OK'를 눌러야 통화가 되는 전화가 대부분이다. 같은 지역 안에서도 0을 포함한 지역 번호를 눌러야 한다. 대도시에는 저렴하게 국제전화나 인터넷을 할 수 있는 사설 전화 센터가 많다.

**요금** 시내통화 기본 €0.2~, 전화카드 €5~

### ⑬ 팁

**호텔** 짐 운반 포터 €1~2(짐 1개당), 룸메이드·룸서비스 €1~2
**공중 화장실** 청소 관리인이 앞에 앉아 있다면 €0.2~0.3
**극장·영화관** 자리 안내인 €0.5~1

### ⑭ 화장실

박물관이나 호텔, 패스트푸드 식당에도 무료 화장실이 있지만, 일부 패스트푸드 음식점은 음식을 구입한 후 영수증에 찍힌 비밀번호를 눌러야 화장실에 들어갈 수 있는 경우도 많다.

### ⑮ 주의사항

항상 나의 주머니를 노리는 소매치기와 집시들을 조심하는 것이 좋다. 특히 혼잡하고 사람이 많은 관광지나 메트로, 버스 안에서는 더욱 주의하자. 혼자서 야간 외출은 되도록 삼가는 것이 좋으며, 무임승차 검사는 외국인에게 특히 강하게 시행되니 무임승차는 아예 생각도 말자. 종교 시설에서는 민소매나 반바지 차림으로 입장이 불가능한 경우가 대부분이다.

**TIP**

## 여행 전 알아두면 좋은 정보

### 주 이탈리아 대한민국 대사관

**위치** 테르미니 역에서 217번 버스를 타고 Piazza Santiago del Cile 하차, 도보 5분 **주소** Via Bamaba Oriani 30 **오픈** 월~금요일 09:00~12:30, 14:30~17:30 **휴무** 토·일요일 **전화** 06-802-461, 긴급 연락처 06-802-461, 공휴일·주말 연락처 335-1850-499 **홈피** www.mofat.go.kr/italy

### 여행 관련 홈페이지

이탈리아 관광청 www.enit.it
한국 주재 이탈리아 관광청 www.enit.or.kr
이탈리아 철도청 www.trenitalia.it

### 병원 및 응급 전화번호

경찰 112, 113
앰뷸런스 118
외교통상부 해외안전여행 콜센터
+82-2-3210-0404(24시간)

### 항공사

● 대한항공
**주소** Torre Uffici Stanaza 631, Fiumicino Aeroporto **오픈** 월~금요일 09:00~13:00, 13:30~17:00 **전화** 06-6595-5952~3, 800-874-488(예약전용, 24시간)

● 아시아나항공
**주소** Torre Uffici 1, Room 617, Fiumicino Aeroporto **전화** 06-6595-26975

### 신용카드 도난·분실 신고

BC카드 822-330-5701
KB카드 822-6300-7300
롯데카드 82-1588-8300
삼성카드 822-2000-8100
신한카드 822-1544-7000
하나카드 82-1800-1111
현대카드 822-3015-9000

# 이탈리아의 사계절
**Le quattro stagioni**

### 봄 Primavera

남부 지방에 일찌감치 불어오는 따뜻한 바람은 이탈리아의 봄을 알리는 신호다. 비록 변덕이 심한 날씨가 이어지지만 모든 도시는 기지개를 펴며 본격적인 손님맞이를 준비한다. 5월이 되면 해수욕이 가능한 곳이 있는 반면 북부 알프스 지방에서는 초봄까지 스키를 즐기기도 한다. 아스파라거스와 아티초크와 같은 봄철 채소는 식탁들 더욱 풍요롭게 하며 입맛을 돋운다.

**[추천 복장]** 얇은 코트 or 점퍼 + 반팔 티 + 가디건 or 긴팔 셔츠 + 팬츠 or 스커트

**3월 Marzo**
↑최고 기온 16℃  ↓최저 기온 6℃
- 베네치아 거리와 다리들을 가로지르는 마라톤 경주 : 둘째 일요일

**4월 Aprile**
↑최고 기온 20℃  ↓최저 기온 8℃
- 이탈리아 전역 성모 마리아의 행진 : 성 금요일 • 이탈리아 전역 부활절 행사 및 로마 교황청 부활절 미사 • 피렌체 두오모 정면에서 불꽃놀이 행사 : 부활 주일

**5월 Maggio**
↑최고 기온 23℃  ↓최저 기온 13℃
- 시라쿠사 그리스 연극 축제 : 5~6월
- 피렌체 예술 축제 : 5~6월

### 여름 Estate

기온이 높이 올라가는 날에는 쉽게 지치기도 하지만 이탈리아의 여름은 언제나 신나는 분위기가 넘친다. 푸른 하늘은 높고 맑으며 바다는 가장 아름다운 색으로 빛난다. 전 세계에서 여름 휴가를 즐기러 온 관광객들로 북적이는 시기가 이때다. 특히 바닷가 휴양지가 가장 인기가 많다. 또한, 종교 행사를 비롯한 각종 이벤트도 끊임없이 열려 다양한 볼거리를 제공한다.

**[추천 복장]** 슬리브리스 원피스 or 티셔츠 + 반바지 or 스커트 + 모자 + 선글라스

**6월 Giugno**
↑최고 기온 28℃  ↓최저 기온 15℃
- 베네치아 비엔날레 : 격년제 6~9월
- 피렌체 16세기 복장 행진과 불꽃놀이 : 6월 24일
- 로마 테베레 엑스포(테베레 강 중심으로 예술, 와인, 음악, 불꽃놀이) : 6월 말

**7월 Luglio**
↑최고 기온 31℃  ↓최저 기온 18℃
- 시에나 팔리오 축제 : 7월 2일
- 로마 시내 마차 경주 : 7월 마지막 2주간
- 베로나 오페라 페스티벌 : 7~8월

**8월 Agosto**
↑최고 기온 31℃  ↓최저 기온 18℃
- 시에나 팔리오 축제 : 8월 16일
- 베네치아 영화제 : 8월 말~9월 초

## 가을 Autunno

온화한 분위기가 감도는 가을이 되면 이탈리아의 분위기는 차분해진다. 결실의 계절을 맞이해 이탈리아 곳곳에서는 음식을 테마로 한 축제들도 많이 열리며 농가들은 포도 수확으로 한창 바쁜 시절을 보낸다. 겨울이 다가오면서 아침·저녁으로 비도 자주 내리고 때론 차가운 기온이 느껴지지만 보통 10월까지는 화창하고 따뜻한 날씨가 이어진다.

**추천 복장** 가죽 재킷 + 얇은 스웨터 or 가디건 + 팬츠 or 스커트 + 스카프

**9월 Settembre**
↑최고 기온 28℃  ↓최저 기온 16℃
● 로마 사르가 델루바 포도 수확과 민속놀이 축제 : 9월 초순  ● 베네치아 레가타 스토리카(화려한 곤돌라 경주와 보트 행진) : 9월 첫 번째 일요일  ● 토스카나 지방 키안티 와인 축제 : 9월 둘째 주

**10월 Ottobre**
↑최고 기온 23℃  ↓최저 기온 12℃
● 산 프란체스코 페스타(아시시와 움브리아 지방 성인들을 기리는 축제) : 10월 4일
● 카스텔리 로마니 포도주 축제 : 10월 첫째 주

**11월 Novembre**
↑최고 기온 17℃  ↓최저 기온 8℃
● 피렌체 영화 축제 : 11~12월  ● 살루테 축제(1630년의 페스트를 기념) : 11월 21일

## 겨울 Inverno

쌀쌀한 날씨지만 다른 유럽 국가들에 비하면 여전히 햇볕은 따뜻하고 기온도 높다. 이상 기온이 없다면 산악지대를 제외하고 눈이 내리는 지역은 드물다. 중남부 지역에서는 눈부신 햇살 때문에 겨울에도 선글라스가 여전히 필요하다. 곳곳에서 다양한 박람회나 종교 행사가 많이 열리며 최대 축일은 바로 크리스마스다. 또한, 오페라 시즌이 시작되어 문화적으로 더욱 풍성해진다.

**추천 복장** 롱코트 or 패딩 + 모자 + 머플러 + 니트 + 부츠

**12월 Decembre**
↑최고 기온 14℃  ↓최저 기온 5℃
● 밀라노 라 스칼라 오페라 시즌 개막 : 12월 초  ● 로마 나보나 광장 크리스마스 행사 : 12월 중순  ● 이탈리아 전역 크리스마스 자정 미사 : 12월 24일  ● 성 베드로 광장 크리스마스 교황 알현 : 12월 25일

**1월 Gennaio**
↑최고 기온 12℃  ↓최저 기온 4℃
● 이탈리아 전역 신년 불꽃놀이 : 1월 1일
● 나폴리 성 안토니오 축제 : 1월 17일

**2월 Febbraio**
↑최고 기온 14℃  ↓최저 기온 4℃
● 베네치아 카르나발레 사순철 : 첫 번째 10일~  ● 아그리젠토 아몬드 축제 : 첫째 또는 둘째 주  ● 베로나 마스크, 장식 수레 축제 : 2월 11일

※ 최고·최저 기온은 로마 기준

# 이탈리아의 역사
**Storia d'Italia**

## 1 로마제국의 탄생

기원전 753년 테베레 강에 버려져 늑대의 젖을 먹고 자랐다고 하는 쌍둥이 형제 로물루스와 레무스가 건국한 로마 제국은 주변의 도시 국가들을 병합하면서 점차 성장한다. '로마'라는 이름은 로물루스의 이름에서 유래된 것이다.

초기의 로마는 당시 지중해의 가장 강력한 세력이었던 에트루리아인들에게 백여 년간 지배를 받았다. 이때, 그리스 문명을 비롯한 다양한 문명을 받아들여 차츰 국가로서의 기틀을 갖추게 된다.

## 2 공화정과 제정

에트루리아인들을 물리치며 기원전 510년경 왕정이 폐지되고 이후 450여 년간 귀족과 평민이 주권을 나누어 국가를 다스리는 공화정 시대가 도래한다. 하지만 기원전 60년경 카이사르(시저)가 권력의 전면에 나서면서 공화정의 시대는 종말을 알린다.

카이사르와 폼페이우스, 크라수스는 세 명이 권력을 나누어 국가를 지배하는 삼두 정치를 펼친다. 1차 삼두 정치의 승리자 카이사르는 황제의 자리에 군림하지만 아끼던 양아들 브루투스에 의해 암살당하게 된다.

카이사르의 후계자로 정치에 나서게 된 옥타비아누스를 비롯한 안토니우스와 레피두스 세 사람이 2차 삼두 정치를 하며 권력 투쟁을 벌이게 되는데, 최후의 승자는 바로 옥타비아누스(황제 즉위 후 이름은 아우구스투스)였다. 그가 승리한 후 공화정은 막을 내리고 유일무이한 최상의 권력자 황제의 시대인 제정 정치가 시작된다.

이후 폭군으로 유명한 칼리굴라나 네로와 같은 황제도 있었지만, 로마 최고의 번영을 이끈 오현제(다섯 명의 현명한 황제)에 의하여 사회 질서가 확립되고 인구와 영토는 더욱 늘어나게 된다. 마침내 로마는 기원전 1세기에 현재의 영국과 스페인, 프랑스, 그리스 등을 비롯한 유럽의 많은 지역과 아라비아, 사하라를 포함한 아프리카 북부, 지금의 이란이 있는 소아시아에 이르는 대제국을 건설한다.

*아우구스투스 황제*

## 3 제국의 멸망

영원히 번영할 것 같았던 로마 제국도 서기 180년 이후로 사회의 전반적인 기강이 쇠퇴하면서 점차 몰락의 길로 접어든다. 콘스탄티누스 황제가 330년 제국의 수도를 로마에서 현재의 이스탄불인 콘스탄티노플로 옮기면서 로마는 결국 동로마와 서로마 제국으로 분리된다. 로마가 있는 서로마 제국은 게르만 용병대장 오도아케르에 의해 476년 멸망하였지만 동로마 제국은 기독교와 헬레니즘 문화를 바탕으로 이후에도 발전하게 된다.

한편 콘스탄티누스 황제는 천도와 함께 서양 역사에 지대한 영향을 끼치는 기독교를 공인하고 국교로 삼아 국가의 정신적 기틀을 유지할 수 있도록 했다.

이후 이탈리아 반도를 향한 게르만족의 침입은 계속되어 넓은 지역을 지배하였지만, 8세기 이후 교황의 요청으로 전쟁에 나선 프랑크족에 의해 그 세력이 많이 약화되었다. 그리고 훗날 프랑크의 황제였던 샤를마뉴는 신성 로마 제국의 황제에 임명되어 카를 대제라 불리게 된다. 이로 인해 이탈리아의 역사는 프랑크 왕국을 이어받은 독일과 프랑스 등의 역사와 깊은 연관이 있게 된다.

## 4 도시 국가의 발전

서로마 제국의 멸망 이후 혼란을 거듭하던 이탈리아 반도에 서기 962년 신성 로마 제국이 설립되었지만 11세기 이후 황제의 권력이 약화되면서 지방 영주가 거의 왕과 같은 권력을 갖는 도시 국가들이 출현하게 된다.

서로마 제국 멸망 이후부터 르네상스가 시작되기까지가 이탈리아의 중세 시대라고 할 수 있다. 권력은 교황에게 집중되었고 십자군 전쟁으로 온 유럽이 혼란스러운 시기였다. 십자군 전쟁은 교황의 권력 약화와 로마의 황폐화를 일으켰으며 이것으로 인해 동로마 제국 또한 멸망하고 만다.

이 가운데 기틀을 잡고 발전하기 시작한 베네치아와 피사, 제노바와 같은 도시 국가들은 이슬람 지역 등 해외 무역으로 부를 축적하게 되고 신(神) 중심의 사고에서 점차 벗어나 인간을 중심으로 하는 르네상스 문화가 꽃피우게 된다.

도시 국가는 북부와 중부 이탈리아에서 특히 발전하여 베네치아와 제노바에 뒤이어 피렌체, 밀라노, 루카 등의 도시도 발전한다. 이때 황제와 교황의 권력 대립은 더욱 격화되고, 도시의 지배자가 시의 정권을 갖는 시뇨리아 제도가 도시에 도입된다.

## 5 르네상스의 탄생과 도시 국가의 시대

도시 국가의 발전과 해외 교류에 따른 시야 확대, 현실적이면서도 합리적인 의식의 고취로 인해 피렌체나 베네치아 등은 상공업과 금융, 학문과 예술 활동의 중심지가 되었다. 이와 같은 배경을 바탕으로 르네상스가 태동하게 되는데, 여기에는 유력 도시 위정자들의 활약이 매우 컸다.

인간보다는 신이 앞섰던 중세 시대가 예술의 암흑기라면, 르네상스 시대에는 인간의 개성과 합리성을 중시하며 예술과 문화가 발전하였다. 르네상스는 유럽 전역에서 일어났지만, 그중에서도 피렌체의 메디치 가문이 중심이 되었다.

하지만 오스만투르크 제국이 동로마 제국을 멸망시키면서 동방과의 교역이 어려워지고 다른 유럽 국가들이 새로운 항로를 개척하면서 이제까지 무역을 독점하며 큰 부를 축적했던 이탈리아 도시 국가들은 점차 쇠락의 길로 접어들게 된다.

코시모 데 메디치

## 6 통일 이탈리아

세력이 약해진 이탈리아 반도는 주변 강대국인 스페인과 오스트리아, 프랑스 등의 세력 다툼의 장이 되면서 피해를 입는다. 이때 새롭게 부상한 세력이 바로 사보이 왕국이다. 도시 국가로 분열되어 있던 이탈리아 반도에서 사보이 왕국은 18세기에 이르러 사르데냐 섬과 피에몬테, 리구리아, 롬바르디아 일부 등 이탈리아 북부 지역을 점령하며 그 세력을 확장했다.

나폴레옹이 '자유와 평등'이라는 혁명 정신을 전파한 영향으로 이탈리아에서도 자유 민주 국가를 건설하자는 무장봉기가 이어졌고, 마치니의 청년 이탈리아당의 운동이 대표적이다. 하지만 이러한 운동들은 오스트리아와 교황 세력에 의해 좌절되고 만다. 이때 유일하게 입헌 헌법을 유지한 사르데냐(사보이) 왕국은 이탈리아 통일의 중심 세력으로 발전하게 된다.

사르데냐 왕국의 비토리오 에마누엘레 2세와 총리 카보우르는 자유주의 정책을 실시하는 한편 롬바르디아를 오스트리아에서 해방시켰으며, 토스카나와 이탈리아 중부 지역의 병합을 추진하게 된다. 또한 가리발디는 시칠리아 섬을 제압하여 아직 오스트리아 영토인 북동부와 교황의 지배하에 있던 로마를 제외한 이탈리아 지역의 통일을 이룬다.

그리고 마침내 1861년 비토리오 에마누엘레 2세를 국왕으로 이탈리아 왕국이 수립하고 외국 군대를 철수시키며 통일을 완성해 나간다. 통일 왕국의 수도는 토리노와 피렌체를 거쳐 1870년 로마 점령 이후 1871년 로마로 이전된 후 지금에 이르고 있다.

## 7 파시즘의 등장과 공화국 설립

비록 정치적으로는 통일 하였지만 오랜 세월 다른 국가처럼 살아온 각 지방은 서로 화합하기가 힘들었다. 또한 자유무역주의와 북부의 제도를 강요하면서 경제 정비에서 소외된 남부 지역은 쇠퇴하게 된다. 여기에 제1차 세계대전의 승전국이었으나 제대로 보상도 받지 못했고, 북아프리카 식민지 경영의 실패, 전쟁 후의 불황으로 늘어난 실업자, 달마치아에 대한 영토회복 실패 등은 정부에 대한 불만을 더욱 높였다.

이러한 배경을 바탕으로 등장한 인물이 바로 무솔리니(Benito Mussolini, 1883~1945)다. 그는 파시즘을 부르짖고 반대 세력인 사회주의 세력과 농민, 노동자들을 탄압하면서 제국주의와 인종주의를 주장한다.

무솔리니는 '로마 진군(進軍)'을 주창하며 무혈쿠데타에 성공하여 정권을 장악한다. 이후 히틀러의 독일과 함께 제2차 세계대전에 참전하였지만 결국 패배한다. 1945년 그의 체포와 사형으로 이탈리아의 파시스트당은 무너지고 만다.

제2차 세계대전 이후 레지스탕스 운동을 했던 기독교민주당과 공산당, 사회당이 중심이 되어 정국을 주도한다. 이후 1946년 6월 국민투표와 헌법제정 의회의 선거를 거쳐 왕제를 폐지하고 공화국으로 체제를 바꾸어 1948년 이탈리아 공화국이 출범하게 된다.

비토리오 에마누엘레 2세

## 8 공화국의 혼란과 발전

공화국 출범 이후에도 정국은 혼란을 거듭했다.
1950년대 농업이 중심이었던 산업을 철강과 에너지, 석유화학, 에너지 등의 기간산업과 금융, 서비스 산업에 집중적으로 투자하여 1960년대까지 고도성장을 이루며 선진국으로 발돋움하게 된다.
하지만 산업이 발달한 북부와 낙후된 농업 지역이 주를 이루는 남부 사이의 사회·경제적 격차는 더욱 심해져 지금까지도 이탈리아 경제 발전의 난제로 남아 있다. 또한 기성 정치인들의 부정부패 또한 국민의 큰 비난을 받았으나 여전히 제대로 개선되지 못한 실정이다.

## 9 이탈리아의 현재

1990년대 이탈리아 정치권은 큰 변화를 겪는다. 1992년의 정치권 수뢰사건의 검찰 조사로 기성 정치권이 붕괴하고 이후 1994년 3월 총선에서 언론재벌 실비오 베를루스코니(Silvio Berlusconi)가 이끄는 우파 연합이 좌파 연합을 물리치고 승리한 것이다. 하지만 베를루스코니의 부패 연루 혐의로 우파 연정이 붕괴하면서 이후 좌·중도우파 혼합 연정, 과도내각, 중도우파 연합, 중도좌파 연합 등이 차례로 정권을 잡게 되지만, 그 와중에도 2011년까지 베를루스코니는 세 번이나 총리직을 수행했다.
현재는 유럽 경제 혼란과 불법 이민, 조직범죄, 높은 실업률과 부진한 성장률, 남북 경제 격차 등 수많은 난제를 해결해야 하는 시기를 보내고 있지만, G8에 속한 선진국 대열에 서 있는 국가로서의 위상을 이어가고자 계속 노력하고 있다.

# 이탈리아의 미술과 건축

**Arte e Architettura**

'예술의 나라'라고 하면 흔히 프랑스를 떠올리지만, 이탈리아 또한 그 못지않게 회화와 조각, 건축, 영화, 패션, 사진 등 다양한 분야에서 세계를 선도한 역사를 가지고 있다. 사실 고대부터 16세기까지 세계의 예술은 이탈리아를 중심으로 발전해왔다고 해도 과언이 아니다. 또한, 동서양의 가교 구실을 했던 지리적 위치로 인해 그리스를 비롯한 동유럽의 발달한 예술들을 받아들여 독자적인 문화로 만든 다음 그것을 서방에 전하는 역할까지 해왔다. 이러한 이탈리아 미술의 특징은 무엇보다 '눈에 보이는 것만 믿는다'라는 신조에 충실한 것이다.

## 고대 로마 시대
### Romana

이탈리아 반도를 통일하고 유럽 대부분을 아우르는 거대한 제국을 완성한 고대 로마 제국은 그리스 문명을 바탕으로 형성된 고대 지중해 문화를 통합한다. 그리스와 에트루리아의 영향을 벗어나 제국을 성립하고 독자적인 양식을 확립하였지만 아무래도 강건한 정치가와 군인이 선호되는 고대 로마 사회에서 상대적으로 예술의 지위는 낮았다.

하지만 수많은 전투와 승리를 표현할 방법이 바로 예술품이었기 때문에 수많은 작품이 쏟아져 나온 시기이기도 하다. 정치적인 통치력을 시각화한 황제의 조각상이 제국 전역에 세워진 것도 이러한 맥락이다.

폼페이의 유적에서도 보이는 아름다운 모자이크와 벽화는 이 시대의 특징이며 지금은 사라진 그리스의 많은 작품들이 이 시기에 복제되어 현재까지 남아있기도 하다. 직선이 주를 이뤘던 고대 그리스 건축과 달리 로마의 건축물은 아치를 기본으로 한 곡선을 많이 볼 수 있으며 대리석이 아닌 석조나 벽돌 콘크리트를 활용한 건축 양식으로 만들어져 있다.

또 이 시대에 체계적인 계획 도시가 만들어진다. 대표적으로 로마에는 포로 로마노를 비롯한 콜로세움, 개선문, 대욕탕, 도서관, 시장 등이 건축되었다.

1

## 초기 기독교 시대
### Paleocristiana

콘스탄티누스 대제가 313년 기독교를 공인한 이후 기독교적 색채를 띤 미술 사조가 발전하게 된다. 오리엔트와 헬레니즘이 융합되어 공공 집회 장소였던 바실리카(Basilica)는 교회의 모델이 되었고 신전과 묘지의 형태였던 원당이 세례당의 모델이 되었다.
성당 내부는 모자이크와 벽화로 장식되었고 문과 석관은 화려한 조각으로 장식되었다.

## 비잔틴
### Bizantino

로마 문화의 중심이 동로마 제국의 수도인 콘스탄티노플로 이동한 시기에, 이탈리아 반도는 이민족의 침입을 받으며 475년 서로마 제국이 멸망하게 된다.
당시 이탈리아 반도에서 가장 아름다운 예술품은 라벤나에 있었다고 한다.
그 외에도 비잔틴 양식의 영향을 받은 성당과 건물들이 많이 건축되었다.

**대표 건축물** : 라벤나 성 비탈레 성당, 베네치아 산 마르코 성당

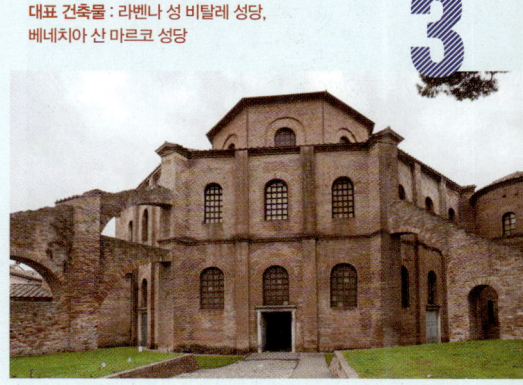

## 로마네스크
### Romanica

11세기에 들어서자 이탈리아 각 도시가 부흥하며 도시 국가 시대가 시작되고 상인을 중심으로 한 시민들이 도시의 새로운 지도자로 부상했다.
이런 자부심 넘치는 시민들을 중심으로 로마적인 예술, 즉 로마네스크 양식이 성립되었고, 그 중심은 모든 시민의 중심이 되는 대성당이었다. 성당들은 종교와 정치의 역할이 일체화되어 있던 중세의 시대상을 잘 반영하고 있다.

**대표 건축물** : 시에나 두오모, 밀라노 산탐브로조 성당, 피렌체 산 미니아토 알 몬테 성당

## 르네상스
### Rinascimentale

브루넬레스키가 피렌체의 두오모 돔을 착공한 1420년부터 1500년까지를 초창기, 1500년부터 1530년대를 중흥기라 구분한다. 초창기는 피렌체, 중흥기는 로마가 르네상스의 중심 무대가 되었다. 신을 중심으로 사고하던 중세 시대를 벗어나 다시금 인간을 중심으로 사고하기 시작한 르네상스 시대의 이탈리아 미술은 유럽미술사에서 손꼽힐 만큼 활기 넘치던 시대였다.

## 고딕
### Gotico

12세기에서 14세기까지 시민 문화를 대변하는 고딕 양식은 비잔틴과 이슬람 세력이 약화되면서 상대적으로 서구 세력이 융성해진 당시 시대상을 반영하고 있다. 프랑스의 성당 건축이 고딕 양식의 기원으로 이후 전 유럽으로 확산된다. 이탈리아의 고딕 성당은 수직 방향으로 뻗기보다 조화를 기본으로 만들어지는 점이 특징이다. 13세기에는 이탈리아 고유 양식의 미술이 발달하여 니콜로 피사노와 조반니 피사노가 조각 분야에서 명성을 떨쳤다. 14세기의 조토는 파도바의 스크로베니 예배당에 그린 〈그리스도의 생애〉를 통해 르네상스 미술의 선구자가 되었다.

**대표 건축물** : 피렌체 산타 크로체 성당, 오르비에토 대성당, 밀라노 두오모

## 초창기

고전주의 시대 화가와 조각가들은 현실적인 그림의 공간을 창조했으며 종교적 건물들은 현실에 기반을 두고 있었다. 또한 프레스코 기법이 재도입되었다. 이것은 축축하고 신선한 얇은 석고 위에 그림을 그리는 기법으로 석고로 스며든 안료들이 석고가 마르면서 원 색상을 나타내는 기법이다. 안료와 석회가 작용하면서 더욱 선명하고 아름다운 색상을 만드는 것이 그 특징이다.

**대표 예술가** : 니콜라 피사노, 조토 디 본도네, 조반니 피사노, 로렌초 지베르티, 도나텔로, 파울로 우첼로, 필리포 리피, 안드레아 만테냐

## 중흥기

르네상스의 절정기인 중흥기에는 종교적인 작품에서도 사실주의 감각이 드러나며 우리가 알고 있는 수많은 거장이 활약했던 시기이다. 도시마다 화풍이 조금씩 달라 시원스런 투명도가 선호되었던 피렌체와 감각적 색채와 따뜻한 빛이 특징인 베네치아 화풍이 특히 대비된다.

**대표 예술가** : 레오나르도 다빈치, 조반니 벨리니, 미켈란젤로, 라파엘로, 야코포 틴토레토, 아뇰로 브론치노
**대표 건축물** : 피렌체 두오모

## 바로크 Barocca

종교 개혁을 배척한 1545년부터 1563년까지의 공의회 이후 로마 가톨릭은 대중 교화의 수단으로 종교 예술 육성에 나선다. 바로크 중흥기의 조각가이자 건축가인 로렌초 베르니니는 다이내믹한 바로크 양식을 선보였다. 보로미니, 구아리니 등도 가톨릭의 권위를 표현하기 위해 바로크 양식을 활용했다.

**대표 예술가** : 카라치, 카라바조, 베르니니
**대표 건축물** : 로마 제수 교회, 시라쿠사 두오모

---

### TIP

### 이탈리아 미술의 성인들과 상징

기독교적인 색채와 불가분의 관계인 작품이 많은 이탈리아 미술을 감상하다 보면 인물들이 상징으로 나타나거나 혹은 주요 인물들이 소품을 들고 있는 형식을 많이 볼 수 있다. 그중에서도 대표적인 것을 알아보자.

#### 네 명의 복음 전도자

마태, 마가, 누가, 요한은 각기 날개 달린 창조물로 예술품에 등장한다.

성 마태 - 날개 달린 사람

성 마가 - 날개 달린 사자

성 누가 - 날개 달린 황소

성 요한 - 독수리

#### 상징물

양 - 초기 기독교 미술에서는 죄인을 상징하며, 신의 어린 예수를 상징

두개골 - 죽음의 덧없음을 이야기하는 죽음의 상징

백합 - 성모 마리아의 꽃으로 순수, 부활, 평화, 순결을 상징

종려나무 - 죽음에 대한 순교자의 승리를 상징

# 이탈리아의 오페라
**Opera d'Italia**

선천적으로 목청 좋고 노래를 잘하는 이탈리아인을 보고 있자면, 이탈리아에서 오페라가 발달한 것은 어쩌면 당연한 일이라고 말할 수 있을 것이다. 오늘도 단순히 노래만 하는 칸탄테(가수)가 아닌 인텔프레타로레(표현자)로 불리는 예술가들이 열창하고 있는 이탈리아 오페라의 세계로 떠나보자.

### 시즌 및 티켓 정보

오페라 시즌은 보통 10월에 시작해 다음 해 6월까지 이어진다. 유명 오페라 극장들은 홈페이지와 팸플릿 등을 통해 시즌 프로그램을 소개하며 인기 높은 공연은 시즌 전부터 매진사태가 벌어지기도 한다.

좌석과 프로그램에 따라 티켓 요금은 달라지며 일등석 플라테아(Platea)가 가장 비싸다. 특히 시즌 첫날에는 도시의 유력 인사와 재력가들이 이곳에 등장하는 경우가 많다.

일등석보다 약간 높은 장소에는 4~6인용 박스석이 있으며 이것이 팔코(Palco)다. 그 위는 갤러리(Galleria)로 위로 가는 좌석일수록 가격은 저렴해진다. 가장 위 천장에 붙어있는 듯한 좌석은 로조네(Loggione)라고 하며 벤치형 의자인 경우가 많다.

### 극장 자체도 예술품

'라 스칼라'로 불리는 밀라노의 스칼라 극장(Teatro alla Scala)을 비롯해 이탈리아의 주요 오페라 극장은 그 자체가 하나의 건축 예술품인 경우가 많다. 특히 라 스칼라에서는 〈오셀로〉 〈나비부인〉 〈투란도트〉 등이 초연되었으며 극장 박물관에는 가치 높은 소장품들이 전시되어 있다. 그 밖에도 피렌체의 코무날레 극장(Teatro Comunale), 베네치아의 페니체 극장(Teatro La Fenice), 나폴리의 산 카를로 극장(Teatro San Carlo) 등이 유명하다.

옛 유적지에서 공연하는 야외 오페라 극장도 이탈리아에서 만날 수 있는 독특한 풍경으로, 그리스의 유적지였던 피에솔레의 극장, 고대 로마 시대의 유적지인 베로나의 아레나, 로마의 카라칼라 욕장에서 공연하는 오페라를 감상하는 것도 잊을 수 없는 경험이다.

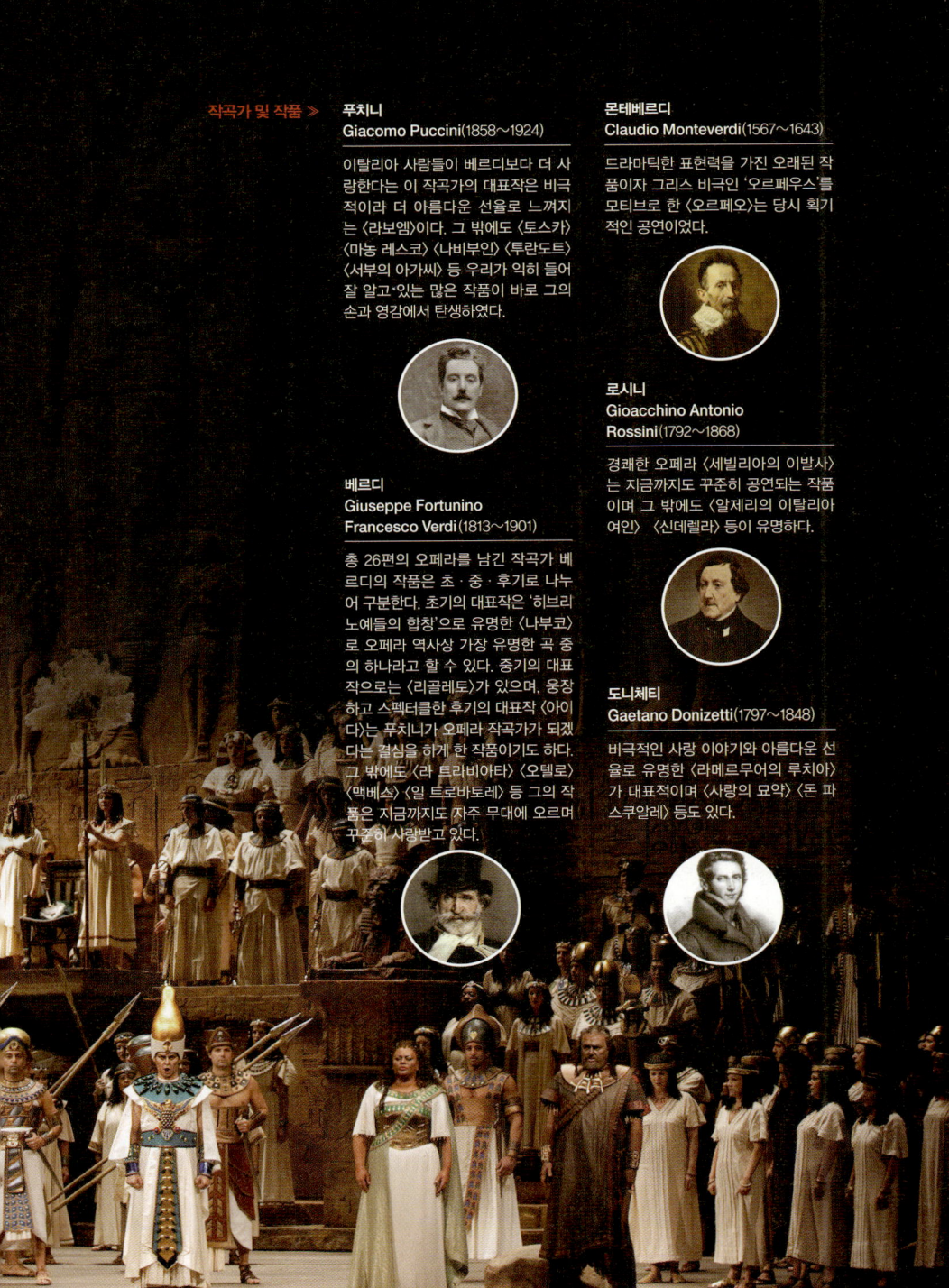

### 작곡가 및 작품 ≫

**푸치니**
Giacomo Puccini(1858~1924)

이탈리아 사람들이 베르디보다 더 사랑한다는 이 작곡가의 대표작은 비극적이라 더 아름다운 선율로 느껴지는 〈라보엠〉이다. 그 밖에도 〈토스카〉〈마농 레스코〉〈나비부인〉〈투란도트〉〈서부의 아가씨〉 등 우리가 익히 들어 잘 알고 있는 많은 작품이 바로 그의 손과 영감에서 탄생하였다.

**베르디**
Giuseppe Fortunino
Francesco Verdi(1813~1901)

총 26편의 오페라를 남긴 작곡가 베르디의 작품은 초·중·후기로 나누어 구분한다. 초기의 대표작은 '히브리 노예들의 합창'으로 유명한 〈나부코〉로 오페라 역사상 가장 유명한 곡 중의 하나라고 할 수 있다. 중기의 대표작으로는 〈리골레토〉가 있으며, 웅장하고 스펙터클한 후기의 대표작 〈아이다〉는 푸치니가 오페라 작곡가가 되겠다는 결심을 하게 한 작품이기도 하다. 그 밖에도 〈라 트라비아타〉〈오텔로〉〈맥베스〉〈일 트로바토레〉 등 그의 작품은 지금까지도 자주 무대에 오르며 꾸준히 사랑받고 있다.

**몬테베르디**
Claudio Monteverdi(1567~1643)

드라마틱한 표현력을 가진 오래된 작품이자 비극인 그리스 비극의 '오르페우스'를 모티브로 한 〈오르페오〉는 당시 획기적인 공연이었다.

**로시니**
Gioacchino Antonio
Rossini(1792~1868)

경쾌한 오페라 〈세빌리아의 이발사〉는 지금까지도 꾸준히 공연되는 작품이며 그 밖에도 〈알제리의 이탈리아 여인〉〈신데렐라〉 등이 유명하다.

**도니체티**
Gaetano Donizetti(1797~1848)

비극적인 사랑 이야기와 아름다운 선율로 유명한 〈라메르무어의 루치아〉가 대표적이며 〈사랑의 묘약〉〈돈 파스쿠알레〉 등도 있다.

## 영화와 책으로 만나는 이탈리아
#### Cinema e Libro

### 글래디에이터 [1]
**Gladiator**
고대 로마 제국을 배경으로 한 영화로 러셀 크로의 강인한 매력이 화려한 고대 로마를 배경으로 화면 가득 채워진다. 영화를 보며 고대 로마의 생활상이나 콜로세움과 같은 유적들의 모습들을 상상해 볼 수 있다.
그 밖에도 〈쿠오바디스 Quo Vadis〉 〈벤허 Ben Hur〉 〈스파르타쿠스 Spartacus〉 등이 고대 로마를 배경으로 한 대표적인 영화로 꼽힌다.
방영 시 화제가 되었던 미국 드라마 〈롬 ROME〉도 흥미롭다. 시민들을 비롯하여 시저, 클레오파트라와 안토니우스, 초대 황제 옥타비아누스까지 고대 로마의 인물들이 생생히 살아 돌아온다.

### 달콤한 인생 [2]
**La Dolce Vita**
세계적으로 유명한 페데리코 펠리니 감독의 작품으로 오래된 흑백 영화이지만 명화의 반열에 있는 작품이다. 트레비 분수와 베네토 거리를 배경으로 한 장면이 특히 유명하다. 비록 진짜 트레비가 아닌 치네치타 세트장에서 촬영한 것이지만 많은 영화 팬들이 가장 기억에 남는 장면으로 꼽고 있다.

### 로마의 휴일 [3]
**Roman Holiday**
더 이상의 설명이 필요 없을 만큼 유명한 오드리 헵번 주연의 로맨스 영화. 작은 나라의 공주인 그녀가 미국 출신 신문기자 그레고리 펙과 로마에서 보낸 행복했던 하루의 이야기는 세계 영화 팬들의 기억 속에 깊숙이 남아 있다. 영화의 주요 배경이었던 스페인 광장 계단과 진실의 입은 일약 로마 최고의 명소가 되었으며, 그녀의 짧은 커트 머리는 세계 여성들 사이에 돌풍을 일으켰다.

### 리플리 [4]
**Talented Mr.Ripley**
알랭 드롱의 영화 〈태양은 가득히〉를 리메이크한 작품으로 앳된 모습의 맷 데이먼과 기네스 펠트로, 주드 로의 모습을 볼 수 있다. 영화에는 로마를 비롯해 이탈리아의 아름다운 장소들이 등장하기 때문에 마치 관광 홍보영화 같다는 느낌이 들 정도.

### 냉정과 열정사이 [5]
**冷静と情熱のあいだ**
이 영화를 보고 피렌체와 이탈리아 여행을 꿈꾸고, 로맨틱한 사랑

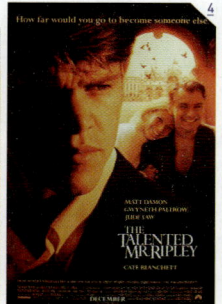

을 찾고 싶어 한 사람들이 한둘이 아닐 것이다. 오랜 세월에 걸친 두 연인의 절절한 이야기가 피렌체와 밀라노를 중심으로 펼쳐진다. 큰 인기를 끌었던 소설을 원작으로 한 만큼 소설과 영화를 비교해보는 것도 재미라고 할 수 있다. 이 영화에 등장한 피렌체의 두오모는 그 어떤 곳보다 강렬한 인상으로 남게 될 것이다.

## 그리스 로마 신화 [6]
**Myths of Greece & Rome**

비단 로마뿐 아니라 유럽을 재미있게 여행하려면 그리스 로마 신화를 꼭 읽고 떠나는 것이 좋다. 박물관에서 볼 수 있는 그림과 조각들의 모티브를 비롯하여 유럽 문화와 그리스 로마 신화는 불가분의 관계.

## 로마 제국 쇠망사 [7]
**The Decline and Fall of the Roman Empire**

에드워드 기본이 저술한 로마의 역사서. 18세기에 저술된 당대 최고의 역사서로 꼽히는 책으로 인도의 정치인 네루가 감옥에서도 열심히 탐독한 책이라고 한다. 원래는 집필만 12년이 걸리고 총 6권으로 이루어진 장서이지만 주요 부분을 발췌하여 펴낸 번역본이 많이 있다. 에드워드 기본의 장중한 필체는 200년이 지난 지금에도 생생한 역사의 감동을 전하고 있다.

## 괴테의 이탈리아 기행 [8]
**Italian Journey : 1786-1788**

독일의 대문호 괴테가 로마를 비롯한 이탈리아 전역을 여행하면서 쓴 기행문과 서간문을 묶은 책. 괴테는 로마에 오랜 기간 머물기도 했고, 이곳에서 많은 글을 쓰기도 했다. 그는 로마에서 '제2의 인생을 시작했다'고 표현했을 정도로 로마를 사랑했다. 대문호의 수려한 문장은 이탈리아와 로마에 대한 관심과 애정을 더욱 부추긴다.

## 천사와 악마 [9]
**Angel & Demons**

소설 〈다빈치 코드〉로 전 세계를 강타했던 댄 브라운의 또 다른 히트 소설로, 로마 시내가 주요 배경으로 나온다. 영화 〈다빈치 코드〉에서 열연한 톰 행크스가 〈천사와 악마〉에도 출연하며 영화에서도 시리즈물을 완성했다. 주인공 로버트 랭던 교수는 긴박한 상황 속에서 과학과 종교 간의 대립을 풀어 가는데, 하룻밤 사이 네 명의 추기경이 살해당하면서 소설이 시작된다.

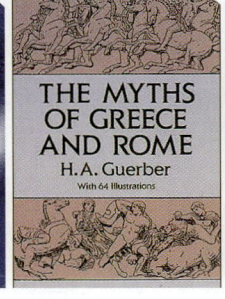
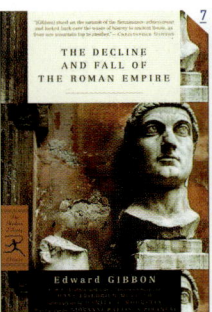
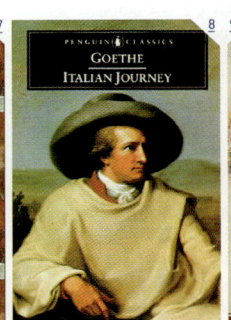
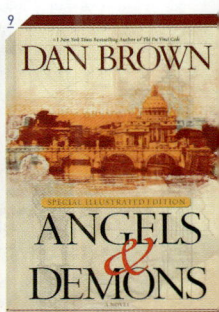

Inside Italia 07

# 베스트 여행지

**Miglior Posto**

모든 장소가 멋지고 아름답기만 한 이탈리아지만 그중에서도 반드시 꼭 방문할 만한 가치가 있는 대표 여행지를 체크해보자!

▲로마 _ 콜로세움 & 포로 로마노
**Colosseo & Foro Romano** | 고대 유럽을 지배했던 찬란한 로마 제국의 영광을 되새겨볼 수 있는 최고의 장소. 무너져버린 돌무더기가 아닌 2,000년이 넘는 오랜 역사를 간직하고 있는 인류의 문화유산이다.

▶로마 _ 트레비 분수 **Fontana di Trevi** | 뒤돌아 등 뒤로 동전을 던져 분수대 안으로 넣으면 로마에 다시 올 수 있다는 아름다운 이야기를 가진 이곳은 로마 최고의 명소 중 하나.

▲바티칸 시국 _ **바티칸 박물관 & 산 피에트로 대성당 Musei Vaticani & Basilica di San Pietro** | 가톨릭의 본산이자 교황이 머무는 바티칸 시국을 방문하면 〈최후의 심판〉〈천지창조〉와 더불어 성스러운 산 피에트로 대성당을 만날 수 있다.

▼피렌체 _ **두오모 Duomo di Firenze** | '꽃의 성모 마리아의 성당'이라 불리며 〈냉정과 열정 사이〉의 배경이 되었던 피렌체의 두오모는 연인들의 성지라 칭해진다. 이곳에 올라 내려다보는 피렌체의 전경은 오랜 시간이 지나고 나서도 잊을 수 없다.

Inside Italia 07

▲ 피렌체 _ 우피치 미술관 Galleria degli Uffizi |
르네상스 시대의 최고 작품들을 감상할 수 있는 이곳은 보티첼리의 〈비너스의 탄생〉〈프리마베라〉와 더불어 레오나르도 다빈치의 〈수태고지〉까지 만날 수 있는 아름다운 미술관이다.

▼ 시에나 _ 캄포 광장 & 두오모 Piazza del Campo & Duomo |
부채꼴 모양의 독특하고 아름다운 시에나의 캄포 광장은 7월과 8월에 열리는 팔리오 축제로 유명하다. 토스카나 주에서도 가장 고풍스럽고 아름다운 도시로 꼽히는 이곳을 방문하면 중세의 모습을 그대로 만날 수 있다.

▲ **친퀘테레 _ 해안 마을 하이킹 코스 Cinque Terre** | 해안가 절벽을 따라 소담히 들어서 있는 다섯 개의 작은 해안 마을은 아름다운 리구리아 해안의 보석 같은 명소다. 마을 사이를 따라 만들어져 있는 하이킹 코스를 따라가며 지중해의 햇살과 푸른 바다를 즐겨보자.

▼ **밀라노 _ 두오모 Duomo di Milano** | 하늘 높이 솟아있는 고딕 양식의 거대한 두오모는 바라만 보아도 저절로 경외심이 생기게 된다. 135개의 첨탑과 3,000여 개가 넘는 조각상 등 성당 자체가 하나의 예술 작품.

Inside Italia 07

Venezia

▲ 베네치아 _ 산 마르코 광장 Piazza di San Marco | 나폴레옹이 '유럽의 가장 우아한 응접실'이라 칭한 이곳은 이탈리아뿐 아니라 유럽에서도 아름다운 광장으로 손꼽히는 장소다. 낮과 밤 모두 독특한 분위기를 가지고 있는 이곳에서 유럽 여행의 여유로움을 만끽해보자.

▼ 아말피 해안 _ 소렌토~아말피 Costa d'Amalfi | 수많은 여행자가 '죽기 전에 여행해야 할 장소'로 꼽는 아말피 해안을 달려보자. 상쾌한 바람과 더불어 드라이브를 하며 절벽을 따라 펼쳐져 있는 푸른 해안과 아기자기한 마을들을 바라보면 마음은 저절로 행복해진다.

Amalfi

▲폼페이 _ 폼페이 유적지 Foro di Pompei | 베수비오 화산의 폭발로 한 순간에 재 속으로 사라진 고대의 도시 폼페이를 방문하면 타임머신을 타고 시간을 거슬러간 듯한 느낌을 받는다. 체계적이고 정교한 기술로 만들어진 2,000년 전의 고대 도시로 시간 여행을 떠나보자.

▼카프리 _ 카프리 섬 Isola di Capri | 투명하게 빛나는 푸른 동굴과 코발트 블루빛 바다는 여행자의 가슴을 낭만으로 가득하게 한다. 섬에서 바라다보이는 해안 절벽과 푸른 바다가 어우러져 있는 풍경은 그야말로 한 폭의 그림이다.

# 베스트 먹거리

**Miglior Cibo**

신선하고 건강한 요리로 대변되는 이탈리아 요리는 오늘도 미식가들을 행복하게 해준다. 향기로운 와인과 따끈한 요리가 테이블로 나오면 혹시나 그 맛이 변할까 '본 아페티토(맛있게 드세요)!'를 외치며 바로 음식을 먹기 시작하는 이탈리아 사람들의 식탁 풍경은 언제나 유쾌하고 행복하다.

## 이탈리아 정찬 코스

다양한 요리를 코스로 즐기는 식문화를 가진 이탈리아에서는 많은 레스토랑에서 정찬 코스를 제공한다. 순서는 아래와 같지만 모든 코스를 다 선택하면 양이 너무 많을 수 있다. 파스타만 먹고 나오고 싶을 수도 있겠지만 어느 정도 수준의 레스토랑에서 한 접시 달랑 먹고 나오는 것도 예의는 아니다. 이럴 경우 메인 요리 하나와 수프 또는 콘토르노 등 한 코스를 더 추가하면 좋다. 아니면 제2요리인 세콘도 피아토를 주문하고 제1요리인 프리모 피아토의 양을 반(Mezzo, 메조)으로 줄여서 주문해도 된다.

### 이탈리아 코스 순서

**1 아페리티보 Aperitivo** : 식전주로 와인이나 가벼운 칵테일 또는 에스프레소 등을 마시며 메뉴를 고른다. 필수는 아니니 꼭 주문할 필요는 없다.

**2 안티파스토 Antipasto** : 전채 요리로 주로 해물이나 야채로 만든 요리

**3 주파 Zuppa** : 스프 종류를 먹는 순서

**4 프리모 피아토 Primo Piatto** : 제1요리. 주로 파스타나 리조또 종류. 간단하게 먹고 싶을 때는 프리모 피아토만 주문하고 세콘도 피아토는 건너뛴다.

**5 세콘도 피아토 Secondo Piatto** : 제2요리. 메인 요리라 할 수 있으며 육류와 해물이 주재료

**6 콘토르노 Contorno** : 채소 샐러드나 따뜻하게 요리한 채소 요리로 세콘도 피아토와 같이 곁들여 먹는다.

**7 포르마조 Formaggio** : 치즈 종류를 맛보는 순서

**8 프루타 Frutta 또는 돌체 Dolce** : 디저트 과일 또는 과자나 아이스크림

**9 카페 Caffe 또는 디제스티보 Digestivo** : 커피나 식후주

# {리스토란테 정찬 대표 메뉴}

메뉴 선택 편의상 이탈리아어 / 현지 발음 / 설명 순

▶**안티파스토** Antipasto

**Affettati 에페타티**
살라미와 햄

**Anti pasto mist**
**안티 파스토 미스트**
모둠 전채 요리

**Bufala formaggio 부팔라 포르마조**
물소 치즈. 토마토가 함께 나오는 경우도 있다.

**Cocktail di gamberetti**
**코크테일 디 감베레티**
작은 새우 칵테일

**Carpaccio 카르파초**
생 쇠고기 슬라이스

**Frutti di mare**
**프루티 디 마레**
모둠 해물 요리

**Prosciutto e melone/fichi**
**프로슈또 에 멜로네/피키**
멜론 또는 무화과에 생 햄인 프로슈토를 얹어 먹는 음식

**Tuna carpaccio**
**투나 카르파초**
참치회

**Caprese 카프레제**
토마토와 모차렐라 치즈를 함께 맛보는 인기 전채 요리

037

## ▶ 주파 Zuppa

**Zuppa di cozze**
주파 디 코체
홍합과 토마토를 넣은 수프

**Zuppa di fagioli**
주파 디 파졸리
고소한 맛의 콩 수프

**Zuppa di mare e verdura**
주파 디 마레 에 베르두라
해산물과 채소 수프

**Zuppa di verdura**
주파 디 베르두라
채소 수프

**Zuppa e minestrone**
주파 에 미네스트로네
바질과 토마토, 채소가 들어간 수프

**Zuppa di patate e cipolle**
주파 디 파타데 에 치폴레
감자와 양파를 넣은 수프

## ▶ 프리모 피아토 Primo Piatto

**Pasta alla Carbonara**
파스타 알라 카르보나라
달걀, 베이컨, 페코리노 치즈를 넣어 만든 파스타

**Pasta alle Vongole**
파스타 알레 봉골레
올리브유에 바지막을 볶아서 만든 파스타

**Risotto alla Pescatore**
리소토 알라 페스카토레
해산물로 만든 쌀요리

**Pasta al nero di Seppia**
파스타 알 네로 디 세피아
오징어 먹물을 넣어 만든 베네치아 지역의 유명 파스타

**Pasta con Crema di Gamberetti**
파스타 콘 크레마 디 감베레티
새우 크림 파스타

**Pasta di Marinara**
파스타 디 마리나라
마늘과 토마토 소스를 듬뿍 넣은 해산물 파스타

**Ravioli 라비올리**
얇은 반죽에 양념한 고기,
치즈 등을 넣어 크림이나
토마토 소스로 요리한
파스타

**Pasta al Ricci**
**파스타 알 리치**
성게가 듬뿍 들어간
시칠리아 인기 파스타

**Pasta all'Aglio Olio e Peperoncino**
**파스타 알랄리오**
**올리오 에 페페론치노**
올리브유에 마늘과 페페논치노를 함께 넣
고 볶아서 만든 파스타

**Pasta al Pomodoro**
**파스타 알 포모도로**
토마토를 사용하여
만든 파스타

**Pasta alla Bolognese**
**파스타 알라 볼로네제**
토마토를 베이스로 간
고기를 넣어 만든 미트소스 파스타

> **TIP**
>
> ### 파스타 면 종류
>
> | 긴 면 | 짧은 면 | 스터프트 |
> |---|---|---|
> |  |  |  |
> | **Spaghetti 스파게티**<br>일반적인 국수 모양의 면 | **Gemelli 제멜리**<br>국수 두 가닥이 꼬여 있는 모양의 면 | **Ravioli 라비올리**<br>만두처럼 밀가루 반죽에 소를 넣는 면 |
> |  |  |  |
> | **Fettuccine 페투치네**<br>면발이 넓적한 면 | **Penne 펜네**<br>뾰족한 단면에 가운데가 비어 있는 면 | **Gnocchi 뇨끼**<br>감자와 밀가루로 만든 몽툭한 면 |
> |  |  | 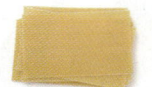 |
> | **Tagiatelle 탈리아텔레**<br>페투치네보다 넓적한 면 | **Macaroni 마카로니**<br>대표적인 숏파스타 | **Lasagna 라자냐**<br>얇게 밀어 넓적한 직사각형 모양의 면 |

## ▶세콘도 피아토 Secondo Piatto

Carne 까르네 : 고기 요리 / Pesce 페세 : 생선 요리 중 선택

**Arrosto di vitello**
아로스토 디 비텔로
로스트 비프

**Arrosto di maiale**
아로스토 디 마이알레
돼지고기 로스트

**Bistecca alla fiorentina**
비스테카 알라 피오렌티나
피렌체의 명물 티본 스테이크

**Cotoletta alla milanese**
코틀레타 알라 밀라네제
밀라노의 어린 송아지 고기 커틀릿

**Fritto misto di mare**
프리토 미스토 디 마레
여러 가지 생선과 오징어, 새우 등을 튀긴 요리

**Saltimbocca** 살팀보카
저민 송아지나 양고기 커틀릿에 소시지와 햄을 올리고 버터로 구운 로마 전통 요리

**Pesce alla griglia**
페세 알라 그릴리아
그릴에 구운 생선 요리

**Ossobuco** 오소부코
쇠고기 정강이 부위를 토마토와 함께 조리한 요리

> **TIP**
>
> ### 메인 요리 단어장
>
> **Abbacchio 아바키오** : 양고기
> **Agnello 아넬로** : 어린 양고기
> **Calamari 칼라마리** : 오징어
> **Conchillie 콘킬리에** : 조개
> **Coniglio 코닐료** : 토끼
> **Coratella 코라텔라** : 콩팥이나 심장 등의 내장
> **Cozze 코체** : 홍합
> **Gamberetti 감베레티** : 작은 새우
> **Maiale 마이알레** : 돼지고기
> **Manzo 만초** : 쇠고기
> **Pollo 폴로** : 닭고기
> **Sogliola 솔리올라** : 혀가자미
> **Spigola 스피골라** : 농어
> **Scampo 스캄포** : 집게새우
> **Tacchino 타키노** : 칠면조

▶ **콘토르노** Contorno

**Petto di pollo con insalata**
페토 디 폴로 콘 인살라타
닭 가슴살 샐러드

**Insalata mista**
인살라타 미스타
여러 가지 채소를 넣은 믹스 샐러드

**Patate al forno**
파타테 알 포르토
감자를 올리브 오일과 함께 오븐에 구운 요리

**Insalata di frutti di mare**
인살라타 디 프루티 디 마레
데친 해산물을 올리브 오일과 레몬즙으로 버무린 샐러드

**Spinaci al burro**
스피나치 알 부로
버터를 넣고 조리한 시금치

**Insalata verde** 인살라타 베르데
푸른 채소 위주의 그린 샐러드

**Vedure alla griglia**
베두레 알라 그릴리아
여러 가지 채소를 구워 소금을 뿌린 요리.
올리브 오일을 뿌려 먹는다.

▶ **포르마조** Formaggio

**Caplino**
카플리노
산양젖 치즈. 산뜻한 맛으로 우리 입맛에도 잘 맞다.

**Mozzarella** 모차렐라
흰색의 부드러운 치즈로 물소나 젖소의 젖으로 만든다. 나폴리가 있는 캄파냐주가 유명하다.

**Gorgonzola**
고르곤졸라
푸른 곰팡이 치즈.
블루 치즈의 일종이다.

**Pecorino** 페콜리노
양젖 치즈로 지역에 따라 부르는 이름이 조금씩 다르다.

## ▶돌체 Dolce

**Sorbetto 소르베토**
셔벗 종류

**Dolci della casa**
돌치 델라 카사
레스토랑에서 직접 만든 디저트

**Frutta di stagione**
푸르타 디 스따조네
계절 과일

**Gelato**
젤라토
아이스크림

**Macedonia di Frutta**
마체도니아 디 프루타
과일 펀치

**Torta al Cioccolato**
토르타 알 초콜라또
초콜릿 케이크

**Creme Caramel**
크레메 카라멜
커스터드 푸딩 종류

**Panna cotta 판나 코타**
생크림으로 만든 인기 디저트

**Tiramisu 티라미수**
티라미수 케이크

## 카페 & 바

하루에도 여러 잔의 커피를 마시는 이탈리아 사람들의 휴식처는 단골로 삼고 있는 주변의 바르(Bar)다. 여럿이 들어와 떠들썩하게 이야기하며 순식간에 커피나 술 한잔을 마시고 나가는 풍경은 이탈리아에서 흔하게 볼 수 있다. 좀 더 느긋한 분위기를 원한다면 살라 다 테(Sala da thè)나 카페(Caffè)를 가곤 한다.

### 좌석에 따라 가격이 달라진다

고급스러운 카페에도 서서 마시는 바 형태의 카운터가 있다. 이곳과 좌석에 앉을 때는 가격 차이가 두 배에서 네 배까지 날 수 있으므로 상황에 따라 선택하자.

서서 마신다면 계산대로 가서 주문하고 영수증(Scontrino)을 받아 카운터에 내고 주문 내용을 접수하면 된다. 주문 시 보통 €0.5 내외의 팁을 주는 경우가 많다. 빨리 나오는 것은 아니지만 보기 좋은 미소가 동반되곤 한다.

좌석에서 주문할 경우 직원이 주문을 받으러 오며 지불은 돌아갈 때 하면 된다. 기분 좋은 서비스를 받았다면 팁을 주는 것이 좋다.

### ▶ 이탈리아 카페 대표 메뉴

**Caffè** 까페 에스프레소 커피
**Caffè americano** 까페 아메리까노 아메리카노 커피
**Caffè correto** 까페 꼬레또 리큐어가 들어간 커피
**Caffè latte** 까페 라떼 카페라테
**Caffè macchiato** 까페 마끼아또 마키아토 커피
**Cappucino** 까푸치노 카푸치노
**Aqua Minerale** 아꾸아 미네랄레 생수(con Gas 탄산수, senza Gas 가스가 없는 물)
**Aranciata** 아란차타 탄산이 든 오렌지 주스
**Camomilla** 까모밀라 카모밀라 차
**Frullato** 프룰라또 밀크셰이크
**Gelato** 젤라또 아이스크림
**Granita** 그라니따 셔벗
**Grappa** 그라파 치나르와 포도를 짜고 남은 것으로 만든 도수 38도의 이탈리아 특산주
**Latte** 라떼 우유
**Latte macchiato** 라떼 마끼아또 소량의 커피가 들어간 우유
**Sambuca** 삼부카 강하고 달콤한 맛의 향초가 가미된 특산주
**Spremuta** 스프레무따 신선한 주스
**Succo dia Frutta** 수꼬 디 푸르따 넥타 풍의 프레시한 과일 주스
**Thè** 떼 홍차

## 피자

피자의 고향 이탈리아에서 맛보는 원조의 맛은 특별하다. 이탈리아의 피자 전문점 피제리아는 저마다 독특한 레시피를 가지고 있을 만큼 이탈리아 피자는 그 종류만 해도 헤아릴 수 없을 만큼 어마어마하다. 아래에서 대부분 피제리아에서 맛볼 수 있는 대표적인 피자를 소개하니 먹고 싶은 것을 콕 짚어 주문해 보자.

### 마리나라 피자
**Pizza Marinara**
토마토 소스와 마늘, 오레가노 향신료로 만드는 심플하고 담백한 맛의 저칼로리 피자

### 마레키아로 피자
**Pizza Marechiaro**
'Mare(바다)'라는 단어가 말해주듯 해산물이 첨가된 피자. 마르게리타에 해산물과 오레가노를 더한다.

### 프로슈토 에 풍기 피자
**Pizza Prosciutto e Funghi**
햄 종류인 프로슈토의 짠맛이 담백한 버섯을 만나 더욱 업그레이드 된 피자

### 디아볼라 피자
**Pizza Diavola**
'악마'라는 뜻의 피자로 살라미와 토마토소스, 모차렐라 치즈를 얹은 것. 살라미의 독특한 향이 풍미를 살려주고 있다.

### 나폴레타나 피자
**Pizza Napoletana**
멸치 종류의 젓갈인 앤초비가 들어가는 결정적 맛의 피자. 토마토와 모차렐라 치즈와 어우러져 절묘한 맛을 낸다.

### 시칠리아나 피자
**Pizza Siciliana**
치즈에 가지를 얹어 담백한 맛을 내는 피자. 시칠리아 지역에서 유래된 피자라 시칠리아나라는 이름이 붙었다.

### 콰트로 스타조니 피자
**Pizza Quattro Stagioni**
'사계'라는 뜻을 가진 모둠 피자인데 치즈와 햄, 양파, 아티초크, 버섯, 고기, 해산물 등 다양한 토핑을 얹는다. 서로 섞이지 않도록 해 4등분 하여 각각 재료를 얹어 구워낸다.

### 인살라타 피자
**Pizza Insalata**
담백한 맛을 즐기는 사람에게 적극 추천! 토마토와 루콜라(샐러드에 많이 들어가는 채소의 일종)를 비롯한 각종 채소, 모차렐라 치즈가 얹어진다.

### 콰트로 포르마지 피자
**Pizza Quattro Formaggi**
네 가지 치즈를 얹어 치즈 고유의 고소하고 풍부한 맛을 100퍼센트 살린 피자. 주로 고르곤졸라, 폰티나, 에멘탈, 모차렐라, 브리, 카망베르 중에서 선택된다.

### 마르게리타 피자
### Pizza Margherita
토마토 소스(적색)와 모차렐라 치즈(백색), 바실리코(녹색)를 주재료로 한 가장 인기 많고 대중적인 피자. 세 가지 재료는 이탈리아 국기를 연상시키며 1889년 요리 경진대회에서 우승을 차지하며 화려하게 등장했다. 이름도 당시 여왕이었던 마르게리타에서 따왔다고 한다.

### 페스카토라 피자 Pizza Pescatora
조개, 새우, 오징어 등 여러 가지 해산물을 얹어 바다의 향이 듬뿍 담긴 피자

### 카프리초사 피자 Pizza Capricciosa
'변덕쟁이'라는 뜻으로 가게나 시즌마다 토핑 재료가 바뀐다. 버섯, 올리브, 햄, 소시지, 달걀 등 많은 재료를 얹어 맛이 풍부하다.

### 칼초네 Calzone
모차렐라와 햄을 기본으로 올리브나 버섯을 넣은 후 반으로 접어 구운 반달모양의 조금 특이한 피자

## Talk 이탈리아 피자 이모저모

이탈리아의 피자는 두툼한 미국식 피자와 달리 뜨거운 화덕에서 바삭바삭하게 구워내는 얇은 형태다. 위에 얹는 토핑의 재료로는 수많은 종류가 있는데, 마르게리타처럼 일반적인 피자를 비롯해 각 지방의 특산물을 얹어 고장의 특색을 잘 나타내는 것도 있다. 담백하고 고소한 맛은 화덕에서 굽기 때문인데, 특히 나폴리 근처의 베수비오 화산의 돌로 만든 화덕을 최고로 평가한다.

나폴리 피자는 이탈리아에서도 최고의 맛으로 인정받는다. 유명세를 업고 별별 피자가 난무하자 나폴리 당국은 '진짜 나폴리 피자의 규격'을 발표하기도 했다. 한가운데 두께가 0.3센티미터를 넘지 않으며, 전기 화덕 사용은 금물, 지름이 35센티미터를 넘으면 안 된다는 등 까다로운 조항을 담고 있다.

피자를 한끼로 치는 우리와는 달리 이탈리아에는 주로 피자를 간식으로 많이 먹는다. 피자 판매점은 수십 가지의 다양한 피자를 무게대로 달아 파는 조각 피자집과 정식 피자를 먹을 수 있는 피제리아로 나뉜다. 물론 피제리아의 피자가 더 맛있는 경우가 대부분이니 이왕이면 맛난 곳을 찾아보자.

# 젤라토

이탈리아의 필식 메뉴인 아이스크림,
젤라토를 맛보려면 바로 젤라토 전문점인 '젤라테리아'로 가자!

▶ **젤라토 구입 순서**

1. 보통 입구 쪽에 티켓 끊는 곳이 있으니 원하는 크기를 정하고 티켓을 구입한다.
2. 보통 작은 크기는 두세 가지 맛을 선택가능하고 콘(Con)과 컵(Coppeta) 중에 원하는 것을 고른다.
3. 쇼케이스 쪽으로 가서 원하는 젤라토 종류를 말하거나 손으로 가리키면 된다.
4. 'Con panna 꼰 판나? (생크림 얹어줄까요?)'라고 묻는다면 취향에 따라 선택! 대부분 무료이니 원한다면 'Si! 씨! (네)'라고 대답하자.

**주문할 때 알아두면 유용한 단어**

Amarena 아마레나 체리와 우유 혼합
Ananas 아나나스 파인애플
Anguria 앙구리아 수박
Arancia 아란챠 렌지
caffè 까페 커피
Cioccolato 초콜라또 초콜릿
Coco 코코 코코넛
Crema 끄레마 크림 바닐라 아이스크림
Fragola 프라골라 딸기
Frutti di bosco 프루띠 디 보스코 산딸기
Joghurt 요거르트 요구르트
Latte 라떼 우유
Limoncello 리몬첼로 리몬첼로 술이 들어간 젤라토
Limone 리모네 레몬
Mango 망고 망고
Mela 멜라 사과
Melone 메로네 멜론
Menta 멘타 민트
Nocciola 노촐라 헤이즐넛
Pesca 페스카 복숭아
Pistachio 피스타키오 피스타치오
Riso 리소 쌀
Straciatella 스트라차텔라 초코칩
Tiramisù 티라미수 티라미수

# 와인

간단하건 푸짐하건 이탈리아 사람들이 항상 식사 때마다 곁들이는 것이 바로 와인! 우리에게는 프랑스 와인이 더 유명하지만, 이탈리아도 그에 못지않은 훌륭한 와인을 생산한다. 또한 고장마다 독특한 특색과 맛을 지닌 향토 와인들도 풍부해 여행지마다 맛보는 즐거움도 매우 크다.

### 유구한 역사

고대 그리스인들이 '와인의 나라'라는 뜻의 '에노토리아'라고 불렀을 정도인 이탈리아이니 그 역사를 짐작해볼 수 있다. 황제와 수많은 로마의 영웅들이 즐겼으며 폼페이 유적지에도 79년 그날의 모습을 간직한 와인 항아리가 발견된 바 있다.
고대 로마의 병사들은 전쟁터에 나갈 때 포도 씨앗을 가져가 영토를 정복할 때마다 그곳에 심었다고 하니 유럽 각지의 와인 생산은 이탈리아 사람들의 노력 덕분이라 할 수 있겠다.

### 향토색이 짙은 이탈리아 와인

남북으로 긴 이탈리아는 지방마다 기후 환경이 다른 덕분에 고장마다 와인 맛이 특색을 갖고 있다.
이탈리아 북부에서는 진한 레드와인과 샴페인 스푸만테가 유명하며, 완만한 구릉지가 많은 중부 지역에서는 신선하고 부드러운 맛이 특징인 키안티 와인이 생산된다. 뜨거운 햇볕이 내리쬐는 남부에서는 알코올 도수가 높은 무게감 있는 와인을 생산한다. 더욱이 우리나라보다 이 모든 와인을 훨씬 저렴하게 제대로 맛볼 수 있으니 애호가들에게는 천국과 다름없다.

### 와인에도 급이 있다

와인의 등급은 가장 저렴한 테이블 와인 Vino da Tavola, 생산지 표시가 되어 있는 I.G.T, 통제 원산지 호칭 D.O.C 와인, 가장 상위등급인 D.O.C.G 와인으로 구분된다. 등급이 매겨지면 라벨에 표시하여 공급한다. 이것은 어디까지나 구분일 뿐이지 등급이 높다고 하더라도 내 입맛에 꼭 맞으리라는 법은 없다. 특히 대부분은 저렴한 테이블 와인이지만 그중에서도 높은 가격과 평가를 유지하고 있는 티냐넬로와 솔라이아 등도 있다.

### 그래도 대표는 D.O.C.G

200종 이상인 D.O.C 와인도 엄밀하게 구분된 생산 지역이 있으며 포도 종류와 알코올 함유량, 제조법, 저장법, 미각상의 특징이 법정 특별제조 기준에 맞는 것이지만, 이보다 더 높은 등급이 바로 통제보증원산지호칭 D.O.C.G(Denominazione Origine Controllata Garantita) 와인이다. 이 등급에 해당하는 와인은 피에몬테산 레드와인인 바롤로(Barolo), 바르바레스코(Barbaresco)와 에밀리아 로마냐의 화이트와인 알바나 디 로마냐(Albana di Romagna), 토스카나 레드와인인 키안티(Chianti), 비노 노빌레 디 몬테풀차노(Vino Nobile di Montepulciano), 브루넬로 디 몬탈치노(Brunello di Montalcino) 등이니 이탈리아를 방문했다면 꼭 맛보자.
내 입맛에 딱 맞는 와인을 찾아 그것을 맛보는 순간에는 아름답고 풍요로운 이탈리아 와인 농장의 풍경이 눈앞에 펼쳐지는 듯한 착각마저 들지도 모른다.

## 이탈리아 요리? 향토 요리?

'이탈리아에는 이탈리아 요리가 없고 오직 향토 요리만 있다'라는 말이 있다. 그도 그럴것이 1861년 통일국가가 되기 전까지 각 고장은 자기만의 맛과 레시피로 고유의 맛을 유지해왔기 때문이다. 하지만 전국을 아우르는 맛의 본좌는 있는 법! 이탈리아 사람들이 특히 즐기는 제철음식들을 맛보기 위해 전국을 여행하는 시도는 그리 낯설지 않다.

이탈리아는 북부 지역은 프랑스와 가까운 지역으로 버터와 생크림을 많이 사용하는 경우가 많다. 남부로 가면 토마토나 올리브 오일을 많이 사용해 같은 파스타 요리라 해도 그 느낌이 많이 달라진다. 아무래도 여러 국가와 인접해있는 북부 지역이 외국 요리의 영향을 더 많이 받았고, 또 시칠리아 지역은 이슬람의 영향을 받아 아랍 요리의 흔적을 만날 수 있다. 그러니 이탈리아의 다양한 모습을 이해하기 위해서 먼저 그 고장의 음식부터 맛보도록 하자!

## 이탈리아 제철 음식

**4월 · 5월**
오징어, 로마네스코, 잠두(누에콩), 아스파라거스, 아티초크, 호박꽃

**4월 · 5월 · 9월 · 10월**
블랙 트뤼플 버섯

**5월 · 6월**
홍합, 아스파라거스, 호박, 멜론, 딸기

**5월~8월** 가지

**10월 · 11월**
버섯, 화이트 트뤼플 버섯, 밤

**11월 · 2월**
라디치오(이탈리안 치커리)

**연중**
조개, 육류, 치즈 등

## 하루 다섯 끼를 먹는 사람들

세끼 먹는 것도 힘든 바쁜 사회에서 다섯 끼를 먹다니! 놀랍게도 전형적인 이탈리아인은 하루 다섯 끼를 먹는다. 아침은 간단하게 커피와 빵, 비스킷과 더불어 진한 에스프레소 한잔을 거르지 않는다. 가벼운 아침식사를 하다보니 금방 배가 고파져서 점심을 먹기 전 커피와 간식용 빵을 먹는 '스푼티노 Spuntino(스낵)' 시간을 갖는다. 오후 1시에서 2시경 본격적인 점심 식사를 하게 되는데 점심시간이 길다보니 집에 와서 식사를 하거나 근처 레스토랑에서 푸짐하게 즐기는 사람도 많다. 또 오후 5시 경에는 '메란다(Meranda)'라고 하는 간식시간을 가져 피자나 케이크를 먹는다. 그렇다면 저녁 식사는? 저녁은 오후 8시쯤이 되어서야 온 가족이 모여 앉아 특유의 수다를 곁들여 흥겨운 분위기 속에서 느긋하게 즐긴다.

## 이탈리아 음식점, 무엇이 있나?

워낙 세계 각지에서 관광객들이 오는 이탈리아니 유명한 식당에서 식사를 하는 것도 때론 어렵다. 성수기라면 붐비는 레스토랑은 반드시 사전 예약을 하는 것이 헛걸음을 하거나 오래 기다리지 않는 지름길이다.

물론 유명한 식당에는 대부분 영어가 가능한 직원이 있지만 그래도 자주 쓰이는 유용한 이탈리아 단어와 문장을 알아두면 유용하다.

● 리스토란테 **Ristorante**
고급 레스토랑으로 격식을 차린 분위기가 많아 복장도 정장을 하고 가는 경우가 많다.

● 트라토리아 **Trattoria** & 오스테리아 **Osteria**
레스토랑보다 부담없는 분위기로 가벼운 식사를 하고 싶을 때 가면 된다. 트라토리아는 일반 식당이라 길거리에서 가장 많이 볼 수 있고, 오스테리아는 선술집같은 분위기를 가진 곳이 많다.

● 피제리아 **Pizzeria**
수 십 가지 종류의 다양한 피자를 맛볼 수 있는 곳. 정식 피제리아도 있고 무게대로 달아 파는 곳도 있다.

● 카페테리아 **Caffetteria**
간단한 식사를 할 수 있는 곳으로 이미 만들어져 진열되어 있는 음식을 고른 후 계산하면 된다.

● 타볼라 칼다 **Tavola Calda** & 로스티체리아 **Rosticceria**
카페테리아와 비슷한 분위기로 테이크 아웃도 가능하다.

● 젤라테리아 **Gelatteria**
디저트로 안성맞춤인 아이스크림 전문점

● 에노테카 **Enoteca**
주로 이탈리아 와인을 맛볼 수 있는 와인 바. 와인과 어울리는 음식 메뉴도 함께 있어 더불어 식사까지 즐길 수 있다.

● 바르 **Bar**
커피도 마시고 아침에 에스프레소와 함께 아침을 해결하기 좋은 곳. 실내나 야외 좌석에 앉으면 자릿세가 붙어 바 앞에서 서서 먹고 마시는 것이 저렴하다.

● 비레리아 **Birreria**
생맥주와 더불어 간단한 안주 음식을 판매한다.

### TIP
#### 식당에서 유용한 기본 단어 및 회화

**유용한 기본 단어**

계산서 il conto [일 꼰또]
나이프 il coltello [일 꼴델로]
냅킨 il tovogliolo [일 또보리올로]
닭고기 il pollo [일 뽈로]
돼지고기 il maiale [일 마이알레]
레드와인 vino rosso [비노 로쏘]
맥주 birra [비라]
메뉴판 il menu [일 메누]
밥 il riso [일 리조]
빵 pane [빠네]
사과 la mela [라 멜라]
샌드위치 panino [빠니노]
샐러드 l'insalata [린쌀라따]
생선 il pesce [일 뻬쉐]
서비스 요금 Servizio [쎄르비지오]
la mancia [라 만챠]
소금 sale [쌀레]
쇠고기 il manzo [일 만쪼]
스푼 il cucchiaio [일 꾹끼아이오]

양고기 l'agnello [라넬로]
오렌지 l'arancia [라란치아]
와인 vino [비노]
음료 bere [베레]
주문 l'ordinazione [로르디낫찌오네]
주스 il succo [일 쑥꼬]
테이블 차지 Coperto [코뻬르또]
포도 l'uva [루봐]
포크 la forchetta [라 포르껫따]
해산물 i frutti dia mare [이 후룻띠 디 마레]
화이트와인 vino bianco [비노 비앙꼬]

**유용한 회화 문장**

두 명 예약하고 싶습니다.
**Vorrei predare per due persone**
[보레이 쁘레다레 뚜에 뻬르소네]

메뉴를 보겠습니다.
**Posso vedere il menu?**
[뽀쏘 붸데레 일 메누?]

추천 요리는 무엇입니까?
**Che cosa consiglia?**
[께 꼬사 꼰실리아?]

특별 요리는 무엇입니까?
**Quale la specialita?**
[꾸알레 라 스페찰리따?]

아이스크림 하나 주세요
**Un gelato per favore.**
[운 젤라또 뻬르 화보레]

여기서 먹을 겁니다.
**Mangiamo qui.** [만지아모 뀌]

계산해 주세요
**Il conto per favore.**
[일 꼰또 뻬르 화보레]

카드 계산도 됩니까?
**Accettate la carta di credito?**
[앗쳇따떼 라 까르다 디 끄레디또?]

맛있었어요
**E'molto buono.** [에 몰또 부오노]

# 베스트 쇼핑

**Miglior Shopping**

어디를 가나 자꾸만 지갑이 열리는 이탈리아지만 이왕 시작한 쇼핑이라면 조금 더 똑똑하고 알뜰하게 즐기자. 여기서는 이탈리아의 베스트 쇼핑 포인트와 꼭 사올 만한 '핫'한 아이템들을 소개한다.

## 신상 명품

대도시 시내의 주요 쇼핑 거리에서는 이탈리아를 비롯한 세계 각국의 유명 브랜드들을 모두 만나볼 수 있다. 올해 선보인 따끈따끈한 신상품을 원한다면 시내 매장과 백화점으로 직행하자.

### 추천 쇼핑 포인트

로마 콘도티 거리 p.124
피렌체 토르나부오니 거리 p.294
밀라노 몬테 나폴레오네 거리 p.402
밀라노 비토리오 에마누엘레 2세 갈레리아 p.400
밀라노 리나센테 백화점 p.406

## 스테디셀러 명품

기본적인 디자인이라 매년 나오는 스테디셀러 상품은 아웃렛에서 구입하는 것이 현명하다. 또한 지난 시즌 상품까지 저렴하게 살 수 있으니 알뜰 쇼핑족이라면 이곳을 지나칠 수는 없다.

### 추천 쇼핑 포인트

로마 카스텔 로마노 p.177
피렌체 더 몰 p.306
피렌체 프라다 스페이스 p.307
밀라노 세라발레 아웃렛 p.407

## 식재료

직접 요리하는 것을 좋아하는 사람이라면 틀림없이 사고 싶은 식재료가 너무 많을 것이다. 도시마다 식재료 전문 상점도 많고 밀라노 리나센테 백화점의 식품관과 고급 식품점 잇탈리(EATALY), 펙(Peck)도 추천 쇼핑 장소다.

**추천 아이템**
커피, 파스타, 향신료,
올리브유, 발사믹 식초,
각종 소스

## 문구

이탈리아 장인의 손길이 닿은 아름다운 문구류는 소장가치가 충분하다. 쓰지 않고 보고만 있어도 흐뭇해지는 이탈리아 문구는 나와 소중한 사람들을 위한 멋진 선물 아이템이다.

**추천 아이템**
깃털 만년필, 편지지, 수첩, 액자,
달력, 카드, 연필 등

**추천 브랜드**
파브리아노 p.141
일 파피로 p.273
줄리오 지아니니 에 휘로이 p.305

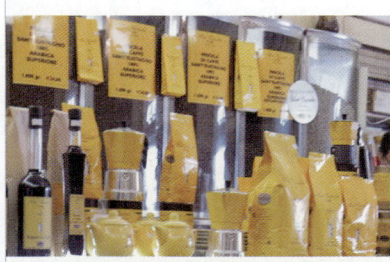

## 패션 잡화 및 화장품

보다 매끈한 피부를 위한 화장품과 패션 센스를 한층 업그레이드해주는 패션 잡화 상품들도 우리의 방문을 기다리고 있다.

**추천 쇼핑 포인트**
산타 마리아 노벨라 약국 p.272

**추천 아이템**
핸드메이드 가죽장갑, 합리적인 가격의 중저가 이탈리아 잡화 브랜드, 스타킹, 란체리, 넥타이, 천연 화장품

**추천 브랜드**
SERMONETA GLOVES, CALZEDONIA, YAMAMAY, INTIMISSIMI, CAMICISSIMA

## 각종 기념품

여행을 마치고 한국으로 돌아올 때 생각나는 사람들에게 폭~ 안기기 좋은 다양한 이탈리아 기념품 중 특별히 추천하는 상품은 아래와 같다.

**추천 아이템**
초콜릿, 와인, 이탈리아 과자, 포켓 커피, 인스턴트 파스타 & 리조토, 모카포트, 마그네틱, 리몬첼로 등 레몬 관련 제품, 성물, 열쇠고리, 연필, 나무 수공예품, 그릇, 가죽 소품, 골동품, 베네치아 유리 공예품, 레이스 공예품, 가면 공예품, 풍경을 담은 타일들

### TIP

#### 대한민국 vs. 이탈리아 사이즈

**옷 Abito**

| 여성 | XS | S | M | L | XL |
|---|---|---|---|---|---|
| 한국 사이즈 | 44 | 55 | 66 | 77 | 88 |
|  | 85 | 90 | 95 | 100 | 105 |
| 이탈리아 사이즈 | 23~24 | 25~26 | 27~29 | 30~32 | 33~35 |
|  | 36 | 38~40 | 42~44 | 46~48 | 50~52 |

| 남성 | S | M | L | XL | XXL |
|---|---|---|---|---|---|
| 한국 사이즈 | 90 | 95 | 100 | 105 | 110 |
|  | 15 | 15.5 | 16 | 16.5 | 17 |
| 이탈리아 사이즈 | 37~38(셔츠) | 39~40 | 41~42 | 43~44 | 45~46 |
|  | 42~44(슈트) | 46~48 | 50 | 52 | 54 |

**속옷 Biancheria intima**

| 한국사이즈 | 65 | 70 | 75 | 80 | 85 | 90 | A | B | C | DD |
|---|---|---|---|---|---|---|---|---|---|---|
| 이탈리아 사이즈 | 30 | 32 | 34 | 36 | 38 | 40 | AA | A | B | C |

**신발 Scarpe**

| 한국 여성 사이즈 | 220 | 225 | 230 | 235 | 240 | 245 | 250 | 255 | 260 | 265 | 270 |
|---|---|---|---|---|---|---|---|---|---|---|---|
| 이탈리아 사이즈 | 35 | 35.5 | 36 | 36.5 | 37 | 37.5 | 38 | 38.5 | 39 | 39.5 | 40 |
| 한국 남성 사이즈 | 240 | 245 | 250 | 255 | 260 | 265 | 270 | 275 | 280 | 285 | 290 |
| 이탈리아 사이즈 | 39 | 39.5 | 40 | 40.5 | 41 | 41.5 | 42 | 42.5 | 43 | 43.5 | 44 |

# 베스트 코스
### Miglior Corso

역사와 문화의 도시를 둘러본다!

## 로마 & 피렌체 8일 코스

짧은 시간 동안 이탈리아의 정수를 느끼고 싶다면 이 코스를 선택하자. 수천 년의 역사가 응집된 로마와 르네상스 시대의 영광을 고스란히 간직하고 있는 피렌체로의 여행은 언제나 기대되는 일정이다. 더욱이 근교에는 꼭 가볼 만한 작은 마을들도 수없이 많아 선택이 어려울 정도!

### 이동방법
- 한국↔이탈리아 항공권은 로마 인, 피렌체 아웃으로 구입하면 편리하다. 되도록 두 도시를 모두 취항하는 항공사를 선택하자.
- 로마와 피렌체 구간은 기차나 버스를 이용하면 되고, 인터넷에서 미리 기차표를 예약하면 저렴하게 이용할 수 있다.

| 일차 | 여행지 | 일정 | 숙박 |
|---|---|---|---|
| 1일 | 인천 공항 출발<br>로마 도착 | 비행기 12시간~ | 로마 숙소 도착 후 휴식 |
| 2일 | 로마 | 로마 시내 관광(콜로세움, 포로 로마노 등) | 로마 숙박 |
| 3일 | 로마 | 로마 시내 관광(바티칸 시국 등) | 로마 숙박 |
| 4일 | 로마 / 시에나 or 아시시 / 피렌체 | 근교 도시 시에나 또는 아시시 선택 여행<br>(기차 1시간 30분), 피렌체로 이동 | 피렌체 숙박 |
| 5일 | 피렌체 | 피렌체 시내 관광 | 피렌체 숙박 |
| 6일 | 피렌체 | 근교 도시 피사, 친퀘테레, 루카 등 선택 여행 | 피렌체 숙박 |
| 7일 | 피렌체 공항 출발 | 비행기 16시간~ | |
| 8일 | 인천 공항 도착 | | |

### 여행꿀팁
① 밀라노 관광의 하이라이트인 〈최후의 만찬〉은 사전 예약해두지 않으면 관람이 힘들다. 반드시 방문 전 인터넷이나 전화를 이용해 한국에서 예약해 두자.
② 우피치 미술관도 예약 없이는 두 시간 이상 대기할 수 있다. 사전 예약하는 것이 성수기에는 안심이다.
③ 베네치아에서는 로맨틱함이 가득한 곤돌라를 타보자. 특히 밤에 타는 것이 더 비싸지만 분위기는 훨씬 좋다.

핵심 4개 도시를 아우르는 알짜 여행 코스!

## 밀라노 & 베네치아 & 피렌체 & 로마 10일 코스

이탈리아를 처음으로 여행하는 여행자들이 가장 선호하는 핵심 4대 도시 여행 코스는 풍요롭고 아름다운 이탈리아의 모습을 만끽할 수 있는 루트라 할 수 있다. 일정이 짧아 근교도시는 많이 둘러보지 못하는 점이 조금 아쉬우니 하루이틀 시간이라도 조금 더 머물 수 있다면 근교의 작은 마을들도 함께 둘러보는 여유로운 일정을 계획해보자.

### 이동방법
- 밀라노-베네치아-피렌체-로마 구간만 기차로 이동할 예정이라면 인터넷 홈페이지에서 미리 구매하는 것이 이탈리아 패스 구입보다 저렴할 수 있으니 비교 후 구입하자.
- 이탈리아에서도 가장 많은 여행자가 몰리는 구간이니 원하는 시간에 이용하려면 사전 예매는 필수다.

| 일차 | 여행지 | 일정 | 숙박 |
|---|---|---|---|
| 1일 | 인천 공항 출발<br>밀라노 도착 | 비행기 12시간~ | 밀라노 숙소 도착 후 휴식 |
| 2일 | 밀라노 | 밀라노 시내 관광(두오모, 최후의 만찬 등) | 밀라노 숙박 |
| 3일 | 밀라노 / 베네치아 | 오전에 베네치아로 이동하여<br>시내 종일 여행(기차 1시간 30분) | 베네치아 숙박 |
| 4일 | 베네치아 / 피렌체 | 오전에 피렌체로 이동하여<br>시내 종일 여행(기차 1시간 30분) | 피렌체 숙박 |
| 5일 | 피렌체 | 근교 도시 피사, 친퀘테레, 루카 등 선택 여행<br>또는 피렌체 시내 여행 | 피렌체 숙박 |
| 6일 | 피렌체/ 시에나 or 아시시 / 로마 | 오전에 시에나 또는 아시시로 이동하여 여행<br>저녁 로마 도착 | 로마 숙박 |
| 7일 | 로마 | 로마 시내 관광(콜로세움, 포로 로마노 등) | 로마 숙박 |
| 8일 | 로마 | 로마 시내 관광(바티칸 시국 등) | 로마 숙박 |
| 9일 | 로마 공항 출발 | 비행기 16시간~ | |
| 10일 | 인천 공항 도착 | | |

### 여행 꿀팁
① 항공권은 밀라노나 로마 왕복보다는 밀라노 인, 로마 아웃으로 구입하는 것이 편리하다. 대한항공, 유럽 대부분 항공사와 더불어 일부 중동, 아시아 계열 항공사 등 두 도시 모두를 취항하는 항공사는 꽤 많다.
② 여행 일정은 로마에서 시작하여 밀라노에서 끝마치는 반대 코스로 잡아도 무방하다. 특히 쇼핑에 방점을 두는 여행자들은 일정을 반대로 하여 밀라노에서 더욱 여유로운 쇼핑을 하는 것이 낫다.

**Inside Italia 10**

5개 대표 도시를 여행하는 이탈리아 정복 코스!

## 로마 & 나폴리 & 피렌체 & 베네치아 & 밀라노 15일 코스

2주간의 일정이 가능하다면 이탈리아의 대표 5개 도시를 모두 여행할 수 있다. 한 도시에 머무는 기간도 여유가 있어 근교 마을들도 한두 개씩은 둘러볼 수 있는 일정이다. 로마에서 시작해 밀라노에서 끝나는 일정이지만 항공 사정에 따라 자유롭게 변경하면 된다.

### 이동방법
- 로마–나폴리–피렌체–베네치아–밀라노 구간과 더불어 근교 도시까지 여행하는 일정이니 이탈리아 패스를 구입해 도시별 이동일에 근교 여행까지 다녀오면 패스를 절약하여 알뜰하게 여행할 수 있다.
- 가장 많이 붐비는 구간이니 사전 예매나 좌석 예약은 필수!

| 일차 | 여행지 | 일정 | 숙박 |
|---|---|---|---|
| 1일 | 인천 공항 출발<br>로마 도착 | 비행기 12시간~ | 로마 숙소 도착 후 휴식 |
| 2일 | 로마 | 로마 시내 관광 (콜로세움, 포로 로마노 등) | 로마 숙박 |
| 3일 | 로마 / 아시시 or 오르비에토 / 로마 | 근교 도시 아시시 또는 오르비에토 여행 | 로마 숙박 |
| 4일 | 로마 | 로마 시내 관광(바티칸 시국 등) | 로마 숙박 |
| 5일 | 로마 / 나폴리 | 오전에 나폴리로 이동하여<br>시내 종일 여행(기차 1시간 30분) | 나폴리 숙박 |
| 6일 | 나폴리 / 폼페이 & 소렌토 & 아말피 해안 / 나폴리 | 근교 도시 폼페이와 아말피 해안 마을 여행 | 나폴리 숙박 |
| 7일 | 나폴리 / 카프리 / 나폴리 / 피렌체 | 카프리 섬 여행 후 저녁에 피렌체로 이동<br>(기차 2시간 50분) | 피렌체 숙박 |
| 8일 | 피렌체 | 피렌체 시내 여행 | 피렌체 숙박 |
| 9일 | 피렌체 | 근교 도시 피사, 친퀘테레, 루카 등 선택 여행 | 피렌체 숙박 |
| 10일 | 피렌체 / 베네치아 | 피렌체에서 베네치아로 이동<br>당일 베로나 등 근교 여행 | 베네치아 숙박 |
| 11일 | 베네치아 | 베네치아 시내 여행 | 베네치아 숙박 |
| 12일 | 베네치아 / 밀라노 | 오전에 밀라노로 이동하여 시내 여행 | 밀라노 숙박 |
| 13일 | 밀라노 | 밀라노 시내 여행 또는<br>만토바 or 코모 호수 등 근교 여행 | 밀라노 숙박 |
| 14일 | 밀라노 공항 출발 | 비행기 16시간~ | |
| 15일 | 인천 공항 도착 | | |

**여행 꿀팁**

이탈리아 패스를 사용하여 대도시에서 대도시로 이동하는 날에 근교 마을까지 함께 여행하면 기차 패스를 제대로 활용 수 있다. 여의치 않을 경우는 저렴한 근교 도시 기차 티켓은 따로 구입하고 패스는 사용하지 않는 것이 경제적이다.

## 이탈리아 전국 일주!
## 베네치아~시칠리아 25일 코스

3~4주간의 여행 기간이 주어진다면 이탈리아의 주요 도시를 중심으로 남북 횡단도 가능하다. 도시나 마을마다 독특한 분위기가 있어 여행지를 옮길 때마다 전혀 다른 나라들을 여행하는 듯한 느낌까지 든다. 아래 일정은 도시마다 최소 일정이니 여유로운 일정을 원한다면 총 여행기간을 3~4일이라도 늘리는 것이 좋다.

### 이동방법
- 이동이 많으니 일정에 맞는 이탈리아 패스를 구입하고 예약 필수 구간은 사전에 좌석 예약을 마치는 것이 안심이다.

| 일차 | 여행지 | 일정 | 숙박 |
|---|---|---|---|
| 1일 | 인천 공항 출발<br>베네치아 도착 | 비행기 16시간~ | 베네치아 숙소 도착 후 휴식 |
| 2일 | 베네치아 | 베네치아 시내 여행 | 베네치아 숙박 |
| 3일 | 베네치아 | 베로나, 부라노 섬 등 근교 여행 & 시내 여행 | 베네치아 숙박 |
| 4일 | 베네치아 / 밀라노 | 오전에 밀라노로 이동하여<br>시내 여행 | 밀라노 숙박 |
| 5일 | 밀라노 | 코모 호수 등 근교 여행 후 오후 시내 여행 | 밀라노 숙박 |
| 6일 | 밀라노 / 제노바 | 오전에 제노바로 이동하여 오후 시내 여행 | 제노바 숙박 |
| 7일 | 제노바 / 친퀘테레 / 피렌체 | 근교 친퀘테레로 이동하여 종일 여행 후<br>저녁에 피렌체로 이동 | 피렌체 숙박 |
| 8일 | 피렌체 | 피렌체 시내 여행 | 피렌체 숙박 |
| 9일 | 피렌체 | 피에솔레 등 근교 마을 비롯한 피렌체 시내 여행 | 피렌체 숙박 |
| 10일 | 피렌체 / 시에나 or 피사 or 루카 / 로마 | 근교 도시 피사, 루카, 시에나 등에서 1~2곳 선택 여행 후 저녁에 로마로 이동 | 로마 숙박 |
| 11일 | 로마 | 로마 시내 여행(콜로세움 등) | 로마 숙박 |
| 12일 | 로마 | 로마 시내 여행(바티칸 시국) | 로마 숙박 |
| 13일 | 로마 / 근교 도시 / 나폴리 | 오전에 아시시 또는 나폴리 근교 도시로<br>이동하여 여행 후 나폴리 도착 | 나폴리 숙박 |
| 14일 | 나폴리 / 폼페이 & 소렌토 / 나폴리 | 나폴리 근교 여행 | 나폴리 숙박 |
| 15일 | 나폴리 / 카프리 & 아말피 해안 여행 | 카프리 섬과 포지타노 등의 아말피<br>해안 마을 여행 | 나폴리 숙박 |
| 16일 | 나폴리 | 나폴리 시내 여행 후 야간열차 이용하여<br>시칠리아 섬으로 이동 | 야간 열차 |

| 17일 | 카타니아 | 카타니아 시내 여행 | 카타니아 숙박 |
|---|---|---|---|
| 18일 | 카타니아 / 타오르미나 / 카타니아 | 근교 도시 타오르미나 여행 | 카타니아 숙박 |
| 19일 | 카타니아 / 시라쿠사 | 시라쿠사로 이동하여 오후 시내 여행 | 시라쿠사 숙박 |
| 20일 | 시라쿠사 | 시라쿠사 시내 여행 | 시라쿠사 숙박 |
| 21일 | 시라쿠사 / 아그리젠토 | 아그리젠토로 이동하여 시내 여행 | 아그리젠토 숙박 |
| 22일 | 아그리젠토 / 팔레르모 | 팔레르모로 이동하여 오후 시내 여행 | 팔레르모 숙박 |
| 23일 | 팔레르모 | 팔레르모 시내 & 몬레알레 등 근교 마을 여행 | 팔레르모 숙박 |
| 24일 | 팔레르모 공항 출발 | 비행기 16시간~ | |
| 25일 | 인천 공항 도착 | | |

### 여행꿀팁

베네치아에서 시작해 시칠리아의 팔레르모에서 마무리되는 일정이지만 여행 끝에 쇼핑을 즐기고 싶다면 밀라노나 로마에서 바로 귀국하는 일정으로 변경하는 것이 좋다. 시칠리아와 로마 구간에 야간열차가 운행되니 중간 로마에서 출발해 시칠리아 섬과 나폴리 지방을 여행한 후 다시 로마로 돌아오면 된다.

# Travel Start

## 여행 시작하기

- 우리나라 공항 안내
- 우리나라에서 출국하기
- 이탈리아 입국하기
- 이탈리아에서 출국하기
- 실전 이탈리아어

# 우리나라 공항 안내

여행을 시작하는 첫날이 여행 전반의 컨디션과 기분을 좌우한다. 낯선 곳으로 향하는 첫날, 설레는 마음 때문에 중요한 물건을 빠뜨리기도 하고 어이없는 실수를 하기도 한다. 우리나라를 떠나는 출국 과정과 이탈리아로 들어가는 입국 과정은 해외여행의 첫 관문. 출입국 관리소와 세관의 공식 절차들이 이어지는 날인 만큼 차분한 마음을 유지할 수 있도록 하자.

## 인천국제공항

인천광역시 중구에 위치한 인천국제공항은 2001년 3월 29일 개항. 공항이 크고 많은 노선이 있기 때문에 출발 두세 시간 전에는 도착해야 여유 있게 출국 수속을 밟을 수 있다. 특히 휴가철 성수기나 연휴기간에는 출국 수속을 밟는 사람들이 장사진을 이루므로 평소보다 더 긴 대기 시간을 예상해야 한다.

**주소** 인천광역시 중구 공항로 272
**홈피** www.airport.kr

**Check 집을 떠나기 전 다시 한 번 체크**

다른 물건은 현지에서 얼마든지 대체할 수 있지만 여권만큼은 대체할 방법이 없다. 생각보다 많은 사람들이 여권을 깜빡하거나 여권의 남은 유효기간을 확인하지 않아서 낭패를 본다. 6개월 이상 유효기간이 남은 여권을 가방 안에 챙겨 놓았는지 다시 한 번 확인하자.

## 인천국제공항 가는 법

### 리무진 버스
인천국제공항까지 가는 대표적인 교통수단. 서울, 경기 지역은 물론 지방에서도 리무진 버스를 운행하고 있다. 요금과 정류장 시간표, 배차 간격 등은 공항 홈페이지나 공항 리무진 홈페이지를 참고하자.

**홈피** www.airportlimousine.co.kr

### KTX
2014년 6월부터 인천국제공항행 KTX가 운행을 시작하면서, 지방에서 인천국제공항으로 오는 길이 편리

> **TIP**
> **인천공항의 긴급 여권 발급 서비스**
>
> 여권 재봉선이 분리되거나 신원 정보지가 이탈되는 등 여권의 자체 결함이 있거나 여권 사무 기관의 행정 착오로 여권이 잘못 발급된 사실을 출국 당시에 발견한 경우, 또는 국외의 가족 또는 친인척의 사건·사고로 긴급히 출국해야 하거나 기타 인도적·사업적 사유가 인정되는 경우에는 긴급 여권 발급 서비스를 이용할 수 있다.
> 1년 유효기간의 긴급 단수 여권이 발급되며 발급 시간은 1시간 30분 정도 소요. 여권 발급 신청서와 신분증, 여권용 사진 2매, 최근 여권, 신청사유서, 당일 항공권, 긴급성 증빙서류, 수수료(15,000원) 등의 제출서류가 필요한다.
>
> **외교부의 인천공항 영사 민원 서비스 센터**
> **위치** 인천국제공항 3층 출국장 F카운터 쪽
> **오픈** 09:00~18:00(법정 공휴일 휴무)
> **전화** 032-740-2777~8

해졌다. 전체 열차 중 왕복 10회 내외를 인천국제공항역까지 연장해서 운행. 부산, 대구, 대전, 목포, 광주, 여수, 전주 등의 지역에서 KTX를 타면 환승하지 않고 인천국제공항역까지 바로 갈 수 있다. 단, 운행횟수가 많지 않으니 시간표를 미리 확인해보자.

홈피 www.letskorail.com

### 공항철도

서울역에서 출발하는 공항철도는 공덕역, 홍대입구역, 디지털미디어시티역, 김포공항역 등을 거쳐 인천국제공항까지 연결된다. 배차 간격은 10분 전후이며, 서울역 기준으로 오전 5시 20분부터 자정까지 운행한다. 서울역에서 인천국제공항까지 논스톱으로 가는 직통열차는 오전 6시부터 오후 10시까지 운행되며, 코레일 열차를 이용한 경우 연계승차권 할인받을 수 있다. 자세한 내용은 공항철도 홈페이지를 참고한다.

홈피 www.arex.or.kr

### 자가용

단기 여행을 하는 가족 여행자들은 자가용을 이용하는 것이 편리할 수 있다. 인천공항까지 연결되는 고속도로 통행료(차종에 따라 3800~1만 6800원)와 주차 요금(비성수기 기준 기본 30분 1200원, 추가 15분마다 600원, 1일 요금 1만 2000원, 장기 주차의 경우 소형 기준 1일 9000원) 등의 비용이 든다.

### 택시

탑승 수속까지 시간이 얼마 남지 않았을 경우 선택할 수 있는 비상 수단. 공항을 오가는 택시들은 미터 요금을 거부하는 경우가 종종 있으니 콜택시를 부르거나 미리 미터 요금을 정확히 해두고 이용하자. 인천공항 고속도로 통행료는 별도로 추가된다.

> **TIP**
> **그 외 국제공항**
> - **김포국제공항** 주소 서울특별시 강서구 공항동 150 홈피 www.airport.co.kr/mbs/gimpo
> - **제주국제공항** 주소 제주특별자치도 제주시 용담2동 2002 홈피 www.airport.co.kr/mbs/jeju
> - **김해국제공항** 주소 부산광역시 강서구 대저2동 2350 홈피 www.airport.co.kr/mbs/gimhae
> - **청주국제공항** 주소 충청북도 청원군 내수읍 입상리 산5-1 홈피 www.airport.co.kr/mbs/cheongju
> - **대구국제공항** 주소 대구광역시 동구 지저동 400-1 홈피 www.airport.co.kr/mbs/daegu
> - **양양국제공항** 주소 강원도 양양군 손양면 동호리 산281-1 홈피 www.airport.co.kr/mbs/yangyang
> - **무안국제공항** 주소 전라남도 무안군 망운면 피서리 781-6 홈피 www.airport.co.kr/mbs/muan

> **TIP**
> **도심공항터미널 이용하기**
> 짐 없이 편하게 공항으로 가는 방법. 서울시 강남구 삼성동 테헤란로에 위치한 도심공항터미널에서 미리 탑승 수속, 수화물 보내기, 출국 심사를 할 수 있다. 이곳에서 체크인을 하면 무거운 짐을 들고 공항으로 이동할 필요가 없고, 인천국제공항에서는 전용 통로를 통해 빠르게 출국할 수 있다. 사람들로 붐비는 성수기에는 특히 유용하다. 단, 자신이 탑승하는 항공편이 도심공항터미널에서 탑승 수속이 가능한지는 미리 확인해 보도록 하자.
> 주소 서울특별시 강남구 테헤란로 87길 22 전화 02-551-0077~8 홈피 www.kcat.co.kr

# 우리나라에서 출국하기

공항에 무사히 도착했다면 아래의 출국 과정에 따라 비행기에 탑승하는 일만 남았다. 체크인 카운터로 가기 전에 기내 반입불가 물품들은 미리 위탁 수하물 안에 집어넣어 둘 것. 여권과 전자항공권, 면세품 인도증 등은 위탁 수하물과 분리해 따로 보관하도록 하자.

### Step 1 카운터 확인

공항에 도착하면 3층 출국장에 있는 운항정보 안내 모니터에서 본인이 탑승할 항공사와 탑승 수속 카운터를 확인한 다음 해당 카운터로 가서 탑승 수속을 밟는다.

 **Check** 100㎖ 이상의 액체류와 맥가이버칼 등 기내 반입 금지 물품들은 반드시 위탁 수하물 안에 넣어서 보내야 한다. 액체류를 기내에 반입하려면 100㎖ 이하의 개별용기에 담아 1L짜리 투명 비닐지퍼백 1개 안에 넣어야 한다.

### Step 2 탑승 수속

해당 항공사의 카운터에 여권과 전자항공권(또는 항공 예약번호)을 제시하고 위탁할 짐을 부친다. 탑승권인 보딩패스와 짐표를 받아 보딩패스에 적힌 게이트 번호와 탑승시간을 확인한다. 참고로 대한항공이나 아시아나항공의 전자티켓 소지자의 경우 셀프 체크인카운터를 이용하여 시간을 절약할 수 있다. 또한 따로 붙일 위탁수하물이 없다면 '짐이 없는 승객 전용 카운터'를 이용할 수도 있다.

### Step 3 세관 신고

여행 시 가지고 나가는 고가의 물건이 있다면 세관에 미리 신고하는 게 좋다. 출국하기 전에 '휴대물품 반출신고 확인서'를 받아야만 입국 시 면세를 받을 수 있다. 출국 전에 신고를 하지 않은 경우, 해당 물건을 가지고 다시 입국할 때 세금을 내야 하는 일이 생길 수도 있다. 미화 1만 달러를 초과하는 외화 또는 원화도 신고 대상이다.

### Step 4 보안 검색

검색 요원의 안내에 따라 휴대한 가방과 소지품들을 바구니에 담아 검색대 위에 올려놓는다. 노트북은 휴대한 가방과는 별도로 바구니에 담아서 올려놓아야 한다. 외투나 모자도 벗어야 하며, 벨트와 신발을 벗어야 하는 경우도 있다.

### Step 5 출국 심사

출국 심사대 앞에서 기다리다가 차례가 되면 출국 심사를 받는다. 모자나 선글라스를 벗어야 하며, 여권과 탑승권을 제시한다. 별 문제 없다면 여권에 출국 스탬프를 받고 여권과 탑승권을 돌려 받게 된다. 별도의 출국 신고서를 작성할 필요는 없다.

### Step 6 탑승 게이트 이동

탑승권에 적혀 있는 탑승 게이트로 이동한다. 출발 게이트는 국적항공사들이 이용하는 여객터미널(1~50번)과 외국 취항사들이 이용하는 탑승동(101~132번)으로 나뉘어져 있다. 여객터미널에서 탑승동으로 가는 셔틀 트레인을 운행한다. 가는 길에 면세점 등 공항 시설을 이용할 수 있으며, 출발 시간 30~40분 전(보딩 타임 10분 전)에는 탑승 게이트에 도착해 있도록 하자.

# 이탈리아 입국하기

한국에서 출발했다면 이탈리아까지 12시간 이상의 기나긴 여정을 버텼을 것이다. 가장 피곤하고 힘든 순간인 만큼 기내에 깜박하고 빠뜨리는 짐이 없는지 다시 한 번 확인하자.

### Step 1 입국장으로 이동

기내에서 빠뜨린 짐은 없는지 다시 한 번 확인한 뒤 비행기에서 내리자. 특히 좌석 앞 꽂이와 머리 위 짐칸에 남긴 물건이 없는지 체크하자. 비행기를 나와서 'Arrival'이라고 적힌 표지판을 따라 이동하자. 입국신고서는 작성할 필요가 없다.

### Step 2 입국 심사

'Arriaval'이라고 적힌 표지판을 따라가면 입국 심사대가 나온다. 우리나라 여권을 소지했다면 로마 공항에서 전자여권 자동 출입국 심사대에서 입국 심사를 진행할 수 있다. 이러한 혜택은 유로존 이외에 미국, 호주, 일본 등 주요 몇 개국에만 적용되고 있는 편리한 시스템이다. 입국 시 유인 심사대를 거칠 필요 없이 자동 출입국 심사대에서 여권을 스캐닝하고 얼굴 사진과 지문을 찍으면 입국 심사가 완료된다.

**이용 가능 시간** 07:00~14:00, 17:00~20:00
**자동출입국 심사 안내** www.youtube.com/watch?v=D1zFG2reRm0&feature=youtu.be

### Step 3 수화물 찾기

입국 심사대를 통과했다면 'Baggage Claim'이라 적힌 안내판을 따라 이동한다. 이동 후 자신이 타고 온 항공사의 노선명이 나와 있는 곳에서 짐이 나오기를 기다린 후 찾으면 된다.

### Step 4 세관 심사

특별히 신고해야 할 물품이 없는 사람들은 'Nothing to Declare'라고 적힌 녹색 안내판이 있는 출구로 나가면 된다. 신고할 사항이 있다면 빨간색 불이 켜진 'Goods to Declare' 출구로 가서 신고하고 세금을 지불한다.

### Check 짐이 나오지 않는 경우

경유편 항공을 이용해 도착하는 경우 위탁 수하물이 제대로 오지 않을 때가 있다. 공항에서 위탁한 짐이 아무리 기다려도 나오지 않는다면, 공항 직원이나 해당 항공사의 담당자에게 짐표(Baggage Tag)를 보여주며 문의한다. 짐표의 번호를 통해 도착하지 않은 짐의 현재 위치를 확인할 수 있다. 공항이나 항공사의 잘못으로 짐이 늦게 도착하는 거라면 항공사에서 짐을 찾는 대로 호텔까지 보내 준다. 빠르면 하루 안에 받기도 하지만 2~3일 정도가 걸리기도 하니 짐을 받을 수 있는 호텔의 이름과 주소 등을 정확하게 알려줘야 한다. 수하물이 분실되거나 파손된 경우는 항공사의 관련 규약에 따라서 보상을 받게 된다. 그 금액이 그리 크지 않으니 고가의 물품은 위탁 수하물로 보내지 않도록 하자.

# 이탈리아에서 출국하기

로마나 밀라노 등의 주요 공항은 언제나 여행객들로 붐비니 되도록 출발 두세 시간 전까지는 공항에 도착해 수속을 밟는 것이 좋다. 공항에 도착했다면 먼저 모니터를 보고 본인이 탑승할 항공사의 수속 카운터를 확인한 후 이동하자. 여권과 항공권을 준비하고 마일리지를 적립할 수 있다면 마일리지 카드를 수속 시 함께 제시하면 된다. 공항에서 택스 리펀드(TAX REFUND)를 받을 예정이라면 수속 카운터에서 반드시 택스 리펀드, 즉 세금 환급을 신청해야 한다.

## Step 1 공항으로 이동하기

### 기차로 이동하기
주로 로마나 밀라노 시내에서 공항으로 이동할 때 가장 편리하고 빠르게 가는 방법이다.

### 버스로 이동하기
로마나 밀라노, 피렌체 등 대부분 공항이 시내와 공항을 연결하는 버스를 운행하고 있다. 기차나 택시보다 저렴한 편이지만 교통체증으로 기차보다 소요시간은 더 걸릴 수 있으니 상황에 따라 선택하면 된다.

### 택시로 이동하기
이탈리아는 택시비가 꽤 비싼 편이라 시내에서 공항까지 최소 €50 이상 지불하는 경우가 많다. 일행이 여러 명이라면 생각해보자. 소요시간은 버스와 비슷하지만 숙소 바로 앞에서 출발할 수 있어 짐이 많은 경우 편리하다.

## Step 2 탑승 수속 및 택스 리펀드

한 상점에서 €155 이상 구입했다면 면세 혜택을 받을 수 있으니 상점에서 먼저 택스 리펀드 절차를 신청하고 세금 환급 서류(Global Refund Cheque)를 받아서 보관한다. 이탈리아에서는 세금 환급 도장을 찍을 때 구매한 물건을 확인하는 일이 많다. 만약 세금 환급 대상인 물건이 있다면 공항 항공사 수속 카운터에서 탑승 수속을 할 때 택스 리펀드를 받을 것이라고 직원에게 이야기해 짐표(Baggage Tag)를 붙이고 다시 가방을 받자. 해당 물품과 함께 짐표를 붙인 가방, 탑승권(보딩패스), 여권과 세금 환급 신청 서류를 가지고 각 공항의 세관 사무소로 이동한다.
'AGENZIA DELLE DOGANE-CUSTOMS' 또는 'VAT REFUND'라고 표시된 세관 창구에 가서 직원에게 위의 서류와 물건을 보여주면 서류에 도장을 찍어준다.

### Step 3 환급금 수령 및 짐 부치기

만약 카드 환급을 받는다면 도장이 찍힌 서류를 봉투에 넣고 봉한 다음 세관 창구 옆에 있는 우편함에 넣으면 된다. 우편함에 'TAX' 마크가 있는지 확인한 후 넣어야 제대로 환급받을 수 있으니 주의하자. 현금 환급의 경우 'CASH REFUND'라고 쓰인 택스 리펀 회사의 현금 환급처가 모여있는 곳에서 서류를 제시하고 환급금을 수령하면 된다. 이후 짐표를 붙인 위탁 수하물을 항공사 수속 카운터에서 부치면 모든 절차가 마무리된다. 위탁 수하물은 항공사와 좌석 등급에 따라 무료 수하물의 무게가 달라진다. 보통 이코노미는 20~23kg이며 비즈니스석 이상은 40kg 내외까지 무료로 보낼 수 있다. 짐을 기내에 들고 탑승하는 경우 모든 세금 환급 절차를 면세 구역 안에서 할 수도 있다.

### Step 4 보안 검색 및 출국 심사 받기

기내에 가져가는 짐을 바구니에 넣어 보내고 탑승자는 탐지기를 통과하면 된다. 유럽이나 이탈리아 입국 시 받았던 스탬프가 찍힌 여권을 제시하면 별다른 수속 없이 통과할 수 있다. 여행자들이 붐비면 지금까지의 수속이 생각보다 오래 걸릴 수 있으니 공항에는 여유를 두고 도착하는 것이 마음 편하다.

### Step 5 비행기 탑승하기

보통 출발 30분 전까지는 탑승 게이트에 도착해 있어야 하며 20~30분 전부터 탑승이 시작된다. 출발 10분 전쯤에 탑승이 마감되니 혹시라도 비행기를 놓치지 않도록 항상 시간을 확인해야 한다.
탑승 게이트는 티켓에 적혀 있는 게이트 번호를 확인하면 되지만, 혹시라도 중간에 변경될 수 있으니 게이트로 가기 전 모니터에서 다시 한 번 탑승 게이트 번호를 확인하고 움직이자.

# 실전 이탈리아어

해외여행을 가면 보통 영어를 사용하며 다니는 경우가 많지만 현지어를 알고 사용할 수 있다면 훨씬 더 즐겁고 원활한 여행이 될 수 있을 것이다. 단기간에 이탈리아어를 완벽히 습득할 수는 없지만 기본 회화를 익혀가 기회가 될 때마다 사용해보자.

## 기본 표현

언제 quando [꽌도]
어디서 dove [도베]
누가 chi [끼]
무엇을 che cosa [께 꼬자]
어떻게 come [꼬메]
왜 perché [뻬르께]
얼마나 quanto [꽌또]
어느 것 quale [꽐레]

## 자주 쓰는 말

안녕하세요(만났을때/헤어질때)
Ciao! [챠오!]
안녕하세요
(아침)Buon giorno! [본 조르노!]
(저녁)Buona sera! [보나 쎄라!]
고맙습니다 Grazie! [그라찌에!]
천만에요 Prego. [쁘레고]
실례합니다 Scusi. [스꾸지]
미안합니다 Mi scusi. [미 스꾸지]
예/아니오 Si/No [씨/노]
성함이 어떻게 되시죠?
Come si chiama Lei?
[꼬메 씨 끼아마 레이?]

내 이름은 마르코입니다.
Mi chiamo Marco.
[미 끼아모 마르코]
반가워요 Piacere! [삐아체레]
저는 한국인 남(여)자입니다
Io sono Coreano/Coreana.
[이오 쏘노 꼬레아노(꼬레아나)]
얼마입니까?
Quanto costa? [꽌또 꼬스따?]
지나가도 될까요?
Permesso? [뻬르메쏘?]
이탈리아어(영어) 해요?
Parla l'italiano(inglese)?
[빠를라 리딸리아노(잉글레세)?]
저는 서울에 삽니다.
Vivo a Seoul. [비보 아 쎄울]
저는 한국에 삽니다.
Vivo in Corea. [비보 인 꼬레아]

## 위급상황

도와주세요! Aiuto! [아이우토!]
도둑이야! Ladro! [라드로!]
경찰 Polizia [폴리찌아]
병원 Ospedale [오스페달레]
약국 Farmacia [파르마챠]
대사관 Ambasciata [암바시아따]
화장실 Toilette [또일레떼]

## 교통

역 Stazione [스따지오네]
출발 Partenza [파르텐짜]
도착 Arrivo [아리보]
승강장 Binario [비나리오]
매표소 Biglietteria [빌리에떼리아]
역이 어디에 있죠?
Dov'e la stazione?
[도베 라 스따지오네?]
버스표 한 장 주세요
Un biglietto della autobus, per favore.
[운 빌리에토 델라 아우토부스, 페르 파보레]

## 호텔

예약하고 싶습니다.
Vorrei fare una prenotazione.
[보레이 파레 우나 쁘레노따찌오네]

하루에 얼마입니까?
Qunto costa per una notte?
[꽌또 꼬스따 뻬르 우나 놋떼?]

더블룸을 원합니다.
Una doppia, per favore.
[우나 도삐아, 뻬르 파보레]

다른 방으로 바꿔주세요.
Mi cambi la camera con un'altra.
[미 깜비 라 까메라 꼰 우날뜨라.]

## 병원

아파요.
Mi sento male. [미 센토 말레]

의사를 불러주세요.
Chiami un dottore.
[끼아미 운 도토레]

구급차를 불러주세요.
Puo' chiamare l'ambulanza?
[뿌오 끼아마레 람블란짜?]

이곳이 아픕니다.
Mi fa male qui.
[미 파 말레 뀌]

머리가 아픕니다.
Ho mal di testa.
[오 말 디 떼스타]

오한이 납니다.
Ho I brivide.
[오 이 브리뷔디]

설사가 납니다.
Ho la diarrea.
[오 라 디아레라]

~에 알러지가 있어요
Sono allergico/a~
[쏘노 알레르지코(카)~]

## 시간&요일

어제 Ieri [레리]
오늘 oggi [옷찌]
내일 domani [도마니]
아침 mattina [마띠나]
오후 pomeriggio [뽀메리쬬]
저녁 sera [쎄라]
밤 notte [노떼]
시간 ora/ore
[오라/오레(복수형)]
분 minuto [미누또]
월요일 lunedì [루네디]
화요일 martedì [마르떼디]
수요일 mercoledì [메르꼴로디]
목요일 giovedì [죠베디]
금요일 venerdì [베네르디]
토요일 sabato [사바토]
일요일 domenica [도메니까]

## 숫자

0 zero [제로]
1 uno [우노]
2 due [두에]
3 tre [트레]
4 quattro [콰트로]
5 cinque [친퀘]
6 sei [세이]
7 sette [세티]
8 otto [오토]
9 nove [노베]
10 dieci [디에치]
11 undici [운디치]
12 dodici [도디치]
13 tredici [뜨레디치]
14 quattordici [꽈토르디치]
15 quindici [뀐디치]
16 sedici [세디치]
17 diciassette [디치앗세떼]
18 diciotto [디쵸또]
19 dinove [디노베]
20 venti [벤띠]
30 trenta [뜨렌따]
40 quaranta [꽈란따]
50 cinquanta [친꾸안따]
60 sessanta [쎄싼타]
70 settanta [쎄딴따]
80 ottanta [옷딴따]
90 novanta [노반타]
100 cento [첸또]
1000 mille [밀레]

**Italia Guide**

## 지역 가이드

- 로마
- 피렌체
- 제노바
- 밀라노
- 베네치아
- 나폴리
- 팔레르모

모든 길의 시작은 이곳으로부터

# ROMA

로마

ROMA

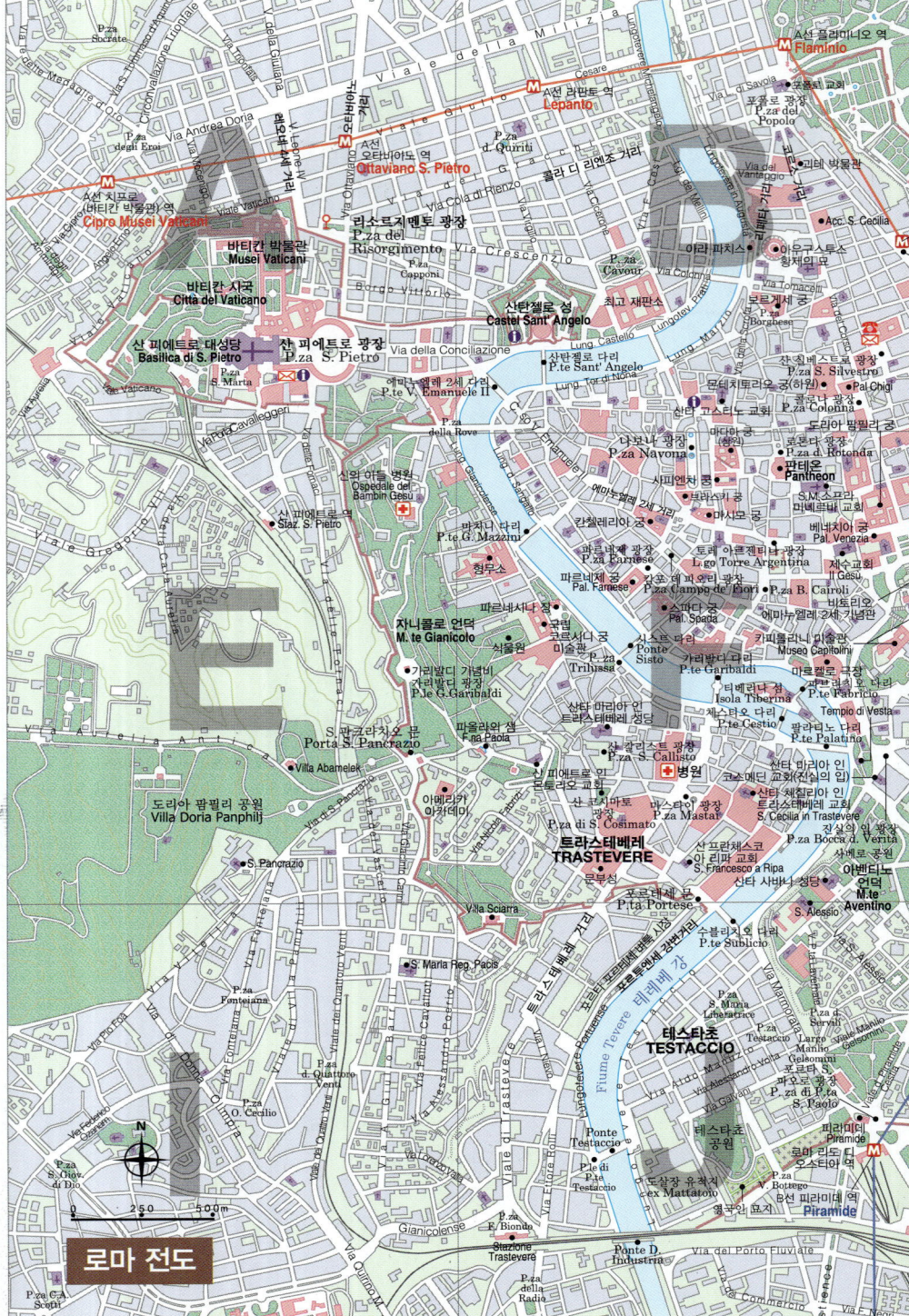

# 01 로마는 어떤 곳일까?
## La Roma

'모든 길은 로마로 통한다.'라는 말로 유명한 영광의 도시 로마! 흔히 '로마'라 하면 '고대 제국'이라는 말과 바로 직결되지만, 이곳은 오래전 타오르다 사그라진 불꽃이 아닌 2,500년의 세월동안 끊임없이 발전하고 변화한 역동의 도시다. '도시 전체가 박물관'이라는 말이 있을 정도로 고대에서 중세를 거쳐 근현대에 이르는 역사를 겹겹이 응축하고 간직해온 이곳은 수백 수천 가지의 모습을 우리에게 보여주고 있다.

'로마'라는 이름에는 이미 이곳과 사랑에 빠질 수밖에 없는 마법이 걸려 있다. 'Roma'를 거꾸로 쓰면 'Amor', 즉 '사랑'이 된다. 로마의 겹겹이 쌓인 깊은 매력을 느끼기에는 한두 번의 방문과 짧은 일정이 아쉬울 뿐이다. 교황 그레고리우스 14세는 로마에서 3주일을 채우지 못하고 떠나는 여행자에게는 "안녕히 가십시오."라는 인사를, 몇 개월 이상 머물던 사람에게는 "그럼 로마에서 다시 만납시다."라는 말을 건넸다고 한다. 그만큼 로마는 머물면 머물수록 떠나기 어렵고, 떠났다 하더라도 반드시 다시 돌아오게 되는 힘을 지닌 도시다. 로마의 트레비 분수로 가면 다시 한 번 이곳으로 돌아오려는 소망을 갖고 분수에 동전을 던져 넣는 당신이 틀림없이 그곳에 있을 것이다.

● 면적 1,285km² ● 인구 약 2,872,800명(2018년) ● 지역번호 06

### >> 로마의 볼거리

하루 이틀 여행하고 로마를 다 보았다고 말한다면, 그것은 로마에 대한 모독에 가깝다. 수천 년의 역사를 자랑하는 고도(古都) 로마에는 겹겹이 쌓여 있는 역사의 흔적들이 무궁무진하다. 오죽하면 도시 전체가 박물관이라 말할까!

한정된 시간 안에 로마를 효율적으로 둘러보려면 무엇보다 동선을 잘 짜야한다. 볼거리가 너무 많아 어디를 가야할지 고민되고 정말 유명한 곳만 챙겨 봐도 최소 이삼일은 걸린다. 여기에 피렌체 등 다른 도시까지 함께 여행한다면 체류기간은 최소 사오일 이상 잡아야한다. 여행 동선이 고민된다면 추천 루트 안에서 관심 가는 곳을 선별하여 둘러보자.

### >> 로마의 먹거리

관광지 주변의 맛없고 비싼 식당들에 잘못 들어가면

기분만 나빠지니 추천 받은 레스토랑이나 현지인들로 붐비는 곳을 선택하는 것이 좋다.
로마풍 요리 쿠치나 로마네스카(Cucina Romanesca)는 육류와 해산물, 파스타 요리가 골고루 발달해 있다. 잘게 썰어 넣은 베이컨과 달걀과 치즈를 넣은 파스타 알라 까르보나라(Pasta alla Carbonara)는 로마에서 최초로 만들어졌고 소꼬리와 토마토를 넣은 전통 로마 요리 코다 알라 바치나라(Coda alla Vaccinara)도 맛봐야 할 음식 중 하나다.
코라텔라(Coratella)라는 단어가 들어가 있는 메뉴는 콩팥이나 심장 등의 내장이 들어가 있는 것이다. 로마는 대구 튀김과 아티초크나 치즈, 엔초비를 넣은 주키니 꽃 튀김도 유명하다. 쌀 요리인 리소토 알라 로마나(Risotto alla Romana)는 쌀에 간과 지라, 마르살라, 페코리노 치즈를 넣어 만들고, 브루게타(Bruschetta)는 마늘 소스와 올리브유를 발라 구운 빵으로, 잘게 썬 토마토를 얹어 먹으면 일품이다.
로마 음식은 이탈리아에서도 비교적 짠 편이다. 조금 싱겁게 해 달라고 해도 되지만, 요리사의 손맛을 제대로 느끼고 싶다면 그대로 맛봐도 좋다. 로마 곳곳에 있는 와인 전문점 에노테카에서는 향기로운 와인과 치즈를 맛볼 수 있으며 로마의 유명한 젤라테리아에서는 달콤한 아이스크림의 유혹에 빠질 수 있다.

>> **로마의 쇼핑**

명품 쇼핑의 메카는 스페인 광장과 연결된 콘도티 거리(Via dei Condotti)와 주변의 보르고뇨나 거리, 프라티나 거리, 바부이노 거리 등이다. 해마다 세일 기간이면 긴 줄을 서야 하는 경우가 많다.
베네통이나 자라(ZARA)같이 우리나라에서도 유명한 스파(SPA) 브랜드 숍도 시내 곳곳에 많다. 나보나 광장 근처에는 유명한 골동품점과 공방이 모여 있는 거리들이 있는데, 광장 위쪽의 코로나리 거리(Via dei Coronari)와 델로르소 거리(Via dell'Orso) 일대로 가면 된다.
드보베르노 베키오(Via d'Gvoverno Vecchio) 골목에는 중고 물품을 많이 파는 구제품 가게와 편집숍이 모여 있다.
유명 브랜드의 상품들을 저렴한 가격에 구입할 수 있는 아웃렛도 로마 교외에 자리한다. 반품이 불가한 경우가 많으니 신중히 구매하자.

>> **로마의 숙소**

로마에는 최고급 호텔부터 배낭여행자들을 위한 저렴한 호스텔과 민박까지 다양한 숙소가 있다. 숙소를 정할 때 가장 염두에 둬야 할 조건은 시설과 함께 위치와 교통편이다.
위치만 생각하면 테르미니 역 주변이나 시내 중심이 편리하고, 번잡한 분위기가 싫다면 바티칸 주변도 괜찮다. 여럿이 한 방에 머무는 도미토리 형식이 가장 저렴하지만, 호스텔에도 비교적 저렴한 가격의 2인실과 3인실이 있다. 요금은 시기에 따라 변동이 잦다. 욕실 포함 여부에 따라서도 가격이 달라진다. 한인 민박은 주로 테르미니 역 주변에 모여 있으며 보통 한식 식사를 제공한다.

## 로마 여행 정보

### 여행안내소 ❶

● **테르미니 역**
무료 지도와 숙박·이벤트·관광안내 책자를 유창한 영어를 구사하는 직원들이 제공하고 있다. 오직 지도만 받을 목적이라면 다른 곳에 있는 ❶를 이용하더라도 무방하다.
위치 24번 플랫폼 옆 쪽(중간지점 정도)
오픈 08:00~18:45
전화 06-487-1270

### 우체국

최근 점점 신용을 얻고 있기는 하지만 그래도 속도나 일 처리에서 이탈리아 우체국보다 월등한 신뢰를 받고 있는 바티칸 우체국을 이용하는 것도 좋다. 우체국은 산피에트로 광장과 바티칸 박물관 내부에 있다. 로마 중앙 우체국과 테르미니 역의 우체국은 운영시간이 길어 이용하기에 편리하다. 테르미니 역의 우체국은 테르미니 역 ❶와 같은 장소에 마주 보고 있다.

● **로마 중앙 우체국**
위치 바티칸 근처
주소 Piazza San Silvestro 18-20
오픈 월~금요일 08:20~19:05, 토요일 08:20~12:35
휴무 일요일

### 전화

공중전화는 점점 없어지고 있는 추세다. 그나마 가장 편리하게 이용할 수 있는 곳은 아무래도 전화기 수가 많은 테르미니 역 구내. 플랫폼 근처에 전화기가 몰려 있으며 역 안의 담뱃가게 타바키나 신문 가판대에서 전화카드를 구매할 수 있다.
시내 전화를 걸 때도 '0'을 포함한 지역 번호를 눌러야 한다. 한인 민박이 모여 있는 비토리오(Vittorio) 역 근처에는 저렴하게 인터넷과 국제전화를 할 수 있는 사설 센터가 많다.

### 로마 패스 Roma Pass

교통권이 포함돼 있어 볼거리 많은 로마의 유용한 여행자 패스인 로마 패스(Roma Pass)를 구매하면 처음 한두 군데의 박물관은 무료로 입장할 수 있고, 이후에는 입장 시 할인 혜택을 받게 된다. 바티칸 박물관은 불포함이지만 콜로세움과 주요 박물관 한 곳, 교통권만 고려해도 본전을 뽑고 남는다. 공항과 시내의 여행안내소 ❶, 해당 박물관에서 살 수 있다.
요금 48시간권 €28, 72시간권 €38.5
홈피 www.romapass.it

### 여행 관련 홈페이지

로마 관광청 www.turismoroma.it
이탈리아 관광청 www.enit.it
바티칸 시국과 박물관 정보 www.vatican.va
이탈리아 철도청 www.trenitalia.it
로마 대중교통 정보 www.atac.roma.it

### 도시세 City Tax

유럽 관광 도시를 방문한 여행자들에게 징수하는 세금으로 관광세라고 할 수 있다. 각 나라와 도시별로 세금액은 서로 다르다. 유럽에서 이탈리아가 단연 가장 높으며 그중에서도 로마가 가장 비싼 도시세를 매기고 있다.
요금 호텔 1박당 €3~7, 호스텔, 민박, B&B €3.5

### 대한민국 대사관

위치 테르미니 역에서 217번 시내버스를 타고 Piazza Santiago del Cile 정거장에서 하차하여 도보 5분
주소 Via Bamaba Oriani 30
오픈 월~금요일 09:00~12:30, 14:00~17:00
전화 06-802-461, 여권분실(휴일) 333-1850-383
홈피 www.mofat.go.kr/italy

### 병원 및 약국

● 응급진료 118
Policlinico Umberto I
위치 메트로 B노선 Policinico 역 하차
주소 Via del Policinico 155
전화 06-499-71, 응급 06-499-7201-00
● 24시간 약국
위치 테르미니 역 맞은 편
주소 Piazza de Cinquencento 51

### 경찰서

외국인을 위한 곳으로 24시간 운영하며 도난 신고가 가능하다.
주소 Via Genova 2
전화 06-468-62-987

### 세탁

시내 곳곳에 빨래방이 많다. 특히 Onda Blu 체인점은 인터넷 카페를 겸한 경우가 많다. 테르미니 역 근처(주소 Via Principe Amadeo 70/b)에도 지점이 있다.

### 인터넷

한인 민박이나 호스텔 등의 숙소에서는 무료 또는 저렴한 가격에 인터넷을 쉽게 사용할 수 있어 따로 인터넷 카페 등을 찾아갈 필요가 없다.

### 주의사항

항상 나의 주머니를 노리는 소매치기와 집시들을 조심하는 것이 좋다. 특히 혼잡하고 사람이 많은 관광지나 메트로, 버스 안에서는 더욱 주의하자.
혼자서 야간 외출은 되도록 삼가는 것이 좋다. 무임승차검사는 외국인에게 특히 엄격하게 시행되니 무임승차는 아예 생각도 말자. 산 피에트로 성당 등 주요 종교적 장소에는 민소매 옷이나 반바지 차림으로 입장이 불가능한 경우가 많다.

### 축제

각종 이벤트와 축제가 자주 열리는 로마지만 특히 6월과 9월 사이에는 야외에서 다채로운 행사가 열린다. 로마의 이벤트 정보를 찾아보고 싶다면 로마 관광청 홈페이지를 방문하여 확인해 보는 것이 가장 수월하다.
홈피 www.urismoromat.it
www.estateromana.comune.roma.it

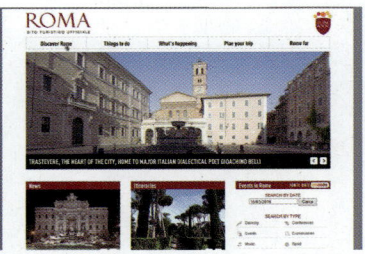

# 02 로마 가는 방법

## Per Roma

유럽 최대의 관광도시답게 항공과 철도·버스 등 로마로 들어가는 교통편은 다양하게 발달해 있다. 그중에서도 여행자의 이용도가 높은 것은 단연 비행기와 기차. 로마로 가는 항공편은 유럽 내에서 무수히 많으며, 우리나라의 대한항공과 아시아나항공을 비롯한 세계 각국의 주요 항공사들 또한 대부분 취항하고 있다. 이탈리아 국내에서는 물론 유럽 내에서는 기차로도 쉽게 로마로 이동할 수 있다.

| | | | |
|---|---|---|---|
| 인천 ➡ 로마 | 비행기 12시간~ | 밀라노 ➡ 로마 | 기차 3시간~, €59~119 |
| 베네치아 ➡ 로마 | 기차 3시간 40분~, €69~84 | 피렌체 ➡ 로마 | 기차 1시간 30분~3시간, €19~39 |
| 나폴리 ➡ 로마 | 기차 1시간 10분~3시간, €11.8~39 | | |

### >> 비행기로 가기 In Aereo

우리나라는 물론 유럽 각지에서 항공편이 바로 연결된다. 한국에서 로마로 갈 때 이용하는 직항편은 대한항공과 아시아나항공이 운항하고 있다. 알리탈리아항공은 대한항공과 공동 운항 중이다.

홍콩이나 싱가포르, 일본 등의 아시아 국가 경유 비행기와 유럽 주요 항공사의 비행기는 대개 국제공항인 피우미치노(Fiumicino) 공항을 이용한다. 유럽 내에서 출발한 저가항공사의 경우는 보다 규모가 작은 참피노(Ciampino) 공항을 이용하기도 한다.

**로마 공항 안내**
홈피 www.adr.it

### 피우미치노 공항
**Aeroporto di Fiumicino (FCO)**

레오나르도 다빈치(Leonardo Da Vinci) 공항이라 부르기도 한다. 도심에서 남서쪽으로 30킬로미터 정도 떨어져 있다. 터미널은 국내선, 유럽연합 국가선, 국제선이 발착하는 A·B·C 세 개의 터미널이 2층으로 이루어져 있다. 간단한 입국 심사를 마치고 나오면 곳곳에 환전소가 많지만, 공항 환전소는 환율이 좋지 않으니 미리 준비해가거나 ATM을 이용하는 것이 좋다. 공항 안에도 관광안내소가 있으며 주요 렌터카 회사가 입점해 있으니 이곳에서 수속한 후 예약한 차를 찾으면 된다.

주소 123 aeroporto fiumicino
전화 06-6595-3640

## 공항에서 시내로

### 기차
가장 빠르고 효율적인 이동 수단으로 입국장으로 나가면 기차 표시가 있으니 표지판을 따라가자. 티켓은 공항 기차역 플랫폼 앞에 있는 티켓 창구나 자동 판매기에서 살 수 있다.

❶ 레오나르도 익스프레스 Leonardo Express
테르미니 역까지 직행하는 열차로 소요시간은 30분 정도. 이용 당시 유효한 유레일패스 일등석 소지자만 무료로 이용할 수 있으니 이등석 패스 소지자는 따로 티켓을 사야 한다. 테르미니 역에서 공항으로 가는 기차는 12번 플랫폼에서 한 시간에 약 2회 간격으로 출발하고 있다. 티켓은 역 내의 담뱃가게 타바키나 자동판매기, 티켓 창구에서 살 수 있다.
오픈 06:00~23:00 요금 €14

❷ 국철 FR1 선
테르미니 행 보다 저렴한 완행열차로 테르미니 역에서 메트로 네 정거장 떨어진 티부르티나(Tiburtina) 역까지 갈 수 있다. 티부르티나 역 이전에는 오스티엔세(Ostiense) 역도 지나며 메트로 B노선의 피라미데(Piramide) 역과 연결되어 있다. 티부르티나 역은 메트로 B노선과 바로 연결되기 때문에 이용에 큰 불편은 없다. 대신 시내로 들어가는 데 한 시간 정도 걸린다.
요금 €8

### 공항 셔틀버스
입국장에서 'Shuttle Bus'라고 표시된 표지판이나 분홍색 표지판을 따라 나오면 횡단보도를 건너 정류장이 보인다. 여러 회사가 공항에서 테르미니 역을 비롯한 로마 시내까지 셔틀버스를 운행하고 있다. 버스 앞에 목적지가 표시되어 있으니 이에 따라 탑승하면 되고 시내까지 보통 70여 분이 소요된다. 티켓은 버스 앞 창구 등에서 구입할 수 있는데 회사에 따라 인터넷 사전 구입 시 할인을 해 주는 경우도 있다.
위치 입국장 청사 외부
오픈 05:35~00:30(30분~2시간 간격으로 회사마다 다름)
요금 편도 €5~, 왕복 €10~(회사마다 다름)
홈피 www.terravision.eu(테라비전)

### 심야 버스
열차가 운행되지 않는 야간에 도착했다면 공항과 테르미니 역 앞 500인 광장까지 가는 심야 버스를 이용하자. 도착 로비를 빠져나와 앞쪽에 있는 버스 정류장에서 타면 된다. 단 한두 시간에 한 대 간격으로 운행되니 출발시각이 멀었다면 차라리 택시나 심야에 활동하는 밴을 이용한 개인 셔틀 차량을 이용하는 것이 편리하다. 택시나 개인 차량은 원하는 곳 바로 앞까지 데려다주는 편리함이 있지만, 가격 흥정이 필수다. 개인 차량은 공식 루트가 아니니 든든한 일행이 없다면 신중히 선택하여야 한다.
요금 편도 €8~

### 택시
로비 바깥에서 차례대로 기다리고 있는 노란색이나 하얀색 차체에, 지붕에 'TAXI' 표시가 있는 정식 영업용 차량을 이용해야 한다. 공항에서 호객하는 택시는 100퍼센트 바가지요금이라고 봐도 무방하다.
요금 시내까지 €50~

참피노 공항

## 참피노 공항
### Aeroporto di Ciampino (CIA)

주로 저가항공사들이 많이 이용하는 공항으로 도심에서 15킬로미터 정도 거리라 가까운 편이지만 대중교통이 불편한 것이 흠이다. 메트로와 잘 연결되지 않아 시내까지 이동도 쉽지 않다. 시내까지는 코트랄(Cotral) 버스(편도 €5)를 이용하면 20~30분 정도 걸려 메트로 A노선의 아나니나(Anaginina) 역에 도착하니, 이곳에서 지하철을 타고 목적지로 가면 된다.
테르미니 역으로 바로 가려면 테라비전 익스프레스(Terravision Express) 셔틀버스(편도 €4)나 SIT 버스(편도 €4)를 이용하면 된다. 티켓은 각 버스 창구나 버스 앞에서 구입할 수 있다.
택시는 승차요금(€30~)과 짐 요금을 따로 지불해야 한다. 시내에서 공항으로 갈 때는 테르미니 역 근처의 마르살라 거리(Via Marsala)에서 출발하는 버스(편도 €4~)를 타고 이동하면 된다.

>> **기차로 가기 In Treno**

이탈리아의 수도답게 철도망이 로마를 중심으로 뻗어 있어 기차 이용은 매우 수월하다. 로마의 주요 기차역은 테르미니 역과 티부르티나 역이고, 그 밖에도 오스티엔세 등의 철도역이 있다. 대부분의 기차는 '종착역'이라는 뜻을 가진 테르미니 역 메인 플랫폼인 1~24번 플랫폼에서 출·도착한다. 25~29번 플랫폼과 메인 플랫폼은 지하로 자동보도가 연결되어 있어 이것을 이용해 편리하고 빠르게 이동할 수 있다.
에우로스타 이탈리아 ES 열차나 야간열차는 테르미니 역 안에 있는 매표창구에서 예약을 해야만 한다. 국내선과 국제선 매표창구가 구분돼 있으니 잘 살펴보고 줄을 서야 한다. 예매 전용 사무실은 대기표를 뽑아 들고 순번을 기다리는 시스템이며 전용 사무실이 없을 때는 매표창구에서 예약과 표 구매를 할 수 있다.
역에 도착하면 ❶에서 나눠주는 무료 지도와 각종 여행정보를 챙기자. 무료 지도는 보기가 편해 큰 도움이 된다. 지하에는 슈퍼마켓, 유료 샤워실, 쇼핑몰, 메트로 역 등이 있다. 테르미니 역에는 짐을 보관할 수 있는 시설도 있다.
테르미니 역은 시내 한복판이라 숙소나 주요 관광 명소까지 버스나 메트로 등으로 쉽게 이동할 수 있다.
1층 정문으로 나가면 보이는 500인 광장(Piazza dei Cinquencento)은 주요 버스 노선이 출발하거나 경유하는 시내 교통의 요충지다. 정류장은 알파벳순으로

테르미니 역

정리해 놓았으며 번호가 표시돼 있어 편리하게 이용할 수 있다.
1번 플랫폼 쪽과 가까운 오른편 출구로 나가면 마젠타 거리(Via Magenta)가 나오는데 근처에 저렴한 사설 호스텔부터 각종 호텔, 식당이 모여 있다. 24번 플랫폼 쪽의 왼쪽 출구로 나가면 바로 맥도날드와 카페 상점이 보이고, 시내로 이어지는 카보르 거리(Via Cavour) 등이 나온다.
테르미니 역과 함께 이용 빈도가 높은 역은 네 정거장 떨어진 티부르티나 역이다. 밀라노나 베네치아를 오가는 야간열차가 이곳에 정차한다. 또, 유로라인 버스도 이 역 옆에서 발착한다. 메트로 B노선과 바로 연결된다.

**테르미니 역 유인 짐 보관소**
맡길 수 있는 짐은 가방 한 개당 최대 20kg이며 보관기간은 최대 5일이다. 우선 검색대에서 짐을 확인한 후 티켓을 받고 이후 짐을 찾으러 왔을 때 요금을 지불하는 방식이다. 줄이 너무 길어 시간이 급할 때는 패스트 라인 익스프레스 서비스(Express Service)를 이용할 수도 있다. 단, 요금이 훨씬 더 높아진다.
<u>위치</u> 24번 플랫폼 옆 출구로 이동하다가 'Deposito bagagli' 표지판이 보이는 쪽으로 간다.
<u>오픈</u> 06:00~23:00
<u>요금</u> 1개당 5시간 €6, 6~12시간 €1추가, 13시간 후부터 시간당 €0.5, 패스트 라인 €12~

티켓 창구

# 03 로마 시내 교통
### Trasporto

로마의 대표적인 대중교통은 메트로·버스·트램이 있다. 메트로와 버스, 트램은 모두 동일한 대중교통 티켓으로 탑승할 수 있다. 티켓 1회권은 100분 동안 메트로는 1회만 이용 가능하고 버스·트램은 거리나 횟수에 상관없이 탈 수 있다. 티켓은 메트로 역의 유인 매표소나 자동발매기, 담뱃가게인 타바키(Tabacchi) 등에서 판매한다. 3일 이상 머문다면 3일권 교통 티켓이 포함되어 있는 로마 패스(Roma Pass)를 구입하는 것도 좋다.

티켓은 다른 유럽 국가와 마찬가지로 개찰기에 넣어 개표하는 방식이다. 티켓 검사를 수시로 하니 반드시 개표를 해야 한다. 또한 혼잡한 대중교통을 이용할 때는 나의 주머니를 노리는 소매치기들이 있을 수 있으니 조심, 또 조심할 것!

**요금** BIT 1회권 €1.5(100분 유효), 10회권 €15(1회당 100분간 유효), 24시간권 €7, 48시간권 €12.5, 72시간권 €18 / CIS 1주일권 €24

**홈피** www.atac.roma.it (로마 대중교통 정보)

## 대중교통 티켓을 사자!

로마 대중교통 티켓은 유인 매표소나 타바키에서 살 수도 있지만 자동발매기에서 구입해야 하는 경우도 많다. 자동발매기는 다행히 이탈리아어뿐 아니라 영어나 프랑스어 등 다섯 개 국어로 사용할 수 있으니 가능한 언어를 선택하여 티켓을 구입해보자.

**티켓 구입 순서**
1. 이용할 언어를 선택한다.
2. 원하는 티켓 종류와 인원수를 선택한다.
3. 해당하는 금액을 투입한다. 지폐는 €5·10·20·50를 사용할 수 있다.
4. 티켓과 잔돈을 받고 잘 확인한다.

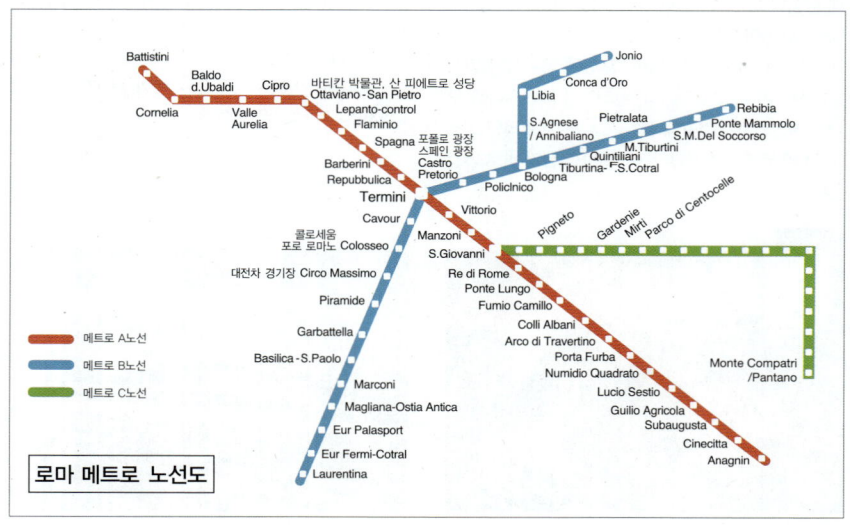

로마 메트로 노선도

## >> 메트로 Metropolitana

메트로(지하철)는 A노선과 B노선 두 개가 전부다. 그 이유는 기술이 없다거나 게을러서 그런 것이 아니라 아직 발굴하지 못한 수많은 유적을 보존하며 공사를 진행해야 하기 때문이다. 그러나 차츰 노선이 확장되고 있으며 대부분의 관광 명소는 많이 연결되어 있어 여행자들은 비교적 편리하게 이용하고 있다. 현재도 메트로 C노선이 공사 중이라 다른 노선의 운행이 단축되는 경우도 있으므로 미리 운행시간을 확인해 두는 것이 좋다.
시설이나 차량이 그리 쾌적하지 않지만, 최근에 점차 새로운 차량이 투입되고 역사도 정비하고 있어 향후 더욱 편리하고 쾌적해질 전망이다. 이용자가 몰릴 때는 서울의 출퇴근 시간을 연상시킬 정도로 붐빈다. 하지만 빠르고 정확하게 원하는 곳으로 이동할 수 있다는 것은 큰 장점이다.

## 메트로 이용 방법

### 1 메트로 찾기
메트로를 타려면 빨간색 바탕에 'M'이 씌어져 있는 표지판을 찾으면 된다. 보통 지하로 내려가는 계단을 따라 내려가면 매표소와 개찰구가 보인다.

### 3 플랫폼으로 가기
A노선은 'Linea A' 표지판을, B노선은 'Linea B' 표지판을 따라 가면 된다. 보통 플랫폼이 양쪽에 있는데 어느 방면으로 운행이 되는지 앞으로 갈 정류장이 종점까지 표시된 표지판이 있으므로 목적지 방향의 전철이 어느 방향에서 들어오는지 확인한 후 움직이자.

### 2 개찰구 통과하기
티켓은 승강장으로 가는 중간에 개찰기에 직접 개표하고 타면 된다. 1일권 이상 티켓을 이미 개표하였다면 열려져 있는 개찰구로 바로 나가면 된다. 메트로의 검표는 주로 내려가는 에스컬레이터의 끝에서 한다. 사람이 꽉 차 있는 에스컬레이터에서 도망간다는 것은 불가능하니 무임승차는 금물.

### 4 승·하차하기
복잡한 메트로 안에서는 소매치기를 조심하고, 목적지가 다가오면 문 쪽으로 미리 이동하는 것이 좋다. 비켜달라고 할 때에는 '페르메소(Permesso)'라고 말하면 되는데, 아무 말 없이 밀고 나가는 것은 당연히 실례.
구식 전동차는 버튼을 눌러야 문이 열리는 경우도 있다. 출구는 'USCITA'라고 표시돼 있는 표지판을 따라가면 된다. 로마의 에스컬레이터는 빠른 속도로 운행되니 조심하자. 환승은 A노선과 B노선이 겹치는 테르미니 역에서만 가능하다. 우리와 마찬가지로 지하철역 구내에서 이동할 수 있다.

## >> 버스 및 트램 Autobus & Tram

버스가 시내 곳곳을 거미줄처럼 연결하고 있지만, 노선이 많고 복잡해 로마 지리에 익숙하지 않은 초행자가 이용하기에는 부담스럽다. 하지만 많은 버스가 테르미니 역, 베네치아 광장 등의 관광 명소를 중심으로 운행되니 지도와 함께 천천히 정류장을 살펴보면 대강의 노선은 파악할 수 있을 것이다.

버스는 바깥 풍경을 보며 여유롭게 갈 수 있다는 것이 장점이지만 교통체증이 심하기 때문에 목적지까지 이동 거리가 멀다면 메트로를 이용하는 쪽이 현명하다. 버스 정류장에는 페르마타 (Fermata)라는 표지판이 붙어 있으며 그 위에 노선, 첫차·막차 시간, 다음 정류장 등이 적혀 있다. 심야 버스인 노투르노 (Notturno)는 버스 번호 옆에 'N'과 부엉이 표시가 있다. 단, 로마에서 이 버스를 이용할 정도로 늦게 다니는 것은 결코 현명한 일이 아니다.

버스의 출입문은 세 개로 정기권 전용 앞문, 일반 승차권 전용 뒷문, 그리고 하차 전용인 가운데 문이 있다. 잘 지켜지지는 않지만 구별해서 타는 것이 좋다.

페르마타

노투르노

개찰기

### 주요 버스 및 트램 노선

| 번호 | 주요 정류장 |
|---|---|
| 40번 Express | 테르미니 역–공화국 광장–나치오날레 거리–베네치아 광장–코르소 비토리오 에마누엘레–산타젤로 성 |
| 트램 8번 | 라르고 디 토레 아르젠티나–가리발디 다리–마스타이 광장–이폴리토 니에보–트라스테베레 역–몬테베르데–카살레토 |
| H번 | 테르미니 역–나치오날레 거리–베네치아 광장–가리바디 다리–트라스테베레 |
| 175번 | 테르미니 역–공화국 광장–바르베리니–트리토네 거리–코르소 거리–베네치아 광장–콜로세움–대전차 경기장 |
| 492번 | 티부르티나 역–테르미니 역–바르베리니 광장–베네치아 광장–코르소 리나치멘토–카보르 광장–리소르지멘토 광장–치프로–뮤제이바티카니역 |
| 714번 | 테르미니 역–산타마리아 마조레 광장–산 조반니 광장–카라칼라 욕장 거리 |
| 910번 | 테르미니 역–공화국 광장–핀치 아나 거리(보르게세 언덕) |
| 미니버스 116번 | 보르게세–베네토 거리–바르베리니 광장–트리토네 거리–스페인 광장–산실베스트로 광장–캄포 데 피오리–바니칸 지하 주차장(테르미날 지아니콜로)–캄포 데 피오리–로톤다 광장–콜로나 광장–바르베리니 광장–베네토 거리 |
| 미니버스 117번 | 산 조반니 교회–콜로세오 광장–트리토네 거리(트레비 분수)–스페인 광장–포폴로 광장–코르소 거리–베네치아 광장–콜로세오 광장–산 조반니 교회(주말 운휴) |
| 미니버스 119번 | 포폴로 광장–코르소 거리–토레 아르젠티나 거리–베네치아 광장–트리토네 거리–바르베리니 광장–베네토 거리–바르베리니 광장–스페인 광장–바부이노 거리–포폴로 광장(주말에는 베네토 거리가 종점) |

1회권의 경우 버스에 타면 주황색이나 녹색 개찰기에 티켓을 넣고 개표한다. 내릴 때는 우리나라와 마찬가지로 벨을 누른다.

큰 차가 들어가지 못하는 작은 골목을 누비는 미니 버스는 편리하기도 하지만 재미로 타보기에도 좋다. 단, 일부 노선은 일요일에 운행하지 않는다. 트램의 경우 노선이 한정되어 있으며 대부분의 낡고 느리지만 8번 트램을 시작으로 점점 신형으로 교체되고 있다.

미니버스

트램

>> **가이드 투어 Guide Tour**

바티칸 시국이나 시내 주요 유적 및 명소 등을 자세한 설명과 함께 둘러보고 싶다면 현지 한국인 가이드 투어를 이용하면 좋다. 바티칸 박물관과 성당 등을 둘러보는 1일 코스와 카타콤베와 시내 주요 명소가 포함된 1일 코스가 대표적인 일정이다. 이동은 메트로나 트램 등 대중교통을 이용한다. 박물관 등의 입장료는 별도로 지불해야 한다.

**로마 자전거나라**
홈피 www.romabike.com
**헬로우 트래블**
홈피 www.hellotravel.kr

>> **시티 투어 버스 City Tour Bus**

로마의 주요 명소만 골라 정차하기 때문에 매우 편리하다. 1~3일권이 있으며 유효기간 내에는 횟수에 관계없이 마음대로 타고 내릴 수 있다. 주요 정류장은 베네치아 광장, 산피에트로 광장, 콜로세움 등이다. 원하는 곳에 내려 둘러본 후 다시 정류장으로 가서 다음 버스를 타고 이동하는 식이다. 여러 업체가 있지만 시티 사이트싱 로마와 빅 버스 투어가 가장 대표적이다. 티켓은 러퍼블리카 광장 근처의 500인 광장 옆 매표소나 운전기사에서 구매할 수 있으며 인터넷에서 사전 예매할 수도 있다.

**시티 사이트싱 로마**
홈피 www.roma.city-sightseeing.it
**빅 버스 투어**
홈피 www.bigbustours.com

>> **택시 Taxi**

요금이 제법 비싸다. 일행이 세 명 이상이면 이용할 만하지만 로마 지리에 익숙하지 않은 여행자의 약점을 이용해 시내를 빙빙 돌며 바가지를 씌우기 일쑤다. 택시를 탔을 때는 지도를 보며 갈 곳을 정확하게 확인하는 것도 요령. 지도를 보는 것이 어려울 때는 보는 척이라도 하면 효과가 있을 것이다.

요금 기본 €2.8~, 주말 €3.8~, 22:00이후 €5.8~, 시내 1km마다 €1.3~, 시외 1km마다 €0.7~, 보통 짐 1개는 무료

# 04 로마 베스트 여행 코스

**Migliori cosa da vedere a Roma**

꼭 볼만한 볼거리만 해도 너무 많은 로마에서는 마음만 바쁘기가 일쑤. 여행할 때는 도보와 대중교통을 적절히 이용해야 효율적이다. 모든 여행자가 방문하는 바티칸 박물관 등은 무조건 아침 일찍 가서 먼저 관람한 후 하루를 시작하는 것이 좋다.

아무래도 걷는 일이 많으니 짐을 가볍게 하고 편한 신발을 착용하자. 뜨거운 햇볕이 내리쬐는 여름이라면 탈수 증상을 방지하기 위해 수분을 충분히 섭취해야 한다. 선글라스와 자외선 차단 크림은 이탈리아에서 1년 내내 필수 품목이다.

### 단 하루만 로마를 본다면?

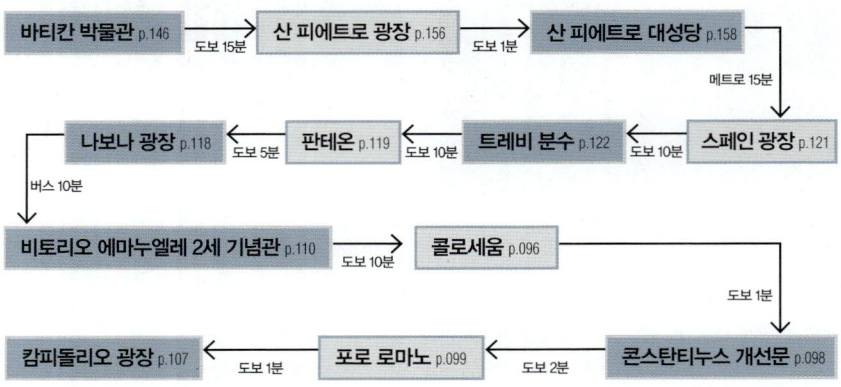

3일 동안 로마 완전 정복!

## 로마 3일 기본 코스

**1st day**

콜로세움 p.096 → (도보 1분) → 콘스탄티누스 개선문 p.098 → (도보 2분) → 팔라티노 언덕 p.098 → (도보 2분) → 포로 로마노 p.099 → (도보 1분) → 캄피돌리오 광장 p.107 → (도보 1분) → 카피톨리니 미술관 p.108 → (도보 3분) → 비토리오 에마누엘레 2세 기념관 p.110 → (도보 1분) → 베네치아 광장 p.109 → (도보 10분) → 트레비 분수 p.122 → (도보 10분) → 스페인 광장 p.121 → (도보 1분) → 콘도티 거리 p.124 → (도보 10분) → 포폴로 광장 p.126

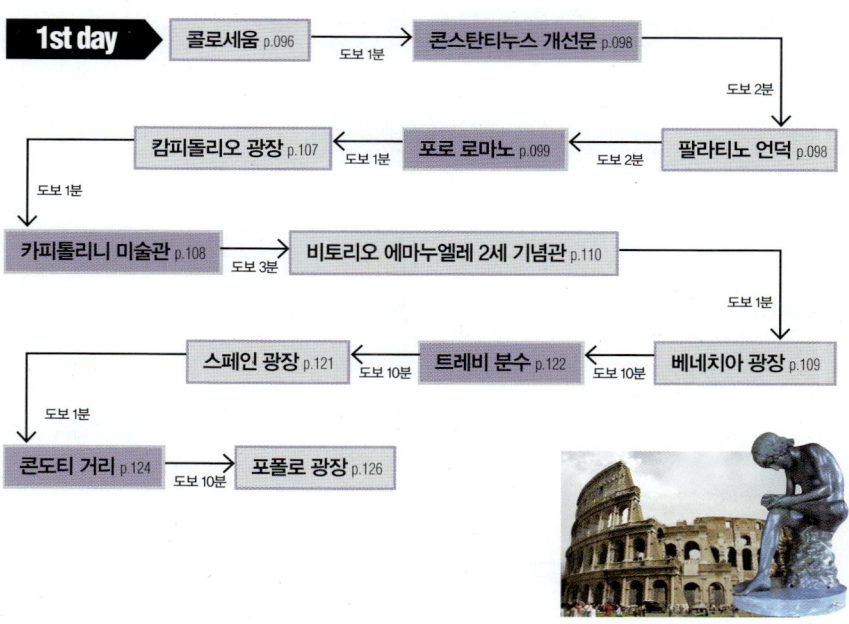

**2nd day**

바티칸 박물관 p.146 → (도보 15분) → 산 피에트로 광장 p.156 → (도보 3분) → 산 피에트로 대성당 p.158 → (도보 10~15분) → 산탄젤로 성 p.163 → (도보 15분) → 나보나 광장 p.118 → (도보 5분) → 판테온 p.119 → (도보 10분) → 캄포 데 피오리 p.120

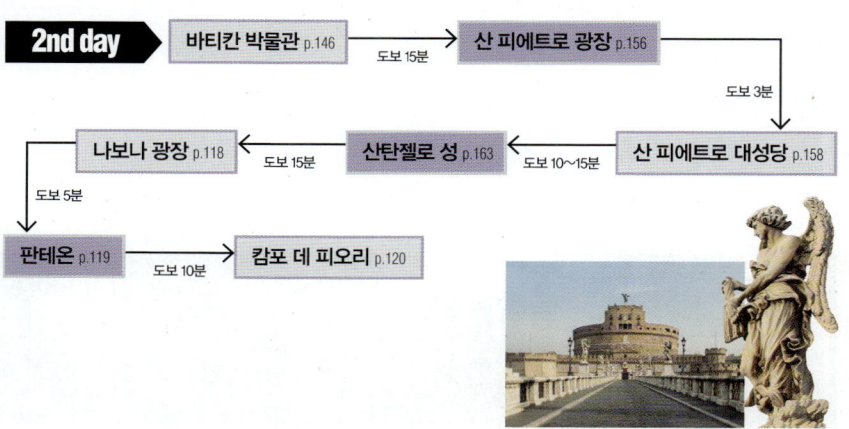

# 3rd day (A~E 중 택1)

## A. 보르게세 공원 주변

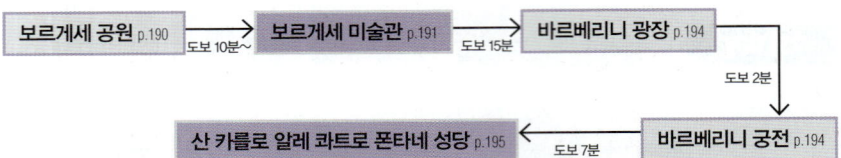

보르게세 공원 p.190 → 도보 10분~ → 보르게세 미술관 p.191 → 도보 15분 → 바르베리니 광장 p.194 → 도보 2분 → 바르베리니 궁전 p.194 → 도보 7분 → 산 카를로 알레 콰트로 폰타네 성당 p.195

## B. 테르미니 역 주변

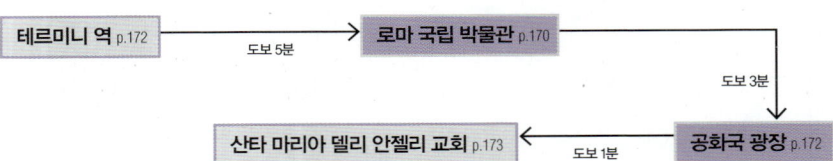

테르미니 역 p.172 → 도보 5분 → 로마 국립 박물관 p.170 → 도보 3분 → 공화국 광장 p.172 → 도보 1분 → 산타 마리아 델리 안젤리 교회 p.173

## C. 성지 순례

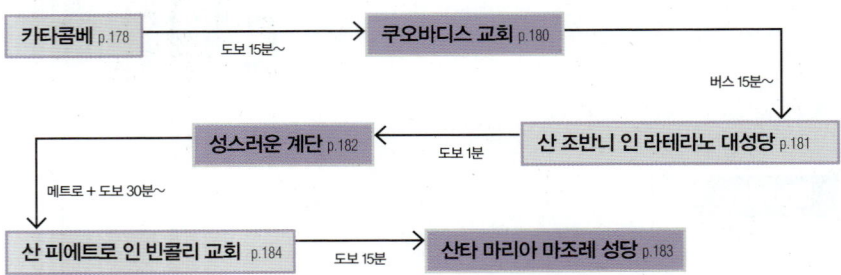

카타콤베 p.178 → 도보 15분~ → 쿠오바디스 교회 p.180 → 버스 15분~ → 산 조반니 인 라테라노 대성당 p.181 → 도보 1분 → 성스러운 계단 p.182 → 메트로 + 도보 30분~ → 산 피에트로 인 빈콜리 교회 p.184 → 도보 15분 → 산타 마리아 마조레 성당 p.183

## D. 고대 로마 유적지 투어

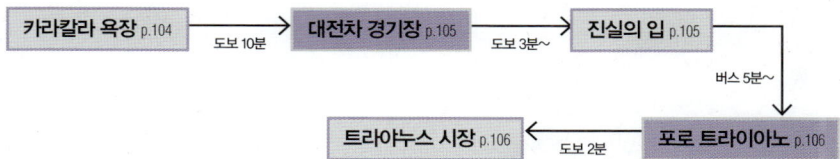

카라칼라 욕장 p.104 → 도보 10분 → 대전차 경기장 p.105 → 도보 3분~ → 진실의 입 p.105 → 버스 5분~ → 포로 트라이아노 p.106 → 도보 2분 → 트라야누스 시장 p.106

## E. 트라스테베레 지구

티베리나 섬 p.202 → 도보 15분 → 산타 체칠리아 인 트라스테베레 교회 p.202 → 도보 1분 → 산 프란체스코 아 리파 교회 p.202 → 도보 10~15분 → 산타 마리아 인 트라스테베레 성당 p.203 → 도보 5분 → 산 피에트로 인 몬토리오 성당 p.204 → 도보 15분 → 자니콜로 언덕 p.204

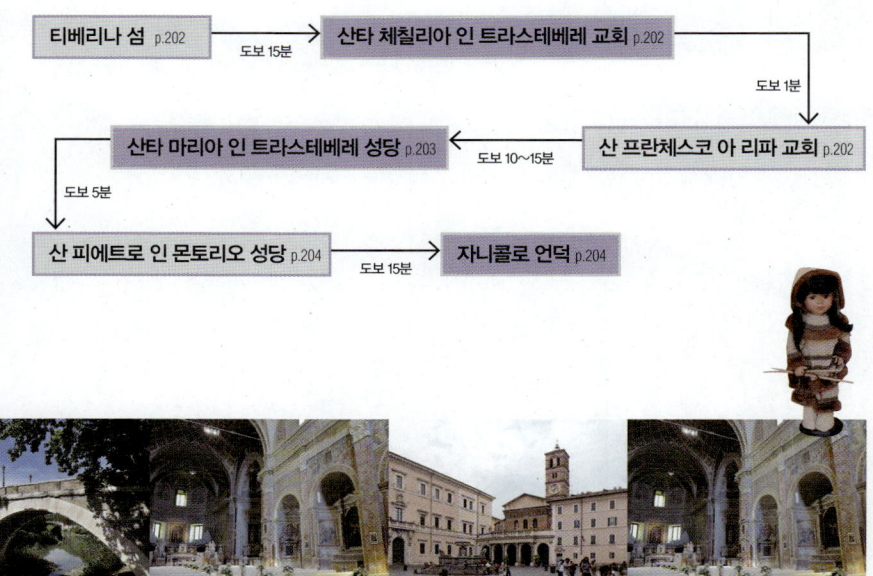

# AREA 1

# Colosseo Area

콜로세움 주변

# 콜로세움 주변
# 이렇게 여행하자

**Access** 메트로 B노선 Colosseo 역 하차, 또는 75 · 85 · 87 · 117 · 175 · 186 · 810번 버스 이용

이 지역의 볼거리는 고대에서 근대로 이어지는 로마의 대표적인 유적들이다. 콜로세움, 팔라티노, 포로 로마노 등에서는 고대 로마의 화려함과 웅장함을 느낄 수 있고, 영화 〈로마의 휴일〉의 배경으로 등장한 진실의 입과 캄피톨리오 광장 주변에서는 중세에서 르네상스로 이어지는 시간의 흐름을 경험할 수 있다.

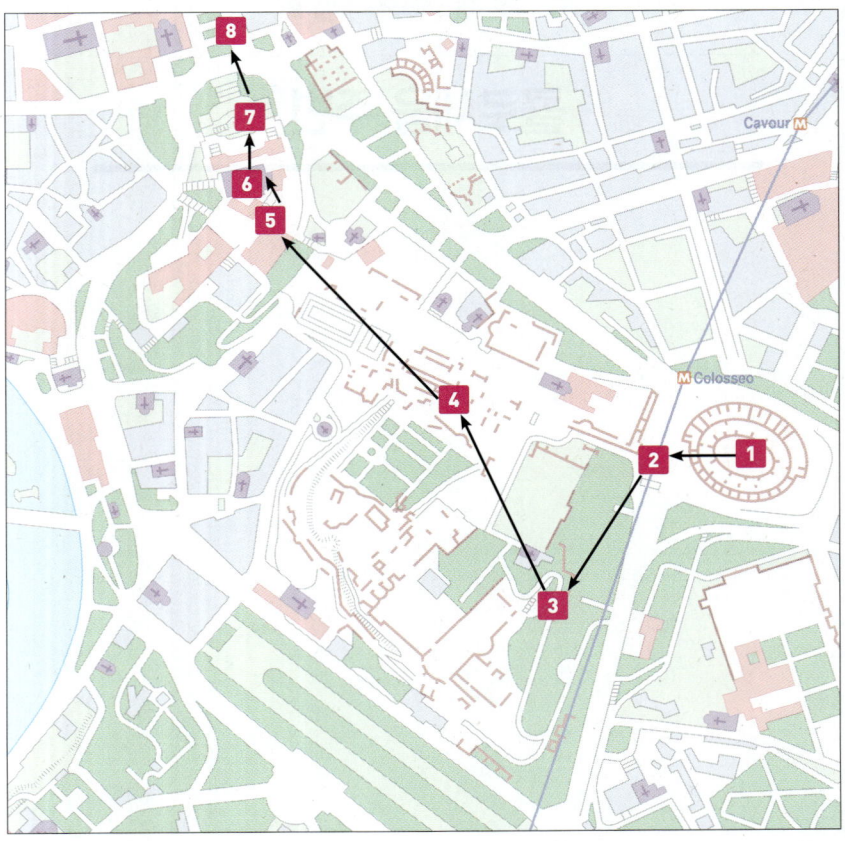

## 추천 코스

**예상 소요 시간**
약 5시간

**1 콜로세움**
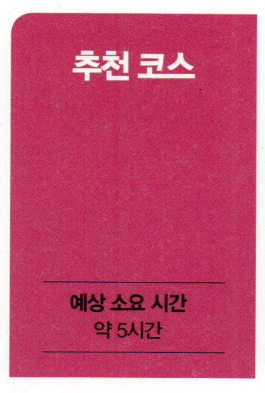

도보 1분 →

**2 콘스탄티누스 개선문**

↓ 도보 2분

**5 캄피돌리오 광장**

← 도보 1분

**4 포로 로마노**

← 도보 1분

**3 팔라티노 언덕**

↓ 도보 2분

**6 카피톨리니 미술관**
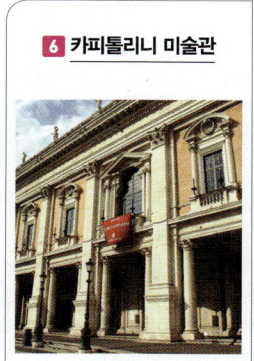

도보 3분 →

**7 비토리오 에마누엘레 2세 기념관**

도보 1분 →

**8 베네치아 광장**

# Sightseeing

## 콜로세움
### Colosseo

[꼴로쎄오]  MAP 2 ⓕ

로마의 가장 큰 원형 극장으로 서기 72년 베스파시아누스 황제가 네로의 궁전터였던 도무스 아우레아의 늪지대에 세운 것이다. 원래 콜로세움 바로 옆에는 거대한 네로 동상이 있었다고 전해진다. 콜로세오라는 이름은 '거대하다'는 뜻의 콜로살레(Colossale)에서 유래했으며, 정식 명칭은 플라비오 원형극장(Flavio Amphithetre)이다. 많은 기독교인이 이곳에서 순교해 기독교의 대표적인 성지기도 하지만, 소설이나 영화에서처럼 네로 황제가 처음부터 이 자리에서 기독교인을 핍박한 것은 아니다. 네로는 빈민가에 불을 질러 모의 해전장을 만들었는데 이후 항의가 거세지자 미약한 세력이라 여긴 기독교인을 희생양 삼아 지금의 산 피에트로 성당 근처의 네로 경기장에서 박해를 했다. 이곳에서 기독교인이 희생된 것은 그 후의 일이다.

로마인들은 불과 8년이라는 짧은 기간에 둘레 527미터, 높이 48미터에 이르는 거대하고 웅장한 건물을 완벽하게 건축했다. 1층부터 도리아, 이오니아, 코린트 양식을 차례로 사용하여 네 개 층을 서로 다르게 지었다. 베스파시아누스 황제 때는 모의 해전장으로 사용되기도 하였지만 배수 처리가 여의치 않아 결국 검투장으로 낙찰 사용되었다.

고대의 콜로세움 모습을 잘 상상할 수 없다면 영화〈글라디에이터〉를 보자. 충실하게 재현된 콜로세움의 경기들과 검투사, 왕과 귀족, 서민들의 모습 덕분에 실제 콜로세움을 방문했을 때 많은 상상을 불러일으킨다.

80여 개가 넘는 아치문은 5만 명이 단 10분이면 모두 자리를 잡을 수 있도록 설계되었다. 신분제 사회였던 까닭에 자리는 신분에 따라 구별되었다. 황제가 드나드는 입구가 별도로 있었고, 1층은 귀빈석이며 2층이 일반석, 3층은 입석으로 구분된다. 지금은 바닥과 천장이 모두 무너져 있지만 과거에는 미로처럼 갈라진 방우로 덮개가 있었고 그 위에서 각종 검투 시합이 벌어졌다. 지하에는 검투사 대기실, 무기 창고, 동물 우리 등이 있었다.

목숨 걸고 싸우던 검투사들은 노예·전쟁포로·죄수였다. 황제가 엄지의 방향을 위, 아래 중 어느 쪽을 가리키느냐에 따라 패자의 생사가 결정됐다. 황제가 자비를 베풀어 엄지를 위로 올리면 검투사는 살아남을 수 있었다. 또한, 세계 각국에서 공수해 온 맹수들과 검투사들 간의 경기도 시민들을 열광시켰다. 이런 피비린내 나는 잔인한 오락은 5세기 초 호노리우스 황제가 중지시킬 때까지 계속 되었다.

그 후 프란지바네 가문의 요새로 사용된 콜로세움이 반 동강이 난 것 같은 모습을 한 것은 지진의 영향이 매우 컸다. 허물어진 잔해는 중세와 르네상스 시대에 왕궁, 다리, 산 피에트로 성당의 건축자재로 사용되기도 했다. 하지만 후에 기독교 성지로 지정되면서 교황령에 의해 복원돼 지금에 이르고 있다.

**위치** 메트로 B노선 Colosseo 역 하차, 또는 75·81·673·175·204 버스 또는 트램 Line 3 이용
**주소** Piazza del Colosseo
**오픈** 3월 마지막 일요일~8월 08:30~19:15, 그 외 08:30~17:00 내외(시기에 따라 변동)
**휴무** 1월 1일, 12월 25일
**요금** €12(팔라티노, 포로 로마나 통합권, 콜로세움은 언제나 긴 줄을 서야하니 보다 한산한 팔라티노 입구에서 티켓을 구입하는 것이 편리하다. 또, 보안상 백팩이나 큰 가방, 트롤리 등은 입장할 수 없다.)
**전화** 06-3996-7700
**홈피** arceoroma.beniculturali.it

### TIP

❶ 콜로세움의 3층까지 모두 돌아보는 것은 만만치 않은 일이니 꼭 편한 신발을 신고 가자. 주변에는 관광객과 사진을 찍고 돈을 받는 고대 로마 황제와 병정 분장을 한 사람들이 있다. 얼결에 같이 사진을 찍었다가는 대부분 일인당 최소 €20 이상의 돈을 요구하므로 사진을 촬영하기 전 정확한 가격을 확인하자.

❷ 홈페이지에서 미리 티켓을 구매해 가는 것도 시간을 절약할 수 있는 방법이다. 예약 시점에서 3개월 내의 날짜를 예약할 수 있고 예약료는 €2다. 예약 시 프린트를 할 수 있는 'Print@home'을 선택 하여 이메일로 온 PDF 파일의 전자 티켓을 프린트하거나 스마트폰에 저장해 가서 'Prebook' 입구로 들어가면 된다. 지정 시간 15분을 초과하면 티켓은 무효화 되므로 짐 검색을 생각해 빨리 가는 것이 좋다. 로마 패스 소지자는 'Pickup@ticket office'를 선택해 지정 장소에서 티켓을 교환한 후 로마 패스를 제시하고 개인 여행자용 입구로 들어가면 된다.

**홈피** www.coopculture.it/en/colosseo-e-shop.cfm

## 콘스탄티누스 개선문
Arco di Constantino

[아르꼬 디 콘스딴띠노]   MAP 2 Ⓕ

콜로세움에서 조금 떨어진 곳에 서 있는 문을 어디서 본 듯한 느낌이 드는 이유는 바로 이것이 파리 샹젤리제 거리에 있는 개선문의 모델이기 때문이다. 높이 28미터의 개선문은 콘스탄티누스 대제가 라이벌 막센티우스(Maxentius)를 밀비안 다리 전투에서 물리친 것을 기념해 315년에 세운 전승 기념물이다. 개선문 벽에는 그의 업적과 전쟁 장면을 새긴 부조가 있다. 황제는 하느님의 계시로 승리했다고 했지만 실제로 이 개선문과 기독교는 아무 관련이 없다.

문의 표면을 장식하고 있는 섬세한 부조들은 트라야누스와 하드리아누스 황제의 건물에서 옮겨왔다고 한다. 개선문 앞쪽으로 팔라티노와 포로 로마노로 들어갈 수 있는 입구가 있다.

<u>위치</u> 콜로세움에서 도보 1분

## 팔라티노 언덕
Monte Palatino

[몬떼 빨라띠노]   MAP 2 Ⓕ

황제와 귀족의 거주지였던 팔라티노는 황량해 보이는 포로 로마노와 달리 숲이 우거져 있어 비교적 쾌적하다. 상류층들의 호화로운 저택 유적이 남아 있으며 그 중에서도 아우구스투스와 부인 리비아가 살던 리비아의 집(Casa di Livia)에는 많은 벽화가 남아있다.

이곳에서 가장 아름다운 집으로 꼽히는 도무스 플라비아(Domus Flavia)의 안뜰은 아름다운 색색의 대리석으로 꾸며져 있다. 그 밖에도 파르네세 정원(Orto Farnesiani), 아우구스투스 황제 궁전(Domus Augustiana) 등이 있다. 팔라티노를 모두 둘러보았다면 입구로 다시 나와 포로 로마노로 들어가면 된다.

<u>위치</u> 콜로세움 입구에서 개선문을 지나 S. Gregorio에 위치한 입구까지 도보 5분. 포로 로마노와는 연결돼 있다.
<u>주소</u> Via di S. Gregorio 30 <u>오픈</u> 여름 08:30~19:15, 겨울 08:30~17:00 <u>요금</u> €12(콜로세움, 포로 로마노 통합권)
<u>전화</u> 06-3996-7700

# 포로 로마노
Foro Romano

[포로 로마노]　　　　　　　　　　　　　　　　　　　　　　MAP 2 Ⓑ Ⓕ

콜로세움과 캄피돌리오 언덕 사이에 자리 잡고 있는 포로 로마노는 고대 로마의 중심지다. 이곳에서 로마의 사법·정치·상업·종교 활동이 활발히 이루어졌다. 지금은 화려한 과거를 짐작하게 하는 기둥이나 초석만 놓여 있어 황량해 보이기까지 하지만 역사적 사실들을 떠올리며 당시의 모습을 상상해 보면 흥미로운 관람이 될 수 있을 것이다. 콜로세움과 마주 보고 있는 입구로 들어왔다면 지도(p.100)를 참고해서 순서대로 둘러보자.

**위치** 메트로 B노선 Colosseo 역 하차 **오픈** 3월 마지막 일요일~8월 월~토요일 08:30~19:15, 그 외 08:30~17:00 **요금** €12(콜로세움, 팔라티노 통합권)

> **TIP**
> 한여름에는 그늘도 없고 마땅히 물을 마실 곳도 없다. 또, 흙먼지가 많이 날려 둘러보는 데 고생스러울 수 있으므로 생수 등을 휴대하자. 포로 로마노를 한 눈에 보려면 캄피돌리오 언덕에서 내려다보면 된다. 유적지의 주요 포인트와 멋진 풍경이 한눈에 들어오기 때문에 기념사진을 찍기에도 좋다.

## 포로 로마노 둘러보기

### 01 비너스와 로마 신전
Tempio di Venus & Roma

콜로세움에서 포로 로마노로 들어서면 가장 먼저 만날 수 있다. 로마 제국의 시조(始祖) 로물루스와 레무스의 아버지로 의인화된 도시 로마, 그리고 비너스 여신에게 바쳐진 신전이다. 135년 하드리아누스 (Hadrianus) 황제의 설계에 따라 만들었다. 유명한 건축가 아폴로도루스가 신전의 비너스 상이 너무 크다고 하자, 하드리아누스는 가차 없이 그를 처형했다.

### 02 티투스의 아치
Arco di Tito

서기 81년 도미티아누스(Domitianus) 황제가 그의 형 티투스와 아버지가 유대 전투에서 거둔 승리를 기념해 세웠다. 현존하고 있는 로마의 개선문 가운데 가장 오래된 것이다. 많이 부식됐지만, 예루살렘의 신전에서 로마군이 약탈품을 운반하는 모습을 새긴 양각은 잘 보인다.

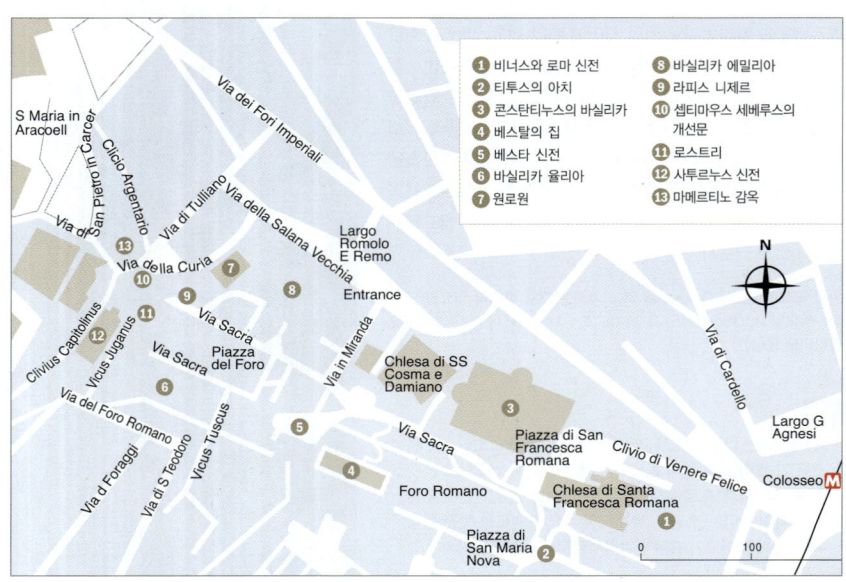

1. 비너스와 로마 신전
2. 티투스의 아치
3. 콘스탄티누스의 바실리카
4. 베스타의 집
5. 베스타 신전
6. 바실리카 율리아
7. 원로원
8. 바실리카 에밀리아
9. 라피스 니제르
10. 셉티마우스 세베루스의 개선문
11. 로스트리
12. 사투르누스 신전
13. 마메르티노 감옥

### 03 콘스탄티누스의 바실리카
**Basilica di Constantino**

포로 로마노의 공공건물이 얼마나 규모가 크고 웅장했는 가를 짐작하게 하는 거대한 아치와 천장이 인상적이다. 과거 재판소와 사업장으로 사용되었던 세 개의 거대한 볼트형 천장은 포로 로마노에서 가장 큰 건물로 가로 100미터, 세로 65미터, 높이 35미터다.

### 04 베스탈의 집
**Casa delle Vestali**

베스타의 신성한 불꽃을 지키던 사제 베스탈(Vestal)들의 거주지. 중앙의 정원을 둘러싼 사각형의 건물이다. 지금은 많이 허물어졌지만 원래 50개의 방을 가진 3층 규모의 큰 건물이었다. 지금도 부엌이나 응접실, 식당 등의 흔적을 찾아볼 수 있다.

### 05 베스타 신전
**Tempio di Vesta**

4세기 무렵 세워진 포로 로마노에서 가장 신성하고 아름다운 신전. 지금의 모습은 1930년대에 부분적으로 재건된 것이다. 불의 여신 베스타를 모시던 곳으로 베스탈이라고 불리는 여섯 명의 사제가 불꽃을 지키고 있었고, 불씨를 꺼뜨리면 즉시 가혹한 벌을 받고 쫓겨났다고 한다. 베스탈은 6세기에서 10세의 귀족의 딸 가운데서 선정됐으며 직무 기간은 30년이었다. 이 기간 동안은 반드시 '처녀성'을 간직해야 했는데, 이를 어길 경우 생매장당했다고 한다.

### 06 바실리카 율리아
**Bacilica Giulia**

건축을 명한 율리우스 카이사르의 이름을 딴 법정. 민사 소송을 담당하던 180여 명의 변호사들은 돈을 주고 사람을 고용해 자신에게 갈채를 보내거나 반대편에게 야유를 퍼붓는 일을 시켰다고 한다. 그때 그 일을 도맡았던 사람들이 시간을 때우기 위해 주사위 놀이를 하며 기록한 점수가 계단에 일부 새겨져 있다.

### 08 바실리카 에밀리아
Bacilica Emilia

비즈니스와 환전이 이루어지던 상거래의 중심지로서 포로 로마노의 주요 건물 중 하나였다. 기원전 2세기에 건축되었으며, 아직도 410년 서고트족의 침략 때 불에 타 주화가 녹은 자국을 바닥의 돌에서 찾아볼 수 있다고.

### 07 원로원
Curia

공화제 시대의 최고 정치기관인 원로원은 고대 로마의 입법 및 자문 기관 역할을 담당하며 행정과 군사를 통솔했던 최고 관직인 집정관을 선출하기도 했다. 지금의 4층짜리 벽돌 건물은 옛터에 재건한 것이라 매우 소박해 보인다.

로마 공화정 말기의 정치가이자 장군인 카이사르는 기원전 44년 이곳에서 최후를 맞이했다. 야심만만했던' 그는 삼두 정치의 파트너인 폼페이우스를 제거하고 절대 권력을 지닌 황제를 꿈꾸었지만, 아들처럼 아끼던 브루투스의 손에 생을 마감했다. 그는 오래전에 죽었지만, 그가 남긴 말은 지금까지도 회자된다. 카이사르가 전쟁에 승리하고 남긴 '왔노라, 보았노라, 이겼노라(Veni, vidi, vici).'라는 말과 루비콘 강을 건널 때 모든 군대가 무장을 해제해야 하는 규율을 어기며 말했던 '주사위는 던져졌다.'라는 말이 대표적이다.

또 하나 그가 마지막으로 남긴 말, '브루투스 너마저...(Et tu, Brute...)'를 떠올리며 원로원을 보는 것도 감회가 새로울 것이다. 카이사르의 이름은 세계 여러 나라에서 시저·카이저·짜르 등의 발음으로 황제를 뜻하는 의미로 사용되며 오늘날까지 전해져 오고 있다.

### 09 라피스 니제르
Lapis Niger

'검은 대리석'이라는 뜻을 가진 곳으로 세베루스의 개선문 옆에 있으며 로마의 건국자 로물루스의 무덤이라고 알려진 곳이다.

### 10 셉티미우스 세베루스의 개선문
Arco di Settimio Severo

발굴 당시 가장 먼저 발견된 것으로 높이 23미터, 폭 25미터의 포로 로마노에서 가장 눈에 띄는 아치. 세베루스의 즉위 10주년과 동방원정의 승리를 기념해 203년에 세워진 것이다.

꼭대기에는 셉티미우스와 그의 두 아들 카라칼라(Caracalla)와 제타(Geta)를 기념하는 조각이 있었으나 아버지가 죽은 뒤 카라칼라가 동생을 죽이고 그의 이름을 조각에서 지워버렸다.

### 🟢12 사투르누스 신전
#### Tempio di Saturno

농업의 신 사투르누스를 모신 곳으로 당시에는 매우 중요한 건물이었다고 한다. 12월의 제사 때는 노예도 주인과 대등한 모임이나 술자리가 허용되었으며 서로 선물을 교환하기도 하였다. 이 풍습이 바로 크리스마스 때 서로 선물을 교환하는 것의 유래라고 한다. 신전 위에는 'SENATUS POPOLVS QVE ROMANVS(쎄나투스 뽀뽈로스 께 로마누스)'라는 라틴어가 쓰여 있다. 이는 '로마의 원로원과 서민들', 즉 로마 시민이라는 뜻이자 로마 자체를 의미한다. 문장 첫 글자를 딴 'S.P.Q.R'은 지금도 로마 시청의 상징으로 하수구 뚜껑을 비롯해 시내 곳곳에서 이 문구를 볼 수 있다.

### 🟢13 마메르티노 감옥
#### Carcere Mamertino

성 베드로가 갇혔던 지하 감옥. 베드로를 굶겨 죽이려던 로마군은 물로 연명하는 그를 발견하고 깜짝 놀랐다고 한다. 이는 감옥 아래로 하수도가 흘렀기 때문에 가능했던 일이라고 한다.

### 🟢11 로스트리
#### Rostri

세베루스의 개선문 정면 왼쪽의 가늘고 긴 대좌로 이곳에서 웅변가 키케로가 말솜씨를 자랑했었다. 또 기원전 44년 마르쿠스 안토니우스가 이곳에서 '친구, 로마 시민, 그리고 동료들에게'라는 주제로 연설했다. 이듬해에는 키케로가 삼두체제의 정치가 아우구스투스 · 안토니우스 · 레피두스에 의해 처형돼 머리와 손이 잘린 채 이곳에 내걸리기도 했다.

## THEME

## 고대 로마의 발자취를 따라서

앞서 소개한 곳 이외에도 로마에는 고대 로마인들의 흔적이 많이 남아있다. 바람 부는 공터에서 화려했던 옛 모습을 찾을 길은 없지만, 지금 남아 있는 유적지의 규모와 자취만 보더라도 당대의 풍요롭고 호화로웠던 삶을 짐작하고도 남는다. 그 중 〈로마의 휴일〉에 등장한 2,400년 전의 하수구 뚜껑은 로마에서 가장 사랑받는 볼거리 중 하나가 되었다.

### 카라칼라 욕장
**Terme di Caracalla**

[떼르메 디 까라깔라]    MAP 2 ⓙ

카라칼라 황제가 210년대에 귀족들의 오락과 향락을 위해 설계한 장소. 욕장의 세로 길이는 300미터가 넘고 폭은 230미터 정도로 한꺼번에 1,500명 이상이 목욕할 수 있었다고 한다. 당시에는 세계 최대의 목욕탕이었지만 지금은 그 터와 골조, 모자이크 정도만 남아있다.

로마인의 목욕 시간은 무척 길었다. 처음에 터키식 목욕을 하고, 지금의 사우나와 비슷한 칼리다리움에서 잠시 쉬다가 미지근한 테피다리움과 사교장 프리지다리움을 거쳐 나타티오라는 야외 수영장에서 목욕을 마무리했다고 한다.

내부에는 체육관·도서관·갤러리 등이 있었다. 지하에는 미트라(Mitra) 신을 모시는 신전이 있었으며 특별한 계층에게만 입장이 허용됐다. 제물로는 황소 피가 쓰였지만 때로는 인신 공양을 하기도 했다.

**위치** 메트로 B노선 Circo Massimo역 하차, 도보 5분. 대전차 경기장 남쪽 200m 지점. 또는 테르미니 역에서 714번 버스 이용 **주소** Viale delle Terme di Caracalla 52 **오픈** 여름 09:00~18:15 / 그 외 월요일 09:00~14:00, 화~토요일 09:00~17:00(시기에 따라 변경) **휴무** 일요일, 1월 1일, 12월 25일 **요금** €8

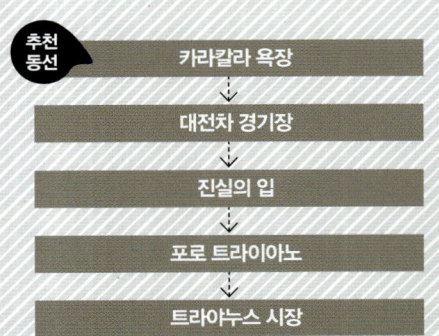

추천 동선: 카라칼라 욕장 → 대전차 경기장 → 진실의 입 → 포로 트라이아노 → 트라야누스 시장

예상 소요 시간 약 3시간

## 대전차 경기장
Circo Massimo

[치르코 마씨모]　　　　　　　　MAP 2 ⓔ

지금은 바람만 불고 있는 황량한 공터지만 고대 로마 시대에는 귀족들이 열광했던 전차 경주가 열리던 장소였다. 길이 620미터, 넓이 120미터 규모의 경기장에는 15만 명을 수용할 수 있었다고 한다. 지금도 간혹 대규모 집회 장소로 사용되기도 한다.
한때 이곳에서 영화 <벤허>를 촬영했다는 뜬소문이 돌았으나 사실이 아니다. 그러나 영화의 전차 경주 장면을 떠올리며 이곳을 둘러본다면 당시 모습을 좀 더 생생하게 짐작해볼 수 있을 듯하다.
거대한 경기장에서는 사륜 마차 경기, 경마, 운동 경기, 맹수와의 검투 시합 등이 열렸다. 경기장 한가운데를 가로지르는 낮은 벽이 있었는데 이것을 스피나(Spina)라고 한다. 이 위에 달걀 모양의 일곱개 표식을 놓고 말이 몇 바퀴나 돌았는지 표시했다. 이후 달걀 모양 표식은 일곱 개의 돌고래 동상으로 교체되었다.

<u>위치</u> 메트로 B노선 Circo Massimo역 하차, 카라칼라 욕장에서 도보 5분

## 진실의 입
Bocca del Verità

[보카 델 베리따]　　　　　　　　MAP 2 ⓔ

영화 <로마의 휴일>로 인해 일약 세계적인 명소로 떠오른 진실의 입은 산타 마리아 인 코스메딘 성당(Santa Maria in Cosmedin)의 입구에 있는 해신(海神) 트리톤의 얼굴이다.
이것은 원래 로마 시대의 하수구 뚜껑인데 입에 손을 넣고 거짓말을 하면 입을 다물어 손을 잘라버린다는 전설이 전해지고 있다. 2,400년 전에 만들어진 하수구 뚜껑이라고 하니 전해지는 이야기처럼 신비한 능력을 가졌을 수도 있겠다는 생각도 든다.
생각보다 작고 항상 북적거려 너무 높은 기대를 가지고 찾았다가는 실망할 수도 있지만, 영화 속 장면을 흉내 내면서 즐거워하는 관광객들을 보는 재미도 쏠쏠하다.
여기까지 왔다면 오히려 진실의 입보다 더 볼만한 성당 안으로도 들어가 보자. 이곳은 로마에 있는 성당 중에서도 아름답다고 평가받는 곳으로 7층 높이의 로마네스크 양식 종탑과 독특한 바닥의 모자이크 장식을 가지고 있다.

<u>위치</u> 대전차 경기장이 한 눈에 들어오는 Via del Circo Massimo를 따라 걷다 보면 오른쪽에 높은 탑이 있는 교회가 진실의 입이 있는 성당이다. <u>주소</u> Piazza della Bocca della Verità 18 <u>오픈</u> 09:30~17:00(여름철 09:30~18:00) <u>요금</u> 사진촬영 €0.5~

## 포로 트라이아노
### Foro Traiano

[뽀로 뜨라이아노]　　　　　　　　MAP 2 Ⓐ

트라야누스 황제의 유적지로 광장과 신전, 바실리카와 더불어 거대한 두 개의 도서관이 있었던 자리다. 서쪽 끝에 있는 큰 원형 기둥은 트라야누스 황제의 기념주(Colonna Traiana)로 황제의 루마니아 승전을 기념해 101년에서 106년에 세워진 것이다. 그리스에서 가져온 대리석 열여덟 개를 쌓아올린 것으로 높이는 30미터에 이르며 표면에는 2,500여 명의 인물 조각들이 새겨져 있다.

**위치** 진실의 입에서 버스 170번 타고 베네치아 광장 하차, 광장에서 도보 4분
**주소** Via dei Fori Imperiali
**오픈** 화~일요일 09:00~19:00
**휴무** 월요일, 1월 1일, 12월 25일
**요금** €12(콜로세움·포로 로마노 통합권, 이틀간 유효)

## 트라야누스 시장
### Mercati Traianei

[메르까띠 뜨라이아네이]　　　　　　MAP 2 Ⓑ

반원형으로 되어 있어 야외극장처럼도 보이는 곳으로 2세기 초반 황제이자 정치가, 동시에 장군이었던 트라야누스가 건축가 아폴로도루스(Apollodorus)에게 명해서 건축하였다. 황제는 시민들의 환심을 사기 위해 이곳에서 저렴한 가격으로 곡물과 와인, 올리브유 등을 공급하였다. 로마 제국이 가장 넓은 영토를 자랑하고 있을 시기라 시장에는 중동은 물론 중국 상품까지 거래되었다고 한다.

과거에는 아래 두 개 층에 150여 개의 상점이 있었고 위층에 사무실·상점·숙소 등이 있었다. 주변에는 여관과 식당이 즐비했다. 고대 로마에서 쇼핑은 주로 남자들이 하고 여자들은 옷과 구두 가게 정도만 출입했다. 여자들이 경제 활동을 거의 할 수 없었기 때문에 2세기 즈음 상인 중 여자는 단 7명이 전부였다고 전해진다.

**위치** 포로 트라이아노에서 도보 2분
**주소** Via IV Novembre 94

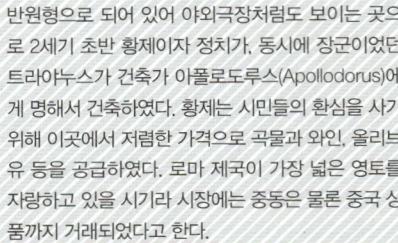

# 캄피돌리오 광장
## Piazza del Campidoglio

[삐아짜 델 깜삐돌리오]　　　　　　　　　　　　　　　　MAP 2 Ⓐ

로물루스와 레무스의 조각상

아우렐리우스 기마상

포로 로마노를 둘러 본 후 입구 쪽으로 다시 나오지 말고 언덕으로 이어지는 계단을 올라가면 캄피돌리오 광장과 연결된다. 광장이 있는 이 언덕을 '카피톨(Capitol) 언덕'이라고도 하며 여기에서 수도(首都)를 뜻하는 영어 단어 'Capital'이 유래했다. 언덕에서는 포로 로마노가 한눈에 들어오기 때문에 기념촬영 하기에 더없이 좋다. 계단을 올라가서 바로 보이는 건물이 12세기경 건축된 세나토리오 궁전(Palazzo dei Senatorio)으로 현재는 로마 시장의 집무실과 시의회가 있다.
로마 시대에 이곳은 아무나 들어가지 못하는 성소(聖所)였다. 언덕 중앙에 제우스 신전을 비롯한 스물다섯 개 신전이 있었다. 건물 오른쪽에는 늑대의 젖을 빨고 있는 로물루스와 레무스의 작은 동상은 지금까지 남아 있다. 그냥 지나치기 쉬우니 위를 잘 보며 걷자. 동상 근처 샘물은 먹어도 무방하다. 동상을 지나 광장으로 나가면 정면에 세나토리오 궁전의 앞면이 보인다. 건물을 보고 오른쪽 뒤로 가면 포로 로마노가 더 한눈에 들어온다.
바닥 문양이 인상적인 광장은 미켈란젤로의 작품이다. 16세기만 하더라도 진흙탕이었던 이곳을 재건축하라는 교황 파울로 3세의 지시를 받고 조성 공사를 시작했지만 생전에는 완성하지 못했다. 광장은 그가 죽고, 시작한 지 거의 100년 만에 완공되었다고 한다.
광장 양쪽으로 있는 건물들이 카피톨리노 미술관이며 한가운데에는 황제이자 철학자 아우렐리우스의 기마상이 있다. 그는 '통치자가 철학자가 되거나, 철학자가 통치자가 되지 않으면 국가는 행복할 수 없다.'라는 플라톤의 말을 실천한 황제라고 평가되기도 한다. 초기 기독교가 콘스탄티누스 대제의 기마상이라고 착각을 했기 때문에 폐기처분 후 재활용되는 신세를 면할 수 있었다. 광장에 있는 것은 복제품으로 진품은 누오보 궁전에 보관돼 있다.

**위치** 포로 로마노에서 계단을 따라 올라간다. 또는 44번 버스를 타고 베네치아 광장에서 하차하거나 95번 버스를 타고 아라코엘리 하차

# 카피톨리니 미술관
## Musei Capitolini

[무제이 까삐똘리니]

MAP 2 Ⓐ

〈가시를 빼는 소년〉

〈죽어가는 갈리아인〉

광장을 사이에 두고 콘세르바토리 궁(Palazzo dei Conservation)과 누오보 궁(Palazzo Nuovo)의 두 개 갤러리로 이루어져 있으며 시청사 지하를 통해 연결되어 있다. 두 개의 건물 모두 미켈란젤로가 설계한 것이다.

1417년에 지어진 콘세르바토리 궁은 중세시대 행정 판사들의 집무실이었던 곳을 미술관으로 개조한 것이다. 2층의 조각과 3층의 회화가 주된 전시품이다. 놓치지 말고 봐야 하는 작품은 2층의 〈로물루스와 레무스 Romolo e Remo〉, 〈가시를 빼는 소년 Lo Spinario〉과 3층에 있는 카라바조의 〈세례 요한〉이다. 그 밖에도 티치아노, 벨라스케스, 루벤스의 작품을 볼 수 있다. 정원에는 콘스탄티누스 황제의 거대한 두상이 있다. 두상만 봐도 동상의 전체 크기는 10미터가 족히 넘었으리라 짐작된다.

누오보 궁에는 거의 조각만 있다고 봐도 된다. 2층의 〈죽어가는 갈리아인 Gallo Morente〉과 〈큐피드와 프시케 Eros e Pishe〉 등이 유명하다. 캄피톨리오 광장에서 베네치아 광장 쪽으로 내려가는 계단도 미켈란젤로의 작품이며 코르도나타 (Cordonata)라고 부른다.

**TIP**

광장을 내려와 오른쪽으로 가면 수많은 갈색 계단 위에 있는 산타 마리아 다라코엘리 교회 (Santa Maria d'Aracoeli)가 보인다. 이 124개의 계단을 무릎으로 끝까지 올라가면 로또에 당첨된다는 믿지 못할 소문이 있다. 계단 위나 교회 위에서 보이는 전망도 훌륭하니 올라가 보는 것도 좋다. 계단은 옆에 있는 코르도나타 계단보다 훨씬 길어 보이지만 실제로는 같은 길이다. 이것은 미켈란젤로의 아이디어로 착시 효과를 이용한 것이다.

**위치** 캄피돌리오 광장 **주소** Piazza del Campidoglio 1 **오픈** 09:30~19:30, 12월 24일 · 12월 31일 09:00~14:00 **휴무** 1월 1일, 5월 1일, 12월 25일 **요금** 어른 €10.5~15(전시회에 따라 다름) **전화** 06-6710-2475 **홈피** www.museicapitolini.org

# 베네치아 광장
## Piazza Venezia

[삐아짜 베네찌아]                                    MAP 2 Ⓐ

로마 중심부에 자리한 광장으로 돌아다니다 보면 꼭 한번은 거치게 된다. 특별한 볼거리는 없지만, 한쪽에 1546년부터 230여 년 동안 베네치아 공국의 로마 대사관 역할을 하던 베네치아 궁전이 있다. 궁전의 중앙 입구 상단에는 베네치아의 상징인 날개 달린 사자가 있다. 이곳은 무솔리니가 집무실로 사용했다. 제2차 세계대전 때는 2층 발코니에서 군중을 상대로 연설을 하기도 했다. 지금은 박물관과 도서관으로 사용하고 있다.

> **TIP**
> 광장 한 가운데 있는 화단은 비토리오 에마누엘레 2세 기념관을 배경으로 해 사진 찍기 좋은 장소다. 광장을 사이에 두고 기념관의 반대편으로는 로마의 중심 거리 중 하나인 코르소 거리(Via Corso)가 있다.

**위치** 비토리오 에마누엘레 2세 기념관 맞은 편
**주소** Piazza Venezia

# 비토리오 에마누엘레 2세 기념관
## Il Vittoriano

[ 일 비또리아노 ]  MAP 2 Ⓐ

1861년의 국가 통일과 1870년에 건국된 이탈리아 왕국의 영웅 비토리오 에마누엘레 2세를 기념하는 건물로 1911년에 완성되었다. 흰색의 웅장한 네오클래식 양식으로 지어낸 건물은 현지인에게 '웨딩 케이크' 또는 '타이프라이터'라는 별명으로 통한다. 사실 관광객들에게는 무척 인상적인 모습으로 다가오는 건물이지만 로마인들에게는 너무 흰 대리석, 캄피돌리오의 경관을 해치는 위치, 별명이 된 타이프라이터 같은 형태 등으로 인해 많은 비난을 사기도 했다. 파리 에펠탑이 처음 세워질 때처럼 건물을 보지 않는 방법은 그 위로 올라가는 것밖에 없다는 말도 있지만, 신고전주의 양식의 흰 대리석 건물은 그래도 로마의 상징 가운데 하나이며 멋진 야경으로도 유명하다.

기념관 앞에 있는 가운데 기마상이 바로 비토리오 에마누엘레 2세 황제이며 조각의 크기만도 12미터가 넘는다. 그 아래에는 제1차 세계대전 당시 전사한 무명용사의 무덤이 있다. 이곳에서는 경비병이 불꽃이 꺼지지 않도록 항상 지키고 있다. 조국의 계단(Altare della Patria)을 따라 건물 위로 올라가면 웅장한 건물 내부도 무척 멋지지만 한눈에 들어오는 로마 북서부 방향 전망도 무척 좋다. 특히 이곳에서 보는 노을은 아름답기로 유명하다.

**위치** 카피톨리니 미술관에서 도보 3분 **주소** Piazza Venezia

> **TIP**
>
> **롬 프롬 더 스카이** Rome from the Sky
>
> 조금 더 높은 곳에서 로마를 보고 싶다면 엘리베이터를 타고 비토리오 에마누엘레 2세 기념관의 옥상으로 올라가자. 이곳은 고층 빌딩이 없는 로마 시내에서 훌륭한 전망대 역할을 하고 있다. 베네치아 광장과 포로 로마노 등의 주변 명소와 멀리 산 피에트로 성당까지 파노라마로 펼쳐지는 로마 풍경을 감상할 수 있다. 산 피에트로 성당 위에서 보는 것과는 또 다른 풍경이고 엘리베이터로 쉽게 올라갈 수 있다는 장점도 있다. 석양이 질 무렵 올라가면 더욱 로맨틱한 풍경을 즐길 수 있다.
>
>
>
> <u>위치</u> 전망대로 가려면 기념관 내부에서는 'Ascensori Panoramic' 표지판을 따라가고, 캄피돌리오 광장에서는 카피톨리니 미술관 뒤로 있는 계단을 따라 올라가면 엘리베이터 입구가 나온다. <u>오픈</u> 09:30~19:30 <u>요금</u> €10

# Eating

## 타베르나 데이 포리 임페리알리
### Taverna dei Fori Imperiali

MAP 2 ⓑ

## 에노테카 프로빈치아 로마나
### Enteca Provincia Romana

MAP 2 Ⓐ

가족이 운영하는 부담 없고 편안한 분위기의 레스토랑. 푸근한 인상의 알레시오 셰프 할아버지의 맛있는 요리를 맛볼 수 있다. 주로 로마식 가정 요리를 선보이고 있다. 식사 후 무엇을 맛볼지 잘 모르겠다면 영어가 능통한 직원들의 도움을 받아도 좋다.

여행자들 사이에 인기가 높은 곳이라 바쁜 시간이라면 예약을 하는 것이 좋다. 한가로운 주변 골목들은 관광객들로 넘쳐나는 복잡한 분위기를 벗어나 식사후 여유로운 산책을 즐기기에도 좋다.

<u>위치</u> 메트로 B노선 Colosseo 역에서 도보 8~10분. 대로인 Via Cavour에서 골목으로 들어간다. <u>주소</u> Via della Madonna dei Monti 9 <u>오픈</u> 12:00~15:00, 19:30~22:30 <u>휴무</u> 화요일 <u>요금</u> 메인 요리 €9~18 <u>전화</u> 06-679-8643 <u>홈피</u> www.latavernadeiforiimperiali.com

비싸고 맛없는 레스토랑이 즐비한 콜로세움과 베네치아 광장 근처에서 괜찮은 선택이 될 수 있는 식당. 깔끔하고 모던한 분위기의 와인바 겸 레스토랑이다. 파스타를 비롯한 식사가 될 만한 메뉴들과 부르게스타 등 안주로 적당한 음식을 판매한다. 잔으로도 즐길 수 있는 와인을 함께 곁들이면 더욱 좋다.

전망 좋은 창가 좌석에서는 포로 트라이아노 유적지 등이 한눈에 보이기도 한다. 콜로세움 근처에서 꽤 알려진 곳이고 유적지 바로 앞이라 저녁보다 오히려 관광객이 많은 점심시간이 훨씬 더 붐빈다.

<u>위치</u> 포로 트라이아노 바로 건너편에 위치. 베네치아 광장에서 도보 2분 <u>주소</u> Piazza Foro Traiano 82 <u>오픈</u> 07:30~24:30 <u>요금</u> 아페리티프 €6~, 메인 요리 €30~ <u>전화</u> 06-6994-0273

## 하우스 앤 키친
### House & Kitchen

MAP 2 Ⓐ

가게 이름 그대로 인테리어용품과 주방용품을 갖춰 놓은 곳으로 살림에 관심이 많다면 그냥 지나칠 수 없는 매장이다. 인기 브랜드인 알레시(Alessi)나 구찌니(Guzzini) 등을 비교적 저렴한 가격에 판매한다. 세일 때는 더 환상적인 가격이 된다.

알레시(Alessi)의 테이블웨어와 비알레피(Bialetti)의 모카 포트가 특히 탐나는 아이템. 이탈리아 브랜드 외에도 독일이나 프랑스 등 유럽 제품들도 많다.

**위치** 베네치아 광장에서 도보 1분 **주소** Via del Plebiscito 103 **오픈** 월~토요일 10:00~20:00, 일요일 11:00~14:30 15:30~20:00 **홈피** www.houseekitchen.eu

## 돔 롬
### Dom Rome

MAP 2 Ⓐ

로마인들의 감각을 엿볼 수 있는 디자인용품 전문점으로 클래식한 감성과 모던한 감각을 살린 생활용품, 주방용품, 가구 등 인테리어 아이템을 만날 수 있다. 여러 브랜드 제품이 구비되어 있어 한자리에서 쇼핑하고 선물을 구입하기에도 좋다. 이층으로 되어 있어 규모가 꽤 넓은 가게에 가득 차 있는 상품들은 가격이 만만치는 않지만 탐나는 것들이 많아 평소 이쪽에 관심 있는 사람들이라면 한참을 구경하게 될 것이다.

**위치** 베네치아 광장에서 도보 2분 **주소** Via d'Aracoeli 6 **오픈** 월·일요일 11:00~19:30, 화~토요일 10:30~19:30 **전화** 06-699-1738 **홈피** domrome.com

## 라 휄트리넬리
### La Feltrinelli

MAP 3 ①

이탈리아 전역에 지점이 있는 대형 서점 체인으로 이곳이 로마에서 가장 넓은 서점이다.

디자인과 예술, 패션에 강한 이탈리아답게 관련 서적들이 특히 잘 갖춰져 있다. 여행 서적 코너와 문구점도 있고 2층에는 카페까지 있어 더운 로마에서 한숨 돌리며 쉬기에 딱 좋다.

**위치** 베네치아 광장에서 Corso Vittorio Emanuele를 따라 도보 7~8분 **주소** Largo di Torre Argenttina 5A **오픈** 월~금요일 09:00~21:00, 토요일 09:00~22:00, 일요일 10:00~21:00 **전화** 02-9194-7777 **홈피** www.lafeltrinelli.it

# Piazza di Spagna Area

스페인 광장 주변

## 스페인 광장 주변
# 이렇게 여행하자

**Access** 테르미니 역 앞 500인 광장에서 64번 버스를 타고 비토리오 에마누엘레 2세 대로(Corso Vittorio Emanuele II)에서 하차

로마의 유명 볼거리가 다 모여 있는 지역이다. 역사적으로 의미 깊은 명소는 물론, 영화의 한 장면을 떠올리게 하는 명소들도 많다. 한마디로 로마에서 가장 낭만적인 지역이다. 따라서 이곳에서는 천천히 걸어 다니며 이 도시의 정취에 흠뻑 빠져보는 것도 괜찮다. 쇼핑에 몰두하려면 콘도티 거리로, 근사한 야경을 원한다면 트레비 분수에 들러 분위기를 잡아보자.

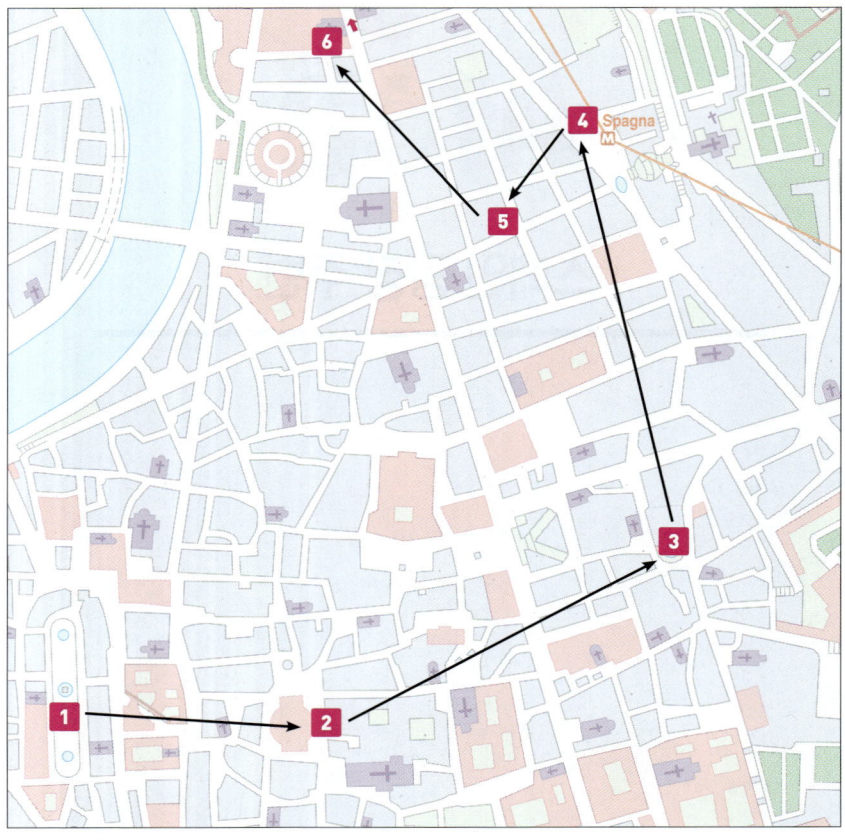

## 추천 코스

예상 소요 시간
약 4시간

**1** 나보나 광장

도보 5분 →

**2** 판테온

↓ 도보 10분

**3** 트레비 분수

← 도보 10분~

**4** 스페인 광장

← 도보 1분

**5** 콘도티 거리

↓ 도보 10분~

**6** 포폴로 광장

# Sightseeing

## 나보나 광장
### Piazza Navona

[ 삐아짜 나보나 ]   MAP 5 Ⓛ

차량 통행이 금지된 지역이라 여유로운 기분이 드는 곳. 타원형의 길쭉한 모습이 원래 경기장이었음을 짐작하게 한다. 17세기까지 폐허였던 곳을 경기장 트랙을 그대로 살려 광장으로 조성했다. 최대 명물은 세 개의 분수. 북쪽부터 네투노 분수(Fontana di Nettuno), 피우미 분수(Fontana dei Fiumi), 모로 분수(Fontana dei Moro)가 있다. 네투노 분수는 데라 포르따의 작품이며 네투노는 바다의 신 포세이돈(Poseidon)을 의미한다.

가운데의 피우미 분수는 흔히 '4대 강의 분수'라고 하는데 로마 어디서나 만나게 되는 베르니니의 작품 가운데 하나다. 나일 · 갠지스 · 라플라타 · 다뉴브 강을 각각 신(神)의 모습으로 형상화시켰다. 나일 강의 신에게는 천이 씌워져 있는데 이는 자신의 라이벌 보로미니(Borromini)가 분수 바로 앞에 세운 산타그네제 인 아고네 성당을 폄하하는 의미라고 알려졌다. 라플라타 강의 신이 팔을 뻗치고 있는 것은 '이게 언젠가 무너지고 말 거야'라는 경고의 뜻을 담고 있다는 이야기가 전해온다. 하지만 성당은 분수가 조성된 후에 지어졌다는 사실을 떠올리면 어디까지나 호사가의 말장난이었음을 알 수 있다. 물론 베르니니가 보로미니를 얼마나 미워했는지를 말해주는 대목이기도 하다.

모로 분수는 '무어인의 분수'라고 부르기도 한다. 이는 '모로'라고 하는 데에서 붙여진 이름이다. 가운데 무어인의 동상도 모조품이기는 하나 베르니니의 작품이다. 광장에는 분위기 있는 노천카페가 많은데 자리가 자리인 만큼 커피 값이 비싸다. 여기에서 주의할 것은 친근하게 다가와 손가락을 내밀어보라고 하는 사람들이다. 순식간에 손가락에 매듭을 지어 장식 끈을 만들고는 돈을 요구한다.

**위치** 테르미니 역 앞 500인 광장에서 64번 버스를 타고 비토리오 에마누엘레 2세 대로(Corso Vittorio Emanuele II)에서 하차한다. 버스 진행방향으로 조금 걷다보면 작은 광장인 Piazza di San Pantaleo가 나오는데 가운데 동상이 있다. 동상 뒤 갈림길에서 오른쪽 골목길인 Via della Cuccagna를 따라가면 광장이 보인다.

> **TIP**
> ### 나보나 광장의 골동품 및 공방 거리
>
>
>
> 나보나 광장 북쪽에는 유명한 골동품점과 공방이 모여 있는 거리가 있다. 이곳에서 진귀한 골동품들을 보고 있노라면 시간 가는 줄 모를 정도다. 나보나 광장 위쪽의 코로나리 거리(Via dei Coronari)와 델로르소 거리(Via dell'Orso) 일대로 가면 된다. 드보베르노 베키오(Via d'Gvoverno Vecchio) 골목에는 중고 물품을 파는 구제품 가게가 많다. 현지인들에게도 인기 있는 편집숍이 많은 것이 특징이다.

# 판테온
Pantheon

[빤데온]                                                           MAP 3 ①

미켈란젤로가 '천사의 설계'라고 극찬했을 만큼 완벽함을 자랑하는 로마 건축의 백미. 판테온은 '모든 신(神)의 신전(神殿)'을 의미하며 기원전 27년 올림포스의 신들에게 제사를 지내기 위해 아그리파가 지었다고 한다. 비록 화재로 인해 125년에 재건했지만, 원형을 거의 완벽하게 유지하고 있다.

판테온의 경이로움은 높이 43.3미터의 건물 안에 기둥이 하나도 없다는 것. 반원형의 지붕과 아치의 원리를 이용해 오직 벽만으로 건물을 지탱하고 있다. 채광창의 역할을 하는 지름 9미터의 구멍(Oculus)은 반원형의 지붕 한가운데 있고, 자연채광만으로도 조명이 가능하다. 비가 내릴 때는 천장의 구멍으로 비가 들이치기는 하지만 그리 많은 양이 들어오지는 않는다고 한다. 이 또한 판테온에 숨겨진 놀라운 과학 원리 중 하나이다. 그 원리란 건물 안 더운 공기가 상승하면서 들이치는 비를 밖으로 밀어내는 것이라고 한다.

현재 판테온은 비토리오 에마누엘레 2세·움베르토 1세·라파엘로의 봉안당으로 쓰이고 있다. 성모 마리아 조각 아래 있는 것이 라파엘로의 무덤이다.

위치 나보나 광장에서 도보 5분, 트레비 분수에서는 도보 15분 주소 Piazza della Rotonda 오픈 월~토요일 09:00~19:30, 일요일 09:00~18:00, 공휴일 09:00~13:00 휴무 1월 1일, 12월 25일 요금 무료 전화 06-68-30-02-30

## 콜론나 광장
### Piazza Colonna

[삐아짜 꼴론나]  MAP 3 Ⓔ

판테온에서 국회의사당이 있는 몬테치토리오 광장 (Piazza di Montecitorio)을 지나면 만나는 광장으로 코르소 거리(Via Corso)에 면해 있다. 높이 42미터의 높다란 기둥은 '커다란 원기둥'이라는 뜻의 콜론나 (Colonna)가 세워져 있어 이런 이름이 붙었다.
콜론나 기둥은 176년 로마 황제 아우렐리우스가 전쟁 승리를 기념하기 위해 세웠다. 기둥에는 전쟁 당시 모습이 새겨져 있다. 원래 꼭대기에는 아우렐리우스의 동상이 놓여 있었다고 한다. 하지만 지금은 기독교 국가답게 그 자리를 바울의 동상이 차지하고 있다.

**위치** 판테온에서 도보 7~8분

## 캄포 데 피오리
### Campo de'Fiori

[깜뽀 데 피오리]  MAP 5 Ⓛ

'꽃밭'이라는 뜻을 가진 광장으로 말 그대로 꽃집이 많이 들어서 있다. 그 밖에도 신선한 채소와 생선 등을 파는 상점들이 있어 아침이면 활기가 넘친다. 하지만 과거 이곳은 화형장으로 사용되던 장소로, 1600년 이단죄로 화형에 처한 조르다노 부르노의 동상이 광장 한가운데 세워져 있기도 하다. 깊은 두건으로 얼굴이 가려진 동상이라 외국인들은 영화 <스타워즈>에 나오는 다스베이더를 연상하곤 한다.
장이 파하는 오후에는 썰렁하니, 가능하면 오전에 가야 훨씬 생동감 넘치는 시장을 볼 수 있다. 물건을 살 때 이탈리어를 못하는 관광객이라는 것이 드러나면, 가격이 확 올라가 버리는 경우가 많으므로 흥정은 필수다.

**위치** 나보나 광장에서 도보 10분

# 스페인 광장
## Piazza di Spagna

[삐아짜 디 스빠냐]                                                    MAP 3 Ⓐ

영화 〈로마의 휴일〉로 유명해진 곳으로 교황청의 스페인 대사관이 이 근처에 있었기 때문에 '스페인 광장'으로 불린다. 137개의 바로크 양식 계단 위로는 성심회 소속의 삼위일체 교회(Trinita dei Monti)가 있다. 광장과 이어진 계단의 정식 명칭이 '언덕 위의 삼위일체 교회로 오르는 계단(Scalinata della Trinita dei Monti)'인 것도 이 때문이다.

계단 아래의 작은 광장에는 베르니니의 아버지 로렌초 베르니니의 작품인 난파선의 분수(Fontana della Barcaccia)가 있다. 그는 홍수가 났을 때 이곳까지 배가 떠내려온 것에 착안해 분수를 만들었다고 한다. 분수의 물은 사람만 마실 수 있도록 하기 위해 물 나오는 곳이 조금 멀리 떨어져 있으며, 아래로 흐르는 물은 동물이 마셨다고 한다.

영화에서 이곳은 오드리 헵번이 방금 자른 상큼한 커트 머리를 하고 아이스크림을 먹는 장소로 등장한다. 왠지 꼭 아이스크림을 먹어야 할 것 같지만, 원칙적으로 계단에서는 아무것도 먹을 수 없다. 간혹 경찰관에게 벌금을 통지받는 경우도 있으니 그녀를 흉내내는 일은 접어두자.

18세기에는 화가의 모델이 되려고 했던 선남선녀들이 이 계단에 모여들었다고 한다. 계단을 정면으로 바라볼 때 오른쪽에 있는 건물이 영국의 서정시인 키츠(J. Keats)와 쉘리(P. Shelley)의 집인데, 여름에는 이곳에서 유명 디자이너의 패션쇼나 전시가 열리기도 해 운이 좋으면 세계적 디자이너나 모델을 볼 수도 있다. 광장 앞으로 곧게 뻗어 있는 거리는 쇼핑으로 유명한 콘도티 거리(Via dei Condotti)다.

> **TIP**
> 근처에서 아이스크림이 먹고 싶다면 계단을 뒤로 하고 왼쪽으로 조금 가면 있는 카페들의 1층 젤라테리아에 있는 아이스크림도 맛있고, 광장 근처에 있는 맥도널드로 가면 입구에 따로 있는 젤라토 코너에서도 괜찮은 아이스크림을 맛볼 수 있다.

<u>위치</u> 메트로 A노선 Spagna 역 하차

난파선의 분수

# 트레비 분수
## Fontana di Trevi

[폰타나 디 뜨레비]

MAP 3 Ⓕ

다시 한 번 로마에 오고 싶은 소망을 간직한 사람들로 가득한 곳. 영화 속 오드리 헵번의 귀여운 모습을 떠올릴 수 있는 장소이기도 하다. 1726년에 완성된 분수는 바다의 신 텝투누스(Teptunus=포세이돈)를 중심으로 그의 오른팔 격인 트리톤(Tritone)과 해마를 조화롭고 웅장하게 배치했다. 트리톤은 삼지창을 쓰는 신으로 디즈니 만화 영화 〈인어공주〉의 주인공 에리얼의 아버지다. 해마를 자세히 보면 하나는 거칠고 다른 하나는 유순해 보인다. 이는 바다의 대립하는 두 이미지를 상징한다. 조각 전체가 한 개의 원석으로 만든 것이라 아무리 자세히 봐도 이음새는 전혀 보이지 않는다.

트레비 분수는 수로가 끝나는 부분에 자리하고 있어 주변보다 지대가 낮다. 그래서 같은 수로의 물을 사용하는 스페인 광장의 '난파선의 분수'와 비교해볼 때 뿜어내는 물줄기가 훨씬 강하다.
야경이 멋지기로도 유명하므로 이곳에서 젤라테리아의 아이스크림과 더불어 하루를 마무리하는 것도 좋다.

**위치** 판테온에서는 코르소 거리(Via del Corso)를 건너 도보 10~15분. 테르미니 역에서 올 때는 메트로 A노선 Barberini 역에서 하차하여 도보 10분 또는 500인 광장에서 175번 버스를 이용해 Via del Tritone에서 내리면 더 가깝다. 베네치아 광장에서는 코르소 거리로 들어가 걷다가 오른쪽의 Via delle Muratte로 꺾어 들어가 직진하면 분수로 갈 수 있다.

### TIP

❶ 사람들은 아름다운 이곳에 다시 한 번 꼭 오기를 기도하며 분수로 동전을 던진다. 사람마다 방법은 약간씩 다르지만 정석으로 알려진 것은 뒤로 돌아서서 오른손에 동전을 쥐고 왼쪽 어깨너머로 동전을 던지는 것이다. 첫 번째 동전은 로마에 다시 올 수 있기를, 두 번째 동전은 평생의 연인을 만나기를, 세 번째 동전은 의견이 분분하지만 현재 연인이나 남편이 너무 보기 싫어 이별을 바랄 때 던진다는 설이 있다. 분수 바닥에는 세계 각국의 동전이 그득히 깔려 있는데 일정 기간마다 걷어 자선 사업에 쓴다.

❷ 분수를 뒤로 하고 오른쪽으로 보면 'FORNO'라는 간판이 보인다. 괜히 딴 생각을 하기 쉬우나 이탈리아어로 포르노는 '오븐'이라는 뜻을 가진 구멍가게! 샌드위치 등의 간단한 음식과 생수 등 식료품을 관광지 근처의 바가지요금보다 훨씬 저렴하게 살 수 있다.

# 콘도티 거리
## Via dei Condotti

[비아 데이 꼰도띠]

MAP 3 ⓔ

세계적으로 유명한 명품 상점이 몰려 있는 곳으로 콘도티 거리와 그 주변 골목들은 로마 쇼핑의 결정판이라 할 수 있는 장소다. 평소에는 물론 여름과 겨울의 대규모 할인 기간이 되면 행인과 쇼핑객으로 북새통을 이뤄 걷는 것만으로도 힘들 정도다.
할인을 하더라도 아주 저렴하지는 않지만 우리나라와 비교하면 제법 저렴하게 살 수 있는 것이 매력이다. 패션 강국 이탈리아의 일면을 볼 수 있는 곳이니 가벼운 마음으로 둘러보며 안목을 높이는 것도 좋을 것이다.

**위치** 메트로 A노선 Spagna 역 하차, 스페인 광장에서 도보 1분

# 콘도티 거리 둘러보기

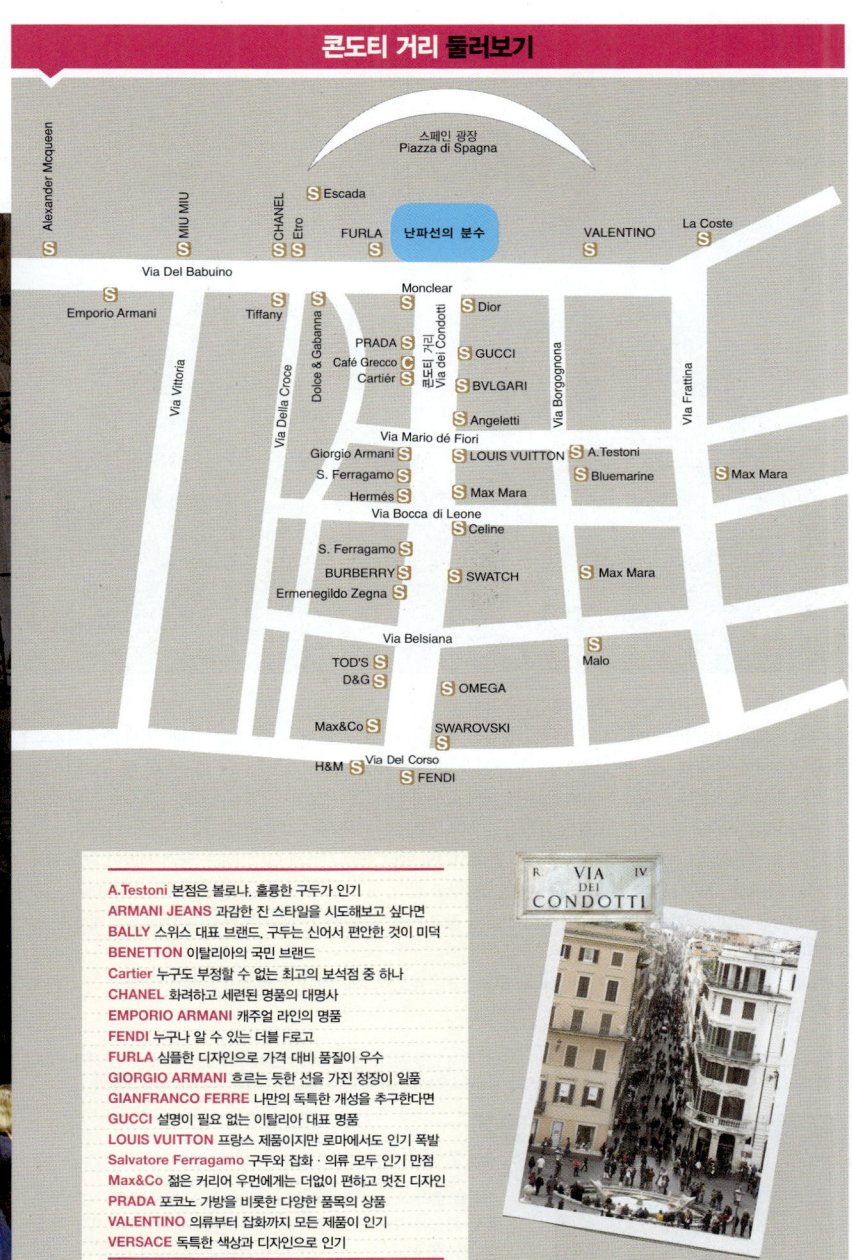

- **A.Testoni** 본점은 볼로냐, 훌륭한 구두가 인기
- **ARMANI JEANS** 과감한 진 스타일을 시도해보고 싶다면
- **BALLY** 스위스 대표 브랜드, 구두는 신어서 편안한 것이 미덕
- **BENETTON** 이탈리아의 국민 브랜드
- **Cartier** 누구도 부정할 수 없는 최고의 보석점 중 하나
- **CHANEL** 화려하고 세련된 명품의 대명사
- **EMPORIO ARMANI** 캐주얼 라인의 명품
- **FENDI** 누구나 알 수 있는 더블 F로고
- **FURLA** 심플한 디자인으로 가격 대비 품질이 우수
- **GIORGIO ARMANI** 흐르는 듯한 선을 가진 정장이 일품
- **GIANFRANCO FERRE** 나만의 독특한 개성을 추구한다면
- **GUCCI** 설명이 필요 없는 이탈리아 대표 명품
- **LOUIS VUITTON** 프랑스 제품이지만 로마에서도 인기 폭발
- **Salvatore Ferragamo** 구두와 잡화 · 의류 모두 인기 만점
- **Max&Co** 젊은 커리어 우먼에게는 더없이 편하고 멋진 디자인
- **PRADA** 포코노 가방을 비롯한 다양한 품목의 상품
- **VALENTINO** 의류부터 잡화까지 모든 제품이 인기
- **VERSACE** 독특한 색상과 디자인으로 인기

125

# 포폴로 광장
## Piazza Popolo

[삐아짜 뽀뽈로]

MAP 3 Ⓐ

두 교회의 사잇길이 코르소 거리

삼각형 도로인 트리덴트(Trident)의 꼭대기에 있는 포폴로 광장은 1820년 쥬세페 발라디에 의해 최종적으로 완성됐지만 사실 여러 세기를 거쳐 단계적으로 공사가 이루어졌다. 지도를 보면 광장을 정점으로 세 갈래의 큰길이 갈라져 있으며, 가운데 오벨리스크 앞에서 세 갈래 길을 한눈에 볼 수 있다. 오벨리스크는 3,000년 전의 것으로 아우구스투스 황제가 대전차 경기장을 장식하기 위해 이집트에서 가져온 것을 16세기에 이 장소로 옮겼다.

오랜 세월 동안 광장에서는 몇몇 끔찍한 일이 벌어지기도 했다. 18세기에서 19세기에는 공개 처형이 종종 행해졌다. 죄수가 죽을 때까지 벽에 부딪히게 해 사형시켰다고 한다. 또 코르소 거리로 이어지는 직선 코스에서는 기수 없는 경마를 벌이곤 했는데, 말에 못이 박힌 밧줄을 감고 바로 뒤에서 화약을 터트려 더욱 빨리 달리게 하는 잔인한 경마였다고 한다.

근처에는 비교적 저렴하면서도 맛있는 피제리아나 레스토랑이 자리한다. 가벼운 식사를 원한다면 이 주변에서 하는 것도 좋겠다.

**위치** 메트로 A노선 Flamnio 역 하차. 포폴로 문 쪽으로 가서 문을 통과하면 광장이 나온다. 스페인 광장에서 이곳까지는 미니버스를 타고 오면 편리하다. 계단을 보고 왼쪽으로 있는 Via del Baubino에 가면 포폴로 광장 행 미니버스 정류장이 있다.

### TIP
**포폴로 광장에서 트레비로 이동하기**

야경을 보러 다시 가고 싶은데 걸어가는 것이 막막하다면? 다행히 포폴로 광장에서는 코르소 거리를 따라 운행하는 미니버스 117번이 있다. 버스를 타고 큰 기둥이 서 있는 콜론나 광장에서 내려 길을 건너 골목으로 들어가면 트레비 분수로 쉽게 갈 수 있다.

# 산타 마리아 델 포폴로 교회
## Basilica Santa Maira del Popolo

[바실리까 싼타 마리아 델 뽀뿔로]   MAP 3 ⓐ

교회를 건축하는 자금을 '시민(Popolo)'들이 기부하였기 때문에 이를 기념해 교회 이름을 지었다. 소설 〈천사와 악마〉의 배경이기도 하며 내부에는 아름다운 예술 작품들이 많다. 그냥 지나치기 쉬운 곳이지만 포폴로 광장에 왔다면 들러보자.

1472년 교황 식스투스 4세의 명에 따라 로마에서 처음으로 르네상스 양식으로 지어졌지만, 이후 베르니니가 바로크 양식으로 개조하였다. 내부에서는 카라바조의 〈성 베드로의 십자가형〉과 더불어 〈성 바오로의 개종〉을 볼 수 있고, 라파엘로가 건축한 키지 예배당 (Chapelle Chigi), 베르니니와 로렌체토가 만든 다니엘과 하박국 조각상 등이 있다.

**위치** 메트로 A노선 Flamnio역 하차. 포폴로 문쪽으로 가서 문을 통과하면 바로 보인다. **주소** Piazza del Popolo 12 **오픈** 월~목요일 07:00~12:00 16:00~19:00, 금·토요일 07:30~19:00, 일요일 08:00~13:30 16:30~19:30 **요금** 무료(약간의 헌금) **전화** 06-361-0836

〈성 베드로의 십자가형〉

### TIP
**핀초 언덕** Monte Pincio

핀초 가문이 소유했던 공원의 일부로 포폴로 광장에서 계단을 따라 올라갈 수 있다. 이곳 테라스에서는 바티칸 성당이 포함된 로마의 아름다운 스카이라인과 노을을 즐길 수 있어 해 질 녘이면 많은 사람들이 모여든다.

**위치** 포폴로 광장 위쪽

# Eating

스페인 광장 주변

## 안티코 카페 그레코
### Antico Caffé Greco

MAP 3 ⓔ

스페인 광장 앞 콘도티 거리에 있는 로마의 명물. 1760년 한 그리스 사람이 이 자리에서 가게를 운영하기 시작해 카페 이름도 그리스인을 뜻하는 그레코가 되었다. 이곳의 단골로는 괴테, 바이런, 보들레르, 리스트 등 당대 유명 문학가와 예술가들이 있었으며 유명한 바람둥이 카사노바도 그중 하나였다.

당시의 분위기를 물씬 느낄 수 있는 그림, 사진, 편지들이 전시되어 있으니 찬찬히 둘러보는 재미가 있다. 물론 커피나 차, 케이크 맛도 좋은 편이지만 자리에 앉아 마시면 비용이 상당하다. 그래서 현지인들은 주로 입구의 바에 서서 에스프레소를 마시고 관광객들은 아늑한 옛 공간이 자리 잡고 있는 내부 자리를 주로 이용한다.

**위치** 스페인 광장에서 도보 2분 **주소** Via Condotti 86 **오픈** 09:00~21:00 **요금** 에스프레소 €3.5~, 카푸치노 €5~ **전화** 06-679-1700 **홈피** www.anticocaffegreco.eu

## 바빙톤스 티 룸
### Babington's Tea Room

MAP 3 Ⓑ

1896년 처음 문을 연 이후 한결같은 최고의 홍차 맛으로 사랑받고 있다. 스페인 광장 바로 옆에 있지만 떠들썩한 광장 분위기와는 달리 차분하고 조용한 분위기의 우아한 장소다.
이탈리아어가 아닌 카페 이름을 봐도 알 수 있듯 영국 출신인 안나 마리아와 이사벨 카질이 로마에 살던 영국인들의 향수를 달래주기 위해 개업한 곳이다. 홍차도 맛있지만 곁들여 맛볼 수 있는 머핀, 스콘, 케이크도 일품이니 꼭 한번 먹어보자.

<u>위치</u> 스페인 광장 계단 왼편 <u>주소</u> Piazza di Spagna 23 <u>오픈</u> 10:00~21:15 <u>휴무</u> 여름철 주말, 공휴일 <u>요금</u> 에스프레소 €3.5~, 카푸치노 €5~ <u>전화</u> 06-678-6027 <u>홈피</u> www.babingtons.com

## 안티카 에노테카
### Antica Enoteca

MAP 3 Ⓐ

1800년에 창업하여 지금까지도 꾸준히 사랑받고 있는 전통의 에노테카. 에노테카는 이탈리아어로 '와인을 전시하고 구매할 수 있는 장소'를 의미한다. 이곳에서 선정해 놓은 좋은 와인들과 함께 치즈나 살라미 등의 간단한 안주를 곁들이거나 식사를 할 수도 있다. 스페인 광장과 가까워 여행하며 들르기에도 좋다.

<u>위치</u> 메트로 A노선 Spagna 역 하차, 스페인 광장에서 도보 3분
<u>주소</u> Via della Croce 76
<u>오픈</u> 월·수~일요일 11:00~01:00
<u>휴무</u> 화요일
<u>요금</u> €10~
<u>전화</u> 06-679-0896

스페인 광장 주변

## 바르카차
### Barcaccia

MAP 3 Ⓔ

스페인 광장 바로 오른편에 자리하여 관광객들이 방문하는 매장. 1층은 젤라테리아, 2층은 카페로 운영되고 있다. 가게는 작은 편이지만 2층 창가에서 스페인 광장의 계단을 바라보며 차를 마시거나 아이스크림을 먹을 수 있어 인기가 많다. 젤라토 맛도 좋은 편이며, 아침에는 식사 메뉴도 판매하고 있다.

**위치** 스페인 광장의 계단을 바라보며 오른쪽 거리 도보 1분, 오른편에 위치
**주소** Piazza di Spagna 65
**오픈** 07:00~01:00
**요금** 커피류 €5~
**전화** 06-679-7497

## 산 크리스피노
### San Crispino

MAP 3 Ⓔ

로마의 유명 젤라테리아 중 하나로 혹자는 이곳의 아이스크림 맛을 보지 못했다면 진정한 젤라토를 맛본 것이 아니라고 말할 정도. 특히 피스타치오나 생강, 계피 맛 젤라토는 최고로 꼽는 인기 메뉴다. 미국 등의 외국 신문에도 자주 소개가 될 정도로 유명하지만 골목에 있어 찾아가기가 조금 어렵다.

**위치** 메트로 A노선 Barberini 역에서 트레비 분수로 가는 길
**주소** Via della Panetteria 42
**오픈** 11:00~00:30(금, 토 11:00~01:30)
**요금** €2.5~
**전화** 06-67-93-924
**홈피** www.ilgelatodisancrispino.it

## 오스타리아 알 트렌타 우노
### Hostaria al 31

MAP 3 Ⓔ

14종이나 되는 다양한 파스타 메뉴가 있어 선택의 폭이 넓은 곳. 맛도 무난하고 가격도 적당해 근처의 현지인들도 많이 이용한다. 시금치를 넣은 라자냐나 조개를 넣은 봉골레 비안코 스파게티 등이 인기 메뉴다.

**위치** 메트로 A노선 Spagna 역 하차. 콘도티 거리 바로 옆 골목
**주소** Via delle Carrozze 31
**오픈** 12:15~15:00, 19:15~22:30
**휴무** 일요일 **요금** €12~
**전화** 06-678-6127
**홈피** www.hostariaal31.com

## 오텔로 알라 콘코르디아
### Otello alla Concordia

MAP 3 Ⓐ

카포리치 자매가 운영하는 로마요리 전문점으로 개업한지 60년이 넘은 오랜 전통을 가진 곳이다. 현지인들에게 인기가 많은 식당으로, 특히 맛있다고 소문난 요리는 새끼 양고기를 사용한 아바키오나 송아지고기 요리인 살팀보카 등이다. 파스타 등 가벼운 요리도 즐길 수 있다.

**위치** 메트로 A노선 Spagna 역 하차. 콘도티 거리와 두 블록 떨어져 있다.
**주소** Via della Croce 81 **오픈** 월~토요일 12:15~15:00 19:00~23:00, 일요일 12:15~15:00 **요금** €12~ **전화** 06-679-1178 **홈피** www.otelloallaconcordia.it

## 일 브릴로 파를란테
### Il Brillo Parlante

MAP 3 Ⓐ

우리 입맛에 잘 맞는 파스타와 피자를 먹을 수 있는 레스토랑으로 에노테카를 겸하고 있어 음식에 어울리는 좋은 와인을 추천받아 맛볼 수 있다. 특히 직접 만든 수제 파스타의 쫄깃한 식감은 오감을 만족시킨다. 관광객에게는 많이 알려져 있지 않지만, 현지인들이 강력 추천하는 레스토랑.

**위치** 포폴로 광장에서 도보 3분 **주소** Via della Fontanella 12 **오픈** 월~금요일 12:00~24:30, 토·일요일 12:00~01:30 **휴무** 여름철 **요금** €12~ **전화** 06-324-3334 **홈피** www.ilbrilloparlante.com

## 피자 레
### Pizza Ré

MAP 3 Ⓐ

40여 종이 넘는 푸짐하고 다양한 피자와 여러 가지 디저트를 맛볼 수 있어 선택의 폭이 넓은 피제리아. 화덕에 직접 굽는 나폴리 피자를 만들어 판매한다. 쫄깃한 도우 맛이 특히 일품이다. 부담 없이 들러 식사할 수 있는 분위기로 큰길에 있어 찾기 쉽다.

**위치** 포폴로 광장에서 도보 2분
**주소** Via Ripetta 14
**오픈** 12:00~24:00
**요금** €7~
**전화** 06-321-1468
**홈피** www.pizzare.it

## 구스토
### Gusto

MAP 3 Ⓐ

비용 대비 괜찮은 식사를 할 수 있는 곳. 피제리아와 레스토랑, 와인 바 등을 겸하고 있으며 요리 서적과 기구들도 판매한다. 이곳은 로마에 새롭게 등장한 디자인 레스토랑 중 초창기의 식당으로 인테리어가 모던하고 깔끔하다.

바삭한 나폴리탄 피자를 포함한 피자 종류는 €8 정도부터 시작되며 토·일요일에는 브런치 코스(12:0~15:30)도 있다.

**위치** 포폴로 광장에서 도보 6분
**주소** Piazza Augusto Imperatore 28
**오픈** 12:00~15:30, 19:00~24:00
**요금** €12~
**전화** 06-6813-4221
**홈피** www.gusto.it

## 폼피
POMPI

MAP 3 Ⓐ

로마 최고의 티라미수 케이크를 먹고 싶다면 이곳으로 직행! 본점(주소 Via Albalonga 7B)까지 찾아가기 어렵다면 스페인 광장 근처의 지점으로 가면 된다. 본점과 달리 커피도 없고 포장 주문할 수 있지만, 젤라테리아를 겸하고 있어 내부에 서서 먹을 수 있는 테이블은 있다. 정통 티라미수는 물론 신선한 빨간 딸기를 얹은 딸기 티라미수도 맛나니 취향대로 선택해보자.

**위치** 메트로 A노선 Spagna 역 하차, 스페인 광장에서 도보 2분
**주소** Via della Croce 82
**오픈** 일~목요일 10:30~22:00, 금·토요일 10:30~23:00
**요금** 케이크 €5~
**전화** 06-2430-4431
**홈피** www.barpompi.it

## 지올리티
Giolitti

MAP 3 Ⓔ

커피도 마실 수 있지만, 워낙 젤라토로 유명한 곳이다. 식사시간 후에는 디저트를 즐기려는 사람들로 너무나 붐벼 긴 시간을 기다려야 한다.
1900년 코르소 거리 근처에 많았던 당시의 화려한 벨에포크 카페 중 하나를 물려받아 개업한 곳으로 아이스크림 종류는 대략 100여 종에 이른다고 한다. 크기와 착석 여부에 따라 가격이 달라진다. 양이 꽤 넉넉해 대개 작은 사이즈면 충분하니 너무 욕심내지는 말자.

**위치** 판테온에서 도보 3~4분
**주소** Via Uffici del Vicario 40
**오픈** 07:00~01:00
**요금** €2.5~
**전화** 06-699-1243
**홈피** www.giolitti.it

## 피제리아 바페토
### Pizzeria Baffetto

MAP 5 ⓚ

바삭거리는 얇은 피자를 제공해 '과자 피자'라는 별명을 가지고 있다. 로마에서도 유명한 피제리아로 항상 줄이 길게 늘어서 있고, 입구에는 각종 단체나 책으로부터 추천받았다는 일련의 스티커들이 줄줄이 붙어있다.
규모가 좀 더 큰 근처의 분점 Baffetto II(**주소** P.del Teatro do Pompeo 18)는 점심시간에도 영업하며 야외 테이블도 있다.

**위치** 나보나 광장에서 테베레 강 쪽으로 가는 골목 **주소** Via del Governo Vecchio 114 **오픈** 12:00~15:30, 18:30~01:00 **휴무** 화요일 **요금** €13~ **전화** 06-686-1617 **홈피** www.pizzeriabaffetto.it

## 카페 산테우스타키오
### Caffe Sant'Eustachio

MAP 5 ⓛ

꼭 들러볼 만한 가치가 있는 판테온 근처의 카페. 협소한 곳이지만 많은 현지인이 강력하게 추천하는 곳으로 로마의 어떤 카페보다 깊고 풍부한 맛을 가진 에스프레소를 비롯한 각종 커피를 음미할 수 있다.
커피의 비법을 보지 못하도록 칸막이 안에서 주문받은 커피를 뽑아내는 것도 독특하다. 커피 원두나 포트 등을 구입할 수도 있다.

**위치** 판테온 뒤편 골목길 Via della Palombella를 따라 도보 1분 **주소** Piazza Sant'Eustachio 82 **오픈** 일~목요일 07:30~01:00, 금요일 07:30~01:30, 토요일 07:30~02:00 **요금** 커피 €2.8~ **전화** 06-6880-2048 **홈피** www.santeustachioilcaffe.it

## 폰테 에 파리오네
Ponte e Parione

MAP 5 Ⓛ

나보나 광장 근처의 레스토랑으로 테이크아웃도 가능해 근처에 있는 현지인들도 애용하는 곳이다. 모든 메뉴가 괜찮지만 가을에 방문했다면 제철 음식인 버섯 요리를 먹어보자. 이탈리아식 수제비인 뇨키도 맛있는데, 워낙 양이 푸짐해 먹다 남길 정도다.

<u>위치</u> 나보나 광장에서 도보 2분 <u>주소</u> Via Santa Maria dell' Anima 62 <u>오픈</u> 11:30~15:00, 18:00~01:00 <u>휴무</u> 겨울철 월요일 <u>요금</u> €12~ <u>전화</u> 06-6830-8780

## 다 판크라치오
Da Pancrazio

MAP 5 Ⓛ

2000년 전의 고대 극장터 위에 세워진 레스토랑으로 정통 로마요리를 맛볼 수 있는 곳. 레스토랑 지하에 유적이 그대로 남아있는 상태에서 인테리어를 해놓아 색다른 분위기에서 식사할 수 있다. 예약은 필수이며, 특히 저녁에 방문할 예정이라면 정장을 갖추고 가자.

<u>위치</u> 나보나 광장에서 도보 5분 <u>주소</u> Piazza del Biscione 92 <u>오픈</u> 12:00~15:00, 19:00~24:00 <u>휴무</u> 8월 중순 <u>요금</u> €50~ <u>전화</u> 06-686-1246 <u>홈피</u> www.dapancrazio.it

## 트레 스칼리니
Tre Scalini

MAP 5 Ⓛ

둥글고 검은 빛깔을 띠는 타르투포(Tartufo) 젤라토로 유명한 나보나 광장의 카페. 이곳의 타르투포 젤라토는 초콜릿을 듬뿍 담고 부드러운 휘핑크림을 얹어서 내놓는 버섯모양의 젤라토다. 광장을 바라보는 야외석도 있지만 가격이 비싸니 저렴하게 즐기려면 바에서 서서 먹거나 테이크아웃을 하면 된다. 이외에도 생크림이 듬뿍 얹어지는 카페 콘 판나와 따뜻한 우유가 섞인 카페 라테도 인기 메뉴.

<u>위치</u> 나보나 광장 중앙의 서쪽 <u>주소</u> Piazza Navona 28/30 <u>오픈</u> 09:00~01:00 <u>요금</u> 타르투포 €9~, 커피 종류 €5~ <u>전화</u> 06-6880-1996 <u>홈피</u> www.trescalini.it

## 일 콘비비오
Il Convivio

MAP 5 Ⓗ

신선하고 색다른 이탈리아 요리를 맛보고 싶다면 이곳으로 가보자. 1995년 미슐랭의 별 한 개를 획득한 유명 레스토랑이며 안젤로 트로이아니 주방장과 그의 형들이 함께 운영하고 있다. 로마 전통요리에 외국 요리들을 접목한 퓨전 요리를 맛볼 수 있어 색다른 즐거움이 있다. 메뉴는 계절에 따라 바뀌며 항상 최고의 재료만 사용한다. 예약은 필수며 정장 차림을 하고 가자.

<u>위치</u> 나보나 광장에서 도보 5분
<u>주소</u> Vicolo dei Soldati 31
<u>오픈</u> 월~토요일 19:30~23:00
<u>휴무</u> 8월 한 주, 일요일, 국경일
<u>요금</u> €90~
<u>전화</u> 06-686-9432
<u>홈피</u> www.ilconviviotroiani.it

## 란골로 디비노
L'Angolo Divino

MAP 5 Ⓛ

현지에서 유명한 에노테카로 와인을 좋아하는 단골들의 발길이 끊이지 않는 곳이다. 와인을 잘 몰라도 이곳에서 추천해 놓은 와인이 있어 그중에 선택하면 실패할 확률이 낮다.
와인에 어울리는 안주로는 바게트 위에 토마토나 올리브유를 얹은 브루스케타(Bruschetta)나 치즈를 추천한다. 테이블에 앉으면 서서 마시는 것보다 가격이 올라간다.

<u>위치</u> 캄포 데 피오리에서 도보 5분
<u>주소</u> Via dei Balestrari 12
<u>오픈</u> 월요일 17:00~24:00 화~목요일 11:00~15:00 17:00~24:30, 금·토요일 11:00~15:00 17:00~02:00, 일요일 17:00~24:00
<u>요금</u> €10~
<u>전화</u> 06-686-4413
<u>홈피</u> www.angolodivino.it

## 트라토리아 달 카바리에르 지노
Trattoria dal Cavalier Gino

MAP 3 Ⓔ

좁은 골목사이에 숨어있는 이 맛집은 1963년 개업 이래 변함없는 인기를 누리고 있다. 정통 로마식 가정요리를 맛볼 수 있으며 모든 음식들이 골고루 맛있다. 화려하거나 멋진 데코레이션을 갖춘 것은 아니지만 할머니나 엄마가 해준 것 같은 정성 들어간 요리들은 언제 맛봐도 좋다.
워낙 인기가 좋아 점심시간에도 예약을 해야 할 정도지만 여의치 않다면 개업 시간 전에 도착해 미리 기다리고 있는 것이 좋다. 현금만 받으니 미리 준비해 가는 것을 잊지 말자.

<u>위치</u> 콜론나 광장에서 도보 7분, 몬테치토리오 궁 근처
<u>주소</u> Vicolo Rosini 4
<u>오픈</u> 월~토요일 13:00~ 15:00, 20:00~22:30
<u>휴무</u> 일요일
<u>요금</u> 파스타 €8~13, 메인요리 €11~16
<u>전화</u> 06-687-3434

## 펜디
## FENDI

MAP 3 Ⓔ

로마를 대표하는 브랜드 펜디의 대형 플래그십 스토어. 인기 높은 더블 F의 추카(Zucca) 라인을 비롯해 가방부터 모피까지 다양한 제품들을 갖추고 있다. 다른 매장들에 비해 규모가 커서 선택의 폭도 넓은 편.

**위치** 콘도티 거리에서 도보 1분, 코르소 거리에 면해 있다.
**주소** Largo Carlo Goldoni
**오픈** 월~토요일 10:00~19:30, 일요일 10:30~19:30
**전화** 06-3345-0896
**홈피** www.fendi.com

## 갈레리아 알베르토 소르디
## Galleria Alberto Sordi

MAP 3 Ⓔ

로마 시내에 있는 복합 쇼핑몰로 자라(ZARA) 등의 익숙한 브랜드들과 함께 서점, 음반 전문점, 패션 잡화점 등이 함께 있어 한 자리에서 쇼핑하기에 좋다. 이탈리아의 대표 백화점인 리나센테(La Rinascente) 또한 이곳에 있다.

**위치** 베네치아 광장에서 코르소 거리로 들어와 포폴로 광장 방면으로 도보 7분
**주소** Piazza Colonna, Via del Corso 79
**오픈** 월~금요일 08:30~21:00, 토요일 08:30~22:00, 일요일 09:30~21:00
**전화** 06-6919-0769
**홈피** www.galleriaalbertosordi.it

## 코스
## COS

MAP 3 Ⓔ

H&M의 상위 브랜드로 우리나라에도 진출해있다. 미니멀리즘을 기본으로 하는 모던하고 실용적인 의류 브랜드. 클래식한 아이템을 현대적인 감각으로 재해석한 상품을 출시하여 좋은 반응을 얻고 있다. 언제나 무난하고 심플하게 연출할 수 있는 아이템이 많고 실용적인 면도 충실하다. 가격도 합리적인 편으로 의류뿐 아니라 가방, 슈즈 등 패션 잡화와 액세서리들도 인기가 많다.

**위치** 스페인 광장에서 도보 4분
**주소** Via Borgognona 36
**오픈** 월~토요일 10:00~20:00, 일요일 10:00~19:00
**전화** 06-3283-2707
**홈피** cosstores.com

스페인 광장 주변

## 키코 밀라노
### KIKO Milano

MAP 3 Ⓔ

이탈리아 곳곳에 매장이 많은 화장품 전문점. 가성비 좋기로 유명해 인기가 많다. 매장과 직원에 따라 친절도가 복불복이지만 잘 고르면 네일과 틴트, 립스틱 등 소품 중에서도 질 좋은 아이템을 많이 볼 수 있다. 부담 없는 마음으로 선물을 구입하기에도 좋다. 이곳 매장은 좁은 편이고 사람도 항상 많아 때때로 둘러보기 다소 불편할 정도라 다른 한가한 매장을 방문하는 것도 좋다.

위치 스페인 광장에서 도보 6분. 코르소 거리에 있다.
주소 Via del Corso 145
오픈 10:00~21:00
전화 06-679-2167
홈피 kikocosmetics.it

## 세르모네타 글로브즈
### Sermoneta Gloves

MAP 3 Ⓔ

스페인 광장에 있는 가죽 장갑 전문점. 매우 고급스러워 보이지만 자체적으로 운영하는 공장에서 생산해 품질 대비 저렴한 가격이라 더욱 마음에 든다. 뉴욕이나 외국에 진출할 정도로 인기를 끌고 있는데 컬러풀하면서도 다양한 디자인이 많아 틀림없이 마음에 드는 상품이 몇 개는 보일 것이다.

위치 메트로 A노선 Spagna 역 하차, 스페인 광장의 계단 바라보며 오른쪽 주소 Piazza di Spagna 61 오픈 10:00~19:30 전화 06-679-1960 홈피 www.sermone-tagloves.com

## 페데리코 폴리도리
### Federico Polidori

MAP 3 Ⓘ

로마의 유명 장인인 페데리코 폴리도리의 작업장으로 그가 직접 만드는 가방을 비롯한 제품들을 직접 보고 구매할 수 있다. 단골 중에는 유명인들도 많으며, 소박한 작업장 분위기와는 달리 꽤 비싼 제품(예산 €600~)들이지만 가격 이상의 가치를 보장하는 곳이다.

위치 판테온에서 도보 3분 주소 Via Piè di Marmo 7/8 오픈 월요일 14:30~19:00, 화~토요일 09:00~13:00 14:30~19:00 휴무 일요일 전화 06-679-7191 홈피 www.federicopolidori.com

## 브리겐티
### Brighenti

MAP 3 Ⓕ

고급 여성 란제리와 수영복 전문 상점이며 주종은 란제리다. 섹시함을 원하는 스타들과 수많은 이탈리아 여성들로부터 인기가 많다. 특히 이곳의 란제리는 평범함을 거부하는 색상과 디자인이 많으니, 특별한 것을 찾고 있다면 방문해보자.

위치 메트로 A노선 Spagna 역 하차, 스페인 광장에서 트레비 분수 가는 방향 주소 Via Frattina 7/10 오픈 월요일 11:00~19:30, 화~토요일 10:30~19:30, 일요일 11:00~19:00 전화 06-679-1484 홈피 brightentiroma.it

## 라 페를라
### LA PERLA

MAP 3 Ⓔ

이탈리아에서 만든 최고급 란제리와 스타킹 등을 사고 싶다면 이곳으로 가자. 장인의 뛰어난 기술로 만들어낸 실크와 레이스 소재의 제품들은 누구나 탐이 날 듯. 이탈리아뿐 아니라 우리나라 청담동에 상당히 넓은 규모의 플래그십 스토어를 오픈하기도 했을 만큼, 전 세계 곳곳에 지점을 운영하고 있는 유명 브랜드다.

위치 메트로 A노선 Spagna 역에서 도보 4분
주소 Via Bocca di Leone 28
오픈 월~토요일 10:00~19:00, 일요일 11:00~19:00
전화 06-6994-1934
홈피 www.laperla.com

## 페라리 스토어
### Ferrari Store

MAP 3 Ⓔ

이탈리아가 자랑하는 명품 럭셔리카 브랜드인 페라리 전문 숍으로 각종 기념품과 상품을 구입할 수 있다. 매장에 전시된 빨간색의 날렵한 경주용 자동차는 페라리 마니아들의 사진 세례를 받기도 한다. 페라리 스토어는 로마와 밀라노를 비롯해 유럽 곳곳에 지점을 두고 있다.

위치 코르소 거리에 면해 있다.
주소 Via Tomacelli 147
오픈 10:00~20:00
전화 06-8375-8510
홈피 store.ferrari.com

스페인 광장 주변

## 아 엣세 로마 스토어
### AS Roma Store

MAP 3 Ⓔ

## 산타 마리아 노벨라
### Santa Maria Novella

MAP 5 Ⓛ

로마가 홈타운인 AS 로마 구단의 공식 매장이다. 유니폼과 로고가 새긴 각종 상품을 구입할 수 있어 축구팬들의 발길이 잦다. 매장을 방문하면 선수들의 친필 사인이 든 액자도 볼 수 있어 팬이라면 즐거울 것이다. 기념품 종류도 다양하며 AS 로마 경기의 입장권도 이곳에서 살 수 있다.

**위치** 코르소 거리에 면해 있는 콜론나 광장에 위치 **주소** Piazza Colonna 360 **오픈** 10:00~19:00 **전화** 06-6978-1232 **홈피** www.asroma-store.it

피렌체에 본점이 있는 전통 있는 상점으로 오피치나 프로휘모 파르마체우티카 디 산타 마리아 노벨라(Officina Profumo Farmaceutica di Santa Maria Novella)라는 긴 이름을 가지고 있다. 간단하게 약국의 개념으로 생각하면 된다. 중세 때부터 내려오는 비법으로 수도원에서 만들어진 천연 소재 화장품과 바디용품을 판매한다. 다른 곳에서는 구매할 수 없는 제품이 많아 선물을 사기에 안성맞춤이다. 규모는 본점에 비해 매우 작지만, 주요 제품들은 구비하고 있으니 피렌체에 갈 일정이 없다면 이곳에서 쇼핑하면 된다.

**위치** 나보나 광장에서 도보 1분
**주소** Corso del Rinascimento 47
**오픈** 10:00~19:30
**휴무** 일요일, 12월 25일·26일, 1월 1일, 1월 6일
**전화** 06-687-9608
**홈피** www.smnovella.com

## 파브리아노
## Fabriano

MAP 3 Ⓐ

1264년에 창업한 브랜드로 오랜 세월 동안 만든 종이를 바탕으로 문구류나 노트, 필기도구, 앨범 등을 만들어 판매하는 상점이다. 저렴한 가격은 아니지만 하나같이 예쁘고 고급스러워 욕심나는 아이템이 많다.

**위치** 메트로 A노선 Spagna 역 하차, 도보 10분
**주소** Via del Babuino 173
**오픈** 10:00~20:00
**휴무** 공휴일
**전화** 06-3260-0361
**홈피** fabrianoboutique.com

## 베르테키
## Vertecchi

MAP 3 Ⓐ

1948년 개점한 대형 팬시 문구점으로 이탈리아 각 도시에서 유명한 문구류는 물론 몰스킨과 같은 유명 제품들을 골고루 갖춰놓았다. 멋진 포장지와 종이로 된 제품 등 고급스러운 선물을 고르기에도 적당한 곳이라 현지인뿐 아니라 여행자들의 발걸음이 꾸준히 이어진다.

**위치** 스페인 광장에서 도보 5분 **주소** Via della Croce 70 **오픈** 월~토요일 10:00~19:30, 일요일 11:00~14:00, 15:00~19:30 **전화** 06-332-2821 **홈피** www.vertecchi.com

## 바르툴루치 이탈리
## Bartolucci Italy

MAP 3 Ⓘ

나무로 제작한 벽시계, 마그네틱, 인테리어 소품과 패션 소품 등을 구입할 수 있는 상점. 판매하는 모든 제품은 수작업으로 만들어진다.
귀여운 것들도 많아 아이들에게 선물하기에도 좋다.

**위치** 판테온에서 도보 3분
**주소** Via dei Pastini 96-98
**오픈** 10:00~22:30
**전화** 06-691-0894
**홈피** www.bartolucci.com

# AREA 3

# Stato della Città del Vaticano

## 바티칸 시국

# 바티칸 시국
## 이렇게 여행하자

**Access** 메트로 A노선 Ottaviano 역 또는 Cipro 역

인구 1,000명이 안 되는 세계에서 제일 작은 나라이며 가톨릭의 총본산이자 전 세계 가톨릭 신도의 정신적 구심점인 교황의 본거지. 무솔리니와의 협약을 거쳐 1929년 2월 교황령에 의해 독립국으로 성립되었다. 자체적으로 우체국, 신문사, 라디오 방송국을 운영한다. 바티칸 시국의 주 수입원은 박물관 입장료와 기념 화폐 및 우표를 판매하여 발생하는 매출이다.

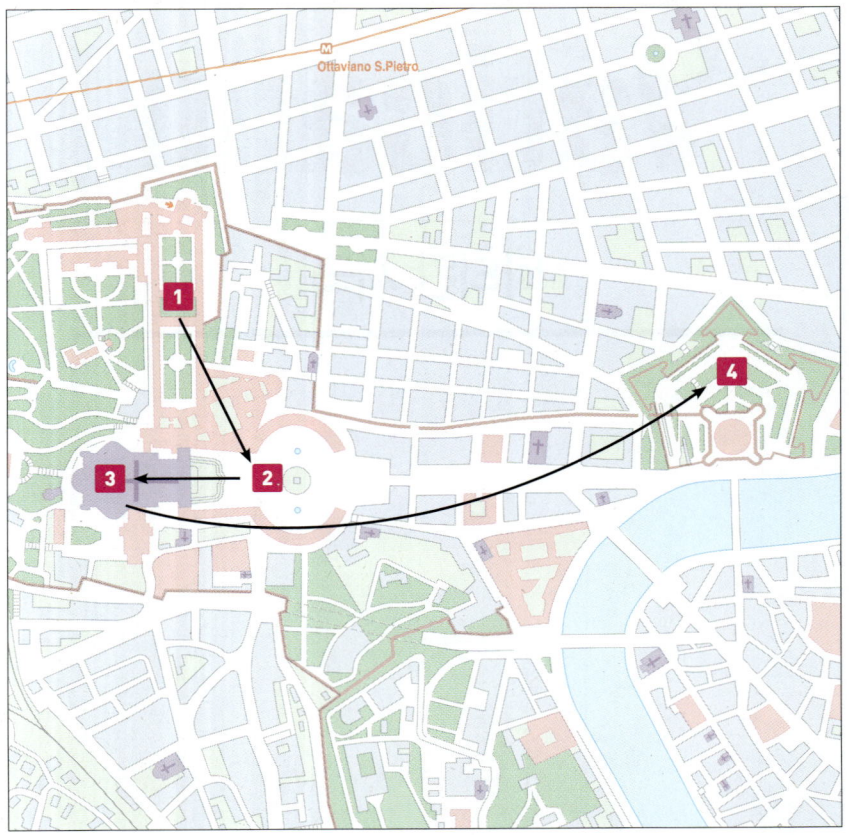

## 추천 코스

**예상 소요 시간**
약 6시간

**1** 바티칸 박물관

↓ 도보 15분

**2** 산 피에트로 광장

↓ 도보 3분

**3** 산 피에트로 대성당

← 도보 15분

**4** 산탄젤로 성

# Sightseeing

## 바티칸 박물관
### Musei Vaticani

[무제이 바띠까니]

MAP 5 Ⓐ Ⓔ

달팽이 모양의 나선형 계단

설령 '내가 세계 최고 박물관'이라고 잘난 체해도 쉽게 부정할 수 없는 곳이 있다면 바로 바티칸 박물관이다. 베일에 싸여있던 로마 교황의 궁전을 박물관으로 개조해 18세기 후반 일반에 공개한 후 지금까지도 연일 전 세계에서 온 방문객들을 맞이하고 있다.

16세기 초 교황 율리우스 2세는 바티칸을 세계를 아우르는 권위의 중심으로 만들기 위해 화가·조각가 등 수많은 예술가를 로마로 불러들였고 그중에는 미켈란젤로나 라파엘로 같은 당대 최고의 내로라하는 작가가 상당수 있었다. 그들에게 궁전의 건축과 장식을 맡겨 오늘날 바티칸 박물관의 기초를 다져놓았으니 비록 인간적으로는 포악하다는 평을 받는 교황일지라도 그의 높은 예술적 안목과 열성에 우리는 감사(?)라도 해야 할 것 같다. 그 후 600년에 걸쳐 바티칸은 세기의 걸작들을 수집하여 현재의 모습을 갖추게 되었다.

항상 많은 사람으로 붐비기 때문에 무조건 빨리 가서 줄을 서는 것이 상책이다. 또는 추가 예약금 €4를 지불하고 온라인 사전 예약을 하면 줄을 서지 않고 곧바로 입장할 수 있다. 입장은 새로 만들어진 에스컬레이터를 타고 올라가며, 관람을 마친 다음 주세페 모모가 설계한 인상적인 달팽이 모양의 나선형 계단을 빙빙 돌아서 나가거나 산 피에트로 성당으로 가는 지름길로 가면 된다.

박물관은 여러 개의 관람 코스로 나누어져 있으니 할애할 수 있는 시간에 따라 선택하여 둘러보자. 내부에는 점심을 먹을 수 있는 레스토랑과 카페도 있다. 박물관 출구 쪽에 신용도가 높은 바티칸 우체국이 있으니 우편물이 있다면 미리 챙겨가자. 바티칸 시국이 발행한 기념우표를 붙여 우편물을 발송할 수 있어 특별하다.

위치 메트로 A노선 Ottaviano 역에서 내려 옥타비아노 거리(Via Ottaviano)를 따라 거리 끝의 작은 광장 리소르지멘토(Piazza Risorgimento)로 간다. 광장 위쪽을 보면 회색의 높은 벽이 빙 둘러쳐져 있다. 똑바로 가는 길과 위로 가는 길 중 오른쪽으로 한참 가면 박물관 입구가 보인다. 성수기에는 인산인해를 이룬 관광객이 보일 것이다. 보통 8시만 되도 줄이 길게 늘어서 있다. 단체와 개인 줄이 나뉘어 있으니 주의하자. 박물관 자체는 A노선 Cipro 역에서 더 가깝지만 긴 줄 때문에 오히려 더 멀리 내려가야 할 수도 있다. 주소 Musei Vaticani 오픈 월~토요일 09:00~18:00(입장은 16:00까지), 매달 마지막 일요일 09:00~14:00(입장은 12:30까지). 휴무 일요일, 종교 휴일(휴관일이 많으니 반드시 홈페이지 등을 통해 확인) 요금 일반 €17, 학생 €8(매달 마지막 일요일 무료), 한국어 오디오 가이드 €7(온라인 사전 예약 시 €4 추가) 전화 06-6988-4676 홈피 www.museivaticani.va

# 바티칸 박물관 둘러보기

###  회화관
#### Pinacoteca

박물관으로 들어가면 오른쪽과 왼쪽에 각각 입구가 있다. 회화관은 오른쪽 입구로 들어간다. 이곳은 비잔틴 시대부터 현대까지의 종교화를 전시하고 있는데 조토, 필리포 리피, 라파엘로, 레오나르도 다빈치 등의 작품을 볼 수 있다. 특히 라파엘로의 〈그리스도의 변용 Trasfigurazione〉과 레오나르도 다빈치의 미완성 작품 〈성 지롤라모 San Girolamo〉, 카라바조의 〈그리스도의 매장 The Entombment〉은 놓치지 말고 꼭 봐야 한다. 보통 그냥 건너뛰는 경우가 많지만 훌륭한 작품들이 많으니 여유가 된다면 둘러보자.

###  피냐 정원
#### Cortile della Pigna

박물관 입구에서 왼쪽 문을 통과하면 4미터 높이의 솔방울 조각이 눈에 띄는 넓은 정원과 만나게 된다. 로마 시대 분수의 일부였던 솔방울은 관광객들의 기념사진 배경으로도 인기 만점. 정원에는 다른 전시실로 연결된 입구가 보이는데 오른쪽에는 많은 조각상이 진열된 복도, 왼쪽에는 벨베데레의 뜰로 연결된 계단이 있다. 진열된 조각상에는 흥미로운 것이 꽤 있지만, 시간이 없다면 곧바로 벨베데레의 뜰로 올라가자.

〈아폴로〉

###  벨베데레의 뜰
#### Cortile del Belvedere

15세기에 건축가 브라만테(Bramante)가 교황 인노첸토 8세를 위해 지은 별장의 중심부로 고대 그리스와 로마 시대의 훌륭한 조각상들이 진열돼 있다.

왼쪽의 〈아폴로 Apollo〉 상은 기원전 5세기의 그리스 청동상을 대리석으로 복사한 작품이다. 복사품이라 하더라도 고대 최고의 조각 중 하나라고 꼽히고 있다. 다음으로 트로이의 사제 라오콘이 신에게 벌을 받는 처절한 모습을 조각한 〈라오콘 Laocone〉을 주목하자. 바다에서 올라온 두 마리의 뱀과 사투를 벌이며 죽어가는 라오콘과 두 아들을 아주 사실적으로 묘사해 놓았다. 이 작품은 1506년 네로의 황금집(Domus Aurea)에서 발굴되었는데, 신의 뜻을 거스른 인간을 어떻게 처벌하고 있는지 여실히 보여준다. 조각상 옆의 사진을 살펴보면 라오콘의 팔이 지금과는 달리 쭉 펴진 상태인 것을 볼 수 있다. 처음 복원될 당시에는 정확한 팔의 형태를 알 수 없어 펴져 있는 상태로 하였지만, 후에 굽어진 라오콘의 팔이 발굴된 후 본래의 모습을 되찾게 되었다.

그 밖에도 정원에는 메두사의 머리를 들고 있는 잘 생긴 페르세우스(Perseus)와 신들의 전령사인 헤르메스(Hermes) 조각도 있으니 꼼꼼하게 둘러보자.

〈라오콘〉

## 04 동물의 방과 뮤즈 여신의 방
### Sala degli Animali & Sala delle Muse

여러 시대의 동물상이 전시된 동물의 방 중에서는 2세기 무렵 로마 시대의 작품인 황소를 죽이는 미트라스 신상이 인상적이다. 미트라스가 태양신에게 황소를 제물로 바치는 장면을 묘사한 것으로 당대 조각의 아름다움을 느낄 수 있다.

이곳과 연결된 전시실은 뮤즈 여신의 방이다. 그리스·로마 신화에 나오는 아홉 명의 뮤즈 여신상이 진열돼 있다. 이들은 학문·예술·시(詩) 등을 주관하는 신이라고 한다. 원래 티볼리에 있는 하드리아누스 별장에서 발굴된 것을 복사해 놓은 것이다.

또한, 이 방에서는 그리스의 유명 철학자들을 조각으로나마 만날 수 있다. 소크라테스·소포클레스·플라톤의 모습이 생생하게 살아있는 조각과 더불어 놓치지 말아야 할 것은 사지(四肢)가 없는 흉상 토루소다. 이는 기원전 1세기 그리스의 아폴로니우스가 조각한 것으로 미켈란젤로가 카라칼라 욕장에서 발굴했다. 그는 인체를 해부학적으로 완벽히 표현한 모습에 충격을 받았다고 한다. 토루소는 미켈란젤로의 〈최후의 심판〉에 그려져 있는 예수의 몸 부분 모델이 되었으니 자세히 살펴보고 나중에 그림과 비교해보자.

토루소

대리석 욕조

## 05 원형 전시관과 그리스 십자가형 전시관
### Sala Rotonda & Sala a Croce Greca

로마 황제의 두상과 그리스·로마의 신상이 전시돼 있는 원형 전시관에서 가장 유명한 것은 부리아시스가 조각한 제우스의 두상. 전시관 가운데에는 네로의 궁전에서 가져온 엄청난 크기의 대리석 욕조가 있다. 욕조가 놓인 바닥은 오트리콜리 욕장 유적에서 통째로 가져온 것이다. 섬세한 모자이크는 고대 로마인의 뛰어난 예술적 감각을 짐작하게 한다.

원형 전시관과 연결된 그리스 십자가형 전시관에는 4세기에 만든 콘스탄티누스 대제의 어머니 헬레나와 대제의 딸 코스탄자의 석관이 있다. 전투 장면이 새겨진 것이 헬레나, 포도 수확 장면이 새겨진 것이 코스탄자의 석관이다.

## 06 아라치의 회랑
### Galleria degli Arazzi

그리스 십자가형 전시관과 연결된 계단을 올라가면 바로 라파엘로의 방이나 시스티나 예배당으로 연결된 복도가 보인다. 복도를 따라 앞으로 가서 양쪽 벽에 대형 카펫이 걸린 곳이 아라치의 회랑이다. 왼쪽은 16세기 라파엘로의 제자들이 그린 예수의 일생을 기본으로 수놓은 것이며 오른쪽은 산 피에트로 성당을 건축한 우르반 8세의 일화를 수놓은 것이다.

## 지도의 방
### Le Galleria delle Mappe

아라치의 회랑과 연결된 120미터의 지도 회랑은 16세기 말에 무치아노와 그의 제자들이 3년에 걸쳐 이탈리아 전역을 그린 지도를 진열해 놓았다. 매우 정교하면서도 화려한 지도로 지금의 지도들과 비교해 보아도 손색이 없을 정도다.

## 라파엘로의 방
### Stanze di Raffaello

1503년에 교황이 된 율리우스 2세(Giulio II)는 자신의 새로운 공관으로 사용하기 위해 니콜라 5세(Nicola V)가 쓰던 아파트를 새로이 단장하고자 했다. 이를 위해 교황은 브라만테를 초청했지만, 정작 브라만테는 자신이 아끼던 25세의 젊은 예술가인 라파엘로를 추천했다. 교황은 먼저 라파엘로에게 서명의 방을 장식하고 엘리오도로의 방, 보르고 화재의 방, 콘스탄티누스의 방을 차례로 꾸미도록 했다.

**엘리오도로의 방**
Stanza di Eliodoro

**보르고 화재의 방**
Stanza dell'Incendio di Borgo

**콘스탄티누스의 방**
Stanza di Costantino

라파엘로(Raffaello)와 페루치(Peruzzi)의 벽화로 장식한 방으로, 가장 유명한 그림은 〈베드로의 해방 Liberazione di San Pietro〉이다. 이것은 베드로가 투옥됐을 때 천사가 나타나 간수를 잠재우고 사슬을 풀어 밖으로 인도했다는 사도행전의 구절을 묘사하고 있다. 반대편 창문에 그려진 〈볼세나의 기적 Miracolo di Bolsena〉도 라파엘로의 작품이다.

9세기 중반 교황 레오 4세 때 산 피에트로 성당 근처의 보르고에서 화재가 발생했다. 이때 교황이 기적을 일으켜 화재를 진압하는 장면을 묘사한 것이 〈보르고 화재 Incendio di Borgo〉이며, 여기서 '보르고'는 마을을 뜻한다.

콘스탄티누스의 방 벽화는 모두 라파엘로의 제자들 작품이며 그가 사망한 5년 뒤에 완성된다. 원근법을 완벽하게 살린 것으로 유명한 천장화는 1585년 라우레티의 작품으로, 이교도의 우상이 파괴되고 십자가가 세워지는 기독교의 승리를 묘사하고 있다.

### 서명의 방
Stanza della Segnatura

교회 재판소나 교황이 서류를 결재하던 장소로 사용되었던 서명의 방에는 라파엘로의 걸작 〈성찬과 세례에 대한 토론 Disputa del Sacramento〉, 〈아테네 학당 Scuola d'Atene〉이 있다. 정확한 구도와 세심한 인물 배치는 그의 스승이었던 페루지노(Perugino)의 영향을 잘 보여준다. 〈아테네 학당〉은 실제 인물을 모델로 해서 그린 점이 흥미롭다. 가운데 두 사람 중에 손가락으로 하늘을 가리키는 사람이 플라톤이며 모델은 다름 아닌 레오나르도 다빈치! 그 옆의 인물은 아리스토텔레스로 당시 양립하고 있었던 두 철학의 동향을 나타내고 있다. 맨 앞에 턱을 괴고 생각에 잠겨 있는 헤라클레이토스의 얼굴은 그의 라이벌인 미켈란젤로의 모습이다. 당시 미켈란젤로는 그 그보다 1년 먼저 이곳으로 와 시스티나 성당 천장화를 그리고 있었다.

> **TIP**
> 아테네 학당 도해
>
> ❶ **플라톤** 손가락으로 사상과 지식의 근원인 하늘을 가리키고 있는 플라톤.
> ❷ **아리스토텔레스** 손바닥이 지면을 향한 것은 현실과 물리적 확실함을 상징한다.
> ❸ **헤라클레이토스** 사물의 끝없는 변화와 덧없음에 대해 역설한 비관주의자 헤라클레이토스.
> ❹ **디오게네스** 계단에 누워 있는 사람은 모든 것을 버리고 개처럼 생활한다는데서 비롯된 견유학파 디오게네스.
> ❺ **소크라테스** 사람들에게 무언가를 설파하고 있는 모습으로 앞머리가 벗겨지고 들창코로 묘사되었다.
> ❻ **피타고라스** 사람들에 둘러싸여 책에 무언가를 적고 있는 수학자 피타고라스.
> ❼ **유클리드** 허리를 굽히고 컴퍼스를 돌리고 있는 기하학자 유클리드이며 모델은 브라만테.
> ❽ **프톨레마이오스** 뒷모습으로 지구의를 들고 있는 천문학자 프톨레마이오스.
> ❾ **라파엘로** 자세히 보아야 찾아 볼 수 있는 그의 자화상. 그 옆에 하얀 옷을 입은 사람은 라파엘로의 친구이며 화가인 일 소도마.

## 시스티나 예배당
**09** Cappella Sistina

2013년 새로운 교황 선출로 세계의 이목을 집중시켰던 시스티나 예배당은 길이 40.23미터, 폭 13.41미터, 높이 20.73미터의 공간이다. 이곳에 있는 인류의 귀중한 문화유산은 바로 미켈란젤로(Michelangelo)의 최대 걸작 〈천지창조〉와 〈최후의 심판〉이다.

〈천지창조〉를 미켈란젤로가 맡게 된 것에 관해 두 가지 이야기가 있다. 첫째는 라파엘로를 총애해 그를 교황에게 추천한 브라만테의 계략이라는 설이다. 교황 율리우스 2세가 조언을 구하자 브라만테는 주저 없이 미켈란젤로를 추천했다. 그가 좋아서가 아니라 아무리 천재라도 800제곱미터나 되는 넓은 공간을 훌륭하게 채울 수는 없다고 생각했기 때문이라는 것. 아마도 이 기회에 제자 라파엘로의 라이벌인 미켈란젤로를 제거하려는 생각이었을 것이라는 추측이다.

두 번째는 브라만테 또한 미켈란젤로에게 그 일이 버거울 것으로 생각하고 만류했지만, 율리우스 2세의 강력한 의지로 정말 하기 싫어하는 미켈란젤로에게 거의 억지로 일을 하게 했다는 설이다. 만약 두 번째가 진실이라면 브라만테로서는 정설처럼 알려졌던 첫 소문이 꽤 억울할 일이다.

예배당에는 미켈란젤로의 작품뿐 아니라 신약과 구약 성서를 모티브로 해 보티첼리와 기를란다요 등이 그린 벽화도 있으니 찬찬히 둘러보자.

> **TIP**
> 시스티나 예배당은 바티칸 박물관의 마지막 코스로 〈최후의 심판〉 맞은 편에 두 개의 출구가 있다. 주로 이용하는 왼쪽 출구로 나가면 우체국이나 서점, 기념품 상점들이 있으며 독특한 주세페 모모의 계단을 따라 내려가 밖으로 나가게 된다.
> 바티칸 성당으로 바로 가고 싶다면 오른쪽 출구를 이용하자. 주로 닫혀 있는 경우가 많아 출구가 있는 것조차 잘 모르지만, 이쪽으로 나가 계단을 따라 내려가면 바티칸 성당의 오른편으로 나가게 된다. 오른쪽 출구가 거의 20분 이상 이동시간을 절약해 주기는 하지만 아름다운 원형 계단도 내려오고 기념품도 사기 위해 왼쪽 출구를 이용하는 경우가 많다.

## THEME

# 시스티나 예배당
## Cappella Sistina

예배당에서 지켜야 할 주의사항을 다국적 언어로 방송하는 것을 들으며 안으로 들어가는 순간 어두컴컴해지는 분위기가 뭔가 새로운 볼거리를 암시한다. 어둠에 익숙해진 눈으로 주위를 찬찬히 둘러보면 건물 전체를 화폭 삼아 그린 벽화와 천장이 두 눈 가득 들어온다. 이것이 바로 〈천지창조〉와 〈최후의 심판〉이다. 두 개의 거대한 그림을 감상하려면 목이 뻐근해지고 눈도 아프지만, 드디어 걸작을 만났다는 기쁨에 한동안 자리를 뜨지 못한다. 예배당 안에서는 큰 소리로 떠들거나 바닥에 앉아 그림을 보는 것이 금지돼 있다. 물론 촬영도 할 수 없다.

### 천지창조
**Genesis**

율리우스 2세의 영묘를 장식하던 미켈란젤로는 성미가 급한 교황과 크게 다투고 고향 피렌체로 돌아가 버린다. 미켈란젤로를 설득해 로마로 다시 오게 한 교황은 이번에는 영묘가 아닌 시스티나 예배당의 천장화 작업을 부탁한다. 처음에는 거절하던 미켈란젤로지만 마침내 1508년 거대한 천장화를 그리는 대작업을 시작한다.

그러나 성미 급한 교황이 이번이라고 조용할 리 없었다. 미리 보고 싶어 하는 교황과 작품 활동에 반대된다는 이유로 거절한 미켈란젤로 사이에 또다시 충돌이 일어났고 교황은 홧김에 미켈란젤로를 지팡이로 때렸다고 한다. 이에 그는 즉시 작업을 중단하고 다시 피렌체로 갈 결심을 하지만, 후회막급해진 교황은 금화를 보내 즉시 사과하며 작업 재개를 간곡히 부탁하였다. 이런 우여곡절을 거치며 5년여의 작업 끝에 미켈란젤로 필생의 역작 〈천지창조〉가 탄생했다. 하지만, 천장 밑에 작업대를 설치하고 올려다보며 혼자 작업을 한 미켈란젤로는 목 디스크와 급격한 시력 저하를 필생의 역작과 맞바꾸어야 했다.

천장화는 성서의 순서와는 반대로 입구 쪽의 노아에 관한 그림부터 시작해 총 4단계로 완성됐다. 그러나 간 순서에 따라 그림이 점차 단순해지고 분명해지는 것은 멀리서 바라봐야 하는 천장화의 특성을 그가 점차 깨달았기 때문이다. 첫 단계의 〈노아의 제사〉, 〈홍수와 노아의 방주〉, 〈술 취한 노아〉와 세 번째 단계의 〈아담의 창조〉, 〈빛과 어둠의 창조〉, 〈해와 달의 창조〉를 비교해 보면 복잡함을 지양하고 단순하고 명료한 그림으로 변했음을 알 수 있다.

기독교 신자가 아니더라도 구약성서 창세기의 천지창조 과정을 알고 간다면 그림을 보는 감동이 더욱 커진다. 지금의 그림은 1982년부터 일본 NHK의 후원으로 이루어진 9년간의 복원 작업 끝에 때와 덧칠 등이 벗겨진 작품 초기의 모습이다.

## 창세기

1. 어둠과 빛을 구별하다
2. 해와 달을 창조하다
3. 바다와 육지를 분리하다
4. 아담을 창조하다
5. 이브를 창조하다
6. 원죄를 짓고 에덴동산에서 추방당하다
7. 노아의 제사
8. 홍수와 노아의 방주
9. 술취한 노아

## 구약성서에 나오는 구원의 장면

10. 하만을 벌하시다
11. 모세와 뱀
12. 다윗과 골리앗
13. 유디트와 홀로페르네스

## 예언자

14. 요나
15. 예레미아
16. 에제키엘
17. 다니엘
18. 이사야
19. 요엘
20. 즈가리야

## 여자 예언자

21. 리비아
22. 페르시아
23. 쿠마엔
24. 엘리트레아
25. 델피

## 그리스도의 조상

26. 솔로몬와 어머니
27. 이세의 부모
28. 르호보암과 어머니
29. 아사 부모
30. 우치아와 부모
31. 히스기아와 부모
32. 즈룹바벨과 부모
33. 요시아와 부모

## 최후의 심판
### Giudizio Universale

미켈란젤로가 〈천지창조〉를 완성한 후 피렌체로 돌아간 때부터 20여 년은 그에게 고통스러운 세월이었다. 1534년 교황 클레멘토 7세(Clemento VII)의 부름으로 로마에 왔을 때 그는 이미 예순의 나이에 건강도 좋지 못했다. 그래서 만년에 그린 이 작품에는 그의 암울한 내적인 심정과 혼란한 시대상이 잘 묘사돼 있다.

이 작품은 '세상의 마지막 날 나팔 소리와 함께 예수가 최후의 심판을 위해 재림하면 세상이 극도의 혼란에 빠지고, 하느님을 믿는 자는 부활하지만 이를 외면한 자는 지옥의 나락에 떨어진다.'라는 요한계시록의 극적인 장면을 생생하게 그려내고 있다. 당시 가톨릭은 종교 개혁의 혼란 속에 흔들리고 있었다. 이런 상황에서 교도들을 다잡으려고 생각한 교황이 의도적으로 정했던 주제가 바로 〈최후의 심판〉이었다. 그림에는 391명의 인물이 나오며 예수를 중심으로 꼭대기의 천상계, 튜바를 부는 천사, 죽은 자의 부활 승천, 지옥으로의 추락 장면이 나뉘어 있다. 원래 그림 속 인물은 모두 나체였고 예수도 우리가 알고 있는 수염 난 얼굴이 아닌 아름다운 육체의 청년으로 묘사돼 있다. 예수의 몸은 뮤즈 여신의 방에 있는 토루소를, 얼굴은 아폴로를 본떴다고 한다. 하지만 성화(聖畵)의 인물을 나체로 표현한 이유로 종교 개혁을 일으킨 마틴 루터파라는 의심을 받아 종교재판을 받을 뻔하기도 했다. 특히 의전담당관 비아죠 다 체세나의 비난이 가장 신랄했다. 이에 미켈란젤로는 당나귀 귀를 가지고 몸은 뱀에 감긴 미노스의 얼굴에 그의 초상을 그려 넣어 가장 그다운 복수를 해주었다. 그림 맨 오른쪽 아래 구석을 보면 그 모습을 찾아볼 수 있다.

최후의 심판 때 벌어질 일은 속세의 지위와 아무 상관이 없다. 교황의 의전 담당관이라도 얼마든지 지옥의 첫 자리에 갈 수도 있고 아무리 비천한 계급이라도 믿는 자는 천국에 간다고 미켈란젤로는 역설하고 있다. 그림의 왼쪽 아래에 당시 너무나 천한 계급이었던 흑인 노예가 천국으로 올라가는 모습이 그의 생각을 대변해 주고 있다.

예수의 바로 옆에는 성모 마리아가 두려워 보이기도 하고 부드러워 보이기도 하는 표정을 지으면서 아래의 인물들을 바라보고 있는데, 모델이 된 사람은 미켈란젤로가 사랑했던 여인이라고 한다.

주위에는 순교한 성인과 교황이 그려져 있다. 예수의 왼편으로 베드로가 열쇠를 바치는 모습이 있고 그 밑에는 살이 벗겨지는 순교를 당한 바르톨로메오가 자기 살가죽을 들고 있는 모습이 있다. 바로 살가죽의 얼굴이 미켈란젤로의 자화상이다. 자신이 겪은 고통을 이렇게 표현한 것이다. 죽은 자의 부활 부분에는 단테, 율리우스 2세, 플라톤, 마틴 루터, 그리고 화가 자신의 모습이 그려져 있다.

흥미로운 사실은 1564년 트리엔트 공의회의 결정에 따라 비오 4세(Pio IV)가 미켈란젤로의 제자 볼테라(Voltera)를 시켜 그림 속 인물에게 옷을 입히는 작업을 시켰다는 것. 이로 인해 그는 졸지에 '기저귀를 만드는 사람'이라는 별명을 갖게 됐다고 한다.

**최후의 심판 도해**

**❶ 그리스도 예수 & 성모 마리아**
예수를 중심으로 소용돌이치는 구도로 되어 있으며, 성모는 천국과 지옥의 소용돌이 속에서 벗어나 있다.

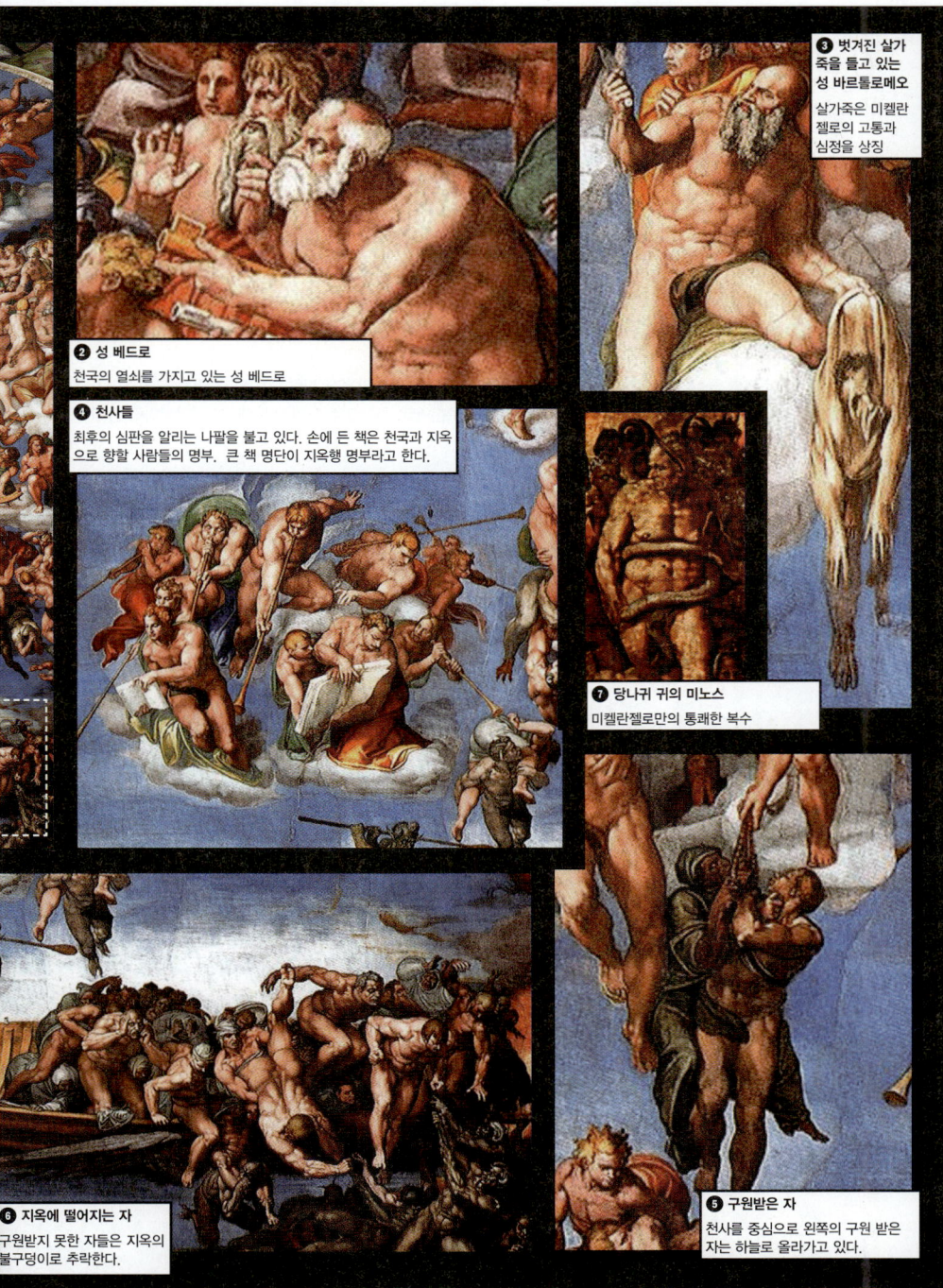

# 산 피에트로 광장
## Piazza San Pietro

[삐아짜 싼 뻬에뜨로]  MAP 5 Ⓕ

교황 알렉산드르 7세(Alessandro VII)의 명령으로 1655년부터 12년에 걸쳐 베르니니에 의해 완성된 원형 광장이다. 광장에 들어서면 우선 그 거대한 규모에 놀라면서 성당과 함께 중앙에 있는 오벨리스크가 눈에 들어온다. 오벨리스크는 25미터 높이에 320톤의 무게를 자랑하며, 칼리굴라 황제가 자신의 경기장을 장식하기 위해 이집트에서 가져온 것이다. 오벨리스크 좌우로 있는 두 개의 분수는 오른쪽이 마데르노(Maderno), 왼쪽이 베르니니(Bernini)의 작품이다.

광장은 오벨리스크를 중심으로 도리아식 기둥 284개가 반으로 나뉘어 반원형 회랑을 이룬다. 이는 그리스도가 인류를 향해 양팔을 벌리고 있는 모습을 묘사한 것이다. 양쪽은 열주회랑으로 되어 있는데, 그 위로 3미터 높이의 140인 성인의 상이 놓여 있다.

광장의 폭은 240미터로 한번에 30만 명까지 수용할 수 있다고 한다. 신기하게도 어느 한 점에 서면 4열씩 30행으로 세운 기둥이 전부 하나로 겹쳐 보이니, 오벨리스크와 분수 사이에 있는 표시점을 찾아 직접 두 눈으로 확인해보자.

일요일 낮 미사를 마치면 교황이 성당 창문에서 신도들에게 인사를 하며 가끔 광장으로 나올 때도 있다. 운이 좋으면 바로 코앞에서 교황의 모습을 보는 행운을 누릴 수도 있다.

광장이 끝나는 바티칸 시국의 경계와 산탄젤로 성 사이에 일직선으로 뚫린 도로는 '화해의 길(Via della Conciliazione)'로 1929년 무솔리니 정부와 바티칸 시국이 맺은 화해 조약을 기념해 조성된 것이다. 시원스럽게 뻗어 있는 길이 좋아 보이지만 사실 원설계자인 베르니니의 의도에는 역행하는 것이다. 베르니니는 좁고 복잡한 주변의 골목길을 따라오던 사람들이 갑자기 눈앞에 나타나는 거대한 광장을 보게 된 후 받게 되는 충격과 감동, 신과 교회에 대한 경외감을 극대화하고자 하였다고 한다.

신용도가 높은 바티칸의 우체국은 바티칸 박물관의 출구와 열쇠를 가지고 있는 베드로 동상 쪽에서 찾아볼 수 있다.

**위치** 메트로 A노선 Ottaviano역 하차, 도보 5분 **홈피** www.vatican.va/various/basiliche/san_pietro/index_it.htm

 흥미로운 교황 선출 회의
**'콘클라베 Conclave'**

가톨릭의 수장인 교황의 선출은 추기경으로 이뤄진 교황 선거위원회를 통해 이루어진다. 당선이 확정되려면 선거단의 3분의 2 이상의 찬성을 얻어야 한다.

한번 선출된 교황은 사망할 때까지 직분을 유지하는 종신제이지만, 최근에는 여러 가지 이유로 체제를 바꿔야 한다는 소리가 높아지고 있다.

'준비된 교황'이라는 별명을 가졌던 베네딕토 16세는 근 100년 간 교황 중 가장 고령인 78세에 나이로 2005년 교황이 되었다. 하지만 2013년 2월 생전에 스스로 사임하였는데, 이는 719년 만의 일이라고 한다.

2013년 3월 13일 제266대 교황으로 선출된 아르헨티나 출신의 호르헤 마리오 베르골리오 추기경은 프란치스코 교황으로 즉위하였다. 그는 1,282년 만에 나온 비유럽권 출신 교황이자 2,000년 가톨릭 역사상 최초의 미주 출신 교황이다.

베네딕토 16세와 프란치스코 교황 모두 다섯 개가 넘는 언어에 능통한데, 이는 세계 주요 지도자 중 한 명이라 할 수 있는 교황의 일면을 보여주는 듯하다.

# 산 피에트로 대성당
## Basilica di San Pietro

[바실리까 디 싼 뻬에뜨로]                    MAP 5 ⓔ

로마에서 순교한 초대 교황이자 예수의 수제자 베드로의 무덤 자리에는 원래 초라한 모습의 산 피에트로 성당이 있었다. 이런 누추한 모습을 두고 볼 수 없었던 교황 니콜라우스 5세는 마침내 성인의 권위에 걸맞을 성당을 건축하도록 명했다. 1506년에 착공해 1626년까지 증·개축을 반복해 완성한 지금의 산 피에트로 대성당은 길이 211.5미터, 높이 45미터의 거대한 건축물이다. 르네상스와 바로크 예술의 결정판이라 할 수 있는 성당은 호화로움의 극치이지만 과하지 않은 조화로움을 가지고 있다.

성당 건축은 브라만테의 주도로 시작되었지만 이후 상갈로와 라파엘로, 미켈란젤로에게 넘겨졌다. 그 과정에서 교황과 추기경의 외압에 의해 많은 예술가가 자의 반 타의 반으로 건축에 참가했다. 지금의 사람들은 성당의 웅장함과 아름다움에 감탄만 하면 되지만 건축 당시에는 말도 많고 탈도 많았다. 건축에 필요한 엄청난 자금 마련을 위해 교회가 발행한 면죄부(免罪符)의 부당함을 마틴 루터가 〈95개 조의 반박문〉을 통해 발표했고 이는 바로 종교개혁의 신호탄이 되었던 것. 또한, 로마 유적에서 건축자재를 충당했기 때문에 소중한 문화유산을 훼손하였다.

많은 우여곡절 끝에 라틴 십자가의 형태로 완성된 성당은 정면에 높이 27미터의 8개 기둥이 있고 위에 13개의 동상이 있는 건축물로, 동상 가운데가 예수와 세례 요한이며 둘레로 11명의 사도가 자리한다. 동상의 높이는 5.7미터에 이른다. 로마에서 순교한 베드로와 바울의 동상은 중앙 계단 양옆에 있는데, 천국의 열쇠를 가진 쪽이 베드로다. 이는 예수가 '너에게 천국의 열쇠를 주겠다.'라는 성경 구절에서 연유한 것이다.

갈릴리 호수의 어부였던 베드로는 '내가 너를 사람 낚는 어부로 삼으리라.'라고 말한 예수의 제자가 되었고, 이후 예수는 그에게 '너는 베드로(반석)라. 내가 이 반석 위에 내 교회를 세우리니 음부의 권세가 이기지 못하리라.'라고 말했다. 이 구절은 그대로 이뤄져 그의 무덤 위에 지구 상에서 가장 아름답고 웅장한 성당이 세워졌으며 교황은 '베드로의 후계자'로 불리게 되었으며 교황의 반지는 '어부의 반지'로 명명되었다.

서양에서는 아주 일반적인 이름으로 영어 수업에 자주 등장해 친근하게 느껴지는 피터, 세계사 수업의 유명인 러시아의 표트르 대제, 러시아의 상트페테르부르크(St. Petersburg)가 모두 피에트로(베드로)라는 이름에서 유래된 것이다.

주의할 것은 아무리 더운 여름이라도 팔이 많이 드러나는 민소매나 반바지를 입고서는 성당에 절대 들어갈 수 없다는 점이다. 방문하기 전 미리 옷차림에 신경 쓰는 것을 잊지 말자.

**위치** 메트로 A노선 Ottaviano 역 하차, 도보 10분 **주소** Città del Vaticano **오픈** 4월~9월 07:00~19:00, 10월~3월 07:00~18:00(미사 월~토요일 09:00, 10:00, 11:00, 12:00, 17:00, 일요일 09:00, 10:30, 11:30, 12:10, 13:00, 16:00, 17:45) **요금** 성당 무료, 보물관 €5 **전화** 06-6988-1662

> **TIP**
>
> 바티칸 시국의 경비는 스위스 용병만 맡을 수 있는데 이 전통은 1527년 교황 클레멘스 7세를 목숨걸고 구한 일에서 시작됐다. 현재 100여 명의 용병이 바티칸을 지키고 있으며 그들의 유니폼은 미켈란젤로가 디자인한 것이다. 하지만 스위스 용병은 상징적인 의미가 클 뿐, 실제로는 이탈리아 경찰이 전반적인 치안을 담당하고 있다.

## 산 피에트로 대성당 둘러보기

### 01 성당의 문
#### Porta di Basilica

성당으로 들어가는 세 개의 청동문 가운데 한복판에 있는 문은 옛 성당의 것을 옮겨놓은 것이다. 문 아래에는 베드로와 바울의 순교 장면이 새겨져 있다. 오른쪽 문은 25년마다 돌아오는 성년(聖年)에만 열리는 '성스러운 문'으로 지난 2000년에 열렸으니 앞으로 2025년까지는 기다려야 열리는 것을 볼 수 있다.

### 02 피에타
#### Pieta

미켈란젤로가 24세의 나이에 조각한 작품으로 성모 마리아가 숨을 거둔 예수를 안고 있는 모습에서 지극한 모성애와 종교적 성스러움이 느껴진다. 성모 마리아가 오히려 아들보다도 젊게 표현된 것은 성녀(聖女)의 아름다움과 순결을 극대화하기 위한 것이라고 한다.

작품은 유명해졌지만, 사람들이 정작 작가가 누구인지 모르자 마리아 상의 띠에 자신의 이름과 출신을 크게 새겨놓은 것도 유명한 일화. 예전에 불한당이 망치로 성모 마리아의 코를 부순 일 이후로 지금은 유리벽 안쪽에 놓여 있다.

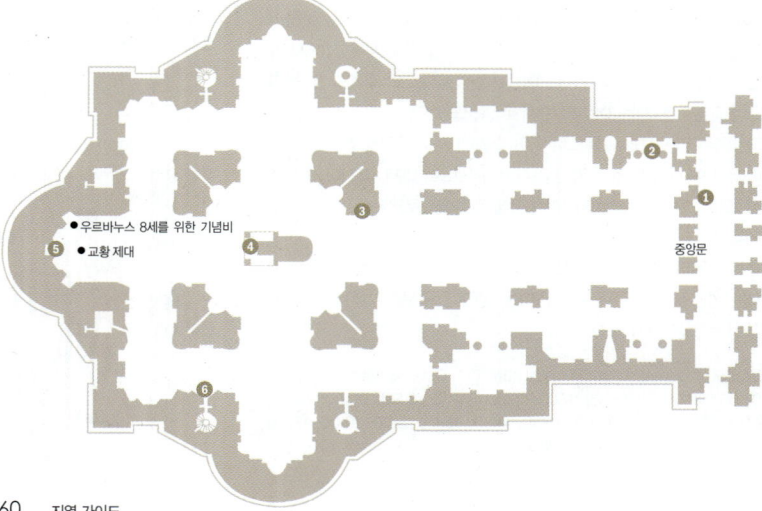

● 우르바누스 8세를 위한 기념비
● 교황 제대
중앙문

## 04 베르니니의 청동 기둥
### Baldacchino

베르니니가 1642년 바로크 양식으로 만든 거대하면서도 우아한 나선형 기둥. 보는 사람들을 압도하는 거대한 존재지만, 그가 이것을 만들 당시 청동을 판테온에서 뜯어왔기 때문에 '야만인도 하지 않은 짓을 베르니니가 한다.'라는 비난을 받아야 했다.

너무나 웅장하고 화려하여 넋이 빠질 정도지만 각 기둥의 눈높이 정도에 있는 장식띠를 유심히 보자. 기둥마다 여인의 얼굴이 새겨져 있는데, 시계 방향으로 얼굴은 점점 고통스러워하는 표정을 짓다가 마지막에는 평안하게 웃고 있는 아기의 얼굴로 바뀌어 있는 것이 인상적이다.

## 03 산 피에트로 동상
### Statua di S. Pietro

길이가 187미터에 이르는 성당 안에서 가장 사람들의 주목을 많이 받는 곳 중 하나다. 성자의 동상을 보면 발 부분이 닳아서 반짝이고 있다. 이 발을 문지르면 행운이 온다는 말 때문에 아무도 그냥 지나치지 않는다고.

## 05 산 피에트로의 옥좌

성당 가장 안쪽에 있는 베르니니의 작품으로 금동으로 만든 거대한 옥좌의 주변으로 성 아우구스티노, 성 암브로시오 등의 성인들이 배치돼 있다. 그 위쪽의 원형 창문에 있는 성령을 상징하는 비둘기를 보면 정말 하늘에서 성령이 내려오는 듯한 느낌이 든다. 그 옆에 있는 〈우르바누스 8세를 위한 기념비〉 또한 베르니니의 작품이다.

## 06 알렉산드로 7세 기념비

성당에 있는 베르니니의 작품 중 가장 나중에 제작한 것으로 붉은색의 대리석으로 만든 조각상이다. 멀리에서나 가까이에서 보아도 도저히 돌로 조각한 것이라고 믿을 수 없을 만큼 섬세한 옷의 주름과 벨벳의 느낌이 감탄스러울 뿐이다.

### 07 베드로의 무덤

1942년 베드로라 짐작되는 한 노인의 뼈를 발견한 후 수십 년간 확인 작업은 계속됐다. 마침내 1976년 교황 바오로 6세는 발굴된 뼈가 성 베드로의 유해라고 천명하였으며, 지금은 나사(NASA)에서 설계한 유리 상자에 보관돼 있다. 2005년에 선종한 교황 요한 바오로 2세가 1981년 암살 시도로 인해 상처를 입자 유골의 일부를 병실에 옮겨다 놓았었다고 한다.

### 08 지하 무덤

성당 안에 지하 무덤으로 내려가는 입구가 있지만, 눈에 잘 띄지는 않는다. 입구는 베르니니의 청동 기둥 오른쪽 뒤편인 성 론지노의 벽기둥 옆에 있다. 여기에는 비교적 최근에 교황직을 수행했던 교황들이 안치돼 있고 베드로의 무덤을 더욱 가까이서 볼 수 있다.

### 09 쿠폴라
Cupola

지름 42미터, 지상에서 꼭대기까지의 높이는 136미터인 성당의 지붕 쿠폴라는 미켈란젤로의 작품이다. 오랜 공사 끝에 1593년 정상에 십자가를 세우며 완성됐다. 밑 부분에는 4대 복음서의 저자인 마태오·마가·누가·요한의 모자이크 초상화가 있다. 아래에서 보면 그리 큰 규모인 줄 모르지만 마가의 초상화에 있는 펜의 길이만 1.65미터에 달한다. 엘리베이터를 타거나 551개의 계단을 힘겹게 걸어서 꼭대기까지 올라갈 수 있다. 물론 엘리베이터를 타고 내려도 320개의 계단을 올라가야 한다. 이 위에서 보는 로마의 전경도 각별하거니와 예약 없이는 들어갈 수 없는 바티칸 시국의 정원도 한눈에 볼 수 있다. 일생에 꼭 한번은 볼 만한 풍경이니 반드시 올라가 보자. 이곳으로 올라갈 수 있는 입구는 성당 밖으로 나가 왼쪽으로 가면 나온다.

<u>오픈</u> 4월~9월 07:30~18:00 , 10월~3월 07:30~18:00 <u>요금</u> 계단 €8, 엘리베이터 €10

마가의 초상 모자이크

# 산탄젤로 성
## Castel Sant'Angelo

[까스뗄 싼탄젤로]                                         MAP 5 ⓖ

하드리아누스 황제가 자신의 묘로 사용하기 위해 135년부터 건축한 것이지만 이후 교황의 거처나 감옥 등으로 사용되었고, 또한 교황청에서 이곳까지 바로 이어지는 비밀통로가 있다고 알려져 있다.
전설에 의하면 로마에 흑사병이 퍼져 수많은 희생자가 발생했을 때 기도를 하던 교황이 미카엘 대천사가 칼집에 칼을 넣는 환상을 보았다고 한다. 그 후 전염병은 거짓말처럼 사라졌고 이를 기념하기 위해 교황이 기도하던 자리인 이곳에 성을 지었다. 당시 황제의 동상이 있던 자리에 천사상을 세웠기 때문에 이름도 '천사(Angelo)의 성'으로 바뀌었다.
현재 내부는 무기 등이 전시하는 박물관으로 사용되고 있지만 큰 볼거리는 없는 편이다. 시간이 부족하다면 밖에서 사진을 찍는 정도로 만족해도 무방하다.
성 앞에 있는 산탄젤로 다리(Ponte Sant'Angelo)에는 비록 복제품이지만 베르니니가 만든 천사의 상이 세워져 있다. 다리와 성을 배경으로 한 풍경이 멋져 많은 여행자가 기념사진을 찍는 곳이기도 하다.

**위치** 산 피에트로 광장에서 도보 15분 **주소** Lungo tevere Castello 50 **오픈** 09:00~19:30 **휴무** 1월 1일, 12월 25일 **요금** €14, 18~25세 €2 **전화** 06-681-9111 **홈피** castelsantangelo.beniculturali.it

# Eating

바티칸 시국

## 앨리스 피자
### Alice Pizza
MAP 5 ⓕ

저렴한 먹을거리가 별로 없는 바티칸 광장 근처에서 간단하게 점심을 해결할 수 있는 곳이다. 무게로 달아 파는 조각 피자 맛도 괜찮고 값도 적당하여 많은 사람이 이용하고 있다. 음료수는 카운터에서 주는 토큰을 자판기에 넣어 빼면 된다.

**위치** 메트로 A노선 Ottaviano 역에서 산 피에트로 광장으로 가다가 왼쪽 골목 **주소** Via delle Grazie 7 **오픈** 월~토요일 08:00~19:00, 일요일 08:00~18:00 **요금** 조각 피자 2개+음료 €7~ **홈피** www.alicepizza.it

## 올드 브리지
### Old Bridge
MAP 5 ⓑ

바티칸 근처에 있는 젤라테리아로 우리나라 여행자들이 특히 많이 찾는 곳이라 한글 안내문을 비롯해 간단한 우리말을 하는 직원도 있을 정도다. 보통 비슷한 시간에 사람이 몰려 이때는 무척 복잡하다.

쌀로 만든 리소(Riso)나 과일, 요거트 등 모두 맛있으니 열심히 눈을 맞춰 주문해보자. 주문 시 생크림 추가 여부를 선택할 수 있다. 단, 주문하지 않아도 알아서 얹어 주는 경우도 있다.

**위치** 리소르지멘토 광장(Piazza del Risorgimento)에서 바티칸 박물관으로 올라가는 길
**주소** Viale Bastioni di Michelangelo 5
**오픈** 10:30~24:00
**요금** €2.5~
**전화** 328-411-9470
**홈피** gelateriaoldbridge.com

## 린살라타 리카
### L'Insalata Ricca
MAP 5 ⓑ

바티칸 근처에 있는 인기 있는 체인 레스토랑 중 하나로 샐러드와 파스타, 피자를 비롯한 이탈리아 요리를 선보이고 있다. 가격도 그리 비싸지 않아 바티칸 여행 후 근처에서 식사를 하려면 괜찮은 선택 중 한 곳이다.

**위치** 바티칸 시국 옆 리소르지멘토 광장에 위치
**주소** Piazza del Risorgi-mento 5
**오픈** 12:00~15:30, 19:00~24:00
**요금** 파스타 €8~, 피자 €7~
**전화** 06-3973-0387
**홈피** www.insalataricca.it

## 두에첸토 그라디
### Duecento Gradi

MAP 5 Ⓑ

바티칸 근처에서 샌드위치 등 간단한 음식을 먹고 싶다면 이곳으로 가자. 여행자들은 물론 바티칸 근처답게 수녀님 등 성직자들의 모습도 자주 보인다.

각종 신선한 재료를 넣은 샌드위치도 맛도 괜찮아 붐빌 때는 줄을 서는 경우도 많지만 음식은 빨리 나오는 편이다.

**위치** 바티칸 시국 옆 리소르지멘토 광장에 위치 **주소** Piazza del Risorgi-mento 3 **오픈** 일~목요일 10:00~02:00, 금·토요일 11:00~04:00(오전) **요금** 샌드위치 €5~9 **전화** 06-3975-4239

## 산 마르코
### San Marco

MAP 5 Ⓒ

1947년에 개업한 오래된 레스토랑으로 관광객보다는 근처 현지인들에게 인기가 많다. 직접 만드는 피자와 파스타가 골고루 다 맛있고, 벽에 걸려있는 아시아풍의 카펫 장식도 독특하다.

**위치** 메트로 A노선 Lepanto 역에서 도보 10분, 산탄젤로 성 뒤편 **주소** Via Tacito, 2/Via Plinion, 29 **오픈** 11:30~24:00 **휴무** 1월 1일, 8월 15일 **요금** €22~ **전화** 06-323-5398 **홈피** www.pizzeriasanmarcoroma.com

## 카스트로니
### Castroni

MAP 5 Ⓑ

올리브유와 발사믹 식초, 파스타 재료, 건조식품, 향신료 등 이탈리아 하면 생각나는 대표적 식재료를 살 수 있는 상점. 특히 올리브유와 과자 등은 좋은 상품이 많아 선물용으로 구입하기에도 좋다.

**위치** 메트로 A노선 Ottaviano 역에서 바티칸 쪽으로 도보 2분 **주소** Via Ottaviano 55 **오픈** 08:30~20:00 **휴무** 일요일 **전화** 06-3972-3279 **홈피** castroni.it

AREA 4

# Stazione Termini Area

테르미니 역 주변

# 테르미니 역 주변
# 이렇게 여행하자

**Access** 메트로 A · B노선 Termini 역 하차

로마 여행의 시작이자, 많은 여행자가 로마에 다시 돌아오기를 기약하며 떠나는 곳이 바로 테르미니 역이다. '종착역'이라는 뜻을 가진 테르미니 역은 이런 의미에서 딱 맞는 이름을 가지고 있는 듯하다. 언제나 사람들로 붐벼 시끌벅적한 역 주변은 항상 정신없는 분위기지만 그래서 더 활기차고 생동감 넘친다.

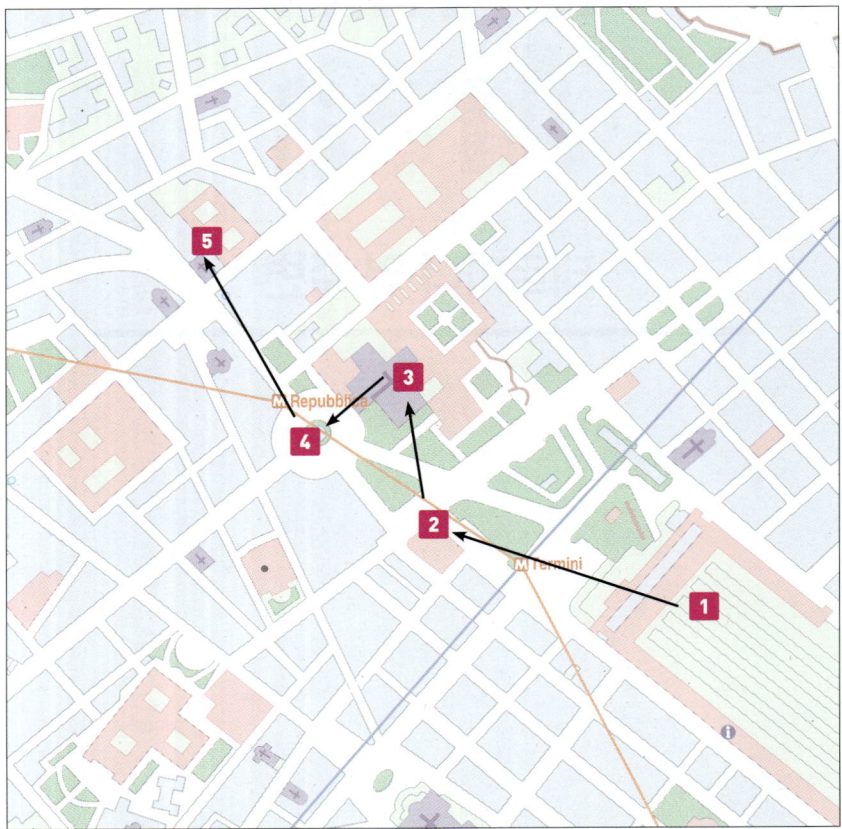

## 추천 코스

예상 소요 시간
약 3시간

**1** 테르미니 역

→ 도보 5분

**2** 로마 국립박물관

↓ 도보 3분

**3** 산타 마리아 델리 안젤리 교회

← 도보 2분

**4** 공화국 광장

← 도보 5분

**5** 산타 마리아 델라 비토리아 성당

# Sightseeing

## 로마 국립 박물관
**Museo Nazionale Romano**

[무제오 나찌오날레 로마노]                                    MAP 4 ⓗ

로마의 국립 박물관은 마시모 궁전 국립 박물관, 디오클레치아노 욕장 국립 박물관, 알템프스 궁전 국립 박물관, 발비의 묘소 국립 박물관까지 네 개의 박물관이 있다.

관광객이 많이 찾는 박물관은 테르미니 역에서 가까운 마시모 궁전 박물관과 디오클레치아노 욕장 국립 박물관이다. 마시모 궁전 박물관(Palazzo Massimo)은 국립 박물관의 본관이라고 할 수 있다. 로마 제국 시대인 기원전 2세기에서부터 4세기까지의 유물을 주로 전시하는 박물관으로 조각상과 프레스코화, 주화 등이 있는 3층부터 보면서 내려오는 것이 일반적이다.

3층의 프레스코화 〈리비아 저택 Villa de Livia〉은 기원전 10년대 작품으로, 아우구스투스 황제와 왕비 리비아가 거처하던 집에서 나온 것이다. 또 〈파르네시나 별장 Villa della Farnesina〉 벽화는 테베레 강에서 공사를 하던 중 발견되었다. 두 벽화 모두 매우 세밀하면서도 아름다워 고대의 회화 기법을 알려줄 뿐 아니라 당시의 풍요로웠던 상류층

의 생활상도 잘 보여주고 있다. 그 밖에도 매우 꼼꼼하게 만들어진 모자이크 작품으로 알려진 〈안치오의 처녀 Fancuilla da Anzio〉, 〈원반던지기 Dicobolo Lancellotti〉 등 뛰어난 조각 작품들과 황제들의 조각상들도 챙겨봐야 할 것들이다.

디오클레티아노 욕장(Terme di Diocleziano)은 황제의 명령에 따라 3세기에 만들어진 곳으로 한꺼번에 3천 명을 수용할 수 있었던 대규모 욕장의 터다. 지금은 각종 조각상과 비석, 청동기 시대부터 내려온 발굴품 등이 전시되고 있다.

위치 테르미니 역에서 도보 2분 주소 Largo di Villa Peretti 1 오픈 화~일요일 09:00~19:45 휴무 월요일, 1월 1일, 12월 25일 요금 €10 전화 06-3996-7700 홈피 www.museonazionaleromano.beniculturali.it

---

### TIP
**로마 국립 박물관을 포함한 유적지 관람에 유용한 티켓**

#### Biglietto 4 Musei
3일간 유효(€6.5)한 티켓으로 로마 국립 박물관에 포함되는 네 개의 박물관인 마시모 궁전 국립 박물관, 디오클레치아노 욕장 국립 박물관, 알템프스 궁전 국립 박물관, 발비의 묘소 국립 박물관에 입장할 수 있다.

#### Roma Archeological Card
7일간 유효(€27.5)하며 로마 국립 박물관과 함께 콜로세움, 팔라티노 언덕, 카라칼라 욕장 등이 포함돼 있어 네 곳 이상 입장할 예정이라면 매우 유용하다.

※ 구입은 각 유적지 티켓 판매소에서 가능

## 테르미니 역
### Stazione Centrale di Termini

[스따지오네 첸뜨랄레 디 떼르미니]  MAP 4 Ⓗ Ⓛ

테르미니는 로마의 중앙 역으로 국내외를 연결하는 열차가 출도착하는 곳이다. 1870년에 처음 건축되었으며, 1938년 무솔리니의 명령으로 역의 모습이 본격적으로 정비되기 시작하였다. 역 앞의 친쿠에첸토 광장(Piazza Cinquencento)은 '500인 광장'이라는 뜻으로 에티오피아 전쟁 때 전몰한 군인들을 기념한 곳이다. 지금은 시내버스가 발착하는 터미널로 사용되고 있다.

**위치** 메트로 A · B노선 Termini 역 하차

## 공화국 광장
### Piazza della Repubblica

[삐아짜 델라 레푸블리까]  MAP 4 Ⓖ

우아한 모습의 물의 요정인 님프상 네 개가 어우러져 있는 나이다이 분수가 먼저 눈에 들어오는 원형 광장. 이탈리아의 통일 기념으로 만들어진 곳으로 주변으로 특급 호텔 등이 들어서 있는 반원형의 건물들이 둘러싸고 있다.

특별한 명소는 아니지만, 카페나 맥도널드 등도 있어 오가며 잠깐 쉬기에 좋은 곳이다. 밤에는 분수에 조명이 들어와 더욱 아름다워 보인다.

**위치** 메트로 A노선 Repubblica 역 하차, 또는 테르미니 역에서 도보 5분

# 산타 마리아 델리 안젤리 에 데이 마르티리 교회
## Basilica di Santa Maria degli Angeli e dei Martiri

[바실리까 디 싼타 마리아 델리 안젤리]                    MAP MAP 4 Ⓗ

공화국 광장 옆에 있는 돔 모양의 교회로 마치 폐허처럼 보이지만 실은 미켈란젤로의 손길이 닿아 있는 곳이다. 그는 고대 로마의 유적인 디오클레티아누스 욕장을 최대한 보존하면서 교회를 디자인했다고 한다. 비록 18세기에 있었던 대공사로 미켈란젤로가 설계한 초기의 모습은 거의 사라졌지만 지금도 장엄한 교회 내부에 들어가면 곳곳에 유적지의 흔적이 보여 이곳이 옛 터전을 이용한 곳이라는 것을 느낄 수 있다.

위치 테르미니 역을 뒤로 하고 나이다이 분수 오른편 주소 Via Cernaia 9 오픈 월~토요일 07:30~18:30, 일요일 07:00~19:30 요금 무료 (약간의 헌금) 전화 06-488-0812 홈피 www.santamariadegliangeliroma.it

# 산타 마리아 델라 비토리아 성당
## Chiesa Santa Maria della Vittoria

[끼에자 싼타 마리아 델라 비또리아]

MAP 4 ⓖ

특별할 것 없어 보이는 이 성당에 들어서면 베르니니의 〈성녀 테레사의 환희〉를 만날 수 있다. 1652년 작품으로 성녀 테레사가 천사가 쏜 화살을 맞은 후 고통과 환희를 함께 느끼는 장면을 생생히 조각해 놓았다. 그녀는 꿈속에서 금으로 된 불화살을 가슴에 맞고 희열을 느끼는 신기한 체험을 했다고 하며, 또한 16세기에 수녀회를 이끌었던 인물이기도 하다.

공중에 떠 있는 두 조각은 이것이 돌로 만든 것이 맞나 싶을 정도로 섬세하고 생생하다. 더욱이 천장에서 내려오는 빛줄기는 이 작품을 한층 돋보이게 한다. 때때로 너무 관능적이라는 평가를 받기도 하지만 베르니니의 뛰어난 역량을 다시 한 번 느끼게 하는 작품임은 틀림없다.

**위치** 공화국 광장에서 Via Vittorio Emanuele Orlando를 따라가다 Via XX Settembre와 교차되는 지점에 있다. **주소** Via XX Settembre 17 **오픈** 07:00~12:00, 15:30~19:15 **요금** 무료 **홈피** www.chiesasantamariavittoriaroma.it

## 지오반니 파시
Giovanni Fassi

MAP 2 ⓓ

비토리오 에마누엘레 광장 근처에 있는 젤라테리아로 이곳의 아이스크림을 맛보려면 많은 사람들 사이에서 약간의 몸싸움(?)을 하며 한참을 기다려야 한다. 쌀로 만든 아이스크림으로도 유명한데 1880년 개업한 이래 현지의 잡지, 신문과 같은 매체에도 여러 번 소개된 바 있다. 가격도 저렴하고 서민적인 분위기라 부담 없이 들리기에 좋고 맛도 정말 좋다.

위치 메트로 A노선 Vittorio 하차, 도보 3분 주소 Via Principe Eugenio 65/67 오픈 월~목요일 12:00~22:00, 금·토 12:00~24:00, 일요일 10:00~22:00 요금 €2.5~ 전화 06-446-4740 홈피 www.gelateriafassi.com

## 트리마니 와인 바
Trimani Wine Bar

MAP 4 ⓗ

트리마니 와인 숍에서 운영하는 레스토랑으로 와인과 함께 즐기는 식사를 하기 좋은 곳이다. 스파게티나 간단한 음식은 €8~15사이라 와인 한잔을 곁들인 가벼운 점심으로 적당하다. 와인 선택이 어렵다면 추천을 부탁하자. 친절한 설명과 함께 취향에 맞는 것을 골라준다. 이탈리아 각 지방에서 올라온 여러 와인도 맛볼 수 있고 맛있는 치즈 등도 곁들일 수 있어 이래저래 기분 좋은 곳. 레스토랑 근처에 있는 와인 숍 트리마니 에노테카에서는 와인 구매도 가능하다.

위치 테르미니 역에서 도보 5분
주소 Via Cernaia 37b
오픈 월~토요일 11:30~15:00, 17:30~24:00
휴무 일요일
요금 €20~
전화 06-446-9630
홈피 www.trimani.com

테르미니 역 주변

## 메르카토 첸트랄레
## Mercato Centrale

MAP 4 ⓛ

시장을 콘셉트 한 푸드코트로 테르미니 역 구내에 있다. 피자와 파스타 등 이탈리아 요리는 물론 샌드위치, 젤라토, 라멘, 스시 가게까지 입점해 있어 골고루 맛보기에도 좋다. 또한 역시 테르미니 역 구내의 스테이크 프랜차이즈 식당인 로드하우스 그릴(Roadhouse Grille)에서는 스테이크나 포크립, 햄버거 등을 맛볼 수 있다.

위치 테르미니 역 24번 플랫폼 방향 주소 Via Giovanni Giolitti 36 오픈 08:00~24:00 요금 피자 €9~, 파스타 €15~ 전화 06-4620-2900 홈피 mercatocentrale.it

## 타겟 레스토랑
## Target Restaurant

MAP 4 ⓖ

근처 호텔 등에서 맛집을 추천해 달라고 하면 자주 언급되는 레스토랑으로 신선하고 맛있는 음식을 합리적인 가격에 즐길 수 있다. 분위기가 모던하면서도 편안해 근처 직장인들의 비즈니스 모임 장소로도 애용된다. 지하에도 자리가 있지만 1층이나 야외 좌석이 훨씬 분위기가 좋다.

위치 공화국 광장에서 도보 1분 주소 Via Torino 33 오픈 12:00~15:30, 19:00~24:30(일요일 런치 휴무) 요금 파스타 €9~, 메인 요리 €18~ 전화 06-474-0066 홈피 www.target-restaurant.it

## 카르피사
## Carpisa

MAP 4 ⓗ

큰 인기를 끌고 있는 중저가 패션 잡화점. 거북이를 상징으로 하는 신세대 내셔널 브랜드로 무엇보다 합리적인 가격이 장점이다. 그 밖에도 왕관과 하트를 상징으로 하는 Segue, 개구리가 상징인 Fergi도 이곳과 비슷한 느낌이다. 세 브랜드 모두 이탈리아 대도시의 중심가와 주요 역에 지점을 두고 있어 쉽게 접할 수 있다.

위치 테르미니 역 내 주소 Piazza dei Cinquecento 오픈 08:00~22:00 전화 06-4778-6813 홈피 carpisa.it

## 트리마니 에노테카
## Trimani Enoteca

MAP 4 Ⓗ

이탈리아는 물론 유럽, 미국, 호주, 남미 등에서 공수해온 와인들을 구입할 수 있는 대형 와인 상점. 워낙 많은 종류를 갖추고 있어 원하는 것이 있다면 로마에서는 이곳에 가는 것이 가장 확실하다.

**위치** 테르미니 역에서 도보 10분
**주소** Via Goito 20
**오픈** 월~토요일 09:00 ~20:30
**휴무** 일요일
**전화** 06-446-9661

## 우핌
## Upim

MAP 4 Ⓛ

대형 마트 분위기의 중저가 백화점이지만 저렴한 의류와 캐주얼웨어가 많아 젊은이들에게 인기가 많다. 테르미니 역뿐 아니라 시내 곳곳에서 볼 수 있는 중저가 의류 및 생활용품 전문 매장이다. 여행 중 필요한 물품이 있다면 이곳에 들러 구비하는 것도 방법.

**위치** 테르미니 역에서 도보 6분
**주소** Via Gioberti, 64
**오픈** 월~토요일 09:00~20:30, 일요일 09:00~20:00
**전화** 06-446-5579
**홈피** www.upim.it

## 카스텔 로마노
## Castel Romano

지도 외

로마 남서부 외곽지역에 있는 카스텔 로마노는 로마의 새로운 관광명소로 자리 잡고 있을 정도로 인기가 높다. 에트로, 페라가모, 나이키, 디젤 등 잘 알려진 브랜드를 비롯하여 90여 개의 다양한 브랜드가 입점해 있다. 그러나 대중교통으로 가기에는 불편해 아웃렛에서 운영하는 셔틀버스나 자동차를 이용하거나 택시를 타야 한다.

**위치** 테르미니 역에 면해있는 지올리티 거리 48번지(Via Giolitti 48) 앞에서 셔틀버스가 출발한다.(09:30, 09:55, 10:30, 11:30, 12:30, 15:00 왕복 €15) 또는 메트로 B노선 종점 Laurentina 역에서 택시를 이용해 30분(약 €30~35) 정도 소요된다.
**주소** Via Ponte di Piscina Cupa
**오픈** 월~금 10:00~20:00, 토·일 10:00~21:00
**전화** 06-505-0050
**홈피** www.mcarthurglen.com/it/outlets/it/designer-outlet-castel-romano

## THEME

# 성지 순례 투어

기독교 신자이거나 종교에 관심 있는 사람이라면 유서 깊은 교회가 있는 산 조반니 지역과 아피아 가도의 유적지들은 그 어떤 여행지보다 특별한 감흥을 줄 것이다. 둘러보는 곳곳마다 신앙을 따르던 초기 기독교도들의 숨결이 그대로 살아 있기 때문이다. 또한, 건축학이나 역사적으로도 방문할 만한 가치가 충분한 장소들이 포진해 있기도 하다.

## 카타콤베
**Le Catacombe**

[라 까타꼼베]  지도 외

초기 기독교도의 지하 공동묘지인 카타콤베는 폐광된 골재 채석장이나 지하 가족 묘지에 조성됐었다. 이곳의 갱도를 모두 합치면 900킬로미터가 넘지만, 현재는 그중 극히 일부를 개방하고 있다. 로마 주위에는 40여 개의 카타콤베가 있으며 이 지역에서 개방하는 곳은 산 칼리스토 카타콤베와 산 세바스티아노, 도미틸라 카타콤베 등 총 여섯 곳이다.

묘지인 카타콤베에는 아무나 출입할 수 없게 한 로마법 특성상 기독교가 박해를 받던 초기에는 중요 피신처 역할을 할 수 있었다. 이곳에 피신해 있던 기독교인은 지하에서 종교 활동을 했고 심지어 그들을 잡으러 온 로마 병사가 신자가 돼 순교하는 일도 생겼다.

이곳은 가이드 투어로만 방문할 수 있다. 자칫 잘못 들어가면 평생 되돌아 나올 수 없다는 이야기도 있으니 주의하자. 가이드 투어는 언어별로 입장 시간이 나뉘어 있다. 한국인 신부님이 안내해주며 부재 시에는 한국어 안내 테이프를 빌려준다. 또한, 로마의 카타콤베는 11월부터 2월의 겨울철 중 돌아가며 한 달간 폐쇄되니 사전에 확인해보고 가는 것이 좋다.

### 추천 동선

- 카타콤베
- 쿠오바디스 교회
- 산 조반니 인 라테라노 대성당
- 성스러운 계단
- 성 십자가 성당
- 산타 마리아 마조레 성당
- 산 피에트로 인 빈콜리 성당
- 바울 교회

예상 소요 시간 약 6시간

## 카타콤베 둘러보기

### 산 칼리스토 카타콤베
Le Catacombe di San Callisto

5층으로 되어 있는 산 칼리스토 카타콤베는 근처 카타콤베 중에서 규모도 크고 중요한 곳이다. 묘역 면적은 15만 제곱킬로미터, 갱도 길이는 20킬로미터에 달하며, 이 중 일부만 개방한다. 이곳에는 10명의 순교자, 16명의 교황을 포함한 10만 명에 육박하는 많은 사람이 매장돼 있다.

위치 메트로 A노선 S. Giovanni 역 하차, 산 조반니 광장에서 산 조반니 인 라테라노 대성당을 마주보고 있는 건너편 오른쪽 정류장에서 218번 버스를 타고 Via Ardeatina에서 내리면 되지만, 기사에게 부탁해 내리는 것이 가장 정확하다. 주소 Via Appia Antica 110 오픈 여름 08:00~12:00 14:30~17:30, 그외 시즌 09:00~12:00 14:00~17:00 휴무 수요일, 부활절, 크리스마스, 1월 1일 요금 €8 전화 06-513-0151 홈피 www.catacombe.roma.it

### 산 세바스티아노 카타콤베
Le Catacombe di San Sebastiano

로마의 장교였던 세바스티아노의 이름을 딴 곳으로 산 칼리스토 카타콤베와 연결돼 있다. 기독교 신앙을 받아들인 그는 수십 개의 화살을 맞고 순교했는데 지금도 몸에 꽂혔던 화살이 보관돼 있다. 258년에는 베드로와 바울의 유해를 로마의 박해를 피해 잠시 두었던 곳이기도 하다. 이곳에는 300년 동안 600만 명이 매장되었다고 한다.

위치 산 조반니 광장에서 218번 버스를 타고 Via Ardeatina에서 하차
오픈 월~토요일 10:00~17:00
휴무 일요일, 12월 15일, 1월 1일
요금 €8
홈피 www.catacombe.org

## 쿠오바디스 교회
Chiesa del Domine quo vadis

[끼에자 델 도미네 쿼바디스]

지도 외

십이 사도 가운데 한 명이자 초대 교황인 베드로의 이야기가 얽혀 있는 곳이라 의미가 큰 교회. 로마에 대화재가 나고 이를 탓하는 시민들의 원성이 높아지자 네로 황제는 기독교도들에게 그 죄를 뒤집어 씌워 마구잡이로 기독교인을 살해했다. 이에 두려움을 느낀 베드로가 로마를 막 벗어나 도망치려는 순간 이 교회 언저리에서 로마를 향해 걸어오는 예수와 만난다. 당황한 베드로가 '주여 어디로 가시나이까(Quo vadis, Domine)?'라고 묻자, 예수는 '네가 나의 양들을 버리고 도망치므로 너 대신 다시 십자가에 못 박히러 가노라.' 하고 대답했다. 이때 베드로는 예수가 '네가 닭이 울기 전에 세 번 나를 부정하리라.'고 말한 일을 떠올리며 다시 한 번 자신이 예수를 배신했음을 깨닫고 로마로 되돌아간다.

교회는 이 일을 기념해 세워진 것으로 내부에는 예수와 베드로가 만났을 당시 남았다고 하는 예수의 발자국 복제품이 있다. 후일 베드로는 지하 감옥에 갇혔다가 네로 경기장에서 십자가에 거꾸로 매달린 채 순교하고 경기장 언덕의 공동묘지에 매장됐다. 나중에 콘스탄티누스 대제가 공동묘지 위에 성당을 지었는데 그것이 바로 오늘날 산 피에트로 성당의 전신이다.

**위치** 메트로 A노선 S. Giovanni 역에 내려 산 조반니 광장에서 218번 버스타고 Porta San Sebastiano 정류장에서 하차
**주소** Via Appia Antica 51
**오픈** 08:00~19:30
**요금** 무료

## 산 조반니 인 라테라노 대성당

**Basilica S. Giovanni in Laterano**

[바실리까 싼 조반니 인 라떼라노]

MAP 1 ⓗ · 2 ⓗ

산 조반니 인 라테라노 광장에는 로마에서 가장 오래된 이집트 오벨리스크가 서 있다. 산 조반니 교회는 로마는 물론 세계적으로도 역사와 의미가 깊다. 기독교를 공인한 콘스탄티누스 대제가 314년 건립하여 교황에게 기증한 것으로, 1929년 교황과 무솔리니 간의 평화조약이며 바티칸의 정치적 독립을 약속한 라테라노 조약이 체결된 장소이기도 하다.

지금의 교회는 바로크 양식의 대표 건축가인 보르미니에 의해 1646년에 개축된 것으로 교회 정면에는 6미터의 높이 예수와 성인의 동상이 있고, 내부에는 콘스탄티누스 대제의 동상이 있다. 내부의 수도원은 바살레토(Vasalletto) 가문이 1220년 세운 것으로 꼬여 있는 이중 기둥과 대리석으로 만들어진 모자이크가 유명하다.

성당 중앙에 있는 제단은 교황의 전용제단이며, 교회에 있는 바울상의 머리 부분에는 그의 실제 두개골이 안치되어 있다고 한다. 교회 옆에 있는 라테라노 궁전은 교황의 아비뇽 유수 사건 전까지 역대 교황의 거처로 사용된 바 있다.

**위치** 메트로 A노선 S. Giovanni 역 하차, 또는 포폴로 광장, 콜로세움 등에서 미니버스 117번을 타고 종점 하차
**주소** Piazza S. Giovanni in Laterano 4
**오픈** 07:00~19:30, 세례당 09:00~13:00, 16:00~18:00

## 성스러운 계단
Scala Santa

[스깔라 싼타]    MAP 1 Ⓗ

산 조반니 인 라테라노 대성당 옆에 있는 교회 내부에는 예수가 십자가에 매달리기 전 재판관 폰티우스 필라투스(빌라도)의 집에서 올라갔다고 전해지는 성스러운 계단이 있다. 이 계단은 콘스탄티누스 황제의 어머니 성 엘레나가 예루살렘에 있는 빌라도의 집에서 로마로 그대로 가져온 것이라고 한다. 계단에는 예수의 핏자국이 남아 있다고 하며 1층에 올라가면 천사들이 그렸다는 예수의 모습이 있는 그림 'Acheiropoeton'이 있다. 이는 '사람의 손으로 하지 않음'이라는 뜻이다.

계단은 걸어서는 올라갈 수 없으며 오직 기도를 하며 무릎으로만 올라갈 수 있다. 지금도 이곳에 가면 신앙심 깊은 신자들이 기도를 드리는 모습을 많이 볼 수 있다.

위치 산 조반니 인 라테라노 대성당을 바라보며 왼편 주소 Piazza di San Giovanni in Laterano 14 오픈 06:30~12:00, 15:00~18:00 요금 무료 홈피 www.scala-santa.com

## 성 십자가 성당
Basilica di Santa Croce in Gerusalemme

[바실리까 디 싼타 끄로체 제루살렘메]    MAP 1 Ⓗ

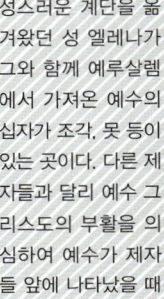

성스러운 계단을 옮겨왔던 성 엘레나가 그와 함께 예루살렘에서 가져온 예수의 십자가 조각, 못 등이 있는 곳이다. 다른 제자들과 달리 예수 그리스도의 부활을 의심하여 예수가 제자들 앞에 나타났을 때 옆구리와 손을 만져보라고 했던 성경 속 이야기로 유명한 성 토마스(도마)의 손가락뼈도 이곳에 있어 신자들의 발걸음이 잦은 교회다.

위치 산 조반니 광장 정면으로 뻗은 Viale Carlo Felice를 따라 도보 5분 주소 Piazza di Santa Croce in Gerusalemme 12 오픈 07:00~12:45, 14:00~19:00 요금 무료 전화 06-701-4769

## 산타 마리아 마조레 성당
**Basilica Santa Maria Maggiore**

[바실리까 싼타 마리아 마조레]

MAP 4 ⓛ

교황 리베리우스가 '오늘 밤 눈이 내리는 곳에 교회를 세워라.'라고 성모 마리아가 명령한 꿈을 꾼 후 눈이 내린 그 자리에 세웠다는 교회. 그때가 한창 무더운 여름철인 8월이었는데도 눈이 내렸다고 하니 과연 기적이라 불렸을 듯하다. 매년 8월 5일에는 이것을 기념하여 미사가 열리며, 천장에서는 눈을 상징하는 흰 꽃잎을 뿌린다. 4세기에 건축된 후 몇 차례에 걸쳐 개축했기 때문에 시대별 특징이 곳곳에서 나타난다. 내부의 36개 기둥은 고대 로마의 신전에서 가져왔으며, 기둥과 중앙제단의 뒤를 장식하는 모자이크는 5세기의 것이다. 당시 모자이크로는 매우 중요한 작품들이며 성서의 장면들을 담고 있다. 빛나는 금색의 천장 모자이크는 〈마리아의 재관〉으로 13세기의 작품이다.

금박을 입혀 화려하게 장식한 발다키노에는 성 마태오와 순교자들의 유해가 안치되어 있다. 내부 천장의 금으로 만든 격자무늬 장식은 콜럼버스가 가져온 금으로 제작하였으며 예수가 태어난 말구유도 이곳에 보관되어 있다. 또한, 시스티나 소예배당(Cappella Sistina)와 보르게세 소예배당(Cappella Borghese)도 놓치지 말고 둘러보자.

성당 정면과 후면에는 각기 오벨리스크가 하나씩 서 있다. 정면에 있는 것은 1614년 포로 로마노에 있는 것을 옮겨왔으며, 후면에 있는 것은 1587년 이집트에서 가져온 오벨리스크다.

<u>위치</u> 테르미니 역에서 Via di Manin 따라 도보 5분 <u>주소</u> Via Liberiana 27 <u>오픈</u> 07:00~18:45 <u>요금</u> 무료 <u>전화</u> 06-6988-6800

말구유 보관함

〈마리아의 제관〉

# 산 피에트로 인 빈콜리 성당
## Basilica di San Pietro in Vincoli
[바실리까 디 싼 삐에뜨로 인 빈꼴리]

MAP 1 ⓖ · 2 ⓑ

베드로가 묶여있던 쇠사슬을 안치하기 위해 5세기에 세워진 곳으로 15세기에 재건되었다. '빈콜리'는 베드로가 포로 로마노의 마메르티노 감옥 지하에 갇혀 있을 때 그를 묶어둔 두 개의 사슬을 뜻한다. 사슬은 콘스탄티노플(이스탄불)을 거쳐 로마로 되돌아왔으며 두 개의 사슬을 연결한 채 보관하고 있다.

이곳에는 미켈란젤로의 작품인 〈모세상〉이 있다. 원래 1505년에 맡게 된 교황 율리우스 2세의 무덤 조성 작업의 일부 장식이었다. 그는 대리석을 고르는 데만 8개월을 보냈다고 한다. 거대한 모세상 머리 위에는 희한하게도 뿔이 달려있는데 원래는 광채여야 하지만 히브리어로 된 성서를 오역하는 바람에 이렇게 되었다고 한다.

**위치** 메트로 B노선 Colosseo 역 하차, 콜로세움에서 북쪽으로 도보 6분, 또는 메트로 B노선 Cavour 역에서 Via Cavour를 따라 가다 왼쪽에 동굴 터널을 지나 계단을 올라가면 된다. **주소** Piazza S. Pietro in Vincoli 4/A **오픈** 08:00~12:30, 15:30~18:30 **요금** 무료 **전화** 06-9784-4952 **홈피** www.vicariatusurbis.org

〈모세〉는 〈다비드〉, 〈피에타〉와 더불어 미켈란젤로의 3대 조각 작품으로 꼽힌다.

## 바울 교회
**Basilica di San Paolo Fuori le Mura**

[바실리까 디 싼 빠올로 휘오리 레 무라]　　　　　　　　　　　　지도 외

로마에 있는 4대 바실리카 중 하나로 성지 순례를 온 사람들은 꼭 방문하는 곳이다. 예수의 열두 제자는 아니지만 극적인 회심과 전도 여행으로 유명한 사도 바울의 무덤 위에 세워진 성당이며 산 피에트로 성당에 이어 로마에서 두 번째로 규모가 큰 성당이다.

원래 발렌티아누스 황제가 386년 건립한 교회는 1823년 대화재로 파괴되었다가 1854년 지금의 모습으로 복원되었다. 성당 앞에 있는 큰 칼을 들고 있는 사람이 바로 사도 바울이다. 성당 전면으로 보이는 화려한 모자이크도 인상적이다.

내부로 들어가면 거대한 규모가 더욱 실감난다. 중앙 제단 아래에 보면 바울이 수감되었을 때 사용했다고 하는 쇠사슬이 있고 그 아래로 바울의 무덤이 있다. 바울은 베드로와는 달리 로마 시민이었기 때문에 십자가형이 아닌 참수형으로 순교하였다.

**위치** 메트로 B노선 Basilica di San Paolo 역 하차, Via Ostiense 방향 출구로 나가 길을 건너 도보 3분
**주소** Via Ostiense 186 **오픈** 여름 07:00~18:30, 겨울 07:00~18:00 **요금** 무료 **전화** 06-6988-0800
**홈피** www.basilicasanpaolo.org

# Villa Borghese Area

보르게세 공원 주변

## 보르게세 공원 주변
# 이렇게 여행하자

**Access** 메트로 A노선 Barberini 역 하차. (공원 안 61 · 89 · 160 · 490 · 495 버스 운행)

영화 〈달콤한 인생〉에 등장한 실제 장소를 방문하고 싶은 로망이 있다면, 로마에서 가장 우아한 거리라고 불리던 베네토 거리를 방문해 분위기 있는 카페에서 커피 한잔의 여유를 즐겨보자. 혼잡한 로마에서 벗어나 한적한 보르게세 공원에서 여유를 찾아도 좋고, 거장 베르니니를 만나 그의 작품 세계에 빠져보는 것도 좋다. 거리를 걷다 너무 덥게 느껴지면 서늘하고 오싹한 해골사원에 들어가는 것도 색다른 경험이다.

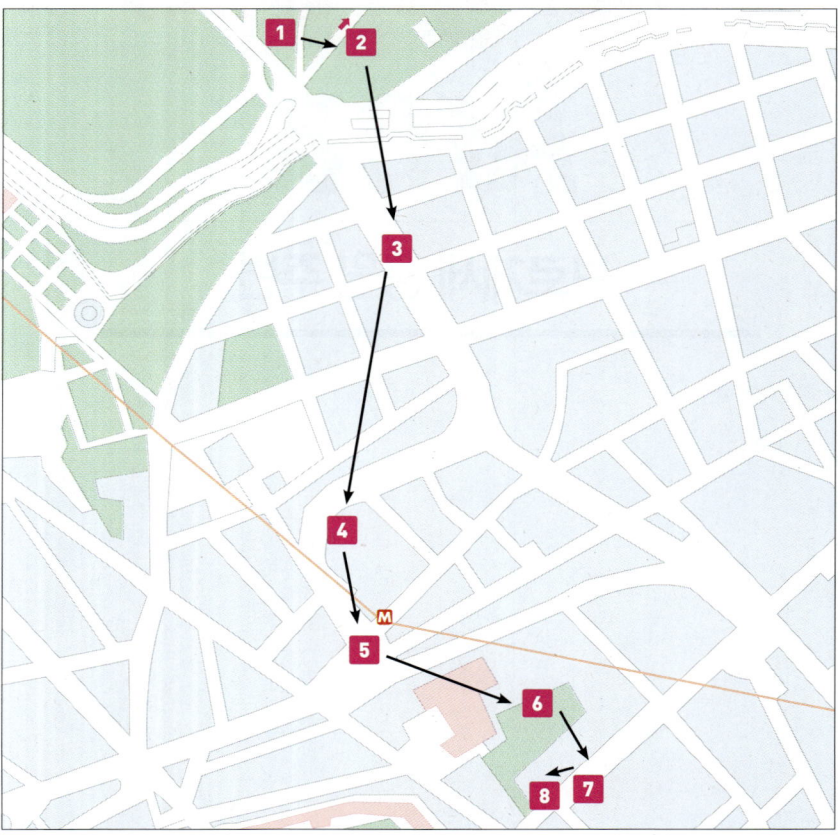

## 추천 코스

예상 소요 시간
약 6시간

**1** 보르게세 공원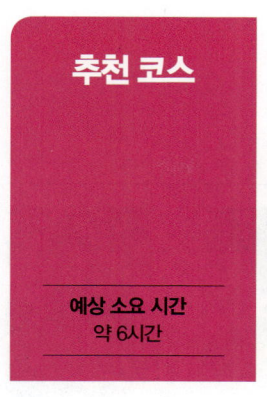

도보 10분 →

**2** 보르게세 미술관

↓ 도보 15분

**5** 바르베리니 광장

← 도보 2분

**4** 해골사원

← 도보 5분

**3** 베네토 거리

↓ 도보 2분

**6** 바르베리니 궁전

→ 도보 5분

**7** 산 카를로 알레 콰트로 폰타네 성당

→ 도보 1분

**8** 콰트로 폰타네 분수

# Sightseeing

## 보르게세 공원
### Villa Borghese

[빌라 보르게세]                                                    MAP 6

로마에서 가장 큰 공원으로, 원래 17세기 토스카나 지방의 추기경 시피오네 보르게세의 저택과 정원이었다. 공원 안은 워낙 넓어 여러 개의 출입구가 있고 미술관·박물관·승마장·연못 등이 있다. 조용하게 쉴 수 있는 평화로운 분위기로 로마 시민들이 사랑하는 휴식처가 되고 있다. 안에는 동물원과 숲 속을 달릴 수 있는 다인용 자전거도 있어 로마 시내에서는 여유로운 한 때를 보내기에 이만한 곳이 없다.

**위치** 메트로 A노선 Barberini 역에서 미니버스 116번을 타면 공원 앞까지 가기 때문에 편리하다. 포폴로 광장에서는 메트로 A노선 Flaminio 역과 연결된 서쪽 입구에서 충분히 걸어갈 수 있다.

---

**TIP**

### 어린이와 함께 즐기는 보르게세 공원

보르게세 공원은 어린이와 함께 놀러가기에도 좋은 곳이다. 공원 안에서는 자전거나 인라인스케이트를 빌려 탈 수 있고 조랑말도 탈 수 있다. 공원에서 운행하는 미니기차도 인기가 많다. 공원 안에는 동물원인 바이오 공원도 있고 날씨가 좋은 날에는 로마를 한눈에 볼 수 있는 열기구도 운행하고 있다.

**바이오 공원 Bioparco di Roma**
**위치** 트램 3·19번 이용 Bioparco 하차 **요금** 어른 €16, 어린이 €13, 열기구 평일 €20~, 주말 €25~
**홈피** www.bioparco.it

# 보르게세 미술관
## Galleria Borghese

[갤러리아 보르게세]                                           MAP 6 ⓖ

〈아폴로와 다프네〉

1613년 보르게세 추기경이 자신의 저택으로 지은 건물로 이후 파산한 후손 때문에 저택과 수집품이 경매 시장에 나오게 되었다. 이것을 국가가 사들인 후 미술관으로 개조하여 일반에게 공개하였다. 규모가 크지 않지만, 분위기는 화려하며 소장된 작품도 뛰어난 것이 많다.

놓치지 말아야 할 작품들은 베르니니의 〈아폴로와 다프네 Apollo e Dafene〉, 〈페르세포네의 약탈 Pluto e Proserpina〉, 〈다비드 David〉, 카노바의 〈파올리나 보르게제 Paolina Borghese〉 등이다. 〈아폴로와 다프네〉는 요정 다프네가 자신을 연모하는 태양의 신 아폴로에게서 도망치다가 월계수 나무로 변하는 장면을 묘사한 작품이다. 골리앗을 향해 돌을 던지기 직전의 모습인 〈다비드〉는 베르니니 자신의 얼굴을 새겨 넣은 것이라고 한다.

베르니니 〈다비드〉

보르게세 공원 주변

〈성애와 속애〉

그 밖에도 2층 회화관에는 라파엘로의 〈그리스도의 변용 Trasporto del Cristo〉, 티치아노의 〈성애와 속애 Amore sacro e Amor profano〉 등이 있다.

그림 속 나체 여인은 순수와 성스러움을 상징하고 있으며, 옷을 입고 있는 여인은 다산을 바라고 있는 세속적이고 육체적인 사랑을 뜻한다. 가운데서 아이의 모습을 하고 있는 큐피드는 두 사랑이 서로 조화를 이루어야 한다는 것을 상징한다.

또한 카라바조의 말년 작품인 〈다비드〉도 놓치지 말아야 할 작품 중 하나다. 관람 시간과 입장객이 한정되어 있어 사전 예약은 거의 필수라고 할 수 있다.

**위치** 테르미니 역 앞 500인 광장에서 92·223·360·910번 버스를 타고 핀치아나—무제오 보르게세(Pinciana-Museo Borghese)에서 내려 왼쪽 앞으로 보이는 공원 입구로 들어가 길을 따라가면 바로 미술관이 있다. **주소** Piazza del Museo Borghese **오픈** 화~금요일 08:00~19:00 **휴무** 월요일, 1월 1일, 12월 25일 **요금** €18 (예약비 €2~6 별도) **전화** 06-841-3979, 예약 06-328-10
**홈피** galleriaborghese.beniculturali.it/it

카라바조 〈다비드〉

### TIP

**보르게세 미술관 예약**

미술관 입장은 하루 다섯 번(9·11·13·15·17시), 한 회당 최대 360여 명만 입장할 수 있어 성수기에는 일주일 전에도 티켓 예약하기가 힘들다. 예약은 홈페이지나 전화로 할 수 있는데, 전화 예약 수수료가 훨씬 저렴하다. 로마 패스 소지자는 전화 예약만 가능하다. 관람 당일 지하 매표소에 가서 예약번호를 제시하면 티켓을 받을 수 있다.

## 베네토 거리
## Via Veneto

[비아 베네또]   MAP 6 Ⓚ

1900년경부터 현대식의 화려한 호텔과 카페가 들어서면서 상류층의 만남 장소로 애용되었던 거리. 1950년대부터 1960년대까지 전성기를 누렸다. 1960년 페데리코 펠리니 (Federico Fellini) 감독의 영화 〈달콤한 인생 La Dolce Vita〉의 배경이 되어 더욱 유명해졌다.

보르게세 공원에서 이어지는 거리는 특히 산책하기 좋다. 이 거리를 따라 내려오면 양쪽으로 우거진 가로수 길 옆으로 현재 미국 대사관으로 사용되고 있는 마르게리타 궁전(Palazzo Margherita)과 고급 호텔, 레스토랑 등이 늘어서 있어 지금도 많은 사람이 방문하고 있다. 베네토 거리와 주변에는 항공사의 사무실들이 모여 있기도 하다.

<u>위치</u> 메트로 A노선 Barberini 역 하차

## 해골사원
## Santa Maria della Concezione

[싼타 마리아 델라 꼰체찌오네]   MAP 3 Ⓕ

수도사들의 뼈로 실내를 장식해서 유명해진 교회다. 1528년부터 1870년에 사망한 수도사 4천여 명의 뼈를 수습해 벽장식, 샹들리에, 촛대, 가시 면류관 등을 만들었다. 또한 어릴 때 사망한 바르베리니 공주의 유골이 원형 그대로 보존 돼 있다.

서늘한 분위기의 사원이지만 생각보다 작아 '벌써 끝인가?'하는 생각이 들게 한다. 교회 입구에 새겨진 라틴 글귀는 '당신의 지금 모습은 우리의 과거요, 우리의 현재 모습은 당신의 미래다.'라는 뜻이다.

<u>위치</u> 메트로 A노선 Barberini 역 근처 <u>주소</u> Via Vittorio Veneto 27 <u>오픈</u> 09:00~19:00 <u>요금</u> €8.5

## 바르베리니 광장
### Piazza Barberini

[삐아짜 바르베리니]   MAP 3 Ⓕ

광장 한가운데 있는 것은 베르니니가 만든 바로크 양식의 트리톤 분수(Fontana di Tritone)다. 교황 우르반 8세이기도 한 바르베리니를 위해 만든 것으로, 350년이나 지났지만 지금도 여전히 힘찬 물줄기가 솟고 있다. 트리톤이 앉아 있는 조개껍데기를 떠받치고 있는 돌고래 꼬리 사이로는 교황의 삼중관과 산 피에트로의 열쇠, 바르베리니 가문의 문장인 벌 모양이 장식돼 있다.

광장 바로 옆에 있는 꿀벌의 분수(Fontana delle Api) 또한 베르니니가 자신의 후원자였던 바르베리니 가문과 우르반 8세에 존경을 표하기 위해 만든 것이다. 여기에도 바르베리니 가문의 문장인 벌 모양이 장식돼 있다.

**위치** 메트로 A노선 Barberini 역 하차

꿀벌의 분수

## 바르베리니 궁전
### Palazzo Barberini

[빨라쪼 바르베리니]   MAP 3 Ⓖ

〈젊은 여인의 초상〉

바르베리니 광장 옆에 있는 건물로 궁전 2층은 국립고전회화관(Galleria Nazionale d'Arte Antica)으로 사용되고 있다. 이곳은 우르반 8세가 가족들을 위해 새롭게 지은 건물로 바로크 양식의 대표적 건축물이라 할 수 있다. 회화관에는 마르티니(Martini), 안젤리코(Angelico), 라파엘로, 티치아노 등의 작품이 소장돼 있으며, 특히 라파엘로가 연인을 그린 〈젊은 여인의 초상 La Fornarina〉이 유명하다. 그녀가 왼팔에 차고 있는 팔찌에는 라팔엘로의 이름이 새겨져 있다.

**위치** 메트로 A노선 Barberini 역 하차
**주소** Via Barberini 18
**오픈** 화~일요일 08:30~19:00
**휴무** 월요일, 1월 1일, 12월 25일
**요금** €12
**전화** 06-481-4591
**홈피** www.barberinicorsini.org

## 산 카를로 알레 콰트로 폰타네 성당
### Chiesa di San Carlo all Quattro Fontane

[끼에자 디 싼 까를로 알레 꽈뜨로 뽄따네]　　MAP 3 ⓖ

## 콰트로 분수
### Le Quattro Fontane

[레 꽈뜨로 뽄따네]　　MAP 3 ⓖ

아르노 강　테베레 강
다이아나　유노

베르니니의 라이벌이자 바로크 시대의 거장으로 일컬어지는 보로미니가 건축한 성당으로 타원형의 독특한 내부 구조로 되어 있다. 그리 넓지 않은 성당이지만 흐르듯 만들어진 벽이 아름답고 유려하다. 마치 거북이 등처럼 생긴 타원형의 천장도 다른 곳에서는 쉽게 보기 힘든 형태다.

**위치** 메트로 A노선 Barberini 역 하차, Via delle Quatro Fontane 따라 도보 5분
**주소** Via del Qurinale 23
**오픈** 월~토요일 10:00~13:00, 일요일 12:00~ 13:00
**요금** 무료

교차로의 네 모퉁이를 보면 시원한 물줄기와 함께 1593년에 만들어진 바로크 양식의 아름다운 조각을 감상할 수 있다. 네 분수 중 하나는 산 카를로 알레 콰트로 폰타네 성당의 일부기도 하다.

두 남성 조각상은 테베레 강과 아르노 강을 상징하고, 두 여성 조각상은 주피터(제우스)의 아내인 유노(헤라)와 아폴론의 동생이자 수렵과 달의 여신인 디아나(아르테미스)를 형상화한 것이다.

**위치** 산 카를로 알레 콰트로 폰타네 성당 사거리에 위치. Via delle Quatro Fontane와 Via XX Settembre 두 거리가 교차되는 곳이다.
**주소** Via XX Settembre

# Eating

## 다 올림피오
## Da Olimpio

MAP 3 Ⓕ

## 안드레아
## Andrea

MAP 6 Ⓚ

식사 시간에는 줄을 서야 할 정도로 근처에서는 인기 많은 레스토랑이다. 수타로 만든 생 파스타나 토마토와 염소 치즈를 넣어 소스로 버무린 파스타 아마트리차나가 이곳의 인기 메뉴. 분위기도 소박하고 친절하며 가격도 저렴한 편이다.

**위치** 메트로 A노선 Barberini 역 하차
**주소** Via degli Avigno-nesi 37-38
**오픈** 12:00~23:00
**요금** €10~
**전화** 06-48-85-225

1928년 창업한 후 3대가 이어 영업하고 있는 전통 있는 레스토랑. 굴이나 새우를 이용한 신선한 해물 요리가 일품으로 굴을 넣은 리소토나 해물 스파게티 등이 인기다.
파스타만 먹을 경우에는 €12~15 정도면 가능하다. 인기가 많으니 예약하는 것이 좋고 저녁에 방문한다면, 정장을 갖추자.

**위치** 메트로 A노선 Barberini 역 하차 후 도보 15분. 역부터 걸어 올라가면 힘드니 미니버스 116번이나 119번을 타고 보르게제 공원 앞에서 내려 내려오는 것도 좋다.
**주소** Via Sardegna 28
**오픈** 12:00~15:00, 18:00~23:00
**요금** €50~
**전화** 06-482-1891
**홈피** www.ristoranteandrea.org

## 팔롬비
### Palombi

MAP 6 ⓚ

베네토 거리의 인기 있는 베이커리로 근처 현지인들의 발길이 잦은 곳이다. 언제나 맛있는 냄새가 나는 가게 안에서는 갓 구운 신선한 빵과 쿠키 등을 팔고 있다. 가벼운 식사가 될 수 있는 피자도 판매한다.

**위치** 보르게세 공원 입구에서 베네토 거리 쪽으로 도보 5분. 메트로 A노선 Barberini 역 하차하여 미니버스를 타고 보르게제 공원 앞에서 내려서 가는 것이 가깝다.
**주소** Via Vittorio Venetto 114
**오픈** 월~토요일 07:30~19:30
**휴무** 일요일, 8월 중 20일간
**요금** €5~
**전화** 06-488-5817
**홈피** www.panificiopalombi.it

## 하드 록 카페
### Hard Rock Cafe

MAP 6 ⓚ

이탈리아에서 미국 분위기를 느낄 수 있는 장소로 하드 록 카페의 로마 지점이다. 부담 없이 방문해 즐거운 로큰롤 음악 등을 들으며 식사와 음료를 즐길 수 있다. 매장에서는 존 레논의 트렌치코트, 엘비스 프레슬리의 조끼, 반 헤일런의 기타 등 뮤지션들의 소장품들도 전시한다. 각종 즐거운 이벤트도 수시로 열리므로 홈페이지를 확인하자.

**위치** 메트로 A노선 Barberini 하차, 베네토 거리를 따라 올라간다. **주소** Via Vittorio Veneto 62a/b **오픈** 월~목·일요일 11:00~24:00, 금·토요일 11:00~01:00 **요금** €15~ **전화** 06-420-3051 **홈피** www.hardrock.com/cafes/rome

# Trastevere Area

트라스테베레 지구

# 트라스테베레 지구
## 이렇게 여행하자

**Access** 테르미니 역에서 H번 버스를 타고 트라스테베레의 중심 대로인 Viale di Trastevere 하차. 또는 40번 버스를 타고 Largo Torre Argentina에서 내린 후 8번 트램을 타고 다리를 건너 내려도 된다.

'테베레 강 건너편'이라는 뜻의 트라스테베레는 낮보다는 밤이 아름다운 곳이다. 고대 에트루리아인 마을이 있었던 곳으로 지금은 피제리아, 트라토리아, 클럽, 영화관 등 밤에 즐길 수 있는 곳이 많아 현지인과 관광객 모두에게 인기가 많다. 또한, 로마의 유명 벼룩시장인 포르타 포르테세 시장도 이곳에서 일요일 아침마다 열리고 있다.

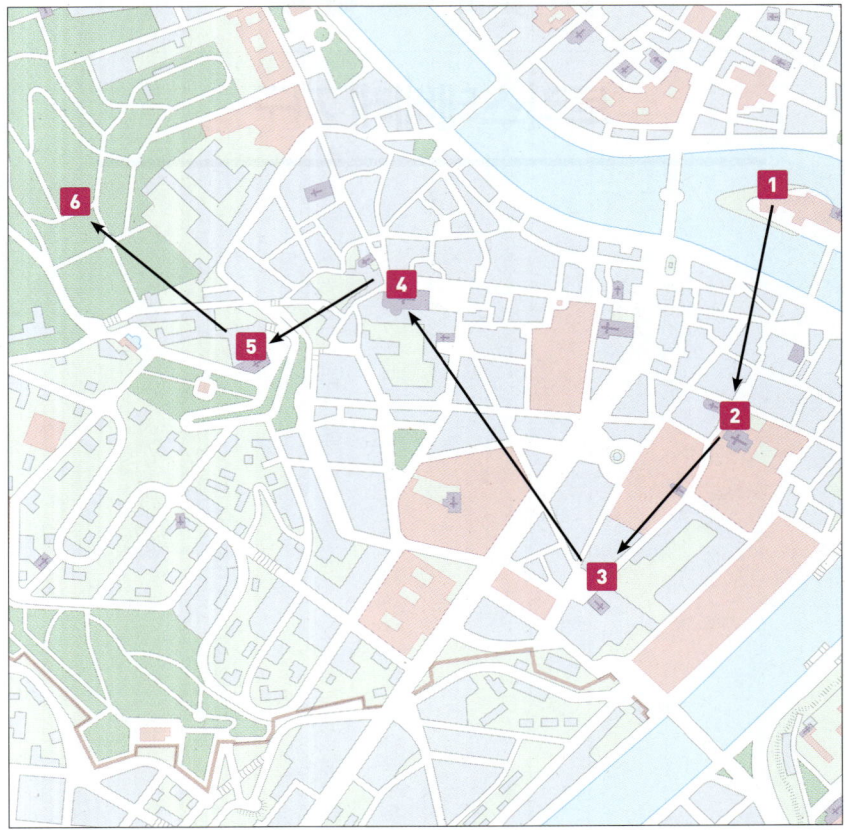

## 추천 코스

예상 소요 시간
약 4시간

**1** 티베리나 섬

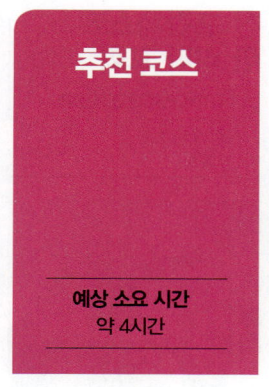

→ 도보 10분

**2** 산타 체칠리아 인 트라스테베레 교회

↓ 도보 10분

**3** 산 프란체스코 아 리파 교회

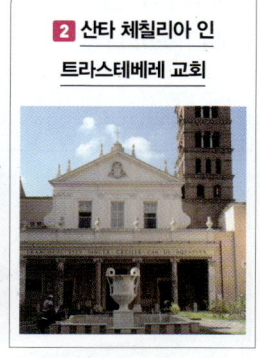

← 도보 5분

**4** 산타 마리아 인 트라스테베레 성당

← 도보 10분

**5** 산 피에트로 인 몬토리오 성당

↓ 도보 10분

**6** 자니콜로 언덕

### TIP
**한걸음 더, 트라스테베레!**

**포르타 포르테세 시장**
p.205

일요일 오전 시간에 열리는 로마의 대형 벼룩시장. 볼거리와 먹거리가 많아 구경만 해도 즐거운 곳.

# Sightseeing

트라스테베레 지구

## 티베리나 섬
### Isola Tiberina
[이졸라 띠베리나]   MAP 7 ⓓ

혼잡한 로마 시내를 유유히 가로질러 흐르고 있는 테베레 강에 마치 배처럼 떠 있는 작은 섬. '위대한 왕의 추방에 분개한 시민들이 추수한 곡식을 던져 생긴 섬에 뱀의 형상을 하고 나타난 의술의 신 아스클레피오스가 신전을 세운 곳'이라는 거창한 전설을 가지고 있다.

재미있는 것은 지금도 섬에 큰 병원이 있어 마치 전설을 구현하고 있는 것처럼 보인다는 것. 예부터 많은 시인이 머물며 작업했던 장소이기도 하며, 가로수가 잘 정비돼 있어 산책하기에도 좋다.

**위치** 마르첼로 극장 건너편. 또는 산타 체칠리아 인 트라스테베레 교회에서 도보 5분

## 산타 체칠리아 인 트라스테베레 교회
### Santa Cecilia in Trastevere
[싼타 체칠리아 인 뜨라스떼베레]   MAP 7 ⓗ

귀족의 딸로 태어났지만 기독교에 귀의해 3세기에 순교했던 성녀 체칠리아를 기린 교회다. 1599년 카타콤베에서 발견된 그녀의 시신은 부패하지 않은 채 손가락으로 삼위일체와 유일신을 가리키고 있었다고 한다.

지금 교회 자리는 그녀의 남편이 살던 곳이며, 지하에는 주거지와 곡물 창고 등 고대 유적지와 마데르노의 〈성 체칠리아〉 조각상이 남아 있다. 그녀는 음악의 수호성인이기도 해 음악학교에는 그녀의 이름이 붙기도 한다.

**위치** H번 버스나 8번 트램 이용, 트라스테베레 거리에 내린다. **주소** Piazza S. Cecilia 22 **오픈** 09:15~12:45, 16:00~18:00 **요금** 지하유적 €2 **전화** 06-4549-2739

## 산 프란체스코 아 리파 교회
### S. Francesco a Ripa
[싼 후란체스코 아 리빠]   MAP 7 ⓖ

교회 자체는 그리 유명하지 않지만, 이곳 내부 왼쪽 네 번째 예배당에 있는 베르니니의 작품 때문에 이곳을 찾는 사람들의 발길은 끊이지 않는다. 베르니니의 걸작 〈루도비코 알베르토니의 상〉은 평생 프란체스코파에 몸 바쳐 봉사한 그를 기념하고 있다.

**위치** 산타 체칠리아 인 트라스테베레 교회에서 도보 10분
**주소** Piazza S. Francesco d'Assisi 88
**오픈** 07:00~13:00, 14:00~19:30
**전화** 06-581-9020
**홈피** en.sanfran-cescoaripa.com

〈루도비코 알베르토니의 상〉

# 산타 마리아 인 트라스테베레 성당
## Basilica di Santa Maria in Trastevere

[바실리카 디 싼타 마리아 인 뜨라스떼베레]　　　　　　　　　　　　　　MAP 7 ⓖ

아름다운 금색 모자이크 정면이 화려한 교회로 기원전 38년 하루 동안 석유가 솟은 기적이 일어난 곳이기도 하다. 3세기 무렵 그 기적의 자리에 교황 칼릭투스 1세에 의해 교회가 세워졌기 때문에 로마에서 가장 오랜 역사를 가진 교회로 알려져 있다. 12세기에 재건돼 성모에게 봉헌되었으며 내부의 비잔틴 양식 모자이크는 카발리니가 만든 13세기의 작품이다.

성당 건물 외부 정면에 있는 모자이크는 12세기에서 13세기의 것으로 등불을 든 열 명의 처녀와 함께 성모의 모습으로 만들어져 있다. 교회가 있는 산타 마리아 인 트라스테베레 광장에 있는 팔각 분수는 산 피에트로 광장 분수를 만들기도 한 카를로 마데르노의 작품이다.

**위치** 트라스테베레 거리에서 Via S.Francesco a Ripa를 따라 도보 8분 **주소** Piazza S.Maria in Trastevere **오픈** 07:30~21:00 **요금** 무료 **전화** 06-581-4802

## 산 피에트로 인 몬토리오 성당
Chiesa di San Pietro in Montorio

[끼에자 디 싼 뻬에뜨로 인 몬또리오]   MAP 7 ⓖ

템피에토

'황금 언덕 위의 성 베드로'라는 뜻을 가진 곳으로 가톨릭의 첫 교황이기도 한 성 베드로가 십자가에 거꾸로 매달려 순교한 자리라고 알려진 곳.
종교적으로도 의미가 깊고 르네상스 양식으로 건축된 교회도 유명하다. 지금의 교회는 1502년 브라만테에 의해 지어졌으며 지붕 돔인 템피에토(Tempietto)는 르네상스의 대표적 건축물로 미켈란젤로가 산 피에트로 대성당을 설계할 때 참고했다고 한다.

<u>위치</u> 산타 마리아 인 트라스테베레 성당에서 Vicolo del Cedro 골목길을 따라 도보 3분정도 걸어가다 급작스럽게 휘어지고 끊긴 길이 나오면 표지판이나 지도를 잘 보고 간다. 길 끝 계단을 올라가면 철문이 보이고, 문 안으로 들어가 계단을 오르면 성당이 나온다. 헤매기 쉬우니 천천히 주변을 둘러보며 올라가거나 주변 사람들에게 물어보는 것이 좋다. <u>주소</u> Piazza San Pietro in Montorio 2 <u>오픈</u> 08:30~12:00, 15:00~16:00 <u>휴무</u> 공휴일 <u>요금</u> 무료 <u>전화</u> 06-581-3940 <u>홈피</u> www.sanpietroinmontorio.it

## 쟈니콜로 언덕
Monte Gianicolo

[몬떼 쟈니콜로]   MAP 7 ⓗ

트라스테베레 지역과 바티칸 시국 사이에 있는 언덕으로 가로수가 우거져있는 분위기 좋은 언덕길을 따라 올라가면 주변은 물론 로마 전역이 한눈에 들어오는 가리발디 광장(Piazza Garibaldi)이 나온다.
언덕을 오를 때 조금 힘들기는 하지만 멋진 로마의 스카이라인을 즐길 수 있어 전망 포인트로 유명하다.

<u>위치</u> 시내에서 올 때는 Corso Vittorio Emanuelle II의 끝에 있는 Via Paola에서 870번 버스를 타고 가리발디 광장에서 내린다. 산 피에트로 인 몬토리오 성당에서도 도보로 갈 수 있다.

# 포르타 포르테세 시장
## Porta Portese

[뽀르따 뽀르떼세]　　　　　　　　　　　　　　　　　　　　　　　　MAP 7 ⓚ

유럽 곳곳에는 다양한 벼룩시장이 있지만, 로마의 대형 벼룩시장 포르타 포르테세 시장은 그중에서도 이름이 꽤나 알려져 있다. '이런 물건을 누가 살까?'라는 생각이 드는 것도 많지만 잘 찾아보면 쓸만한 물건도 많다. 특히 생필품을 아주 저렴한 가격으로 팔고 있고 독특한 아이템들도 많아 구경하는 재미도 쏠쏠하다.

다양한 물건 중에는 장물도 많아서 도둑맞은 사람들은 이곳에 와서 자기 물건도 찾아본다고 하여 '도둑 시장'이라는 별명이 붙기도 하였다. 워낙 많은 물건 중에서 좋은 것을 건지려면 눈 비비고 열심히 찾아야 하고 흥정은 필수지만 관광객들이 가격을 깎기는 쉽지 않다.

시장이니만큼 젤라토나 피자, 과일 주스, 케밥 등 먹거리도 많아 출출한 배를 달랠 수 있다. 다만, 반드시 주의할 것은 관광객의 주머니를 노리는 집시와 소매치기들! 카메라와 지갑은 항상 어디에 있는지 의식하며 다니고 꼭 주의해야 한다. 또한 점심시간이 지나면 파장 분위기로 썰렁해지니 아침 일찍 가는 것이 좋다.

<u>위치</u> 산 프란체스코 아 리파 교회에서 도보 2분. 테르미니 역이나 베네치아 광장에서 출발하는 경우 170번 버스를 타고 진실의 집을 지나 테베레 강을 따라가다 Piazza dell Emporio에 하차. 여기서 수블리치오 다리(Ponte Stublicio)를 건너 가면 된다. 올 때는 벼룩시장 바로 앞 버스정류장에서 44번을 타면 진실의 입이나 베네치아 광장으로 올 수 있다. <u>오픈</u> 일요일 새벽~15:00

# Eating

## 이 돌치 디 케코 에 카레티에레
I Dolci Di Checco Er Carettiere

MAP 7 ⓒ

동네에서 인기 높은 페이스트리 전문점으로 트라스테베레 지구를 둘러보다 쉬면서 맛있는 빵과 커피, 젤라토 등을 즐기기 좋다. 가게는 작지만 페이스트리를 비롯해 다양한 종류의 디저트를 판매하고 있어 무엇을 고를지 고민될 정도다. 신선한 과일주스 또한 인기.

**위치** 트라스테베레 지구
**주소** Via Benedetta 7
**오픈** 일~목요일 06:00~01:00, 금·토요일 06:00~02:00
**요금** 페이스트리 €2.5~
**전화** 06-581-1413
**홈피** www.idolcidichecco.it

## 파파 레
Papa Re

MAP 7 ⓖ

파스타 요리가 맛있는 가족 경영 레스토랑. 서민적인 분위기로 늦은 시간까지 영업하여 야식을 먹는 장소로도 사랑받는다. 베이컨과 달걀을 곁들인 짧은 길이의 파스타 요리 'Bombolotti alla Carbonara'가 맛있다. 토요일에는 점심 영업을 하지 않으며 항상 인기가 많으니 서둘러 가는 것이 좋다.

**위치** 트라스테베레 지구에 위치
**주소** Via della Lungaretta 149
**오픈** 12:00~23:00
**요금** €18~
**전화** 06-581-2069

## 타베르나 트릴루사
Taverna Trilussa

MAP 7 ⓒ

가격은 조금 비싸지만, 트라스테베레 지구에서 멋진 저녁 식사를 하고 싶을 때 탁월한 후보지 중 하나. 두 형제가 운영하는 100년 전통의 레스토랑으로 로마 전통 요리에 기초를 둔 메뉴를 선보이고 있다. 다양한 와인 리스트를 갖추고 있으니 요리에 맞는 와인을 추천 받아보자.

**위치** 트라스테베레 지구 **주소** Via del Politeama 23 **오픈** 월~토요일 19:00~24:00 **휴무** 일요일 **요금** 파스타 €15~, 메인 요리 €22~ **전화** 06-581-8918

## 트라토리아 다 루치아
Trattoria da Lucia

MAP 7 ⓒ

합리적인 가격에 로마 정통 요리를 즐길 수 있는 곳. 2차 세계 대전 이후에 4대에 걸쳐 한 가족이 운영하고 있고 옛 사진이 있는 메뉴판에서 그들의 전통을 엿볼 수 있다. 단, 현금만 받으니 미리 준비해가자.

**위치** 트라스테베레 지구
**주소** Vicolo del Mattonato 2
**오픈** 화~일요일 12:30~15:00, 19:30~23:00
**휴무** 월요일
**요금** 파스타 €9~, 메인 요리 €12~
**전화** 06-580-3601

## 다르 포에타 피제리아
Dar Poeta Pizzeria

MAP 7 ⓒ

맛있고 합리적인 가격의 화덕피자를 맛볼 수 있는 동네 맛집. 세 명의 친구들이 동업하는 이곳은 친절하고 편한 분위기로 인기가 높다. 피자 메뉴도 다양해서 선택의 폭이 넓다. 초콜릿으로 만든 칼조네도 있을 정도.

**위치** 트라스테베레 지구
**주소** Vicolo del Bologna 45
**오픈** 12:00~24:00
**요금** 피자 €7~
**전화** 06-588-0516
**홈피** darpoeta.com

## 피제리아 이보
Pizzeria Ivo

MAP 7 ⓖ

트라스테베레 지구는 저렴하면서도 맛있는 피제리아가 모여 있어 밤이면 피자에 맥주를 즐기는 사람들로 넘쳐난다. 피제리아 이보는 그중에서도 인정받고 있는 곳으로 도우가 얇고 쫄깃쫄깃해 맛있다. 인기 메뉴는 토마토소스를 얹은 마르게리타와 달걀과 버섯, 올리브를 얹은 카프리초사다.

**위치** 트라스테베레 지구 **주소** Via di S. Francesco a Ripa 158 **오픈** 월·수~토요일 18:00~24:30, 일요일 12:00~15:00, 18:00~24:30 **휴무** 화요일 **요금** €8~ **전화** 06-581-7082

# Entertaining

### 에스타테 로마나
Estate Romana

### 스타디오 올림피코
Stadio Olimpico

지도 외

### 로마 국립 오페라 극장
Teatro Dell'Opera di Roma

MAP 4 G

매해 6월부터 10월 로마 전역에서 벌어지는 신나는 여름 축제. 카라칼라 욕장에서는 〈아이다〉와 같은 유명 오페라 공연이나 세계적인 뮤지션들의 콘서트, 거장들의 전시회 등 풍요로운 이벤트들이 열려 휴가를 가지 못한 시민들과 관광객들에게 큰 즐거움을 선사하고 있다.

자세한 일정은 홈페이지나 이벤트를 소개하는 잡지, 관광안내소 등에서 확인할 수 있다.

홈피 www.romeguide.it/estate_romana

축구 팬이라면 AS 로마와 라치오 구단의 홈구장인 이곳이 또 하나의 관광명소가 될 것이다. 9월부터 5월 사이인 시즌에 방문한다면 직접 경기를 볼 수도 있다. 보통 게임은 일요일 저녁때 열린다. 티켓 가격은 경기에 따라 달라진다. 티켓은 로또 판매처인 Lottomatica, 경기장, 시내에 있는 AS 로마 스토어(주소 Piazza Colonna 360), 라치오 포인트(주소 Via Farini 23) 등에서 구매할 수 있다.

위치 메트로 A노선 Ottaviano 역 하차 후 32번 버스를 타고 경기장에서 하차 주소 Foro Italico, Viale dei Gladiatori 2 요금 €10~120 전화 06-36-851 홈피 www.stadiumguide.com/olimpico

파시스트 시절의 기능주의로 인해 외관은 밋밋하지만, 실내는 금과 벨벳으로 장식되어 매우 화려하다. 유명 오페라인 〈카발레리아 루스티카나〉와 푸치니의 〈토스카〉의 초연이 올려진 곳이기도 하다. 오페라 시즌은 12월부터 시작해 이듬해 6월까지다.

부실 경영으로 밀라노의 라 스칼라 극장이나 나폴리의 산 카를로 극장의 '가난한 사촌'이라 불리지만, 수준 높은 공연이 꾸준히 올라온다. 여름에는 카라칼라 욕장과 같은 야외에서 공연하기도 한다. 자세한 프로그램은 홈페이지나 ❶에서 안내받을 수 있다.

위치 메트로 A노선 Repubblica 역에서 도보 5분 주소 Piazza Beniamino Gigli 요금 €20~150 전화 06-4816-0255, 800-016-665 홈피 www.operaroma.it(티켓 예약)

## 알렉산더플라츠
### Alexanderplatz

MAP 5 Ⓐ

쟁쟁한 유럽의 재즈 클럽 중에서도 최고 중 하나라고 꼽히는 곳. 이탈리아는 물론 세계적으로 유명한 재즈 뮤지션들의 공연을 종종 감상할 수 있다.

공연은 보통 20시 30분부터 시작되며 홈페이지에 프로그램과 뮤지션들이 안내되어 있다. 멋진 연주를 들으며 저녁 식사를 할 수도 있지만, 식사할 때는 반드시 예약해야 한다.

<u>위치</u> 메트로 A노선 Ottaviano 역 하차
<u>주소</u> Via Ostia 9
<u>오픈</u> 20:00~01:00
<u>요금</u> €9~
<u>전화</u> 06-8377-5604
<u>홈피</u> alexanderplatzjazz.com

## 슬로피 샘스
### Sloppy Sam's

MAP 5 Ⓛ

다양한 종류의 맥주를 파는 곳으로 편안한 분위기가 특징이다.

낮에는 시장이 열리는 피오리 광장을 바라보고 있는데, 오후에는 시장이 끝나지만 야외 좌석에서는 광장을 바라보며 여유를 즐길 수 있는 것도 장점이다. 여행자들은 물론 현지인들도 많이 이용하는 곳이다.

16시부터 20시까지는 해피아워로, 더욱 저렴하게 즐길 수 있다.

<u>위치</u> 미니버스 116번 타고 캄포 데 피오리에서 하차
<u>주소</u> Campo de'Fiori 10
<u>오픈</u> 월~금요일 09:00~02:30, 토~일요일 22:00~02:00
<u>요금</u> €10~
<u>전화</u> 06-9293-5424

## 해리스 바
### Harry's Bar

MAP 6 Ⓚ

베네토 거리에 있는 고급스러운 분위기의 바(Bar)로 낮에는 레스토랑으로도 영업한다. 유명인들도 들리는 곳이며 밤에 방문하면 분위기가 더욱 좋다. 카페 파리와 함께 럭셔리한 분위기를 주도하고 있는 이곳은 일명 '베네토 거리의 황금시대'의 주역이기도 하다. 1959년에 창업하였고 1960년대 이후 지금까지도 명성을 이어나가고 있다. 저녁 시간에 이곳에 갈 때는 조금 차려입고 가는 것이 분위기에 적합하다.

<u>위치</u> 메트로 A노선 Barberini 역 하차, 베네토 거리를 따라 올라간다.
<u>주소</u> Via Vittorio Veneto 150 <u>오픈</u> 10:00~02:00 <u>요금</u> €15~ <u>전화</u> 06-484-643 <u>홈피</u> www.harrysbar.it/en

# Sleeping  고급호텔

### 래디슨 블루
### Radisson Blu
MAP 1 ⓗ

서민적인 주변 분위기와는 사뭇 다른 고급 호텔. 내부 인테리어는 현대적인 금속 느낌이 강하며 파스텔 색조의 몽환적 조명은 더욱 고급스럽게 만들어주고 있다.

**위치** 테르미니 역에서 도보 3분 **주소** Via Filippo Turati 171 **요금** 더블 €150~ **전화** 06-44-48-41 **홈피** www.radissonblu.com/Rome

### 메체나테 팰리스
### Mecenate Palace
MAP 4 ⓛ

62실을 갖춘 4성급 호텔로 역 주변 호텔이라 등급과 비교하면 그리 비싸지는 않다. 1800년대 건축된 저택을 사용하고 있어 예스러운 분위기를 가지고 있다.

**위치** 테르미니 역에서 도보 7~8분 **주소** Via Carlo Alberto 3 **요금** 싱글 €80~280, 트윈 €100~400 **전화** 06-4470-2024 **홈피** www.mecenatepalace.com

### 그랜드 호텔 팰리스
### Grand Hotel Palace
MAP 4 ⓒ

1923년 건축된 저택을 개조해 1955년에 개업한 럭셔리 호텔. 베네토 거리에 위치해 관광이나 교통은 편리하지만, 숙박료가 비싼 편이다.

**위치** 메트로 A노선 Barberini 역 하차, 도보 5분 **주소** Via Vittorio Veneto 70 **요금** 싱글 €390~, 트윈 €960~ **전화** 06-47871 **홈피** www.grandhotelpalacerome.com

### 호텔 드 루시
### Hotel De Russie
MAP 3 ⓐ

포폴로 광장 근처의 호화롭기로 유명한 고급 호텔로 명품 숍이 몰려있는 스페인 광장 주변과 주요 명소들과 가까워 여행과 쇼핑에 모두 적합하다.

**위치** 메트로 A노선 Flaminio 하차, 도보 5분 **주소** Via del Babuino 9 **요금** 싱글 €420~510, 더블 €570~1100 **전화** 06-328-881 **홈피** www.rocofortehotels.com

### 더 인 앳 더 스페니시 스텝스
### The Inn at the Spanish Steps
MAP 3 ⓔ

로마 쇼핑의 중심인 콘도티 거리에 있는 4성급 호텔로, 유서 깊은 카페 그레코와 같은 건물이다. 총 18실의 작은 호텔이며 전망 좋은 방은 창문을 열면 스페인 광장이 눈에 들어온다.

**위치** 메트로 A노선 Spagna 역 하차 **주소** Via dei Condotti 85 **요금** 더블 €200~820(10% 부가세 별도) **전화** 06-6992-5657 **홈피** www.atspanishsteps.com

### 호텔 아틀란테 스타
### Hotel Atlante Star
MAP 5 ⓕ

옥상 레스토랑에서 바티칸 성당이 한눈에 들어오는 멋진 호텔. 6층에 있는 레스토랑 'Les Etoiles'은 미슐랭 별을 얻은 호텔의 자랑이다. 한국어 홈페이지도 있다.

**위치** 메트로 A노선 Ottaviano 역 하차, 도보 7~8분 **주소** Via Giovanni Vitelleschi 34 **요금** 싱글 €210~, 트윈 €250~ **전화** 06-686-386 **홈피** www.atlantehotels.com/atlante-star

**일반호텔**

### 호텔 데 자르티스테스
**Hotel Des Artistes**

MAP 1 ⓓ

깔끔하고 편안한 느낌의 객실을 갖춘 20실 규모의 3성급 호텔. 욕실 여부에 따라 요금 차이가 크게 난다. 금연 호텔이며 숙박료에는 아침 식사가 포함돼 있다.

**위치** 테르미니 역에서 도보 5분 **주소** Via Villafranca 20 **요금** 싱글 €45~180, 트윈 €60~180, 트리플 €95~190 **전화** 06-445-4365 **홈피** www.hoteldesartistes.com

### 호텔 체르비아
**Hotel Cervia**

MAP 1 ⓓ

두 여성이 운영하는 깨끗한 호텔. 방마다 샤워 시설을 갖췄으며, 아침 식사가 포함돼 있다. 테르미니 역에서 가까워 여행에 편리하고 신용카드도 받는다.

**위치** 테르미니 역에서 도보 7~8분 **주소** Via Palestro 55 **요금** 더블 €25~118, 트리플 €34~160 **전화** 06-491-057 **홈피** www.hotel-cerviaroma.com

### 호텔 콜럼비아
**Hotel Columbia**

MAP 4 ⓖ

객실 45개의 프티 호텔로 오페라 극장과 가깝다. 가족이 운영하는 곳으로 객실은 소박하지만 내부가 깨끗하고 밝다. 아침 식사는 야외 옥상 테라스에서 뷔페식으로 제공된다.

**위치** 테르미니 역에서 도보 10분 **주소** Via Viminale 15 **요금** 싱글 €113~218, 더블 €135~225 **전화** 06-488-3509 **홈피** www.hotel-columbia.com

### 타겟 인
**Target Inn**

MAP 4 ⓖ

깨끗하고 편한 분위기의 프티 호텔이면서도 스타일리시한 실내장식을 하고 있어 가격대비 만족스러운 호텔이다. 방이 7개밖에 없어 예약을 서두르는 것이 좋으며 네 명 정도 머무를 수 있는 방도 있다.

**위치** 메트로 A노선 Repubblica 역 하차, 도보 2분 **주소** Via Modena 5 **요금** 싱글 €80~130, 더블 €95~150 **전화** 06-474-5399 **홈피** www.targetinn.com

### 호텔 세레나
**Hotel Serena**

MAP 4 ⓛ

테르미니 역과 가까워 여행하기 편리한 3성급 호텔로 깨끗하고 가격도 합리적인 편이다. 주변에 식당도 많고 사람이 북적이는 동네인 것도 장점이다.

**위치** 테르미니역에서 도보 3분 **주소** Via Principe Amedeo 54 **요금** 더블 €110~ **전화** 06-481-8214 **홈피** hotelserenaroma.it

### 다프네 인
**Daphne Inn**

MAP 3 ⓕ

편하고 스타일리시한 분위기의 프티 호텔로 가격 대비 만족스러운 기분이 드는 곳이다. 맛있는 아침 식사가 제공되며 스태프들도 친절하다. 워싱턴 포스트 등 여러 외신 매체에 소개된 바 있다.

**위치** 메트로 A노선 Barberini 역 하차, 도보 4분 **주소** Via degli Avignonesi, 20 **요금** 더블 €90~200 **전화** 06-8934-5781 **홈피** www.daphne-rome.com

### 호텔 모딜리아니
### Hotel Modigliani
MAP 3 Ⓕ

스페인 광장 등의 명소와 가까운 분위기 좋은 호텔이다. 슈피리어 룸은 좋은 전망을 보장하며 더블 룸 이외에도 네댓 명이 함께 머물 수 있는 아파트먼트식 방도 있다.

위치 메트로 A노선 Barberini 역 하차, 도보 4분 주소 Via della Purificazione 42 요금 싱글 €120~160, 더블 €150~270 전화 06-4281-5226 홈피 www.hotelmodigliani.com

### 호텔 판다
### Hotel Panda
MAP 3 Ⓐ

스페인 광장 근처에 있는 프티 호텔로 시내 관광을 하기에 최적의 장소에 있다. 객실도 쾌적하고 예쁘게 장식돼 있다. 예약할 때 신용카드 번호를 알려줘야 한다.

위치 메트로 A노선 Spagna 역 하차, 스페인 광장에서 도보 3분 주소 Via della Croce 35 요금 싱글 €45~68, 더블 €75~110 전화 06-678-0179 홈피 www.hotelpanda.it

### 바티칸 데이즈
### Vatican Days
MAP 5 Ⓑ

바티칸 시국에서 가까운 B&B로 주택가에 있고 테르미니 역 주변에 비하면 훨씬 분위기가 여유롭다. 개별 욕실을 구비하고 있으며 에어컨 등 객실 편의시설도 잘 갖춰져 있다.

위치 메트로 A노선 Ottaviano 역 하차, 도보 2분 주소 Via Otranto 36 요금 싱글 €50~90, 더블 €70~100 전화 338-774-7165

### 호텔 폰타나
### Hotel Fontana
MAP 3 Ⓕ

400년이 넘은 건물을 사용하고 있는 호텔로 전망 좋은 방은 창문만 열면 트레비 분수가 한눈에 들어온다. 항상 밤늦게까지 웅성거리는 관광객들 때문에 조금 시끄럽다는 것이 단점.

위치 트레비 분수 바로 맞은편 주소 Piazza di Trevi 96 요금 싱글 €160~, 더블 €210~270 전화 06-679-1056 홈피 www.hotelfontana-trevi.com

### 호텔 테아트로 파체
### Hotel Teatro Pace
MAP 5 Ⓛ

나보나 광장 바로 근처라 대중교통 이용은 조금 불편하지만, 시내 여행에는 매우 편리하다. 23개의 객실은 차나 커피를 마실 수 있는 시설을 비롯해 안락하게 꾸며져 있다.

위치 나보나 광장에서 도보 2분 주소 Via del Teatro Pace 33 요금 싱글 €90~140, 더블 €140~240 전화 06-687-9075 홈피 www.hotelteatro-pace.com

### 호텔 컬러스
### Hotel Colors
MAP 5 Ⓑ

소규모 호텔로 이름 그대로 다양하고 화사한 색채로 꾸며져 있다. 쾌적한 환경이 매력이며 부엌과 휴게실이 있다. 유료 인터넷 및 세탁 서비스를 제공한다. 예쁜 옥상은 바깥 경치감상에 그만이다.

위치 메트로 A노선 Ottaviano 역 하차, 도보 5분 주소 Via Boezio 31 요금 더블 €80~100, 트리플 €100~120 전화 06-687-4030 홈피 www.colorshotel.com

호스텔

### 더 비하이브 호스텔
### The Beehive Hostel
MAP 4 Ⓗ

로마의 인기 호스텔로 '웰빙'을 추구하고 있다. 미국인 부부가 오너로 호스텔 안에 채식 식당과 요가 스튜디오를 갖췄다. 호스텔 이름 그대로 몰려드는 사람이 많아 예약은 서두르는 것이 좋다.

위치 테르미니 역에서 도보 5분 주소 Via Marghera 8 요금 도미토리 €25~, 더블 €70~80 전화 06-4470-4553 홈피 www.the-beehive.com

### 퍼니 팰리스
### Funny Palace
MAP 1 Ⓓ

건물 5층에 있는 호스텔로 깔끔한 시설을 갖췄으며 도미토리 외에도 1~3인실도 갖추고 있다. 간단한 아침 식사를 근처 카페에서 제공한다.

위치 테르미니 역에서 도보 3분 주소 Via Varese 33 요금 도미토리 €20~, 더블 €55~100 전화 06-4470-3523 홈피 www.funnyhostel.com

### 엠앤제이 플레이스 호스텔
### M&J Place Hostel
MAP 4 Ⓗ

저렴한 숙박비와 편리한 위치가 장점인 호스텔. 도미토리 외에도 2인실, 4인실 등이 갖추어져 있다. 아침 식사가 포함돼 있으며 인터넷을 무료로 사용할 수 있다.

위치 테르미니 역에서 도보 7분 주소 Via Solferino 9 요금 도미토리 €15~30 전화 06-446-2802 홈피 www.mejplacehostel.com

### 알레산드로 팰리스 호스텔
### Alessandro Palace Hostel
MAP 1 Ⓓ

4~8인실로 되어 있는 도미토리와 트윈 룸이 있는 호스텔. 쾌적한 시설을 갖춘 호스텔로 여행자들 사이에 반응이 좋다. 신용카드 사용도 가능하다.

위치 테르미니 역에서 도보 5분 주소 Via Vicenza 42 요금 도미토리 €17~35, 트윈 €66~100 전화 06-446-1958 홈피 www.alessandropalace.com

### 더 옐로우 호스텔
### The Yellow Hostel
MAP 1 Ⓓ

인터넷, 부엌을 무료로 사용할 수 있으며 출입 제한 시간이 없어 편리하다. 도미토리는 8인실과 11실로 되어 있으며 남녀 구별은 없지만, 모든 방이 금연이다. 신용카드로 결제할 수 있다.

위치 테르미니 역에서 도보 7~8분 주소 Via Palestro 51 요금 도미토리 €18~27 전화 06-446-3554 홈피 www.the-yellow.com

### 펜지오네 오타비아노
### Pensione Ottaviano
MAP 5 Ⓑ

부엌은 없지만, 전자레인지 사용은 가능하다. 외국 배낭족이 많이 이용한다. 주변이 조용해서 테르미니 역 근처보다 한가한 분위기에서 머물 수 있다.

위치 메트로 A노선 Ottaviano 역 하차, 도보 3분 주소 Via Ottaviano 6 요금 도미토리 €16~25 전화 06-3973-8138 홈피 www.pensioneottaviano.com

**한인민박**

### 다래민박

MAP 1 Ⓗ

친절한 주인과 맛있는 음식으로 유명해 다시 찾는 사람도 많은 숙소. 지친 몸을 한식으로 달래고 싶다면 이곳에 머물자. 공항 열차가 출발하는 플랫폼과 가깝다. 아래에 10퍼센트 할인쿠폰을 제공한다.

<u>위치</u> 테르미니 역 24번 플랫폼 출입구에서 도보 1분 <u>주소</u> Via Giovanni Giolitti 239 <u>전화</u> 338-4860-489, 한국에서 070-4686-6640 <u>홈피</u> www.romadare.com

### 밥 앤 잠

MAP 1 Ⓗ

한국인 부부가 운영하는 비교적 큰 규모의 민박으로 시설이 매우 깔끔한 것이 큰 장점. 한국으로 걸 수 있는 무료 전화가 있다. 아래에 10퍼센트 할인쿠폰을 제공한다.

<u>위치</u> 테르미니 역 26번 플랫폼 출입구에서 도보 8분, 메트로 A노선 Vittorio 역에서 가깝다. <u>주소</u> Via Nino Bixio 41 <u>전화</u> 06-9760-3404, 한국에서 070-7447-6992 <u>홈피</u> www.babnjam.com

### 카푸치노 민박

MAP 1 Ⓗ

깔끔하고 가족적인 분위기로 좋은 평가를 받고 있는 곳. 방마다 샤워룸이 있고 공간이 넓은 것이 장점이며 조용히 머물기를 원하는 사람에게 더 적당하다.

<u>위치</u> 테르미니 역 26번 플랫폼 출구로 나와 도보 6분 <u>주소</u> Via Alfredo Cappellini 29 <u>전화</u> 347-883-3711, 한국에서 070-7539-6256 <u>홈피</u> www.caferoma.co.kr

**TIP 로마의 한인민박**

한인 민박들은 주로 테르미니 역 주변에 모여 있어 여행과 이동에 편리하다. 가장 많이 밀집된 곳은 메트로 A노선 Vittorio E. 역 주변이다.
숙박비는 보통 도미토리 기준 €30 내외이며, 대부분 무료로 인터넷 사용이 가능하다. 한식으로 아침 식사를 제공한다. 숙소에 따라서는 저녁 식사와 간식을 제공하는 곳도 있다. 숙소 특성상 저녁 시간에 어울리는 경우도 많은데 업체마다 분위기가 조금씩 다르니 조용히 머무는 것이 좋은지 아니면 떠들썩한 분위기를 선호하는지에 따라 정하는 것도 좋다.

**할인쿠폰**

**다래민박**
# 10%

**밥&잠**
# 10%

※쿠폰은 1인 1매 사용 가능. 업체 사정에 따라 사전 예고 없이 할인 행사가 종료될 수 있습니다.

# 오스티아 안티카 [오스티아 안티까]
## Ostia Antica

테베레 강의 하구에 위치하며 티레니아 해에 면해 있는 오스티아 안티카는 로마 남서쪽으로 24킬로미터 정도 떨어져 있어 고대 로마의 무역항으로 번영을 누리던 곳이다. 주변으로는 로마인들이 해수욕을 즐기던 해변도 있다. 도시의 유래는 기원전 4세기로 올라간다. 전성기 제정 로마 시대에는 한때 인구가 10만 명에 이르렀다고 한다. 하지만 3세기 경 진흙이 항구를 뒤덮으면서 항구 기능이 소실되고, 설상가상 말라리아가 창궐하고 이민족이 침입하면서 순식간에 폐허로 돌변하였다. 하지만 진흙이 도시를 덮치는 바람에 오히려 유적지는 잘 보존되었다. 유적지의 주로 길인 데쿠마누스 막시무스(Decumanus Maximus)[1]는 원래 바다까지 이어지는 길이었다고 한다. 그 밖에도 139년에 완성된 넵튠과 인어, 바다 괴물 등이 새겨져있는 바닥 모자이크가 유명한 넵투누스 욕장(Terme di Nettuno)[2], 3,000명도 넘게 수용할 수 있었던 야외극장(Teatro)[3], 과거 70개나 있던 상점의 특징을 나타내는 모자이크가 볼만한 코르포라치오니 광장(Piazza delle Corporazioni), 그 왼쪽의 주요 건물들의 흔적이 남아 있는 포로(Foro)[4] 등을 둘러보자. 포로에 남아있는 다이아나의 집(Casa di Diana)은 달의 여신 다이아나가 그려진 그림이 걸려 있었다고 하며 높이 18미터의 3~4층 건물로 추정되고 있다. 워낙 도굴꾼들의 손을 많이 타기는 했지만 유적지 안에는 박물관(Museo Ostiense)도 있어 이곳에서 발굴된 출토품을 볼 수 있다.

**위치** 메트로 B노선 E.U.R Magiana역으로 가서 역 옆에 위치한 Stazione Porta San Paolo로 간다. 이곳에서 30분 간격으로 출발하는 오스티아 리도 Ostia Lido선을 타고 Ostia Antica 역에 하차하면 된다. 총 40분 정도 소요되며 로마에서 사용하는 1회권 B.I.T.를 사용할 수 있다. 육교를 건너면 역에서부터 직진하는 거리를 따라 5분 정도 걸어가면 유적지가 나온다. 편한 신발은 기본이고, 여름철이라면 생수를 꼭 준비하자. **주소** Viale del Romagnoli 717 **오픈** 여름 08:30~18:00, 겨울 08:30~16:00(입장은 폐관 1시간 전까지), 일요일 08:30~12:30 **휴무** 월요일 1월 1일, 12월 25일 **요금** €10 **전화** 06-652-9192 **홈피** www.ostiaantica.beniculturali.it

# 카스텔 간돌포 [까스뗄 간돌포]
## Castel Gandolfo

와인 산지로도 유명한 카스텔리 로마니(Castelli Romani)는 로마에서 동남쪽 25킬로미터 지점 알바니 언덕에 옹기종기 모여 있는 마을들을 말한다. 주변으로 아름다운 호수와 산으로 둘러싸여 있어 경치가 매우 아름답다. 카스텔리 로마니에는 프라스카티(Frascati), 아리차(Ariccia), 네미(Nemi), 젠차노 디 로마(Genzano di Roma) 등 여러 마을이 있지만 그 중에서도 교황의 별장이 있는 카스텔 간돌포가 제일 유명하다.

카스텔 간돌포는 1604년 교황령이 된 이래 지금까지 줄곧 교황의 여름 피서지로 사용되는 곳이다. 마데르노가 설계했고 베르니니도 건축에 참여했다는 화려한 교황의 별장(Villa Pontificia)은 비록 내부를 공개하고 있지 않지만 7월과 8월 교황이 머물 때는 별장 앞을 컬러풀한 복장을 한 스위스 용병들이 지키고 있어 이곳이 교황의 영역임을 실감케 한다.

교황 별장 앞에는 여름이면 야외 카페가 들어서는 프레비쉬토 광장(Piazza del Prebiscito)이 있다. 그 밖에도 마을에는 17세기에 베르니니가 건축한 산 톰마소 교회(San Tommaso)와 더불어 바티칸 천문대도 있.

울창한 숲으로 둘러싸인 알바노 호수(Lago di Albano)에는 리프트를 타고 내려갈 수 있다. 카스텔 간돌포는 복숭아 산지로도 유명해 해마다 8월이면 성대한 복숭아 축제가 열리기도 한다.

**위치** 기차 또는 버스로 40분 정도 소요된다. 테르미니 역에서 카스텔 간돌포까지 가는 직행 열차(편도 €2,2~)가 1일 4~5회 출발한다. 카스텔 간돌포 역은 거의 간이역 수준이니 도착 시각이 가까워지면 역명 표지판을 잘 보도록 한다. 아침 일찍 떠나는 기차를 놓치면 점심 때나 기차가 있으니 이후에는 버스를 이용하는 것이 좋다. 로마 메트로 A노선 Anagnina 역 근처 버스터미널에서 출발하는 코트랄 버스(편도 €2~, Albano Laziale 행 버스)를 타고 갈 수도 있는데, 최종 목적지가 아니므로 도중에 내려야 하고 승객이 요청하는 경우에만 정류장에 서는 경우가 많으니 기사에게 내릴 곳을 알려달라고 미리 부탁해 두도록 한다.

**Travel Plus**

# Tivoli
## 티볼리

로마의 넘쳐나는 볼거리 때문에 심신이 지쳤다면 여유로운 한때를 즐길 수 있는 티볼리로 가자. 로마에서 동쪽으로 30킬로미터 떨어진 곳에 있는 티볼리는 아니에네 강 옆 언덕에 있는 아름다운 마을로 예부터 로마 황제와 귀족들에게 사랑받던 휴양지였다. 르네상스 시대의 귀족이나 부유층은 이곳에 여름용 별장을 짓기도 하였다. 로마에서 당일로 다녀오기에도 좋아 지금도 로마 시민들과 여행자들의 사랑을 듬뿍 받는다.

# 티볼리 가는 방법

### Per Tivoli

보통 로마에 머물면서 당일로 여행하는 경우가 대부분이다. 로마에서 출발하는 코트랄 버스를 이용해 가면 된다.

**로마 ➡ 티볼리** 　버스 1시간

## >> 버스로 가기 In Autobus

로마에서 메트로 B노선의 폰테 맘몰로(Ponte Mammolo) 역에서 내리면 코트랄(Cotral) 버스 터미널과 연결된다. 티볼리행 버스는 성수기에는 20분, 비수기에는 한두 시간 간격으로 출발한다(편도 €2,2~3). 티켓은 매표소나 'Biglietti'라고 써있는 바(Bar)에서 구입한다. 이때 돌아오는 버스표도 함께 구입해두는 것이 편리하다.

2번과 3번 플랫폼에서 'Tivoli~Via Tiburtina'으로 가는 버스를 타면 되고 빌라 아드리아나를 거쳐 가는 것과 빌라 데스테 직행버스가 따로 있으니 일정에 따라 선택하자.

로마 외곽을 지나 한 시간 정도 가서 산으로 올라가는 구불구불한 도로를 지나 티볼리 중심가인 'Piazza G. Garibaldi' 정류장에서 내리면 빌라 데스테와 가깝다. 왼쪽으로 작은 공원과 광장 등이 보이며 많은 여행자들이 이곳에서 내린다.

로마로 돌아올 때는 내린 정거장에서 길 건너편으로 와 20미터 정도 아래에 있는 버스 정류장에서 코트랄 버스를 타면 된다. 빌라 아드리아나로 가는 4X번 버스도 같은 곳에서 출발한다.

### 티볼리 여행 정보

**여행안내소**
**위치** 버스에서 내려 근처 간이 안내소를 이용하자.
**주소** Piazzale Nazione Unite
**오픈** 10:00~13:00, 16:00~18:00
**전화** 0774-31-3536
※ 지도 및 영문 팸플릿, 버스 시간표 등을 받을 수 있다.

**여행 관련 홈페이지**
www.comune.tivoli.rm.it
www.tibursuperbum.it

# 티볼리 이렇게 여행하자

## Il Turismo

대부분의 사람들이 빌라 데스테만 둘러 본 후 떠나는 경우가 많지만, 모처럼 이곳까지 왔는데 화려했던 고대 로마의 모습을 볼 수 있는 빌라 아드리아나를 그냥 지나친다면 무척이나 아쉽다. 시간이 허락된다면 두 곳 모두 둘러보는 것이 좋다.

우선은 멋진 조각과 분수가 녹음과 어우러져 있는 아름다운 정원 빌라 데스테(Villa d'Este)를 먼저 둘러보자. 그 후 로마 황제의 화려했던 여름 별장인 빌라 아드리아나(Villa Adriana)로 가면 된다. 로마로 돌아올 때는 빌라 아드리아나를 가기 위해 내린 정류장에서 다시 코트랄 버스를 타면 된다. 티켓은 미리 로마에서 사두거나 유적지 입구의 바(Bar)에서 살 수도 있다. 돌아오는 버스 시간은 여행 안내소 등에서 미리 확인하는 것이 좋다. 만약 빌라 데스테의 야간 개장을 볼 여행자라면 빌라 아드리아나를 먼저 본 후 로마로 돌아오는 버스가 늦게까지 있는 빌라 데스테를 차례로 둘러보고 근처 버스 정류장으로 이동하면 된다.

**추천 코스**: 빌라 데스테 → (버스 15분) 빌라 아드리아나

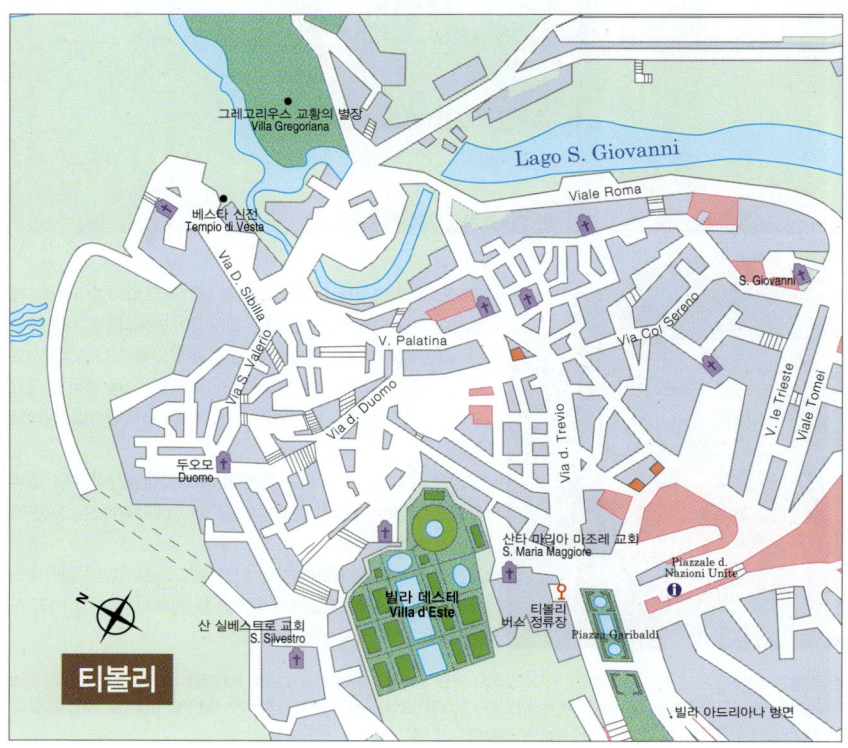

# 빌라 데스테
## Villa d'Este

[빌라 데스떼]　　　　　　　　　　　　　　　　　　　MAP p.219

1550년 추기경 이폴리토 데스테가 베네딕트회의 수도원을 개축하여 만든 별장으로 정원에는 하나같이 아름다우면서도 독특한 모습을 하고 있는 크고 작은 분수가 곳곳에 있다. 고대 건축을 연구한 나폴리의 건축가 피로 리고리오가 처음 개축을 맡았으며 계속된 공사 후 1670년경 로렌초 베르니니에 의해 완성되었다.

유명한 음악가인 리스트는 1865년부터 20여년간 이곳을 소유하기도 하였는데, 그가 작곡한 〈빌라 테스테의 분수〉는 그런 배경에서 탄생한 곡이다.

정원을 찬찬히 둘러보려면 두 시간 정도 소요되니 여행안내소에서 얻은 지도를 참고해 미리 코스를 정하자. 점심을 미리 준비해 간다면 피크닉 장소로도 그만이다.

**위치** 버스 정류장에서 공원을 지나 선물 가게가 늘어서 있는 골목길을 따라 Villa d'Este 표지판을 보고 내려가면 된다. **주소** Piazza Trento **오픈** 월요일 14:00~일몰 한 시간 전, 화~일요일 08:30~일몰 한 시간 전 **휴무** 1월 1일, 5월 1일, 12월 25일 **요금** €10~13 **전화** 0774-33-29-20 **홈피** www.villadestetivoli.info

# 빌라 데스테 둘러보기

 ### 타원형의 분수
Fontana dell'Ovato

웅장한 폭포와 조각이 감탄을 자아내는 타원형의 분수로 '티볼리의 분수'로 불리기도 한다. 윗 부분의 두 개의 산은 티부르티나의 산이며 세 개의 물줄기는 그곳의 강을 나타낸다.

 ### 백(白)의 분수
Le Cento Fontane

기다란 길을 따라 용맹스런 독수리조각과 시원스레 물을 뿜어내는 분수가 어우러진 곳으로 3층의 분수는 티볼리에 있는 세 개의 강을 나타낸다. 처음에는 100개의 분수마다 소리를 내는 장치가 있어 음악을 연주할 수도 있었다고 한다.

 ### 넵튠의 분수
La Fontana di Nettuno

정원의 중심에 있는 큰 분수로 5미터의 물기둥이 시원스레 솟아오르고 있다. 상단의 오르간 분수에서 물줄기가 내려와 폭포 느낌도 나고 하단 물줄기 속에는 넵튠(포세이돈)의 조각상이 있다.

### 오르간 분수
La Fontana dell'Organo

넵튠의 분수 상단에 위치한 분수. 1611년에 만들어진 바로크 양식의 분수로 아폴로 신이 하프와 바이올린을 연주하는 조각상이 인상적이다. 분수 안에 있는 파이프 오르간은 물의 낙차로 생기는 바람만으로 연주가 가능해 옛 사람들의 건축기술에 감탄이 절로 나온다. 하루에 다섯 번씩 연주되니 현지에서 시간(보통 10:30, 12:30, 14:30, 16:30, 18:30)을 다시 체크하여 감상해보자.

# 빌라 아드리아나
**Villa Adriana**

[빌라 아드리아나] 지도 외

로마 5현제(五賢帝)중 한 명인 하드리아누스 황제(Publius Aelius Hadrianus)의 여름 별장으로 그가 제국을 여행하면서 보았던 인상적인 건물과 경치를 모티브로 삼아 118년부터 130년에 걸쳐 건축한 곳이다. 안타깝게도 황제는 완성 4년 후 서거하였고 로마 제국 멸망 후에는 약탈당하거나, 빌라 데스테를 장식하기 위한 재료로 쓰이기 위해 많은 훼손을 당하기도 하였다.

하지만 현재 남아 있는 것만으로도 당시 얼마나 화려한 모습을 하고 있었던지는 충분히 짐작할 수 있다. 1999년 유네스코 세계문화유산에 등재된 빌라 아드리아나는 전체를 둘러보려면 서너 시간 이상 소요된다. 유적지 입구에 있는 소요시간 별 코스를 참고해 미리 동선을 정해두자. 또한 편한 신발과 복장을 하고 가는 것이 좋다. 유적지라고는 하지만 풀 한포기 없이 황량한 폼페이와 달리 쾌적한 녹지와 연못이 어우러져 있어 산책하는 기분으로 둘러볼 수 있다.

꼭 보아야 할 곳은 아테네를 모델로 한 정원 페칠레(Pecile)와 하드리아누스가 즐겨 산책하였으며 둥그런 신전을 둘러싼 연못에 고기가 노닐고 있는 마리티모 극장(Teatro Marittimo), 이집트의 세라피 신전과 그 앞에 있는 마을을 재현했다고 하는 카노포(Canopo) 등이다. 카노포에 있는 고요한 연못은 고대의 여신상 조각이 그림자를 드리우고, 백조가 우아한 자태를 뽐내고 있다. 연못 앞에 있는 악어 조각은 이집트의 악어 숭배 풍습을 보여주고 있다.

<u>위치</u> 티볼리에서 약 6km 떨어진 곳에 있다. 티볼리 ❶앞에서 출발하는 4X번 버스를 타고 운전사에게 미리 말해 두거나 오른쪽으로 바(Bar)가 보이면 내리자. 이곳에서 조금 걸어 들어가야 하니 사람들을 따라가거나 주변 상점에서 길을 물어보자. <u>주소</u> Via di Villa Adriana <u>오픈</u> 08:30~일몰 한 시간 전 <u>휴무</u> 1월 1일, 12월 25일 <u>요금</u> €10~12 <u>전화</u> 0774-53-02-03

**Travel Plus**

# Assisi
## 아시시

수바지오(Subasio) 언덕 위에 고즈넉하게 자리 잡은 아시시는 중세 그대로의 풍경을 지닌 조용한 마을이다. 이곳의 푸근함과 경건함은 낯선 이방인이라도 언제나 두 팔 벌려 반겨주고 있다. 로마 북부의 작은 마을이 가톨릭의 성지로 추앙받는 이유는 성자(聖子) 산 프란체스코(San Francesco)의 고향이며 그가 사랑의 삶을 구현한 본거지이기 때문이다. 그래서 지금도 아시시에는 성자를 기리는 세계 각지 순례자의 발길이 끊이지 않고 있다. 그뿐 아니라 아시시는 이탈리아에 있는 수많은 작은 마을 중에서도 아름답기로 유명하다. 금방이라도 옛 사람들이 나타날 것만 같은 좁은 돌길, 올리브와 해바라기가 자라는 풍부한 색감의 밭, 삼나무가 어우러지는 아름다운 들녘, 무언가 비밀스런 이야기가 숨어 있을 것만 같은 풍경은 이곳을 찾은 우리에게 기쁨과 안식을 준다.

# 아시시 가는 방법
## Per Assisi

로마나 피렌체에 머물면서 기차나 버스를 이용해 당일로 여행하는 경우가 대부분이다. 두 곳 모두 아시시까지의 소요시간은 비슷하다. 아시시는 작은 마을이라 구시가에서는 도보로 여행가기에 충분하다. 역에서 수도원이 있는 구시가를 오갈 때만 버스를 이용하면 된다.

| 로마 ➡ 아시시 | 기차 2시간 10분, 버스 3시간, €10.3~24 |
| --- | --- |
| 피렌체 ➡ 아시시 | 기차 2시간 30분~, €15.65~ |

### >> 기차로 가기 In Treno

로마 출발 직행편은 하루 4~6회 정도라 경유편을 이용하는 경우도 많다. 경유지는 보통 폴리뇨(Foligno)인데 갈아타는 열차가 바로 있으니 내리자마자 플랫폼을 확인하고 탑승하자. 이 열차를 타지 못했을 경우엔 한 시간 이상을 기다려야 다음 열차를 탈수 있다. 로마에서 떠날 때 테르미니 역 뿐 아니라 티부르티나 역에서 출발하는 경우도 있으니 사전에 시간표를 미리 알아 두도록 한다.
아시시에 도착하면 담뱃가게 'Tabacchi'나 카페에서 미리 티켓(€1.5)을 사서 시내까지 버스를 타고 이동하자. 역에서 시내까지는 걸어서 30분 이상 소요되는 오르막길이니 버스를 이용하는 것이 좋다. 버스에서 티켓을 구입하면 가격이 비싸지니 주의하자. 당일치기 여행이라면 돌아가는 열차시각을 꼭 확인해두자.

**역 내 유인 짐 보관소(카페)**
오픈 07:00~12:30, 13:30~19:30
요금 짐 1개당 €3(12시간)

### >> 버스로 가기 In Autobus

기차 패스가 없다면 티부르티나 역 앞에서 출발하는 버스(SENA사, 편도 €16.5, 왕복 €26.5)를 타고 아시시로 가는 것도 편리하다. 세 시간 정도 소요되는데 가는 길도 무척 아름답고 산 프란체스코 교회 바로 아래에 있는 산 피에트로 광장(Largo S. Pietro)에 도착해 여행하기도 좋다. 보통 하루 2회 출발하며 운행시간이 자주 변동되니 사전에 꼭 확인하자.

전화 800-09-96-61
홈피 www.sulga.it

### 아시시 여행 정보

**여행안내소** ❶
위치 미네르바 신전 옆
주소 Piazza del Comune 12
오픈 월~토요일 08:00~14:00, 15:00~18:00, 일요일 10:00~13:00, 14:00~17:00 (겨울 09:00~13:00)
전화 075-81-25-34
※무료지도와 더불어 한글 안내서(€4)가 구비되어 있다. 입장료, 교통수단 요금을 포함하는 아시시 카드구입 및 기차 · 버스 시간표 문의 가능.

**여행 관련 홈페이지**
www.assisionline.com
www.sanfrancescoassisi.org

# 아시시 이렇게 여행하자

## Il Turismo

아시시를 돌아보는 데는 다섯 시간 정도면 충분하다. 역에서 시내까지는 약 4킬로미터 정도지만 이정표도 잘 되어 있지 않고 오르막길이라 보통 40분 이상 소요된다. 또 그늘도 없어 한여름 낮이라면 그야말로 고행길이다. 걷고 싶다면 돌아오는 길에 산책하듯 걷는 것을 추천한다. 걸어오는 길은 아름다운 움브리아의 농촌 풍경을 만끽하며 여유롭게 산책할 수 있는 소담한 길이다. 멀리 보이는 둥근 지붕의 산타 마리아 델리 안젤리 성당(Basilica di Santa Maria degli Angeli)을 지표삼아 내려오면 되고 시간이 된다면 성당을 함께 보아도 좋다.

역 앞에서 교통수단을 이용해 시내로 오는 경우 C번이나 'S. Francesco'라고 쓰인 버스(요금 €1.5, 버스 내 구입 €2)를 타고 10분정도 가면 산 프란체스코 성당 근처에 내린다. 성당을 제일 먼저 둘러보는 것으로 여행을 시작해 마을의 중심가인 코무네 광장(Piazza del Comune)으로 가면 미네르바 신전(Tempio del Minerva) 등이 있고 아기자기한 기념품을 파는 상점도 많아 구경하는 재미가 있다.

아시시의 쇼핑거리는 코무네 광장부터 포르타 누오보를 연결하고 있는 마치니 거리(Corso Mazzini)며 움브리아 주에서 나오는 특산품 가게가 많다. 마지막으로 산타 키아라 성당 등을 둘러본 후 동쪽 끝 광장인 마테오티 광장(Piazza Matteotti) 등에서 A번 버스 또는 B번 버스를 타면 다시 역으로 이동할 수 있다.

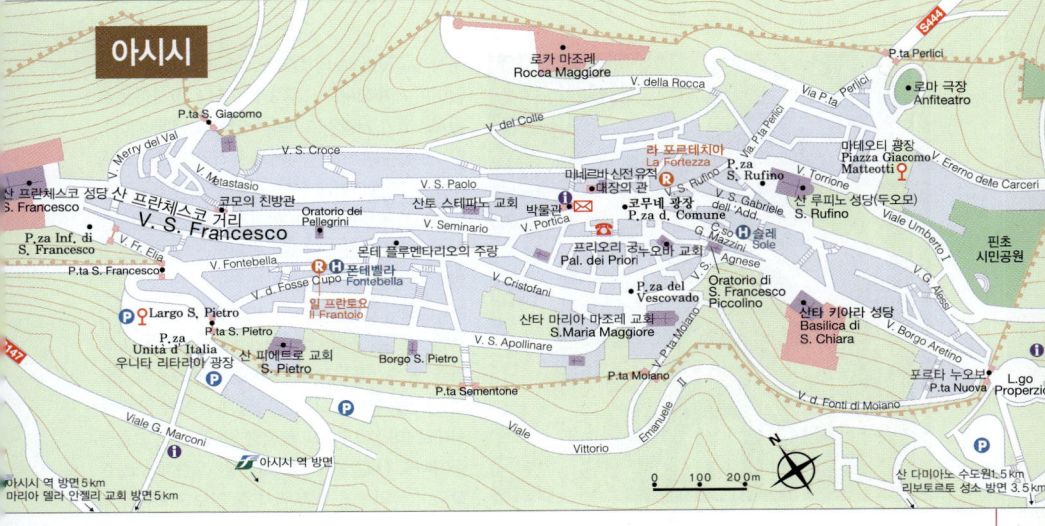

# 산 프란체스코 성당
## Basilica Papale di si San Francesco d'Assisi

[바실리까 빠빨레 디 시 싼 프란체스꼬 다시시]   MAP p.225

수사 엘리아(Elia)의 설계로 1253년에 건축된 성당이며 세계에서도 드문 2층 구조다. 아래층은 프란체스코가 사망하고 4년 후인 1230년에 지어졌다. 산 프란체스코 광장에서 올라가면 하부 교회의 입구로 들어가게 된다. 어두운 성당의 경건한 분위기가 사람들을 압도한다. 지하에는 사망한지 600년이 지난 1818년에야 발견된 산 프란체스코의 유해가 안치되어 있다.

2층 예배당에는 성당에서 가장 빛나는 일련의 작품인 지오토(Giotto di Bondone)의 프레스코 벽화를 볼 수 있다. 모두 28폭으로 산 프란체스코의 생애를 주제로 그려진 작품이다. 좌측 안쪽 순서대로 따라가면 그의 생애를 알 수 있다. 그림들 중에서도 〈새들에게 설교하는 산 프란체스코〉란 작품이 유명한데, 어두워서 잘 안보이므로 주의

깊게 찾아보자. 상부 교회 입구 위의 장미창은 초기 이탈리아 고딕 양식의 전형적인 산물이다. 주의할 점은 한여름일지라도 민소매 상의나 반바지 등을 입고 있으면 입장이 불가하다는 점이다.

위치 버스에서 내려 우니타 디탈리아 광장(Piazza Unita d'Italia)으로 가서 성문으로 들어가 왼쪽으로 5분 정도 걸어가면 광장이 나오고 그곳을 지나 성당이 있다. 주소 Piazza di San Francesco 2 오픈 부활절~11월 월~토요일 08:30~18:50, 12월~부활절 08:30~18:00 휴무 일요일 오전, 종교 축일 요금 무료(약간의 헌금) 전화 075-819-001 홈피 www.sanfrancescoassisi.org

〈새들에게 설교하는 산 프란체스코〉

### 산 프란체스코(S. Francesco)는 누구인가?

1182년 부유한 거상 피에트로 디 베르나르도네(Pietro di Bernardone)의 아들로 태어난 프란체스코는 아무 어려움 없이 자란 부잣집 도련님이었습니다. 어른이 되서도 방탕한 삶을 즐기는데 여념이 없던 철없는 젊은이였죠. 하지만 어느 날 자신의 삶을 뒤돌아보며 뼈저리게 회개하게 되었답니다. 24세의 프란체스코는 부모의 기대와 가진 것을 모두 버리고 그리스도의 가르침을 따르며 살기로 작정하였습니다.
초기에는 나병 환자들을 돌보며 고행과 수도의 삶을 보냈고 후에는 그를 따르는 무리와 결속하여 신앙공동체를 형성하였습니다. 지금은 별로 없지만 한때 우리나라의 버스 운전석 위나 병원에는 기도하는 소녀의 모습과 함께 '평화를 구하는 기도'라는 글이 많이 걸려 있었습니다. 이 기도문을 쓴 사람이 바로 산 프란체스코입니다. '위로받기보다는 먼저 위로를 베풀고 이해받기보다는 먼저 이해하며 사랑받기보다는 사랑하게 해 주소서'라는 기도문은 사랑의 신앙의 잘 보여주고 있습니다. 만년인 1224년 산 프란체스코는 몸에 성흔(聖痕)을 받았습니다. 성흔이라는 것은 그리스도가 십자가에 못 박혔을 때 입었던 상처인 양손, 양발, 옆구리의 상처가 몸에 나타나는 것입니다. 과연 거룩한 성자의 삶에 어울리는 최후가 아닐까요?

## 코무네 광장
### Piazza del Comune

[삐아짜 델 꼬무네]    MAP p.225

아시시 구시가의 중심으로 광장에는 기원전 1세기에 건축된 지혜의 여신 미네르바의 신전(Tempio di Minerva)이 있으며, 현재는 시립 미술관으로 사용되고 있다.

광장 뒤편으로는 성 프란체스코의 생가 터에 지어진 후기 르네상스 양식의 누오바 성당(Chiesa Nuova)이 있다. 십자가의 수직 교차선 길이가 동일한 그리스식 십자가 형태로 지어졌는데, 이 두선이 교차하는 중심에 있는 중앙 제단이 성 프란체스코의 방이었다고 알려져 있다.

**위치** 산 프란체스코 성당 정면의 잔디밭 광장을 지나 산 프란체스코 거리(Via San Francesco)를 따라 도보 15분

## 산타 키아라 성당
### Basilica di Santa Chiara

[바실리까 디 싼타 키아라]    MAP p.225

13세기 로마네스크식 성당으로 성당 앞 광장에서는 아름다운 움브리아의 들판이 내려다보인다. 산타 키아라는 이곳 귀족의 딸로 평생 미혼으로 살면서 산 프란체스코를 보필한 인물이다. 외관이 지방 특산품인 분홍색과 흰색 대리석으로 되어 있어 여성스런 느낌이며 천장에는 키아라를 비롯한 4인의 성녀가 그려져 있다. 지하에는 키아라의 유해와 의복, 금발 머리카락 등의 유품이 보존되어 있다.

**위치** 마테오티 광장에서 도보 4분
**주소** Piazza Santa Chiara
**오픈** 07:00~12:00, 14:00~19:00(겨울철 ~18:00)
**전화** 075-812-282

## 산 루피노 성당
### Cattedrale di San Rufino

[까테드랄레 디 싼 루피노]
MAP p.225

## 로카 마조레
### Rocca Maggiore

[로까 마죠레]
지도 외

## 산 다미아노 수도원
### Santuario di San Damiano

[싼투아리오 디 싼 다미아노]
지도 외

아시시에서 가장 오래된 역사를 가지고 있는 성당으로 성 프란체스코와 성녀 키아라가 세례를 받은 곳이라고 알려져 있다. 실제 세례를 받았다고 하는 제단이 남아 있다.
이곳은 산 프란체스코 성당 벽화 중에서 그가 옷을 벗는 행동으로 아버지의 상속을 거부한 그림의 배경이기도 하다. 내부에는 로마 시대에 사용했던 저수조도 있다.

**위치** 산타 키아라 성당에서 도보 2분
**주소** Piazza San Rufino 3
**오픈** 성당 07:30~19:00, 박물관 3월 중순~10월 중순 목~화요일 10:00~13:00 15:00~18:00(시즌에 따라 변동)
**휴무** 성당 11월~3월 월~금요일 12:30~14:30, 박물관 8월을 제외한 매주 수요일
**요금** 성당 무료, 박물관 €3.5
**전화** 075-812-283

14세기에 재건된 로마 시대의 성으로 아시시에서 제일 높은 곳에 자리한다. 여기서 바라보는 전망이 일품이지만 약 30분 정도 올라가는 동안 그늘이 없으니 음료수를 챙겨가는 것이 좋다.
성 안에 있는 박물관에서는 단두대 등의 중세 시대 유물을 볼 수 있다.

**위치** 마테오티 광장에서 도보 20분
**주소** Via della Rocca
**오픈** 3월·6월 10:00~17:30, 4월·5월·10월 10:00~18:30, 7월·8월 09:00~20:00, 9월 10:00~19:30, 11월·1월·2월 10:00~16:30
**요금** €6
**전화** 075-815-292

산 프란체스코가 신의 목소리를 듣고서 재생을 기도했던 장소이며 산타 키아라가 머무르면서 신앙생활을 했던 곳이다. 수도원답게 검소한 건물이지만 평생을 고결한 신앙을 지키며 살아갔던 그들의 정신이 잘 배어있다.

**위치** 아시시 시내에서 약 1.5km
**주소** Via San Damiano
**오픈** 10:00~12:00, 14:00~18:00(겨울철~16:30)
**전화** 075-812-273

## 카르체리 암자
### Eremo delle Carceri

[에레모 델레 까르체리]   지도 외

산 프란체스코가 은둔과 명상에 잠겼던 장소로 아시시에서 4킬로미터 정도 떨어진 곳에 있다. 지금 남아있는 건물은 대부분 14세기의 것이지만 아직도 산 프란체스코가 사용했다고 하는 침실과 그가 기도를 드리자 솟아났다고 하는 우물이 남아 있다.
이곳에서 숲으로 들어가면 산 프란체스코와 그의 제자들이 기도를 드리던 동굴도 있다. 암자로 가려면 산길을 따라 가야하니 꼭 편한 신발과 물을 가지고 가는 것이 좋다. 일행이 있을 때는 택시(€10~15)를 이용하면 편리하다.

**위치** 아시시 성벽의 카푸치니 문(Porta Cappuccini)에서 도보 1시간 내외 **주소** Eremo delle Carceri **오픈** 부활절~10월 말 06:30~19:15, 11월 1일~부활절 06:30~18:00 **전화** 075-812-301

## 산타 마리아 델리 안젤리 성당
### Basilica di Santa Maria degli Angeli

[바실리까 디 싼타 마리아 델리 안젤리]   지도 외

일명 '아시시의 기적'을 직접 볼 수 있는 곳으로 프란체스코 수도회가 시작된 곳이기도 하다. 지금의 모습은 16세기에 재건한 것으로 성당 안에 있는 포르치운콜라(Porziuncola)에서 수도원이 시작되었다고 한다. 또한 이곳에 있는 트란시토 예배당(Cappella del Trasito)에서 성 프란체스코가 숨을 거두었다고 알려져 있다.
성당 외부는 화려한 바로크 양식으로 되어 있으며 내부에는 아시시의 기적 중 하나인 가시 없는 장미가 있다. 여기에는 성 프란체스코가 욕망을 이기기 위해 가시덤불 속으로 몸을 던졌는데 이후 가시 없는 장미만 자랐다는 이야기가 내려온다. 또 하나의 기적은 700년째 대를 이어오며 성자의 조각상을 떠나지 않는 순백색의 비둘기 한 쌍이다.

**위치** 아시시 기차역을 나와서 왼쪽으로 간 후 사거리에서 좌회전하여 도보 6분
**주소** Piazza Garibali 21
**오픈** 06:15~12:30, 14:00~20:00(겨울철 ~19:30)
**요금** 무료
**전화** 075-805-2511

**Travel Plus**

# Orvieto
## 오르비에토

고즈넉하고 정적인 중세의 분위기를 그대로 간직하고 있는 오르비에토에 가면 마치 영화 세트장에 들어선 듯한 기분까지 든다. 역사 깊은 도시인 이곳은 그 기원이 로마 시대 이전인 고대 에트루리아(Etururia)까지 올라간다. 교황의 은신처였던 13세기에서 14세기에 최고의 전성기를 누렸으며 그때의 번영을 증명해 주는 것이 바로 당당한 위용의 두오모다.
'슬로 시티 운동'이 시작되기도 했던 오르비에토는 이탈리아에서도 질 좋은 백포도주 산지로, 특히 오르비에토 클라시코(Orvieto Classico)가 잘 알려져 있다. 톡 쏘는 맛이 강하면서도 달콤한 맛이 있는 고품질의 와인이니 이곳에 왔다면 꼭 한번 맛보자.

# 오르비에토 가는 방법
## Per Orvieto

| 로마 ➡ 오르비에토 | 기차 1시간~1시간 30분, €7.35~15 |
| --- | --- |
| 피렌체 ➡ 오르비에토 | 기차 1시간 30분~2시간, €16.1~22.5 |

로마나 피렌체에서 모두 기차 등을 이용해 갈 수 있다. 로마에 머물면서 다녀오는 것이 기차 스케줄도 많고 소요시간도 짧아 더 편리하다. 오르비에토 역은 작은 규모로 로커는 없다. 역을 나서면 바로 앞에 있는 마테오티 광장(Piazza G. Matteotti)에서 버스를 타고 두오모 광장(Piazza Duomo)까지 가면 된다.

또는 역 앞에 있는 푸니콜라레(편도 €1.5)를 타고 언덕 위로 올라가면 나오는 카엔 광장(Piazza Cahen)에서 두오모 광장까지 가는 버스가 있다. 푸니콜라레 티켓을 구입하면 버스는 무료로 탈 수 있다. 언덕 쪽 푸니콜라레 출구 오른쪽에 간이 여행안내소가 있으니 이곳에서 무료 지도를 받아두면 편리하다. 푸니콜라레에서 내린 후 버스를 타기 싫으면 카보르 거리(Corso Cavour)를 따라 걸어가도 된다. 오르비에토는 작은 마을이라 시내 안에서는 도보로 여행하면 충분하다.

### 오르비에토 여행 정보

**여행안내소** ❶
위치 두오모 맞은편 주소 Piazza del Duomo 24 운영 월~금요일 08:15~13:50 16:00~19:00, 토·일요일·공휴일 10:00~13:00 15:00~18:00 전화 0763-34-17-72

**여행 관련 홈페이지**
www.inorvieto.it/en
www.umbriatourism.it

**오르비에토 카드 Carta Orvieto Unica**
대중교통 및 지하도시 투어, 각종 박물관 입장료가 포함돼 있는 여행자 카드로 ❶에서 구입하면 된다. 가격이 비싼 편이라 모든 명소를 둘러볼 것이 아니라면 굳이 구입할 필요는 없다.
요금 일반 €20, 학생 €17

# 오르비에토 이렇게 여행하자
## Il Turismo

마을 끝에서 끝까지가 채 2킬로미터도 되지 않은 작은 마을 오르비에토의 주요 볼거리는 두오모, 산 파트라치오의 우물, 지하도시 등이다. 시내는 천천히 구경해도 세 시간, 지하도시까지 포함해도 너댓 시간이면 충분하지만 특산품인 향기로운 화이트 와인을 즐길 시간도 생각해 두자. 도착하면 우선 ❶에 들러 지하도시의 입장권을 구입한 후 두오모와 산 파트라치오의 우물 등을 천천히 구경하면 된다. 물론 뭔가 꼭 봐야한다는 의무감 없이 산책하듯 돌아보는 것도 훌륭한 오르비에토 여행법이다.

**추천 코스**

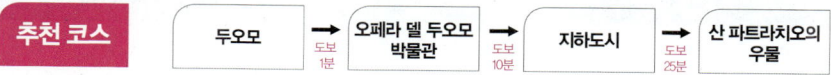

# 두오모
## Duomo

[두오모]                                                                 MAP p.233

〈최후의 심판〉

시가지의 중심인 두오모 광장에 들어서면 거대한 위용을 자랑하는 로마네스크 고딕 양식의 성당이 보인다. 이탈리아에서 밀라노 두오모 다음으로 두 번째로 큰 웅장한 규모라 그리 넓지 않은 두오모 광장에서는 화려한 모습의 정면이 한 눈에 잘 들어오지 않을 정도다. 푸른 하늘을 배경으로 솟아 있는 높은 첨탑과 찬란하게 빛나는 모자이크로 장식된 정면의 모습은 한동안 넋을 잃게 만들기에 충분하다.

이곳은 볼세나의 기적을 기념해 13세기 말부터 300년에 걸쳐 건축된 성당으로, 33명의 건축가, 152명의 조각가, 68명의 화가, 90명의 모자이크 장인의 땀이 배어 있다. 볼세나의 기적은 1263년 볼세나 성당의 미사 중 집전 신부가 예수에 대한 의심을 품자 성체(예수의 몸과 피를 상징하는 빵과 포도주)에서 피가 흘러 제대포가 피로 젖은 기적을 말한다.

산 브리치오 예배당(Cappella di San Brizio) 안에는 초기 르네상스 시대의 화가인 프라 안젤리코(Fra Angelico)와 루카 시뇨렐리(Luca Signorelli)의 프레스코 작품 〈최후의 심판〉이 있다. 미켈란젤로가 바티칸의 시스티나 성당 벽화를 작업할 때 참고했던 그림이라고 알려져 있다.

**위치** 두오모 광장에 위치 **주소** Piazza del Duomo **오픈** 4월~9월 월~토요일 09:00~19:00, 일요일 13:00~17:30 / 3월·10월 09:30~18:00, 일요일 13:00~17:30 / 11월~2월 월~토요일 09:30~13:00 14:30~17:00, 일요일 14:30~16:30 **요금** 두오모+산 브리치오 예배당 €4(미사 때 개방 안함), 오페라 델 두오모 박물관 통합권 €5 **전화** 0763-341-167

## 오페라 델 두오모 박물관
Museo dell'Opera del Duomo

[무제오 델로페라 델 두오모]   MAP p.233

〈마리아 막달레나〉

초기 르네상스 시대의 작품들을 전시하고 있는 이곳에서 꼭 보아야 할 작품은 1504년 루카 시뇨렐리가 그린 〈마리아 막달레나〉로 향유를 들고 있는 모습으로 그려져 있다. 원래 창녀였다고 알려져 있는 막달레나는 자신의 긴 머리카락과 향유로 예수의 발을 닦은 성경 속 장면으로 잘 알려져 있다. 이후 그녀는 예수의 주요한 제자가 되었는데 소설 〈다빈치 코드〉에서는 예수의 아이를 가진 사람으로 묘사되기도 하여 많은 상상을 불러일으킨 인물이기도하다. 그 밖에도 조반니 란프란코의 〈성모 마리아의 대관식〉, 시모네 마르티니의 〈성 모자상〉도 챙겨볼 만한 주요 작품이다.

<u>위치</u> 두오모를 바라보고 오른쪽에 위치 <u>주소</u> Piazza del Duomo 26 <u>오픈</u> 4월~9월 09:30~19:00, 3월 · 10월 10:00~17:30, 11월~2월 10:00~16:30 <u>휴무</u> 10월~3월 화요일 <u>요금</u> 박물관 €4, 두오모 통합권 €5 <u>전화</u> 0763-343-592 <u>홈피</u> www.museomodo.it

## 지하도시
Parco delle Grotte

[빠르꼬 델레 그로떼]   MAP p.233

부드러운 화산암 속에 감춰져 있는 은밀한 장소인 지하도시는 3,000년의 역사를 가진 유적지다. 이곳에는 끝없는 터널과 계단, 갑작스럽게 나타나는 통로, 층층이 포개진 작은 방, 작은 직사각형 모양으로 벽을 파서 꽃병이나 작은 물건을 놓을 수 있게 만들어 놓은 셀 수 없이 많은 벽감 등이 있어 옛 사람들의 생활상이 어떠했는지 엿볼 수 있다. 아직 다 발굴되지도 못했지만 이곳의 전체 넓이는 지상의 시가지보다도 훨씬 대규모라고 한다.

항상 섭씨 12도에서 15도를 유지하는 지하도시는 냉장고가 발명되기 전까지 마을의 음식 저장 창고나 와인 저장고로 쓰이기도 하였다. 가이드 투어로만 관람이 가능하며 티켓은 ❶에서 살 수 있다.

<u>위치</u> ❶ 뒤편으로 도보 10분 <u>주소</u> Piazza del Duomo 23 <u>오픈</u> 가이드 투어 11:00, 12:15, 16:00, 17:15(시즌별로 변경) <u>요금</u> €6 <u>전화</u> 0763-34-48-91 <u>홈피</u> www.orvietounderground.it

# 산 파트리치오의 우물
## Pozzo di San Patrizio

[뽀쪼 디 싼 빠뜨리찌오]

MAP p.233

메디치 가문의 교황 클레멘테 7세의 명령으로 시작되어 10년에 걸쳐 깊이 62미터에 약 14미터의 폭으로 만들어진 대형 우물이다. 석회와 벽돌로 만들어진 우물로 1527년 일어난 '로마의 약탈' 사건 당시 오르비에토로 피신을 온 교황이 수원(水源)을 확보하기 위해 판 것이라고 한다. 로마의 약탈은 프랑스와 손을 잡은 교황을 공격하기 위해 독일의 카를 5세가 군대를 파견해 로마를 파괴하고 약탈한 사건이다. 이후 사건의 여파로 로마의 르네상스 시대는 실질적으로 종말을 고하게 된다.

우물 안에는 조명과 환기구 역할을 하는 72개의 창문이 있고 248개의 나선형 계단을 따라 밑으로 내려갈 수 있다. 계단은 마주쳐 일어나는 혼잡을 방지하기 위해 상행과 하행이 나뉘어 있으며 이것을 모델로 하여 주세페 모모는 바티칸 박물관의 이중 나선 계단을 설계하였다고 한다. 이탈리아에는 '산 파트라치오의 우물 같은 지갑'이라는 말이 있는데 이는 끝없이 낭비하는 사람을 말한다고 한다.

위치 푸니콜라레 정거장을 뒤로 하고 오른쪽의 'Pozzo di San Patrizio' 표지판을 따라간다. 주소 Viale Sangallo 오픈 1월 · 2월 · 11월 · 12월 10:00~16:45, 3월 · 4월 · 9월 · 10월 09:00~18:45, 5월~8월 09:00~19:45 요금 일반 €5, 학생 €3.5 전화 0763-343-768

# 치비타 디 바뇨레죠
## Civita di Bagnoregio

[치비타 디 바뇨레죠]                                                          지도 외

오르비에토에서 버스를 타고 포도밭이 어우러져있는 움브리아 지방의 아름다운 시골길을 달리다보면 어느덧 중세 배경의 영화 속 마을 같은 치비타 디 바뇨레죠에 도착한다.

마을을 한 눈에 볼 수 있는 전망대에 올라서면 건너편으로 깎아지른 듯한 절벽 위에 간신히 서 있는 마을이 눈에 들어온다. 아슬아슬하게 서 있는 그 모습을 보면 '세상에 이런 곳이 있구나' 싶은 마음이 들 정도로 신비롭고 괴이해 발걸음이 저절로 옮겨진다.

원래 마을은 지층이 불안정한 곳에 세워졌는데 오랜 세월이 지나며 침식 작용과 지진의 영향으로 성채 주변 지반이 떨어져 나가면서 점점 절벽 위에 위태롭게 서 있는 고립무원의 모습이 되었다. 주민들은 안전 문제로 점차 떠나가고 마을은 텅텅 비어 한 때 '죽음의 마을'이라 불리기도 하였다.

그러나 역설적이게도 이러한 특징이 매력이 되어 유명한 관광지가 되었고 사람들이 방문하며 마을에 레스토랑과 B&B들이 들어서면서 다시 활기를 찾게 되었다. 좁은 길로 된 마을에 들어서면 중심가인 산 도나토 광장(Piazza San Donato)이 나오고 이곳을 중심으로 뻗어있는 미로 같은 길을 따라 30분 정도면 마을을 다 둘러보게 된다. 딱히 지도도 필요 없으니 산책하는 기분으로 천천히 둘러보자.

홈피 www.civitadibagnoregio.it

> **TIP**
>
> **치비타 디 바뇨레죠 가는 방법**
>
> 오르비에토에서 버스를 타고 다녀와야 하니 역 내에 있는 바(Bar)에 들러 버스 시간표를 미리 확인하자. 시즌에 따라 변동이 많은 편이다. 티켓은 왕복으로 구입하는 것이 편리하다(편도 €2, 기사에게 구입하면 편도 €7). 역 앞 마테오티 광장 정류장이나 푸니쿨라레 역 앞의 카엔 광장에 있는 버스 정류장에서 바뇨레죠 행 코트랄 버스를 탄다(약 45분 소요). 바뇨레죠에 도착하면 오르비에토로 돌아가는 버스 시간표를 다시 한번 확인하자.
> 여기서 가리발디 거리(Via G. Garibaldi)를 따라 20분 정도 걷거나 셔틀 버스(1시간에 회 1~2회 운행, 13:15~15:30에는 운행하지 않음, 편도 €0.7, 왕복 €1, 주유소에서 길을 건너 'Bus to Civita'라고 표시된 버스를 타면 되고 티켓은 버스 내에서 구입)를 타고 내리면 성채의 모습이 한 눈에 들어오는 전망대가 있다. 성채 안으로 가려면 경사가 있는 구름다리를 건너야 하며 입장료(€1.5)를 내야한다.

## 라 팔롬바
### La Palomba

MAP p.233

편안하고 소박한 시골 식당의 분위기에서 맛볼 수 있는 트뤼플 요리들은 조금은 구석진 위치의 이곳을 찾은 보람을 느끼게 한다. 친절한 가족이 운영하는 레스토랑으로 여행자들도 많이 찾지만 주로 동네 주민들이 단골이다.

추천 메뉴는 'Ombricelli al tartufo'로 트뤼플 버섯을 곁들인 홈메이드 파스타다. 파스타를 가져온 후 즉석에서 신선한 트뤼플을 갈아줘 그 향과 맛이 일품이다. 여기에 오르비에토의 와인을 곁들이면 더욱 금상첨화다. 성수기나 저녁 시간에는 예약을 하는 것이 좋다.

<u>위치</u> 레푸블리카 광장(Piazza della Repubblica) 옆 길, 두오모에서 도보 5분 <u>오픈</u> 목~화요일 12:30~14:15, 19:30~22:00 <u>휴무</u> 수요일, 7월 <u>요금</u> 파스타 €8~16, 메인 €9~28 <u>전화</u> 0763-343-395

## 파스콸레티
### Pasqualetti

MAP p.233

오르비에토의 인기 많은 젤라테리아. 맛있는 젤라토를 맛보고 싶다면 이곳으로 가자. 두오모 바로 옆에 있어서 찾기도 쉽다. 카보르 거리(Corso Cavour)에도 지점이 있다.

<u>위치</u> 두오모를 바라보며 왼쪽에 있는 광장에 위치
<u>주소</u> Piazza del Duomo 10
<u>오픈</u> 11:00~21:00
<u>휴무</u> 겨울철
<u>요금</u> €3~
<u>전화</u> 0328-422-2021

## 오르비에토 쇼핑

오르비에토를 방문했다면 세계적으로 유명한 화이트 와인을 맛보고 구입해도 좋다. 도시 곳곳에 전문점들이 많아 쉽게 구입할 수 있고 가격도 부담 없는 편이다. 두오모 광장과 이어지는 두오모 거리(Via Duomo)에는 수공예품 가게들이 많은데 화려한 도자기들과 패브릭 소품 등이 특히 눈길을 끈다. 피렌체식 문구류를 파는 일 파피로(Il Papiro)에서는 오르비에토의 두오모 등 랜드마크 건물이 디자인 된 지우개나 예쁜 편지지 등을 구입할 수 있다.

또 다른 명물 가게 파트리스(Patris)에서는 다양한 원목을 이용해 수공예로 만든 목공 제품을 구입할 수 있다. 가격이 저렴하지는 않지만 장난감과 주방용품을 중심으로 구입할 만한 것이 많다.

**일 파피로**
<u>주소</u> Via Duomo 72
**파트리스**
<u>주소</u> Via dei Magoni 11

역사와 예술의 거리에서 느끼는 르네상스의 향기

# 피렌체

FIRENZE

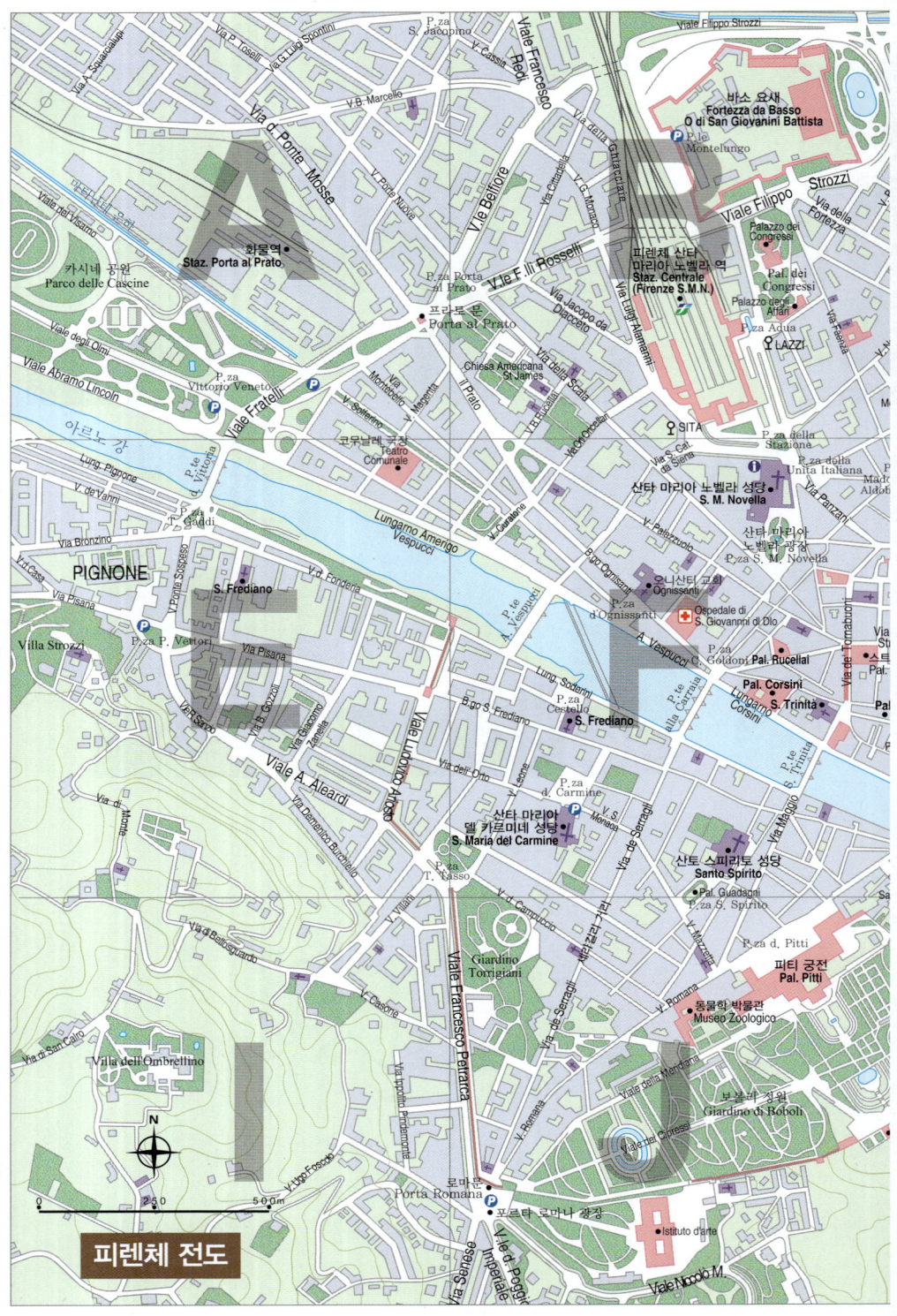

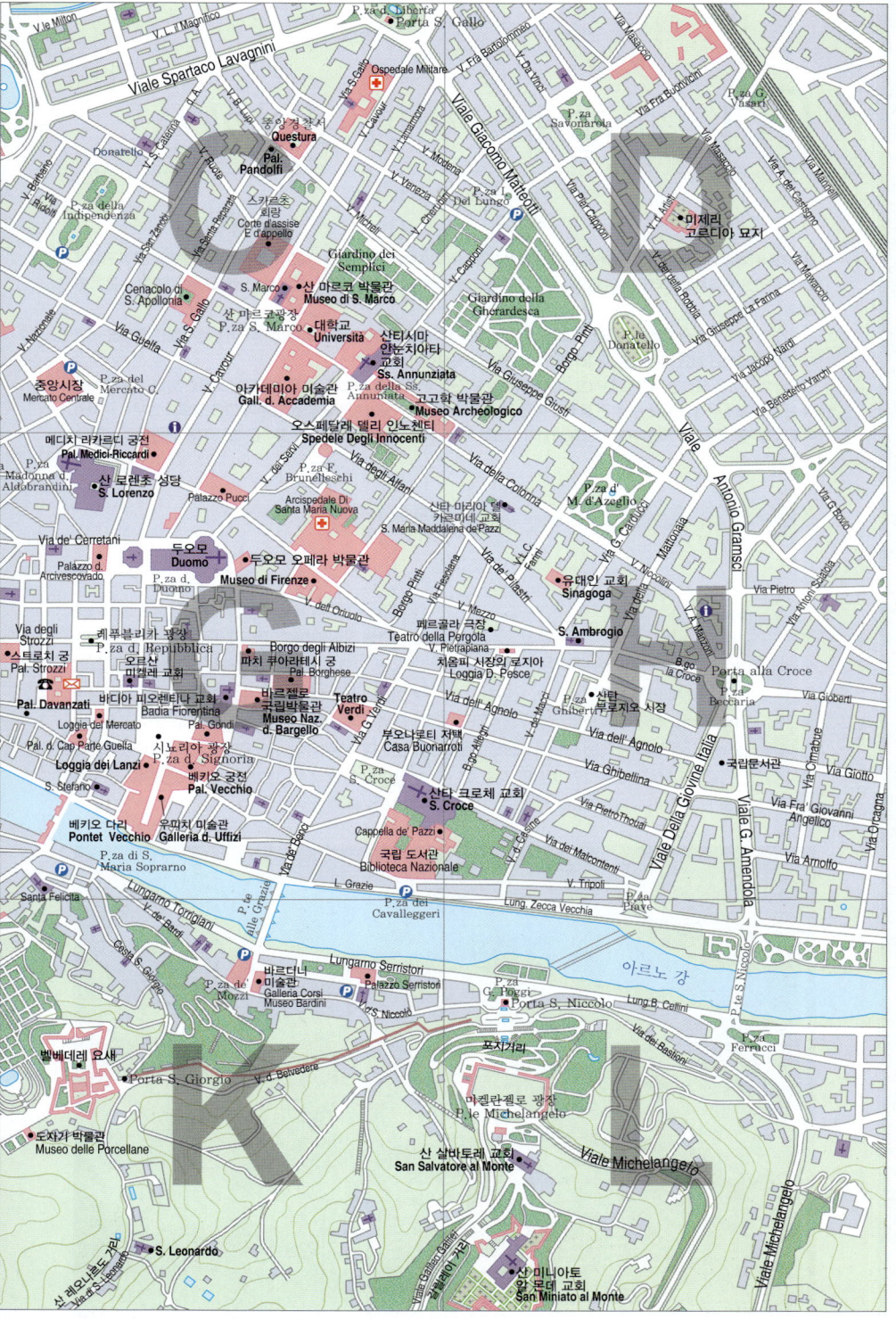

# 01 피렌체는 어떤 곳일까?
## La Firenze

토스카나(Toscana) 지방의 주도(州都)이자 르네상스의 서막이 시작된 '꽃의 도시' 피렌체는 여전히 아름다운 꽃이 만개해 있다. 이곳은 베네치아와 더불어 이탈리아에서 가장 강력한 공국이었고 그 중심에는 메디치(Medici)라는 걸출한 가문이 있었다.
우리가 잘 아는 미켈란젤로, 단테, 레오나르도 다빈치, 보티첼리 등이 모두 피렌체 출신이거나 이곳에서 많은 활동을 하였다. 그들의 업적은 비단 피렌체뿐 아니라 인류의 소중한 문화유산이기도 하다.
중세의 아름다운 모습을 그대로 간직한 피렌체의 두오모(산타 마리아 델 피오레 성당)나 종탑에 오르면 빨간 지붕의 집들이 눈앞에 성큼 다가와 잊을 수 없는 풍경을 마음 깊이 각인시킨다. 이곳의 지명을 따온 향수가 있을 정도로 언제나 역사와 예술의 향기로움으로 가득한 피렌체는 이방인의 마음을 언제나 설레게 하고, 오랫동안 알아온 친구 같은 편안함을 느낄 수 있게 한다.

● 면적 102.4km$^2$    ● 인구 380,948명(2018년)    ● 지역번호 055

>> 피렌체의 볼거리

중세와 르네상스 시대부터 내려온 화려한 문화유산을 둘러보는 것이 피렌체 여행의 포인트이다. 우피치 미술관을 제외하고 주요 볼거리만 보면 네댓 시간 정도면 다 둘러볼 수 있지만, 피렌체는 볼수록 새로운 매력이 발견되는 곳이니 여유가 된다면 이삼일 정도 머물면서 천천히 둘러보아도 좋을 것이다. 저녁이 다가와 해가 질 때면 아르노 강가나 미켈란젤로 광장으로 나가 평생 간직할 아름다운 석양을 가슴에 담아두자. 해가 진 뒤의 피렌체는 중세 모습 그대로이다. 그러나 젊은이들이 많은 대학가 주변은 그래도 시끌벅적한 분위기이니 근처 바(Bar)에 들러 보는 것도 재미있을 것이다. 피렌체에서는 오페라, 연극, 발레, 음악제가 끊이지 않으니 콘서트에 대한 정보를 얻으려면 여행안내소 ❶에 가보자.

>> 피렌체의 먹거리

올리브유를 아끼지 않고 조리하는 토스카나 지방의 요리는 전체적으로 담백한 맛을 가지고 있다. 특히 소금과 후추로 가볍게 간을 맞춘 소고기를 숯불에 구운 비스테카 알라 피오렌티나(Bistecca alla Fiorentina)가 유명하다. 또 세계적인 명성을 갖고 있는 키안티(Chianti) 와인도 이곳의 명물이며, 대구, 들새요리, 파스타 요리도 입맛을 다시게 한다.

산 로렌초 교회 근처의 중앙시장 광장(Piazza del Mercato Centrale)에는 현지인들이 많이 찾는 식당이 많아 특히 점심시간에 많이 붐비며 비교적 저렴한 가격으로 정식을 먹을 수 있다. 추천할 만한 레스토랑으로는 트라토리아 마리오(Trattoria Mario), 트라토리아 다 자자(Trattoria da Zà-Zà) 등이다.

>> 피렌체의 쇼핑

피렌체는 가죽 세공품이 유명해 무스탕·토스카나 등 가죽옷을 저렴하게 살 수 있어 매력적이다. 가죽옷은 되도록 상점에서, 소품은 노점에서 흥정해서 구입하자. 노점에서 진짜라고 하며 라이터로 그을려 보이기도 하지만 믿을 수 없는 제품이 대부분이다. 장사꾼들에게 진짜처럼 보이게 하는 것은 식은 죽 먹기. 가죽을 볼 줄 모르면 아예 믿을 만한 상점을 이용하는 것이 현명하다. 그리고 벼룩시장이나 노점에서는 신용카드보다 현금을 사용하는 것이 좋다.

대표적인 쇼핑 거리는 두오모 광장에서 시뇨리아 광장에 이르는 칼자이우올리 거리(Via Calzaiuoli)로 중저가의 상품들이 모여 있다. 그 밖에 구찌·루이뷔통·카르티에 등의 명품 상점들은 토르나부오니 거리(Via de Tornabuoni) 주변에 자리한다. 로마나 밀라노보다 상대적으로 덜 붐비기 때문에 때로는 두 도시에 없는 물건이 남아 있기도 하다.

>> 피렌체의 숙소

부활절에서 10월 초까지의 성수기에는 숙소를 구하기 매우 어렵다. 숙박을 원한다면 사전에 예약하는 것이 좋다. 저렴한 숙소 중에는 영어가 통하지 않는 곳도 있다. 도시세는 1박에 €2.5~5 정도다.

## 피렌체 여행 정보

### 여행안내소 ⓘ

● **피렌체 SMN 역**
위치 15번 플랫폼 앞 맥도날드 옆
오픈 월~토요일 08:30~19:00, 일요일 09:00~17:30
※ 호텔 예약만 가능하다.

● **피렌체 SMN 역 근처**
위치 피렌체 SMN 역 건너편, 맥도날드 쪽 출구로 나오면 오른편 광장 건너에 보이는 건물이 산타 마리아 노벨라 성당이다. 성당 바로 옆에 붙어 있는 노란색 건물에 관광안내소 입구가 있다.
주소 Piazza della Stazione 4
오픈 월~토요일 09:00~19:00, 일요일 · 공휴일 09:00~14:00 전화 055-21-22-45

● **두오모 근처**
위치 두오모 근처
주소 Via Camillo Cavour 1R
오픈 월~금요일 09:00~13:00
휴무 토요일 · 일요일 · 공휴일
전화 055-29-08-32
홈피 www.firenzeturismo.it/en/tools-2/contatti-2.html

### 여행 관련 홈페이지

www.firenzeturismo.it
www.firenze.net

### 정보지 <Tuscany & Florence News>

월마다 발행되는 책자로 관광정보와 함께 레스토랑, 쇼핑정보, 각종 이벤트와 공연 정보들이 수록되어 있다.

### 피렌체 카드 Firenze Card

피렌체 시내 교통을 무제한 이용할 수 있고 대부분의 명소를 무료입장할 수 있는 피렌체 카드. 무엇보다 예약 없이 가도 줄을 서지 않고 입장할 수 있어 시간을 절약하려면 최고의 대안이다. 하지만 요금이 꽤 비싸고 3일만 유효하며 각 명소 당 1회만 입장할 수 있다. 티켓은 피렌체 SMN 역 여행안내소, 두오모 여행안내소와 우피치 미술관 등의 주요 명소 티켓 창구에서 구매할 수 있다. 구매 후 카드 뒷면에 이름을 기입한 후 사용하면 된다.
요금 €85(개시 후 72시간 유효)
홈피 www.firenzecard.it

### 인터넷

대부분의 숙소에서 무료 와이파이를 제공한다. 속도는 우리나라보다 조금 느린 편이지만 큰 불편은 없다. 인터넷 카페 이용료는 한 시간에 €2~4로 비싼 편이다.

● **Internet Train**
위치 중앙역 지하
● **Globotele**
위치 중앙역 근처
주소 Largo Alinari 8
● **Internet Pitti**
위치 피티 궁전 근처
주소 Piazza Pitti 8R

### 슈퍼마켓

● **CONAD CITY**
위치 피렌체 SMN 역에서 산 로렌초 교회 방면으로 8분
주소 Via del Melaracio 7/9
오픈 월~토요일 08:30~21:00, 일요일 10:00~21:00

● **Margherita CONAD**
위치 피렌체 SMN 역 5번 플랫폼 쪽 출구로 나와 만나는 큰 길에 위치
주소 Via Alamanni 2/10/R
오픈 07:30~20:30

● **Carrefour Express**
위치 메디치 리카르디 궁전에서 도보 3분
주소 Via de' Ginori 41R
오픈 매일 08:00~24:00

## 우체국

● **중앙역 Poste Italiane**
위치 피렌체 SMN 역 5번 플랫폼 쪽 출구 나와 만나는 큰 길에 위치
주소 Via Alamanni 18R
오픈 월~금요일 08:20~19:00, 토요일 08:20~12:30
휴무 일요일

● **중앙 우체국 Poste Italiane S.P.A.**
위치 레푸블리카 광장에서 도보 1분
주소 Via Pellicceria 3
오픈 월~금요일 08:20~19:00, 토요일 08:20~12:30
휴무 일요일

## 경찰서

● **피렌체 SMN 역 경찰서**
위치 16번 플랫폼 옆
오픈 24시간

● **여행자 경찰서 Tourist Police**
위치 두오모 뒤편 길인 Via dell'Oriudo 따라 도보 7분
주소 Via Pietrapiana 50R

## 주의사항

두오모 쿠폴라는 일요일, 우피치 미술관 등은 월요일에 휴관한다. 이처럼 많은 곳이 휴관하는 일요일과 월요일은 피해서 방문하는 것이 좋다.

### 와이너리 투어 Cor Magis Travel

피렌체 주변에 있는 와이너리들을 방문하고 시음해 볼 수 있는 투어
홈피 www.cormagistravel.com

# 02 피렌체 가는 방법
## Per Firenze

피렌체는 이탈리아의 중심에 위치하는 주요 도시 중 한 곳이라 기차와 버스 같은 내륙 교통수단뿐만 아니라 비행기를 이용해서도 쉽게 갈 수 있다. 우리나라에서 출발하는 직항편은 없지만, 유럽 항공사를 이용하면 대부분 한 번 정도 경유해 피렌체나 피사 공항을 통해 들어갈 수 있다.

| | | | | |
|---|---|---|---|---|
| 로마 ➡ 피렌체 | 기차 1시간 30분~3시간 45분, €16.9~48 | | 베네치아 ➡ 피렌체 | 기차 2시간~, €18~51 |
| 밀라노 ➡ 피렌체 | 기차 1시간 45분~, €19.9~51 | | 나폴리 ➡ 피렌체 | 기차 2시간 50분~, €34.9~76 |
| 피사 ➡ 피렌체 | 기차 1시간~, €8.6~ | | 시에나 ➡ 피렌체 | 기차 1시간 10분~1시간 40분, €9.3~ |

### ≫ 비행기로 가기 In Aereo

국제선은 주로 근교 도시 피사의 갈릴레오 갈릴레이 공항에 취항한다. 로마나 밀라노 등지에서 오는 국내선과 루프트한자와 에어프랑스 등 일부 국제선이 피렌체 근교의 작은 공항인 아메리고 베스푸치 공항(Aeroporto Amerigo Vespucci, FLR)에 취항한다. 피사 공항에서는 기차(피렌체까지 약 1시간 10분)를 이용하면 되고 아메리고 베스푸치 공항에서는 공항버스를 이용해 피렌체 SMN 역으로 가면 된다.

### 공항에서 시내로

ATAF 버스와 SITA 버스가 운행하며 입국장 오른쪽 출구로 나가면 버스와 택시(정액제 평일 €20, 주말·공휴일 €22, 22:00 이후 €23.5, 가방 추가 €1) 승차장이 있다. 시내에서 공항으로 갈 때는 SITA 버스 정류장에서 공항버스를 이용하면 된다. 공항과 시내 간 이동은 20분 내지 30분 소요된다.

**공항버스**
오픈 06:30~23:00(30분 간격) 요금 편도 €6

### ≫ 기차로 가기 In Treno

피렌체는 로마와 베네치아, 밀라노를 잇는 Y자 코스의 중간에 위치한다. 로마에서 북부로 올라가는 대부분의 기차가 피렌체를 경유한다. 로마에서는 한 시간에 한두 대꼴로 피렌체로 향하는 기차가 출발한다. 베네치아, 밀라노에서도 수시로 기차가 다닌다.

### 산타 마리아 노벨라 역(중앙역)
**Stazione Firenze Santa Maria Novella**

피렌체에는 여러 개의 기차역이 있지만, 많은 여행자들이 중앙역 구실을 하는 피렌체 SMN 역을 이용한다. 이 역은 1932년 유명 건축가 조반니 미켈루치

(Giovanni Michelucci)의 작품으로, 무솔리니가 주도했던 파시스트 운동을 대변하는 과장된 철근 구조물이다. 간혹 피렌체 시내의 다른 역으로 연결되는 기차도 있으니 티켓이나 시간표를 잘 확인해야 한다.

총 16개의 플랫폼이 있으며 5번부터 16번 플랫폼은 앞쪽에 위치하고 피사(Pisa)와 시에나(Siena) 등을 갈 때 이용하게 되는 3번과 4번 플랫폼은 5번 플랫폼 옆쪽 길을 따라 한참 걸어가야 하니 시간 여유를 가지고 이동하는 것이 좋다.

피렌체 SMN 역에서 시내까지는 가까워서 걸어가도 무방하다. 화장실(€1)은 5번 플랫폼 옆에 있으며, 수하물 보관소는 플랫폼을 등지고 왼쪽 출구로 나가 보이는 맥도날드 쪽으로 간다. 좌회전하여 가면 왼편에 있다. 시내버스 정류장은 역 정문으로 나와 계단으로 내려가면 있는 중앙차로에 있다.

**유인 짐 보관소**
위치 피렌체 SMN 역 16번 플랫폼 옆
오픈 06:00~23:00
요금 5시간 €6, 5시간 초과 시 €1/1시간, 12시간 초과 시 €0.5/1시간

### 리프레디 역 Stazione Rifiredi
IC 열차를 이용해 피렌체로 오는 경우 이곳에 도착하는 경우가 많다. 피렌체 SMN 역과 기차로 5분(€1.1) 거리지만 무임승차 적발 시 벌금은 €50다. 역 정면에서 출발하는 54번 버스를 타면 피렌체 SMN 역으로 갈 수 있다.

### 캄포 디 마르테 역 Stazione Campo di Marte
IC 열차들이 정착하는 역으로 역시 피렌체 SMN 역과 기차로 5분 정도 거리다. 역 앞에서 출발하는 12번 버스가 피렌체 SMN 역과 연결하고 있다.

>> **버스로 가기** In Autobus

피렌체와 로마, 또는 기타 도시를 연결하는 장거리 버스가 있지만, 터미널이 시내에서 멀어 기차에 비해 편리함이 떨어진다. 시에나 또는 토스카나 지방의 다른 근교 도시로 이동 시에는 피렌체 SMN 역 근처에서 출발하는 버스가 있기 때문에 버스를 이용하는 것도 편리하다. 기차 패스가 없다면 소요시간이 짧고 요금도 더 저렴한 경우가 많은 버스를 이용하는 것이 좋다.

### SITA 버스
근교 아웃렛인 더 몰(The Mall)이나 시에나 등을 갈 때 이용한다. 안내소와 매표소, 유료 화장실, 코인 로커(€5~8) 등 편의시설이 잘 갖춰져 있다. 그러나 짐은 코인 로커보다는 유인 보관소에 맡기는 것이 안심이다.

위치 피렌체 SMN 역 5번 플랫폼 쪽 출구로 나와 길을 건너 왼쪽으로 걸어간다.
전화 055-478-2231
홈피 www.sitabus.it

### Lazzi 버스
피사와 루카 등을 갈 때 이용하는 버스로 유로라인 터미널도 함께 있다.

위치 피렌체 SMN 역 16번 플랫폼 쪽 출구로 나와 길을 건너 왼쪽으로 걸어가면 길 끝에서 오른쪽 방향으로 버스들이 보이고, 매표소는 버스 뒤쪽에 있다.
전화 055-215-155
홈피 www.lazzi.it

### 기타 버스
저렴한 가격으로 인기가 높은 플릭스 버스(Flix Bus)와 피사 공항을 오가는 리무진 버스, 유로라인 버스는 산타 마리아 노벨라 역 뒤에 위치한 Piazzale Montelungo에서 출도착한다. 산타 마리아 노벨라 역 안에서는 E번 출구 (USCITA E)로 가면 된다. 역 정문 앞 광장에서는 'Bus Terminal Piazzale Montelungo' 표지판을 따라가면 되는데 도보 10분 내외가 소요되니 이용할 예정이라면 여유를 두고 움직이자. 더 몰행 사설 버스 (일명 중국 버스) Firenze Servizi srl (편도 €5, 1시간 간격 운행)도 이곳에서 출발한다.

# 03 피렌체 시내 교통

### Trasporto

시내 주요 명소는 피렌체 SMN 역을 중심으로 3킬로미터 안에 모여 있다. 따라서 산책하는 기분으로 걸으면서 둘러보는 것이 가장 좋다. 단, 건물들이 서로 비슷하게 생겨 전혀 엉뚱한 방향으로 갈 수 있으니 가끔 지도를 보며 위치를 파악해 두는 것이 좋다.

## >> 버스 Autobus

피렌체에는 메트로가 없어 버스가 가장 대중적인 교통수단이다. 버스를 이용할 생각이라면 주요 명소를 운행하는 12번과 13번 버스, 좁은 골목을 누비며 운행하는 A~D번 전기 미니버스가 유용함으로 기억해 두자. 정류장은 카폴리네아(Capolinea)라고 표시되어 있다. 버스 티켓은 담뱃가게(Tabacchi), 신문 가판대, 주요 정류장에 'ATAF'라고 표기된 자동판매기에서 살 수 있다. 티켓 구입 후 탑승하면 바로 각인하는 것을 잊지 말아야 한다. 4회권의 경우 방향을 달리해 각각 따로 각인해야 한다. 자칫 각인이 겹치면 부정승차로 취급해 벌금을 내야 하니 꼭 주의하자. 피렌체 SMN 역 담뱃가게 타바키에서는 시내버스 티켓을 판매하지 않으니 중앙홀 오른쪽에 있는 8·9번 매표소나 매표소 앞 자동판매기에서 구입하자.

요금 1회권 €1.5 버스 내 구입 €2.5, 90분간 유효
홈피 www.ataf.net

## >> 택시 Taxi

피렌체 SMN 역 앞에 택시 승차장이 있으며 호텔에 부탁해 택시를 불러도 된다. 요금은 우리나라보다 비싼 편이다.

요금 기본 평일 €3.3, 일요일·공휴일 €5.3 / 야간(야간 22:00~06:00) €6.6 / 시내 1km마다 €1.8 추가, 가방 1개 추가당 €1 추가 전화 055-4242, 055-4390

## >> 시티 투어 버스 City Tour Bus

아이가 있거나 스스로가 길치라고 생각한다면 효율적인 방법이 될 수 있다. 주요 명소 바로 앞에 세워주는 경우가 많고 기간 내에는 횟수에 상관없이 타고 내릴 수 있다.

요금 1일권 €24, 5~15세 €12 / 48시간권 €28, 5~15세 €14 / 72시간권 €33
홈피 www.firenze.city-sightseeing.it

> **TIP**
> **시티 투어 버스 운행 코스**
>
> **A코스** 중앙역~두오모~미켈란젤로 언덕(피렌체 시내)
> **B코스** 포르타 산 프레디아노~피에솔레~베키오 궁전~피티 궁전(시외곽 코스)

> **TIP**
> **유용한 노선**
>
> **7번** 산 마르코 광장~피에솔레
> **12번** 중앙역~미켈란젤로 광장~중앙역

# 04 피렌체 베스트 여행 코스
## Migliori cosa da vedere a Firenze

도보로 여행하는 경우가 많으니 짐을 가볍게 하고 편한 신발을 준비하는 것이 필수다. 시간이 하루 정도만 허락된다면 제시된 코스를 따라 중요 볼거리만 챙겨보아도 되지만, 취향에 맞는 도시라면 여유롭게 머물며 자세히 둘러보아도 후회하지 않을 것이다.

### 단 하루만 피렌체를 본다면?

## 피렌체 1일 핵심 코스

산타 마리아 노벨라 성당 p.256
↓ 도보 5분
산 로렌초 성당 p.257
↓ 도보 5분
산 조반니 세례당 p.264
↓ 도보 1분
두오모 p.262
↓ 도보 1분
지오토의 종탑 p.266
↓ 도보 6분
시뇨리아 광장 p.280
↓ 도보 2분
우피치 미술관 p.282
↓ 도보 5분
베키오 다리 p.288
↓ 버스 5분 + 도보 10분
미켈란젤로 광장 p.303

### TIP
**한걸음 더, 피렌체!**

**시간이 허락된다면 들러볼 만한 명소**
- 단테의 집 p278 대문호의 발자취를 따라가는 여행
- 두오모 오페라 박물관 p267 수많은 진품 조각들과 도나텔로의 〈막달라 마리아〉를 감상!
- 메디치 리카르디 궁전 p260 메디치 가문과 영욕을 같이 해 온 궁전
- 바르젤로 국립박물관 p278 도나텔로의 〈다비드〉를 감상해 보자.
- 베키오 궁전 p279 피렌체 공국의 청사이자 현재의 시청
- 산 마르코 박물관 p268 아름다운 그림 〈수태고지〉 감상
- 산타 마리아 델 카르미네 성당 p302 마사초의 프레스코화가 인상적인 조용한 성당
- 산타 크로체 교회 p289 피렌체 출신의 유명인들 무덤이 한 자리에 모여 있다.
- 산토 스프리토 성당 p301 브루넬레스키의 마지막 작품으로 고딕, 르네상스, 바로크 양식이 모두 포함된 곳
- 산티시마 안눈치아타 광장 p267 〈냉정과 열정사이〉의 촬영 장소
- 아카데미아 미술관 p269 미켈란젤로의 걸작 〈다비드〉 감상
- 피티 궁전 p300 미술관과 정원을 함께 둘러보자.

AREA 1

# Duomo Area

두오모 주변

## 두오모 주변
# 이렇게 여행하자

**Access** 피렌체 SMN 역에서 도보로 이동 가능

르네상스의 꽃인 피렌체의 중심에는 화려한 두오모가 존재한다. 예로부터 피렌체의 중심이라 주요 명소들이 대부분 모여 있다. 겉만 보며 지나가면 금세 다 둘러볼 수 있겠지만, 두오모의 쿠폴라나 종탑 전망대도 올라가고 내부까지 찬찬히 보다 보면 이 주변을 여행하는 것만도 하루는 족히 소요된다.

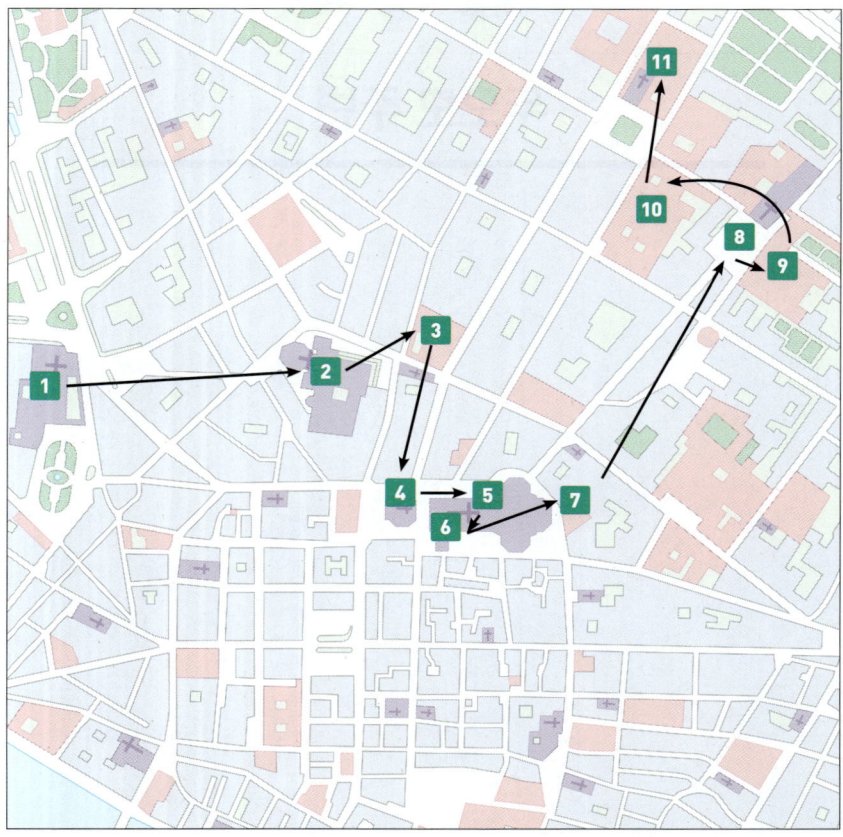

## 추천 코스

예상 소요 시간
약 1일

**1** 산타 마리아 노벨라 성당

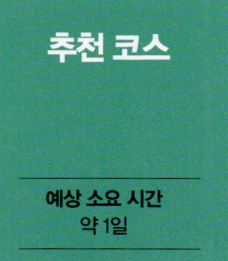

도보 5분 →

**2** 산 로렌초 성당

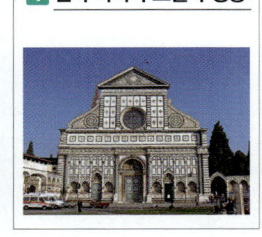

↓ 도보 1분

**5** 두오모 ← 도보 1분 **4** 산 조반니 세례당 ← 도보 5분 **3** 메디치 리카르디 궁전

↓ 도보 1분

**6** 지오토의 종탑 → 도보 2분 **7** 두오모 오페라 박물관 → 도보 10분 **8** 산티시마 안눈치아타 광장

↓ 도보 1분

**11** 산 마르코 박물관 ← 도보 2분 **10** 아카데미아 미술관 ← 도보 2분 **9** 오스페달레 델리 인노첸티

# Sightseeing

## 산타 마리아 노벨라 성당
### Basilica di Santa Maria Novella

[바실리까 디 싼따 마리아 노벨라]    MAP 9 ⓑ

고딕과 르네상스 양식이 훌륭하게 조합된 건축물로 1360년에 완성되었으며 내부 길이가 100미터나 되는 큰 규모의 교회다. 피렌체 SMN 역에서 나오면 보이는 썰렁한 뒷면과는 달리 정면은 화려한 편이다.
예수가 못 박힌 십자가 모양으로 만들어진 라틴 십자가 형태의 내부에는 르네상스 회화의 창시자인 거장 마사초(Masaccio)의 1428년 작품 〈성 삼위일체 Holy Triniti〉가 전시되어 있다. 체계적인 원근법을 적용한 최초의 작품으로 손꼽힌다. 또한 기를란다요(Ghirlandajo)의 〈세례 요한의 생애〉와 프레스코화 〈마리아와 조반니의 생애〉가 유명하다.
본당의 중심에는 지오토(Giotto)의 십자가상, 곤디 예배당(Cappella Gondi)에는 브루넬레스키(Brunelleschi)가 제작한 십자가 등이 있으며, 정면 왼쪽으로 들어가면 산타 마리아 노벨라 박물관(Museo S.M.Novella)이 있다.

**위치** 피렌체 SMN 역 16번 플랫폼 쪽 출구로 나오면 오른쪽 광장 건너로 보이는 건물 **주소** Piazza di Santa Maria Novella 18 **오픈** 월~목요일 09:00~17:30(10월~3월), 09:00~19:00(4월~9월) / 금요일 11:00~17:30(10월~3월), 11:00~19:00(4월~9월) / 토요일·종교휴일 전일 09:00~17:30(9월~6월), 09:00~18:30(7월·8월) / 일요일·종교휴일 13:00~17:30(10월~6월), 12:00~18:30(7월·8월), 12:00~17:30(9월) **요금** €7.5 **전화** 055-21-92-57 **홈피** www.chiesasantamarianovella.it

〈세례 요한의 생애〉

〈성 삼위일체〉

# 산 로렌초 성당
## Basilica di San Lorenzo

[바실리까 디 싼 로렌쪼]

MAP 9 ⓒ

피렌체에서 가장 오래된 교회로 메디치 가문이 전용 성당으로 사용했었다. 르네상스 양식으로 건축되었고 브루넬레스키가 시작해 안토니오 마네티가 1461년 마무리하였다. 성당 앞면이 어딘가 썰렁한 이유는 미완성 상태이기 때문이다. 하지만 내부는 화려한 면모를 갖추고 있어 반전의 묘미가 있다. 내부 양쪽의 열주는 바실리카 양식이며 왼쪽 회랑에는 현대 화가인 안니고니의 <작업장의 성 요셉과 예수>가 있다. 안쪽으로는 브루넬레스키가 설계하고 도나텔로가 완성한 옛 성구실, 도나텔로의 설교단이 있으니 챙겨서 보자.

평일에는 성당 앞에서 많은 여행자가 방문하는 벼룩시장이 열린다. 가죽제품을 파는 매대가 많으니 관심이 있다면 반드시 흥정하여 구입하자.

<u>위치</u> 산타 마리아 노벨라 성당에서 도보 4분 <u>주소</u> Piazza San Lorenzo 9 <u>오픈</u> 월~토요일 10:00~17:00, 일요일 13:00~17:30, 라우렌치아나 도서관 09:30~13:30 <u>휴무</u> 일요일 <u>요금</u> 성당 €7, 성당+도서관+예배당 €9.5 <u>전화</u> 055-21-66-34 <u>홈피</u> www.operamedicealaurenziana.com

## 산 로렌초 성당 둘러보기

### 01 라우렌치아나 도서관
Biblioteca Laurenziana

산 로렌초 성당 정면을 바라보고 왼편으로 가면 성당의 정원이 나오고, 회랑을 따라가면 라우 렌치아나 도서관이 나온다. 이 도서관은 메디치 가문 출신 교황 클레멘트 7세가 메디치 가문의 수집품을 보관하기 위해 만들었다. 건축 감독으로 미켈란젤로가 임명되었지만, 1534년 이후 그가 로마로 이동하며 트리볼로, 바사리, 암만나티 등에 손을 거쳐 완성되었다. 독특한 모양을 한 계단과 좌석 모두 미켈란젤로가 설계한 작품이다. 특히 계단은 밑으로 갈수록 넓어지는 구조라 물이 흐르는 계곡을 보는 듯한 느낌이며 1599년 암만나티가 완성하였다.
도서관에는 1만 여권의 책이 소장되어 있는데 메디치 가문 사람들의 편지와 레오나르도 다빈치의 노트도 소장되어 있다.

<u>오픈</u> 월·수·금요일 08:00~14:00, 화·목요일 08:00~17:30 <u>휴무</u> 공휴일, 토·일요일, 9월 1일~15일 <u>요금</u> 성당+도서관+예배당 €9.5 <u>전화</u> 055-293-7911 <u>홈피</u> www.bmlonline.it

©CC BY-Sailko - wikipedia

## 02 메디치 가문의 예배당
### Cappelle Medicee

성당 옆에 있는 메디치 가문의 예배당은 가문의 묘소이기도 하다. 크게 가족 묘소와 왕자들의 예배당(Cappella dei Principi), 신 성구실(Sagresita Nuova)로 구성되어 있다. 입구 쪽에 있는 것이 가족 묘소다.

신 성구실 내부에는 총 세 개의 묘지와 제단 하나가 있다. 교황 레오 10세가 아버지와 삼촌, 동생과 조카를 위한 영묘를 미켈란젤로에게 의뢰하여 조성한 것이다.

입구 왼쪽에 메디치의 수장이었던 로렌초와 그의 아들 줄리아노의 묘소가 있다. 그중에서도 고개를 왼쪽으로 돌리고 있는 잘생긴 곱슬머리 남자가 줄리아노(줄리앙)로 미술 전공자라면 수험생 시절 열심히 그렸던 조각상이다. 그의 전신상 아래로 각각 낮과 밤을 상징하는 남녀의 조각상이 있는데 이중 〈밤〉의 모델인 누드 여인은 틀림없이 유방암 환자였을 거라는 전문가의 주장으로 흥미를 끌었다. 제단 오른쪽 무덤이 로렌초의 영묘로 투구와 갑옷 차림의 영웅으로 묘사되었으며 아래의 두 사람은 여명과 황혼을 상징한다.

**오픈** 08:45~18:00
**휴무** 첫째 · 셋째 · 다섯째 월요일, 둘째 · 넷째 일요일, 1월 1일, 5월 1일, 12월 25일
**요금** 성당 €6, 성당+도서관 €8.5, 예배당 €8
**전화** 055-238-86-02

줄리아노  | 로렌초

# 메디치 리카르디 궁전
## Palazzo Medici Riccardi

[팔라쪼 메디치 리까르디]   MAP 9 ⓒ

1444년부터 100여 년 동안 메디치 가문의 영욕을 함께했던 저택으로, 현재의 건물은 메디치 가문의 전성기를 이끈 수장 코시모 일 베키오가 미켈로초에게 의뢰해 1460년에 설계한 곳이다. 궁전 외벽에 있는 쇠고리는 말을 묶을 때 사용되었던 것으로 이탈리아의 옛 건물에서 많이 볼 수 있다. 또한 시민들의 편의와 휴식을 위해 메디치 가문이 설치해 놓은 돌의자도 그대로 남아 있어 아직까지도 관광객들의 쉼터로 이용되고 있다.

메디치 가문의 개인 예배당인 동방박사 예배당(Cappella dei Magi)에는 이곳에서 가장 유명한 작품인 〈동방 박사의 행렬 Procession of the Magi〉이 전시되어 있다. 이 작품은 베노초 고촐리(Benozzo Gozzoli)가 1460에 완성한 것으로, 동방 박사가 예수의 탄생을 보러 가는 행렬을 묘사하는 종교적 장면 속에서 메디치 가문의 사람인 로렌초와 코시모 등의 얼굴을 볼 수 있다. 또 루카 조르다노의 방(Sala di Luca Giordano)에는 17세기 메디치 가문으로부터 이 궁전을 인수한 리카르디 가문의 의뢰로 루카 조르다노가 1683년 완성한 바로크 양식의 프레스코화 〈메디치 가문의 신격화 Apotheosis of the Medici〉가 있다.

**위치** 산 로렌초 성당의 대각선 방향으로 도보 1분
**주소** Via Cavour 3 **오픈** 09:00~19:00
**휴무** 수요일 **요금** €7 **전화** 055-276-8224
**홈피** www.palazzo-medici.it

〈메디치 가문의 신격화〉

〈동방 박사의 행렬〉

루카 조르다노의 방

###  메디치, 그들은 누구인가?

왜 메디치(Medici)가(家)는 왕족도 아니면서 그렇게 유명하고 피렌체를 거론할 때마다 반드시 등장하는 사람들이 되었을까? 메디치는 이탈리아 부르주아 가문으로 아주 짧은 공백기가 있기는 하지만, 1434년부터 1737년에 걸쳐 피렌체와 토스카나 지방을 지배한 가문이다. 그들은 레오 1세를 비롯한 네 명의 교황을 배출했으며 유럽 왕족과의 혼인을 통해 권력을 강화했다.

유럽에서도 잘 생기기로 유명한 이탈리아 보통 사람들과는 달리 메디치 가문의 사람은 하나같이 인물이 못났다고 하는데, 오죽하면 '메디치 얼굴 중에서 봐줄 만한 것은 오직 눈뿐이야'라고 수군댔을 정도.

그러나 인물이 다가 아니듯 정말 많은 일을 해낸 가문이다. 메디치 가문의 최대 장점은 가문의 모든 사람이 학문과 건축, 예술에 열정적이었다는 것이다. 베네치아와 피렌체 두 도시 모두 상업으로 돈을 벌어 충분한 재력을 가진 곳이었지만, 문화보다는 황금을 우선시했던 베네치아와는 대조적으로 상인의 정신과 더불어 예술을 사랑한 메디치 가문이 있어 피렌체는 르네상스의 원조로서 길이길이 남을 수 있었다.

13살의 꼬마 미켈란젤로의 재능을 간파해 조각 공부를 시키고, 라파엘로, 브루넬레스키, 필리포 리피를 후원한 것도 바로 그들이다. 그 밖에도 많은 예술가가 메디치 가문 덕분에 배를 곯지 않고 창작활동에 전념할 수 있었다.

물론 당시 예술작품을 모으는 것이 정치적 행위이며 재력을 과시하는 수단이었다는 것은 부정할 수 없는 사실이지만, 메디치 가문이 예술가를 지원하고 문예를 부흥시킨 것은 그들이 계몽적 선각자이며 가지고 있는 부를 보람있게 사용할 줄 아는 사람들이었기에 가능했던 일이니 노블레스 오블리주의 대표격이라 할 수 있을 것이다.

**코시모**(1389~1464)
피렌체 최고의 권력자이자 학문과 예술의 후원자

**로렌초**(1449~1492)
'위대한 자'라 불렸던 최대의 정치인. 미켈란젤로와 다빈치의 후원자

**줄리아노**(1453~1478)
형 로렌초와 함께 피렌체의 지도자였지만 암살당하고만 비운의 인물

# 두오모(산타 마리아 델 피오레 성당)
Duomo(Chiesa di Santa Maria del Fiore)

[두오모(끼에자 디 싼따 마리아 델 피오레)]    MAP 9 ⓖ

통일 이탈리아 이전 강력했던 피렌체 공국의 종교적 중심지였던 두오모는 피렌체의 상징이며, 〈냉정과 열정 사이〉의 팬에게는 '연인들의 성지'라 불린다.

1296년 공사가 시작되어 170여 년 동안 축조된 건축물이며 브루넬레스키가 설계한 거대한 돔(Dome)은 골조를 이중으로 사용하는 정교한 기법을 보여주는 훌륭한 예술 작품이다. '두오모'란 반원형의 둥근 천장을 뜻하며 이는 '돔'의 어원이 됐다.

3만여 명이 모일 수 있는 크기인 이 성당의 원래 이름은 산타 마리아 델 피오레(Santa Maria del Fiore)로 '꽃의 성모교회'라는 뜻이다. 흰색, 분홍색, 녹색의 대리석으로 장식된 기하학적 모양의 대성당은 정말 한 송이의 꽃을 보는듯한 느낌을 준다.

114미터 높이의 내부에는 베네디토 마이아노의 십자가, 안드레아 델 카스타니오와 파울로 베첼로에 의한 두 개의 대규모 기마 천상화, 로

비아의 채색도판으로 만든 아름다운 릴리프가 있다. 컵을 씌운 듯한 반원형의 지붕, 쿠폴라(Cupola)에 그려진 바사리(Vasari)와 그의 제자들이 그린 프레스코화 〈창세기〉와 〈최후의 심판〉을 찾아보자.

성당 지하에는 평생을 쿠폴라의 설계와 건축에 매달린 브루넬레스키의 무덤과 두오모의 전신인 산타 레파레타 교회의 흔적이 남아 있다.

464개의 계단을 따라 높이 106미터의 쿠폴라로 올라가면 피렌체를 한눈에 볼 수 있는 전망대가 나온다. 올라가는 길은 험난하면서도 멀다. 두 사람이 동시에 지나가기도 어려운 좁은 계단을 올라가려면 나중에는 다리가 후들거리며 떨릴 정도다.

하지만 위에서 보는 피렌체의 풍경은 그만한 값어치를 하고도 남는다. 우리나라에서 특히 큰 반향을 일으킨 영화 〈냉정과 열정 사이〉에서 두 연인이 10년 뒤 만나기로 한 장소가 바로 이곳이라 영화나 소설을 본 연인들에게는 필수 방문 코스가 되고 있다.

성당 외부의 종탑 오른쪽 옆으로는 자신의 역작인 쿠폴라를 만족스럽게 보고 있는 브루넬레스키의 조각상이 있다.

위치 메디치 리카르디 궁전에서 도보 4분 주소 Piazza del Duomo 오픈 월~토요일 10:00~16:30, 일요일 13:30~16:30 휴무 1월 1일, 1월 6일, 부활절, 12월 25일 요금 무료 전화 055-230-2885 홈피 www.ilgrandemuseodelduomo.it

---

### TIP
#### 두오모 내부 볼거리 정보

**쿠폴라**
오픈 월~금요일 08:30~18:20, 토요일 08:30~17:00 휴무 일요일, 1월 1일, 부활절, 기타 휴무는 홈페이지 확인

**지하 박물관**
오픈 월~금요일 10:00~17:00, 목요일 10:00~16:30(5월·10월 10:00~16:00), 토요일 10:00~16:45 휴무 일요일, 공휴일, 9월 8일

**두오모 콤보 티켓**
두오모 본당 이외 다른 곳을 방문하려면 콤보 티켓을 구입해야한다. 쿠폴라·종탑·세례당·지하 박물관·두오모 오페라 박물관 입장이 가능하다.
요금 €18(각 명소 당 1회 입장만 가능)

# 산 조반니 세례당
## Battistero San Giovanni

[베띠스떼로 싼 조반니]                                            MAP 9 ⓖ

피렌체의 수호성인 산 조반니에게 봉헌된 곳으로 두오모나 종탑보다 100년 이상 앞서 건축되었다. 흰색과 녹색의 대리석으로 만들어진 이곳에서 단테가 세례를 받기도 하였으며 두오모 완성 전까지는 대성당으로 사용되었다.

이곳에서 유명한 것은 세 개의 청동문 중 두오모와 마주하고 있는 동쪽 문으로, 미켈란젤로가 '천국의 문'이라 칭하며 감탄했던 작품이다. 로렌초 기베르티(Lorenzo Ghiberti)가 무려 28년 동안 제작한 것으로 성서 창세기의 이야기를 열 개의 부조로 구성하였다. 하지만 우리가 실제로 볼 수 있는 것은 정교한 복사본으로 진품은 두오모 오페라 박물관에 소장되어 있다. 북문 또한 기베르티의 작품으로 예수의 삶이 새겨져 있는데, 동문에 비해 1년 정도 앞선 작품이다.

검소해 보이는 외부와 달리 화려한 느낌을 주는 내부의 하이라이트는 바로 천장의 모자이크다. 비잔틴 양식의 모자이크로 가장 아래 부분은 세례 요한의 일생, 그 위는 예수의 일생을 묘사했다. 세 번째 층은 구약에 등장하는 요셉의 이야기, 맨 위는 창세기의 주요 장면으로 꾸며져 있다. 또한, 안쪽에 있는 화려한 세례대는 피렌체가 자랑하는 단테와 지오토 등이 이곳에 담겨 있던 물로 세례를 받았다고 하는 역사적인 유물이다.

**위치** 메디치 리카르디 궁전에서 도보 4분, 두오모 맞은 편 **주소** Piazza San Giovanni **오픈** 월~토요일 08:15~10:15, 11:15~19:30, 일요일 08:15~13:30 **휴무** 1월 1일, 부활절, 9월 8일, 12월 26일 **요금** 두오모 콤보 티켓(€18) 이용 **전화** 055-230-2885 **홈피** www.operaduomo.firenze.it

> **TIP** 천국의 문 자세히 보기

❶ 아담과 이브의 창조
❷ 인류 최초의 살인(카인, 동생 아벨을 죽이다)
❸ 노아의 방주 이야기
❹ 아브라함과 이삭
❺ 야곱과 그의 형 에서
❻ 요셉과 그의 형제들
❼ 십계명을 받은 모세
❽ 요단강 건너는 이스라엘 민족
❾ 다윗왕과 사울
❿ 솔로몬과 시바 여왕

# 지오토의 종탑
## Campanile di Giotto

[깜빠닐레 디 조또]

MAP 9 ⓖ

두오모 남쪽에 있는 84미터 높이의 종탑은 대성당 건축자인 지오토(Giotto)가 설계하고 그의 제자 피사노가 마무리했다. 14세기의 건물이라 단테의 〈신곡〉에도 등장할 정도로 예부터 피렌체의 명소였다. 흰색, 분홍색, 초콜릿색의 대리석으로 장식된 탑은 당시 '과거 누구의 예술보다 완전한 것'이라는 칭송을 들었다. 세월이 많이 지난 지금에도 종탑의 색채와 부조, 디자인을 보고 있노라면 절로 고개가 끄덕여진다. 종탑을 장식하고 있는 대리석의 첫 번째 부분의 육각형 대리석에는 인간의 창조와 농업, 예술 등의 내용이, 두 번째 층에는 고대 신화와 신들, 세 번째 층은 고대 예언자들과 세례 요한의 이야기가 담겨 있다.

두오모와 마찬가지로 엘리베이터는 없으며 414개의 계단을 오르면 피렌체의 시가지를 전망할 수 있는 전망대가 나온다. 비교적 계단이 넓고 중간이 쉴 수 있는 곳도 있어 두오모의 쿠폴라보다는 올라가기가 수월하다. 더욱이 두오모까지 포함된 전망을 볼 수 있어 인기가 많다.

위치 두오모 바로 옆 주소 Piazza del Duomo 오픈 08:15~19:20 휴무 1월 1일, 부활절 일요일, 9월 8일, 12월 25일 요금 두오모 콤보 티켓(€18) 이용

## 두오모 오페라 박물관
**Museo dell'Opera del Duomo**

[무제오 델라페라 델 두오모]   MAP 9 ⓖ

〈막달라 마리아〉

흔히 그냥 지나치는 경우가 많지만 성당 동쪽에 있는 두오모 오페라 박물관에는 걸작으로 꼽히는 미켈란젤로의 〈반디니의 피에타〉와 도나텔로의 〈막달라 마리아〉가 소장돼 있다. 또한, 산 조반니 세례당의 〈천국의 문〉 진품과 두오모와 종탑을 장식하고 있는 조각의 진품들을 모두 이곳에서 만날 수 있다.
이곳에서는 브루넬레스키가 쿠폴라를 건설하는 과정을 모형으로 전시하고 있다. 사다리 없이 쿠폴라를 만드는 첨단의 기술이 지금의 눈으로 보아도 감탄스럽다. 전시 마지막 부분에는 그의 안면상이 함께 전시되어 있다.

**위치** 두오모 뒤편
**주소** Piazza del Duomo 9
**오픈** 09:00~19:00
**휴무** 매월 첫째 화요일, 부활절, 1월 1일, 12월 25일
**요금** 두오모 콤보 티켓(€18) 이용
**전화** 055-230-2885
**홈피** www.operaduomo.firenze.it

## 산티시마 안눈치아타 광장
**Piazza della Santissima Anunziata**

[삐아짜 델라 싼띠씨마 아눈치아타]   MAP 9 ⓓ

두오모 쿠폴라의 설계자 브루넬리스키가 조성한 곳으로 중앙의 기마상은 페르디난도 1세 공작의 모습이다. 기마상 뒤쪽으로 멀리 두오모가 보이는데, 이 장소가 바로 〈냉정과 열정 사이〉에서 두 주인공이 서로를 바라보던 장면의 배경이다.
광장 안에는 같은 이름을 가진 산티시마 안눈치아타 성당(Chiesa della Santissima Anunziata)이 있다. 이곳은 성모 마리아에게 봉헌된 곳으로 외부는 소박하나 내부는 바로크 양식의 화려한 장식을 하고 있다. 입구 옆에 있는 성모상은 신혼부부가 부케를 봉헌하고 둘의 사랑을 기도하는 장소이기도 하다.

**위치** 두오모에서 Via dei Servi를 따라 도보 6분
**주소** Piazza della Santissima Anunziata

## 오스페달레 델리 인노첸티
Ospedale degli Innocenti

[오스뻬달레 델리 이노쎈띠]   MAP 9 ⓓ

이곳은 오늘날 우리가 르네상스라 부르는 새로운 건축 양식을 정의한 최초의 건물이라 알려져 있다. 오스페달레 델리 인노첸티는 '무죄한 이들의 병원'이라는 뜻으로 피렌체의 부유한 상인 조합이 버려진 아이들을 위해 세워서 운영한 보육원이었다. 현재는 박물관으로 사용되고 있다.

외부 회랑을 브루넬레스키가 만들어서 그의 이름을 붙여 '브루넬레스키의 보육원'이라고도 부른다. 각 기둥 위의 푸른색 원형 안에는 보자기에 싸여있는 아기의 모습이 새겨져 있으며 모든 아기의 표정과 모습이 다르다. 건물을 바라보며 왼쪽 끝으로 가면 아이를 놓고 갈 수 있게 만들어 놓은 회전 휠이 남아 있다.

위치 산티시마 안눈치아타 광장에 위치 주소 Piazza della Santissima Anunziata 12 오픈 10:00~19:00 휴무 1월 1일, 12월 25일 요금 €7 전화 055-203-7308

## 산 마르코 박물관
Museo di San Marco

[무제오 디 싼 마르꼬]   MAP 9 ⓓ

〈수태고지〉

원래는 사보나롤라가 기거하며 활동했던 도미니크회의 수도원으로 현재는 박물관으로 사용되고 있다. 2층 수도원 건물로 가서 계단을 따라가면 가장 유명한 작품인 프라 안젤리코의 〈수태고지 Annunciazion〉가 있다. 또한, 사보나롤라가 머물던 방과 유품도 있으며 각 방에는 예수의 일생을 담은 프레스코화가 장식되어 있다.

〈수태고지〉에서 마리아와 천사가 있는 장소의 회랑은 수도원의 것과 비슷하며 그림 속 백합은 성모 마리아의 순결을 상징하고 있다. 그 밖에도 〈그리스도와 막달라 마리아〉, 〈그리스도의 변용〉 등도 있다. 1387년 출생한 프라 안젤리코 또한 도미니크회의 수도사였고 수도원에 들어온 후 그림을 시작하였다.

위치 두오모에서 Via del Marteli와 Via Cavour를 지나 도보 10분 주소 Piazza San Marco 1 오픈 월~금요일 08:15~13:20, 토·일요일 08:15~16:50 휴무 첫째·셋째·다섯째 일요일, 둘째·넷째 월요일, 1월 1일, 12월 25일 요금 €8(수도원 무료) 전화 055-238-8608

# 아카데미아 미술관
## Galleria dell'Accademia

[갈레리아 델라까데미아]                                    MAP 9 ⓒ ⓓ

많은 소장품이 있지만, 미켈란젤로의 걸작 〈다비드 David〉가 바로 이곳의 백미다. 르네상스 조각의 최고봉이라고 볼 수 있는 것으로 26세의 미켈란젤로가 2년에 걸쳐 제작한 조각상은 크기만도 5미터가 넘는다. 원래는 시뇨리아 광장에 있었던 것을 안전상의 이유로 이곳에 옮겨왔다. 당시 피렌체보다 훨씬 힘이 강했던 밀라노가 이곳을 침공하려다 무산된 사건이 있었다. 이후 피렌체를 다비드(다윗)로, 밀라노를 골리앗으로 비유하여 이후 피렌체 곳곳에 다비드상을 세웠다고 한다.

그 밖에도 미켈란젤로의 미완성 조각 작품들과 노예 시리즈, 매너리즘 조각을 대표하는 작품인 밤볼로냐의 〈사비네 여인의 능욕 Rape of the Sabines〉, 기를란다요의 작품 등을 비롯해 13세기에서 16세기까지 피렌체파 회화가 전시돼 있다. 악기 박물관에는 이탈리아에서 만든 명품악기들이 있는데, 연주 소리를 함께 들을 수 있어 더욱 흥미롭다.

우피치 미술관, 두오모와 함께 언제나 기나긴 줄이 늘어서 있는 곳이라 예약을 하거나, 피렌체 카드를 사용하는 것이 좋다.

위치 두오모에서 Via Ricasoli를 따라 도보 5분 주소 Via Ricasoli 58-60 오픈 화~일요일 08:15~18:50 휴무 월요일, 1월 1일, 5월 1일, 12월 25일 요금 €12(예약 시 €4 추가) 전화 055-098-7100 홈피 www.beniculturali.it

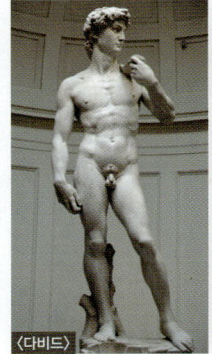
〈다비드〉

〈사비네 여인의 능욕〉

# Eating

두오모 주변

## 그롬
### GROM

MAP 9 ⓖ

이탈리아 주요 도시에 있는 체인점이지만 그 맛이 뛰어나 뉴욕까지도 진출한 유명한 젤라테리아 전문점. 두오모 근처 작은 골목에 있지만, 맛을 보기 위해 일부러 찾아오는 사람도 있을 정도다. 최초의 젤라토 맛이라고 하는 코메 우나 볼타(Come Una Volta)나 크레마 디 그롬(Crema di Grom) 등이 인기가 많지만 다른 것도 두루 맛있다.

<u>위치</u> 두오모 오른쪽 옆 주소의 골목길을 따라 도보 1분
<u>주소</u> Via del Campanile 2
<u>오픈</u> 10:30~23:00
<u>요금</u> €2~5
<u>전화</u> 055-216-158
<u>홈피</u> www.grom.it

## 트라토리아 마리오
### Trattoria Mario

MAP 9 ⓒ

1953년 창업한 가족 운영 식당으로 점심시간에만 운영하지만, 음식이 맛있고 가격이 저렴해 언제나 문전성시를 이룬다. 영업시간 전에 가서 대기하는 것이 좋고, 자리가 없다면 이름을 말하고 밖에서 순서를 기다려야 한다. 제대로 된 메뉴판이 없으니, 추천을 받거나 주변 테이블을 보고 맛있어 보이는 것을 주문하자. 실내가 꽤 시끄럽고 합석을 할 수도 있다. 예약은 불가능하고 현금 지불만 가능하다.

<u>위치</u> 중앙시장에서 도보 2분 <u>주소</u> Via Rosina 2r <u>오픈</u> 월~토요일 12:00~15:30 <u>휴무</u> 일요일, 공휴일 <u>요금</u> 파스타 €6~, 메인 요리 €8~13 <u>전화</u> 055-218-550 <u>홈피</u> trattoria-mario.com

## 트라토리아 다 자자
Trattoria da Zà-Zà

MAP 9 ⓒ

중앙시장 옆에 있어 찾기도 쉽고 부담 없는 가격과 푸짐하고 맛있는 요리로 소문난 레스토랑. 파스타 등 기본 요리와 각종 고기 요리가 괜찮다. 추천 메뉴는 긴 꼬챙이에 고기를 끼워 구워주는 'Spiedino'와 마스카르네 치즈 요리이다. 이외에도 할머니의 레시피로 만들었다는 야채수프(Mixed Vegetable Tuscan Soup), 토스카나 스타일 수프 리볼리타(Ribollita)와 파빠 알 폼모도로(Pappa al pomodoro)도 인기 메뉴다.

<u>위치</u> 중앙시장 근처
<u>주소</u> Piazza del Mercato Centrale 26r
<u>오픈</u> 11:00~23:00
<u>요금</u> €14~
<u>전화</u> 055-215-411
<u>홈피</u> www.trattoriazaza.it

## 리스토란테 일 라티니
Ristorante il Latini

MAP 9 ⓕ

현지인에게도 인기가 높고 '미슐랭 가이드'를 비롯한 미식가들 사이에서도 평가가 좋은 전통요리 레스토랑이다. 두툼하고 맛있게 구워진 비스테카 알라 피오렌티나 등이 대표 메뉴다. 웨이터들이 평상복 차림으로 서빙을 해서 가정집에 온 것 같은 기분이 들기도 한다. 줄을 서서 오래 기다리지 않으려면 일찍 방문하는 것이 좋다.

<u>위치</u> 산타 마리아 노벨라 교회에서 도보 5분 <u>주소</u> Via dei Palchetti 6r <u>오픈</u> 화~금요일 19:00~22:30, 토·일요일 12:30~14:00 19:00~22:30 <u>휴무</u> 월요일 <u>요금</u> €13~ <u>전화</u> 055-210-916 <u>홈피</u> www.illatini.com

# Shopping

## 산타 마리아 노벨라 약국
### Officina di Santa Maria Novella

MAP 9 ⓑ

많은 여행자가 피렌체에서 필수 코스처럼 방문하는 천연 화장품 가게. 도미니크회 수도사들이 1221년부터 약초를 재배하여 각종 약품을 만들어 판매하였는데, 그 효능이 널리 알려지면서 명성을 얻기 시작했다.
천연 재료 이외에는 아무것도 첨가하지 않고 만드는 특별한 제조법으로 유명하다. 이곳에서 판매하는 화장품과 비누, 보디용품, 향수를 비롯해 꿀과 허브 등은 모두 수작업을 통해 정성스럽게 만들어진다고 한다.
기능성 화장품 종류는 €45~, 비누와 기초 화장품은 €12~20 내외로 구입할 수 있다. 특히 한국 여행자의 선호도가 높은 것은 보습 크림인 크레마 이드랄리아(Crema Idralia)와 재생 크림 크레마 폴리네(Crema Polline)이다. 한국어 제품 안내서와 한국어가 가능한 직원이 있어 쇼핑하기도 매우 편리하다. 우리나라에도 진출해 있지만 가격 차이가 꽤 나기 때문에 일부러 방문하는 보람도 느낄 수 있다. €155 이상 사면 면세 혜택을 받을 수 있는데, 반드시 여권을 지참해서 가야 하며 반드시 구매 당일 면세 혜택을 신청해야 한다.

위치 산타 마리아 노벨라 성당 앞의 광장을 뒤로하고 주소의 길을 따라 우회전한다. 광장에서 도보 4분 소요 주소 Via della Scala 16 오픈 09:00~20:00 휴무 1월 1일, 부활절, 5월 1일, 12월 25 · 26일 홈피 www.smnovella.com

## 중앙시장
### (메르카토 첸트랄레)
**Mercato Centrale**

MAP 9 Ⓑ Ⓒ

중앙역과 산 로렌초 성당에서 가까운 대형 시장으로 대규모 2층 건물 내부에 있는 곳이다. 대대적인 리모델링을 거쳐 1층에 모든 식재료 매장이 입점해있고 2층과 3층에는 대형 푸드코트가 위치해. 한 자리에서 쇼핑과 식도락을 즐길 수 있도록 만들었다. 자릿세나 서비스 요금이 없는 것도 큰 장점이다. 한국으로 가져갈 만한 선물과 식재료들을 구입하기에도 편리하고, 구경만 해도 재미있는 곳이다.

**위치** 산 로렌초 성당에서 도보 1분 **주소** Piazza del Mercato Centrale **오픈** 08:00~12:00

## 이터리
**Eataly**

MAP 9 Ⓒ

두오모 옆에 있는 대형 식품매장으로 중앙시장이 예스러운 분위기라면 이곳은 모던하고 깔끔한 분위기다. 건강함과 전통음식의 재해석을 모토로 2007년 토리노에서 시작된 후 이탈리아 전역에 진출하고 있으며 식재료와 더불어 요리책과 각종 조리 도구도 원스톱으로 쇼핑할 수 있다. 매장 안에는 식당도 함께 있다.

**위치** 두오모 광장에서 도보 1분
**주소** Via de'Martelli 22
**오픈** 10:00~22:30
**전화** 055-015-3601
**홈피** www.eat-aly.net

## 일 파피로
**Il Papiro**

MAP 9 Ⓒ

이탈리아의 유명 관광도시에 많은 지점을 둔 문구 전문점으로 이곳 피렌체에서 처음 시작되었다. 예스럽고 멋진 디자인의 포장지와 필기구, 영화에 등장하는 소품 같은 깃대가 달린 펜, 다이어리 등을 살 수 있다. 도시별로 각자의 랜드마크를 활용한 상품들이 있으며 피렌체에서는 두오모와 종탑이 특히 많이 사용되고 있다.

**위치** 두오모 광장에 위치
**주소** Piazza del Duomo 24
**오픈** 10:00~19:00
**전화** 055-281-628
**홈피** www.ilpapiro-firenze.it

# Galleria degli Uffizi Area

## 우피치 미술관 주변

## 우피치 미술관 주변
# 이렇게 여행하자

**Access** 두오모에서 단테의 집까지 도보 3~4분

중세부터 지금까지 피렌체의 행정부가 있는 베키오 궁전과 도시의 구심점인 시뇨리아 광장, 그리고 유럽에서도 손꼽히는 우피치 미술관과 아름다운 베키오 다리를 거치는 코스는 예술과 로맨틱한 분위기에 빠지는 여정이다. 주변으로는 보석상이나 오래된 상점, 쇼핑가와 맛있는 레스토랑들이 즐비하게 늘어서 있다.

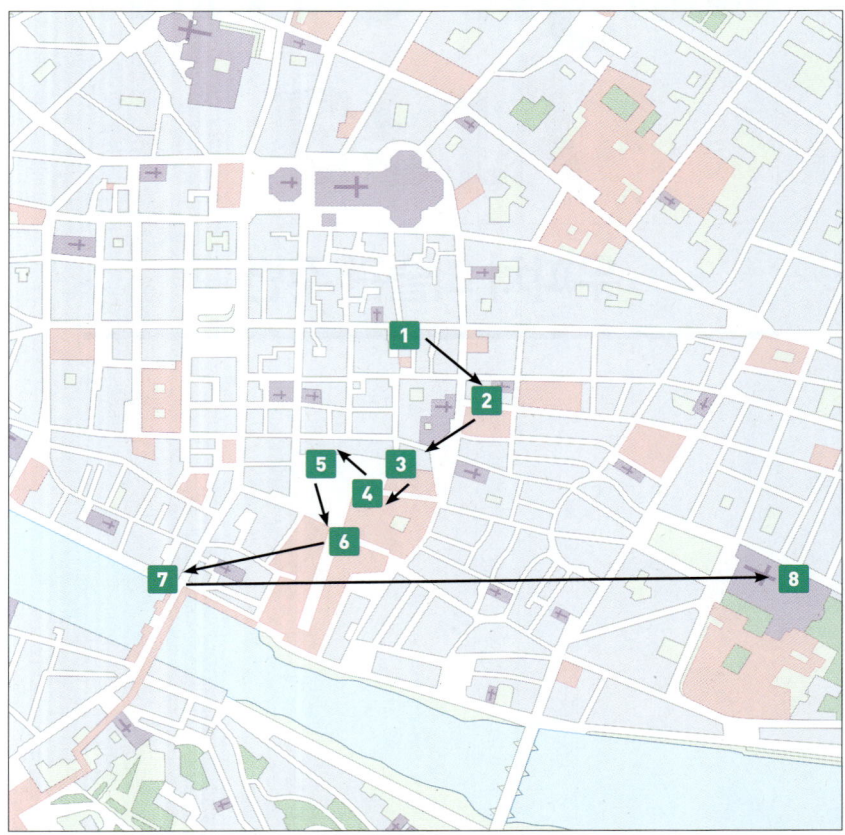

## 추천 코스

**예상 소요 시간**
약 1일

**1** 단테의 집
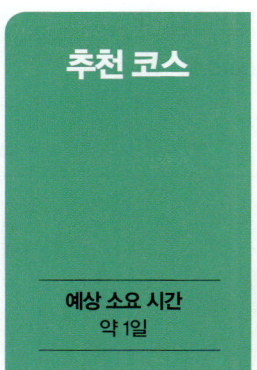

도보 2분 →

**2** 바르젤로 국립박물관

↓ 도보 3분

**5** 시뇨리아 광장

← 도보 1분

**4** 베키오 궁전

← 도보 1분

**3** 우피치 미술관

↓ 도보 1분

**6** 우피치 미술관

도보 4분 →

**7** 베키오 다리

도보 20분~ →

**8** 산타 크로체 교회

# Sightseeing

## 단테의 집
### Museo Casa di Dante

[무제오 까사 디 단떼]  MAP 9 ⓖ

이탈리아의 위대한 문호 단테가 1265년에 태어난 집으로 현재는 복원된 상태로 남아 있다. 내부에는 작은 박물관과 단테의 침실, 서재 등이 있지만 그리 큰 볼거리는 없다.
〈신곡〉을 쓴 세계적인 문호 단테는 아르노 강변에서 만난 베아트리체를 향한 짝사랑으로 써내려간 〈슬픈 베아트리체〉라는 노래로도 유명하다.

**위치** 시뇨리아 광장 끝에 연결된 Via dei Magazzini를 따라가다 Via Dante Alighreri가 나오면 오른쪽으로 조금 가면 건물 벽면에 단테의 조각상이 보인다. **주소** Via San Margherita 1 **오픈** 4월~10월 10:00~18:00 / 11월~3월 화~금요일 10:00~17:00 토 · 일요일 10:00~18:00 **휴무** 10월~3월 월요일, 12월 24일 · 25일 **요금** €4 **전화** 055-219-416 **홈피** www.museocasadidante.it

단테와 베아트리체의 만남

## 바르젤로 국립박물관
### Museo Nazionale del Bargello

[무제오 나찌오날레 델 바르젤로]  MAP 9 ⓖ

16세기에는 경찰 본부였던 건물로 박물관 이름인 바르젤로는 '경찰'이라는 뜻이다. 우피치 미술관이나 아카데미아 박물관에 비하면 관심도가 떨어지지만, 미술을 좋아한다면 반드시 들러볼 만한 장소다. 중세 시대 조각 · 공예품과 더불어 르네상스부터 바로크 시대까지의 작품이 주로 전시되어 있다.

도나텔로 〈다비드〉

놓치지 말아야 할 작품은 도나텔로의 〈다비드〉 〈성 조르조〉, 미켈란젤로의 〈미완의 다비드〉 〈바쿠스〉, 브루넬레스키의 〈이삭의 희생〉, 제자였던 레오나르도 다빈치를 모델로 하였다는 베로키오의 〈다비드〉 등이다.

**위치** 단테의 집을 뒤로하고 왼쪽으로 가다가 Via del Proconsolo를 따라 두오모 방면으로 간다. 도보 2분 소요 **주소** Via del Proconsolo 4 **오픈** 08:15~16:20 **휴무** 첫째 · 셋째 · 다섯째 월요일, 둘째 · 넷째 일요일 **요금** €9(특별전 요금 추가) **전화** 055-238-8606 **홈피** www.bargellomusei.beniculturali.it

※이탈리아는 매월 첫번째 일요일에 이탈리아 정부가 관리하는 미술관 · 박물관 등을 무료개방

## 구찌 박물관
Gucci Museo

[구찌 무제오]     MAP 9 ⓖ

2011년 구찌 창립 90주년을 맞이하여 시뇨리아 광장 한편에 있는 메르칸티나 궁(Palazzo della Mercantina)을 개조하여 2013년 구찌 박물관으로 개관하였다. 피렌체의 대표 브랜드이자 세계적인 명성을 가지고 있는 구찌의 역사를 살펴볼 수 있는 곳으로 예전에 제작된 여행 가방을 비롯해 드레스와 최근의 컬렉션 등을 볼 수 있다.
1층에는 기프트 숍과 서점, 카페 등이 있는데 서점에서 판매하는 가죽제품에는 이름을 새길 수 있다.

<u>위치</u> 시뇨리아 광장에 위치, 베키오 궁전을 바라보고 왼쪽에 있다. <u>주소</u> Piazza della Signoria 10 <u>오픈</u> 10:00~ 22:30 / 기프트 숍 & 서점 10:00~20:00 / 카페 & 레스토랑 10:00~20:00 <u>휴무</u> 1월1일, 8월 15일, 12월 25일 <u>요금</u> €7(목요일 20시 이후 €5) <u>전화</u> 055-7592-7010 <u>홈피</u> www.guccimuseo.com

## 베키오 궁전
Palazzo Vecchio

[빨라쪼 베끼오]     MAP 9 ⓖ

과거 피렌체 공국의 청사였고 오늘날에도 시청사로 사용되고 있다. 94미터 높이의 탑이 있는 고딕 양식의 건물 안뜰에는 레오나르도 다빈치의 스승이기도 한 베로키오 (Verrocchio)가 디자인한 천

사상이 있는 분수와 더불어 바사리가 만든 이중 계단이 자리하고 있다.
내부 2층에는 회의장이었던 1500년대의 방인 500인실(Salone dei Ciquecento)가 있는데, 메디치 가문은 이곳을 연회와 접견하는 장소로 사용하였다. 그들의 흔적은 내부 서재 (Studiolo)에 있는 코시모 1세의 초상화와 더불어 가문의 문장인 여섯 개의 구슬 등에서 찾아볼 수 있다. 그 밖에도 3층에 있는 1200년대의 방에는 천장화가 유명하고, 의상실의 피렌체 지도 타피리스트도 눈길을 끈다. 418개의 계단을 올라가야 하는 탑은 피렌체의 전망대 역할을 하고 있다.

<u>위치</u> 시뇨리아 광장에 면해 있다. <u>주소</u> Piazza della Signoria <u>오픈</u> 박물관 10월~3월 09:00~19:00, 4월~9월 09:00~23:00/ 탑 10월~3월 10:00~17:00, 4월~9월 09:00~21:00 / 목요일 · 공휴일 09:00~14:00 <u>휴무</u> 12월 25일 <u>요금</u> 안뜰 무료(화장실 있음), 박물관 €16.5, 탑 €12.5, 박물관+탑 통합권 €21.5 <u>전화</u> 055-276-8325 <u>홈피</u> museicivicifiorentini.comune.fi.it

# 시뇨리아 광장
## Piazza della Signoria

[삐아짜 델라 시뇨리아]　　　　　　　　　　　　　　　　　　MAP 9 ⓖ

그다지 넓지 않은 피렌체의 길을 걷다가 갑자기 만나게 되는 넓은 중심 광장. 과거에는 도시의 구심점이었으며, 시민들이 이곳에서 토론을 벌이거나 거수로 정사(政事)를 결정하였다. 광장에는 피렌체의 전성기를 이끈 코시모 데 메디치의 청동 기마상과 르네상스 시대의 걸작들이 '날 진짜라고 생각하고 봐줘!'라는 듯 서 있지만, 사실은 다 모조품이다.

많은 조각 중에 미켈란젤로의 걸작 다비드가 인기 만점이라 관광객들의 사진 세례를 받곤 한다. 하지만 다비드 진품을 보려면 아카데미아 미술관(Galleria dell'Accademia)에 가야 한다. 원래 광장에 진품이 있었지만 강풍에 날아온 판자에 왼손이 부서지고 정신이 이상한 사람이 왼쪽 엄지발가락을 망치로 부수는 등의 해프닝을 겪은 후 아예 안전한 미술관으로 옮겨졌다.

다비드가 헤라클레스와 나란히 서서 정문을 지키는 곳이 베키오 궁전이며 바로 옆으로 15개의 조각상이 늘어서 있는 회랑인 로자 데이 란치(Loggia dei Lanzi)가 있다. 그리고 베키오 궁전과 로자 데이 란치 사이의 골목 안쪽으로 우피치 미술관이 있다.

광장 주변에는 거리의 미술가들이 초상화(€30~)를 그려주거나 직접 그린 그림들을 판매한다. 하지만, 너무 저렴하거나 그림을 그리지 않고 계속 앉아만 있는 사람의 것은 가짜일 확률이 높으니 신중히 구입해야 한다.

위치 두오모에서 Via de'Calzaiuoli 따라 도보 5~6분, 베키오 궁전과 면하고 있다. 주소 Piazza della Signoria

# 시뇨리아 광장 둘러보기

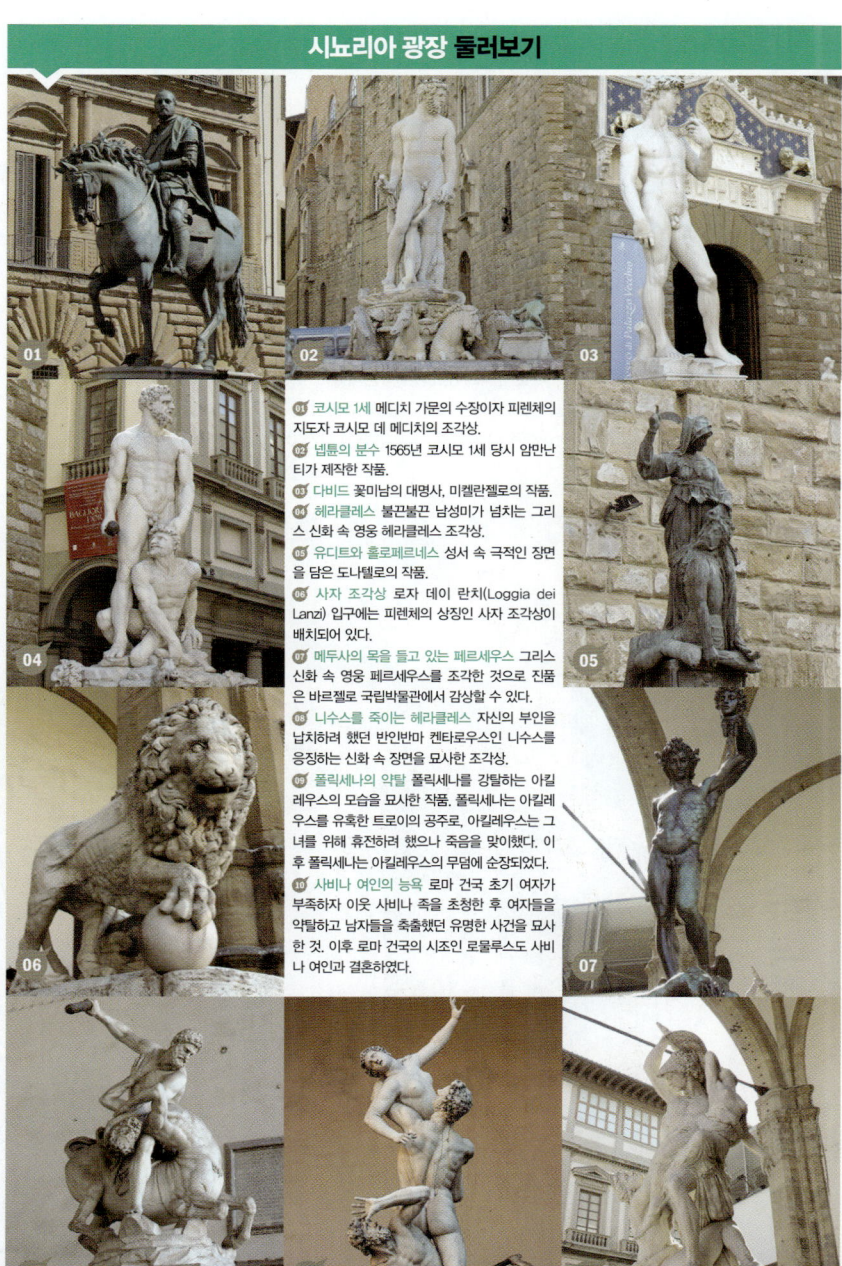

**01** 코시모 1세 메디치 가문의 수장이자 피렌체의 지도자 코시모 데 메디치의 조각상.
**02** 넵튠의 분수 1565년 코시모 1세 당시 암마난티가 제작한 작품.
**03** 다비드 꽃미남의 대명사, 미켈란젤로의 작품.
**04** 헤라클레스 불끈불끈 남성미가 넘치는 그리스 신화 속 영웅 헤라클레스 조각상.
**05** 유디트와 홀로페르네스 성서 속 극적인 장면을 담은 도나텔로의 작품.
**06** 사자 조각상 로자 데이 란치(Loggia dei Lanzi) 입구에는 피렌체의 상징인 사자 조각상이 배치되어 있다.
**07** 메두사의 목을 들고 있는 페르세우스 그리스 신화 속 영웅 페르세우스를 조각한 것으로 진품은 바르젤로 국립박물관에서 감상할 수 있다.
**08** 니수스를 죽이는 헤라클레스 자신의 부인을 납치하려 했던 반인반마 켄타우로스인 니수스를 응징하는 신화 속 장면을 묘사한 조각상.
**09** 폴릭세나의 약탈 폴릭세나를 강탈하는 아킬레우스의 모습을 묘사한 작품. 폴릭세나는 아킬레우스를 유혹한 트로이의 공주로, 아킬레우스는 그녀를 위해 휴전하려 했으나 죽음을 맞이했다. 이후 폴릭세나는 아킬레우스의 무덤에 순장되었다.
**10** 사비나 여인의 능욕 로마 건국 초기 여자가 부족하자 이웃 사비나 족을 초청한 후 여자들을 약탈하고 남자들을 축출했던 유명한 사건을 묘사한 것. 이후 로마 건국의 시조인 로물루스도 사비나 여인과 결혼하였다.

# 우피치 미술관
## Galleria degli Uffizi

[갈레리아 델리 우삐치]                                    MAP 9 Ⓚ

메디치 가문의 사무소이자 공국의 행정국의 역할을 했던 곳이었기 때문에 사무실을 뜻하는 우피치(Uffizi)라는 이름이 붙은 건물이다. 조르조 바사리가 설계하고 메디치 가문의 재력으로 이루어진 미술관에는 르네상스 시대의 걸작을 포함 2,500여 점의 작품이 전시돼 있다. 대부분 13세기에서 18세기 말에 이르는 작품이지만 현재도 계속 작품이 기증되고 있다. 특히 샤갈이 직접 피렌체로 자신의 자화상을 기증하러 온 일은 화제가 되기도 했다.

제2차 세계대전 중에도 일부러 폭격하지 않으며 보존해 온 미술관이지만, 안타깝게도 1993년 폭탄 테러를 당하고 말았다. 50일 된 갓난아기를 포함한 다섯 명의 사람들이 희생되었고 루벤스 방은 심한 손상을 입었다. 테러는 당시 거세게 일어났던 반마피아 운동을 봉쇄하려는 마피아들의 소행이었다. 그들이 영화 속에만 존재하는 것이 아니라는 것을 전 세계가 실감하며 분노했던 비극적인 사건이었다. 사건 이후 미술관은 2년간의 보수 공사를 거쳐 1995년에 다시 개관하게 된다.

우피치는 작품에 이름표를 달아 관람객의 편의를 배려한 최초의 미술관이기도 하다. 또 하나 흥미로운 점은 설계자 바사리가 베키오 궁전과 피티 궁전을 잇는 비밀통로를 만들었는데 그 통로가 우피치 미술관을 가로질러 베키오 다리까지 이어진다는 것이다.

<u>위치</u> 시뇨리아 광장에서 도보 1분 <u>주소</u> Piazza degli Uffizi 6 <u>오픈</u> 화~일요일 08:15~18:50(7월~9월 화요일 ~21:00, 토요일 ~23:00까지 연장 개관) <u>휴무</u> 월요일, 1월 1일, 5월 1일, 12월 25일 <u>요금</u> €20(예약 시 €4 추가), 특별전 진행 시 €12.5 <u>전화</u> 055-294-883 <u>홈피</u> www.uffizi.org

> **TIP**
>
> ### 우피치 미술관 관람 꿀팁
>
> **❶ 예약은 필수!**
> 1년 내내 붐비는 미술관이라 예약 없이 갔다가는 두세 시간 줄서기는 기본이다. 미술관 건너편에 있는 예약 창구나 인터넷 등을 통하여 예약을 하고 관람 시간을 지정받는 것이 시간을 절약하는 방법이다.
>
> **❷ 관람 순서와 동선**
> 미술관 2층과 3층이 전시실이며 3층에 친숙한 그림들이 많다. 3층부터 올라가서 내려오며 관람하는 것이 요령. 동선에 따라 일방통행으로 관람하니 사람들을 따라가면 되지만, 자칫 구석구석에 놓인 명작을 놓치기 쉬우니 박물관 도해를 참조해 꼼꼼히 챙겨 관람하자.
>
> **❸ 카페테리아**
> 박물관 내 카페테리아는 3층에서 2층으로 내려가는 계단 옆에 있으며 분위기 좋은 야외 테라스도 있다.
>
> **❹ 기념품숍**
> 기념품숍은 1층에 있다. 미술관에서 볼 수 있는 명화가 담긴 기념품을 사기에 좋다.

## THEME

# 우피치 미술관
# Galleria degli Uffizi

미술관 3층에 위치한 7번부터 18번 방의 그림들이 이곳의 하이라이트. 하지만 미술관 공사와 작품 보수 등으로 전시실 위치가 변경되는 경우가 많으니 반드시 관람 당시 안내 지도를 받아 다니는 것이 좋다.

### 01 오니산티의 마돈나 Madonna di Ognisanti
2실 / 지오토

사물의 깊이를 표현하기 시작한 것으로 유명한 작품으로, 공간적 이해라고 할 수 있는 지오토의 이 기법은 〈천국의 문〉을 만든 기베르티가 원근법을 완성시키는데 큰 도움을 주었다.

### 02 산 로마노의 전투 Battaglia di S.Romano
7실 / 우첼로

피카소도 와서 매일같이 데생을 했다는 그림으로, 역동적인 그림은 원래 세 개의 패널로 되어 있었는데, 지금은 하나만 남아 있다. 나머지는 파리 루브르 박물관과 런던 내셔널 갤러리에 소장돼 있다.

### 03 우르비노의 초상화
Doppio ritratto dei duchi di Urbino

8실 / 피에로 델라 프란체스카

귀족인 우르비노 부부의 초상화로 서로 마주보는 형식처럼 그려져 있다. 희고 창백한 아내와 짙은 피부색이 돋보이는 남편의 대비되는 표현이 인상적이다.

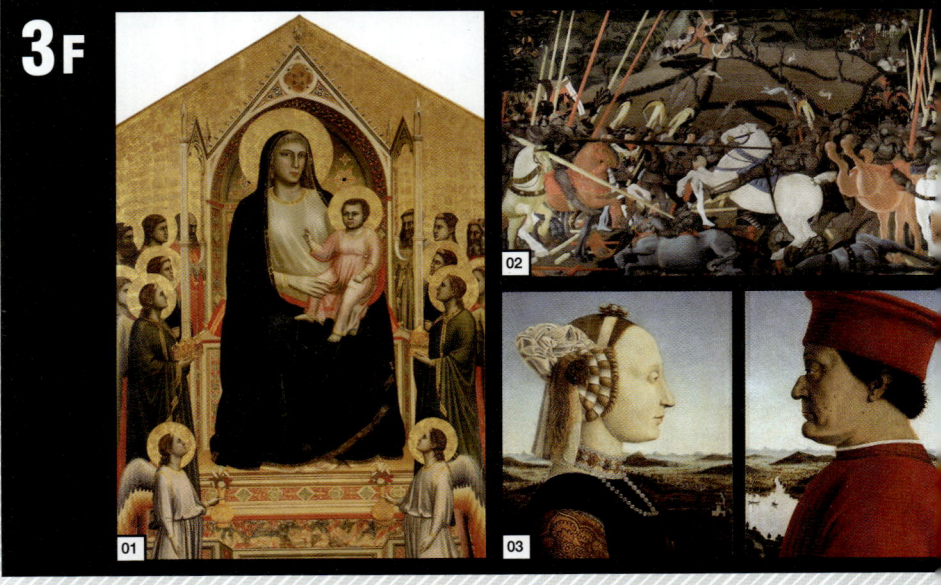

### 04  봄 Primavera
10실 / 보티첼리

우피치 미술관의 하이라이트이자 보티첼리의 대표작 중 하나로 메디치 가문의 신혼부부를 위해 제작한 그림이다. 유럽에 따뜻한 바람이 불어오는 곳은 서쪽 바다라 그림의 녹색은 서쪽을 의미한다. 그리스 꽃의 여신 클로리스를 잡고 있는 서풍(西風) 제퓌로스의 입이 크게 부풀려진 것도 봄이 오고 있음을 강하게 알리는 것이다.
제퓌로스가 닿으니 그녀의 입에서 꽃이 나온다. 그 꽃이 변해 옆의 꽃무늬 드레스를 입은 이탈리아의 꽃의 여신 플로라가 된다. 이렇게 풍요롭게 보이는 봄의 계절을 주관하는 이는 바로 중앙에 있는 비너스이다. 다른 그림에서와는 달리 관능적인 이미지가 아니라 마치 성모 마리아처럼 그려져 있다. 그 옆의 얇은 옷을 걸치고 있는 여자들은 아름다움과 욕망, 만족을 뜻하는 '미의 삼여신'이다.

### 05  비너스의 탄생 Nascita di Venere
10실 / 보티첼리

워낙 미디어 노출이 많아 제목은 몰라도 그림은 누구나 알 정도로 유명하다. 우라누스의 거세된 생식기가 바다에 떨어지면서 생겨난 거품이 만들어 냈다고 하는 비너스는 관능미가 넘치는 미의 여신이다. 서풍 제퓌로스와 미풍 아우라가 바람을 불어 조개껍질 위의 비너스를 육지 쪽으로 밀어주고 있으며 꽃무늬의 망토를 든 여신은 비너스를 맞이할 준비를 하고 있다. 관능미가 넘치는 이 그림의 구도는 다른 전시실에 있는 베로키오와 레오나르도 다빈치의 〈그리스도의 세례〉에 원형을 두고 있으니 두 그림을 비교해 보는 것도 재미있을 것이다.

### 06  동방박사의 경배 Adorazione dei Magi
10실 / 보티첼리

구세주의 탄생을 축하하는 동방 박사의 모습을 묘사한 작품이다. 아기 예수를 가장 가까이 대면하고 있는 사람이 바로 메디치 가문의 코시모이며 그 아래 무릎을 꿇고 있는 다른 두 동방박사의 모델은 코시모의 아들인 피에노와 조반니다. 코시모의 뒤편 화려한 모자를 쓴 사람은 당시 피렌체의 지배자 로렌초 메디치다.

### 07  수태고지 Annunciazione
15실 / 레오나르도 다빈치

천사가 성모 마리아에게 예수를 잉태하게 될 것을 알리는 장면을 그린 것으로, 다빈치가 베로키오의 문하에서 그린 작품이다. 스승 베로키오는 이 그림을 본 후 작품 활동을 중지했을 정도로 감탄했다고 한다.

| 08 | 성가족 Doni Tondo

25실 / 미켈란젤로

그의 초창기 시절 작품으로 예수와 더불어 세상의 부모인 성모 마리아와 성 요셉이 그려져 있다.

| 09 | 검은 방울새의 성모 Madonna del Cardellino

26실 / 라파엘로

성모 마리아와 더불어 아기의 모습인 오른쪽의 예수, 왼쪽의 세례 요한이 안정적인 구도로 배치되어 있다. 세례 요한이 쥐고 있는 검은 방울새는 예수의 수난을 나타낸다.

| 10 | 우르비노의 비너스 Venere di Urvino

28실 / 티치아노

작업 중 떨어트린 붓을 왕이 직접 주워주었을 정도로 인정을 받던 티치아노는 당시 쉽게 다룰 수 없었던 나체화에 대한 인식을 완전히 바꾼 그림을 그려냈다. 이 작품으로 인해 드디어 누드화의 불꽃이 피어오르게 된 것이다. 이름은 '비너스'지만 사실은 귀족 부인의 누드화임이 틀림없다. 시대가 시대이므로 눈 가리고 아웅 일뿐. 즉 신의 이름을 도용해 세상의 비난을 피해보고자 함이다. 결국 이 그림 이후 누드화를 그리고 연구하는 일이 자연스럽게 받아들여졌다고 한다.

| 11 | 긴 목의 성모 Madonna dal Collo Lungo

29실 / 파르미지니노

부자연스러울 정도로 긴 목과 허리는 성모의 우아함을 극대화하기 위한 기법이다.

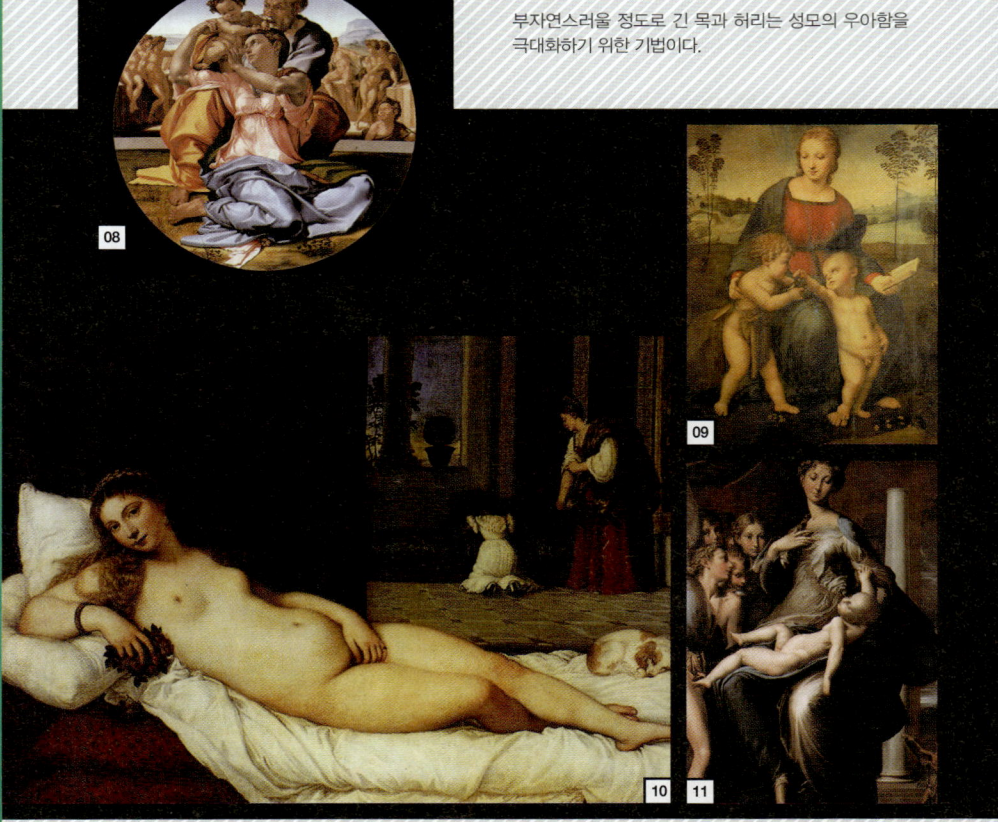

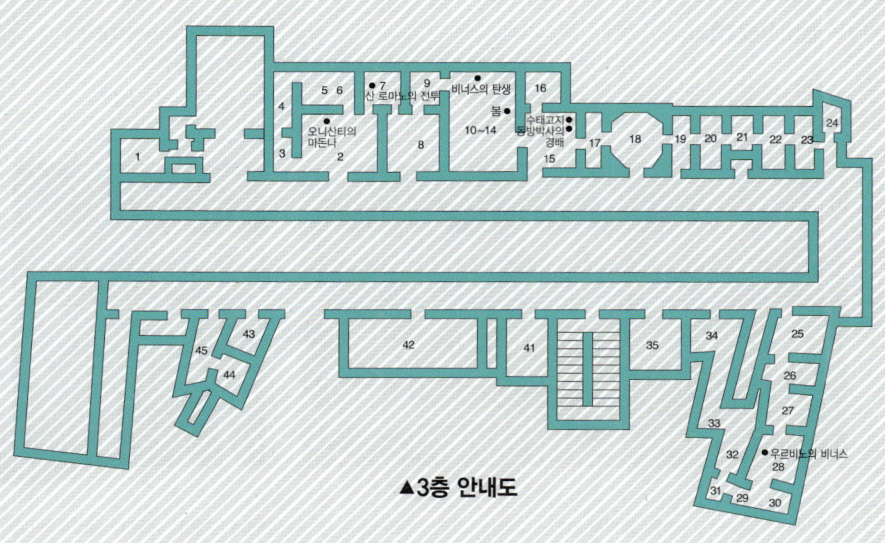

▲3층 안내도

카라바조 〈바쿠스 Bacchus〉

카라바조 〈이삭의 희생 Sacrificio di Isaco〉

카라바조 〈메두사 Medusa〉

2F

## 베키오 다리
### Ponte Vecchio

[뽄떼 베끼오]　　　　　　　　　　MAP 9 ⓙⓚ

1345년에 만들어진 아르노 강에서 가장 오래된 다리로 양쪽으로 귀금속 세공소들과 보석상들이 늘어서 있다. 원래 푸줏간과 가죽염색 공장 등이 있었지만 16세기부터 점차 보석상으로 바뀌게 되었다. 상점마다 독특하게 장식을 해놓아 그 자체만으로도 좋은 구경거리다.

이곳은 보석만큼이나 아름다운 세기의 연인 단테와 베아트리체의 이야기로도 유명하다. 그들이 처음 만난 운명의 장소가 바로 베키오 다리이기 때문이다. 첫사랑을 잊어버리는 남자는 없다지만 그 사랑을 아름다운 문장으로 승화시킨 덕에 이들은 사랑에 목숨을 거는 연인의 대명사가 되었다. 단테가 베아트리체를 처음 만난 것이 아홉 살 되는 해였다. 그는 그녀에 대한 그리움을 그 후로 평생 간직했다고 한다.

다리 중간에는 피렌체 출신 당대 최고의 금세공인 벤베누토 첼리니의 흉상이 있다. 한때 이 근처 울타리는 단테의 사랑을 떠올리며 현대의 연인들이 사랑의 자물쇠를 잠그고 열쇠를 아르노 강에 던져버리는 명소가 되기도 하였다. 지금은 다리 하중을 생각해 그런 행동을 불법으로 지정했다고 한다.

다리 건물의 가장 위층에는 다리의 설계자 바사리가 메디치 가문의 의뢰로 만든 비밀 통로 '바사리 통로'가 있다. 집무실인 베키오 궁전과 숙소인 피티 궁전을 연결하는 통로로, 현재는 메디치 가문 소유의 예술품을 전시하고 있으며 특정 기간에만 오픈한다. 이 통로는 당시 폐쇄적이던 왕족과 귀족의 성향을 보여준다.

<u>위치</u> 우피치 미술관에서 아르노 강 쪽으로 도보 3분

## 살바토레 페라가모 박물관
### Museo Salvatore Ferragamo

[무제오 살바토레 페라가모]　　　　MAP 9 ⓕ

명품 구두로 유명한 살바토레 페라가모의 역사를 한눈에 살펴볼 수 있는 장소로 창업자의 정신인 '신어서 편하고 오래 신어도 변함없는 구두'를 만들고자 했던 그들의 노력과 뛰어난 감각을 느낄 수 있다.

이곳에서 맞춤 구두를 제작한 오드리 헵번을 비롯한 유명인의 발 모형부터 전시장 안에 모셔두어야 할 듯한 파격적이고 실험적인 예술 작품 같은 디자인까지 1만여 족 이상의 페라가모의 작품을 만날 수 있다. 더불어 흥미로운 특별 전시회도 많이 열리니 평소 구두에 관심이 있다면 충분히 방문할 가치가 있다.

<u>위치</u> 아르노 강의 산타 트리니타 다리 근처, 살바토레 페라가모 본점 지하에 위치 <u>주소</u> Piazza Santa Trinita 5R <u>오픈</u> 10:00~19:30 <u>휴무</u> 1월 1일, 5월 1일, 8월 15일, 12월 25일 <u>요금</u> €9 <u>전화</u> 055-356-2846 <u>홈피</u> www.ferragamo.com/museo/en/usa

# 산타 크로체 교회
## Basilica di Santa Croce

[바실리까 디 싼타 끄로체]                                              MAP 9 ⓛ

풍부한 색감의 대리석으로 장식된 모습이 인상적인 고딕 양식의 교회로 13세기에서 14세기에 걸쳐 건축되었다. 이탈리아어로 산타 크로체는 '성스러운 십자가'라는 뜻. 영화 〈전망 좋은 방〉에서 주인공 루시가 혼자 거리를 산책하며 들렸던 교회가 바로 이곳이다.

교회는 미켈란젤로와 지동설을 주장했던 갈릴레이, 〈군주론〉의 저자 마키아벨리, 작곡가 로시니의 무덤이 있는 납골당으로 사용되고 있지만, 정작 피렌체의 대표적 인물인 단테의 무덤은 없다. 그는 〈신곡〉을 쓰기 이전에 피렌체에서 추방당했고 베네치아를 다녀오던 중 라벤나에서 객사하고 말았다. 지금은 라벤나의 교회에 묻혀있는데 그의 유해를 이장하려는 피렌체의 시도는 지금까지도 실현되지 못하고 있다.

회화로는 지오토의 〈성 프란체스코의 생애〉, 도나텔로의 〈십자가에 못 박힌 예수〉, 치마부에의 〈십자가에 못 박힌 예수〉가 있으며 르네상스 건축 양식을 잘 보여주는 파치 예배당(Capella de'Pazzi)은 브루넬레스키의 작품이다.

<u>위치</u> 베키오 궁전 건물 왼편으로 있는 Borgo dei Greci를 따라 도보 5분 또는 베키오 다리에서 강을 따라 알레 그라치에 다리(Ponte alle Grazie) 다리까지 간 후 Via dei Benci를 따라 도보 4분 <u>주소</u> Piazza di Santa Croce <u>오픈</u> 월~토요일 09:30~17:30, 일요일·종교 휴일 14:00~17:30 <u>휴무</u> 1월 1일, 부활절, 6월 13일, 10월 4일, 12월 25일·26일, 특별 행사 기간 <u>요금</u> €8 <u>전화</u> 055-246-6105 <u>홈피</u> www.santacroceopera.it

갈릴레이의 무덤

〈성 프란체스코의 생애〉

# Eating

## 페르케 노!
### Perchè No!

MAP 9 Ⓖ

단테의 집 근처에 있는 젤라테리아로 피렌체에서 맛있기로 꼽히는 곳이다. 가게는 작지만 언제나 손님으로 북적인다.
다양한 맛의 젤라토를 판매하고, 크기에 따라 가격이 달라진다. 두오모에서 시뇨리아 광장 가는 길 바로 옆이라 찾기도 쉽다.

<u>위치</u> 단테의 집에서 도보 1분
<u>주소</u> Via dei Tavolini 19r
<u>오픈</u> 월·수~일요일 11:00~22:00, 화요일 12:00~20:00
<u>요금</u> €2.5~7
<u>전화</u> 055-239-8969
<u>홈피</u> www.percheno.firenze.it

## 비볼리
### Vivoli

MAP 9 Ⓗ

피렌체에서 유명한 젤라테리아로, 맛있다고 소문난 집 중 하나다. 관광지에서 조금 떨어져 있지만, 젤라토를 좋아한다면 찾아갈 만한 가치는 있다.
가장 인기 많은 메뉴는 크레마(Crema)지만 다른 것들도 두루 맛있다. 크기에 따라 가격이 달라진다.

<u>위치</u> 산타 크로체 교회 앞 광장에서 정면에 있는 길 중 하나인 Via Torta를 따라가다 첫 번째 블록에서 오른쪽 골목으로 가면 보인다. <u>주소</u> Via Isola delle Stinche 7R <u>오픈</u> 4월~10월 화~토요일 07:30~24:00, 일요일 09:00~24:00 / 11월~3월 화~토요일 07:30~21:00, 일요일 09:00~21:00
<u>휴무</u> 월요일 <u>요금</u> €2~10 <u>전화</u> 055-292-334 <u>홈피</u> www.vivoli.it

## 젤라테리아 데이 네리
### Gelateria dei Neri

MAP 9 Ⓚ

앞서 소개한 두 곳보다는 명성이 덜하지만 나름 맛있는 젤라토를 맛볼 수 있다. 근처를 지난다면 들러보는 것도 좋다.
피스타치오나 치즈, 니콜라(헤이즐넛) 등을 비롯해 50여 가지의 다양한 맛을 선보인다. 크기에 따라 가격이 다르다.

<u>위치</u> 베키오 궁전과 우피치 미술관 사이의 Via della Ninna에서 Via del Neri까지 도보 5분
<u>주소</u> Via dei Neri 9/11
<u>오픈</u> 화~일요일 10:00~24:00
<u>휴무</u> 월요일
<u>요금</u> €1.5~5
<u>전화</u> 055-210-034

## 이 두에 프라텔리니
I Due Fratellini

MAP 9 ⓖ

맛있는 파니니로 유명한 가게로 규모는 작고 앉을 자리도 없지만, 식사 시간이면 항상 긴 줄을 서는 곳이다. 1875년 개업 이래 피렌체에서 가장 맛있는 파니니를 맛볼 수 있다고 소문나 있다. 스물아홉 가지 정도 되는 메뉴 중 하나를 고르면 즉석에서 바삭하고 빵과 신선한 재료가 어우러진 파니니를 만들어준다. 파니니와 어울리는 와인도 추천받을 수 있다.

<u>위치</u> 시뇨리아 광장에서 Via Calzaiuoli를 따라가다 오른쪽의 Via dei Cimatori 거리로 들어간다. <u>주소</u> Via dei Cimatori 38R <u>오픈</u> 09:00~19:00 <u>요금</u> 파니니 €3~, 와인 1잔 €1.5~ <u>전화</u> 055-239-6096 <u>홈피</u> www.iduefratellini.it

## 질리
Gilli

MAP 9 ⓖ

1733년에 오픈한 피렌체의 전통 카페로 오랜 세월 동안 피렌체 시민들과 여행자들의 쉼터가 되어온 곳이다. 분위기는 예스러우면서도 편안하다.
바에 서서 커피와 빵을 먹으면 저렴하지만, 실내외에 마련되어 있는 테이블에 앉아 서빙을 받으면 이야기가 달라진다. 같은 것이라도 가격이 훨씬 올라가니 예산에 따라 선택하자.

<u>위치</u> 산 조반니 세례당에서 도보 3분. 레푸블리카 광장 초입에 위치 <u>주소</u> Via Roma 1/R <u>오픈</u> 07:30~01:00 <u>요금</u> 에프레소 €1.1~, 카푸치노 €1.2~, 타르트 €1.8~ <u>전화</u> 055-213-896 <u>홈피</u> www.gilli.it

## 파스코브스키
Paszkowski

MAP 9 ⓖ

질리와 함께 레푸블리카 광장에 있는 카페로 샐러드와 파스타, 조리된 각종 채소 요리 등으로 간편한 점심 식사를 하기에도 좋다. 현금 사용만 가능하며 위층에 좌석이 마련되어 있다.
1층이나 광장에 마련되어 있는 테이블에 앉아 웨이터 서비스를 받으면 가격은 훨씬 올라간다.

<u>위치</u> 레푸블리카 광장에 위치
<u>주소</u> Piazza della Repubblica 35R
<u>오픈</u> 07:00~02:00
<u>요금</u> 샐러드 €6~, 파스타 €7~
<u>전화</u> 055-210-236
<u>홈피</u> www.paszkowski.it

우피치 미술관 주변

## 오스테리아 비니에 베키 사포리
### Osteria Vini e Vecchi Sapori

MAP 9 ⓖ

베키오 궁전 근처에서 방문할 수 있는 맛집으로 토스카나 지방 전통 요리를 와인과 함께 즐길 수 있다. 두 부부가 아들과 함께 운영하는 가족 경영 식당. 가격도 합리적인 편이고 맛도 좋아 여행자들 사이에서 널리 알려졌다. 저녁 식사를 원한다면 예약을 하는 것이 좋다.

<u>위치</u> 베키오 궁전에서 도보 1분
<u>주소</u> Via dei Magazzini 3R
<u>오픈</u> 월~토요일 12:00~14:30, 19:00~22:30
<u>휴무</u> 일요일
<u>요금</u> 파스타 €8~10, 메인요리 €9~16
<u>전화</u> 055-293-045

## 알란티코 비나이오
### All'antico Vinaio

MAP 9 ⓚ

우피치 미술관 근처에 있는 샌드위치 전문점으로 피렌체에서 가장 유명한 식당이다. 워낙 많은 사람이 몰리는 식사 시간은 피해서 방문하자. 살라미나 프로슈토 등 메인 재료인 고기 종류를 선택한 다음 취향에 따라 소스와 채소, 치즈 등을 고르면 내 입맛에 꼭 맞는 샌드위치가 탄생한다. 치즈는 너무 낯선 것을 도전했다가는 낭패를 볼 수 있으니 모차렐라치즈와 같이 익숙한 것을 선택하는 것을 추천한다. 선택이 어렵다면 'TOP5' 같은 추천 메뉴 중 하나를 골라도 무난하다.

<u>위치</u> 우피치 미술관에서 도보 2분
<u>주소</u> Via dei Neri 74R
<u>오픈</u> 10:30~23:00
<u>요금</u> 샌드위치류 €5~, 잔 와인 €1,2~
<u>전화</u> 055-238-2723
<u>홈피</u> www.allanticovinaio.com

## 리스토란테 파올리
### Ristornate Paoli

MAP 9 ⓖ

마치 교회 내부 같은 예스러운 분위기를 가지고 있는 곳으로 피렌체의 스테이크인 비스테카 알라 피오렌티나 등 고기 요리가 특히 유명하다.
친절하고 정성스럽게 응대하는 웨이터들의 서비스도 만족스럽다.

<u>위치</u> 시뇨리아 광장에서 Via Calzaiuoli를 따라가다 오른쪽의 작은 골목인 주소의 길로 간다. 단테의 집에서는 도보 2분
<u>주소</u> Via dei Tavolini 12R
<u>오픈</u> 12:00~15:00, 18:30~22:00
<u>요금</u> 메인요리 €13~30, 비스테카 알라 피오렌티나 1kg €55~
<u>전화</u> 055-216-215
<u>홈피</u> www.casatrattoria.com/en/ristorante-paoli-2

## 메르카토 델 포르첼리노
### Mercato del Porcellino

MAP 9 ⓖ

시장 한쪽에 있는 멧돼지 조각 분수(Fontana del Porcellino)로 인해 '멧돼지 시장'이라고 불리며, 새로운 시장이라는 의미의 '메르카토 누오보(Mercato Nuovo)'라고도 불린다. 주로 가죽 제품과 기념품 등 관광객들을 위한 제품들을 판매한다. 가게마다 비슷한 물건이 많지만 가게 위치에 따라 조금씩 가격이 달라진다.

**위치** 레푸블리카 광장에서 Via Pelliceria를 따라 아르노 강쪽으로 도보 5분 **주소** Piazza del Mercato Nuovo **오픈** 09:00~18:30 **휴무** 1월 1일, 12월 25일·26일 **홈피** www.mercato-delporcellino.it

**TIP**
멧돼지 분수는 소원을 이루어주는 것으로 유명하다. 입에 동전을 놓고 떨어뜨린 후 밑의 하수구로 단번에 들어가면 소원이 이루어진다고 한다.

## 비알레띠
### BIALETTI

MAP 9 ⓖ

커피를 좋아하는 마니아라면 이곳을 그냥 지나칠 수 없다. 세계적으로 유명한 모카포트 브랜드인 비알레티의 할인매장으로 모카포트를 비롯해 각종 주방용품도 함께 갖추고 있어 살림을 장만하기에도 좋다. 가격도 한국보다 훨씬 저렴해서 구경만 하고 빈손으로 나오기는 조금 힘든 곳이다.

**위치** 레푸블리카 광장에 위치
**주소** Piazza della Republica 25R
**오픈** 월~토요일 10:00~19:30, 일요일 10:00~20:00
**요금** 모카포트 모카 €12~, 모카포트 브리카 €25~
**전화** 055-230-2554
**홈피** www.bialetti.it

## 피나이더(피네이데르)
### Pineider

MAP 9 ⓕ

1774년에 개업한 피렌체의 유명 가죽 및 종이 공예품 판매점. 예로부터 유명인들이 단골로 삼은 곳이기도 하다. 고급스러운 가죽으로 만든 다이어리, 지갑, 가방 등은 언제나 탐나는 '잇템'으로 통한다. 가격이 만만치 않은 브랜드지만 2층에서는 시즌 오프 제품을 할인 판매하니 함께 둘러보는 것도 좋다.

**위치** 우피치 미술관에서 도보 10분
**주소** Piazza Rucellai 6R
**오픈** 10:00~19:00
**휴무** 일요일
**요금** 명함 지갑 €100~, 지갑 €200~, 가방 €1000~
**전화** 055-284-656
**홈피** pineider.com

# 토르나부오니 거리
## Via de' Tornabuoni

MAP 9 Ⓕ

로마의 스페인 광장 주변처럼 세계적인 명품들이 밀집되어 있는 피렌체 최고의 럭셔리 쇼핑 거리. 구찌와 페라가모의 본점이 있으며 그 밖에도 막스마라, 토즈, 프라다 등 이탈리아를 대표하는 브랜드들이 모두 집합해 있다. 피렌체는 로마에 없는 제품이 남아 있는 경우도 있고 조금 더 여유로운 분위기에서 쇼핑을 즐길 수 있는 장점이 있다. 토르나부오니 거리에서 이어진 또 다른 골목인 Via della Vigna Nuova에도 발렌티노와 돌체 앤 가바나 등이 있다.

위치 두오모나 산 조반니 예배당에서는 Via dei Pecori를 따라가다가 왼편 네 번째 골목이다. 피렌체의 다른 길보다 넓은 편이라 쉽게 찾을 수 있다. 반대편인 산타 마리아 노벨라 성당에서는 도보 3분. 주소 Via de' Tornabuoni 오픈 월~토요일 10:00~19:30(상점마다 다름) 휴무 일요일 (상점마다 다름)

# 토르나부오니 거리 둘러보기

###  피렌체의 명품 페라가모 & 구찌

이탈리아의 대표 장인인 살바토레 페라가모(Salvatore Ferragamo)와 구찌오 구찌(Guccio Gucci)가 탄생시킨 두 브랜드는 피렌체에 본점을 두고 있는 세계적인 명품 브랜드이다.

1898년에 태어난 페라가모는 350개가 넘는 특허를 가진 천재적인 장인이었고, 발 모양을 조사하여 구두 바닥에 장심을 박아 발가락이 자유로이 움직이는 공간이 생기는 구두를 만들었다. 페라가모 구두는 134가지의 공정 과정을 거쳐 완성되며, 특히 구두의 모델링 과정과 커팅 작업에는 기계를 일절 사용하지 않는다. 모든 과정을 마친 구두는 마지막으로 오븐에서 7일간의 특수 처리를 통해 견고함을 갖추게 된다고 한다.

구찌는 어린 나이에 런던 사보이 호텔에서 일을 하던 중 귀족들을 상대로 한 고급스러운 가죽 제품 사업을 구상하게 된다. 이탈리아로 돌아온 1921년 피렌체에서 상점을 열었고 세계적으로 유명해진 것은 제2차 세계대전 발발 후 가죽 대신 캔버스 천을 가지고 만든 핸드백이 대 히트를 치면서부터이다. 창업주의 이니셜인 'GG'를 프린트하여 만든 백은 오늘날까지 가장 인기 있는 대표 아이템이며, 절정기에는 소피아 로렌, 그레이스 켈리, 재클린 케네디, 마리아 칼라스 등이 주요 고객이었다.

# AREA 3

# Sud del Fiume Arno

아르노 강 남쪽

## 아르노 강 남쪽
# 이렇게 여행하자

**Access** 피렌체 SMN 역 앞 버스 정류장에서 D번 버스를 이용, Pitti 정류장에 내리면 피티 궁전이 보인다.

아름다운 미술관이 있는 피티 궁전과 멋진 정원이 펼쳐져 있는 보볼리 정원은 그냥 지나치기에는 아쉬움이 남는다. 피렌체를 한눈에 조망할 수 있는 미켈란젤로 광장은 시간을 달리해 몇 번을 다시 방문해도 멋진 장소지만, 특히 해 질 녘에 방문하면 저녁노을과 어우러지는 피렌체의 스카이라인을 감상할 수 있다. 피렌체에서 보낸 하루를 이곳에서 마무리한다면 더욱 로맨틱한 여행이 될 것이다.

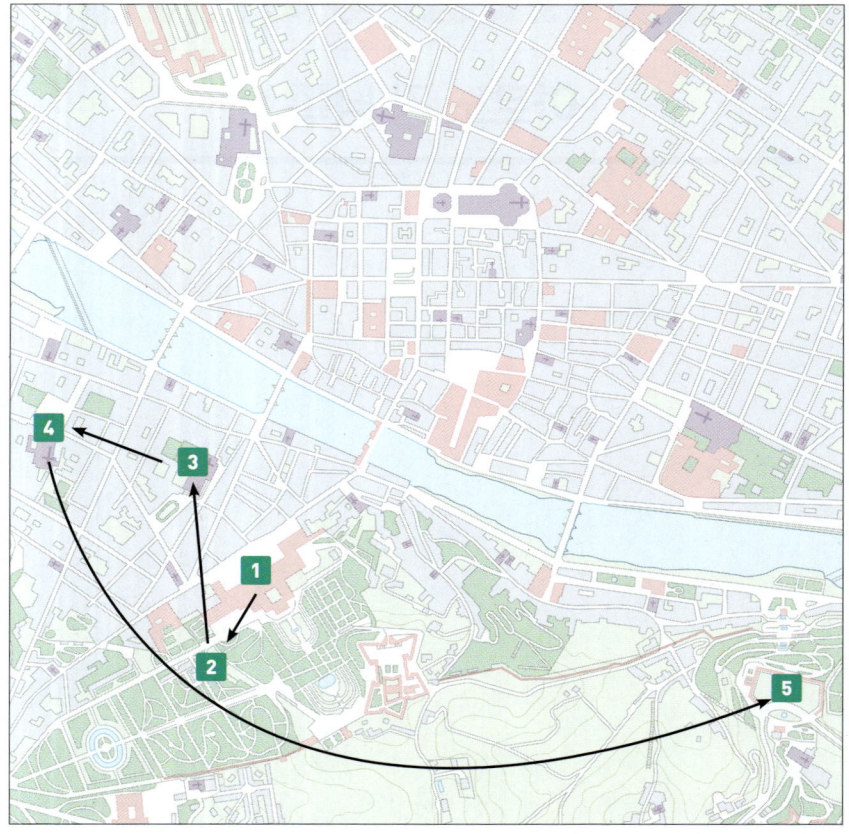

## 추천 코스

예상 소요 시간
약 5시간

**1** 피티 궁전

→ 도보 2분

**2** 보볼리 정원

↓ 도보 5분

**3** 산토 스피리토 성당

← 도보 7분

**4** 산타 마리아 델 카르미네 성당

← 중앙역 경유

**5** 미켈란젤로 광장

# Sightseeing

## 피티 궁전
Palazzo Pitti

[빨라쪼 삐띠]

MAP 9 ⓙ

부유한 은행가인 루카 피티(Luca Pitti)의 의뢰를 받아 브루넬레스키가 설계한 궁전으로 1485년에 건축되었다. 메디치 가문을 이겨 보려는 결연한 의지로 피렌체에서 가장 큰 규모로 건축을 시작했지만, 피티의 죽음과 후손의 몰락으로 결국 메디치 가문에게 넘어갔다고 한다. 이후 증축을 거듭하여 보볼리 정원(Glardino di Boboli)을 조성하고 지금의 모습이 되었다.

궁전 안에는 메디치 가문의 소장품이 전시된 팔라티나 미술관(Galleria Palatina), 현대 미술관(Galleria d'arte Moderna), 의상 미술관(Galleria del Costume), 도자기 박물관(Museo delle Porcellane), 은 박물관(Museo degli Argenti)까지 다섯 개의 미술관과 박물관이 있다.

**위치** 베키오 다리를 건너 Via dei Guicciardini를 따라 직진하여 도보 7분 **주소** Piazza de'Pitti 1 **오픈** 팔라티나 미술관·현대미술관 화~일요일 08:15~18:50 / 의상 미술관·은 박물관·도자기 박물관 08:15~18:30(11~2월 08:15~16:30, 3월·서머타임 종료일~10월 말 08:15~17:30, 6~8월 08:15~18:50) **휴무** 월요일, 1월 1일, 12월 25일 **요금** 팔라티나 미술관+현대 미술관 €8.5 / 의상 미술관+은 박물관+도자기 박물관+보볼리 정원 €7 / 피티 통합권 €3월~10월 €38, 11월~2월 €18 **전화** 055-294-4883 **홈피** www.uffizi.it/en/pitti-palace
※피렌체 카드 소지자는 도서관에서 카드를 제시하면 티켓을 받을 수 있다.

> **TIP**
> **팔라티나 미술관에서 꼭 챙겨보자!**
>
>
> **라파엘로 〈의자의 성모〉**
> 작품 속 여인이 라파엘로의 정부였던 라 포르나리나를 닮았다고 하여 단연 주목을 받았다.
>
>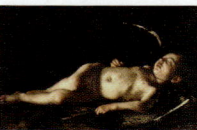
> **카라바조 〈잠든 큐피드〉**
> 빛의 음영을 사용하여 최대한의 극적인 효과를 보여주는 것이 장기였던 화가의 특징을 잘 보여준다.
>
>
> **라파엘로 〈대공의 성모〉**
> 나폴레옹에게 축출된 페르디난도 대공이 피렌체에서 이 그림을 산 데서 이름이 붙여졌다.
>
>
> **티치아노 〈막달라 마리아〉**
> 관능적으로 표현된 성녀의 모습으로 논란을 일으킨 작품으로 티치아노의 색을 다루는 뛰어난 재능이 잘 표현되어 있다.

## 보볼리 정원
Giardino di Boboli

[지아르디노 디 보볼리]   MAP 8 ⓙ

코시모 1세가 아내 엘레오노라를 위해 조성한 좌우가 비대칭을 이루는 전형적인 이탈리아식 정원. 현재는 시민들과 여행자들의 휴식처가 되고 있다. 넓은 정원 곳곳에는 수백 개의 조각과 분수, 연못이 어우러져 있으며 정원에서 가장 높은 곳에는 메디치 가문의 대공을 위해 지은 벨베데레 요새가 있다. 여름밤에는 무료 야외 오페라 공연도 열리니 시즌에 방문한다면 미리 확인해보자.

<u>위치</u> 피티 궁전 뒤편 <u>오픈</u> 1월 · 2월 · 11월 · 12월 08:15~16:30, 3월 · 서머타임 08:15~17:30, 4월 · 5월 · 9월 · 10월 08:15~18:30, 6월 · 7월 · 8월 08:15~18:50 <u>휴무</u> 첫째주 · 마지막 월요일, 1월 1일, 12월 25일 <u>요금</u> €10(의상 미술관+은 박물관+도자기 박물관+보볼리 정원 통합권) <u>전화</u> 055-229-8732 <u>홈피</u> www.uffizi.it/giardino-boboli

※ 정원의 언덕 끝에 있는 출구로 가면 미켈란젤로 광장으로 가는 길이 나오니 이곳에서 곧바로 걸어가도 된다.

## 산토 스피리토 성당
Basilica di Santo Spirito

[바실리까 디 싼토 스피리또]   MAP 9 ⓙ

1250년대에 처음 지어진 교회로, 1430년대에 브루넬레스키에게 새롭게 의뢰하여 그가 마지막으로 맡은 작품이기도 하다. 브루넬레스키가 완성하지 못하고 사망하자 이후 수많은 건축가의 손을 거쳐 1482년 비로소 완공되었다. 현재는 아우구스티누스 재단에서 소유하고 있다.
외관은 자칫 밋밋해 보이는데, 사실 로마네스크부터 고딕과 르네상스 양식까지 모두 접목한 곳으로 건축학적으로도 가치가 있다. 단아한 외부에 비해 내부는 훨씬 화려하다. 35개의 기둥과 38면의 제단이 있고 주로 15세기와 16세기 르네상스 양식의 회화와 조각들로 장식되어 있다. 오른쪽에 있는 네를리 예배당(Capella Nerli)에서는 필리포 리피의 1466년의 작품〈성모 마리아와 아기 예수〉를 감상할 수 있으니 놓치지 말자.

<u>위치</u> 피티 궁전 앞 광장에서 Via dei Pitti를 따라 도보 10분 <u>주소</u> Piazza Santo Spirito <u>오픈</u> 월~목요일 10:00~13:00 15:00~18:00, 일요일 11:30~13:00 15:00~18:00 <u>휴무</u> 금요일 <u>전화</u> 055-210-030 <u>홈피</u> www.basilicasantospirito.it

# 산타 마리아 델 카르미네 성당
## Chiesa di Santa Maria del Carmine

[끼에자 디 싼타 마리아 델 까르미네]　　　　　　　　　　　　　MAP 9 ①

피렌체의 부유한 상인 펠리체 브란카치가 주문하여 만들어진 프레스코화 〈성 베드로의 일생〉이 있는 브란카치 예배당(Cappella Brancacci)으로 유명하다. 1425년 마솔리노(Masolino)와 마사초가 공동으로 프레스코 작업에 착수하였으나 미완인 상태로 남아있던 것을 1480년 필리포 리피가 완성하였다.

특히 마사초는 당시 매우 혁신적이었던 투시화법과 드라마를 보는 듯 이야기를 그림 속에 녹여내는 것으로 유명한 르네상스 회화의 대표 화가이기도 하다. 훗날 레오나르도 다빈치와 미켈란젤로 등이 그의 작품을 감상하고 연구하기 위해 이곳을 수시로 방문했다고 한다.

워낙 인기가 높아 비수기라 하더라도 입장 인원과 시간에 제한을 두며 프레스코화를 보려면 전화나 이메일 예약이 필수다. (예약 무료)

**TIP 산타 마리아 델 카르미네 성당에서 꼭 챙겨보자!**

❶ 마사초 〈아담과 이브의 추방〉
감정을 표현하는 것에 특히 뛰어난 화가의 재능을 그림 속 인물의 표정에서 볼 수 있다. 고통과 수치, 괴로운 감정이 모두 담겨 있다.

❷ 마사초 〈그림자로 환자를 치료하는 성 베드로〉
거지와 장애인을 매우 사실적으로 그린 작품은 당시로써는 매우 혁신적인 것이었다.

❸ 마솔리노 〈아담과 이브의 유혹〉
온화하면서도 정적으로 표현되어 격동적인 모습으로 묘사된 마사초의 〈아담과 이브의 추방〉과 대조적인 분위기를 띤다.

❹ 마솔리노 〈절름발이를 치유하는 베드로와 요한〉
피렌체의 건물들이 뒤 배경으로 묘사된 것을 볼 수 있다.

**위치** 산토 스피리토 성당에서 도보 5분 **주소** Piazza del Carmine 14 **오픈** 월·화·목·금 09:00~12:00, 수·토 10:00~12:00, 공휴일 09:00~09:45, 11:00~11:45 **요금** 수~금요일 €2, 토·일·월요일 €7 **전화** 055-212-331 (예약) info.museoragazzi@comune.fi.it) **홈피** www.firenzeturismo.it

# 미켈란젤로 광장
## Piazzale Michelangelo

[삐아잘레 미켈란젤로]　　　　　　　　　　　　MAP 8 ⓚ ⓛ

피렌체가 어떤 모습인지 한눈에 볼 수 있는 광장으로 이곳에도 가짜 다비드상이 있다. 광장으로 오르는 언덕길은 전원적인 분위기가 풍기는 길로 정취가 남다르다. 언덕에서 바라보는 아르노 강과 피렌체의 빨간 지붕, 두오모, 종탑은 여행의 피곤함을 잊도록 만들기에 충분하다. 저녁 무렵(여름 오후 9시~, 겨울 오후 5시~)에는 아름답기로 유명한 아르노 강과 피렌체의 석양을 즐기려는 분위기가 무르익는다.

<u>위치</u> ① 피렌체 SMN 역에서 플랫폼을 등지고 나오면 버스 정류장이 보인다. 12번 버스를 이용하면 Piazzale Michelangelo에서 내리고 13번을 탔다면 Il David에서 내리면 된다.
② 보볼리 공원 앞에서 12번 버스 탑승
③ 베키오 다리에서 도보로 20~30분 소요
<u>주소</u> Piazzale Michelangelo
※ 여름에는 거의 오후 9시가 가까워지면서 노을이 지기 시작하지만, 겨울에는 적어도 오후 5시 30분 이전에 도착하는 것이 좋다.

# Restaurant

아르노 강 남쪽

## 사포리 앤 딘토르니 코나드
### SAPORI & DINTORNI CONAD
MAP 9 ⓚ

대형 슈퍼마켓 체인인 CONAD 계열로 신선한 식품을 저렴한 가격에 살 수 있다. 이미 조리된 음식도 판매하고 있어 간단하고 저렴하게 한 끼를 해결하기에도 그만이다. 구매 후 출구 쪽 의자와 식탁에서 바로 먹을 수 있다.

위치 피티 궁전 앞 길인 Via de' Guicciardini를 따라 걷다가 베키오 다리 직전 왼쪽 골목인 Via de' Bardi로 들어가 도보 1분 주소 Via de' Bardi 45/47 오픈 월~토요일 08:00~21:00, 일요일 09:00~21:00 전화 055-290-388 홈피 www.conad.it/ricerca-negozi/negozio.008203.html

## 에노테카 피티 골라 에 칸티나
### Enoteca Pitti Gola e Cantina
MAP 9 ⓙ

피티 궁전과 마주 보고 있는 곳으로 실내외에 모두 좌석이 마련되어 있지만 조용한 실내가 더 분위기 있다. 실내에는 와인병이 가득해 와인 전문점이라는 것을 한눈에 알 수 있다. 한 잔씩도 판매해 여러 가지를 맛볼 수 있다. 파스타와 라비올리 등의 식사 가격도 합리적이라 와인과 함께 즐기는 것도 좋다.

위치 피티 궁전 맞은편에 위치 주소 Piazza Pitti 16 오픈 수~월요일 12:00~23:00 휴무 화요일 요금 와인 1잔 €3~9, 요리 €9~16 전화 055-212-704 홈피 www.pittigolaecantina.com

## 트라토리아 콰트로 레오니
### Trattoria 4 Leoni
MAP 9 ⓙ

여행자들에게 인기 높은 식당으로 저녁을 즐기기에 좋다. 토스카나 전통 음식을 기반을 두고 더욱 진보한 요리들을 선보이며 잔으로 파는 와인이나 하우스 와인도 좋다. 실내도 분위기가 좋지만, 광장을 바라볼 수 있는 야외 좌석도 편안하다. 저녁에 방문한다면 예약하는 것이 좋다.

위치 피티 궁전에서 베키오 다리 쪽으로 걷다가 나오는 GIUNTI 서점 앞 골목 Via dello Sprone으로 곧장 걸어들어간다. 주소 Via de' Vellutini 1 오픈 12:00~24:00 요금 전채요리 €10~14, 메인요리 €12~18 전화 055-218-562 홈피 www.4leoni.com

## 라 펠레
### La Pelle

MAP 9

질 좋은 가죽으로 만든 제품을 믿고 살 수 있는 곳으로 가격이 저렴한 것은 아니지만 그만큼 품질을 보장받을 수 있는 곳이다.
친절하게 응대하는 분위기도 편하다. 가죽 재킷류는 €300~400 정도 예상하면 된다.

**위치** 베키오 다리에서 피티 궁전으로 가는 길, 베키오 다리에서 도보 1분
**주소** Via de' Guicciardini 11R
**오픈** 월~토요일 10:00~19:00
**휴무** 일요일
**전화** 055-292-031
**홈피** www.lapellesrl.it

## 줄리오 지아니니 에 휘로이
### Guilio Giannini e Figloi

MAP 9

1856년에 오픈한 전통 있는 상점으로 피렌체에서 만든 종이로 제작한 문구류, 엽서, 다이어리 등을 판매한다.
모든 제품이 수작업으로 제작되기 때문에 가격은 조금 높은 편이지만 선물용으로 사기에 좋은 제품이 많다.

**위치** 베키오 다리에서 피티 궁전으로 가는 길에 위치
**주소** Piazza de' Pitti 37R
**오픈** 월~토요일 10:00~19:00, 일요일 11:00~18:30
**전화** 055-212-621
**홈피** www.giuliogiannini.com

## 로베르타
### Roberta

MAP 9

다양한 가죽 아이템들을 판매하고 있는 곳으로 디자인이 무난하면서도 가격도 중가정도라 핸드백을 중심으로 부담 없는 가격의 제품들을 구입하기에 좋다.
관광지와는 조금 떨어진 골목 안에 위치하고 있지만, 여유로운 분위기에서 쇼핑할 수 있는 것도 장점이다.

**위치** 산타 트리니타 다리에서 도보 1분
**주소** Via Borgo San Jacopo 74R
**오픈** 월~토요일 10:00~19:00
**휴무** 일요일, 11월~2월 월요일
**전화** 055-284-017
**홈피** www.robertafirenze.com

# Shopping

## 더 몰
### THE MALL

지도 외

피렌체 근교에 있는 명품 아웃렛 쇼핑 단지로 규모는 그리 크지 않지만, 알짜 브랜드가 많아 인기가 높다. 구찌 매장이 커서 일명 '구찌 아웃렛'이라고도 불리는데, 이외에도 살바토레 페라가모, 조르지오 아르마니, 토즈, 호간, 웅가로, 발렌티노, 이브 생로랑 등의 다양한 브랜드들이 입점해 있다. 매장마다 독립적인 공간으로 운영되고 있으며 보통 30퍼센트 내지 40퍼센트 이상 할인된 가격에 판매하고 있다.

위치 피렌체 SMN 역 앞에 있는 SITA 버스 터미널에서 아웃렛 매장까지 갈 수 있는 Leccio 행 버스가 하루 10~12회 운행된다(편도 €7, 왕복 €13, 편도 1시간 소요). 보통 09:00 전후로 첫차가 출발하는데, 정확한 시간표를 미리 확인해 두자. 쇼핑을 마친 후 버스 내린 곳에서 다시 탑승하면 피렌체로 돌아온다. 돌아오는 버스 시간표는 변동이 많으니 반드시 확인한 후 쇼핑을 시작하자. 티켓은 미리 왕복으로 사두는 것이 편리하다. 주소 Via Europa 8, Leccio Reggello 오픈 10:00~19:00 휴무 1월 1일, 부활절, 12월 25일·26일 전화 055-865-7775 홈피 www.themall.it

## 프라다 스페이스 아웃렛
### PRADA SPACE OUTLET

지도 외

> **TIP**
> **더 몰 쇼핑 꿀팁**
>
> ❶ 아침에 일찍 가야 단체 여행객들을 피할 수 있어 조금이라도 여유로운 쇼핑을 즐길 수 있다. 피렌체에서 오전 9시 전후에 떠나는 버스를 이용하자.
> ❷ 이탈리아 브랜드를 집중적으로 공략하자. 당연히 다른 나라에 있는 아웃렛보다 더욱 좋은 가격으로 살 수 있다.
> ❸ 구입할 상품은 점원에게 그때마다 '킵(keep)' 해 달라고 하고 매장을 다 돌아본 후 마지막에 계산대로 가서 번호표를 제시한 후 한 번에 결제하면 된다. 일단 맡겼다가 나중에 대량으로 취소하면 예의가 아니니 정말 꼭 살 것만 맡겨두자.
> ❹ 한 매장에서 €155 이상 사면 부가가치세(보통 10~14%)를 환급받을 수 있다. 서류 작성 시 여권이 필요하니 반드시 지참할 것.
> ❺ 택시를 이용하면 근처에 있는 돌체 앤 가바나 아웃렛(3~5분 소요, €12)으로 쉽게 갈 수 있다. 아웃렛 입구 쪽에 서 있는 흰색 밴들이 택시 역할을 하니 탑승 전 반드시 운전사에게 확인한다.
> ❻ 더 몰과 프라다 스페이스 아웃렛 등 아웃렛을 여러 곳 돌아보고 싶다면 투어를 이용하는 것도 편리하다. 헤맬 필요도 없고 시간도 절약되니 관광안내소나 호텔에 비치된 투어 프로그램을 참고해 예약하면 된다. 보통 위의 더 몰과 프라다 아웃렛을 돌아보는 투어는 소요시간 여덟아홉 시간, 비용은 1인 €35 내외다.
>
> **아웃렛 투어**
>
> 대부분의 아웃렛이 교통편이 불편한 외곽에 있다 보니 피렌체에서 출발해 근교 아웃렛을 둘러보는 1일 쇼핑 투어도 많이 선보이고 있다.
> 아래 소개한 곳 이외에도 여러 여행사가 있으며 호텔이나 관광안내소에 비치된 투어 회사들의 팸플릿을 비교해보고 선택하면 된다.
>
> **Caf Tour & Travel**
> 투어 출발 장소는 피렌체 SMN 역 16번 플랫폼 방면 출구로 나와 길을 건너 맥도날드 매장을 왼쪽으로 직진해 길을 건너 계속 가면 'Caf'라고 표시된 정류장 앞이다.
> 주소 Via degli Alfani, 151R
> 전화 055-210-612
> 요금 €35~
> 홈피 www.caftours.com

창고형 대형 프라다 아웃렛으로 프라다를 비롯한 미우미우, 질 샌더 등의 산하 브랜드 제품들이 모여 있다. 할인율은 30퍼센트 내지 50퍼센트 정도이며 입구에 도착하면 바로 번호표를 뽑아 입장 순서를 기다려야 한다. 순서대로 입장한 후 물건을 선택하고 직원에게 번호표를 보여주며 킵(keep)을 부탁하고 모든 쇼핑을 마친 후 한꺼번에 계산하는 방식이다. 가방은 €250~400 정도, 지갑은 보통 €140~300 정도다.

위치 피렌체 SMN 역에서 로마나 아레초(Arezzo) 행 Regionale 기차를 타고 몬테바르키(Montevarchi)에서 하차(€6.3~, 35분~1시간 소요). 역 앞에 있는 택시(€12, 10~15분 소요, 여행자끼리 6명씩 단체로 탑승 가능)를 이용한다.
주소 Levanella, Montevarchi
오픈 월~금요일·일요일 10:30~19:30, 토요일 09:30~19:30
휴무 1월 1일, 부활절, 4월 25일, 5월 1일, 8월 15일, 12월 25일·26일
전화 055-919-6528

# Entertaining

## 쿠킹 클래스
### Cooking Class

이탈리아에서도 맛있기로 소문난 토스카나의 음식을 직접 만들어 먹어볼 수 있는 기회. 여행자들을 위한 두세 시간 일정의 클래스부터 심화 과정인 몇 주 코스까지 다양한 프로그램이 마련되어 있다. 클래스는 대부분 영어로 진행되며 시장에 가서 직접 음식재료를 구입해보는 코스도 있다. 피렌체에는 다양한 기관에서 주최하는 수많은 요리교실이 있으니 관광안내소의 안내나 팸플릿 등을 참고해 시간에 여유가 있다면 꼭 경험해보자.

**Scuola di Arte Culinaria Cordon Bleu**
주소 Via Giusti 7 전화 055-234-5468
홈피 www.cordonbleu-it.com

**In Tavola**
주소 Via dei Velluti 20r 요금 1일 강좌 €57~73
전화 055-217-672 홈피 www.intavola.org

**Florencetown**
요금 €79, 3시간 피자 & 젤라토 클래스 €49
전화 055-281-103
홈피 www.florencetown.com

**ArtViva**
요금 코스요리 €75, 파스타 €60
전화 055-264-5033 홈피 www.artviva.com

# 라 테라차
## La Terrazza

MAP 9

페라가모가 운영하는 콘티네탈레 호텔의 루프탑 바로 나무로 꾸며져 편안한 분위기를 가지고 있다.
베키오 궁전과 더불어 아르노 강가를 따라 펼쳐진 피렌체의 전망을 즐길 수 있는 곳으로 오후에는 간단한 식사인 아페르티보 뷔페도 운영하지만, 아무래도 저녁 풍경이 더 낭만적이다. 저녁에는 드레시(dressy)한 차림으로 가는 것이 좋다.

위치 베키오 다리에서 도보 2분. 작은 골목에 있어 지도를 잘 보고 가야한다.
주소 Vicolo dell'Oro 6R
오픈 매일 13:00~21:00
전화 055-2726-5806
홈피 www.lungarnocollection.com/en

> **TIP**
> ### 피렌체의 축제
>
> **페스타 디 안나 마리아 메디치**
> **Festa di Anna Maria Medici**
> 2월 18일
> 1743년에 사망한 안나 마리아 메디치를 기념하는 축제로 그녀는 메디치 가문 최후의 후계자였다. 베키오 궁전부터 시작하여 그녀의 무덤이 있는 메디치 예배당까지 벌어지는 전통 의상 퍼레이드가 가장 큰 볼거리.
>
> **스코피오 델 카로 Scoppio del Carro**
> 부활절 일요일 오전 11시
> 두오모 앞에서 벌어지는 축제로 화려하게 꾸며진 불꽃놀이 카트가 폭발하는 장면이 연출된다. 전통 의상 퍼레이드와 함께 열려 좋은 자리에서 구경하려면 적어도 두세 시간 전에는 가야 한다.
>
> **페스타 디 산 지오반니 Festa di San Giovanni**
> 6월 24일
> 피렌체의 수호성인 산 지오반니를 기념하는 축제로 산타 크로체 광장에서는 전통 축구인 카르초 스토리코(Calcio Storico) 경기가 열리고 밤에는 아르노 강과 미켈란젤로 언덕을 배경으로 화려한 불꽃놀이가 펼쳐진다.
>
>
>
>

# Sleeping  호텔

### 호텔 로롤로조
### Hotel L'Orologio
MAP 9 Ⓕ

피렌체의 대표적인 럭셔리 호텔로 부호인 오너의 손목시계 컬렉션을 테마로 인테리어 해 호텔 어디서나 시계 장식을 볼 수 있다. 비싼 만큼 세심한 서비스를 제공하며 역에서 가깝다.

위치 산타 마리아 노벨라 교회에서 도보 1분 주소 Piazza di Santa Maria Novella 24 요금 €315~ 전화 055-277-380 홈피 www.hotelorologio-florence.com

### 호텔 로지아토 데이 세르비티
### Hotel Loggiato dei Serviti
MAP 9 Ⓓ

르네상스 시대의 분위기를 간직하고 있는 멋진 호텔. 돌계단과 16세기 풍의 인테리어 등은 옛 피렌체의 낭만을 느끼게 한다. 38개의 객실이 있으며 서비스도 좋다.

위치 산티시마 안눈치아타 광장에 위치, 아카데미아 미술관에서 도보 4분 주소 Piazza S.S. Annunziata 3 요금 싱글 €120~, 더블 €160~, 슈피리어 €190~ 전화 055-289-592 홈피 www.loggiatodeiservitihotel.it

### 호텔 두오모
### Hotel Duomo
MAP 9 Ⓖ

두오모 바로 옆에 있는 24개의 객실이 있는 호텔로 18세기 명문가인 곤디(Gondi)의 저택을 이용하고 있다. 두오모가 한눈에 보이는 방도 있고 라운지에서도 멋진 풍경을 볼 수 있다.

위치 두오모 입구를 바라보고 성당 왼쪽으로 도보 1분 주소 Piazza del Duomo 1 요금 싱글 €110~, 더블 €180~ 전화 055-219-922 홈피 www.hotel-duomofirenze.it

### 호텔 스코티
### Hotel Scoti
MAP 9 Ⓕ

쇼핑가인 토르나부오니 거리에 있어 여행하기에도 좋고 무엇보다 쇼핑에 집중할 수 있는 호텔. 16세기 건물을 개조했기 때문에 예스러운 분위기를 가지고 있다. 아침 식사는 €5 별도.

위치 프라다와 알렉산더 맥퀸 매장 사이에 위치 주소 Via de'Tornabuoni 7 요금 싱글 €80~, 더블 €125~ 전화 055-292-128 홈피 www.hotelscoti.com

### 호텔 로레나
### Hotel Lorena
MAP 9 Ⓑ

19개의 객실이 있으며 이 중 6개는 공용 욕실을 사용한다. 호텔이라기보다는 호스텔 같은 분위기지만 위치가 좋고 가격이 저렴하다. 에어컨이 있으며 현금만 받고 아침 식사는 €5.

위치 산 로렌초 성당에서 도보 1분 주소 Via Faenza 1 요금 싱글 €45~, 더블 €75~ 전화 055-282-785 홈피 www.hotellorena.com

### 호텔 달리
### Hotel Dalí
MAP 9 Ⓗ

두오모와 가까운 곳에 있는 10개 객실의 소규모 가족 운영 호텔. 깨끗한 시설과 합리적인 가격으로 인기를 끌고 있지만, 에어컨이 없는 것이 단점이다.

위치 두오모를 바라보며 오른편 뒤쪽 주소의 길을 따라 도보 5분. 건물 2층에 위치 주소 Via dell'Oriolo 17 요금 싱글 €40~, 더블 €70~ 전화 055-234-0706 홈피 www.hoteldali.com

## 호스텔

### 아카데미 호스텔
### Academy Hostel

MAP 9 ⓒ

여행자들에게 평가가 좋은 곳으로 두오모 바로 근처라 여행하기에 편하다. 가격은 다른 곳보다 조금 비싸지만, 위치와 시설이 좋아 인기 많은 숙소다. 주방에서는 취사도 가능하다.

위치 두오모에서 도보 1분 주소 Via Ricasoli 9 요금 도미토리 €26~38, 트윈 €63~ 전화 055-2398-665

### 호스텔 아르키 로시
### Hostel Archi Rossi

MAP 9 ⓑ

중앙역에서 가깝고 시설도 깨끗해 언제나 인기가 많다. 도미토리는 남녀가 구분되어 있다. 아침 식사는 포함이며 저렴한 가격의 저녁 식사도 제공한다. 와이파이 무료, 세탁기 유료.

위치 피렌체 SMN 역에서 두 블록 떨어져 있다. 주소 Via Faenza 94R 요금 도미토리 €24~32, 싱글 €50~, 더블 €80~ 전화 055-290-804 홈피 www.hostelarchirossi.com

### 오스텔로 산타 모나카
### Ostello Santa Monaca

MAP 9 ⓘ

1960년대부터 운영된 전통 있는 호스텔로 2인실은 물론 남녀 구분 도미토리가 있다. 관광지와 거리가 있지만, 가격이 저렴하다.

위치 중앙역에서 도보 15분 정도, 카라이아 다리(Ponte alla Caraia)를 건너서 가면 된다. 버스 이용 시 36, 37번 승차. 주소 Via Santa Monaca 6 전화 055-268-338 요금 도미토리 €18~26 홈피 www.ostello-santamonaca.com

# 산 지미냐노 [싼 지미냐노]
## San Gimignano

중세 이후로 거의 변함없는 아름다운 스카이라인을 가진 산 지미냐노는 12세기에서 13세기에 건축된 13개의 탑으로 유명한 곳이다. 중세 시대 산 지미냐노는 로마와 북유럽을 잇는 주요 통로로써 전성기를 누렸고 당시 귀족들이 경쟁적으로 건설한 탑은 무려 72개에 이르렀다고 한다. 비록 1348년에 창궐한 페스트와 순례 행로의 변경으로 쇠퇴하여 지금은 13개의 탑만 남아있지만, 방문한다면 마치 타임머신을 타고 중세를 방문한 듯한 기분을 느낄 수 있다.

### 두오모 광장 Piazza del Duomo
광장 주변으로 역사적 건물이 많은데 베키오 델 포데스타 궁전의 탑이 도시에서 가장 오래되었을 것으로 추정된다.

### 콜레자타 Collegiata
11세기에 로마네스크 양식으로 건축된 교회로 내부에는 1387년에 제작된 바르톨로 디 프레디의 구약 이야기를 담은 26개의 프레스코화가 있다. 맞은편 벽에는 리피 멤미가 그린 예수의 일생이 있다. 그 외에도 〈최후의 심판〉, 〈수태고지〉 등의 작품도 놓치지 말자.

### 포폴로 궁전 Palazzo del Popolo
현재 내부는 시립 박물관(Museo Civico)으로 사용되며, 안뜰에는 14세기에 제작된 〈성모 마리아와 예수〉가 있다. 특히 필리푸치의 〈결혼식 장면〉은 함께 목욕 후 잠을 청하는 연인의 모습을 그린 14세기 작품으로 특별하다.

**위치** 직행버스가 있는 시에나에서 다녀오는 것이 가장 편리하다. 시에나 그람시 광장(Piazza Gramsci)에서 버스를 이용하면 1시간 10분 정도 소요된다. 피렌체에서 일찍 출발한다면 3시간 정도면 둘러볼 수 있는 산 지미냐노를 먼저 여행한 후 오후에 시에나에 갔다가 저녁때 피렌체로 돌아와도 된다. 피렌체에서 갈 때는 SITA 버스터미널에서 시에나행 버스를 타고 포지본시(Poggibonsi)에 내려 산 지미냐노행 버스로 갈아탄다. 총 1시간 30~50분 정도 소요(편도 €6,2)된다.

**Travel Plus**

# Fiesole
## 피에솔레

피렌체 북쪽에 있는 이 작은 마을은 마치 숨겨진 은둔처와 같은 느낌을 주는 곳이다. 피렌체에서 8킬로미터 정도 떨어져 있는 언덕에 오르면 멀리 피렌체와 토스카나 지방의 아름다운 스카이라인이 한눈에 들어온다.

기원전인 에트루리아 시대부터 시작된 오랜 역사를 가지고 있으며 피렌체의 기원이기도 한 피에솔레는 반나절 정도 여유를 즐기기에 그만인 곳이다. 소란스러움을 피해 조용한 전원여행을 즐기고 싶다면 피에솔레로 떠나는 버스에 훌쩍 올라타 보자.

# 피에솔레 가는 방법
## Per Fiesole

피렌체의 아카데미아 미술관에서 가까운 산 마르코 광장(Piazza San Marco) 옆에 있는 거리인 Via La Pira에서 7번 버스(편도 €1.5, 15~20분 간격 운행)를 타고 가면 약 30분 정도 소요된다. 티켓은 매표소나 담뱃가게(Tabacchi)에서 미리 두 장을 구입해 두는 것이 편리하다. 피렌체에서 피에솔레로 가는 버스에서 보는 풍경도 꽤 멋지다. 피렌체에서 출발한 버스는 종점인 미노 다 피에솔레 광장(Piazza Mino da Fiesole)에 도착하며 돌아올 때도 광장에서 피렌체행 버스를 타면 된다. 최근 피렌체 시내버스 노선이 변경 중이니 탑승한 버스가 피에솔레로 향하는지 꼭 확인해야한다.

### 피에솔레 여행 정보

**여행안내소** ⓘ
**위치** 미노 다 피에솔레 광장에서 두오모 옆의 골목으로 가서 Via Marini 쪽으로 가면 된다. 고고학 유적지 옆
**주소** Via Portigiani 3
**오픈** 3월 금·토·일요일 10:00~13:00 14:00~16:00 / 4월·5월 10:00~13:00, 14:00~17:00 / 6월·7월·8월·9월 10:00~13:00 16:00~18:00 / 10월 10:00~13:00 14:00~16:00
**전화** 055-596-1323
**홈피** www.comune.fiesole.fi.it

### 주의사항

광장을 출발해 전망대와 수도원, 산책로까지 돌아보려면 최소 한두 시간 이상 소요된다. 그 동안 전망대 주변 레스토랑을 제외하고는 화장실이 없다. 여행을 시작하기 전 미리 광장 근처 카페나 박물관 등에서 해결해 두는 것이 현명하다.

# 피에솔레 이렇게 여행하자

## Il Turismo

언덕길을 따라 올라가다보면 멋진 전망을 감상할 수 있으며, 시간이 된다면 옛 신전이나 로마 극장 등의 유적지를 둘러보아도 좋다. 피에솔레는 기원전 6세기에서 7세기경 에트루리아 인들이 적을 효율적으로 막기 위해 구릉 위에 성벽을 건설하여 만들어진 곳이다. 피렌체는 기원전 2세기경 피에솔레의 식민 도시로 시작했지만 이후 피렌체로 그 중심을 옮겼다.

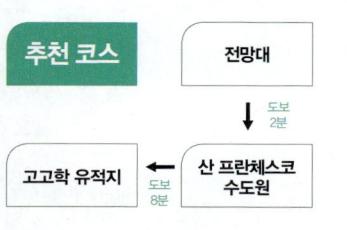

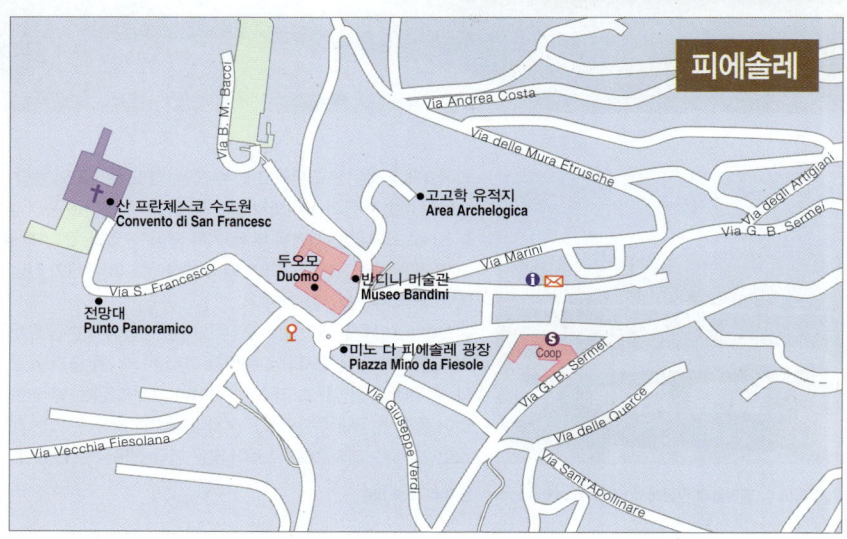

# 전망대
## Punto Panoramico

[뿐또 빠노라미꼬]   MAP p.315

피에솔레를 방문한 이유라고 할 수 있는 장소. 두오모와 종탑, 우피치 미술관 등이 어우러져 있는 피렌체의 아름다운 풍경과 토스카나의 푸르른 자연을 두 눈 가득 담을 수 있다. 전망대에서 풍경을 바라보고 있노라면 왜 피에솔레를 '피렌체의 전망대'라 부르는지 실감할 것이다.

전망대는 의자 몇 개만 놓여 있는 소박한 풍경이지만, 공원처럼 조성되어 있어 도시락을 준비해 와서 피크닉을 즐겨도 좋다. 아무래도 전망을 보러 가는 곳이니 날씨가 맑은 날 가는 것이 좋다. 전망대 주변으로는 식사나 와인을 즐길 수 있는 레스토랑과 에노테카, 예쁜 소품이 많은 가죽 전문점 등도 있다.

위치 미노 다 피에솔레 광장에서 Via di San Francesco를 따라 도보 5분

## 산 프란체스코 수도원
### Convento di San Francesco

[꼰벤또 디 싼 프란쩨스꼬]   MAP p.315

## 고고학 유적지
### Area Archelogica

[아레아 아르케로지카]   MAP p.315

전망대 위쪽의 수도원은 프란체스코 수도회가 14세기에 건축한 곳으로 1907년 복원되었다. 내부에 들어가면 수도사들이 지내던 너무나 검소한 방을 볼 수 있고 작은 우물 등도 남아 있다.

주변을 둘러싼 숲과 산책길을 걸어보는 것도 즐겁다. 수도원을 등지고 계단을 따라 내려가면 산책로가 나오며 약 30분 정도 걸려 다시 미노 다 피에솔레 광장으로 이동할 수 있다.

<u>위치</u> 전망대에서 도보 1~2분
<u>주소</u> Via San Francesco 13
<u>오픈</u> 07:30~12:00, 15:00~17:00
<u>요금</u> 무료
<u>전화</u> 055-591-75

번영했던 고대 피에솔레의 모습을 짐작할 수 있게 하는 유적지. 에트루리아인들의 성벽과 고대 로마 극장의 모습이 남아 있으며 내부의 시립 박물관(Museo Civico)에서는 에트루리아 시대의 유물을 주로 전시하고 있다. 고대 로마 극장은 지금도 오페라 공연장으로 사용되고 있다. 근처에 있는 반디니 미술관(Museo Bandini)은 토스카나 지방에서 시작된 르네상스 시대의 미술품이 전시되어 있는 곳이다.

<u>위치</u> 미노 다 피에솔레 광장에서 도보 5분 <u>주소</u> Via Port-giani 1 <u>오픈</u> 4월~9월 09:00~19:00, 3월·10월 10:00~18:00, 11월~2월 10:00~15:00 <u>휴무</u> 11월~2월 화요일, 12월 25일 <u>요금</u> 유적지+고고학박물관+반디니박물관 통합 €12, 유적지+고고학박물관 €10, 유적지 €7 <u>전화</u> 055-596-1293 <u>홈피</u> www.museidifiesole.it

**Travel Plus**

# Siena
## 시에나

넓은 포도밭이 도시를 둘러싸고 있는 아늑하고 조용한 시에나는 한때 피렌체와 어깨를 나란히 할 정도로 융성했던 토스카나 지방의 고도(古都)다. 많은 여행자가 이탈리아에서 가장 아름다운 도시 중 하나로 꼽는 이곳은 중세의 풍경을 담은 한 폭의 그림과 같다.

시에나는 17개의 콘트라데(Contrade)로 이루어져 있다. 이것은 일종의 교구로 도시의 구역을 나누고 있다. 작은 도시지만 자기가 속해있는 콘트라데에 대한 사랑이 매우 열렬해 거리 곳곳을 교구를 상징하는 깃발과 동물 조각으로 장식해 놓은 것을 쉽게 볼 수 있다. 콘트라데에 대한 열정은 팔리오 축제 기간에 그대로 나타난다. 콘트라데 대표로 출전하는 기수에게 보내는 그들의 열렬하고 화려한 응원은 이탈리아인들의 정열을 그대로 보여준다.

# 시에나 가는 방법

## Per Siena

보통 피렌체에 머물면서 당일로 여행하는 경우가 많다. 기차 또는 버스를 이용하여 방문할 수 있다. 기차 패스를 사용하지는 못하지만 여행지 근처까지 바로 가는 버스를 이용하는 것이 조금 더 편리하다.

| 피렌체 ➡ 시에나 | 기차 1시간 30분~1시간 50분 (€8.7~), 버스 1시간 15분 (€8.5~) |

### >> 기차로 가기 In Treno

피렌체에서 거의 매시간 직행열차(편도 €8.7~)가 운행되며, 시에나 역에서 시내까지는 버스로 10분 정도 소요된다. 시에나 역은 작은 규모라 짐 보관소가 없다. 역 밖으로 나오면 맞은편에 보이는 외관을 유리로 만들어 놓은 쇼핑센터의 지하로 내려가자. 이곳에 시내로 가는 버스 정류장 'Fermata Urbana Direzione Centro'이 있다. 역에서 시내 그람시 광장(Piazza Gramsci)까지는 0S4 · 0S7 · S10번 버스가 운행하며, 티켓(1회권 €1.5)은 자동판매기나 역 앞 신문가판대에서 구입한다. 버스에 탈 때 "첸트로(Centro)?"라 물어보면 확실하다.

시내 정류장인 그람시 광장에 내려 여행한 후 역으로 되돌아올 때 역시 광장에서 버스를 타면 되지만 내린 곳과 정류장 위치가 다르니 반드시 "스따지오네(Stazione)?"라고 물어보자. 돌아오는 버스는 역 바로 앞 정류장에 정차한다.

### >> 버스로 가기 In Autobus

피렌체에서 간다면 시외버스(편도 €8.5~)도 빠르고 편리하다. 그람시 광장에 바로 도착하기 때문에 역에서 시내까지 버스를 이용하는 번거로움이 없다. 그람시 광장에서 시에나의 중심인 캄포 광장까지는 도보로 10분 정도 소요되며 시내 여행은 걸어서 다녀도 충분하다.

피렌체 중앙역 옆에 있는 SITA 버스 터미널에서 'Rapida'라고 표시된 시에나행 버스를 타면 된다. 버스 시간은 시기에 따라 유동적이므로 미리 터미널에 들러 확인해 두는 것이 좋다. 단, 휴가철에는 도로 정체가 심하니 시간을 절약하고 싶다면 비교적 소요시간이 정확한 기차를 이용하는 것이 더 좋다.

---

### 시에나 여행 정보

**여행안내소** ⓘ
**위치** 푸블리코 궁전과 마주한 건물
**주소** Piazza del Campo 56
**오픈** 09:00~19:00 **전화** 0577-280-551
※ 시내 지도를 유료(€1)로 판매하며 버스 시각표 확인과 호텔 예약이 가능하다.

**여행 관련 홈페이지**
www.sienaonline.com, www.terresiena.it

**와인 클래스**
두 시간에 걸쳐 이탈리아의 와인과 음식을 배워볼 수 있는 강좌. 영어로 진행되며 이탈리아 각지의 와인과 올리브유 등을 테스트해볼 수 있다.
**주소** Via di Stalloreggi 26 **오픈** 월~토요일
**요금** 1인 €45 **홈피** www.tuscanwineschool.com

# 시에나 이렇게 여행하자
## Il Turismo

거리에 안내 표지판이 잘 갖추어져 있지만, 시에나의 미로 같은 골목길을 헤매는 것도 즐겁기만 하다. 시내의 캄포 광장을 시작으로 푸블리코 궁전과 두오모를 보면 주요 볼거리는 다 챙긴 셈이지만 시간이 된다면 두오모 주변 박물관과 나치오날레 미술관(Pinacoteca Nazionale), 산 도미니코 교회(Chiesa di San Domenico) 등을 둘러봐도 좋다.

시에나 숙소의 경우 푸블리코 궁전 등이 위치한 구시가에 있는 호텔들은 대부분 비싼 편이다. 역이나 구시가와 멀리 떨어질수록 가격은 내려간다. 팔리오 축제 기간에 머물고 싶다면 최소 두세 달 전에는 예약해야 한다.

**추천 코스**

그람시 광장 → (도보 10분) → 캄포 광장 → (도보 1분) → 푸블리코 궁전 → (도보 3분) → 두오모

# 캄포 광장
## Piazza del Campo

[삐아자 델 깜뽀]

MAP p.321

가이아 분수의 장식

고대 로마의 공회당과 시장 자리에 1293년 시에나 의회가 공공의 장소를 만들기 시작하면서 조성되었다. 부채꼴의 광장이 아홉 개 구역으로 나뉜 것은 광장 조성을 주도한 아홉 개 의회의 권위를 상징하며, 부채꼴 모양은 관용과 보호를 뜻하는 마리아의 망토를 상징한다고도 한다. 이후 광장은 각종 행사나 집회, 투우장, 팔리오의 개최 장소 또는 사형장으로 사용되었다. 지금은 여행자들이 이곳에 누워 로망이 넘치는 토스카나의 하늘 풍경을 감상한다. 종루와 마주보며 광장 끝에 있는 가이아 분수(Fonte Gaia)의 부조 장식은 퀘르치아(Quercia)의 작품을 모방한 19세기의 복제품이며 진품은 시립 박물관에 있다. 분수의 물은 500년이나 된 수도관에 의해 공급된다고 한다.

위치 그람시 광장에서 도보 10분 주소 Piazza del Campo

 **시에나의 대표 축제, 팔리오(Palio)**

해마다 7월 2일과 8월 16일 이틀 동안 캄포 광장은 열기와 환호성으로 뒤덮인다. 팔리오란 시에나의 각 마을을 상징하는 깃발을 말한다. 메인 행사는 좁은 반원형의 캄포 광장에서 벌어지는 경마 대회다. 안장 없는 말에 앉아 팔리오를 들고 돌진하며 펼쳐 치는 경주는 드라마 같은 극적인 장면이다.

하지만 축제가 그토록 유명해진 까닭은 경기 직전 벌어지는 화려한 중세 복장 경주자들의 행렬과 중세의식을 재현한 행사 때문이다. 경기 전날에는 화려한 전야제와 만찬을 곁들은 마을 축제가 열린다. 거기다 각 마을 응원대의 열렬한 응원전과 깃발 던지기 시범은 정말로 장관이다.

각각의 기수들은 시에나 17개의 콘트라테를 대표하며 말들은 제비뽑기를 통해 배정된다. 당일 각 지역의 성당에서 말과 기수를 축성하는 예식을 한 후 오후 4시부터 광장에 모이기 시작하고, 5시가 되면 화려한 행렬의 시작과 함께 점점 열기가 달아오른다. 그리고 7시 30분쯤 경기가 시작되어 우승자를 가린 후 영예로운 우승자는 실크로 된 깃발을 받게 된다.

직접 축제를 즐기는 건 정말 멋진 경험이지만 워낙 좁은 광장에서 하는 축제라 비싼 관람석 외에 좋은 자리 잡기란 그리 쉬운 일은 아니다. 또 축제 기간에 시에나에 머물려면 적어도 두세 달 전에는 예약해야 한다. 이때 가격도 평상시 대비 두 배 이상 인상되기도 한다. 차라리 근교 도시인 피렌체 등에 숙소를 잡는 것도 요령이다.

# 푸블리코 궁전
## Palazzo Pubblico

[빨라쪼 푸블리꼬]　　　　　　　　　　　　　　　　　　　　MAP p.321

시에나 시청으로 사용되던 우아한 건물로 궁전 내 시립 박물관(Museo Civico)에서 꼭 보아야 할 것은 마르티니의 프레스코화 〈마에스타 Maestà〉이다. 성모가 천사에게 둘러싸인 그림인데 보는 이에게 평안함을 느끼게 한다. 평화의 방(Sala della Pace)에 가면 선정(善政)과 악정(惡政)의 영향을 비교하여 그려 놓은 재미있는 프레스코화가 있다. 선정을 묘사한 쪽은 번영한 도시가 있으며 반대로 악정 도시는 쓰레기가 뒤덮인 폐허로 묘사되어 있다. 만자의 탑(Torre del Mangia)은 벽돌로 쌓은 102미터 높이의 탑으로 정원 입구에서 계단으로 올라갈 수 있다. '만자'라는 이름은 탑 최초의 종치기 이름을 따온 것이다. 500개의 계단을 오르는 것은 힘겹지만, 탑 꼭대기에 오르면 토스카나의 아름다운 전망이 펼쳐져 보람이 느껴진다. 궁전 아래의 광장 예배당(Cappella di Piazza)은 14세기 창궐했던 흑사병의 종식을 기념한 것이다.

**위치** 캄포 광장에 면해있다. **주소** Piazza del Campo 1 **오픈** 시립 박물관 3월 16일~10월 10:00~18:00, 11월~3월 15일 10:00~16:30 / 만자의 탑 3월 16일~10월 10:00~18:00, 11월~3월 15일 10:00~17:00 **휴무** 12월 25일 **요금** 시립 박물관 €9, 만자의 탑 €10, 통합권 €20(시립 박물관+만자의 탑+산타 마리아 델라 스칼라 박물관, 2일간 유효) **전화** 0577-292-111

> **TIP**
> ### 푸블리코 궁전에서 꼭 챙겨보자!

**암브로조 로렌체티 〈선한 정부, 악한 정부〉**
선한 정부와 악한 정부가 집권하였을 때 도시와 시골이 어떻게 변하는지 극명하게 보여주는 작품이다. 선한 정부는 바로 14세기의 시에나 정부를 모델로 하고 있다. 악한 정부에서는 질병과 폭력, 가난이 난무하지만 선한 정부 아래서는 풍요롭게 살아가는 시민들의 모습을 볼 수 있다.

**시모네 마르티니 〈몬테마시 성을 포위한 귀도리초 다 폴라노〉**
시모네 마르티니가 1328년부터 3년에 걸쳐 그린 작품으로 그림 주인공은 시에나 인근 지역 반란을 진압했던 인물이다. 종교적 성인이 아닌 일반인을 풍경과 함께 그린 최초의 작품으로 대형 지도로 장식된 세계 지도의 방에 전시되어 있다.

**마르티니 〈마에스타〉**
1315년에 완성된 것으로 마르티니 개인에게도 최고의 작품이지만 14세기 이탈리아 예술의 가장 중요한 걸작 중 하나다. '장엄'이라는 뜻의 제목과 더불어 천사들에 둘러싸인 성모의 모습에서 전성기 시에나의 영광을 느낄 수 있다.

# 두오모
Duomo

[두오모]

MAP p.321

12세기에 시작되어 200여 년에 걸쳐 로마네스크 양식과 고딕 양식을 혼합하여 지어진 교회. 원래는 세계에서 가장 큰 교회가 되었을지도 모르지만 14세기 도시를 휩쓴 페스트 때문에 원대한 계획은 물거품이 되고 말았다.

외벽은 흰색, 분홍색, 회색의 대리석을 줄무늬 모양으로 배치하였으며 중앙의 둥그런 창을 감싸고 있는 40인의 성인들의 모습은 두오모를 빛내기에 손색이 없다. 중앙 문 위에 있는 태양 심벌은 부활한 예수를 중심으로 사람들을 결속하고자 한 성 베르나르디노의 의도로 만들어진 것이다.

내부 기둥도 흑백의 대리석으로 만들었으며 천장에는 짙은 푸른색의 하늘에 금빛으로 빛나는 별들이 그려져 있다. 흑색과 흰색은 시에나의 문장을 상징하는 것이다. 두오모 내부 바닥 또한 하나의 예술품인데 대리석을 사용하여 56개의 종교적 장면을 상감 기법으로 표현하였다. 니콜라 피사노와 아들인 조반니 피사노가 함께 만든 내부 왼쪽의 설교단과 아름다운 프레스코화가 있는 르네상스 양식의 피콜로미니 도서관(Libreria Piccolomini)도 잊지 말고 둘러보자.

위치 캄포 광장에서 도보 4분 주소 Piazza del Duomo 8 오픈 3월 1일~11월 1일 월~토요일 10:30~19:00, 일요일 13:30~18:00 / 11월 2일~12월 25일 · 1월 9일~2월 28일 월~토요일 10:30~17:00, 일요일 13:30~17:30 / 12월 26일~1월 8일 월~토요일 10:30~18:00, 일요일 13:30~17:30 요금 €8, 두오모+세례당+오페라 박물관 통합권 €8~15(시기에 따라 다름) 전화 0577-286-300 홈피 www.operaduomo.siena.it

## 두오모 둘러보기

### 두오모 내부

- 01 페치(Pecci) 주교의 무덤 장식 또한 도나텔로의 작품
- 02 〈성 요한〉 청동상은 도나텔로가 제작하였다.
- 03 카메라 세레를 받는 연금술을 소재한 한 대리석 바닥 조각
- 04 성서를 주제로 한 성당 바닥의 56개의 모자이크 장식은 200년에 걸쳐 완성된 작품들이다.
- 05 성당 돔 내부는 파란색 바탕에 100개의 별이 5열로 그려져 있다. 금빛으로 빛나는 채광창은 베르니니의 작품
- 06 화려하고 장엄한 느낌의 중앙 제단은 페루치(Peruzzi)의 작품
- 07 피사노 부자가 1265년부터 1268년까지 수년에 걸쳐 제작한 팔각형의 설교단

## 두오모 외부

### 01 세례당
### Battistero

두오모에서 나와 왼편 건물로 가서 내려가는 계단을 따라가면 세례당이 나온다. 세례당 또한 두오모 못지않은 화려한 프레스코화 장식이 있다. 황금으로 도금된 부조가 장식된 세례반은 도나텔로와 퀘르치아의 작품으로 그리스도의 세례 모습을 묘사했다.

<u>오픈</u> 3월 1일~4월 17일 10:30~19:00, 4월 18일~11월 1일 10:00~19:00, 11월 2일~2월 28일 10:30~17:30, 12월 26일~1월 6일 10:30~18:00
<u>요금</u> €4

### 02 두오모 오페라 박물관
### Museo dell'Opera del Duomo

두오모 왼쪽에 위치한 박물관으로 이곳에서는 두오모 외벽을 장식했던 조반니 피사노가 제작한 동상과 스테인드글라스 원본을 감상할 수 있다. 또한 시에나가 자랑하는 두초 디 부오닌세냐(Ducco di Buoninsegna)의 1311년의 작품 〈마에스타〉는 꼭 챙겨볼 작품이다. 계단을 올라 박물관 옥상으로 가면 캄포 광장과 푸블리코 궁전, 투스카니의 들판이 펼쳐지는 풍경을 바라 볼 수 있으니 꼭 올라가보자.

<u>오픈</u> 3월 1일~4월 17일 10:30~19:00, 4월 18일~11월 1일 10:00~19:00, 11월 2일~2월 28일 10:30~17:30, 12월 26일~1월 6일 10:30~18:00
<u>요금</u> €8~15(시기에 따라 다름)

〈마에스타〉

## 성녀 카테리나의 집
### Casa di Santa Caterina

[까사 디 싼따 까떼리나]  MAP p.321

## 산 도메니코 교회
### Basilica di San Domenico

[바실리까 디 싼 도메니꼬]  MAP p.321

시에나의 수호성인인 성녀 카테리나 베닌카사(1347~1380)는 부유한 상인의 딸로 태어나 여덟 살 때 신에게 자신을 바친 후 많은 통찰력을 부여받았다고 한다. 그녀는 환상 속에서 어린 예수

와 약혼을 했다고 믿어지는데 이 장면은 많은 화가에게 영감을 주었다.

미사를 드리던 중 공중 부양을 해 성흔(聖痕, Stigmata : 예수와 비슷하게 손발에 상흔이 나타나는 것)을 받은 1375년의 기적으로도 유명하다. 그녀는 유려한 말솜씨를 지녔었는데 1376년 교황 그레고리 6세를 설득하여 무려 67년 동안이나 아비뇽에 있었던 교황의 거처를 다시 로마로 옮기도록 하였다. 이후 로마에서 사망하였고 1461년 성인의 반열에 오른 바 있다. 1466년 성지로 지정된 그녀의 집은 많은 화가가 그린 성녀의 삶을 담은 그림들로 장식되어 있다.

위치 두오모에서 도보 6분 주소 Costa di San Antonio 오픈 부활절~10월 09:00~12:00, 15:00~18:00 / 11월~부활절 09:00~12:30, 15:30~18:00 요금 무료 전화 0577-288-175 홈피 www.caterinati.org

고딕 양식으로 지어진 거대한 교회이며 성녀 카테리나 베닌카사의 머리가 안치되어 있는 곳. 그것은 성녀에게 헌정된 예배당의 제단 위 금박 성궤에 보관되어 있다. 시신의 나머지 부분은 로마의 산타 마리아 소프라 미네르바 교회에 있다.

제단의 양편에 그려진 프레스코화에서는 종교적 환희의 상태에 빠져 있는 성녀의 모습을 묘사하고 있다. 또한 성녀의 친구였던 안드레아 바니가 그렸다고 추정되는 카테리나의 초상화도 있다.

위치 성녀 카테리나의 집에서 도보 2분
주소 Piazza di San Domenico
오픈 3월~10월 07:00~18:30, 11월~2월 09:00~ 18:00

## 트라토리아 파페이
### Trattoria Papei

MAP p.321

푸블리코 광장 근처에 있으며 맛과 가격, 서비스 모두 괜찮은 레스토랑. 파스타 등 기본 요리도 맛있지만 맛있게 구워낸 스테이크 종류가 추천 메뉴. 야외 좌석도 마련되어 있어 궁전 뒷면과 작은 광장 등을 바라보며 식사할 수 있다. 앞에 넓은 주차 공간이 있어 단체 손님들이 많이 오는 편이니 시끄러운 식사 시간을 살짝 피하면 더 좋다.

<u>위치</u> 푸블리코 광장에서 도보 3분
<u>주소</u> Piazza Mercato 6
<u>오픈</u> 12:00~22:30
<u>요금</u> €15~
<u>전화</u> 577-280-894

## 난니니
### NANNINI

MAP p.321

시에나의 유명 디저트와 페이스트리 숍. 견과류와 말린 무화과, 꿀 등을 넣어 만든 판포르테(Panforte)가 인기 상품이며 선물용으로도 좋다. 아몬드 가루와 달걀흰자 등을 넣어 만든 전통 과자 리치아렐리(Ricciarelli)도 이곳의 베스트 상품이니 달달한 디저트나 맛난 빵을 먹고 싶다면 이곳으로 가자.

<u>위치</u> 캄포 광장에서 도보 2분 <u>주소</u> Via Banchi di Sopra 24 <u>오픈</u> 월~목요일 07:00~22:00, 금~일요일 07:00~23:00 <u>요금</u> 리치아렐로 1개 €0.9~, 판포르테 100g €2.8~ <u>전화</u> 0577-236-009 <u>홈피</u> www.pasticcerienannini.it

## 알베르고 트레 돈첼레
### Albergo Tre Donzelle

MAP p.321

캄포 광장 근처에 있는 저렴한 숙소 20여 개 객실의 시설은 기본적인 수준이지만, 위치가 좋은 것이 최고의 장점이라 팔리오 축제 기간에는 도저히 방을 예약할 수 없을 정도다. 와이파이는 무료로 사용할 수 있고, 조식은 별도로 요금을 지불해야 한다.

<u>위치</u> 캄포 광장에서 도보 2~3분
<u>주소</u> Via delle Donzelle 5
<u>요금</u> 싱글 €40~, 더블 €60~
<u>전화</u> 0577-270-390
<u>홈피</u> www.tredonzelle.com

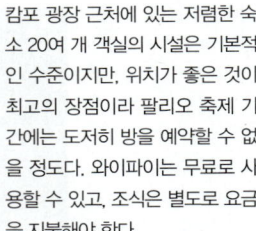

**Travel Plus**

# Pisa
## 피사

한때 제노바, 베네치아와 함께 최고의 번영을 누리며 주변 지역은 물론 코르시카와 사르데냐 섬을 소유하기도 했던 피사. 지금은 피렌체 근교의 한적하고 조용한 도시지만, 세계적으로 유명한 '피사의 사탑'은 이곳의 명성을 이어주고 있다. 피사의 사탑은 이탈리아뿐 아니라 유럽을 대표하는 아이콘이기도 한데, 실제로 보면 어떻게 서 있을까 싶을 정도로 기울기가 꽤 심하다.

# 피사 가는 방법

## Per Pisa

로마에서 당일치기 여행도 가능하며 보통 피렌체에 머물면서 다녀오는 경우가 많다. 도심에서 열차로 5분 정도 거리에 국제공항도 있어 항공편을 이용하여 방문하기에도 편리하다.

| 피렌체 → 피사 | 기차 50분~1시간 30분, 버스 2시간, €8.6~11 | 로마 → 피사 | 기차 2~4시간, €15~48.5 |

### >> 비행기로 가기 In Aero

한국에서 출발하는 직항편은 없지만 에어프랑스나 영국항공 등을 이용하면 경유편을 이용해 피사에 갈 수 있다. 또, 피렌체로 가는 항공편이 없을 때 대안으로 생각해 볼 수 있다.

피사 공항은 이곳 출신인 갈릴레오 갈릴레이의 이름을 가져와 갈릴레이 갈릴레오 공항(Aeroporto Galileo Galilei, PSA)으로 명명되었다. 유럽에서는 라이언에어나 부엘링항공 등 저가항공사를 이용할 수 있어 편리하다.

공항에서 열차(편도 €1.1)를 이용하면 약 5분이면 시내로 갈 수 있다. 소지한 유레일이나 이탈리아 패스를 개시를 한 상태라면 무료 이용이 가능하다. 단, 플렉시 패스는 날짜 기입이 필요하니 잘 판단하자. 공항에서 피사 시내로 가는 LAM Rossa 버스(편도 €0.9)를 타면 약 10분 만에 피사 중앙역과 미라콜리 광장으로 갈 수 있다.

### >> 기차로 가기 In Treno

피사로 가는 가장 편리한 방법은 기차를 이용해 피사 중앙역(Pisa Centrale)에 내리는 것. 피렌체에서는 한 시간에 한두 대꼴로 직행 기차가 있다. 피사 공항행 열차도 피사 중앙역에 정차하는 경우가 있으니 확인 후 이용해도 된다.

로마에서 피사로 이동하는 구간은 워낙 붐비기 때문에 잔여석이 없는 경우가 많다. 반드시 사전에 자리를 예매한 후에 탑승하는 것이 좋다. .

**유인 짐 보관소**

오픈 07:00~21:00 요금 5시간 €5, 6~12시간 시간당 €0.7 추가, 이후 시간당 €0.3 추가

### >> 버스로 가기 In Autobus

피렌체에서 매시간 출발하는 Lazzi 버스(편도 €6.5)를 타면 피사로 갈 수 있다. 버스는 비토리오 에마누엘레 2세 광장에 도착하며 시내버스 정류장이 바로 옆에 있다. 미라콜리 광장까지는 4번 버스 또는 LAM Rossa 버스를 타면 된다.

---

**피사 여행 정보**

**여행안내소** ❶

위치 중앙역에서 도보 4분, 비토리오 에마누엘레 2세 광장 왼쪽에 있다. 주소 Piazza Vittorio Emanuele II 16 오픈 10:00~13:00, 14:00~16:00 휴무 1월 1일, 12월 25일, 공휴일 전화 050-422-91

● 중앙안내소

위치 티켓 판매소 옆에 위치 주소 Campo dei Maracoli 1 오픈 5월~9월 09:00~20:00, 10월~4월 09:30~17:00 전화 050-560-464

**여행 관련 홈페이지**
www.opapisa.it
www.pisaonline.it

## 피사 시내 교통
### Trasporto

중앙역에서 피사의 사탑이 있는 미라콜리 광장(Campo dei Miracoli)까지는 2킬로미터 정도로, 도보로 30분 정도 소요된다. 역 정면으로 난 길을 따라 내려가다 비토리오 에마누엘레 2세 광장이 나오면 이곳에서 왼편 큰 길인 Via Francesco Crispi로 접어들어 아르노 강을 건넌다. 미라콜리 광장까지는 Via Roma 또는 Via Santa Maria를 따라가면 된다. 산타 마리아 거리가 조금 더 걸어야 하지만, 상점과 레스토랑들이 모여 있어 구경하며 걸어가면 금방이다.

또는 역 건너편 NH 호텔 앞 정류장에서 LAM Rossa 버스(1회권 €1.5)를 타면 미라콜리 광장 서쪽 입구인 마닌 광장(Piazza di Manin)에 세워 준다. 문을 통과하면 기념품점들이 늘어서 있고 둥근 모양의 세례당부터 보일 것이다. 역으로 다시 돌아올 때는 사탑 뒤에 있는 버스 정류장에서 중앙역행 버스를 탑승하면 된다.

## 피사 이렇게 여행하자
### Il Turismo

피사의 볼거리는 미라콜리 광장에 모여 있다. 광장 입구에 도착해 문을 지나면 푸른 잔디밭 위에 펼쳐져 있는 사탑과 멋진 건축물들이 보일 것이다. 두오모와 세례당, 납골당이 앞쪽에, 사탑이 뒤쪽에 있다. 그 외에도 토스카나 회화와 피사파의 조각을 전시하고 있는 산 마테오 국립 미술관(Museo Nazionale di San Matteo)도 볼만하다. 미라콜리 광장 매표소에 가면 명소 모형이 있는데 관람을 원하는 것을 가리키면 직원이 해당 명소의 티켓을 판매한다. 입장권에 들어갈 수 있는 명소 그림에 'x'가 표시되니 발급 후 다시 한 번 확인해보자.

**요금** 사탑 €18, 사탑 이외 1곳 €5, 사탑 이외 통합권 €7~9

**추천 코스** 피사 역 → (도보 30분) 피사의 사탑 & 두오모 등

# 피사의 사탑
## Torre Pendente di Pisa

[또레 펜던떼 디 피사]  MAP p.334

원통 기둥 모양의 아름다운 흰색 대리석 건물로 원래 두오모의 부속 종탑으로 건축된 것이다. 1173년 피사의 건축가 보나노 피사노(Bonano Pisano)가 시작하여 1350년 시모네(Simone)에 의해 완성되었다. 탑이 이토록 기울어진 까닭은 모래로 된 약한 지반에 토대를 단 3미터밖에 세우지 않았기 때문. 건축 초기부터 기울어지기 시작해 일단 공사를 중지한 후 탑이 쓰러지지 않으리라는 결론을 얻은 후 다시 건축하기 시작하였다. 사탑이 많이 기울었을 때는 북쪽과 남쪽의 차이가 70센터미터나 났었다.

탑은 기울어진 모양으로도 유명하지만 '그래도 지구는 돈다'라는 유명한 말을 남긴 과학자 갈릴레오 갈릴레이가 한 실험으로 더욱 유명세를 얻었다. 당시에는 무거운 물체일수록 빨리 떨어진다고 생각했지만, 갈릴레이는 사탑에서 실제로 실험을 하여 해당 주장이 허위였음을 증명하였다.

1990년부터 입장을 금지하고 사탑을 조금씩 세우는 보수 공사를 실시하여 2001년에 재개관했다. 탑의 보존을 위해 매일 한정된 인원만 입장시키고 있다. 공사팀은 90미터에 달하는 강철 테이블을 이용해 탑을 광장에 고정하는 방법 등을 통해 더는 탑이 기울지 않도록 하였다. 293개의 계단을 따라 올라가면 피사의 시원한 풍경을 내려다볼 수 있다. 사탑 주변에서는 양팔로 기울어진 탑을 받치는 포즈를 취하는 등 사탑과 함께 착시 사진을 찍는 사람들이 많은데, 각도만 잘 맞추면 꽤 재미있는 사진이 나오니 한 번쯤 시도해보자.

**주소** Campo dei Miracoli
**오픈** 화~일요일 10:00~18:00(시즌에 따라 변경)
**휴무** 월요일
**요금** €18, 온라인 사전 예약 €20
**전화** 050-387-22-10
**홈피** www.opapisa.it
※입장 시 백팩, 카메라, 캠코더 반입 금지

## 두오모
## Duomo

[두오모] MAP p.334

1608년부터 건축이 시작되어 1350년에 완공된 것으로 피사 로마네스크 양식의 최고 걸작으로 꼽히는 건물이니 찬찬히 살펴보자. 십자가형 구조로 되어 있으며 외관은 아치 형식이다. 두오모와 세례당은 이슬람 양식이 첨가되기도 하였는데, 이것은 피사의 상인이나 학자들이 당시 이슬람의 지배 아래에 있던 스페인 등과 교역을 했던 것과 무관하지 않다.

특히 성당 입구 '피사노의 문'은 이탈리아 로마네스크 조각의 걸작품이다. 길이 100미터의 내부로 들어가면 조반니 피사노의 걸작인 설교단이 있는데, 여섯 개의 기둥과 조각 장식이 있는 다섯 개의 지주로 구성돼 있다. 중앙 조각은 신앙과 희망, 자애를 상징하고 있다.

성당 곳곳에서 동양 문화의 흔적을 느낄 수 있어 번성했던 항구도시 피사의 지난 세월을 짐작하게 한다. 이곳에서 놓치지 말아야 할 것은 바로 갈릴레이가 '진자의 법칙'을 발견하는데 결정적인 역할을 했던 역사적인 램프 유물이다.

주소 Campo dei Miracoli
오픈 11월~3월 10:00~18:00, 4월~9월 10:00~20:00, 3월 말·10월 10:00~19:00
요금 €5
전화 050-387-22-10
홈피 www.opapisa.it

## 두오모 둘러보기

### 세례당
### Battistero

원형의 세례당은 12세기에서 15세기에 지어진 우아한 건물이다. 규모가 작은데도 오랜 세월이 걸렸던 것은 바로 재정난 때문이었다. 니콜라 피사노가 로마네스크 양식으로 만든 설교단에는 예수의 생애와 '최후의 심판'이 묘사되어있으며 단을 받치고 있는 기둥은 천사의 형상이다. 마치 목욕탕 같은 모양의 세례반(洗禮盤)은 침례 의식을 위해 제작된 것이다. 또한, 건물 내부는 뛰어난 음향효과로도 유명하다. 매일 소리가 어떻게 들리는지 시현을 하기도 하는데, 해당 시간이 세례당 앞에 고지되어 있다.

주소 Campo dei Miracoli 오픈 11월~3월 09:00~18:00(3월 말은 19:00까지) 4월~9월 08:00~20:00, 10월 09:00~19:00 요금 €5

### 납골당
### Camposanto

납골당은 1278년 시모네에 의해 만들어진 대리석의 건물이며 이때 쓰인 흙은 팔레스타인의 성지에서 가져왔다고 한다. 여기에 있는 14세기에서 15세기 사이에 만들어진 프레스코화 〈죽음의 개선 Trionfo della Monte〉은 제2차 세계대전의 폭격에서 유일하게 무사했던 그림이다.

주소 Campo dei Miracoli 오픈 11월~3월 09:00~18:00(3월 말은 19:00까지), 4월~9월 08:00~20:00, 10월 09:00~19:00 요금 €5

**Travel Plus**

# Lucca
## 루카

토스카나 지방의 도시 중에서도 유독 중세의 모습을 그대로 간직하고 있는 루카는 옛 성벽으로 둘러싸여 독특하고 아름다운 풍경이 가득한 도시이다. 약 4킬로미터의 성벽이 둘러싸고 있는 구시가의 격자형 거리는 기원전 180년경 로마 식민지 시대 그대로의 모습을 유지하고 있다.
또한, 이곳은 이탈리아와 세계가 사랑하는 음악가 푸치니의 고향이기도 하다. 고즈넉하고 어딘가 아련한 도시의 분위기는 푸치니 특유의 마음을 두드리는 아름다운 선율과 닮아있다.

# 루카 가는 방법

**Per Lucca**

보통 피렌체에 머물면서 당일로 여행하는 경우가 많다. 서두르면 피사까지 더불어 하루에 두 곳을 둘러볼 수도 있다.

| 피렌체 ➡ 루카 | 기차 1시간 20분~50분(€7.5~), 버스 1시간 10분(€7~) |
|---|---|
| 피사 ➡ 루카 | 기차 26분~35분(€3.5~), 버스 35분(€3~) |

### >> 기차로 가기 In Treno

피렌체에서 출발하는 기차는 보통 한 시간에 2회 꼴로 운행되며 피사와는 시간당 1~2회 운행한다. 역을 나서면 바로 성벽이 보이는데 이곳을 따라 걷다보면 출입문이 있으며, 시내로 이어지는 비토리오 베네토 거리(Via Vittorio Veneto)를 따라 중심지로 가면 된다.

### >> 버스로 가기 In Autobus

피렌체에서는 Lazzi 버스가 운행한다. 시기에 따라 운행 시간이 다르니 미리 확인해 두는 것이 좋다. 장거리 버스는 도시의 서쪽인 베르디 광장(Piazzale G. Verdi)에서 출·도착한다. 광장에서 파올리노 거리(Via Paolino) 거리를 따라가면 주요 명소 중 하나인 산 미켈레 교회로 바로 갈 수 있다.

피사에서 오고 갈 때는 루카의 베르디 광장과 피사의 사탑 근처를 연결하는 버스가 조금 더 저렴하고 편리하다. **홈피** www.vaibus.it

### 루카 여행 정보

**여행안내소** ⓘ
자세한 지도와 각종 이벤트 정보를 제공한다. 자전거 대여도 가능(5시간 €4.5, 1일 €7)하며 화장실(€0.6)도 사용할 수 있다.
**위치** 구시가 서쪽의 장거리 버스가 출·도착하는 베르디 광장에 위치 **주소** Piazzale Giuseppe Verdi **오픈** 4월~9월 09:00~19:00, 10월~3월 09:00~17:00 **휴무** 1월 1일, 12월 25일 **전화** 0583-583-150

**여행 관련 홈페이지**
www.luccaturismo.it
www.comune.lucca.it

**우체국**
**주소** Via Antonio Vallisneri 2 **오픈** 월~수요일 08:15~19:00, 토요일 08:15~13:30 **휴무** 목·금·일요일

**경찰서**
**주소** Via Cavour Camillo Benso 62 **오픈** 24시간

**콘서트**
4월에서 10월까지 매일 오후 7시에 산 조반니 교회(San Gio-vanni)에서 푸치니의 음악을 감상할 수 있는 한 시간짜리 미니 콘서트가 열린다.
**요금** €18~20 **홈피** www.puccinielasualucca.com

**자전거 대여**
성벽 근처나 산타 마리아 광장(Piazza Santa Maria) 근처에 업체들이 있다.
**주소** Piazza Santa Maria 42(Antonio Poli), Piazza Santa Maria 32(Circli Bizzarri), Corso Garibaldi 93(Chrono) **요금** 1시간 €3, 1일 €15

# 루카 이렇게 여행하자

## Il Lucca

구시가 안은 차량이 들어갈 수 없는 곳이 대부분이라 성벽 안에서는 도보로 여행하는 것이 가장 편리하다.
자전거를 잘 탄다면 대여 후 자전거 여행을 해도 좋다. 성벽 위를 달릴 수도 있고 도시 지대가 평탄해 자전거를 타도 별로 힘들지 않다.

### 추천 코스

루카 역 → 도보 10분 → 산 마르티노 성당 → 도보 10분 → 산 미켈레 교회 → 도보 3분 → 푸치니 박물관 → 도보 5분 → 판네르 궁전 → 도보 2분 → 산 프레디아노 교회 → 도보 2분 → 원형경기장 광장 → 도보 1분 → 필룬고 거리 → 도보 1분 → 시계탑 → 도보 5분 → 구이니지의 탑 → 도보 8분 → 루카 성벽

### TIP
**루카와 피사 하루에 여행하기**

피렌체에서 출발해 루카와 피사를 하루에 돌아보는 코스도 가능하다. 피렌체에서 아침 일찍 출발해 루카를 둘러본 후 역에서 기차를 타면 피사의 사탑과 가까운 역인 피사 산 로소레(San Rossore) 역으로 갈 수 있다.
루카에서 피사로 이동할 때, 기차 패스가 없다면 버스를 이용하는 것이 편리하다. 사탑 등을 둘러본 후 피사 중앙역으로 오면 피렌체로 가는 열차가 자주 있다. 피사에서 사탑 주변만 본다고 생각할 때 루카와 피사의 여행 시간은 7대 3 정도의 비율로 배분하면 알맞다.

# 산 마르티노 성당(두오모)
## Duomo di San Martino

[두오모 디 싼 마르띠노]      MAP p.341

피사 로마네스크 양식의 표본이라 할 수 있는 11세기의 아름다운 건축물로, 매우 화려한 모습을 하고 있다. 이탈리아의 많은 성당 중에서도 오랜 역사를 간직하고 있는 곳이며 도시의 중심 성당인 두오모 역할을 하고 있다.

성당의 곳곳에 있는 디테일을 찾아보는 재미가 쏠쏠한데, 입구부터 성당의 이름이기도 한 산 마르티노의 이야기가 담긴 조각을 만날 수 있다.

근처에 있는 산 조반니 광장(Piazza S. Giovanni)과 안텔미넬리 광장(Piazza Antelminelli) 일대에서 열리는 대규모 골동품 시장도 정말 볼만하다. 옛 가구와 소품들을 구경하다 보면 시간 가는 줄 모를 정도다. 특히 매달 세 번째 주말에 열리는 시장은 이탈리아에서도 가장 큰 규모다.

위치 루카 역에서 성벽을 지나 도보 10분 주소 Piazza Antelminelli
오픈 3월 11일~11월 3일 월~금요일 09:30~18:30, 토요일 09:30~18:45, 일요일 12:00~18:30 / 11월 4일~3월 10일 월~금요일 09:30~17:00, 토요일 09:30~18:45, 일·공휴일 12:00~18:00(오픈 시간 수시 변경) 요금 €3(두오모 박물관과 산 조반니 교회 통합권 €9) 전화 0583-490-530 홈피 www.museocattedralelucca.it

## 산 마르티노 성당 둘러보기

### 01 기마상

아주 추운 겨울날 말을 타고 가던 산 마르티노는 혹독한 날씨에 제대로 걸친 옷도 없는 거지를 보고 자신의 망토를 반으로 갈라 그에게 주었다. 그런데 잠시 후 추위와 눈보라가 그치고 햇볕이 나오기 시작하더니 마치 여름과 같이 따뜻해졌다. 여기에 그날 밤 잠이 든 성자의 꿈에 나타난 예수님은 오늘 행한 일을 칭찬했다고 한다.

거지에게 망토를 주는 장면을 표현한 기마상은 성당 정면을 장식하고 있다. 하지만 성당 정면의 것은 모사품이고 진품은 성당 안에서 볼 수 있다.

### 02 미궁 Labirinto

성당 입구의 우측 벽면에는 동그라미가 여러 개 반복된 문양이 있는데, 그 옆에는 이런 내용의 글씨가 새겨져 있다. '다이달로스에 의해 만들어진 이 미궁은 누구나 한번 들어가면 다시는 나올 수 없는 미로다. 아리아드네의 사랑의 실타래로 오직 테세우스만이 탈출하였다.'

그리스 신화 속 아테네의 왕자이자 영웅인 테세우스의 일화를 담은 것인데, 제물로 바쳐진 아테네의 소년과 소녀들 사이에 섞여 들어가 머리는 소, 몸은 사람인 미궁 속 괴물 미노타우로스를 죽이고 자신에게 반한 크레타의 공주 아리아드네가 미리 준 실타래를 따라 미궁을 탈출할 수 있었던 이야기를 바탕으로 하고 있다.

미궁 조각을 성당 앞에 새겨 놓은 것은 이런 신화 속 이야기처럼 악마가 성당에 들어오려 하다가 미궁에 빠져 끝없이 헤매기를 바라는 의미이며, 따라서 미궁 조각은 성당을 수호하는 역할을 하는 것이라고 할 수 있다.

### 03 예수의 얼굴 Il Volto Santo

루카의 추기경이 발견해 742년 산 마르티노 성당으로 옮겨진 작품이다. 전해오는 이야기로는 성 니코데모가 진정한 예수의 모습을 사람들에게 보여주려 만든 것이라고 한다. 그러나 상반신을 조각한 후 마지막으로 얼굴 부분을 작업하지 못하고 잠에 빠졌는데, 그사이 천사들이 내려와 예수님의 얼굴을 새겨 넣었다고 전해진다.

우리가 흔히 보는 전형적인 백인의 얼굴을 한 예수가 아닌 길고 검은색의 피부를 한 얼굴로 요즘 추정되고 있는 예수의 진정한 모습과 가까운 것이 아닌가 생각되고 있다.

조각상은 루카의 조각가 마테오 치비탈리가 제작한 작은 파빌리온 안에 안치되어 있으니 조각상이 아닌 성당 왼쪽 회랑에 있는 파빌리온을 찾아야 한다.

### 04 일라리아의 대리석 관 Il Sepolcro Mamoreo di Ilaria

작은 방 안에 안치된 아름다운 대리석 관으로 15세기 초반 루카의 패권자였던 파올로 구이니지의 둘째 부인인 일라리아의 관이다. 퀘르치아(J.D.Quercia)가 투명하기까지 한 흰색 대리석으로 1407년에 만들어졌으며 조각상은 관 뚜껑 역할을 하고 있다. 평화롭게 잠든 듯한 아름다운 부인의 모습은 매우 인상적이라 일명 '잠자는 숲속의 미녀'라 불리기도 한다.

## 산 미켈레 교회
Chiesa di San Michele in Foro

[끼에자 디 싼 미켈레 인 포로]

MAP p.341

마테오 치비탈리

교회가 세워진 곳은 고대 로마 시대의 포로 로마노(Foro Romano, 중심이 되는 광장) 자리이며 지금도 루카의 중심 광장 중 하나이다. 토스카나 지방 교회들 중에서도 가장 화려한 정면 모습을 하고 있으며 다른 성당에 비해서 장식들이 세속적이라고 평가받고 있다.

원기둥으로 장식되어 있는 지붕보다 훨씬 높은 정면의 파사드로 보아 피사 건축의 영향을 받았다는 것을 알 수 있다. 독특하게 보이는 피사 로마네스크 양식(11~14세에 유행)의 특징은 뒤틀리거나 조각이 되어 있는 기둥들을 세 단위로 장식하는 것이다. 기둥 모두 각기 다른 모양을 하고 있는 것이 재미있다.

성당 외부 오른쪽에는 루카의 조각가인 마테오 치비탈리의 <성 모자상> 모사품이 있으며 진품은 성당 내부에 있다. 성당 광장의 오른쪽에 보면 앉아 있는 형태의 그의 동상이 만들어져 있다. 마치 자신이 건축에 참여한 이 성당을 너무나 자랑스럽게 보고 있는 듯한 모양이라 눈길을 끌고 있다.

내부에는 필리포 리피의 그림인 <성 헬레나, 제로메, 세바스티안, 로흐>가 있으니 함께 감상해보자.

<성 모자상>

위치 산 마르티노 성당에서 Via del Duomo와 나폴레오네 광장, Via V. Veneto를 지나 도보 10분 주소 Piazza San Michele 오픈 08:30~12:00, 15:00~18:00 요금 무료 전화 0583-583-150

## 푸치니 박물관
### Puccini Museum - Casa Natale

[푸찌니 뮤지엄-까사 나딸레]  MAP p.341

〈라 보엠〉〈나비부인〉〈투란도트〉 등으로 잘 알려진 이탈리아의 세계적인 음악가 자코모 푸치니(Giacomo Puccini, 1858~1924)의 생가에 있는 박물관. 푸치니는 수많은 오페라 작품을 남겼으며 베르디와 함께 이탈리아 오페라 음악의 쌍벽을 이루는 거장이다. 비록 베르디가 세계적으로 조금 더 유명할지 모르지만, 이탈리아 사람들의 감성은 푸치니를 더 선호하는 경우가 많다고 한다.

이곳에는 푸치니의 초상화와 오페라 의상, 투란도트를 작곡할 때 사용했던 피아노 등이 보관되어 있다. 박물관 앞 작은 광장에서는 의자에 앉아 있는 푸치니의 동상도 볼 수 있다. 해마다 열리는 푸치니 페스티벌 기간에는 그의 오페라 공연이 열리고 있다.

위치 산 미켈레 교회에서 도보 3분 주소 Corte San Lorenzo 9 오픈 3월·10월 10:00~18:00 / 4월~9월 10:00~19:00 / 11월 1일~12월 24일 월·수~금 10:00~13:00 15:00~17:00, 토·일요일 10:00~17:00 / 12월 26일~2월 28일 10:00~17:00 휴무 11월~2월 화요일(공휴일일 경우 오픈), 12월 25일 요금 일반 €7, 학생 €5 전화 0583-584-028 홈피 www.puccinimuseum.org

## 판네르 궁전
### Palazzo Pfanner

[빨라쪼 빤네르]  MAP p.341

1660년경 루카의 비단 상인인 모리코니 가문에서 만든 바로크 양식의 건물로 이후 콘트로니 가문이 매수해 이탈리아풍의 아름다운 정원을 만들어 지금의 모습을 갖추게 되었다. 그런데 19세기 초 오스트리아 출신인 판네르 가문이 저택을 구입하는 바람에 또다시 주인이 바뀌어 이곳의 이름은 세 가문을 합친 '모리코니 콘트로니 판네르 궁전'이라는 긴 이름이 되었다고 한다. 보통은 판네르 궁전이라 불린다.

건물이 아름답고 조형미가 뛰어나며 잘 정돈된 정원을 산책하는 것이 특히 즐거우니 여유가 있다면 들러보아도 좋다.

위치 푸치니 박물관에서 도보 5분 주소 Via Degli Asili 33 오픈 4월~11월 10:00~18:00 휴무 12월~3월 요금 저택·정원 각각 일반 €4.5, 학생 €4 / 저택+정원 일반 €6.5, 학생 €5.5 전화 0583-952-155 홈피 www.palazzopfanner.it

## 산 프레디아노 교회
### Basilica di San Frediano

[바실리까 디 싼 프레디아노]   MAP p.341

## 원형경기장 광장
### Piazza dell'Anfiteatro

[삐아짜 델란피떼아뜨로]   MAP p.341

원기둥을 많이 사용했던 피사와 루카의 다른 교회와는 달리 13세기에 제작된 비잔틴 양식의 대형 모자이크로 정면을 장식하여 차별화된 느낌을 준다. 모자이크의 주제는 '예수 승천'으로 예수를 중심으로 좌우에는 두 천사가, 그 아래에 열두 명의 사도가 배치되어 있다.

내부 오른쪽에는 로마네스크 양식의 성수반이 있으며 이것의 측면에 예수의 일생과 홍해를 건너는 이스라엘 민족 등의 모습이 담긴 모세의 일화가 조각된 작품이 있다. 또한 북쪽 측랑의 두 번째 예배당에는 1509년 완성된 아스페르티니의 프레스코화가 있다. 해당 작품은 루카의 보물인 볼토 산토에 대해 묘사하고 있다. 중앙 제단 근처에 안치되어있는 성녀 치타 (Santa Zita)의 미라도 루카 사람들이 귀중하게 여기는 것이다.

위치 산 미켈레 광장에서 도보 5분 주소 Piazza San Frediano 오픈 09:00~18:30 전화 0583-53576

기원전 180년경 건립된 로마 시대의 흔적으로 원래 원형경기장이 있던 곳이다. 이곳의 돌들은 긴 세월 동안 많은 교회와 궁전, 건물들을 짓는 재료가 되었으며, 원래 경기장의 파편은 메르카토 광장에 아주 조금 남아있다.

1830년대까지는 빈민층 거주지와 감옥, 화약고 등으로 사용되었다. 당시 도시의 주인이었던 부르봉 왕가의 마리 루이제가 이곳을 정비해 본래의 원형 경기장 모습을 되찾게 되었다.

광장을 둘러싸며 중세의 건물들이 남아있다. 광장 모습을 그대로 유지한 상태로 지어졌기 때문에 다른 곳에서는 볼 수 없는 모습이 되었다. 지금은 많은 레스토랑과 카페, 기념품점들이 들어서 있다.

광장에 있는 아치 통로는 총 네 개인데 그중 가장 낮은 것은 검투사와 동물들이 경기장을 드나들던 문을 표시한 것이다.

위치 산 프레디아노 교회에서 도보 2분
주소 Via dell'Anfiteatro

## 필룬고 거리
Via Fillungo

[비아 필룬고]   MAP p.341

루카의 중심 거리이자 쇼핑가로 아르누보 양식의 철제 장식이 멋진 몇 군데의 상점과 카페들은 관광객들의 눈길을 끌고 있다. 보행자 전용 도로라 산책하기 좋은 길이니 이것저것 구경하며 천천히 둘러보자. 특히 97번지의 보석상점인 'Carli'는 T자 모양 입구 구조가 독특하며, 58번지에 있는 'Di Simo Caffè'는 푸치니의 단골집이자 루카 예술가들의 아지트 역할을 했던 곳이다.

<u>위치</u> 원형경기장 광장에서 나오면 바로 필룬고 거리로 이어진다.

### TIP
**루카 이모저모**

● 루카는 유럽에서 가장 널리 쓰이는 화장실 휴지와 티슈를 생산하는 도시로 알려져 있다. 이것은 모노폴리 게임의 공장으로 등장할 정도.

● 8만 7,000여 루카 사람들은 자신의 도시를 '모든 조각이 맛있는 체리 케이크 같다'고 말하며 자랑스럽게 생각한다.

## 시계탑
Torre Delle Ore

[또레 델레 오레]   MAP p.341

1390년에 만들어진 루카에서 가장 높은 탑에, 1754년 스위스제 시계를 달아 시계탑으로 개조한 것이다. 시계 숫자는 아라비아 숫자 대신 로마 숫자로 되어 있다. 207개의 나무 계단을 오르면 루카의 모습을 전망할 수 있어 구이니지의 탑과 함께 루카의 전망 포인트가 되고 있다.

<u>위치</u> 원형경기장 광장에서 필룬고 거리를 따라 오다보면 좌측에 위치
<u>주소</u> Via Filungo & Via del'Arancio
<u>오픈</u> 4월~5월 09:30~18:30, 6월~9월 09:30~19:30, 3월·10월 09:30~17:30
<u>휴무</u> 11월~2월
<u>요금</u> 일반 €4, 학생 €3(식물원+시계탑+구이니지 탑 통합권 일반 €9, 학생 €6)
<u>전화</u> 0583-480-90

## 구이니지의 탑
Torre Guinigi

[또레 귀니지]   MAP p.341

그리 올라가기 어렵지 않은 계단을 따라 44.25미터의 탑 꼭대기까지 올라가면 루카의 풍경을 한눈에 감상할 수 있다. 이곳은 원래 루카의 유력 가문 구이니지에 의해 14세기에 건축되었으며 옥상에 올라가면 작은 정원이 꾸며져 있고 그곳에는 부와 르네상스를 상징하는 참나무들이 자라고 있다. 옥상으로 올라가는 계단 벽에는 가문의 역사와 활동상이 그림으로 그려져 있다.
전망대에 올라 원래 250여 개의 탑들이 있었다고 하는 중세시대의 영화로운 도시 루카의 모습을 상상해 보는 것도 좋다. 날씨가 좋으면 성벽 바깥까지 펼쳐진 아름다운 토스카나의 풍경과 아푸안 알프스(Alpi Apuane) 산악 지대까지 볼 수 있다.

**위치** 시계탑에서 Via Sant'Andrea를 따라 도보 5분 **주소** Via Sant'Andrea 41 **오픈** 4월·5월 09:30~18:30, 6월~9월 09:30~19:30, 3월·10월 09:30~17:30, 11월~2월 09:30~16:30 **휴무** 12월 25일 **요금** 일반 €4, 학생 €3(식물원+시계탑+구이니지 탑 통합권 일반 €9, 학생 €6) **전화** 0583-480-90

## 루카 성벽
Le Mura di Lucca

[레 무라 디 루카]   MAP p.341

루카 역에서 나오면 바로 만날 수 있는 루카의 성벽을 따라 산책을 하거나 자전거를 타는 것도 매우 즐겁다. 성벽은 가로수가 있는 산책길이 조성되었을 정도로 폭이 넓으며 1500년경 공사가 시작되어 1645년 완공되었다.
당시로써는 가장 진보된 기술로 건축되었지만, 정작 완공 이후 한 번도 침략을 받은 적은 없다고 한다. 이후 19세기 초반에 공원으로 만들어져 일반에 개방되었다. 시내에 볼거리가 많으니 구시가를 먼저 여행한 후 시간이 되면 성벽 위를 걸어보는 것도 좋다.

**위치** 루카 역을 나오면 바로 앞으로 성벽이 보인다.

## 트라토리아 다 레오
Trattoria da Leo

MAP p.341

현지인뿐만 아니라 여행자들에게도 잘 알려진 식당으로 합리적인 가격에 음식도 맛있어 인기가 높다. 떠들썩한 실내 분위기도 좋고 작은 골목 안에 만들어진 좁은 야외좌석도 나름의 분위기가 있다. 되도록 일찍 가거나 식사 시간을 조금 피하는 것이 덜 기다리는 방법. 계산은 현금으로만 가능하다.

위치 산 미켈레 교회에서 도보 2분
주소 Via Tegrimi 1
오픈 12:00~15:00, 19:30~22:30
요금 파스타 €7~9, 메인요리 €10~13
전화 0583-492-236

## 푸치니 페스티벌
Puccini Festival

지도 외

루카 출신인 푸치니의 오페라를 마음껏 감상할 수 있는 페스티벌로 매년 여름 루카에서 개최된다. 〈토스카〉〈나비부인〉 등 그의 주옥 같은 오페라와 더불어 유명 발레 공연도 함께 열려 매우 인기가 높은 축제다. 관람을 원한다면 몇 개월 전이라도 미리 예매해 두는 것이 현명하다. 축제는 루카 근교에 있는 Torre del Lago 야외 공연장에서 열린다.

위치 루카에서 1시간에 한 대 꼴로 운행되는 기차를 이용해 Viareggio에서 환승해 Torre del Lago Puccini 역 하차 (40여분 소요, 편도 €3~4.8). 역에서 공연장까지는 역 앞 Viale Giacomo Puccini를 따라 도보 5분 소요 오픈 2019년 7월 6일~8월 24일 요금 오페라 티켓 €15~159 홈피 www.puccinifestival.it

## 피콜로 호텔 푸치니
Piccolo Hotel Puccini

MAP P.341

푸치니 박물관 바로 근처에 있는 곳으로 '피콜로'라는 말 그대로 작은 호텔이지만 깔끔하고 예쁘다. 루카 구시가가 넓지는 않지만, 그중에서도 입지가 매우 좋은 편이다.

위치 푸치니 박물관 앞 골목 주소 Via di Poggio 9 요금 싱글 €70~, 더블 €90~ 전화 0583-554-21 홈피 www.hotelpuccini.com

## 비앤비 라보엠
B&B La Bohème

MAP P.341

푸치니 오페라의 이름을 사용한 숙소로, 구시가에 있어 여행이 편리하다. 가격이 저렴하지는 않지만, 묵었던 여행자들 사이에서 평가도 좋고 객실도 넓은 편이다. 깔끔하고 편안하게 꾸며진 분위기가 좋아 만족도가 높다.

위치 산 미켈레 교회에서 도보 4분 주소 Via del Moro 2 요금 더블 €100~150 전화 0583-462-404 홈피 www.boheme.it

지중해 연안 항구 도시의 찬란한 역사 속으로

제노바

GENOVA

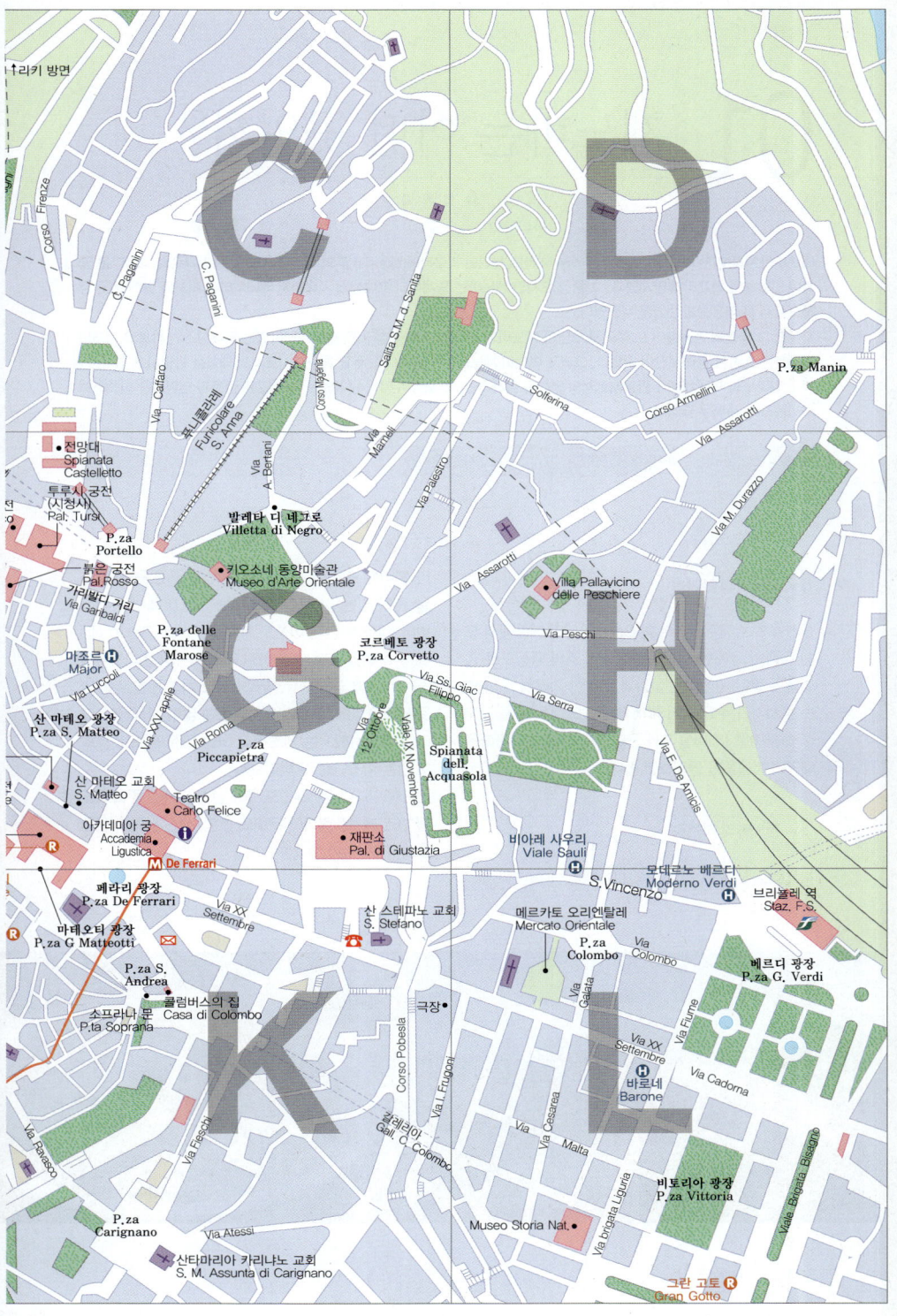

# 01 제노바는 어떤 곳일까?
## La Genova

예로부터 '이탈리안 리비에라(Italian Riviera)'라고 불리던 리구리아(Liguria) 주의 해안 도시들은 종려나무와 아름다운 꽃들이 만발하던 최고의 휴양지였다. 그 중심 도시인 제노바는 중세부터 르네상스 시대까지 베네치아나 피사와 함께 해운 강국으로서 큰 부유함과 번영을 누렸었다.

지금도 그 영광의 흔적들이 도시 곳곳에 남아 제노바의 우아한 거리와 항구 동쪽으로 남아있는 르네상스와 바로크 시대의 건물들은 소중한 문화유산이 되었다. 그리고 여전히 제노바는 이탈리아의 주요 항구도시로서의 역할을 담당하고 있다. 가까운 밀라노와 피렌체보다 관광지로서의 명성은 덜하지만, 옛 모습이 많이 남아있는 미로 같은 골목과 언덕길을 산책하며 느끼는 여유가 매우 즐겁다.

● 면적 243.06km²   ● 인구 580,097명(2018년)   ● 지역번호 010

### >> 제노바의 볼거리

상선을 보호해주던 제누아(Genua) 신의 이름에서 도시 이름이 유래한 제노바는 해상무역의 중심으로 영화를 누렸던 시절의 건물들과 우아한 거리가 모여 있는 구시가가 주요 볼거리다. 하루 정도 시내를 둘러본 후 하루이틀 더 머물면서 근교의 한가롭고 아름다운 해안의 마을들을 둘러보면 좋다.

### >> 제노바의 먹거리

진한 향의 바질을 넣어 만든 바질 페스토(Basil Pesto)라 불리는 신선한 녹색 소스는 입맛을 돋운다. 오늘날 흔히 먹는 이 바질 페스토는 제노바에서 유래되었다. 그래서 원래 이름도 제노바 페스토(Pesto alla Geovese)였다고 한다. 바질 페스토는 바질 나뭇잎과 소나무 열매, 올리브유, 파르미자노 치즈 등을 넣어 만든 소스로 파스타나 라비올리 등에 많이 사용된다. 그러니 제노바에서는 원조라고 하는 바질 페스토 소스로 만든 파스타를 꼭 먹어보자.

바다를 끼고 있는 해안도시라 신선한 해산물 요리도 괜찮다. 레스토랑마다 문어와 홍합, 생선 등을 이용한 요리들을 선보이고 있다.

## >> 제노바의 쇼핑

코르베토 광장과 연결된 로마 거리(Via Roma)와 신시가지의 벤티 세템블레 거리(Via XX Settembre)는 상점들이 모여 있는 번화가다. 이탈리아 럭셔리 브랜드들이 있기는 하지만 대도시에 비해 규모가 작은 편이다. 로마 거리에 이어진 유리 천장의 건물 갈레리아 마치니(Galleria Mazzini) 내부에도 우아한 상점들이 모여 있다.

구시가 루콜리 거리(Via Luccoli)에는 골동품 상점과 카페가 있으며 활기찬 분위기의 오리엔탈레 시장(Mercato Orientale)에 가면 신선한 온갖 식재료들을 구입할 수 있다.

제노바가 위치한 리구리아 주는 신선하고 질 좋은 바질과 올리브유가 생산되는 지역으로 이곳에서 바질 페스토나 올리브유를 구매하면 좋다. 또 올리브유와 발사믹 식초 등을 담을 수 있는 다양한 각종 용기도 살 만한 아이템이다.

## >> 제노바의 숙소

주로 고급 휴양지인 주변 마을보다 제노바 시내에는 저렴하면서도 시설 좋은 숙소가 많다. 그러므로 이곳에 숙소를 정하고 근교 여행을 다니는 것도 경비를 아끼는 방법이다.

기차가 출·도착하는 프린치페나 브리뇰레 역 근처에 숙소를 정하면 근교 도시를 여행하기에 편리하다. 근교를 잇는 철도는 목적지에 따라 두 역 중 하나만 정차하는 경우가 있으니 여행할 도시의 연결편을 사전에 확인한 후 숙소를 정하는 것이 현명한 방법이다. 제노아의 도시세는 € 1~3 정도다.

### 제노바 여행 정보

**여행안내소** ❶

● **가리발디 거리**
주소 Via Garibaldi 12R
오픈 09:00~18:30

● **페라리 광장**
주소 Piazza Ferrari
오픈 09:00~13:00, 14:30~18:30

**우체국**

● **중앙 우체국**
위치 페라리 광장에서 도보 2분
주소 Via Dante 4
오픈 월~토요일 08:00~18:30

● **프린치페 역**
위치 프린치페 역 구내에 위치
오픈 월~금요일 08:00~18:30, 토요일 08:00~12:30

**경찰서**
위치 브리뇰레 역에서 도보 10분
주소 Via Armando Diaz 2
전화 010-536-61

**여행 관련 홈페이지**
제노바 관광청 www.visitgenoa.it/en
박물관 안내 www.museidigenova.it

# 02 제노바 가는 방법
## Per Genova

주요 도시 중 하나이기 때문에 공항이 있지만 여행자들은 주로 밀라노나 피렌체 등에서 기차를 이용해 오는 경우가 많다. 역 앞에 '제노바'라는 이름이 붙은 곳이 많지만 주요 국영 철도역은 프린치페 역(Stazione Principe)과 브리뇰레 역(Stazione Brignole)이다.

| | | | | |
|---|---|---|---|---|
| 로마 → 제노바 | 기차 5시간~, €22.3~64.5 | | 밀라노 → 제노바 | 기차 1시간 30분~, €13.25~22.5 |
| 피렌체 → 제노바 | 기차 3시간 16분~4시간 30분, €20.2~36.6 | | 피사 → 제노바 | 기차 2시간~, €11.5~28.5 |

### >> 비행기로 가기 In Aereo

런던에서 오는 라이언에어 등 저가항공을 비롯한 국제선도 취항한다. 제노바 공항의 정식 명칭은 탐험가 콜럼버스의 이름을 따서 크리스토포로 콜롬보 공항(Aeroporto di Genova Cristoforo Colombo)이며 도심에서 서쪽으로 6킬로미터 정도 떨어져 있다.

**제노바 공항**
전화 010-601-51
홈피 www.airport.genova.it

### 공항에서 시내로
100번 AMT 버스가 공항과 프린치페 역 사이를 매시간 운행(05:30~23:00, 편도 €4, 30분 내외 소요)하고 있다. 티켓은 버스 안에서 기사에게 구입할 수 있다. 택시를 이용하면 €15 내외로 시내까지 올 수 있다.

### >> 기차로 가기 In Treno

로마나 밀라노, 피렌체 등의 도시와 편리하게 연결되어 있으며 고속열차인 ESI를 이용하면 더욱 빨리 올 수 있다. 제노바의 주요 역은 프린치페 역과 브리뇰레 역이니 상황에 따라 어느 역에서 내리는 것이 편리한지 지도를 보고 먼저 체크하자.
브리뇰레 역 보다는 프린치페 역에서 출도착하는 기차가 많다. 두 역 사이는 지하철과 버스를 이용해 이동할 수 있다.

프린치페 역

# 03 제노바 시내 교통

## Trasporto

도보로 여행하는 경우가 많으니 짐을 가볍게 하고 편한 신발을 준비하는 것이 필수다. 하루 정도만 시간이 허락된다면 제시된 코스를 따라 중요 볼거리만 챙겨보아도 되지만, 취향에 맞는 도시라면 여유롭게 머물며 자세히 둘러보아도 후회하지 않을 것이다.

앞은 바다, 뒤는 산으로 되어 있는 제노바에는 버스와 지하철 외에도 푸니콜라레(Funicolare)와 엘리베이터(Ascensore)가 설치되어 있다. 'Largo Zecca'에서 푸니콜라레를 타고 종점인 'Righi'에서 내려 광장으로 가면 제노바 시가지와 항구를 한눈에 내려다볼 수 있다.

주로 걸어서 여행하는 제노바에서 버스를 탈 일은 별로 없지만 몇 가지 노선을 알아두고 이용하면 편리하다. 특히 383번 버스는 브리뇰레 역과 페라리 광장, 프린치페 역을 연결하고 있다.

지하철인 메트로(Metropolitana)는 제노바 시내 7킬로미터 거리를 여덟 개의 역으로 연결해주고 있다. 시내 주요 여행지와 프린치페 역, 브리뇰레 역 등을 왕래할 때 편리하다.

**제노바 메트로**
요금 1회권(90분 유효) €1.5, 1일권 €4
홈피 www.amt.genova.it (제노바 교통안내)

# 제노바
# 이렇게 여행하자

**Access** 기차역 프린치페(Genova P.Principe) 역 또는 메트로 프린치페(Principe) 역

메트로와 버스가 잘 발달되어 있지만 주요 명소는 도보만으로도 여행이 가능하다. 이곳에 머무를 예정이 없다면 역에 짐을 맡겨놓고 여행을 시작하면 된다. 프린치페 역에서 출발한다면 발비 거리(Via Balbi)부터, 브리뇰레 역에서는 코르베토 광장(Piazza Corvetto) 근처에서 여행을 시작하면 된다. 동선이 긴 편이니 짐을 가볍게 하고 편한 신발을 신자. 하루 정도면 시내의 주요 여행지를 충분히 돌아볼 수 있다.

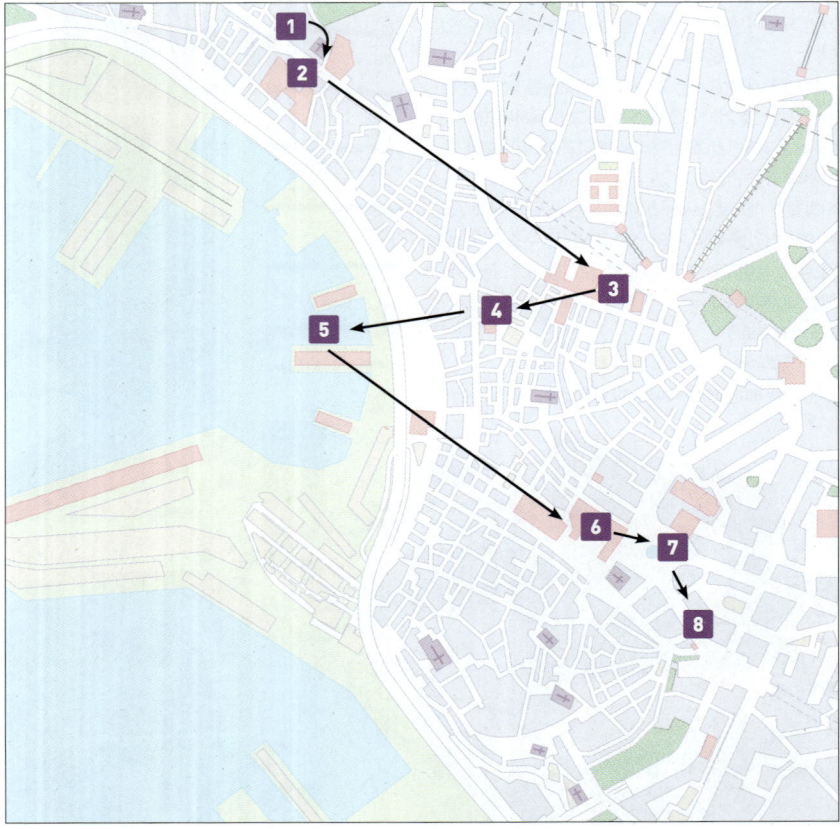

## 추천 코스

예상 소요 시간
약 7시간

**1** 발비 거리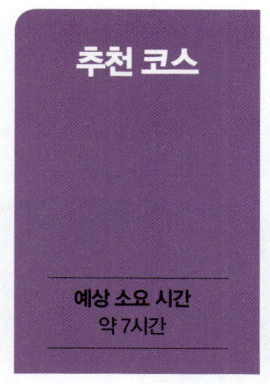

도보 1분 →

**2** 왕궁 박물관

↓ 도보 10분

**3** 가리발디 거리

← 도보 3분

**4** 스피놀라 국립 미술관

← 도보 10분

**5** 제노바 수족관

↓ 도보 15분

**6** 두칼레 궁전

→ 도보 2분

**7** 페라리 광장

→ 도보 3분

**8** 콜럼버스의 집

359

# Sightseeing

## 발비 거리
### Via Balbi

[비아 발비]　　　　　MAP 10 ⓑ

역사적 건축물이 늘어서 있는 길로 프린치페 역과 눈치아타 광장(Piazza della Nunziata)을 잇는 약 500미터 길이의 거리다.

제노바의 전성기였던 16세기에서 17세기에 건축된 호화로운 대저택(Palazzo)을 포함하여 당시 모습을 간직하고 있는 건물과 제노바를 방문했던 화가들의 작품을 전시한 공간들이 많으니 천천히 걸으며 거리 분위기를 느껴보자.

**위치** 프린치페 역에서 도보 3분
**주소** Via Balbi

## 왕궁 박물관
### Palazzo Reale

[빨라쪼 레알레]　　　　　MAP 10 ⓑ

1650년대 도시의 명문가였던 팔라비 가문이 건축한 곳으로 제노바에서 매우 아름답고 인상적인 건물로 손꼽힌다. 귀족 저택의 전형적인 형태로, 한때 사보이 왕가가 소유했던 곳이라 왕궁이라 불린다.

프레스코화로 장식된 아름다운 실내도 볼만한데 특히 거울의 방(La Galleria degli Specchi)이 유명하다. 또한, 팔라비와 사보이 가문이 남긴 17세기에서 19세기의 가구와 화려한 장식품들이 있으며 23개의 방에는 반다이크, 틴토레토, 스트로치 등과 제노바 화파의 그림 등이 전시되어 있다.

**위치** 안눈치아타 광장에서 도보 5분, 발비 거리에 위치 **주소** Via Balbi 10 **오픈** 화·금요일 09:00∼14:00, 수·목요일 09:00∼19:00, 토·일요일·공휴일 13:30∼19:00 **휴무** 월요일 **요금** 어른 €6, 18세 이하 무료 **전화** 010-271-0236 **홈피** www.palazzorealegenova.beniculturali.it

### TIP
#### 레 스트라데 누오베 & 팔라치 데이 롤리
##### Le Strade Nuove e Palazzi Dei Rolli

1576년 제노바 정부는 귀족의 저택을 귀빈들의 접객 장소로 사용하는 법을 제정했다. 이때 사용되는 저택의 명단이 바로 롤리(Rolli)다. 이 롤리가 늘어서 있는 지역을 스트라데 누오베(Strade Nuove)라고 부르며 가리발디, 발비, 카이로리 거리 등이 이에 포함된다. 이 지역은 2006년에 세계 문화유산으로 등록되기도 하였다. 16세기와 17세기에 건축된 호화로운 건물들은 제노바풍 후기 바로크라 불리는 로코코풍의 화려한 장식과 꽃과 풀이 모티프가 된 금색 덩굴 장식 등이 특징이다.

## 스피놀라 국립 미술관
### Galleria Nazionale di Palazzo Spinola

[갈레리아 나찌오날레 디 빨라쪼 스뻬놀라]   MAP 10 Ⓕ

〈이 사람을 보라〉

16~18세기 로코코 양식의 제노바 귀족의 저택이며 아름다운 조각 장식으로 유명한 스피놀라 궁전 안에 있는 미술관. 전시실에서는 장식용품과 오래된 고서, 도자기, 우아한 은 식기, 화려한 가구 등을 볼 수 있다. 미술관에는 17세기경에 제작한 화려한 프레스코 천장화가 있으며, 3층의 안토넬라 메시나의 〈이 사람을 보라 Ecco Homo〉가 특히 유명하다. 그 밖에도 반 다이크의 〈자녀의 초상〉, 루벤스의 그림, 조반니 피사노의 조각 등이 있다.

위치 가리발디 거리에서 도보 3분 주소 Piazza di Pellicceria 1 오픈 화~토요일 08:30~19:30, 일요일 13:30~19:30(매달 첫째 일요일만 오픈) 휴무 월요일 요금 어른 €6, 학생 €3(왕궁 박물관 티켓 제시 시, 할인) 전화 010-270-5300 홈피 www.palazzospinola.beniculturali.it

## 옛 항구와 해안 산책로
### Porto Vecchino e Lungo Mare

[뽀르또 베키노 에 룬고 마레]   MAP 10 Ⓕ

예전엔 항구였으나 지금은 걷기 좋은 산책로로 정비되었다. 또, 주변에 현대적인 위락 시설들이 들어서 있다. 수족관과 온실, 관광용 갤리선 등이 있어 현대적인 제노바의 분위기를 물씬 느낄 수 있다. 항구 위쪽은 오래된 마을과 골목으로 여자 혼자 걷는 것은 위험하다고 알려져 있으니 주의하자. 갤리선 근처에서는 크루즈와 친퀘테레로 가는 배가 출발한다.

위치 스피놀라 국립 미술관에서 도보 4분

## 제노바 수족관
### Acquario di Genova

[아쿠아리오 디 제노바]   MAP 10 Ⓕ

콜럼버스 탄생 500주년인 1992년을 기념하여 개관한 유럽 최대의 수족관 중 하나. 지중해 뿐 아니라 세계 각지의 해양 생물들을 만날 수 있어 특히 인기가 높아 언제나 관람객들로 붐빈다.

근처에 있는 갤리선(Il Galeone Neptune)은 해적선을 그대로 재현한 것으로 아이들이 좋아하는 놀이터이기도 하다.

위치 해안 산책로에 위치 주소 Ponte Spinola, Area Porto Antico 오픈 11월~2월 월~금요일 09:30~19:30, 토·일요일 09:30~20:30 / 3월~6월·9월·10월 월~금요일 09:00~19:30, 토·일요일 08:45~20:30 / 7월·8월 08:30~22:00 요금 어른 €32, 어린이 €21 전화 010-23451 홈피 www.acquariodigenova.it

# 가리발디 거리
## Via Garibaldi

[비아 가리발디]　　　　MAP 10 Ⓕ Ⓖ

제노바가 자랑하는 12개의 궁전이 모여 있는 거리로 일명 '황금의 거리'라고 불린다. 2006년에 세계문화유산으로 지정되었다. 길 끝으로는 폰타네 마로세 광장(Piazza Fontane Marose)과 연결된다.

**위치** 발비 거리의 왕궁 박물관에서 도보 10분

## 가리발디 거리 둘러보기

### 01 흰색 궁전
### Palazzo Bianco

16세기 중반에 건축되었으며 18세기에 후기 바로크 양식으로 다시 리뉴얼하였다. 귀족의 저택이었으며 현재는 미술관으로 사용되고 있다. 내부에는 루벤스를 비롯한 플랑드르파 회화가 주로 전시되어 있다. 플랑드르파의 거장으로 꼽히는 반 다이크가 1620년대 제노바에 머물 당시 작업했던 귀족의 초상화도 볼 수 있으며 필리포 리피의 작품도 감상할 수 있다.

**주소** Via Garibali 11 **오픈** 3월 26일~10월 6일 화~금요일 09:00~19:00(매달 첫째 · 넷째 금요일 09:00~21:00), 토 · 일요일 10:00~19:30 / 10월 8일~3월 25일 화~금요일 09:00~18:30, 토 · 일요일 09:30~18:30 **휴무** 월요일 **요금** 흰색 궁전+붉은 궁전+투르시 궁전 통합권 €9 **전화** 010-275-9185 **홈피** www.museidigenova.it

## 02 붉은 궁전
### Palazzo Rosso

바로크 양식의 우아한 건물로 브리뇰레 가문의 형제에 의해 1671년부터 1677년에 걸쳐 건축되었다. 17세기의 가구와 실내 장식품, 거울, 도자기 등을 감상할 수 있는 전시관이 있고 실내 인테리어도 매우 아름답다.
미술관에서는 반 다이크의 귀족들의 초상화, 베로네제의 〈홀로페르네스의 목을 들고 있는 유디트〉, 뒤러의 〈젊은 여인의 초상〉 등이 있으며 틴토레토의 그림도 감상할 수 있다.

주소 Via Garibali 18 오픈 3월 26일~10월 6일 화~금요일 09:00~19:00(매달 첫째·넷째 금요일 09:00~21:00), 토·일요일 10:00~19:30 / 10월 8일~3월 25일 화~금요일 09:00~18:30, 토·일요일 09:30~18:30 휴무 월요일 요금 흰색 궁전+붉은 궁전+트루시 궁전 통합권 €9 전화 010-557-4972 홈피 www.museidigenova.it

## 03 트루시 궁전
### Palazzo Trusi

현재 시청사로 사용되는 건물로 흰색 궁전 최상층에서 입구가 이어진다. 향초나 향신료를 보관했던 제노바의 특산품인 마요르카 단지와 스트라데 누오베의 디오라마 등이 있지만, 무엇보다 꼭 감상할 것은 바로 전설의 바이올리니스트인 파가니니(N. Paganini, 1782~1840)가 애용했던 명품 중의 명품 바이올린인 과르니에리(Il Cannone Guarnerius, 1743년 제작)를 비롯한 그의 유품들이다.

주소 Via Garibaldi 9 오픈 3월 26일~10월 6일 화~금요일 09:00~19:00(매달 첫째·넷째 금요일 09:00~21:00), 토·일요일 10:00~19:30 / 10월 8일~3월 25일 화~금요일 09:00~18:30, 토·일요일 09:30~18:30 휴무 월요일 요금 흰색 궁전+붉은 궁전+트루시 궁전 통합권 €9 전화 010-557-2193 홈피 www.museidigenova.it

## 산 로렌초 성당
### Cattedrale di San Lorenzo

[까떼드랄레 디 싼 로렌쪼]　　　　　MAP 10 Ⓕ

## 두칼레 궁전
### Palazzo Ducale

[빨라쪼 두칼레]　　　　　MAP 10 Ⓖ

산 로렌초 성당은 제노바 대성당이라고 불리는 제노바의 두오모(중앙 성당)이다. 12세기에서 14세기에 걸쳐 건축된 흑백의 대리석 앞면으로 장식된 고딕 양식의 성당으로, 내부 보물실에는 최후의 만찬에 사용되었다고 하는 성배(Sacro Catino)가 보관되어 있다.

**위치** 해안 산책로에서 메트로 De Ferrari 역 방향으로 도보 7분
**주소** Piazza San Lorenzo
**오픈** 월~토요일 09:00~12:00, 15:00~18:00
**휴무** 일요일
**요금** 성당 무료, 보물실 €6
**전화** 010-265-786

해양 강국 시대였던 13세기에 공화국이던 제노바를 다스리는 총독(Doge)의 관저로 사용되었던 곳으로 완공 당시에는 유럽에서도 손꼽히는 규모의 궁전이었다.

바로 앞 광장은 자코모 마테오티 광장(Piazza Giacomo Matteotti)이며 이곳에서 궁전을 마주하고 오른편에는 시계탑이 아름다운 예수와 성 암브로시우스, 안드레아 교회(Chiesa del Gesù e dei Santi Ambrogio e Andrea)이 있다. 현재 두칼레 궁전은 전시회 등이 열리는 시립 문화 센터로 사용되고 있다.

**위치** 산 로렌초 성당 뒤편 **주소** Piazza Giacomo Matteotti 9 **오픈** 4월~10월 일~목요일 08:30~21:00 금·토요일 08:30~23:00 / 11월~3월 08:30~19:00 **휴무** 12월 25일 **요금** 두칼레 궁전 가이드 투어 €7, 전시에 따라 가격 다름 **전화** 041-271-5911 **홈피** www.palazzoducale.genova.it

# 페라리 광장
## Piazza de Ferrari

[삐아짜 데 훼라리]　　　　　　　　　　　　　　　　　　　　MAP 10 ⓖⓚ

제노바의 중심 광장으로 큰 규모라 시야가 탁 트이는 느낌이다. 이곳을 조성하기 위해 1930년대 중반, 산 안드레아 언덕을 평평하게 깎은 후 만들었다고 한다. 광장의 이름은 제노바 출신의 정치가인 라파엘레 루이지 데 페라리(Raffaele Luigi de Ferrari)의 이름을 따서 붙여졌다.

광장 중앙에는 시원한 물줄기를 내뿜는 대형 분수가 있고, 두칼레 궁전 후문 쪽에서 보았을 때 분수 뒤로 보이는 유난히 눈에 띄는 우아하고 화려한 장식의 건물은 제노바의 신 증권거래소이다. 왼편에는 신고전주의 양식의 건물인 카를로 펠리체 극장(Teatro Carlo Felice)이 있다. 극장 앞에 있는 동상은 19세기 이탈리아 통일 운동에 헌신한 장군 주세페 가리발디(Giuseppe Garibaldi)이다.

**위치** 두칼레 궁전 후문에서 바로　**주소** Piazza de Ferrari

## 산 마테오 광장
Piazza San Matteo

[삐아짜 산 마떼오]    MAP 10 ⓖ

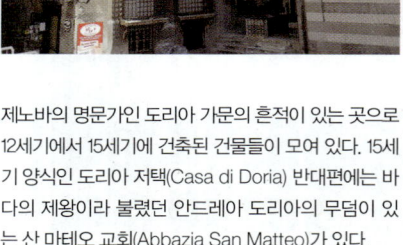

제노바의 명문가인 도리아 가문의 흔적이 있는 곳으로 12세기에서 15세기에 건축된 건물들이 모여 있다. 15세기 양식인 도리아 저택(Casa di Doria) 반대편에는 바다의 제왕이라 불렸던 안드레아 도리아의 무덤이 있는 산 마테오 교회(Abbazia San Matteo)가 있다.

**위치** 페라리 광장에서 카를로 펠리체 극장 방면으로 간 후 왼쪽에 있는 Salita di S. Matteo 거리를 따라 도보 2분 **주소** Piazza San Matteo

## 콜럼버스의 집
Casa di Cristoforo Colombo

[까사 디 크리스토포로 꼴롬보]    MAP 10 ⓚ

세계사 교과서에서 아메리카 대륙을 발견했다고 배웠던 탐험가 콜럼버스가 태어나고 유년기를 보낸 집이다. 콜럼버스가 사보나로 이주하기 전인 1451년부터 1470년까지 이 집에 머물렀다고 한다.

제노바 시민들이 자랑스럽게 여기고 있는 콜럼버스는 이탈리아를 떠나 이사벨라 여왕이 다스리던 스페인의 지원을 받아 1492년 아메리카 대륙에 당도한 바 있다.

**위치** 페라리 광장에서 Via Dante를 따라 도보 2분 **주소** Piazza Dante 16 **오픈** 11월~4월 화~목요일 11:00~15:00, 금~일요일 10:00~16:00 / 4월 · 9월 · 10월 화~일요일 11:00~17:00 / 5월~8월 화~일요일 11:00~18:00 **휴무** 월요일 **요금** €5 **전화** 010-449-0128

## 엠메 카페
### M-Cafe

MAP 10 ⓖ

박물관을 관람한 후 간단하게 스낵을 즐길 수 있는 장소로 두칼레 궁전의 로비에 있다. 오후 6시 이전에는 간단한 스낵 뷔페인 아페리티프를 즐길 수 있다.
붉은 궁전과 왕궁 박물관에도 지점이 있다.

<u>위치</u> 마테오티 광장의 두칼레 궁전 내부
<u>주소</u> Piazza Giacomo Mateotti 5
<u>오픈</u> 월~수요일 08:00~21:30, 목·금요일 08:00~22:30, 토요일 09:00~22:30, 일요일 10:00~21:30
<u>요금</u> €4~
<u>홈피</u> www.mentelocale-bistrot.it
<u>전화</u> 010-595-9648

## 라 크레메리아 델레 에르베
### La Cremeria delle Erbe

MAP 10 ⓙ

제노바에서 가장 맛있는 젤라토를 맛볼 수 있다고 소문난 가게. 더불어 가격도 저렴하다.
다양한 종류 중 무엇을 골라야 할지 모르겠다면 이곳 직원이 권해주는 것을 선택하는 것도 좋은 방법이다.

<u>위치</u> 마테오티 광장에서 도보 2분
<u>주소</u> Piazza delle Erbe 15-17
<u>오픈</u> 11:00~01:00
<u>요금</u> €2~
<u>전화</u> 010-246-9254

## 트라토리아 델라 라이베타
### Trattoria della Raibetta

MAP 10 ⓕ

맛있는 제노바식 요리를 맛볼 수 있는 가족 경영 레스토랑으로 두오모 근처의 작은 골목 안에 있다. 이 지방의 흑미와 함께 신선한 해산물을 맛볼 수 있는 요리 'Riso Venere con frutti di mare'와 페스토 소스로 맛을 낸 각종 홈메이드 요리를 선보이고 있다.

<u>위치</u> 산 로렌조 광장(두오모)에서 도보 3분
<u>주소</u> Vico Caprettari 10-12
<u>오픈</u> 화~일요일 12:00~14:30, 19:30~22:30
<u>휴무</u> 월요일, 부정기 휴무
<u>요금</u> 메인요리 €15~
<u>전화</u> 010-246-8877

# Entertaining & Sleeping

제
노
바

### 웨일 와치 리구리아
### Whale Watch Liguria

여름철에만 운영되는 투어로 5시간 동안 진행된다. 동승한 생물학자와 함께 세상에서 가장 큰 포유동물인 고래와 귀여운 돌고래들을 만날 수 있는 흔치 않은 투어다.

위치 제노바 수족관 옆 정박장에서 출발 오픈 4월~10월 화요일 13:00, 토요일 14:00 요금 €35 홈피 www.whalewatching-liguria.it

### 슬로우 피시
### Slow Fish

매해 열리는 푸드 페스티벌로 신선한 해산물 마켓이 열리고 유명 셰프들이 방문해 다양한 해산물 요리를 선보인다. 슬로우 푸드 운동의 일환으로, 해양 오염에 대한 워크숍 등도 개최된다.

위치 옛 항구와 해안 산책로 일대 오픈 5월 초 중순 홈피 www.slowfish.it

### 제노바 국제 보트쇼
### Genova International Boat Show

MAP 10 Ⓐ

지중해에서 가장 큰 보트쇼로 꼽히며 특히 박람회장 앞에는 1천여 대 이상의 최신식 보트들이 진열되어 있어 방문자는 시험 승차를 해볼 수도 있다. 또한 패들보드, 플라이보드 등 각종 해양스포츠를 무료로 즐길 수 있다.

위치 제노바 박람회장 Fiera di Genova 오픈 매년 9월 중순 홈피 salonenautico.com/en

### 호텔 아녤로 도로
### Hotel Agnello d'Oro

MAP 10 Ⓐ

프린시페 역에 가까운 17개 객실 규모의 가족 경영 호텔. 테라스와 독서룸, 뷔페식 아침식사를 제공하고 있다.

위치 프린시페 역에서 Via Balbi와 주소의 길을 따라 도보 3분 주소 Vico delle Monachette 6 요금 싱글 €65~ 더블 €85~ 전화 010-246-2084 홈피 www.hotelagnellodoro.it

### 발리 패밀리 호텔
### Balbi Family Hotel

MAP 10 Ⓑ

발비 거리에 있는 호텔로 여행하기에 편리하다. 가격에 비해 방도 넓고 깨끗하게 유지되고 있어 여행자들 사이에서 선호도가 높다.

위치 프린치페 역에서 발비 거리 따라 도보 4분 주소 Via Balbi 21/3 요금 싱글 €55~, 더블 €75~ 전화 010-275-9288 홈피 www.hotelbalbi.com

### 오스텔로 제노바
### Ostello Genova

지도 외

도심에서 꽤 떨어져 있지만 무엇보다 저렴한 가격이 매력이다. 제노바의 유일한 호스텔로 도미토리는 남녀 구분. 오전 9시부터 오후 3시 30분까지는 호스텔 문을 닫는다.

위치 도심에서 북쪽으로 2km. 브리뇰레 역에서 40번 버스타고 종점에서 하차 주소 Passo Costanzi 10 요금 도미토리 €17~ 싱글 €30~ 더블 €50~ 전화 010-859-6933 홈피 www.ostel-logenova.it

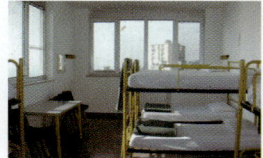

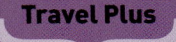

# Cinque Terre
## 친퀘테레

리구리아 해안의 리오마조레(Riomaggiore)에서 몬테로소 알 마레(Monterosso Al Mare) 사이에 있는 다섯 개의 작은 마을은 이탈리아에서도 손꼽히는 유명 휴양지다. 이들을 칭하는 친퀘테레(Cinque Terre)는 '다섯 개의 땅'이라는 뜻으로 절벽을 따라 풍요로운 색감의 건물이 가득한 아기자기한 마을들을 여행하다 보면 그야말로 '휴식', 그 자체를 만끽할 수 있다.

# 친퀘테레로 가는 방법
### Per Cinque Terre

라 스페치아(La Spezia)에서 기차로 가는 방법이 가장 일반적이지만, 여름 시즌이라면 보트를 이용해 갈 수도 있다. 밀라노나 피렌체에서 당일로 여행할 수도 있지만 왕복 이동 시간만 다섯 시간 내지 여덟 시간이니 제노바나 피사 등지에서 머물며 여행하면 더욱 좋다.

| | | | |
|---|---|---|---|
| 제노바 ➜ 라 스페치아 | 기차 1시간~1시간 35분, €6.8~15.5 | 피사 ➜ 라 스페치아 | 기차 50분~1시간 20분, €7.8~15 |
| 라 스페치아 ➜ 리오마조레 | 기차 7~9분, €2.1~4 | 라 스페치아 ➜ 몬테로소 | 기차 17~28분, €2.7~8 |

## >> 기차로 가기 In Treno

피렌체나 피사, 제노바에 머물면서 당일 여행으로 다녀오는 경우가 많다. 기차를 타고 우선 라 스페치아 역으로 가서 다시 마을로 가는 완행열차(Regionale)로 갈아타면 된다. 큰 짐이 있다면 다른 역에는 짐 보관소가 없으니 라 스페치아 역에 맡겨야 편리하다.

**라 스페치아 역 짐 보관소**
위치 1번 플랫폼에서 화장실 방향 오픈 06:00~21:00
요금 5시간 €6, 6시간 초과 12시간 미만 추가 이용 시 시간당 €1 추가, 13시간 이상 추가 이용 시 시간당 €0.5 추가
※ 짐을 맡길 때 여권을 복사하니 미리 준비해야 한다. 들어갈 때 입구 왼쪽 벨을 누른다.

## >> 배로 가기 In Nave

배를 타고 친퀘테레로 가는 것은 기차보다 가격은 월등히 비싸지만 한껏 기분을 낼 수 있는 방법이다. 제노바, 산타 마르게리타 리구리아, 라 스페치아 등에서 배로 연결된다.

**제노바 출발**
요금 편도 €21 / 왕복 €36
홈피 www.golfoparadiso.it
**산타 마르게리타 리구리아 출발**
요금 편도 €18~22.5 / 왕복 €26.5~34
홈피 www.traghettiportofino.it

**라 스페치아 출발**
요금 €8~12 홈피 www.navigazionegolfodeipoeti.it

### 친퀘테레 여행 정보

**여행안내소** ❶

위치 라 스페치아 중앙역 1번 플랫폼 옆 맥도날드 매장 왼쪽, 라 스페치아 중앙역과 각 마을 역에 친퀘테레 전용 관광안내소가 있고, 친퀘테레 카드 구입이 가능하다.
오픈 09:00~19:00

**여행 관련 홈페이지**
친퀘테레 관광청 www.cinqueterre.it
친퀘테레 국립공원 www.parconazionale5terre.it

**친퀘테레 카드 Cinque Terre Card**

산책로를 걷거나 하이킹을 하려면 반드시 사야 한다. 라 스페치아 중앙역과 마을 각 역 내에 있는 친퀘테레 전용 여행안내소에서 살 수 있다. 1일권과 2일권이 있으며 기차 공용권은 당일 자정까지 기차와 산책로를 이용할 수 있다. 이외에도 코르닐리아 역과 마을 사이를 운행하는 버스도 이용 가능하다. 구매 후 카드 뒷면에 이름과 성, 국적을 적고 기차 탑승 전 반드시 탑승일을 각인해야 한다. 자주 검사하니 항상 소지하고 잃어버리지 않도록 유의한다.
요금 친퀘테레 카드 Cinque Terre Card(산책로 입장권) 1일권 €7.5, 2일권 €14.5 / 친퀘테레+기차 카드 Cinque Terre Train Card 1일권 €16, 2일권 €29, 3일권 €41

# 친퀘테레 이렇게 여행하자

## Il Turismo

이곳을 즐기는 최고의 방법은 바로 '천천히 걷기'다. 라 스페치아에 도착해 안내소에서 친퀘테레 카드를 구입하고 하이킹 지도를 받은 다음, 다시 기차를 타고 리오마조레에 내려 여행을 시작하자. 이후 다섯 개 마을을 걷거나 기차를 타고 차례로 둘러보면 된다. 특별한 볼거리가 있는 것은 아니니 아기자기한 마을을 둘러본 후 울창한 숲과 절벽 길을 따라 하이킹을 하면 좋다. 여름이라면 지중해의 햇살 가득한 해변에서 여유로운 한 때를 즐길 수 있다.

기차를 타고 이동할 때 라 스페치아 역에서 친퀘테레 마을로 갈 때는 왼쪽, 반대 방향일 때는 오른쪽에 앉는 것이 바다를 바라보며 갈 수 있어 전망이 훨씬 좋다.

보통 리오마조레부터 시작해 저마다의 분위기가 약간씩 다른 나머지 네 개의 마을을 차례로 들리며 여행하는데, '사랑의 길'로 유명한 리오마조레~마나롤라 구간(도보 20분~)은 절벽을 따라 산책하기 좋은 편안한 길로 조성되어 있어 많은 사람들이 걸어 이동한다. 나머지 구간은 산 또는 절벽 길을 따라 하이킹을 하거나 구간 기차를 타고 이동하면 된다. 물론 역순으로 여행해도 상관없다. 모든 하이킹 코스는 날씨나 산길 상태에 따라 수시로 개폐된다.

유레일이나 이탈리아 패스 등 유효한 패스 소지자는 산책로 입장권만 구입하면 되지만, 패스 미소지자는 산책로 입장과 기차를 모두 이용할 수 있는 산책로 및 기차 카드를 구입해야한다.

## 리오마조레
## Riomaggiore

[리오마조레]　　　　　　　　MAP p.371

라 스페치아에서 갈 때 가장 먼저 만나는 마을이라 언제나 여행자로 북적인다. 역에서 나와 터널을 나오면 13세기 성채가 있는 체리코 언덕(Corre di Cerrico)으로 올라갈 수 있는 엘리베이터(친퀘테레 카드 사용 가능)가 있다. 또한, 지역 농부들의 모습이 담겨있는 벽화도 보인다. 역에 있는 여행안내소에서는 다이빙 코스 안내와 강습 예약도 가능하다.
역에서부터 작은 항구까지 레스토랑과 카페, 상점 등이 즐비하게 늘어서 있다. 바닷가에 있는 작은 해변은 주변에 바위가 많으니 수영할 때 주의해야 한다.

위치 라 스페치아에서 기차로 9분

## 사랑의 길
## Via dell'Amore

[비아 델 아모르]　　　　　　MAP p.371

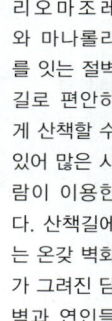

리오마조레와 마나롤라를 잇는 절벽길로 편안하게 산책할 수 있어 많은 사람이 이용한다. 산책길에는 온갖 벽화가 그려진 담벽과 연인들의 명소인 '사랑의 의자'가 있다. 두 연인이 집안의 반대를 이기지 못하고 바다로 몸을 던져 죽음으로 사랑을 이루었다는 이야기가 전해지고 있다. 그래서인지 연인의 모습으로 만들어진 의자 옆으로는 영원한 사랑을 기원하며 열쇠를 바닷속으로 던진 수많은 사랑의 자물쇠가 채워져 있다.

위치 리오마조레에서 Via dell'Amore 안내판을 따라간다.

## 마나롤라
Manarola

[마나롤라]　　　　　　　　　　MAP p.371

리오마조레에서 사랑의 길을 따라가다 보면 만날 수 있는 한적한 마을. 벼랑 위에 지어진 컬러풀한 집들과 가파른 언덕 위로 포도밭이 있는 그림 같은 곳이다. 마나놀라는 달콤한 맛이 특징인 샤케트라(Sciacchetrà) 와인으로도 유명하다.
한때 부유함을 자랑했던 마을 위에는 1338년에 건축된 산 로렌초 성당(Chiesa San Lorenzo)이 있다. 붉은 노을에 잠기는 마을 풍경도 그림 같다고 표현될 정도다.

<u>위치</u> 리오마조레에서 사랑의 길 따라 도보 20분

## 코르닐리아
Corniglia

[코르닐랴]　　　　　　　　　　MAP p.371

친퀘테레에서 유일하게 배가 들어오지 못하며 100미터 높이의 언덕 위에 있는 가장 작은 마을이다. 역에 내려서 마을까지 가려면 360여 개의 계단을 따라 15분 정도 올라가야 한다. 힘들 것 같다면 역과 마을 정상 사이를 운행하는 마을버스(편도 €1.5, 07:00~20:00 사이 40분 간격 운행, 친퀘테레 카드 사용 가능)를 이용하자.
이곳은 예부터 와인으로 유명해, 폼페이 유적지에서 이곳 와인을 담았던 항아리가 발견되기도 하였다.

<u>위치</u> 코르닐리아 역에서 버스를 타고 마을로 올라가는 것이 편리하다.

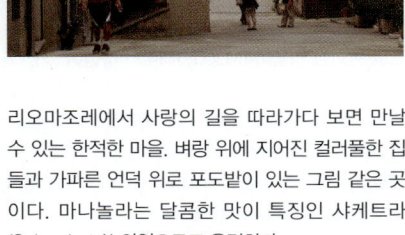

## 베르나차
Vernazza

[베르나짜]  MAP p.371

## 몬테로소 알 마레
Monterosso Al Mare

[몬떼로쏘 알 마레]  MAP p.371

고대 로마 시대부터 사용되었다는 작은 항구를 끼고 있는 마을로, 항구 오른편에 40미터 높이의 팔각형 탑이 있는 노란 건물은 1318년에 세워진 산타 마르게리타 성당(Chiesa Santa Margherita d'Antiochia)이다. 전망대 역할을 하는 해안 절벽 위의 도리아 성(Castello Doria)은 11세기에 건축된 것으로 제2차 세계대전 당시에는 나치가 망루로 사용했다고 한다. 파스텔톤의 알록달록한 건물이 늘어서 있는 로마 거리(Via Roma)와 항구 주변으로 북적거리는 레스토랑과 카페, 젤라테리아 등이 모여 있어 항상 활기찬 분위기를 느낄 수 있다. 해변의 작은 모래사장에서는 해수욕과 일광욕을 즐길 수도 있다.

위치 코르닐리아 역에서 기차로 5분

인구가 1,500여 명에 불과하지만, 친퀘테레에서 가장 크고 번화한 마을이며 1200년대부터 마을이 있었다고 한다. 해변을 따라 호텔과 식당이 많아 항상 여행자들로 붐빈다. 역에서 베르나차 쪽으로 터널을 나오면 시내로 나갈 수 있고, 모래사장이 상당히 넓은 편으로 여름에는 컬러풀한 비치 파라솔이 늘어선 해변에서 해수욕을 즐길 수 있다.
몬테로소의 특산품인 레몬으로 만든 주스를 언제나 곳곳에서 맛볼 수 있으며, 레몬이 들어간 비누나 초콜릿도 인기 많은 기념품이다.

위치 베르나차 역에서 기차로 5분

## 쿠프 친퀘테레
Coop 5 Terre

## 바띠 바띠
Batti Batti

물가 비싼 친퀘테레에서 가볍게 식사할 수 있는 곳으로 베르나차에 있다. 올리브나 토마토 등의 토핑을 얹어 구운 빵인 포카치아(focaccia)와 각종 해산물 튀김, 조각 피자 등을 먹을 수 있다.

 위치 베르나차 해변에서 도보 1분 주소 Via Visconti 3 요금 포카치아 €3~5, 해산물 튀김 €8~13

유명 슈퍼마켓 체인으로, 관광지답게 물가와 먹거리가 매우 비싼 편인 친퀘테레에서 저렴하게 식사 해결을 할 수 있는 곳. 규모는 크지 않지만 신선한 먹거리와 음료수를 갖추고 있으니 피크닉이나 하이킹을 생각하고 있다면 이곳을 이용하자.

위치 마나롤라 역에서 터널을 통과한 후 오른쪽 길로 조금 올라가면 왼쪽에 있다. 주소 Via A. Discovolo 224, Manarola 오픈 4월~10월 · 12월 월~토요일 08:00~19:00, 일요일 · 공휴일 09:00~12:30, 14:30~19:00 / 1월~3월 · 11월 월 · 목 · 금 · 토 08:00~18:30, 화 · 수 08:00~13:30 휴무 1월~3월 · 11월 일요일 · 공휴일 전화 0187-920435 홈피 www.cantinacinqueterre.com

### TIP
#### 친퀘테레의 먹거리
바다를 끼고 있는 항구 마을들이라 아무래도 신선한 해산물을 이용한 레스토랑들이 많이 있다. 재료가 좋아서인지 맛은 어디든 거의 괜찮다. 다만 유명 관광지답게 다른 도시보다 가격이 훨씬 비싼 편이다. 수수한 분위기의 레스토랑도 메인 요리들은 €15~30, 피자 €9~13, 파스타 €10~20 정도이며, 자릿세 €3~5도 따로 청구된다.

저렴한 예산을 선호한다면 슈퍼마켓과 더불어 간단한 샌드위치나 과일주스를 파는 테이크아웃 가게들을 이용하는 것이 좋다.

## 오스텔로 친퀘테레
### Ostello Cinque Terre

높은 언덕 위에 있어 전망은 좋지만 짐이 많은 경우 이동이 힘들다. 몇 안 되는 저렴한 숙소라 언제나 인기 만점이니 예약을 서두르는 것이 좋다.

**위치** 마나롤라 역에서 중앙의 오르막길로 올라가다 성당 왼쪽 계단 끝에 있다. **주소** Via B. Riccobaldi 21, Mananola **요금** 도미토리 €20~25, 트윈룸 €55~65 **전화** 0187-92-0039 **홈피** www.hostel5terre.com

## 오스텔로 디 코르닐리아
### Ostello di Corniglia

마나놀라 지역의 호스텔과 더불어 가장 저렴하게 머물 수 있는 곳. 28개의 도미토리 침대와 더블룸 4개를 갖추고 있다. 가격은 시즌에 따라 변동한다.

**위치** 코르닐리아 역에서 버스를 타고 마을 광장에서 내려 도보 1분 **주소** Via alla Stazione 3, Corniglia **요금** 도미토리 €24~, 더블 €60~ **전화** 0187-812-559 **홈피** www.ostello-corniglia.com

## 라 카사 디 베네레
### La Casa di Venere

바다를 바라볼 수 있는 숙소로 지역에서는 비교적 저렴한 가격이다. 객실도 깨끗하고 쾌적하게 유지되고 있으며 방향에 따라 좋은 전망을 가진 객실도 있다.

**위치** 리오마조레 역 터널을 나와 광장 왼쪽의 길 Via Colombo를 따라 도보 1분 **주소** Via Sant'Antonio 114, Riomaggiore **요금** 더블 €60~120, 트리플 €150~190 **전화** 338-329-7153 **홈피** www.lacasadivenere.com

## 레 시레네
### Le Sirene

몬테로소 역에서 가까운 심플한 숙소. 9개의 룸이 있으며 마을에서 가장 저렴한 편에 속한다. 철로 옆이라 낮에는 소음이 있는 점을 고려할 것.

**위치** 몬테로소 역에서 도보 5분 **주소** Via Milinelli 4, Monterosso **요금** 더블 €90~ **전화** 329-59-51-063 **홈피** www.sirenerooms.com

## 호텔 파스콸레
### Hotel Pasquale

몬테로소 해변가 가까이에 있는 작고 아름다운 호텔이다. 객실도 분위기 있게 꾸며져 있어 쾌적하게 머물 수 있는 호텔이다.

**위치** 몬테로소 역에서 도보 8분 **주소** Via Fegina 4, Monterosso **요금** 싱글 €90~150, 더블 €160~210 **전화** 0187-817-477 **홈피** www.hotelpas-quale.it

> **TIP**
> ### 친퀘테레의 숙소
> 작은 마을인 친퀘테레의 호텔들은 성수기에는 예약도 어렵고 가격도 타 도시보다 많이 비싼 편이다. 비수기라면 그나마 조금 숨통이 트인다. 다섯 마을 중에서는 몬테로소에 숙소가 많은 편이며, 친퀘테레 숙박이 어렵다면 라 스페치아나 제노바 등에서 머물며 여행하는 것이 방법이다.
>
>

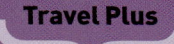

Travel Plus

# Portofino

## 포르토피노

휴양지가 모여 있는 동 리비에라 지역에 위치한 포르토피노는 고급스러운 분위기의 리조트 타운이다. 원래는 작은 만 속의 깊숙한 지역에 있는 소박한 어촌이었지만 1950년대부터 마을의 운명이 달라지기 시작하였다.
이전까지 명성 높던 베네치아의 리도(Lido) 해변이 너무 대중화된 후 좀 더 특별한 곳을 찾아 나선 부호나 유명 스타들, 예술가와 작가들이 이곳을 발견하게 된 것이다. 파란 바다와 더불어 풍요로운 자연, 아름다운 색감을 가진 집들이 어우러져 있고 우아한 요트들이 수없이 정박해있는 이곳은 마치 그림책 속 삽화가 그대로 실사화가 된 듯하다.

# 포르토피노 가는 방법

### Per Portofino

작은 마을인 포르토피노는 기차로 연결되지 않는 곳이라 버스나 배를 타고 가야한다. 그래서 역이 있는 다른 휴양지보다 더 한가하고 여유로운 분위기를 가지고 있다. 자전거를 타면 산타 마리아 리구레에서 25분 정도 걸리지만 길도 좁고 곳곳에 위험한 코너들이 있으니 아주 잘 타지 않는다면 시도하지 않는 것이 현명하다.

| 산타 마르게리타 리구레 → 포르토피노 | 버스 15분, €1.8 |

## >> 버스로 가기 In Autobus

산타 마르게리타 리구레(Santa Margherita Ligure)의 산타 마르게리타 리구레 포르토피노 역 앞이나 항구 근처의 베네토 광장(Piazza Veneto)에서 ATP 82번 버스(편도 €1.8, 1시간에 2~3대 운행)를 타고 15분이면 갈 수 있다. 티켓은 기차 역 옆의 바(Bar)나 베네토 광장에 있는 녹색 버스 키오스크에서 살 수 있다. 키오스크 옆에는 녹색 자동 티켓 판매기도 설치되어 있다. 버스 안에서 사면 값이 두 배로 뛸 수 있으므로 반드시 미리 구입해둔다.

## >> 배로 가기 In Nave

산타 마르게리타 리구레에서 3월부터 10월 사이에 운행하는 'Servizio Marittimo del Tigullio' 사의 보트를 타고 15분 정도면 도착할 수 있다. 보트는 산타 마리아 리구레의 베네토 광장에서 2분 정도 걸으면 나오는 Martiri della Livertà에서 출발한다.

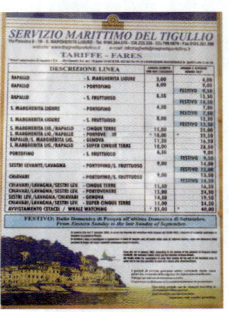

오픈 09:00~19:00 사이 1시간에 1대 꼴로 운행(항구에 따라 출발 시간이 다르고 월에 따라 운행 편수가 변경되니 확인 요망) 요금 편도 €8 / 왕복 €12(일요일·공휴일·야간 €0.5추가) 홈피 www.traghettiportofino.it

## 포르토피노 여행 정보

### 여행안내소 ❶
위치 항구에서 Via Roma를 따라 도보 2분 주소 Via Roma 35 오픈 6월~9월 화~일요일 10:00~13:00, 14:00~18:00 / 10월~5월 화~토요일 09:30~13:30, 14:00~17:00 휴무 6월~9월 월요일, 10월~5월 일·월요일 전화 0185-269-024 홈피 www.turismoinliguria.it

### 포르토피노의 먹거리
바다 전망 카페의 카푸치노 한 잔 가격이 최소 €5 이상 될 정도로 물가가 비싼 이곳에서 식비를 절약하려면 작은 슈퍼마켓이나 샌드위치를 먹을 수 있는 포카체리에(Focaccerie)를 이용하거나 도시락을 준비하는 것이 낫다. 레스토랑을 이용한다면 1인 €35 이상, 피제리아 등은 €20 이상의 예산이 필요하지만, 가격에 비해 질은 불만족스러운 경우도 많다.

### 포르토피노의 숙박
고급 휴양지인 포르토피노에서 머물기를 원한다면 신용카드를 한 번 크게 긁을 각오를 해 두는 것이 좋다.
- 호텔 스플렌디도 Hotel Splendido
주소 Salita Baratta 16 요금 더블 €770~
홈피 www.hotelsplendido.com
- 호텔 에덴 Hotel Eden
주소 Vico Dritto 18 요금 €150~300
홈피 www.hoteledenportofino.com

# 포르토피노 이렇게 여행하자

## Il Turismo

인구 500여 명의 작은 마을이라 천천히 거닐며 즐기면 된다. 특별한 볼거리가 있는 것이 아니니 발걸음이 가는 대로 항구 주변과 함께 고급스러운 상점과 갤러리, 보석 상점들이 늘어서 있는 우아한 골목길들을 둘러보자. 여름철이면 해수욕도 즐길 수 있다.

산기슭 언덕을 따라서 부호들이 지은 전망 좋은 별장이 늘어서 있으며, 고급 리조트 호텔들도 마을 곳곳에 있으니 예산이 넉넉하다면 이곳에서 머물며 초호화 휴가를 즐겨보는 것도 멋진 계획이다.

작은 언덕 위에 있는 산 조르조 교회(Chiesa San Giorgio)에 올라가면 마을과 바다가 한눈에 내려다보이는 전망을 즐길 수 있고 이곳에서 조금 더 걸어가면 중세 시대에 건축된 브라운 성(Castello Brown)이 나온다. 계속 하나로 된 길을 따라 끝까지 가면 등대(Faro)가 서 있다. 포르토피노가 속해있는 동 리비에라 지역은 해양 낚시 애호가들이 즐겨 찾는 가파르고 험준한 지형이 많다. 포르토피노의 일부는 자연공원(Parco Naturale Regionale di Portofino)으로 지정되어 있기도 하다.

**추천 코스**

항구 → (도보 10분) → 산 조르조 교회 → (도보 10분) → 브라운 성

## 산 조르조 교회
### Chiesa San Giorgio

[끼에자 싼 조르조]　　　　　MAP p.379

원래 1154년에 로마네스크 양식으로 건축되었고, 1760년에 확장 공사를 한 교회로 절벽 위에 있어 내려다보이는 전망이 좋다.

현재 모습은 제2차 세계대전 당시 폭격으로 인해 완전히 파괴된 건물을 1950년대에 재건한 것이다. 1760년대의 모습을 기본으로 재건하였으며, 교회 앞의 모자이크로 된 작은 마당은 고대의 것을 그대로 사용하였다.

산 조르조는 포르토피노의 수호성인이다. 내부에 안치된 그의 유물은 십자군에서 은퇴한 포르토피노 출신 선원들이 가져온 것이다.

위치 포르토피노 항구에서 Molo Umberto I 거리를 따라간다.
주소 Salita S. Giorgio

## 브라운 성
### Castello Brown

[까스뗄로 브라운]　　　　　MAP p.379

16세기부터 포르토피노를 방어하는 목적으로 사용되었다. 1798년에 폭격을 당한 후 버려져 있다가 1867년 주재 영국 영사 브라운이 매입하여 빌라로 개축했다고 한다. 1960년대에 포르토피노시가 성을 구매하며 일반에 공개되었으며 내부에는 포르토피노를 방문했던 할리우드 스타들과 유명인들의 흑백 사진이 전시되어 있다. 아기자기하게 잘 꾸며진 정원에서 바라보는 항구의 전경은 포르토피노 여행의 하이라이트라고 할 수 있다.

위치 포르토피노 항구에서 Molo Umberto I 거리를 따라간다. 주소 Via alla Penisola 13 오픈 3월 15일~3월 31일 10:00~17:00, 4월 1일~5월 31일·9월 1일~10월 31일 10:00~18:00, 6월 1일~8월 31일 10:00~19:00, 11월 1일~3월 15일 토·일요일 10:00~17:00 휴무 11월~3월 14일 월~금요일 요금 €5 전화 0185-267-101 홈피 www.castellobrown.com

**Travel Plus**

# Santa Margherita Ligure
## 산타 마르게리타 리구레

리비에라 지역에서도 특히 인기가 많은 리조트 마을로 여름이면 언제나 많은 사람이 찾는 곳이다. 예부터 유명인들의 방문이 잦았던 포르토피노와 함께 가장 사랑받는 휴양지로 작은 항구와 소담한 산, 아름다운 빛깔의 바닷가는 언제나 여유로운 분위기를 띠고 있다. 포르토피노보다 교통이 편리하고 물가도 더 저렴한 편이라 부담 없이 방문하기에 좋다.

# 산타 마르게리타 리구레 가는 방법
## Per Santa Margherita Ligure

제노바에서 기차로 약 30분, 친퀘테레에서 1시간이면 갈 수 있다. 밀라노에서는 2시간 정도 소요된다. 근처 휴양지인 포르토피노에서는 버스로 15분이면 도착할 수 있다.

### 산타 마르게리타 리구레 여행 정보

**여행안내소** ℹ️
**위치** 해변 옆 광장에 위치 **주소** Piazza Veneto **오픈** 4월~9월 09:30~12:30, 14:30~19:30 / 10월~3월 09:30~12:30, 14:30~17:30 **휴무** 10월~3월 일요일 **전화** 0185-287-485
※ 역 안에 짐 보관소가 없으니 기차 역 옆의 카페·바에 문의해 맡긴다.

# 산타 마르게리타 리구레 이렇게 여행하자
## Il Turismo

작은 마을 안에서는 도보로 여행하면 된다. 역에서 나와 건물을 등지고 바로 앞쪽에 있는 내리막길인 Via Trieste를 따라 'Mare(바다)'라고 쓰여 있는 표지판을 보며 내려가다 보면 항구와 해변으로 갈 수 있는 큰길인 Via Antonio Gramsci가 나온다. 그 길을 계속 따라가면 베네토 광장(Piazza Veneto)이 나오는데 이곳에서 포르토피노와 연결되는 82번 버스가 출·도착하며 근처에 포르토피노로 가는 보트를 탈 수 있는 항구가 있다.

산타 마르게리타 리구레는 특별한 볼거리가 없으니 산책하는 기분으로 천천히 둘러보면 된다. 여름에 방문했다면 멋진 수영복을 준비해 분위기 좋은 해변에서 지중해의 햇살과 파도를 즐겨보자.

## 산 엘모 교회
### Oratorio San Elmo

[오라토리오 싼 엘모]   MAP p.382

성 에라스무스를 기념하는 작은 교회로 그는 선원들의 수호자이기도 하다.
항해를 주제로 하여 검은색과 흰색의 조약돌로 만들어진 모자이크가 교회 앞마당에 장식되어 있는 것이 인상적이다.

<u>위치</u> 베네토 광장에서 해변길로 가다 오른쪽에 있는 Ristorante La Cambusa 건물 뒤쪽에 있는 오르막길을 따라 올라간다.
<u>오픈</u> 일요일 미사 시간, 공휴일 08:00, 첫째주 금요일 17:00, 그밖에는 부정기적

## 두라조 공원
### Parco di Villa Durazzo

[파르코 디 빌라 두라쪼]   MAP p.382

산타 마리아 리구레를 한눈에 내려다볼 수 있는 전망대 역할을 하는 공원으로 내부에는 분위기 좋은 카페도 있다. 이탈리아식과 영국식으로 조성되어 있는 아름다운 정원에는 쉬어갈 수 있는 의자도 많아 한가롭게 시간을 보내기에도 그만이다. 특히 이탈리아식 정원의 야자나무와 동백나무들이 인상적이며 중앙 연못에 사는 큰 거북에게 먹이도 줄 수 있다.
공원 안에 있는 두라조 저택(Villa Durazzo)은 이곳 출신 저널리스트인 로씨(Vittorio G. Rossi)의 집이자 집무실이었다. 7월과 8월에는 클래식 콘서트가 열리며 티켓은 관광안내소나 저택의 매표소에서 살 수 있다.

<u>위치</u> 산 엘모 교회에서 뒤편 계단을 따라 올라가면 된다. <u>주소</u> Salita S. Giacomo 3 <u>오픈</u> 여름철 09:30~13:00 14:00~18:00, 겨울철 09:30~13:00 14:00~17:00 <u>요금</u> €5.5 <u>전화</u> 0185-293-135 <u>홈피</u> www.villa-durazzo.it

## 해변
### Spiaggia

[스피아자]   MAP p.382

기차역 아래쪽에 있는 해변은 무료로 운영하며, 파라솔과 의자를 빌릴 때 사용료를 내야하지만 조금 더 분위기 좋은 비치도 있다. 마을 남쪽에 있는 Gio & Roni Spiaggia 또는 호텔 미라마레(Hotel Miramare) 남쪽에 있는 해변도 괜찮다.
포르토피노로 가는 중간에 있는 파라쥐 해변(Paraggi Spiaggia)은 더 좋은 분위기와 환경이지만 그만큼 사용료(1일 €25~50)가 매우 비싸다. 단, 대부분의 유료 해변도 비수기에는 무료로 개방한다.

<u>위치</u> 마을에서 도보 20분 또는 기차역이나 베네토 광장에서 버스를 타고 간다.

화려하고 세련된 이탈리아 북부의 중심

# 밀라노

MILANO

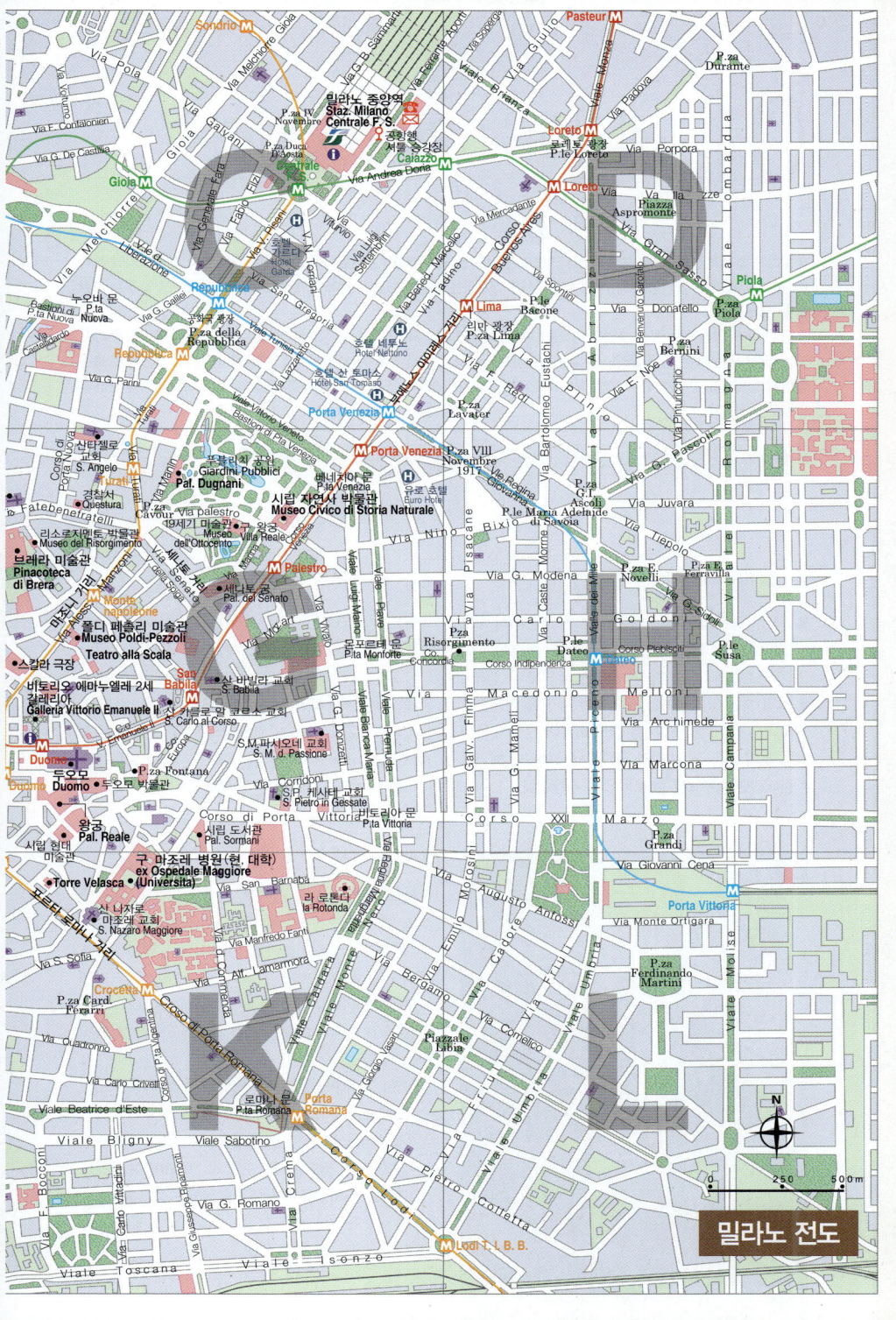

# 01 밀라노는 어떤 곳일까?

La Milano

이탈리아 최고의 산업, 패션, 예술의 도시 밀라노는 비옥한 곡창지대인 롬바르디아 평원의 중심에 있다. 아르마니와 프라다, 베르사체, 페라리와 람보르기니 등 이탈리아를 대표하는 명품 브랜드가 모여 있고, 수도 로마보다도 기업의 진출 또한 활발하다.

또한 〈최후의 만찬〉을 비롯한 수많은 명작들이 있는 미술관, 세계적인 오페라 극장으로 알려진 스칼라 극장, 두오모로 대표되는 아름다운 건축물 등은 밀라노를 예술의 중심지로 자리 잡게 하였다. 여기에 열광적인 팬들을 거느리고 있는 명문 축구팀까지! 밀라노에 왔다면 세계적 명품을 보며 안목을 높이고, 스칼라 극장에서 오페라를 감상하며 이탈리아 여행의 멋진 추억을 만들어보자.

● 면적 181.8km² ● 인구 1,395,274명(2018년) ● 지역번호 02

## >> 밀라노의 볼거리

밀라노의 명소를 하루에 다 보려고 한다면 무척 바쁘다. 레오나르도 다빈치를 비롯한 거장의 숨결이 배어 있는 명소들과 고딕 양식의 결정판 두오모가 밀라노 명소의 핵심 아이콘이다. 밀라노는 볼만한 미술관도 많으니 시간이 된다면 이틀 정도 머물며 천천히 둘러보는 것이 좋다. 또, 스칼라 극장에서 오페라를 보거나 시즌이라면 축구 경기를 보는 것도 추천한다.

## >> 밀라노의 먹거리

산업 도시 밀라노는 바쁜 사람들을 위한 패스트푸드가 발달한 편이지만 많은 미식가가 칭찬하는 소문난 레스토랑도 많다. 이탈리아의 다른 지방과는 달리 버터를 많이 사용하며, 북부 지방에서 생산된 쌀을 이용한 리소토는 밀라노의 대표 메뉴다. 피자 전문점 스피치코(Spizzico), 체인점인 차오(Ciao)나 오토그릴(Autogrill)에서도 합리적인 가격으로 식사할 수 있다.

## >> 밀라노의 쇼핑

패션의 중심지 밀라노는 명품 쇼핑의 대명사다. 대부분의 최고급 상점들은 두오모 광장을 중심으로 몬테 나폴레오네(Monte Napoleone), 보르고스페소(Borgospesso), 델라 스피가(Della Spiga) 거리에 있다. 1920년대부터 럭셔리 디자이너 브랜드가 이곳으로 모여들면서 이곳은 명실공이 최고의 명품 쇼핑 거리가 되었다.

저렴한 가격대의 상점들은 배낭족 숙소들이 몰려 있는 부에노스 아이레스 거리에 있다.

많은 상점이 일요일에는 영업을 하지 않고, 8월에 쉬는 날이 많다. 월요일에는 오후 4시 이후에 여는 곳도 있으니 오픈 시간을 확인하고 방문하는 것이 좋다.

## >> 밀라노의 숙소

지하철이 잘 발달하여 있는 밀라노에서는 지하철역에서 가까운 곳에 숙소를 잡으면 편리하다. 대형 컨벤션과 같은 이벤트가 많은 밀라노는 숙소 가격이 높은 편이니 이런 기간은 되도록 피하고 예약도 서두르는 것이 좋다. 컨벤션 일정은 밀라노 이벤트 안내 홈페이지(www.fieramilano.it)에서 확인할 수 있다.

밀라노의 호텔은 1박당 €2~5의 호텔 세금이 따로 청구되며 8월에는 많은 호텔이 문을 닫기도 한다. 중앙역 주변에 중급 호텔이 많이 있으니 역을 중심으로 알아보는 것도 좋다.

### 밀라노 여행 정보

#### 여행안내소 ⓘ

● 밀라노 중앙역
위치 13번 · 14번 플랫폼 앞
오픈 월~금요일 09:00~18:00, 토 · 일요일 · 공휴일 09:00~13:00, 14:00~17:00
휴무 1월 1일, 5월 1일, 12월 25일

● 스포르체스코 성
위치 스포르체스코 성 근처 주소 Piazza Castello 오픈 월요일 14:30~17:30, 화~금요일 09:30~12:30 14:30~17:30, 토요일 09:30~12:30 14:00~18:00, 일요일 15:00~18:00

#### 우체국

● 밀라노 중앙역
위치 중앙역 1층 Piazza Duca d'Aosta 방향 출구 근처
오픈 월~금요일 09:00~19:00, 토요일 08:30~12:30

#### 여행 관련 홈페이지

www.visitamilano.it, www.turismo.milano.it

#### 환전소

위치 중앙역 15번 · 16번 플랫폼 앞, 지하 1층
오픈 07:30~22:30

#### 유인 짐 보관소

위치 밀라노 중앙역 1층, 'Deposito Bagagli' 표지판을 따라간다. 오픈 06:00~23:00 요금 짐 1개당 €6(5시간), 5시간 초과 시 1시간당 €0.9, 12시간 초과 시 1시간당 €0.4

#### 화장실

위치 4번 · 6번 플랫폼 앞(1층으로 내려가는 에스컬레이터 타고 내려 오른쪽) 오픈 4번 06:00~00:00, 6번 06:00~21:00 요금 €1

#### 경찰서

● 밀라노 중앙역
위치 21번 플랫폼 맞은 편 오픈 24시간

#### 슈퍼마켓

● Pam
위치 2호선 S.Ambrogio 역 하차, Viale Olona 방면으로 나와 반대편으로 간다. 주소 Viale Olona 1 오픈 09:00~19:30
※다른 곳에 비해 가격이 조금 비싸지만 중앙역 지하에도 슈퍼마켓이 있다.

#### 여행자 신고 센터 SOS Tourist Police

전화 02-3360-3060

#### 밀라노 카드 Milano Card

해당 기간 동안 대중교통을 무료로 이용할 수 있고 20여 곳의 박물관을 포함한 레스토랑 등에서 할인 혜택을 받을 수 있다.
요금 24시간권 €8, 48시간권 €14, 72시간권 €19
홈피 www.milanocard.it

# 02 밀라노 가는 방법
## Per Milano

우리나라에서도 대한항공이 주 3회 직항편을 운항하고 있다. 유럽 대륙 안에서는 항공편과 기차 연결 모두 편리하다. 로마, 피렌체, 베네치아와 같은 이탈리아 내 대도시 간 이동은 고속철도를 이용하는 것이 빠르고 편리하다.

| | | | | |
|---|---|---|---|---|
| 인천 ➡ 밀라노 | 비행기 12시간~ | | 로마 ➡ 밀라노 | 기차 3시간~6시간 50분, €28~115 |
| 베네치아 ➡ 밀라노 | 2시간~4시간 25분, €9.9~53 | | 제노바 ➡ 밀라노 | 1시간 30분~2시간 30분, €10.5~26.5 |
| 피렌체 ➡ 밀라노 | 1시간 40분~3시간 40분, €14.9~79 | | 나폴리 ➡ 밀라노 | 4시간 10분~8시간 50분, €38~139 |

### ▶▶ 비행기로 가기 In Aereo

우리나라는 물론 세계 주요 도시에서 출발하는 대형 항공사 노선뿐 아니라 유럽 각지에서는 이지젯(easyJet)과 라이언에어(Ryanair) 등 저가항공사도 많이 취항한다. 밀라노에는 말펜사(Malpensa)와 리나테(Linate), 오리오 알 세리오 공항(Orio al Serio) 공항이 있다.

### 말펜사 공항
#### Aeroporto Malpensa (MXP)
시내에서 북서쪽으로 50킬로미터쯤 떨어져 있고, 밀라노 중앙역까지 대략 30분 간격으로 공항버스가 운행되며, 교통체증이 없으면 약 한 시간 정도 소요된다. 제1터미널은 국제선, 제2터미널은 국내선 전용으로 사용되고 있다.
전화 02-7486-7620
홈피 www.milanomalpensa-airport.com/en

### 공항에서 시내로

#### 🚆 기차
비싸지만 편하고 빠르게 시내로 갈 수 있는 방법은 말펜사 익스프레스(Malpensa Express) 기차를 이용하는 것이다. 공항 제1터미널에서 출발하며 'Treni' 표지판을 따라가면 된다. 시내까지 소요시간은 50분 정도로 밀라노 중앙역(Milano Centrale)행과 북역(Nord S.F)행 열차가 있으니 구분해 탑승하자.
오픈 06:10~20:38
요금 어른 €13, 어린이 €6.5
홈피 www.malpensaexpress.it

#### 🚌 셔틀버스
제1터미널 입국장 4~6번 출구로 나가면 있는 공항버스 정류장에서 탈 수 있다. 회사가 여러 개이지만 요금은 거의 비슷하다. 시내에서 공항으로 올 때는 밀라노 중앙역을 바라보고 오른쪽으로 건물 바깥쪽을 따라가다 보면 공항행 버스 정류장이 있다.
오픈 06:30~24:00
요금 편도 €8~10
홈피 www.malpensa-shuttle.it

### 리나테 공항
#### Aeroporto di Linate (LIN)
이탈리아 국내선과 유럽 단거리 노선 항공편이 주로

이용하는 리나테 공항은 시내에서 약 7킬로미터 거리에 있으며, 중앙역까지 셔틀버스가 다닌다. 또는 73번 버스를 타고 산 바빌라(S. Babila) 광장에서 내려도 된다.

전화 02-716-410

홈피 www.milanolinate-airport.com/en

## 공항에서 시내로

🚌 **73번 버스**
산 바빌라 광장 출·도착, 약 30분 소요
요금 편도 €1.5

🚌 **셔틀버스 Starfly**
중앙역까지 약 20~30분 소요
요금 편도 €5~10

### 오리오 알 세리오 공항
**Aeroporto Orio al Serio (BGY)**
주로 라이언에어를 이용했을 때 도착하는 공항으로 베르가모 공항이라고도 한다. 시내의 루이지 디 사보이아 광장까지 셔틀버스가 운행한다.

전화 035-320-402

홈피 www.orioaeroporto.it

## 공항에서 시내로

 **셔틀버스**
공항과 루이지 디 사보이아 광장을 왕래하는 셔틀버스는 30분 간격으로 운행하며 약 한 시간 이상 소요된다.
요금 편도 €7.9~10

홈피 www.autostradale.it, www.orioshuttle.com

>> **기차로 가기 In Treno**

밀라노에는 여러 개의 역이 있지만, 대부분은 밀라노 중앙역(Milano Centrale)에서 발착한다. 유럽에서도 가장 웅장한 규모로 건축학적인 면에서도 가치가 있는 건물이다. 많은 여행자가 바로 지하철을 타기 때문에 외관을 보지 못하는 경우가 많지만, 역 앞 광장에서 바라보는 중앙역의 모습은 하나의 웅장한 예술품과 같다.

내부는 긴 계단과 에스컬레이터 등으로 연결되어 있는데, 2층에 있는 플랫폼을 등지고 앞쪽으로 안내소와 환전소, 식당과 상점들이 모여 있다.

역 지하에는 티켓 사무소, 메트로와 연결되는 입구, 슈퍼마켓 등이 있으며 유인 짐 보관소는 1층에 있다. 오랜 기간 시행했던 리뉴얼 공사가 최근 마무리되었는데, 시설도 쾌적해지고 예전보다 브랜드 의류 상점이나 다양한 가게들이 많이 생겨 밀라노를 떠나기 전 마지막 쇼핑을 할 수도 있다. 시내까지는 중앙역과 연결된 메트로 2호선이나 3호선을 타고 이동하는 것이 편리하다.

밀라노 중앙역

예약 사무소

짐 보관소

# 03 밀라노 시내 교통

Trasporto

## 대중교통 티켓을 사자!

자동판매기에서 대중교통 티켓을 구입하는 경우 다음과 같은 순서로 진행하면 된다.

도보로만 다니는 것은 힘드니 메트로, 버스, 트램 등 대중교통을 적절히 이용하자. 그중에서도 가장 편하고 확실한 것은 대부분의 관광 명소를 이어주는 메트로 세 개 노선이다. 중앙역에서 메트로를 타고 첫 목적지로 간 다음 가까이 모여 있는 명소들을 도보로 둘러보아도 좋다.

티켓은 메트로와 트램, 버스 공용이며 신문 가판대나 담뱃가게인 타바키(Tabacchi), 메트로 역의 자동판매기에서 구입할 수 있다. 티켓 창구는 길게 줄이 늘어선 경우가 많아 자동판매기나 타바키를 이용하는 것이 빠르다. 자동판매기는 고장난 경우가 많고 잔돈이 나오지 않는 경우도 있으니 제일 빠르고 확실한 것은 사람이 직접 판매하는 타바키다.

보통 1회권 두 장을 구매하여 이용하지만, 24시간권도 사용하기에 따라 상당히 유용하다. 짧은 시간 동안 자주 이용할 계획이라면, 24시간권 구매도 고려해 볼 만 하다.

<u>요금</u> 1회권 Biglietto Ordinario €1.5(90분내 환승 가능)
1회권 10장 Carnet 10 Viaggi €13.8(90분내 환승 가능)
4회권 Biglietto integrato per 4 viaggi €6(90분내 환승 가능)
24시간권 Biglietto Giornaliero €4.5
48시간권 Biglietto Bigiornaliero €8.25
<u>홈피</u> giromilano.atm.it

### 1 언어 선택

화살표를 조정하여 'Lingua/Language' 로 가서 'OK' 버튼을 누르고 화면에 뜨는 언어 중 'Inglese(영어)'를 선택

### 2 승차권 선택

1회권 'Ticket Ordinary Urban' 이나 24시간권 'Daily Urban Ticket' 등 구입할 것을 선택한 후 'OK' 버튼 누른다.

### 3 요금 투입

구입 매수까지 지정한 후 표시된 금액을 동전으로 넣으면 된다.

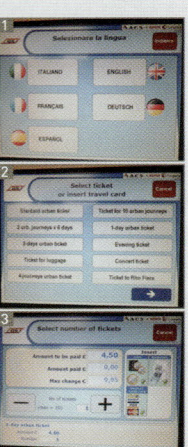

## >> 메트로 Metropolitana

메트로는 빨간색의 1호선(M1), 초록색의 2호선(M2), 노란색의 3호선(M3), 보라색의 5호선(M5)까지 총 네 개 노선이 운행하며 곳곳에 환승역이 있다. 파란색으로 표시되는 라인은 국철이다. 처음 티켓을 사용할 때는 반드시 각인하는 것을 잊지 말자.

## >> 버스 및 트램 Autobus & Tram

버스와 트램은 메트로가 연결되지 않는 시내 곳곳을 연결하지만 노선이 복잡하고 안내방송이 없는 경우가 많다. 버스 정류장에는 주황색으로 ATM이라 표시되어 있다. 1회권을 처음 사용한다면 버스 탑승 후 반드시 내부 각인기에서 각인을 해야 한다. 90분 내에 환승한다면 다시 각인할 필요는 없다.

## >> 택시 Taxi

중앙역이나 두오모 광장, 몬테 나폴레오네 거리 등의 주요 관광지 근처에서는 쉽게 택시를 이용할 수 있다. 미터 요금이 적용되지만 한국에 비해 택시 요금이 많이 비싼 편이라 혼자서 이용하기에는 조금 부담스럽게 느껴진다.

요금 기본 평일 €3.2, 휴일 €5.1, 야간(21:00~익일 06:00) €6.1, 시내 1km 당 €1.03~1.5 추가, 가방 개당 €1.5

### 메트로 주요 역과 명소

- **M1** Duomo(두오모)
- **M2** Centrale(밀라노 중앙역), Cadorna(산타 마리아 델레 그라치에 성당), Lanza(브레라 미술관)
- **M3** Dumo(두오모), Montenapolenoe(몬테 나폴레오네 거리, 브레라 미술관)

밀라노 주요 지하철 노선도

- 1호선 Linea metropolitana 1 (M1)
- 2호선 Linea metropolitana 2 (M2)
- 3호선 Linea metropolitana 3 (M3)
- 5호선 Linea metropolitana 5 (M5)

# 밀라노
# 이렇게 여행하자

**Access** 메트로 1 · 2호선 Cadorna 역에서 하차하여 보카치오 거리(Via Boccaccio) 방면으로 나와 S. Maria delle Grazie 표지판을 따라간다. 또는 트램 16번을 타고 S. Maria Delle Grazie 정류장에서 하차

중심지에 있는 주요 명소는 도보로 다닐 수 있지만 대도시 밀라노에서 모든 곳을 도보로 여행하는 것은 힘들다. 처음 도시를 방문했을 때 가장 쉽게 이용할 수 있는 교통수단은 메트로다. 주요 관광지를 연결하고 있으니 메트로를 활용하면서 목적지에 따라 도시를 거미줄처럼 잇고 있는 트램을 적절히 이용하면 된다.

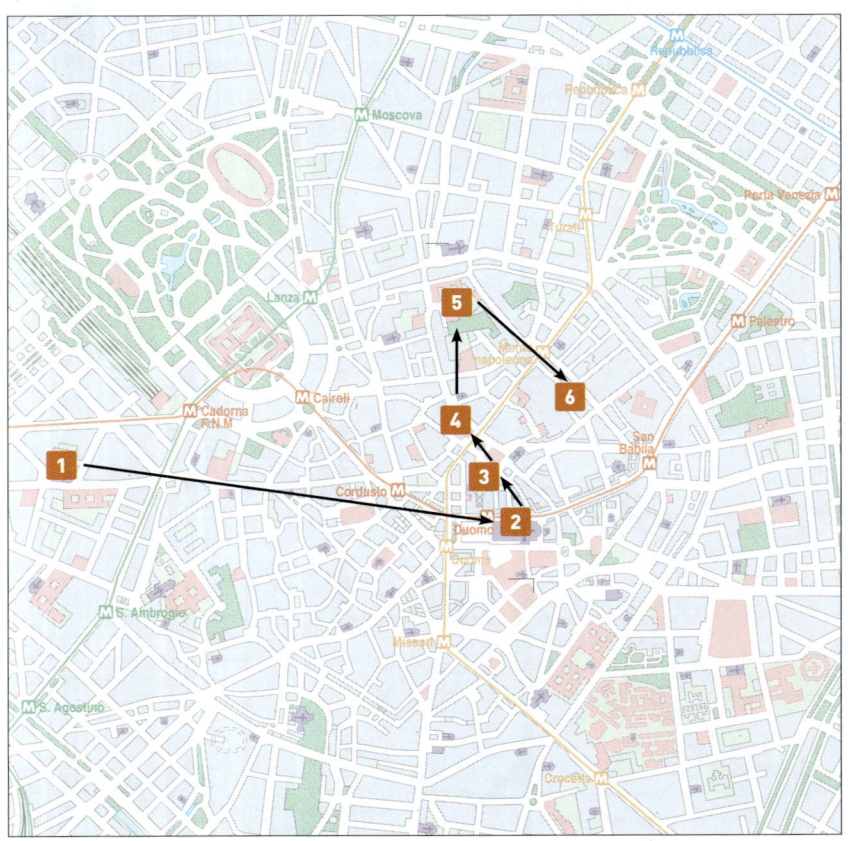

## 추천 코스

**예상 소요 시간**
약 9시간

### 1 산타마리아 델레 그라치에 교회

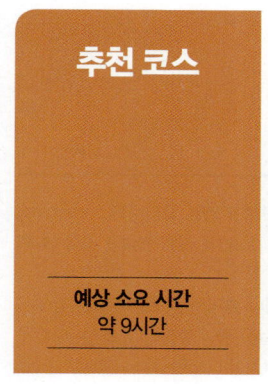

→ 메트로 이용

### 2 두오모

↓ 도보 1분

### 3 비토리오 에마누엘레 2세 갈레리아

← 도보 1분

### 4 스칼라 극장

← 도보 7분

### 5 브레라 미술관

↓ 도보 5분

### 6 몬테 나폴레오네 거리

> **TIP**
> **한걸음 더, 밀라노!**
>
> **시간이 허락된다면 들러볼 만한 명소**
> - 레오나르도 다빈치 국립 과학기술 박물관 p404 위대한 예술가의 진면목을 실감할 수 있는 공간
> - 스포르체스코 성 p404 예술품 감상과 함께 여유를 즐길 수 있는 장소
> - 암브로시아나 미술관 p403 이탈리아의 거장들을 만날 수 있는 미술관
> - 폴디 페촐리 미술관 p403 브레라, 암브로시아나와 함께 밀라노의 3대 미술관 중 하나
> - 산 시로 경기장 p404 축구팬이라면 그냥 지나칠 수 없는 곳

# Sightseeing

## 산타 마리아 델레 그라치에 교회
### Chiesa Santa Maria delle Grazie

[끼에자 싼따 마리아 델레 그라찌에]                    MAP 12 ⓒ

1463년 건축가 솔라리(Solari)가 시작해 1492년 거장 브라만테(Bramante)가 완성한 성당. 도미니코(Domenico) 수도회의 한 성당이 이토록 유명해 진 것은 당시 43세였던 레오나르도 다빈치가 3년에 걸쳐 완성한 걸작〈최후의 만찬 Cenacolo Vinciano〉때문이다.

'너희 중의 한 명이 나를 팔 것이다'라는 예수의 예언에 열두 제자들이 놀라거나 슬퍼하는 모습이 바로 앞에서 펼쳐진 것처럼 생생히 담겨 있다. 실제로 보면 말로 표현 못 할 감동을 주는 걸작 중의 걸작이다. 소설〈다빈치코드〉에서 그림 속에 요한이라고 알려진 인물이 사실 막달라 마리아라는 이야기가 나오면서 더욱 화제가 되었다.

템페라 기법으로 그려진 그림이라 훼손이 무척 심하였는데, 지금까지 여러 차례의 복원 과정을 거쳤다. 가장 최근에는 20년의 복원 작업 끝에 1999년 여름부터 다시 공개되었다.

명화 감상을 한 후 그냥 지나치지 말고 성당에도 들어가 보자. 아담한 성당 내부 정원은 바로 영화〈냉정과 열정 사이〉에서 아오이가 엽서를 쓰는 장면에 나왔던 곳이다.

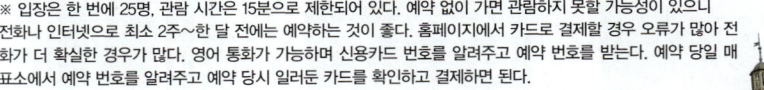

위치 메트로 1·2호선 Cadorna 역에서 하차하여 보카치오 거리(Via Boccaccio) 방면으로 나와 S. Maria delle Grazie 표지판을 따라간다. 또는 트램 16번을 타고 S. Maria Delle Grazie 정류장에서 하차 주소 Piazza S.M della Grazie 2 오픈 성당 07:00~12:55, 15:00~19:30 / 최후의 만찬 화~일요일 08:15~18:45 휴무 월요일(최후의 만찬), 1월 1일, 5월 1일, 12월 25일 요금 일반 €10, 예약비 €2(인터넷 예약 €17.5~) 전화 02-467-6111 홈피 www.legraziemilano.it

※ 입장은 한 번에 25명, 관람 시간은 15분으로 제한되어 있다. 예약 없이 가면 관람하지 못할 가능성이 있으니 전화나 인터넷으로 최소 2주~한 달 전에는 예약하는 것이 좋다. 홈페이지에서 카드로 결제할 경우 오류가 많아 전화가 더 확실한 경우가 많다. 영어 통화가 가능하며 신용카드 번호를 알려주고 예약 번호를 받는다. 예약 당일 매표소에서 예약 번호를 알려주고 예약 당시 일러둔 카드를 확인하고 결제하면 된다.

**예수의 열두 제자와 사도 바울**

바르톨로메오 ❶, 야고보 ❷, 안드레아(베드로의 동생) ❸, 가롯 유다(예수를 판 인물) ❹, 베드로 ❺, 요한 ❻, 토마 ❼, 야고보(요한의 형) ❽, 필립보 ❾, 마테오 ❿, 타대오 ⓫, 시몬 ⓬를 예수의 열 두 제자라고 부른다. 12라는 숫자는 이스라엘이 12지파(支派)로 이루어진 것과 관련됐다는 설도 있다. 후에 가롯 유다가 열두 제자에서 제외되자 마티아가 대신 그 자리에 들어갔다.

예수의 열두 제자 이름들은 서양에서 가장 흔한 남자 이름이기도 하다. 예를 들어 피터, 매트, 필립, 토마스, 사이먼, 존 등이 모두 제자의 이름에서 유래한 것이다. 착각하기 쉬운 사실은 '폴'이라 불리는 사도 바울은 열두 제자에 포함되지 않는다는 것이다. 누구보다도 복음을 널리 전하기에 앞섰던 바울이었지만 그는 생전에 예수의 실제 모습을 본 적은 한 번도 없다고 한다.

# 두오모
## Duomo di Milano

[두오모 디 밀라노]  MAP 12 ⓖ

이탈리아 북부에 위치한 밀라노에서는 알프스 이북 지방의 영향을 받아 고딕 양식의 성당이 건축되었다. 원래 비스콘티의 명령에 의해 1386년에 착공되었지만 1851년에야 공사가 완전히 마무리되었다.

밀라노 두오모는 길이 157미터, 폭 92미터, 높이 108.5미터의 거대한 건축물로 성당으로는 세계에서 네 번째로 규모가 크다. 화려하고 장엄한 외관은 꼭대기의 황금색 성모 마리아를 비롯해 2천여 개의 성인 조각상과 135개의 소첨탑으로 장식돼 있다. 성당 사면의 모습이 모두 특색 있고 멋지니 한 바퀴 돌며 살펴보아도 좋다. 어두운 내부로 들어가면 15세기에 만들어진 화려한 스테인드글라스가 돋보인다.

계단이나 엘리베이터를 이용해 테라스(옥상)로 올라가면 밀라노 시가지는 물론 날씨가 좋을 때는 멀리 알프스까지 보이니 시간이 허락한다면 반드시 올라가 보자. 아래에서 볼 때와는 또 다른 성당의 진면목을 피부로 느낄 수 있다. 영화 <젊은이의 모든 것>에서 세기의 미남 배우 알랭 들롱(Alain Delon)이 형의 애인 나디아와 함께 테라스에 오르는 장면이 나오기도 한다. 테라스로 가는 입구는 성당을 나와 오른쪽으로 돌아가면 비토리오 에마누엘레 2세 갈레리아와 마주하는 성당 측면에 있다.

성당을 마주 보고 오른쪽에 있는 왕궁(Palazzo Reale) 안에는 성당과 관련된 전시물과 성당의 역사에 대해 살펴볼 수 있는 두오모 박물관(Museo del Duomo)이 있다.

<u>위치</u> 메트로 1·3호선 Duomo 역 하차, Passaggio Duomo 방면으로 나오면 된다. <u>주소</u> Piazza del Duomo <u>오픈</u> 두오모 08:00~19:00 / 세례당 09:00~18:00 / 지하 유적지 월~금요일 11:00~17:30, 토요일 11:00~17:00, 일요일 13:00~15:30 / 박물관 10:00~18:00(월요일 휴무) <u>휴무</u> 5월 1일, 12월 25일·26일 <u>요금</u> 두오모 €3, 박물관 €3, 테라스(계단) €10, 테라스(엘레베이터) €14 <u>전화</u> 02-7202-2656 <u>홈피</u> www.duomomilano.it

### TIP
**두오모 패스** Duomo Pass

두오모의 여러 가지 볼거리 통합권인 두오모 패스를 이용하면 입장료를 절약할 수 있다.

**A 티켓** – 두오모+박물관+지하 유적지+테라스(엘레베이터)
요금 €17

**B 티켓** – 두오모+박물관+지하 유적지+테라스(계단)
요금 €13

## 두오모 둘러보기

### 01 성당 내부

52개의 기둥으로 5등분 되어 있는 십자가 구조의 성당 내부는 가장 높은 곳이 45미터에 달할 정도로 장대한 규모를 자랑한다. 또한, 엄청난 무게를 견뎌야 하는 벽면이 스테인드글라스로 되어 있는 것도 매우 뛰어난 기술력이다.

### 02 비토리오 에마누엘레 2세의 동상

두오모 방문 기념사진을 남기기에 가장 좋은 성당 앞의 넓은 광장인 두오모 광장(Piazza del Duomo) 한가운데 있는 늠름한 기마상은 이탈리아 통일의 주역 비토리오 에마누엘레 2세의 동상이다.

### 03 두오모 야경

낮의 두오모도 멋지지만, 밤에 보는 두오모 풍경 또한 다른 느낌의 아름다움을 선사하니 산책 겸 야경을 보러 나오는 것도 좋다. 두오모 앞은 밤까지 많은 사람으로 붐비니 항상 소매치기를 조심해야 한다. 또 근처 골목만 들어서도 금세 으슥하니 큰 도로를 따라 다니는 것이 낫다.

## 비토리오 에마누엘레 2세 갈레리아
Galleria Vittorio Emanuele II

[갈레리아 비토리오 에마누엘레 쎄꼰도]　MAP 12 ⓖ

## 스칼라 극장
Teatro alla Scala

[떼아뜨로 알라 스깔라]　MAP 12 ⓒ

커다란 아치형 천장의 아케이드로, 200미터 길이의 내부에는 분위기 좋은 카페와 레스토랑, 대형 서점과 고급 상점들이 들어서 있다. 높은 지붕은 유리로 덮여 있으며 1877년 주세페 멩고니(G. Mengoni)에 의해 완성되었다. 십자가 형태의 건물은 두 아케이드가 교차하는 가운데에 부분에 높이 47미터의 둥근 돔형의 천장이 건물의 중심을 잡아주고 있다.

내부 바닥에는 네 마리의 동물 모자이크가 있다. 그중 소의 중요 부분(?)에 발뒤꿈치를 대고 한 바퀴 돌면 소원이 이루어진다는 이야기가 있어 많은 사람들이 절대 그냥 지나치지 않는다.

갈레리아 옆에 있는 리나센테(Rinascente) 백화점은 밀라노 최대의 백화점이며 옥상 레스토랑과 카페는 두오모를 색다른 시점에서 볼 수 있어 인기다. 갈레리아를 빠져나가면 레오나르도 다빈치와 네 명의 제자 조각상이 있는 작은 광장이 나온다. 광장의 길 건너 보이는 건물이 바로 유명한 라 스칼라 오페라 극장이다.

**위치** 메트로 1·3호선 Duomo 역 하차. 두오모를 정면으로 보고 왼쪽에 위치
**주소** Piazza del Duomo 2

오페라 가수라면 누구나 한 번쯤 공연해 보고 싶은 꿈의 무대로, 원래 산타 마리아 델라 스칼라 교회가 있었던 자리에 1778년 완공된 신고전주의 양식의 건물이다. 푸치니와 베르디의 오페라들이 초연을 한 곳이기도 하며 파리, 빈 오페라 하우스와 함께 유럽 3대 오페라 극장이다. 현재 모습은 제2차 세계대전 중 전파된 극장을 옛 설계도를 토대로 1946년 재건한 것이다. 소박(?)하게 보이는 외부와는 달리 내부는 붉은 색을 기본으로 한 화려하면서도 우아함을 잃지 않는다.

극장 옆의 스칼라 극장 박물관(Museo Teatrale alla Scala)에는 베르디의 유품과 오페라 공연에 사용되었던 무대 의상과 소품, 마리아 스칼라를 비롯한 프리마돈나의 사진 등이 전시돼 있다.

**위치** 메트로 1·3호선 Duomo 역 하차 **주소** Via Filodrammatici 2 **홈피** www.teatroallascala.org

### TIP
**스칼라 극장 박물관**
**오픈** 09:00~12:30, 13:30~17:30
**휴무** 1월 1일, 부활절, 5월 1일, 8월 15일, 12월 7일, 12월 24일 오후, 12월 25일·26일, 12월 31일 오후
**요금** 어른 €7, 학생 €3
**전화** 02-8879-7473

# 브레라 미술관
## Pinacoteca di Brera

[피나꼬떼까 디 브레라]                                    MAP 12 ⓒ

17세기 중엽 예수회 수도사를 위해 건축한 건물로 1809년 나폴레옹에 의해 미술관으로 개조되었다. 제2차 세계대전 당시 건물이 손상을 입었으나 다행스럽게도 소장 작품들은 무사하였다. 이탈리아 르네상스와 바로크 양식을 대표하는 걸작들을 소장하고 있는데, 만테냐(Mantegna), 벨리니(Bellini), 틴토레토(Tintoretto) 등 화가들의 면면이 화려하다.
이곳에서는 프란체스코 하예츠의 〈입맞춤〉, 라파엘로의 〈성모 마리아의 결혼〉, 만테냐의 〈죽은 예수〉, 벨리니의 〈피에타〉를 반드시 감상해보자.

**위치** 메트로 2호선 Lanza 역 또는 메트로 3호선 Montenapoleone 역 하차 **주소** Via Brera 28 **오픈** 화~일요일 08:30~19:15(목요일 22:15까지) **휴무** 월요일, 1월 1일, 12월 25일 **요금** €12 **전화** 02-7226-3264 **홈피** www.brera.beniculturali.it

> **TIP**
> 브레라 미술관에서 꼭 챙겨보자!
>
>
>
> 하예츠 〈입맞춤〉
> 만테냐 〈죽은 예수〉
> 라파엘로 〈성모 마리아의 결혼〉

# 몬테 나폴레오네 거리
## Via Monte Napoleone

[비아 몬떼 나뽈레오네]                                    MAP 12 ⓒ

세계 패션의 중심지 중 하나이며 최고급 명품 상점들이 모여 있는 지역. 몬테 나폴레오네 거리와 스피가 거리(Via della Spiga)를 축으로 두 거리 사이를 잇는 산탄드레아 거리(Via Sant'Andrea) 등에는 많은 이들의 소유욕을 불러일으키는 명품 상점이 나란히 자리하고 있다. 꼭 물건을 사지 않아도 둘러보는 것만으로 트렌드를 파악하고 안목을 높이는 좋은 기회가 될 것이다. 거리에는 부자들의 멋지고 희귀한 슈퍼카들이 줄줄이 늘어서 있어 오히려 상점보다 자동차가 더 시선을 끄는 경우도 많다.

**위치** 메트로 3호선 Monte Napoleone 역 하차 또는 1호선 S.Babila 역 하차

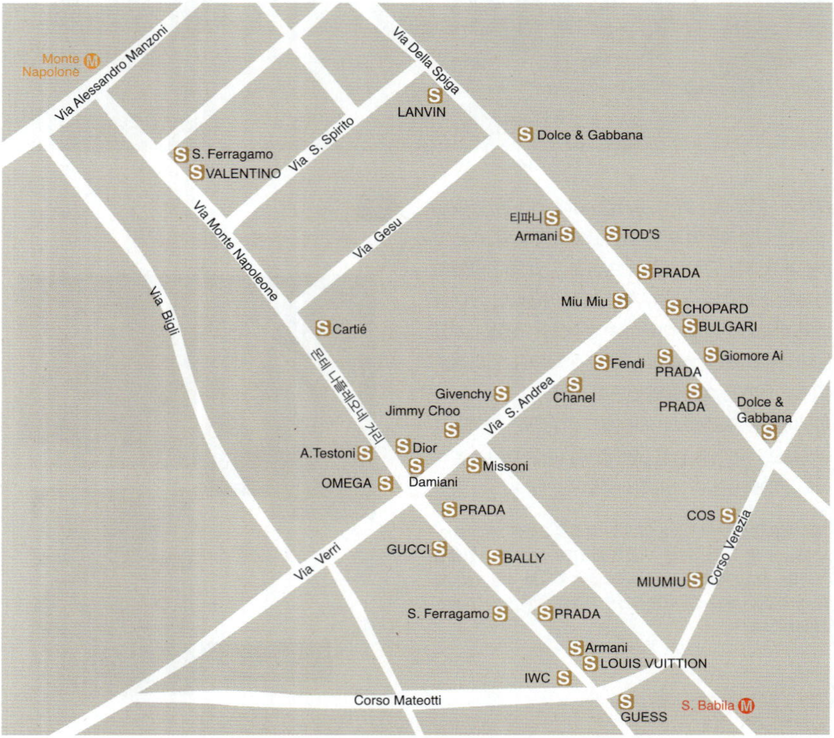

## 암브로시아나 미술관
Pinacoteca Ambrosiana

[피나꼬떼카 암브로시아나]   MAP 12 ⓕ

〈음악가의 초상〉

암브로조 데 프레디스
〈젊은 여인의 초상〉

밀라노 3대 미술관 중 하나로 밀라노 대주교 카를로 보로메오(Carlo Borromeo)의 저택이었던 건물에 도서관과 함께 1618년에 창설하였다. 그의 수집품들이 주요 전시품이며 완성작과 함께 스케치도 전시한 것이 특징이다. 레오나르도 다빈치의 〈음악가의 초상〉과 1,700여 점의 스케치와 더불어 로마 바티칸 박물관에 있는 라파엘로의 〈아테네 학당〉 스케치가 유명하다.

그 밖에도 카라바조의 〈과일 바구니〉, 보티첼리의 〈성 마리아와 세 천사〉가 유명하며 도서관에는 〈일리아드〉〈신곡〉 등의 초판본이 전시되어 있다.

위치 두오모 광장에서 도보 5분. Via Oreffici와 Via Cantui를 거쳐 간다. 주소 Piazza Pio XI, 2 오픈 화~일요일 10:00~18:00 휴무 월요일, 1월 1일, 부활절, 12월 25일 요금 €15, 피나코테카 & 브라만테 성물실 €26 홈피 www.ambrosiana.it

## 폴디 페촐리 미술관
Museo Poldi Pezzoli

[무제오 폴디 페촐리]   MAP 12 ⓒ

〈바르디 가문 여인의 초상〉

〈마틴 루터 부부의 초상〉

폴디 페촐리 가문의 수집품을 전시하는 박물관으로 화려하고 우아한 귀족 가문의 생활을 엿볼 수 있다. 보석과 카펫, 갑옷, 무기, 고서적 등이 전시되어 있는데 특히 '밀라노의 모나리자'라고 불리는 안토니오 델 폴라이우올로(Antonio del Pollauiollo)의 작품 〈바르디 가문 여인의 초상 Ritratto di giovane dama〉이 가장 유명하니 놓치지 말자.

그 밖에도 루카스 크라나흐(Lucas Cranach)의 〈마틴 루터 부부의 초상〉과 함께 조반나 벨리니, 만테냐, 필리포 리피, 보티첼리 등의 그림도 감상할 수 있다.

위치 스칼라 극장에서 Via Manzoni를 따라 도보 5분 주소 Via Manzoni 12 오픈 수~월요일 10:00~18:00 휴무 화요일, 1월 1일, 부활절, 4월 25일, 5월 1일, 8월 15일, 11월 1일, 12월 8일, 12월 25일 요금 €10 전화 02-794-889 홈피 www.museopoldipezzoli.it

## 레오나르도 다빈치 국립 과학기술 박물관
**Museo Nazionale della Scienza e della Tecnologia Leonardo da Vinci**

[무제오 나찌오날레 델라 쎈짜 에 델라 테크놀로지아 레오나르도 다 빈치]   MAP 12 ⓔ

## 스포르체스코 성
**Castello Sforzesco**

[까스뗄로 스뽀르쩨스꼬]   MAP 12 ⓑ

## 산 시로(주세페 메아차) 경기장
**Stadio San Siro(Giuseppe Meazza)**

[스따디오 싼 시로 (주세뻬 메아짜)]   지도 외

레오나르도 다빈치가 예술 분야뿐 아니라 과학에도 천재였다는 사실을 여실히 보여주는 박물관. 지금 보아도 기막히게 기발한 다빈치의 천재적인 구상과 연구들은 놀라울 뿐이다.

1953년에 개관했으며 기념관과 더불어 철도관, 하늘과 해양 교통관에는 1만 5,000여 점의 다양한 전시품이 가득하다. 다빈치라는 거장이 과학에 어떤 천재성을 발휘했는지 흥미가 있는 사람이라면 즐거운 시간이 될 것이다. 단, 과학이나 기계에 관심 없는 사람이라면 의무감에 들어갈 필요는 없다.

**위치** 산타 마리아 델레 그라치에 교회에서 도보 5분 또는 메트로 2호선 S.Ambrogio 역 하차 **주소** Via S.Vittore 21 **오픈** 화~금요일 09:30~17:00, 토·일요일 09:30~18:30 **휴무** 월요일, 1월 1일, 12월 25일 **요금** 어른 €10, 학생 €7.5 **전화** 02-48-55-51 **홈피** www.museoscienza.org

유명한 귀족 가문 스포르차(Sofrza)의 프란체스코 스포르차(Francesco Sforza)가 1450년 요새를 개축한 곳이다. 르네상스식 성 주위에 파놓은 해자(垓字)는 적의 침입을 막기 위한 것이었고, 레오나르도 다빈치도 성 건축에 관여했다고 한다.

성은 중세 미술품을 전시하고 있으며 미켈란젤로의 마지막 조각품인 〈론다니니 피에타 Pieta Rondanini〉가 특히 유명하다.

쾌적한 푸른 녹지 셈피오네 공원(Parco Sempione)이 옆에 있으니 미켈란젤로의 조각과 예술품을 감상한 후 아름다운 공원에서 여유로운 산책을 즐겨보자.

**위치** 메트로 1호선 Cairoli 역 하차 **주소** Piazza Castello 3 **오픈** 성 07:00~19:30, 박물관 화~일요일 09:30~17:30 **휴무** 월요일, 1월 1일, 부활절, 5월 1일, 12월 25일 **요금** 무료(박물관 어른 €5) **전화** 02-8846-3700 **홈피** www.milanocastello.it

이탈리아의 대표 명문 축구 클럽인 AC밀란(AC Milan)과 인터밀란(FC Internazionale)의 홈구장으로 축구 팬의 메카라고 할 수 있으며, 약 8만 5,000명을 수용할 수 있다. 두 구단이 같이 사용하기 때문에 경기가 있을 때마다 서로 다른 이름으로 부르고 있다. AC밀란은 산 시로, 인터밀란은 주세페 메아차로 부른다. 두 팀이 맞붙는 밀라노더비가 열리는 날은 그야말로 밀라노 전체가 축구 하나로 뜨겁게 달구어진다.

**위치** 두오모 광장에서 Piazzale Segesta 행 16번 트램을 타고 종점에서 하차하여 종점 좌측 버스 정류장에서 다시 16번 버스를 타고 종점에서 하차 **주소** Via Piccolonimi 5 **홈피** www.sansiro.net

## 판제로티 루이니
### Panzerotti Luini

MAP 12 G

1888년부터 영업을 시작한 인기 만점 음식점. 대표 메뉴는 '루이니(Luini)'로 빵 안에 치즈와 토마토 소스를 넣어 만든 음식이다. 한입 베어 물면 신선하고 쫄깃한 식감과 담백한 맛을 느낄 수 있다.
루이니 한두 개와 음료수면 한 끼 식사나 간식으로 거뜬할 정도.

**위치** 두오모를 바라보고 왼쪽 옆길로 가다 성당 뒤편과 마주하고 있는 Via Santa Redegonda로 조금만 걸어 들어가면 있다.
**주소** Via Santa Redegonda 16
**오픈** 월요일 10:00~15:00, 화~토요일 10:00~20:00
**휴무** 일요일
**요금** €5~
**전화** 02-8646-1917
**홈피** www.luini.it

## 펙 구르메 델리
### Peck Gourmet Deli

MAP 12 G

밀라노의 대표적인 고급 식재료 판매점. 햄, 치즈를 비롯한 다양한 식료품과 바로 먹을 수 있게 조리한 요리들 또한 판매한다. 선물로도 좋은 고급스러운 쿠키나 차, 커피도 살 수 있다.
위층에는 식사와 케이크, 와인 등을 즐길 수 있는 레스토랑이 있어 신선한 음식재료로 만든 요리를 맛볼 수 있다.

**위치** 두오모 광장에서 도보 3분
**주소** Via Spadari 9
**오픈** 월요일 15:00~20:00, 화~토요일 09:00~20:00, 일요일 10:00~17:00
**요금** €15~
**전화** 02-802-3161
**홈피** www.peck.it

## 오비카
### Mozzalera Bar Obicà

MAP 12 G

라 리나센테 7층에 있어 두오모 지붕을 바라보며 식사를 할 수 있는 곳으로 모차렐라 치즈를 주재료로 한 여러 메뉴를 선보이며 인기를 누리고 있다. 찰지면서도 고소한 순백색의 모차렐라 치즈가 들어간 샌드위치와 샐러드, 피자 등을 즐겨보자.
가격이 저렴한 편은 아니지만 분위기가 좋아 비즈니스 미팅이나 데이트를 목적으로 방문하는 사람들도 꽤 보인다.

**위치** 라 리나센테 7층 식당가 **주소** Via S. Radegonda 1 **오픈** 월~토요일 08:30~00:00, 일요일 09:30~00:00 **요금** 모차렐라 메뉴 €7~, 피자 €11~15, 메인 메뉴 €17~23 **전화** 02-885-2453 **홈피** www.obica.com

밀라노

## 스피치코
### Spizzico

MAP 12 ⓖ

밀라노 이외의 대도시에서도 쉽게 볼 수 있는 피자 전문 패스트푸드 체인점. 조각 피자와 음료수, 과일 샐러드 등이 포함된 세트 메뉴도 있어 바쁜 일정 속에 간단히 한 끼를 해결하기 좋은 곳이다.

스피치코 외에도 같은 공간 안에 셀프서비스 레스토랑 오토그릴(Autogrill)이 있다. 이미 조리된 음식을 쟁반에 골라 담아 계산대에서 지불하면 되는 방식으로 운영한다. 가격도 합리적이고 맛도 괜찮아서 간단한 점심 식사를 하러 온 주변 직장인들도 많다.

**위치** 비토리오 에마누엘레 2세 갈레리아 입구를 바라보고 오른쪽 회랑 내 **주소** Galleria Vittorio Emanuele **요금** €8~

## 엠포리오 아르마니 카페
### Emporio Armani Caffè

MAP 12 ⓒ

럭셔리 브랜드 엠포리오 아르마니에서 운영하는 카페로 심플하지만 세련된 인테리어가 특징이다. 근처의 패션 피플들이 모이는 핫플레이스. 시그니처 메뉴인 아르마니 카페(Armani Caffe)는 초콜릿의 풍미가 더해진 커피다.

**위치** 3호선 Monte Napoleone 역에서 도보 1분 **주소** Via Croce Rossa 2 **오픈** 월~토요일 08:00~22:30, 일요일 08:00~21:00 **휴무** 12월 24일~27일, 1월 1일~3일 **요금** 커피 €1.5~7, 음료 €5~, 디저트 €5~12, 칵테일 €13~ **전화** 02-7231-8680 **홈피** armanirestau-rants.com

## 일 리스토란테 트루사르디 알라 스칼라
### Il Ristorante Trussardi alla Scala

MAP 12 ⓒ

이탈리아 명품 브랜드인 트루사르디의 레스토랑으로, 럭셔리한 분위기에서 훌륭한 음식과 서비스를 즐길 수 있는 장소이다.

최고의 재료와 독특한 레시피, 훌륭한 와인들이 망라되어 있는 와인 리스트도 좋은 평가를 받아 미슐랭 스타를 획득한 바 있다. 시내에 있어 접근성도 좋다.

**위치** 스칼라 극장을 바라보고 바로 왼쪽에 위치 **주소** Piazza della Scala 5 **오픈** 월~금요일 12:00~15:30 19:00~23:00, 토요일 07:00~22:30 **휴무** 일요일 **요금** €130~ **전화** 02-8068-8201 **홈피** trussardiallascala.com

## 텐 코르소 코모
## 10 Corso Como

MAP 11 ⓒ

## 프라다
## PRADA

MAP 12 ⓖ

## 세라발레 아웃렛
## Seravalle Designer Outlets

지도 외

우리나라에도 진출한 유명 편집숍 텐 코르소 코모의 밀라노 본점. 현재 제일 핫한 브랜드와 디자이너들의 신상을 한자리에서 만날 수 있는 것이 최대 장점이다. 둘러보기만 해도 최신 트렌드를 파악할 수 있어 언제나 패션 관계자들과 쇼핑객들의 발길이 끊이지 않는다.

위치 지하철 2·5호선 Galibaldi FS 역에서 도보 5분 주소 Corso Como 10 오픈 일~목요일 10:30~24:00, 금·토요일 10:30~01:00 전화 02-2901-3581 홈피 www.10corso-como.com

이탈리아 명품 프라다의 본점. 갈레리아 내에서도 가장 주목받는 숍으로 실용성이 강하면서도 실험적인 디자인을 한 제품들도 많다. 특히 다른 매장이나 한국에서는 볼 수 없는 것들도 있어 언제나 인기다.

위치 비토리오 에마누엘레 2세 갈레리아 내
주소 Galleria Vittorio Emanuele II
오픈 10:00~19:30
홈피 www.prada.com

밀라노 근교의 대형 아웃렛으로 캐주얼과 스포츠, 명품 브랜드까지 다양하게 입점해 있다. 유럽에서도 손꼽히는 규모라 다른 곳보다 브랜드와 품목이 많아 개인과 단체 여행자들의 발길이 끊이지 않는다.

평소에는 30~50%, 세일 기간에는 50~70%까지 할인 판매한다. 한 상점에서 €155 이상 구입 시 면세 혜택을 받을 수 있으니 여권을 챙겨가자.

위치 밀라노 중앙역에서 기차 이용(1시간 13~16분 소요, 편도 €9.8)하여 Arquata Scrivia 역에서 하차. 오전 직행은 06:25에 출발하는 것 밖에 없어 오전 출발은 대부분 환승해야 한다. 오후 쇼핑을 즐기려면 12:25 출발 기차를 타면 된다. 역 앞에 아웃렛으로 직행하는 노란색 전용 버스(09:45~19:45 운행, 15~30분 간격, 왕복 €3)를 타고 15분 정도 가면 되며 티켓은 운전기사에게 구입하자. 주소 Via della Moda 1 오픈 10:00~20:00 휴무 1월 1일, 12월 25일·26일 홈피 www.mcarthurglen.com/ko/outlets/it/designer-outlet-serravalle

## 디티 인트렌드
### DT Intrend
### (Diffusione Tesslie)

MAP 12 Ⓗ

막스마라 그룹의 아웃렛 숍. 비록 이월상품이지만 이탈리아에서도 인기 높은 막스마라의 제품들을 저렴하게 쇼핑할 수 있다.
가장 인기가 높은 것은 아무래도 유행을 타지 않는 기본적인 디자인에 소재가 좋은 캐시미어 코트류.

위치 두오모 왼쪽 길인 Corso Vittorio Emanuelle II를 따라가다 오른쪽 골목에 위치
주소 Gallerian San Carlo 6
오픈 월~토요일 10:00~20:00
휴무 일요일 전화 02-7600-0829

## 라 리나센테
### La Rinascente

MAP 12 Ⓖ

이탈리아의 대표적인 백화점으로 규모가 제법 크다. 하지만 우리나라의 대형 쇼핑몰을 상상하면 실망하기 십상. 한자리에서 쇼핑을 즐기기에 편리한 정도라고 생각하면 된다. 7층에 카페와 레스토랑, 식료품점들이 모여 있으며, 두오모의 첨탑과 윗부분을 볼 수 있는 카페가 특히 인기다.

위치 두오모를 바라보고 왼쪽에 위치
주소 Piazza del Duomo
오픈 09:30~21:00
전화 02-885-21

## 나빌리오 지구
### Naviglio

MAP 11 Ⓘ

두오모를 건축할 때 대리석을 운반했던 운하인 나빌리오(Naviglio) 일대는 트렌디한 레스토랑과 바, 예술가들의 공방이 모여 있고 매달 마지막 일요일에는 대규모 벼룩시장이 열린다.
오후에 방문해 개성 만점 숍에서 가능하면 쇼핑을 즐기다 잔잔한 야경을 즐기며 레스토랑과 바에서 여유롭게 하루를 마무리해보자.

위치 메트로 2호선 Porta Genova F.S. 역에서 도보 2분

## 라 스칼라 오페라
### La Scala Opera

## 축구 경기 관람
### Calcio

## 포뮬러 원
### Formula 1

당일 공연의 남은 티켓은 할인 가격에 구입할 수도 있다. 티켓 자동 예매기는 'La Scala Bookstore'에 있다. 공연 시작 두 시간 전에는 남거나 취소된 티켓을 저렴하게 판매한다.
오페라 공연이 없는 가을에는 음악회나 발레 공연이 열린다.

**중앙 티켓 판매소**
위치 메트로 두오모 역과 연결되어 있다.
주소 Galleria del Sagrato, Piazza Del Duomo
오픈 12:00 ~18:00
요금 €20~280
전화 02-7200-3744
홈피 www.teatroallascala.org

유럽의 명문 구단인 AC밀란과 인터밀란이 있는 밀라노의 축구 열기는 상상 이상으로 뜨겁다. 시합은 주로 일요일에 열리며 유명 팀의 경기는 여행자가 티켓을 구하기 어려운 경우가 많다. 경기장에서 티켓을 살 때는 여권을 제시해야 한다. 경기 관람이 어렵다면 1926년에 건립된 경기장인 산 시로(주세페 메아차) 경기장을 견학해보자.

AC밀란 www.acmilan.com
인터밀란 www.inter.it

**경기 입장권 문의 및 구입**
경기장이나 Milan Point(주소 Corso San Gottardo 2, 전화 02-8942-2711), Cariplo 은행 지점에서 문의 및 구입가능

**산 시로 경기장 투어**
요금 박물관+투어 €12.5
홈피 www.sansirotour.com

세계 최고의 자동차 경주 대회로 공식 명칭은 'FIA 포뮬러 원 월드 챔피언십(FIA Formula One World Championship)'이다.
매년 9월(2016년 9월 2~4일)이면 밀라노 근교 몬짜(Monza)에서 개최된다. 워낙에 마니아들이 많기 때문에 티켓 구하기가 매우 어렵지만, 관심이 있다면 인기 폭발 스포츠인 포뮬러 원의 뜨거운 분위기를 느껴보자.

오픈 9월 중
전화 039-248-21
홈피 www.monzanet.it, www.formula1.com

# Sleeping

밀라노

### 호텔 그란 두카 디 요크
**Hotel Gran Duca di York**

MAP 12 Ⓕ

두오모에서 가까운 고급스러운 분위기의 숙소로 원래 암브로시아나 도서관에서 일하던 학자들의 숙소로 사용되었던 곳이다. 33개의 작은 방 모두 안락한 분위기이다.

위치 메트로 3호선 Duomo 역 하차, 도보 5분. 암브로시아나 도서관(미술관) 옆에 위치 주소 Via Moneta 1 요금 더블 €160~210 전화 02-874-863 홈피 www.ducadiyork.com

### 런던 호텔
**London Hotel**

MAP 12 Ⓑ

30개의 깔끔한 객실이 있는 중급 호텔로 공용 욕실을 사용하는 방은 조금 더 저렴하다. 기본적인 시설을 잘 갖추고 있는 곳으로 자매가 운영하는 가족 경영 호텔이다.

위치 메트로 1호선 Cairoli 역 하차, 도보 4분 주소 Via Rovello 3 요금 싱글 €80~100, 더블 €110~160, 트리플 €170~200 전화 02-7202-0166 홈피 www.hotellondonmilano.com

### 호텔 가르다
**Hotel Garda**

MAP 11 Ⓒ

55개의 작은 객실이 있는 중앙역 근처 호텔. 엘리베이터와 에어컨이 갖추어져 있으며 와이파이는 별도 요금이 청구된다.

위치 밀라노 중앙역 광장에서 도보 3분 주소 Via Napo Torriani 21 요금 싱글 €55~150, 더블 €90~170 전화 02-6698-2626 홈피 www.hotelgardamilan.com

### 유로 호텔
**Euro Hotel**

MAP 11 Ⓓ

비즈니스 출장자들의 선호도가 높은 편으로 기본 시설에 충실한 비교적 큰 규모의 호텔. 내부 장식은 심플하고 모던한 분위기다.

위치 메트로 1호선 Porta Venezia 역 하차하여 도보 4분 주소 Via Sirtori 24 요금 더블 €75~120 전화 02-2040-4010 홈피 www.eurohotelmilano.it

### 호텔 산 토마소
**Hotel San Tomaso**

MAP 11 Ⓗ

실속파 여행자들에게 인기가 높은 저렴하고 깔끔한 숙소. 주변에 중저가 쇼핑 거리인 부에노스 아이레스 거리가 있으며 건물 3층에 위치한다.

위치 메트로 1호선 Porta Venezia 역에서 부에노스 아이레스 거리 방향으로 나간다. 주소 Via Tunisia 6 요금 싱글 €65~, 더블 €100~ 전화 02-2951-4747 홈피 www.hotelsantomaso.com

### 오스텔로 피에로 로타
**Ostello Piero Rotta**

지도 외

시내에서 거리가 있는 공식 유스호스텔. 저렴하지만 깔끔한 숙소로 유스호스텔증이 필요하다. 체크인은 오후 3시 이후에 가능하다.

위치 메트로 1호선 QT8 역 하차, Via Angelo Salmoiraghi를 따라 도보 3~4분 주소 Via Salmoiraghi angolo 요금 도미토리 €21~ 전화 02-4538-8150

  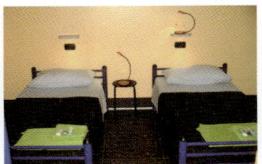

**Travel Plus**

# Lago di Como
## 코모 호수

밀라노 근교의 휴양지 코모 호수는 길이 46킬로미터, 최대 폭 4.3킬로미터, 최고 수심 420미터로 유럽에서 가장 깊은 호수이며 수려한 풍경으로 유명한 곳이다. 고대부터 피서지로 주목받았으며 영국 시인 셸리는 '모든 아름다움을 초월한 곳'이라고 극찬한 바도 있다.
1년 내내 주말이면 많은 사람이 몰려들어 호수를 둘러싸고 있는 고요한 정취가 깨지기도 하지만, 한가롭게 하이킹을 즐기거나 요트를 타고 여유로운 시간을 가진다면 도시를 여행할 때와는 다른 마음의 풍요로움을 느낄 수 있다.

# 코모 호수 가는 방법

## Per Lago di Como

밀라노에서 머물면서 당일로 여행하는 것이 편리하다. 휴식에 중점을 둔다면 코모에 숙소를 잡는 것도 좋은 방법이지만, 숙박비가 밀라노보다 30퍼센트 이상 높다. 코모 시내와 호수 산책가는 도보로 돌아보고 브루나테 산으로 갈 때는 케이블카를 이용하자. 본격적으로 호수 지방을 여행하고 싶다면 코모에서 출발하는 유람선을 타면 된다.

밀라노 → 코모    기차 36분~46분, €4.8~9

### >> 기차로 가기 In Treno

밀라노 중앙역(Milrano Centrale)이나 가리발디 역(Stazione P.Galibaldi, 메트로 2호선 Garibaldi F.S 하차)에서 코모로 가는 열차가 운행하며 코모 산 조반니 역(Stazione di Como S. Giovanni)에 내리면 된다. 중앙역에서는 기차 패스가 있어도 추가 요금을 내고 예약을 해야 하는 ES나 EC 등이 출발하고 가리발디 역에서는 조금 느리지만 저렴하고 예약할 필요가 없는 완행열차(Regionale)가 운행되는 경우가 많으니 미리 운행 시간표를 확인하고 이용하자.

사철인 노르드선(Ferrovie Nord Milano)을 타면 코모 라고(Como Lago) 역에 내리는데 국철보다 시내나 선착장에 더 가깝다. 기차 패스가 있다면 무료 탑승이 가능한 국철을 이용하고, 티켓을 구입해야한다면 사철을 이용해도 된다.

**코모 산 조반니 역 짐 보관소**
위치 매표소 등지고 오른쪽 카페 내
오픈 06:00~23:00
요금 기본 5시간 €6, 추가 1시간당 €0.9

### 코모 호수 여행 정보

**여행안내소** ⓘ
위치 카부르 광장
주소 Piazza Cavour 17 오픈 월~토요일 09:0~13:00, 14:00~17:00 휴무 일요일 전화 031-269-712

**여행 관련 홈페이지**
www.lakecomo.org

**슈퍼마켓**
● 그란 메르카토
Gran Mercato
주소 Piazza Matteotti 3 오픈 월요일 08:30~13:30, 화~금요일 08:30~13:30 15:30~19:30, 토요일 08:00~19:30 휴무 일요일

**코모의 숙소**

코모 시내를 비롯해 호수 지방 마을의 숙소는 매우 비싼 편이다. 보통 2인 1실 숙박료는 최하 €80부터 시작하며 한화로 20만 원대 이상인 경우가 대다수다. 간혹 시내 골목에 있는 B&B가 €50 내외의 할인요금을 내놓기도 한다. 코모 지역의 숙소는 비싸기도 하지만 예약도 몇 달 전에 일찌감치 마감되기도 한다. 이곳에 머물 생각이라면 서둘러 예약을 하는 것이 좋다.

# 코모 호수 이렇게 여행하자
## Il Turismo

코모 역에서 계단을 따라 내려와 앞으로 뻗어 있는 직선 도로인 톨로메오 갈리오 거리(Via Tolomeo Gallio), 가리발디 거리(Via Galibaldi)와 볼타 광장(Piazza Volta), 도메니코 폰타나 거리(Via Domenico Fontana)를 따라 10분 정도 걸어가면 시내 중심인 카부르 광장(Piazza Cavour)이 나온다. 광장에서 호숫가를 따라 걸으면 브루나테(Brunate) 산으로 올라가는 푸니콜라레(케이블카) 출발지인 가스페리 광장(Piazza de Gasperi)이 있다.

브루나테 산에서 내려온 후 산책로를 걸으며 호수를 구경해도 좋고 여유가 있다면 카부르 광장 앞 선착장에서 출발하는 유람선을 타고 호수 곳곳에 위치한 아름다운 작은 마을들을 둘러보자.

**추천 코스**

코모 역 → (도보 10분) → 카부르 광장 → (푸니콜라레) → 브루나테 산 → (푸니콜라레) → 호수 산책가 → (유람선) → 호수 유람

## 코모 시내
## Como

[꼬모]　　　　　　　　　　　　　　MAP p.413

카부르 광장

## 브루나테 산
## Monte Brunate

[몬떼 브루나떼]　　　　　　　　　　MAP p.413

아기자기한 분위기를 가진 코모 호수 남단의 호반 마을로 중심부 카부르 광장(Piazza Cavour)에서 플리니오 거리(Via Plinio)를 따라 조금 가면 14세기에 건축된 아름다운 두오모가 있다. 고딕과 로마네스크, 바로크, 르네상스 양식이 혼합된 건물이다.

그 옆에 흰색과 분홍색, 회색 줄무늬가 있는 13세기의 시청 브롤레토(Broletto)와 시계탑이 있다. 두오모 뒤편에는 네모 반듯한 건물이 있다. 이것은 모더니즘 건축가 주세페 테라니(Giuseppe Terragni)의 작품인 코모 파시스트의 집(Casa del Fascio)으로 무솔리니 시절 파시스트 지구당 사무실로 사용되었다.

**위치** 코모 역에서 도보 10~15분

두오모

'알프스의 테라스'라는 별명을 가진 브루나테 산 정상에서 내려다본 코모 호수와 알프스의 산이 어우러지는 풍경은 꽤 볼만하다.

푸니콜라레(Funicolare) 역 주변으로 작은 마을과 카페, 레스토랑들이 있으니 산책하듯 둘러봐도 좋다. 정상에서 시내까지는 도보로 약 한 시간 정도 소요된다.

**위치** 가스페리 광장 근처에서 출발하는 푸니콜라레 타고 5분

> **TIP**
> **푸니콜라레**
> **오픈** 06:00~22:30(여름철 ~24:00), 15~30분 간격 운행(겨울철에는 운행 단축 또는 중단하는 경우가 있으니 미리 확인 요망) **요금** 편도 €3, 왕복 €5.5 **전화** 031-303-608 **홈피** www.funicolarecomo.it

## 호수 산책가
### Lungo Lario Trieste

[룽고 라리오 뜨리에스떼]   MAP p.413

코모 시내와 호수를 따라 조성되어 있는 분위기 좋은 산책길로 카부르 광장을 중심으로 오른쪽으로는 유람선 승선장, 푸니콜라레 방면이며 왼쪽으로 볼티아노 신전(Tempio Voltiano)과 16세기에 지은 건물인 빌라 올모(Villa Olmo)가 있다.
특별한 목적지를 정하지 않고 산책만 해도 기분 좋은 길이다.

위치 카부르 광장 주변 호숫가
주소 Lungo Lario Trieste

## 코모 호수 유람
### Lago di Como

[라고 디 꼬모]   MAP p.413

코모 선착장에서 유람선을 타고 어디든 내키는 대로 내려 아기자기한 시골 마을을 둘러보는 것도 특별한 여행이 될 수 있다.
하루 30편 이상 운행되는 유람선은 마을마다 운항 일정이 다르니 가고 싶은 곳을 정해 알아보고 탑승하면 된다.
여러 마을 중에서도 특히 인기가 높은 곳은 벨라지오(Bellagio)와 네소(Nesso), 바렌나(Varenna) 등이다.

요금 1일권 €15(승하선 무제한)
홈피 www.navigazionelaghi.it

## 벨라지오
## Bellagio

[벨라조]   MAP p.420

코모 호수에 있는 마을 중에서 가장 아름다운 곳으로 꼽히며 '호수의 진주'라 불리는 곳이다. 코모에서 유람선을 타도 시간이 오래 걸리기 때문에 아직 한국 여행자들의 발길이 많이 닿지는 않는 곳이다. 다른 마을에 비해 호텔이나 레스토랑이 많이 있어 꽤 번화한 분위기로, 여유만 된다면 며칠이라도 머물고 싶은 곳이다.

**위치** 코모에서 쾌속선 Aliscafo/Servizio Rapido(€16.2)로 1시간, 일반 유람선 Battello(€11.6)으로 2시간 30분 또는 바렌나에서 유람선(€4.6)으로 15분
**홈피** www.bellagio-lakecomo.com

> **TIP**
> 벨라지오와 코모 호수의 마을을 더 여유롭게 보고 싶다면 밀라노에서 바렌나로 기차를 타고 가서 그 주변을 운항하는 유람선을 타는 것이 시간을 절약하는 방법이다.

## 바렌나
## Varenna

[바렌나]   MAP p.420

벨라지오와 가까운 인기 여행지로 이곳 역시 아름답기로 소문나 있다. 작은 선착장에 내리면 좁은 길과 산책로를 따라 아름다운 꽃과 집이 늘어서 있어 산책이 무척 즐겁게 느껴진다. 베치오 성(Castello di Vezio)이나 정원이 아름다운 빌라 치프레시(Villa Cipressi) 등이 주요 볼거리지만 굳이 다 챙겨볼 필요는 없다. 그저 마음 내키는 대로 걷다가 다리가 아프면 호숫가 카페에서 카푸치노를 마시며 쉬는 것도 좋다. 단, 11월에서 3월에는 찾는 사람이 거의 없고 호텔도 문을 닫아 썰렁한 분위기다.

**위치** 밀라노 중앙역에서 기차(€6.7)로 1시간 내외 소요 또는 코모에서 유람선으로 2시간
**홈피** varennaturismo.com

> **TIP**
> 밀라노와 기차로 연결되는 마을이니 밀라노로 돌아올 때 굳이 다시 코모로 가지 않아도 된다. 기차역에 티켓 창구나 자동판매기가 없으므로, 기차표는 코모나 밀라노 역 등에서 미리 사두면 훨씬 편리하다. 또는 바렌나의 The Barilott Bar/Tabacchi 또는 I Viaggi del Tivano Travel Agency(**주소** Via per Esino 3) 등에서 구입할 수 있다.

**Travel Plus**

# Lago Maggiore
## 마조레 호수

스위스와 가까이 있으며 이탈리아 북부에서 가장 유명한 호수 중 하나인 마조레 호수는 밀라노의 귀족인 보르메오 가문이 소유했던 세 개의 섬을 포함하고 있는 아름다운 휴양지다. 예로부터 유럽 왕족과 귀족들의 여름 휴양지로 사랑받았으며 호수 주변으로 펼쳐져 있는 알프스 산맥의 풍경은 그 아름다움을 더욱 빛내주고 있다.
하루 정도 시간을 내서 호수 섬들을 연결하는 유람선을 타고 여유로움을 즐기기에는 최고의 여행지라 할 수 있다.

# 마조레 호수 가는 방법
## Per Lago Maggiore

이곳에서 시간을 들여 머물 생각이 없다면 밀라노에서 당일로 다녀오면 된다. 기차를 이용해 마조레 호수의 중심인 스트레사(Stresa)로 이동한 뒤 유람선을 타고 호수의 섬들을 둘러보면 된다. 스트레사로 가는 기차에서 진행 방향 오른쪽에 앉으면 호수를 끼고 달리는 구간에서 아름다운 경치를 즐길 수 있다. 각 섬에서는 도보로 여행하면 된다.

**밀라노 → 스트레사** 기차 1시간 내외, €8.6~10

### >> 기차로 가기 In Treno

밀라노 중앙역(Milrano Centrale)이나 가리발디 역(Stazione P.Galibaldi, 메트로 2호선 Garibaldi F.S 하차)에서 스트레사(Stresa)행 열차를 타면 된다. EC 열차를 타고 약 56분 정도, 완행열차(€8.6~)를 타면 1시간 30분 정도 소요된다.

기차역에 내려 역을 뒤에 두고 프린치페 디 피에몬테 거리(Via Principe di Piemonte) 오른쪽으로 2분 정도 가다 보면 왼쪽에 두케사 디 제노바 거리(Via Duchessa di Genova)가 있다. 이 거리를 따라 호수 쪽으로 가면 호반을 따라 뻗어있는 움베르토 1세 대로(Corso Umbero I)가 나온다. 그곳을 따라 유람선 선착장으로 가자. 역에서 선착장까지 총 소요시간은 15분 정도다.

### 마조레 호수 여행 정보

**여행안내소** ❶
**위치** 스트레사 중심부 마르코니 광장의 선착장 옆에 위치 **주소** Piazza Marconi 16 **오픈** 3월 중순~10월 중순 10:00~12:30, 15:00~18:30 **휴무** 10월 말~3월 초, 일요일, 공휴일 **전화** 0323-313-08

**여행 관련 홈페이지**
www.stresaturismo.it

**무료 지도**
기차에서 내려 플랫폼 오른쪽에 있는 신문가판대에서 스트레사 무료 지도를 나눠주고 있으니 받아두면 편리하다. 여행안내소에서는 무료 지도와 함께 유람선 운행 시간표도 확인할 수 있다.

**스트레사의 숙소**
호수 옆과 섬에 있는 호텔들은 모두 럭셔리 리조트들이 대부분이고 저렴한 숙소들은 대부분 역 주변에 있다. 저렴한 호텔로는 '호텔 엘레나' 등이 있다.
● **호텔 엘레나** Hotel Elena
**주소** Piazza Cadorna 15 **요금** 더블 €90~
**홈피** www.hotelelena.com

**주의사항**
섬에 있는 궁전과 정원들은 대부분 3월 중순~10월 말까지만 개방하고 겨울철에는 열지 않으니 되도록 봄에서 가을 사이에 방문하는 것이 좋다.

# 마조레 호수 이렇게 여행하자

## Il Turismo

스트레사의 중심부에 있는 마르코니 광장(Piazza Marconi)의 선착장에서 세 개의 섬을 모두 돌아볼 수 있는 유람선이 출발하니 이것을 타고 여행하면 된다. 각기 다른 특징이 있는 세 개의 섬을 모두 보고 싶다면 하루 정도면 충분하며 여유를 가지고 천천히 둘러보는 것이 좋다. 섬을 다 둘러보고 싶다면 주유권을, 한 섬만 본다면 보다 저렴한 왕복권을 구입하면 된다. 유람선 매표소 주변에서 사설 유람선 호객행위를 하는 경우도 있다. 가격은 비슷하고 마드레 섬에는 가지 않으며, 한 시간에 한 대만 운행하는 경우가 대부분이니 주의하자.

<u>요금</u> 1일 주유권 €13.8~21.5
스트레사 → 벨라 섬 €6.8 (약 5분 소요)
스트레사 → 마드레 섬 €10 (약 30분 소요)
스트레사 → 페스카토리 섬 €7.8 (약 10분 소요)
<u>홈피</u> www.navigazionelaghi.it

**추천 코스**

스트레사 →(유람선)→ 마드레 섬 →(유람선)→ 페스카토리 섬 →(유람선)↓
스트레사 ←(유람선)← 벨라 섬

 **그랜드 호텔 205호**

헤밍웨이가 묵으면서 〈무기여 잘 있거라〉를 집필했던 스트레사의 최고급 호텔은 호숫가에 있는 '그랜드 호텔 데 질 보로메스'로 1861년에 개업하였으며 궁전처럼 화려하고 고급스러운 호텔이다. 1948년 이곳을 방문한 헤밍웨이는 205호에 머물면서 소설을 집필했다. 지금도 그 방은 〈헤밍웨이 스위트 Hemingway Suite〉라 불리고 있다. 또한 영국의 수상 윈스턴 처칠이 이 호텔에서 신혼여행을 즐기기도 하였다.

**그랜드 호텔 데 질 보로메스**
Grand Hotel des Iles Borromées
<u>주소</u> Corso Umbero I 67 <u>요금</u> 더블 €270~ <u>전화</u> 0323-938-938 <u>홈피</u> www.borromees.com

## 스트레사
## Stresa

[스트레싸]  MAP p.420

마조레 호수의 중심 마을로 최고급 리조트로 조성되어 있다. 호수에 면해 있는 좁고 긴 모양의 마을인데 호반을 따라서 품격 있는 리조트 호텔들이 늘어서 있다.
1년 내내 기후가 온화하고 동백과 진달래, 버베나를 비롯해 봄과 여름에는 꽃이 만발하게 피는 곳이다. 언제 가도 풍요롭고 여유로운 분위기가 넘치는 전형적인 리조트 타운이니 산책하듯 둘러보자.

위치 스트레사 역 하차

## 마드레 섬
## Isola Madre

[이쏠라 마드레]  MAP p.420

16세기에 건축된 보르메오 가문의 첫 번째 궁전과 정원이 있는 곳으로 '어머니 섬'이라는 의미다. 16세기에서 18세기에 걸쳐 건축된 마드레 궁전(Palazzo Madre)은 이탈리아에서 제일 크다는 야자수와 흰 공작과 꿩들이 한가롭게 노니는 정원이 있어 인상적이다. 동백꽃과 히비스커스 꽃이 만발하는 시기에 방문하면 더욱 좋다.

위치 스트레사에서 유람선으로 30분

 **TIP**
**마드레 궁전**

오픈 3월 중순~10월 말 09:00~17:30 휴무 10월 말~3월 중순 요금 €12, 보르메오 궁전과 통합권 €20.5 홈피 www.isole-borromee.it

## 페스카토리 섬
## Isola Superiore dei Pescatori

[이쏠라 수페리오레 데이 페스카토리]  MAP p.420

'어부들의 섬'이라는 뜻으로 큰 볼거리는 없지만, 어부의 집이 늘어서 있는 것을 볼 수 있다.
벨라 섬과는 다른 나름의 정취를 가지고 있는데 여행자들은 호숫가에 모여 있는 해산물 레스토랑에서 점심(호수에서 잡은 생선 구이류 €15~)을 먹기 위해 방문하는 경우가 많다. 하지만 대부분 레스토랑과 호텔은 여름에만 운영한다.

위치 벨라 섬에서 유람선으로 5분

# 벨라 섬
## Isola Bella

[이쏠라 벨라]

MAP p.420

말 그대로 '아름다운 섬'으로, 섬 이름은 카를로 3세의 아내 이름인 이사벨라에서 가져왔다. 17세기에 조성된 화려한 이탈리아 바로크 양식의 정원이 있는 보르메오 궁전(Palazzo e Giardino Bormeo)이 있다.
우아한 공작새가 거닐고 있는 정원에서 잘 관리된 진귀한 나무와 식물을 볼 수 있다. 장식들도 독특해 몽환적인 분위기마저 든다. 갤러리에는 보르메오 가문이 수집한 루벤스와 티치아노, 베로네제, 만테냐의 작품을 감상할 수 있다. 또 보트를 타고 호수에서 바라보는 석양의 정원이 아름답기로도 유명하다.
이곳을 방문했던 유명인들의 리스트도 화려하다. 1797년에는 나폴레옹과 조세핀이, 1985년에는 영국의 찰스 왕세자와 다이애나 왕세자비가 방문하기도 하였다. 지금도 건재한 보르메오 가문 사람들은 평소에는 밀라노에 머물다가 여름 몇 주간은 궁전에서 휴가를 보내곤 한다. 그 기간에는 정원에 청색과 적색이 어우러져 있는 가문의 깃발이 내걸린다.

위치 스트레사 선착장에서 유람선을 타고 5분

**TIP**
**보르메오 궁전**
오픈 3월 중순~10월 말 09:00~17:30 휴무 10월 말~3월 중순 요금 어른 €16, 마드레 궁전 통합권 €21 전화 0323-305-56 홈피 www.isoleborromee.it

**Travel Plus**

# Bergamo
## 베르가모

넓고 비옥한 롬바르디아 평원 가운데 우뚝 솟아있는 구릉 위에 있는 베르가모는 풍요롭고 아름다운 작은 마을이다. 5킬로미터에 달하는 베네치아 시대의 성벽에 둘러싸여 있는 구시가인 치타 알타(Città Alta)에서 내려다보면 평원 위의 이곳이 더욱 장엄하게 느껴진다.
밀라노와 가까워 당일치기 여행으로 좋은 이곳은 중세 이래 밀라노와 베네치아의 지배를 받으며 화려한 건축물이 만들어졌고, 마치 시간이 멈춘 듯한 신비로운 풍경을 간직하고 있다.
또, 이 도시는 17세기 유럽 전체에서 큰 인기를 누렸던 가면극 코메디아 델라르테(Commedia dell'Arte)의 발상지이기도 하다.

# 베르가모 가는 방법
## Per Bergamo

밀라노에서 머물면서 당일 또는 반나절 일정으로 여행하는 것이 일반적이다. 서둘러 다녀오면 반나절 안에 다녀 올 수 있지만 여유롭게 일정을 잡고 중세의 작은 마을에서 천천히 시간 여행을 즐겨보는 것도 좋다.

**밀라노 → 베르가모**   기차 45분~1시간, €5.5~

### >> 기차로 가기 In Treno

밀라노 중앙역(Milano Centrale)에서 기차를 이용하면 된다. 특급열차 IC로는 45분 정도 소요되지만 대부분의 기차는 R이나 D와 같은 완행열차(€5.25~)로 소요시간은 약 1시간이다.

작고 아담한 베르가모 역을 나오면 번화하고 깨끗한 신시가지 치타 바사(Città Bassa)로 연결된다. 특별히 볼 일이 없다면 바로 버스를 타고 구시가 치타 알타(Città Alta)로 가면 된다.

### 베르가모 여행 정보

**여행안내소** ⓘ
● 구시가
위치 베키아 광장에서 도보 1분  주소 Via Gombito 13
오픈 09:00~17:30  전화 035-242-226

**여행 관련 홈페이지**
www.visitbergamo.net

**베르가모의 먹거리**
관광지인 구시가 치타 알타보다는 신시가인 치타 바사 지역 레스토랑이 더 저렴하다. 알타 지역의 레스토랑은 맛은 괜찮지만, 가격이 비싼 편이다. 베키아 광장 근처인 콜레오니 거리와 곰비토 거리에도 간단하게 요기를 때울 수 있는 피제리아와 베이커리 등이 있다.

**베르가모의 숙소**
호텔은 주로 신시가인 바사 지역에 모여 있고, 가격대가 높은 편이다. 가장 저렴하게 묵을 수 있는 곳은 역에서 북쪽으로 4킬로미터 정도 떨어져 있는 유스호스텔이다.(이 지역의 여행세는 숙박비의 5퍼센트다.)

# 베르가모 이렇게 여행하자
## Il Turismo

역에서 나와 바로 앞에 있는 버스 정류장에서 1번 버스를 타고 구시가로 들어가는 푸니콜라레역으로 가면 된다. 버스 티켓(편도 €1.25, 푸니콜라레 요금 포함)은 역 앞에 있는 자동판매기나 역 안 잡지 판매대에서 살 수 있다. 자동판매기를 이용할 경우에는 먼저 존(Zone)을 지정한 다음 돈을 넣어야 한다.

푸니콜라레를 타고 치타 알타로 올라가서 여행을 시작하자. 푸니콜라레는 치타 알타의 입구인 메르카토 델레 스카르페 광장(Piazza Mercato delle Scarpe)에 도착한다. 여기에서 곰비토 거리(Via Gombito)를 따라 올라가면 중세 시대의 돌바닥이 그대로 보존된 베키아 광장(Piazza Vecchia)이 나오며, 이곳을 중심으로 베르가모의 주요 볼거리가 모여 있다. 치타 알타는 성벽으로 둘러싸인 전형적인 중세 도시로 천천히 걸어도 20분이면 모두 돌아볼 수 있을 정도의 작고 정감 넘치는 도시라 도보 여행으로 충분하다.

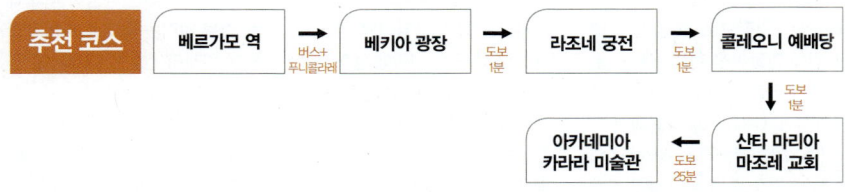

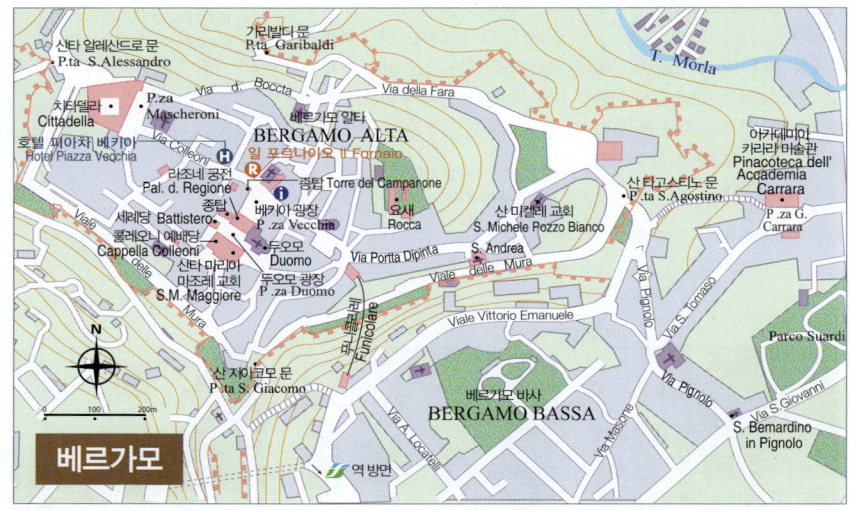

## 베키아 광장
## Piazza Vecchia

[삐아짜 베끼아]   MAP p.425

베르가모 구시가인 치타 알타에 있는 광장으로, 중앙에는 18세기에 만들어진 흰색의 사자 분수대가 있고 주변으로 라조네 궁(Palazzo della Ragione)과 두오모(Duomo), 누오보 궁(Palazzo Nouvo) 등 중세 시대 분위기가 풍기는 인상적인 건물들을 찾아볼 수 있다.
세계적 건축가인 르 코르뷔지에(Le Corbusier)는 보석 같은 건물들이 둘러싸고 있는 이곳을 '유럽에서 가장 아름다운 광장'이라고 칭하기도 하였다.

<u>위치</u> 푸니콜라레 역에서 도보 5분

## 라조네 궁전
## Palazzo della Ragione

[빨라쪼 델라 라조네]   MAP p.425

12세기 베네치아 시대의 건물로 당시에는 회의가 열리던 장소였다. 라조네 궁의 마당에 들어서면 중세 시대 분위기가 생생하게 느껴지니 계단을 따라가며 천천히 감상해보자.
광장 벽에는 브라만테의 프레스코화가 그려져 있다. 오래되어서 알아보기 쉽지 않지만, 당시 풍경을 상상하기에는 충분하다. 현재는 전시회 등의 행사가 열리는 장소로 사용되고 있다.

<u>위치</u> 베키아 광장 남쪽 면
<u>주소</u> Pia-zza Vecchia

## 종탑
## Campanone Torre Civica

[깜빠노네 또레 치비까]   MAP p.425

오후 10시가 되면 광장이 폐쇄되는 것을 알리는 용도로 사용되었으며 원래의 건물은 12세기에 건축된 것이다.
14세기에는 일부가 감옥으로 사용되기도 했다. 이후 계속 보수 공사를 거쳐 현재의 모습이 되었다.

<u>위치</u> 베키아 광장 서쪽 면
<u>주소</u> Piazza Vecchia 8A
<u>오픈</u> 4월~10월 화~금요일 10:00~18:00, 토·일요일 10:00~20:00 / 11월~3월 화~금요일 10:00~13:00 14:30~18:00, 토·일요일 10:00~18:00
<u>휴무</u> 월요일
<u>요금</u> €3

## 콜레오니 예배당
### Cappella Colleoni

[까펠라 꼴레오니]  MAP p.425

라조네 궁전 뒤쪽에 자리한 콜레오니 예배당은 베르가모의 대표적인 건축물로 건축가 조반니 아마데오(Giovanni Amadeo)가 1470년대에 완성했다. 흰색과 분홍색의 대리석이 어우러져 있는 섬세하고 우아한 파사드 장식이 감탄을 자아내는 롬바르디아 로마네스크 양식의 걸작품이다.

예배당의 이름은 15세기 베르가모의 영주이자 정치 지도자였던 바르톨로메오 콜레오니(Bartolomeo Colleoni)의 이름에서 따온 것으로, 그의 묘지이기도 하다. 안으로 들어가면 티에폴로(G. Tiepolo)의 프레스코화를 감상할 수 있다.

<u>위치</u> 베키아 광장에서 도보 1분 <u>주소</u> Piazza del Duomo <u>오픈</u> 3월~10월 09:00~12:30, 14:00~18:30 / 11월~2월 화~일요일 09:00~12:30, 14:00~16:30 <u>휴무</u> 11월~2월 월요일

## 산타 마리아 마조레 교회
### Basilica di Santa Maria Maggiore

[바실리까 디 싼타 마리아 마죠레]  MAP p.425

콜레오니 예배당과 한 건물처럼 보이지만, 예배당을 마주하고 왼쪽에 있는 또 하나의 입구가 산타 마리아 마조레 교회이다. 12세기에 지어진 곳으로, 롬바르디아 로마네스크 양식으로 지어졌다. 이후 오랜 세월에 걸쳐 공사를 거듭하면서 내부는 바로크 양식이 가미되는 등 이국적이면서도 특이한 형태를 갖게 되었다.

꼭 챙겨보아야 할 것으로는 16세기에서 17세기 피렌체 양식의 태피스트리(Tapestry)와 입구 콜레오니 예배당 왼쪽에 위치한 팔각형 형태의 아담한 세례당(Battistero)이 있다. 지붕인 쿠폴라의 프레스코화는 17세기에 카바냐가 그린 것이다.

<u>위치</u> 콜레오니 예배당과 연결되어 있다. <u>주소</u> Piazza del Duomo <u>오픈</u> 4월~10월 09:00~12:30, 14:30~18:00 (겨울철에는 단축) <u>전화</u> 035-223-327

## 아카데미아 카라라 미술관
### Accademia Carrara Museo

[아카데미아 까라라 무세오]  MAP p.425

구시가에서 조금 떨어져 있지만 한 번쯤 들러볼 만한 가치를 지닌 작품들을 전시하고 있다. 주로 이 지역에서 활동했던 작가들과 베네치아 출신 작가들의 작품이 있다. 벨리니의 〈성모자〉, 피사넬로의 〈지네블라 데스테의 초상〉 등이 있고 그 외에도 보티첼리와 만테냐, 티치안, 티에폴로, 카날레토 등의 작품도 전시되어 있다. 브뤼겔이나 뒤러 등 외국의 유명 작가들의 작품도 있다.

<u>위치</u> 베키오 광장과 연결된 Via Gombito를 따라 내려가다가 두 갈래 길에서 왼쪽에 있는 Via Porta Dipinta를 따라 동쪽으로 걷는다. 도로가 나오면 오른쪽으로 꺾어 산타고스티노의 문을 지나 바로 왼쪽에 있는 좁은 샛길을 따라 내려가면 된다. 베키아 광장에서 도보 25분 이상 소요. <u>주소</u> Piazza Giacomo Carrara 82 <u>오픈</u> 6월~11월 수~월요일 10:00~19:00, 12월~5월 수~월요일 09:30~18:30 <u>휴무</u> 화요일 <u>요금</u> €12 <u>전화</u> 035-234-396 <u>홈피</u> www.lacarrara.it

## 일 포르나이오
### Il Fornaio

MAP p.425

베키아 광장 근처에 있는 피제리아 겸 제과점으로, 피자를 고객이 원하는 만큼 잘라 무게를 달아 판매한다.
커피도 생각보다 맛이 좋으니, 피자와 커피를 테이크아웃 해 광장을 바라보며 먹는 것도 좋다.

**위치** 베키아 광장 바로 옆 골목
**주소** Via Bartolomeo Colleoni 1
**오픈** 08:00~19:30
**요금** 조각피자 €2~
**전화** 035-249-376

## 호텔 피아차 베키아
### Hotel Piazza Vecchia

MAP p.425

베키아 광장에서 매우 가까운 호텔로 13세기의 건물을 수리하여 사용하고 있는 곳이다.
13개의 방이 조금씩 인테리어가 다르며 발코니가 있는 방도 있다.

**위치** 베키아 광장 바로 옆 골목
**주소** Via Bartolomeo Colleoni 3
**요금** 싱글 €120~, 더블 €150~
**전화** 035-253-179
**홈피** www.hotelpiazza-vecchia.it

## 누오보 오스텔로 디 베르가모
### Nuovo Ostello di Bergamo

지도 외

베르가모의 구시가를 바라보는 훌륭한 전망을 자랑하는 유스호스텔. 시설도 좋아 언제나 인기가 높다. 이곳에 머물려면 유스호스텔 회원증이 꼭 있어야 한다.

**위치** 베르가모 역 근처의 Largo Porta Nuovo에서 버스 6번을 타고 Leonardo da Vinci 정류장에서 하차, 구시가에서 가려면 3번 버스를 탄다.
**주소** Via Galileo Ferraris 1
**요금** 도미토리 €18~, 싱글 €35~, 더블 €50~
**전화** 035-235-622
**홈피** www.ostel-lodibergamo.it

**Travel Plus**

# Cremona
## 크레모나

인구 7만 명이 조금 넘는 작은 도시 크레모나는 밀라노에서 남동쪽으로 90킬로미터 떨어져 있다. 하지만 이 작은 마을에서 지금까지도 세계적인 바이올린 명기(名器)로 손꼽히는 스트라디바리우스와 과르니에리가 탄생하였으며, 현재도 100여 개의 공방이 운영 중이다.
고즈넉한 옛 분위기를 그대로 간직하고 있는 크레모나로 떠나는 여행은 음악과 함께하는 중세로의 여정이다.

# 크레모나 가는 방법
## Per Cremona

밀라노 ➡ 크레모나   기차 1시간 5분, €7.8~

### >> 기차로 가기 In Treno

밀라노에서 당일이나 반나절 일정으로 다녀오는 것이 편리하다. 밀라노 중앙역에서 크레모나 또는 만토바 행 완행열차(€7.3~) 등을 이용하며 소요시간은 약 한 시간이다. 시내에서 약간 떨어진 거리에 있는 크레모나 역에서 도심의 코무네 광장(Piazza del Comune)까지는 걸어서 15~20분 정도 걸린다. 작은 도시라 걸어서 여행해도 충분하다.

### 크레모나 여행 정보

**여행안내소**
**위치** 코무네 광장 **주소** Piazza del Comune 5 **오픈** 09:30~13:00, 14:00~17:00 **휴무** 7월·8월 일요일 오후 **전화** 0372-406-391

**여행 관련 홈페이지**
www.turismocremona.it

### 크레모나의 먹거리

과일을 시럽에 담근 모스타르다(Mostrada di Cremona)와 꿀과 아몬드, 달걀 등을 넣어서 만든 과자 토로네(Torrone)가 크레모나의 특산품이다. 도시 곳곳의 제과점에서 판매하지만, 특히 솔페리노 거리(Via Solferino)에 있는 제과점 스페르라리(Sperlari)와 란프란키(Lanfranchi)의 토르네가 유명하다.

###  바이올린 제작의 명가(名家)

크레모나에서 바이올린 종류인 류트 제작으로 자웅을 겨루던 세 가문은 바로 스트라디바리(Stradivari), 아마티(Amati), 과르니에리(Guarneri) 가문이다. 우리에게 잘 알려진 스트라디바리우스는 안토니오 스트라디바리(Antonio Stradivari, 1644~1737)가 제작한 것이다.
그는 니콜로 아마티의 제자이기도 했으며, 현재 표준형 바이올린의 창시자이기도 하다. 생전에 1,100여 개의 바이올린을 비롯한 기타, 하프 등의 악기를 만들었다고 전해진다. 현재는 그 중 약 600여 개가 남아 있다고 한다.

# 크레모나 이렇게 여행하자

## Il Turismo

역에서 나와 바로 앞쪽에 있는 팔레스트로 거리(Via Palestro)와 갈레리아 아케이드를 따라 걷다 보면 중심광장인 코무네 광장으로 갈 수 있다. 코무네 광장은 이 이탈리아에서도 아름답다고 인정 받는 곳으로, 중세의 분위기를 그대로 간직하고 있는 장소다.
광장을 둘러싸고 두오모와 코무날레 궁 등의 유서 깊은 건물들이 있으니 천천히 감상하며 둘러보자. 중세의 분위기를 흠뻑 느낀 후 스트라디바리 박물관에 들러 명작의 향기에 취해보자.

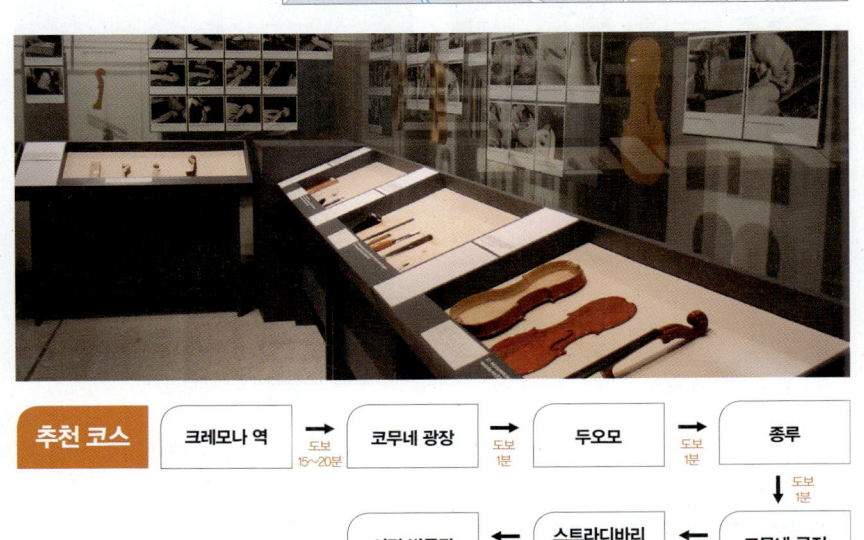

추천 코스: 크레모나 역 → (도보 15~20분) 코무네 광장 → (도보 5분) 두오모 → (도보 1분) 종루 → (도보 1분) 코무네 궁전 → (도보 10분) 스트라디바리 박물관 → (도보 5분) 시립 박물관

## 코무네 광장
### Piazza del Comune

[삐아짜 델 꼬무네]     MAP p.431

## 두오모
### Duomo(Cattedrale di Cremona)

[두오모]     MAP p.431

크레모나의 시내 중심인 코무네 광장에 자리한 두오모는 1107년에 공사를 시작해서 1332년에 완공되었다. 로마네스크 롬바르디아 양식의 대표작으로, 13세기의 아름다운 장미창과 흰 대리석으로 만들어진 화려하고 섬세한 파사드가 큰 볼거리다. 물론 안으로 들어가도 장엄하면서도 화려하고 우아한 모습에 연신 감탄하게 된다.

<u>위치</u> 크레모나 역에서 도보 15~20분. 코무네 광장에 위치
<u>주소</u> Piazza del Comune
<u>오픈</u> 08:00~12:00, 15:30~19:00
<u>전화</u> 0372-406-391
<u>홈피</u> www.cattedrale-dicremona.it

이탈리아 광장 중에서도 중세 광장의 형태가 가장 잘 보존된 아름다운 곳으로, 주변을 둘러싼 건물들도 하나같이 유서 깊은 것들이다.
13세기 이후 크레모나 청사와 두오모 등도 이곳에 있어 이후 크레모나 정치와 종교의 중심지가 되었고, 지금까지 도시의 중심으로 그 역할을 담당하고 있다.

<u>위치</u> 크레모나 역에서 도보 15~20분

## 종루
### Torrazzo

[또라쪼]    MAP p.431

두오모의 종루로 높이 111미터이며 이탈리아에서 가장 높은 종탑 중 하나이다. 종탑에 있는 시계는 1583년에 만든 것으로 그 넓이만 8미터에 이른다.
비록 502개의 계단을 올라가며 계속 숨을 몰아쉬어야 하는 어려운 여정이지만, 꼭대기에 올라 아름다운 크레모나를 내려다보는 것도 좋은 추억거리가 될 것이다.

<u>위치</u> 코무네 광장 두오모 옆
<u>주소</u> Piazza del Comune
<u>오픈</u> 10:00~12:30, 14:30~17:40
<u>휴무</u> 12월 25일, 부활절, 성모 대축일
<u>요금</u> €5

## 바이올리노 박물관
### Museo del Violino

[무제오 델 비올리노]    MAP p.431

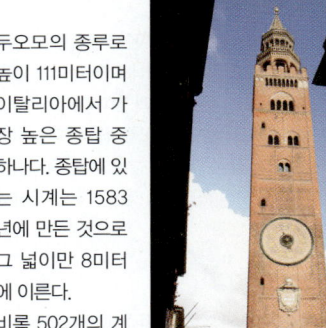

스트라디바리우스와 아마티, 과르니에리 등 최고의 명품 악기들을 만날 수 있는 곳으로 크레모나의 최고 명소 중 하나다. 악기에서 뿜어 나오는 신비롭기까지 한 느낌은 잊을 수 없는 감동을 선사한다. 후기 르네상스 시대부터 현대에 이르기까지 바이올린이 변화하는 과정을 포함해 다양한 전시물과 멀티미디어 시설을 체험하며 흥미롭게 둘러보자.

<u>위치</u> 두오모나 종루에서 도보 6분
<u>주소</u> Piazza Guglielmo Marconi
<u>오픈</u> 화~일요일 10:00~18:00
<u>휴무</u> 월요일
<u>요금</u> 일반 €10, 학생 €7
<u>전화</u> 0372-801-801
<u>홈피</u> www.museodelviolino.org

## 시립 박물관
## Museo Civico

[무제오 치비코]  MAP p.431

코무네 광장에서 약 500미터 떨어진 곳에 있는 시립 박물관은 본래는 16세기 귀족의 저택이었다. 우아한 형태의 건물 안에는 고대에서 현대까지의 크레모나에서 활동했던 작가들의 작품들이 전시되어 있다. 1층에는 고고학 관련 유물이, 2층에는 두오모의 보석이 전시되어 있다.

위치 코무네 광장에서 도보 10분 주소 Via Dati Ugolani 4
오픈 화~일요일 10:00~17:00 휴무 월요일, 1월 1일, 5월 1일, 12월 25일 요금 €10 전화 0372-407-770 홈피 musei.comune.cremona.it

## 산 로렌조 고고학 박물관
## Museo Archeologico San Lorenzo

[무제오 아르케오로지코 싼 로렌조]  MAP p.431

산 로렌조 성당과 15세기에 건축된 예배당을 고고학 박물관으로 개조한 곳으로, 로마네스크 양식의 건축물 안에 초기 기독교 관련 유물과 양피지, 로마시대 모자이크 등이 전시되어 있다. 아름다운 로마시대의 벽화들과 분수대의 장식, 이집트 블루 타일, 다채로운 색의 유리 등은 당시의 화려하고 풍요로웠던 모습을 떠올리게 한다.

위치 종루에서 도보 5분
주소 Via S. Lorenzo 4
오픈 화~금요일 09:00~13:00, 토 일요일 10:00~17:00
휴무 월요일
요금 €3 (매월 첫째 일요일 무료)
전화 0372-407-269
홈피 musei.comune.cremona.it/PostCE-display-ceid-9.phtml

**Travel Plus**

# Mantova
## 만토바

중세의 품격 있는 건축물들이 남아있는 만토바는 민치오 강의 범람으로 만들어진 호수들로 둘러 싸여 있으며, 예부터 문화와 예술에 대한 열정이 넘치던 곳이다.
위대한 예술가 만테냐(Andrea Mantegna, 1431?~1506)의 고향이며 〈로미오와 줄리엣〉에서 로미오가 베로나에서 추방되자 피신한 곳이다. 오페라 〈리골레토〉의 무대이기도 한 이곳은 예술의 향기를 듬뿍 만끽할 수 있는 여행지이다.

# 만토바 가는 방법
## Per Mantobva

| 밀라노 → 만토바 | 기차 1시간 50분, €11.6~ | 크레모나 → 만토바 | 기차 40분~1시간 20분 €6.1~ |
|---|---|---|---|
| 베로나 → 만토바 | 기차 46분~, €4.1~ | | |

### >> 기차로 가기 In Treno

밀라노에서 머물며 근교 여행으로 다녀오면 좋다. 밀라노 중앙역에서 만토바 행 열차 등을 이용해 가면 된다. 크레모나와도 기차로 연결되니 두 도시를 하루에 묶어 여행해도 좋다. 또한 〈로미오와 줄리엣〉의 배경인 베로나와도 가깝다.

시내에서 약간 거리가 있는 만토바 역에서 중심지까지는 도보 20분 정도 소요된다. 도시 내 여행지는 걸어서 여행해도 충분하지만 외곽에 있는 사비오네타(Sabbioneta)에 가려면 버스를 이용해야 한다.

### 만토바 여행 정보

**여행안내소** ⓘ
**위치** 산탄드레아 교회에서 도보 1분 **주소** Piazza Mantegna 6 **오픈** 일~목요일 09:00~13:30, 14:30~18:00, 금·토요일 10:00~18:00 **전화** 0376-432-432

**여행 관련 홈페이지**
www.turismo.mantova.it

**만토바의 먹거리**

호박이 곁들여진 파스타 요리인 토르텔리 디 주카(Tortelli di Zucca)가 유명하고 프로슈토를 비롯한 돼지고기가 다양한 요리에 사용된다.

만토바나(Mantovana) 혹은 모스타르다 디 멜레(Mostarda di Mele)라고 불리는 달콤한 과일 절임은 사과나 배를 넣어 만들며 각종 만토바 요리에 많이 곁들여진다.

만토바에서 많이 볼 수 있는 바삭하고 달콤한 소보루 식감의 커다란 쿠키 모양 디저트는 바로 토르타 스브리졸로나(Torta Sbrisolona)이다.

 **만토바를 부흥시킨 여인 이사벨라 데스테**

만토바의 지배자였던 곤차가(Gonzaga) 가문의 프란체스코 2세와 결혼한 이사벨라 데 스테(Isabella d'Este, 1474~1539)는 페라라 출신의 여인이다. 그녀는 이곳에 시집 온 후 예술 진흥 정책을 시행하면서 예술가들을 적극 후원하여 만토바를 예술의 도시로 재탄생시켰다.

그녀는 르네상스 시대 최고의 교양 여성으로 꼽히며 레오나르도 다빈치, 티치아노, 라파엘로 등이 그녀의 초상화를 그리기도 하였다.

# 만토바 이렇게 여행하자

## Il Turismo

만토바 역에서 나와 비토리오 에마누엘레 2세 대로(Corso Vittorio Emanuelle II)를 따라 걸어 도심인 에르베 광장(Piazza delle Erbe)으로 가서 여행을 시작하자. 이곳에서 산 로렌초 성당을 둘러본 후 근처에 있는 소르델로 광장(Piazza Sordello)으로 가서 두칼레 궁전을 관람하면 된다. 시간이 허락된다면 남쪽으로 1.5킬로미터 정도 떨어져 있는 테 별궁(Palazzo Te)이나 외곽 마을인 사비오네타(Sabbioneta)에 들러보자.

**추천 코스**: 만토바 역 → (도보 20분) 에르베 광장 → (도보 5분) 두칼레 궁전 → (도보 25분) 테 별궁

## 에르베 광장
Piazza delle Erbe

[삐아짜 델레 에르베]  MAP p.437

도시의 중심지이며 매일 신선한 채소와 과일이 넘쳐나는 시끌벅적한 시장이 열리는 곳. 광장에 접해있는 산탄드레아 교회(Basilica di Sant'Andrea)의 르네상스풍의 높은 종탑과 돔이 눈에 띈다.
교회 예배당에는 이곳 출신의 화가인 만테냐의 묘지가 있고, 그의 프레스코화 〈성가족 Le Sacre Famigle〉을 감상할 수 있다. 또한, 근처에 있는 11세기에 지어진 로마네스크 양식의 산 로렌초 성당(Rotonda di San Lorenzo)도 빼놓지 말고 둘러보자.

<u>위치</u> 만토바 역에서 도보 20분

산 로렌초 성당

## 두칼레 궁전
Palazzo Ducale

[빨라쪼 두칼레]  MAP p.437

만토바 최대의 볼거리로, 소르델로 광장(Piazza Sordello)에 자리하고 있

다. 곤차가 가문이 머물렀던 이 궁전은 16세기에 지어진 것으로, 곤차가 가문이 수집했던 많은 예술작품을 함께 볼 수 있어 볼거리가 풍성하며 화려한 장식의 방들이 연신 감탄사를 자아낸다.
약 500여 개의 방 중에서 40여 개의 주요 볼거리만 둘러보아도 몇 시간은 보아야 한다. 루벤스와 그레코의 작품이 있는 미술관과 만테냐가 3년간 그린 연작 프레스코화가 있는 결혼의 방(La Camera degli Sposi)이 하이라이트다. 결혼의 방에 있는 프레스코화는 만테냐가 로도비코 곤차가와 그의 일가족을 그린 것이다.
그 밖에도 라파엘로의 작품이 전시된 태피스트리의 방, 화려한 거울의 방, 12월의 복도(Corridoio di Mesi) 등이 주요 볼거리다.

<u>위치</u> 에르베 광장에서 도보 5분 <u>주소</u> Piazza Sordello 40 <u>오픈</u> 화~일요일 08:15~19:15 <u>휴무</u> 월요일, 1월 1일, 5월 1일, 12월 25일 <u>요금</u> €13 <u>전화</u> 0376-352-100 <u>홈피</u> www.mantovaducale.beniculturali.it

# 테 별궁
## Palazzo Te

[빨라쪼 떼]　　　　　　　　　　지도 외

거인의 방

16세기에 곤차가 가문의 프란체스코 2세와 결혼한 이사벨라 데스테의 아들인 페데리코 2세(1500~1540)가 애인 이사벨라 보스케타를 위해 지은 별장이다. 건축가이자 당시 최고의 화가였던 줄리오 로마노를 로마에서부터 데려와 설계하였는데, 공사 기간만 10년이 걸렸다.

아름다운 정원과 화려한 실내 장식이 돋보이며 특히 말의 방과 줄리오 로마노의 작품이 있는 거인의 방(Sala dei Giganti), 연회 홀을 놓치지 말고 둘러보자. 거인의 방에 그려진 타이탄은 마치 방의 기둥들을 잡고 있는 것처럼 보인다.

<u>위치</u> 에르베 광장에서 Via Roma, Via Principe Ama-deo, Via Giovanni Acerbi를 따라 도보 25분 <u>주소</u> Viale Te 13 <u>오픈</u> 월요일 13:00~18:30, 화~일요일 09:00~18:30 <u>요금</u> €12 <u>전화</u> 0376-323-266 <u>홈피</u> www.palazzote.it

# 사비오네타
## Sabbioneta

[싸비오네따]　　　　　　　　　지도 외

만토바에서 버스로 1시간 20분 정도 걸리는 곳에 위치한 사비오네타는 2008년 세계문화유산으로 등록된 작은 마을이다. 곤차가 가문의 왕자 베스파시아노(1532~1591)가 자신이 이상적이라고 생각했던 궁전을 건축한 후 다스렸던 곳으로, 육각형 모양의 성벽으로 둘러싸여져 있다.

왕자의 교외 저택이었던 정원 궁전과 1590년에 지어진 고대 극장(Teatro all'Antico), 두칼레 궁전(Piazzo Ducale)이 주요 볼거리다. 두칼레 궁전은 곤차가 가문의 목제 기마상과 문장, 프레스코화가 장식되어 있어 화려한 느낌을 준다. 대략 두세 시간이면 둘러볼 수 있는 아름답고 한적한 곳이니 관심이 있다면 찾아가보자. 마을의 주요 명소들은 대부분 월요일에 휴관하니 다른 요일에 방문하는 것이 좋다.

<u>위치</u> 만토바 역 앞 V.EMANUELE 3(FS) 정류장에서 7E번 버스를 타고 Nenni 정류장에서 17번 버스로 환승한다.(버스 시간표 확인 www.apam.it) <u>휴무</u> 월요일(월요일이 휴일인 경우에는 오픈) <u>요금</u> 고대극장 등 네 곳 통합 입장권 €13 <u>홈피</u> www.iatsabbioneta.org

**아름다운 운하를 품은 물의 도시**

# 베네치아

VENEZIA

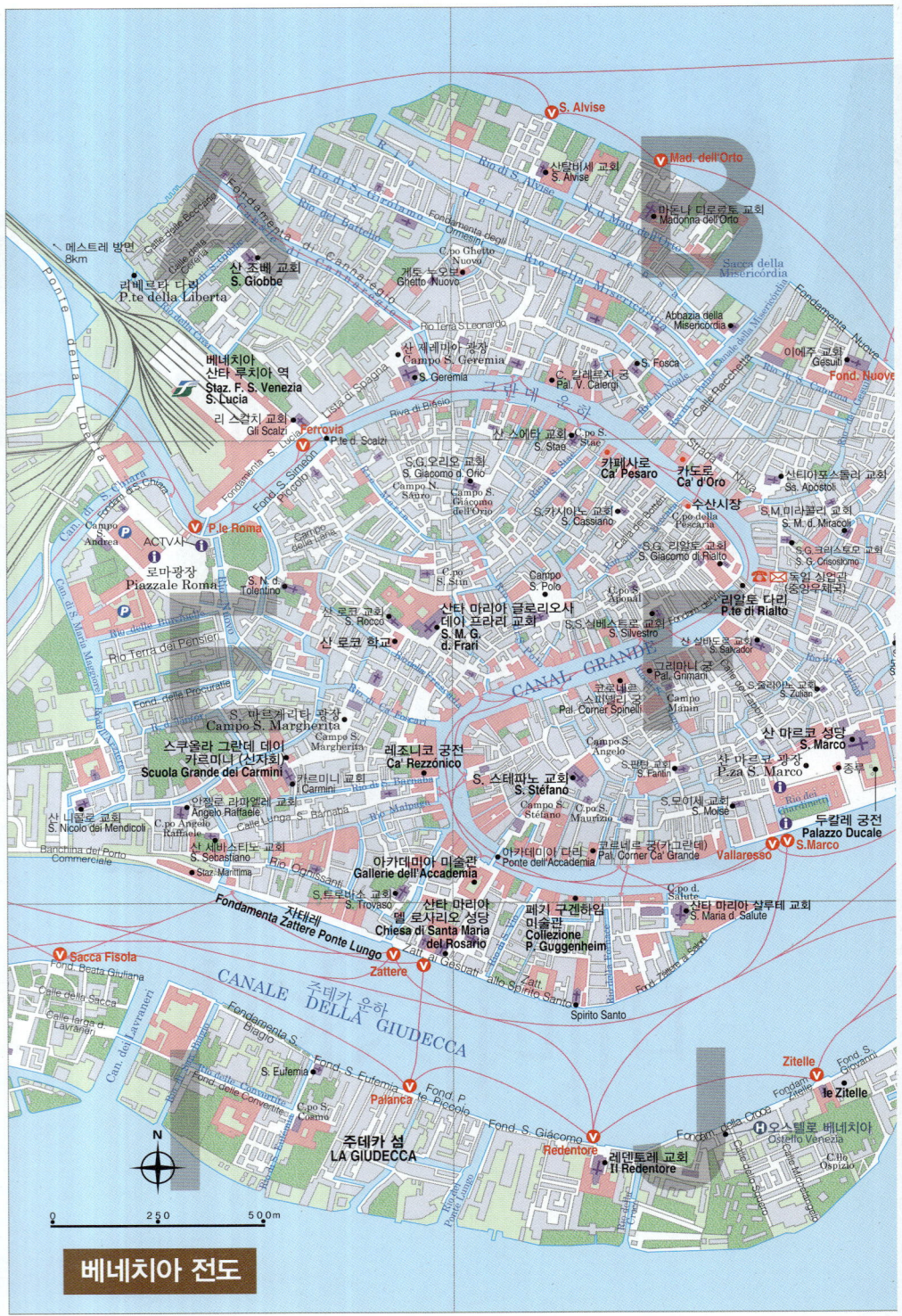

# 01 베네치아는 어떤 곳일까?
## La Venezia

'물의 도시' 베네치아는 오늘도 평화롭고 잔잔한 분위기가 도시 전체를 감싸고 있다. 곤돌라와 가면 축제, 세계적으로 유명한 영화제로 잘 알려진 이 도시는 14세기까지 아무도 넘볼 수 없었던 이탈리아 최강의 공국이었다.

1866년 이탈리아 통일 국가에 합병돼 지금은 베네토 지방의 중심지로 명맥을 유지하고 있지만, 118개의 작은 섬과 177개의 운하를 400여 개의 다리가 연결하고 있는 독특하고 인상적인 풍경 덕분에 세계에서 가장 유명한 관광지 중 하나가 되었다. 세상에 그 어느 곳에도 베네치아만큼 카메라 셔터를 누르는 대로 작품이 되는 아름다운 풍경과 세계적인 명성을 지닌 축제, 풍요로운 문화유산을 가지고 있는 도시는 없을 것이다. 그러니 일생에 꼭 한 번쯤은 베네치아를 방문해 볼 만하지 않을까?

● 면적 414.57km² ● 인구 261,321명(2018년) ● 지역번호 041

>> 베네치아의 볼거리

베네치아의 볼거리는 오랜 세월 도시의 흥망을 지켜본 중세의 건물과 광장이다. 주요 볼거리는 대운하를 주변으로 모여 있다. 리알토 다리와 산 마르코 광장 주변의 좁은 골목을 누비며 로맨틱한 베네치아를 돌아보고, 산 마르코 성당 주변에서는 웅장하고 호화로운 베네치아를 느낄 수 있다. 또한, 무라노나 부라노 섬에는 또 다른 느낌의 베네치아가 있다.

>> 베네치아의 먹거리

유명 관광 도시답게 음식값이 상당히 비싼 편이다. 특히 산 마르코 광장 주변이 가장 비싸다. 그나마 싼 음식점으론 중국집이나 패스트푸드점, 셀프서비스 레스토랑이 있다.

하지만 여기까지 와서 맛있는 베네치아의 식도락 여행을 놓칠 수는 없다. 바다와 운하에서 잡은 제철 해산물로 만든 요리가 대표적이다. 대구를 으깬 후 파슬리와 마늘을 넣어 익힌 바카라 만데카도(Baccalà Mantecato)와 아드리아 해에서 잡아 올린 큰 게인 그란세올레(Granseole)가 맛있다.

생선을 재료로 한 소파 데 페세(Sopa de Pesse)도 독특하며 오징어 먹물을 넣어 만든 쌀 요리인 리소토 네로(Risotto Nero)는 맛도 있고 건강에도 좋은 음식이다.

## >> 베네치아의 쇼핑

형형색색의 아름다운 유리 공예품은 베네치아를 대표하는 쇼핑 품목. 작은 크기의 액세서리나 근사한 유리 펜대와 펜촉, 앙증맞은 동물 모양 공예품이 눈길을 끈다. 만약 상당한 크기의 유리 공예품이나 도자기를 구입한다면 배송 서비스를 신청할 수 있는지 문의하고 배송료를 지불하자. 직접 붙이려면 중앙 우체국을 이용한다.

화려한 베네치아의 가면은 훌륭한 기념품이지만 가격이 매우 비싸다. 저렴한 것은 리알토 다리 부근이나 역 근처에서도 살 수 있지만, 품질이 조악하다. 부라노 섬의 레이스도 베네치아의 특산품인데 좋은 것은 가격이 매우 비싸다. 나무 수액이나 풀로 만든 용액 위에 브러시 등으로 무늬를 만들어 그대로 종이에 복사해서 만든 마블지(Marbling Paper)인 카르타 마르모리차타(Carta Marmorizzata)는 똑같은 것이 없고 무늬와 색깔이 아주 아름답다.

## >> 베네치아의 숙소

좁은 도시에 수많은 관광객이 몰려들기 때문에 저렴한 숙소 구하기가 하늘의 별 따기다. 산타 루치아 역 주변에는 중급 호텔이나 펜션이 있고, 안으로 들어갈수록 요금은 조금씩 떨어진다. 성수기나 축제 기간 숙박료는 평시보다 두 배 이상 오른다. 만일 숙소를 잡지 못했다면 가까운 도시 베로나나 파도바에서 숙소를 찾아보자. 도시세는 1박에 € 2~5 정도다.

> **TIP**
>
> ### 알아두면 경제적인 베네치아 카드!
>
> 유명 관광지답게 이탈리아 내에서도 살인적인 물가를 자랑(?)하는 베네치아에서 조금이라도 저렴하게 여행하려면 각종 할인을 받을 수 있는 카드들을 주목하자! 잘만 사용하면 상당한 경비를 절약할 수 있다.
>
> #### 베네치아 우니카 시티 패스
> **Venezia Unica City Pass**
>
> 3일 이상 머물면서 여러 명소를 구석구석 여행한다면 유용하다. 만 6~29세용 주니어 Junior 카드와 만 30세 이상 성인 Adult 카드가 각기 실버 Silver, 골드 Gold, 플래티넘 Platinum 으로 구분되어 있다.
> 개시한 후 7일 동안 산 마르코 광장의 두칼레 궁전, 코레르 궁, 마르시아나 도서관 등 각종 박물관을 비롯해 16개 성당 중 세 곳을 무료로 입장할 수 있으며, 기타 혜택은 카드별로 차이가 있다. 성수기에 긴 줄을 서지 않고 별도 출입구로 입장을 할 수 있는 것과 유료 화장실 이용이 가능한 것도 편리하다. 카드 구입 시 제공하는 안내 책자와 지도를 활용하여 여행 정보도 얻고 시내 상점과 식당에서 할인 혜택을 살뜰히 챙겨 보자. 관광안내소와 우니카 티켓 오피스에서 구입할 수 있다.
>
> **요금** €21.9~140.9
> **홈피** www.veneziaunica.it/en
>
> #### 코러스 패스 Chorus Pass
>
> 구입일부터 1년 동안 산 폴로 성당, 산타 마리아 글로리아 데이 프라리 등 베네치아 16개 성당을 관람할 수 있는 카드로 평균 €3의 입장료니 네 곳 이상 방문한다면 구입할 가치가 있다.
>
> **요금** €12
> **홈피** www.chorusvenezia.org
>
> #### 롤링 베네치아 카드 Rolling Venezia Card
>
>
>
> 나이만 해당되면 가장 유용한 카드. 만 16~29세까지 구입 가능하며 카드를 제시하면 72시간 동안 유효한 교통권을 할인된 가격에 구입할 수 있다. 그 밖에도 박물관과 미술관, 레스토랑과 숍, 숙소 등에서 할인을 받을 수 있다.
>
> **요금** 롤링 베네치아 카드 €6+72시간 교통권 €22
> **홈피** www.veneziaunica.it

## 베네치아 여행 정보

### 여행안내소 ⓘ
지도와 안내책자를 유료(€1~3)로 판매하며 곤돌라와 숙소 예약을 대행해준다. 베네치아 카드 구입도 가능하다.

● **산타 루치아 역**
위치 산타 루치아 역 정면을 바라보며 출입구 오른편
오픈 08:00~18:30(여름 ~22:00)

● **메인 APT**
위치 산 마르코 광장 바포레토 승선장 옆
주소 Ex Giardini reali, San Marco
오픈 10:00~18:00
휴무 12월~1월 초
전화 041-529-8711

● **산 마르코 광장**
위치 산 마르코 성당과 광장을 사이에 두고 반대편에 위치
주소 Piazza San Marco 71
오픈 09:00~15:30
휴무 1월 1일, 12월 25일

### 여행 관련 홈페이지
www.turismovenezia.it
www.meetingvenice.it
www.govenice.com
www.veniceworld.com
www.hellovenezia.com

### 베네치아 교통 안내
actv.avmspa.it/en

### 우체국
위치 리알토 다리 오른편
주소 Salizada del Fondaco dei Tedeschi
오픈 월~토요일 08:30~18:30
휴무 일요일

### 경찰서
● **산타 루치아 역**
위치 1번 플랫폼 옆 오픈 24시간
● **시내**
위치 로마 광장 버스 티켓 판매소 옆
주소 Piazza Roma

메인 APT

### 여행자 신고 센터 Venezia No Problem

바가지 등의 여행 불편 사항을 신고할 수 있는 무료 전화
전화 800-355-920

### 인터넷

이탈리아 다른 도시에 비해 인터넷 사용료가 비싼 편이다. 대부분의 호텔과 호스텔에서는 와이파이를 유·무료로 제공하지만 아닌 곳도 있으니 미리 확인해 두자. 인터넷 사용이 가능한 카페 등의 상점 앞에는 '@'표시가 있다.

소지한 스마트폰이나 노트북으로 와이파이를 사용할 수 있는 Wi-fi 카드도 판매한다.
요금 24시간 €5, 72시간 €15
홈피 www.veniceconnected.com

### 슈퍼마켓

● Coop
위치 바포레토 S. Marcuola-Casino' SX 승선장에서 도보 5분
주소 Via Cannaregio 1976
오픈 월~토요일 08:30~22:00, 일요일 09:00~22:00

● Coop(카도르 근처)
위치 바포레토 Ca'D'oro 승선장에서 도보 4분
주소 Strada Nova Cannaregio 3660
오픈 08:00~22:00

● Coop(산타루치아 역 근처)
위치 바포레토 P.le Roma 승선장 바로 옆
주소 Fondamenta Santa Chiara 506/A
오픈 08:30~21:00
전화 041-296-0621

### 엔조이 리스펙트 베네치아
Enjoy Respect Venezia

세계에서 가장 붐비는 관광지 베네치아는 연간 3천만 명에 육박하는 여행자가 드나들어 몸살을 앓는 중이다. 이에 베네치아 당국은 베네치아의 질서 유지와 환경 보존을 위해 엄격한 벌금제도를 도입했다. '#Enjoy Respect Venezia'라는 문구가 새겨진 티셔츠를 입은 순찰대가 돌아다니다 규칙 위반 행위를 목격하면 엄청난 벌금을 부과한다. 규칙을 위반했다가는 €50~7000에 해당하는 엄청난 액수의 벌금을 내야 할 수 있으므로 반드시 주의하자. 아래 소개하는 홈페이지에는 한국어 안내도 있으므로, 홈페이지에서 주의사항을 꼼꼼하게 읽어보고 현지를 방문하길 권한다.

홈피 www.comune.venezia.it/ko/content/enjoyrespectvenezia

> **TIP**
> **베네치아 여행 시 주의 사항**
>
> **시간이 허락된다면 들러볼 만한 명소**
>
> ● 지정된 곳 이외의 장소에서 식음료 섭취 및 착석 금지
> ● 낙서, 노상 방뇨, 쓰레기 투기, 벤치에 눕기, 캠핑 및 노숙 금지
> ● 운하에 발을 담그거나 수영, 다이빙, 수영복 차림 다니기, 벌거벗기 금지
> ● 사랑의 자물쇠 등 기념 자물쇠 금지
> ● 좁은 길은 우측통행하기
> ● 비둘기나 갈매기에게 먹이 주지 않기
> ● 불법 노점상에게 짝퉁 상품 및 기념품 구입 금지

# 02 베네치아 가는 방법
## Per Venezia

베네치아는 유럽 주요 도시에서 항공편 및 기차편으로 편리하게 왕래할 수 있다. 뮌헨, 빈 등에서 베네치아를 방문할 경우 야간열차를 이용하고, 로마나 피렌체, 나폴리 등에서는 고속열차를 이용하는 것이 빠르고 편리하다.

| | | | | |
|---|---|---|---|---|
| 로마 → 베네치아 | 기차 3시간 40분~, €20~89 | 피렌체 → 베네치아 | 기차 2시간 5분~, €19~52 |
| 밀라노 → 베네치아 | 기차 2시간 30분~, €9~45 | 베로나 → 베네치아 | 기차 1~2시간, €9~27 |
| 빈 → 베네치아 | 야간열차 12시간~, €29~199 | 파리 → 베네치아 | 야간열차 14시간~, €35~290(Thello) |

### >> 비행기로 가기 In Aereo

루프트한자나 에어프랑스를 비롯한 유럽 주요 항공사가 많이 취항하고 있다. 우리나라에서는 아시아나항공이 베네치아 직항편을 주 3회 취항하면서 경유 없이 바로 갈 수 있게 되었다. 저가항공은 시내에서보다 떨어져 있는 트레비소 공항을 많이 이용한다.

**베네치아 마르코 폴로 공항**
**Aeroporto di Venezia Marco Polo (VCE)**
시내에서 북쪽으로 13킬로미터 정도 떨어진 곳에 있으며 베네치아의 메인 공항이다. 대부분의 유럽 항공사와 이지젯 등의 저가항공사가 취항하고 있다. 로마나 나폴리 등으로 가는 국내선도 이곳에서 출발한다.
전화 041-260-9260
홈피 www.veniceairport.it

### 공항에서 시내로

공항에서 버스나 보트를 이용해서 숙소나 목적지로 갈 수도 있다. 산타 루치아 역이나 메스트레 역으로 간다면 버스, 산 마르코 광장이나 리알토 다리 쪽으로 간다면 보트가 보다 편리하다.

**버스 Autobus**
공항에서 시내까지는 가장 저렴한 교통편은 오렌지색 도시버스인 Actv 5번(30분 소요) 버스를 이용하는 것이다. 또는 파란색 ATVO 공항 셔틀버스(20분 소요)를 이용해도 된다. 입국장에서 B번 출구로 나가면 바로 버스 정류장이 보인다. 티켓은 도착홀의 버스 회사 티켓 판매소나 정류장의 자동발매기에서 구입하면 된다.
산타 루치아 역과 메스트레 역을 가는 버스(요금 동일)가 구분되니 행선지를 확인하고 탑승한다. 산타 루치아 역 방향으로 가는 버스는 역 건너편에 있는 로마 광장(Piazza Roma)이 종점이다.
**Actv 5번 버스**
오픈 04:08~01:10 요금 편도 €8, 왕복 €15

#### AVTO 공항버스
오픈 04:08~01:10 요금 편도 €8, 왕복 €15

#### 수상버스 Alilaguna
바포레토와 비슷하지만 공항과 본섬, 리도 섬 사이를 운행하는 공항 셔틀보트이다. 노선은 Blu, Arancio, Rossa가 있으니 목적지에 따라 이용하자.
요금 편도 €15, 왕복 €27
홈피 www.alilaguna.it

### 트레비소 공항
### Treviso San'Angelo Aeroport (TSF)
시내에서 30킬로미터 정도 떨어져있는 곳으로 라이언에어 등의 저가항공사가 취항한다. 공항에서 베네치아까지는 ATVO 버스를 이용하자. 메스트레 역을 거쳐 산타 루치아 역 근처의 로마 광장에 도착한다.
오픈 07:50~22:25
요금 편도 €12, 왕복 €22

>> **기차로 가기 In Treno**

베네치아로 가는 다양한 열차가 있으며 야간열차를 타고 가는 경우도 많다. 베네치아로 들어갈 때 주의

할 점은 도시가 두 지역으로 나뉘어 있다는 것. 기차역도 숙박업소가 모여 있는 베드타운 메스트레 지역에 정차하는 베네치아 메스트레 역(Stazione Venezia Mestre)과 관광지가 있는 종착역 베네치아 산타 루치아 역(Stazione di Venezia Santa Lucia)이 있으니 잘 보고 내려야 한다. 관광지로 바로 간다면 산타 루치아 역에서 내리면 된다.

바다를 끼고 있는 철로를 따라 도착한 산타 루치아 역은 그리 규모가 크지는 않지만, 각종 편의시설은 잘 갖춰져 있다. 역을 나오면 눈앞에 펼쳐지는 운하는 베네치아가 바다 위에 떠 있는 도시임을 실감하게 한다. 왼쪽 다리를 건너 걸어서 가거나 역 앞에서 출발하는 수상버스인 바포레토를 타고 여행을 시작하자.

**유인 짐 보관소**
위치 1번 플랫폼 앞쪽 오픈 06:00~23:00
요금 짐 1개당 €6(5시간), 5시간 초과 시 1시간당 €1 추가, 12시간 초과 시 1시간당 €0.5 추가

**화장실**
위치 1번 플랫폼 옆 요금 €1

# 03 베네치아 시내 교통

## Trasporto

운하와 인공 섬으로 조성된 도시라 자동차는 다닐 수 없다. 도보로 여행하는 것이 이상적인 방법이지만 워낙 미로 같은 곳이라 헤매기 쉬우므로 골목마다 붙어 있는 화살표 방향을 잘 보면서 다니자. 수상버스인 바포레토(Vaporetto)는 주요 명소와 인근 섬인 무라노와 리도, 부라노 등을 연결한다. 같은 곳을 가더라도 노선에 따라 소요시간이 달라진다. 특히 1번 바포레토는 정류장마다 모두 들르기 때문에 천천히 구경하기는 좋지만, 대운하를 빠져나갈 때까지 거의 한 시간 가까이 걸린다.

### >> 도보 Camminare

튼튼한 두 다리로 걸어서 여행하는 것도 좋은 방법이다. 좁은 골목을 헤매고 다니자면 피곤한 것도 사실이지만 구석구석 베네치아를 즐기기에 이보다 좋은 방법은 없다. 걸어 다닐 때는 항상 골목마다 붙어 있는 화살표를 잘 보며 다녀야 한다. 미로 같은 베네치아에서는 이 표지판이 유일한 길잡이다.
갈림길마다 노란색 표지판에 방향과 행선지가 표시돼 있는데 이것만 잘 따라가면 크게 고생하지 않고 목적지에 도착할 수 있다. 시간이 얼마나 걸릴지는 전적으로 자신의 방향 감각과 능력에 달려 있다.

### >> 바포레토 Vaporetto

바포레토는 베네치아의 수상버스로, 주요 명소와 무라노, 리도, 부라노 섬 등 인근 지역을 연결한다.
이용 시 주의할 점은 속도가 상당히 느려 여러 노선이 같은 행선지를 가더라도 가장 최단거리로 갈 수 있는 노선을 선택해 탑승하는 게 좋다는 것. 성질 급한 사람은 복장 터지는 경험을 하게 된다. 또한, 같은 번호의 바포레토라 해도 가는 방향에 따라 행선지가 반대로 엇갈리니 주의해야 한다.
티켓은 승선장 앞 매표소에서 사거나 바포레토 안에서 차장에게 직접 구입할 수 있다. 승선장은 행선지와 노선에 따라 대기실이 나뉘어 있으니 자신이 탈 노선을 정확히 확인하고 타기 전 차장에게 다시 한 번 묻는 것도 좋다. 티켓은 승선장 입구에 있는 작은 기계에 대고 반드시 개시해야 한다. 이후 바포레토를 탈 때마다 확인해야 하는 것도 잊지 말자. 티켓은 재활용과 재충전이 가능하다.
흰색이나 푸른색 상의를 입고 있는 승무원이 승선장마다 크게 이름을 외치기 때문에 웬만해서는 그냥 지나치기는 어렵다. 티켓 검사는 여행자들을 중심으로 자주 실시하니 무임승차는 절대 금물이다. 또한, 소매치기가 있을 가능성이 크니 언제 어디서나 귀중품과 가방을 조심하자.

## 주요 선착장

| | |
|---|---|
| Ferrovia | 산타 루치아 역 |
| Rialto | 리알토 다리 |
| S.Marco | 산 마르코 광장, 종루, 두칼레 궁전 |
| S.Zaccaria | 탄식의 다리 |

## 바포레토 주요 노선

| | |
|---|---|
| 1번 | 페로비아(산타 루치아 역) ↔ 리도 |
| 3번 | 산타 루치아 역 ↔ 무라노 |
| 82번 | 산타 루치아(산 마르코 광장) ↔ 산 조르조 |
| 41 · 42 · DM번 | 페로비아(산타 루치아 역) ↔ 무라노 |
| 1 · 82 · LN번 | 산자카르타(산 마르코 광장) ↔ 리도 |
| 18번 | 리도 ↔ 무라노 |

## 바포레토 교통 티켓 요금

| | | |
|---|---|---|
| 1회권 | Biglietto Navigazione 75 | €7.5 (75분 유효) |
| 1일권 | Biglietto 1 giorno | €20 |
| 2일권 | Biglietto 2 giorni | €30 |
| 3일권 | Biglietto 3 giorni | €40 |
| 7일권 | Biglietto 7 giorni | €60 |
| 3일권+베네치아 롤링카드 | | €29(6~29세 구입가능) |

타고 내릴 때마다 티켓을 댄다.

451

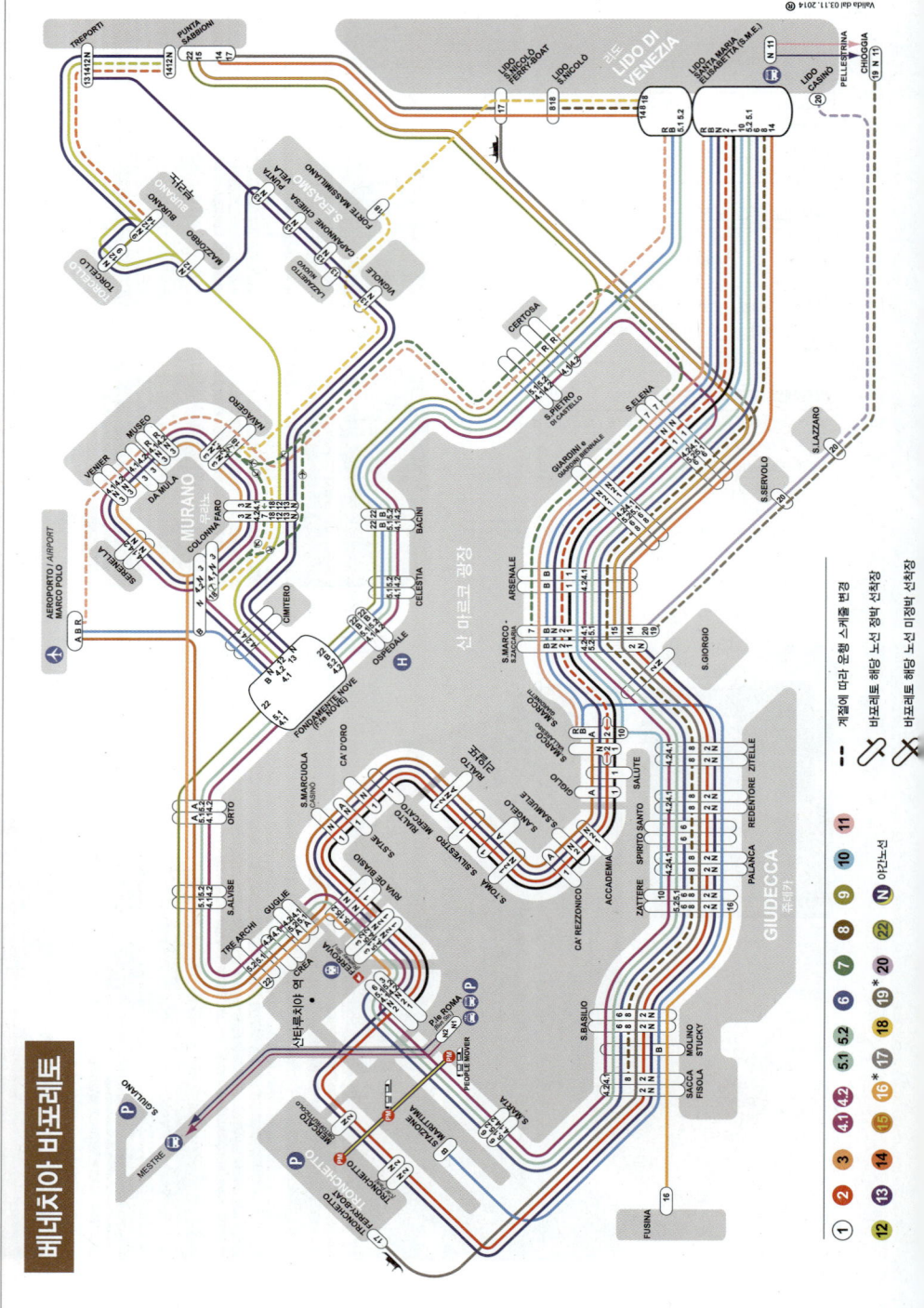

### >> 트라게토 Traghetto

대운하를 가로지르는 다리가 세 개밖에 없어 고안된 것으로 곤돌라와 같은 형태의 배이다. 곤돌라 요금이 너무 비싸다고 생각하면 짧은 구간이나마 트라게토를 타고 아쉬움을 달래보자. 현지인들은 트라게토를 거의 일어선 상태로 타니 균형 감각에 자신 있다면 도전해보자. 가장 붐비는 구간은 리알토 다리와 카도르, 산타 마리아 살루테 성당과 맞은편 구간 등이다.

요금 편도 €2(사공에게 직접 지불)

### >> 수상 택시 Taxi Acquei

빠르고 편리하지만 그만큼 비싼 요금을 내야 하는 교통수단. 여섯 명까지 탑승할 수 있으니 일행이 많을 경우 이용하면 편리하다. 산타 루치아 역과 산 마르코 광장 등 주요 포인트에 승선장이 있으며 앞에 'TAXI'라고 표시되어 있어 쉽게 찾을 수 있다.

요금 기본 평일 €15, 휴일·야간 €25, 추가 요금 1분당 €2 (산타 루치아 역~산마르코 광장 €75~, 공항~본섬 €110~)

> **TIP**
>
> **조금 다른 베네치아 거리 이름**
>
> 이탈리아 다른 도시들에서는 거리를 주로 Corso, Via, Viale 등으로 표기하고 크고 작은 광장 모두 거의 Piazza라 표기한다. 하지만, 독특한 도시 형태를 가지고 있는 베네치아는 다른 도시와는 다른 방식으로 거리명을 표기하므로 도보 여행을 위해서라도 꼭 알아두자!
>
> **Calle** [깔레] : 보통 일반적인 거리, 다른 도시의 'Via' 개념이다.
> **Salizada** [쌀리차다] : 깔레보다 조금 더 넓은 거리
> **Caletta** [깔레따], **Ramo** [라모] : 깔레보다 좁은 작은 골목 거리
> **Campo** [깜뽀] : 산 마르코 광장 이외의 모든 광장, 베네치아에서 'Piazza'는 산 마르코 광장에만 사용된다.
> **Campiello** [깜삐엘로] : 작은 광장
> **Canal** [까날] : 대운하와 더불어 도시를 가르고 있는 운하들
> **Riva** [리바] : 대운하를 따라 있는 거리
> **Fondamenta** [폰다멘따] : 작은 운하를 따라 있는 거리
> **Rio** [리오] : 섬과 섬 사이를 흐르고 있는 물길
> **Rio Terra** [리오 떼라] : 매립지에 있는 거리
> **Sotto Portego** [쏘또 뽀르떼꼬] : 건물 아래에 있는 터널 같은 길

# 베네치아
# 이렇게 여행하자

**Access** 기차역 베네치아 산타 루치아 역(Stazione di Santa Lucia)에서 출발한다.

걷거나 바포레토를 타고 여행하면 되니 상황에 맞게 선택하자. 만약 걸어서 산 마르코 광장과 리알토 다리로 가려면 'San Marco'와 'Ponte di Rialto', 역으로 올 땐 'Ferrovia S. L' 또는 'P. Roma'라고 표시된 방향 표지판을 따라 가자. 아무 생각 없이 마음 가는 곳으로 발길을 옮기다 보면 목적지 근처에는 가보지도 못하면서 베네치아의 골목만 헤맬 수 있다.

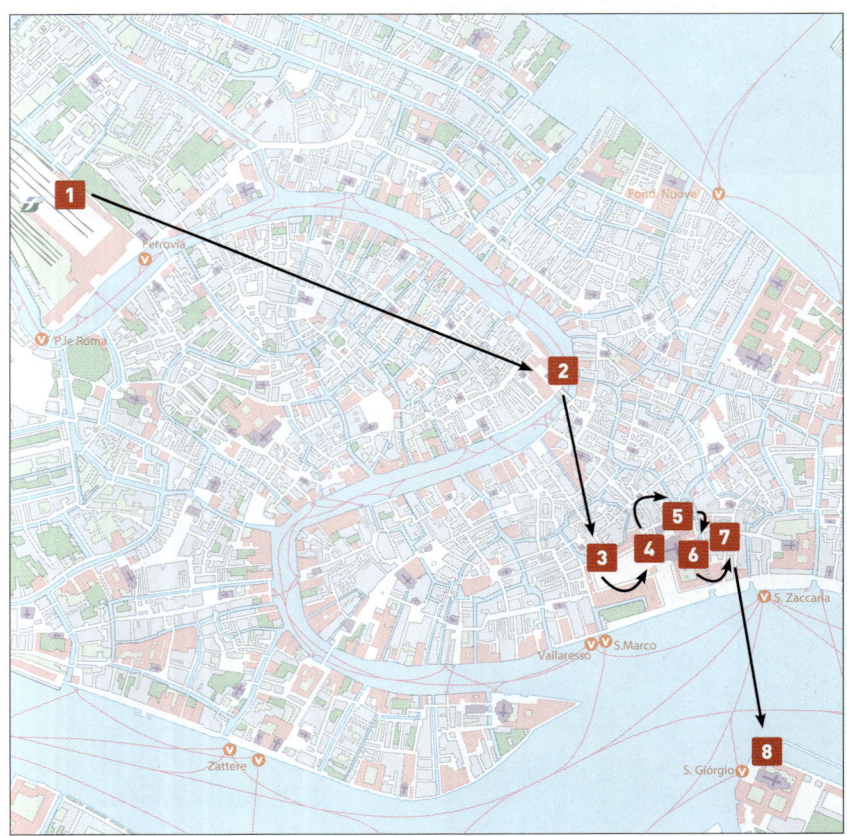

## 추천 코스

예상 소요 시간
약 10시간

1. 베네치아 산타 루치아 역
→ 도보 30분 또는 바포레토 15분
2. 리알토 다리
↓ 도보 10~15분
3. 산 마르코 광장
← 도보 1분
4. 종루
← 도보 1분
5. 산 마르코 성당
↓ 도보 1분
6. 두칼레 궁전
→ 도보 3분
7. 탄식의 다리
→ 바포레토
8. 산 조르조 마조레 성당

> **TIP**
>
> ### 한걸음 더, 베네치아!
>
> **시간이 허락된다면 둘러볼 만한 명소**
> - ●산 로코 학교 p469 베네치아 출신 화가 틴토레토의 열정이 담겨 있는 장소
> - ●산타 마리아 델 로사리오 성당 p466 티치아노의 〈성 라우렌티우스의 순교〉가 있는 곳
> - ●산타 마리아 델라 살루테 성당 p466 대운하의 입구에 위치한 아름다운 성당
> - ●아카데미아 미술관 p468 베네치아를 대표하는 미술관 중 하나
> - ●페기 구겐하임 미술관 p467 현대 미술과 함께 분위기를 즐길 수 있는 장소

# Sightseeing

## 베네치아 산타 루치아 역
Stazione di Venezia Santa Lucia

[스따지오네 디 베네찌아 산타 루치아]  MAP 13 Ⓐ

베네치아의 관문으로서 오늘도 수많은 여행자의 방문을 제일 먼저 환영하고 있는 곳이다. 원래 산타 루치아 성당이 있던 자리에 세워진 현대적인 건물로, 역 앞에 흐르는 운하가 바로 베네치아의 대운하, 카날 그란데(Canal Grande)이다. 역 밖 광장에는 베네치아에서 가장 큰 바포레토 티켓 매표소, 승선장과 함께 수상 택시 등이 있다.

배낭 여행자들의 집합소이기도 한 역 앞 계단에서 운하의 모습을 바라보다 그 풍경과 분위기에 취해 야간열차를 놓치고 말았다는 거짓말 같은 이야기가 있을 정도로 운치있는 곳이기도 하다.

역을 뒤로하고 왼쪽으로는 식당과 숙소가 모여 있는 번화가 리스타 디 스파냐 거리(Lista di Spagna)가 있고 앞쪽으로 보이는 다리는 세 개밖에 없는 대운하 다리 중 하나인 스칼치 다리(Ponte degli Scalzi)이다. 오른쪽으로 가면 버스 터미널 역할을 하는 로마 광장(Piazza Roma)으로 갈 수 있다.

주소 Stazione di Santa Lucia
홈피 www.grandistazioni.it

## 카도로
Ca'D'Oro

[카도로]  MAP 14 Ⓒ

1420년에 완성된 베네치아 고딕 건축의 최고 걸작품이다. 황금으로 건물을 장식했기 때문에 '황금의 궁전'이라는 화려한 별명을 가지고 있다.

지금은 프란게티 미술관(Galleria G. Franchetti)으로 쓰이고 있다. 전시실에는 베르니니의 분수 모형이 있다. 건물 정면이 대운하와 맞닿아 있어 바포레토를 타고 가면서도 볼 수 있다.

위치 바포레토 1번 이용, Ca' D'Oro 선착장 하선 주소 Cannaregio 오픈 월요일 08:15~13:15, 화~일요일 08:15~18:15 요금 €6(예약료 €1.5별도) 전화 041-520-0345 홈피 www.cadoro.org

# 리알토 다리
## Ponte di Rialto

[뽄떼 디 리알토]

MAP 13 ⓖ

베네치아의 가장 대표적인 다리로, 도시를 관통하고 있는 대운하에서 폭이 가장 좁은 곳을 선택해 다리를 놓았다고 한다. 원래 목조였던 것을 16세기 말에 지금의 모습으로 재건하였고 군선(軍船)이 드나들기 좋도록 가운데를 높였다. 언제나 관광객들로 붐비는 곳으로 다리 위에서 특유의 갯내음이 실린 바람을 쐬며 운하를 구경할 수 있다.
난간에는 각국 여행자들이 남기고 간 낙서가 가득하고 그 중 한글도 꽤 많이 보인다. 품위 있는 여행자라면 더는 낙서를 늘리지 말아야 할 것이다. 다리에는 기념품 상점이 모여 있고 아래쪽으로는 채소와 과일을 파는 시장이 있다.

 **TIP**
리알토 다리 위에서 대운하를 바라보면 풍경도 아름답고 사진도 잘 나와 베네치아 방문 인증사진을 찍는 장소로 유명하다. 석양이 지는 풍경과 야경도 아름다우니 낮과 밤에 모두 방문해보자.

**위치** 바포레토 1번 · 2번 이용, Rialto 선착장 하선

# 산 마르코 광장
## Piazza di San Marco

[삐아짜 디 싼 마르꼬]                                    MAP 14 ⓚ

리알토 다리에서 좁은 골목과 운하 사이를 걸어 내려오면 갑자기 가슴이 확 트이는 듯한 느낌을 주는 광장이 눈앞에 펼쳐진다. 이곳이 나폴레옹이 '세상에서 가장 아름다운 응접실'이라고 격찬했던 산 마르코 광장으로, 베네치아 여행의 하이라이트라고 할 수 있다.

한때 채소밭이었던 이곳은 1723년 건축가 안드레아 티랄리(Andrea Tirali)가 물고기 지느러미 문양의 광장 바닥을 설계하면서 크게 변모했다. 주변으로 베네치아의 주요 볼거리인 종루와 두칼레 궁전, 산 마르코 성당이 모여 있다. 광장에는 오래되고 유서 깊은 카페가 많다. 카페 플로리안(Caffè Florian)은 1720년에 개업한 곳으로 바이런, 괴테, 바그너 등이 단골 손님이었다. 또 스탕달, 뒤마, 바이런 등이 단골이었던 콰드리 베네치아(Quadri Venezia)도 유명한 카페다. 날씨만 괜찮으면 이곳 노천카페에서 라이브로 음악을 연주하기도 한다.

광장의 명물 시계탑(Torre dell'Orologio)도 찾아보자. 1497년에 만들어진 탑 중간에는 시계가 있고 꼭대기의 두 무어인 인형이 매시간 종을 친다. 지금까지 500여 년이라는 세월을 종을 치며 시간을 알려왔다고 하니 당시의 과학기술이 얼마나 뛰어났던 가를 잘 보여준다.

광장은 해마다 한두 번의 홍수 피해를 입곤 한다. 현지인에게는 괴로운 일이지만 이 풍경 또한 여행자의 눈에는 철없게도(?) 로맨틱해 보일 뿐이다. 겨울에 베네치아에 가면 광장이 살짝 잠겨있고 보도 구실을 하는 판자를 이어놓은 걸 가끔 볼 수 있다.

**위치** 바포레토 1번 · 2번 이용 San Marco 선착장 하선 또는 4.1번 및 5.1번에 승선한 뒤 S. Zaccaria 선착장 하선

## 산 마르코 광장 둘러보기

 **코레르 박물관**
Museo Correr

조반니 벨리니가 1460년에 완성한 〈피에타 Pieta〉가 소장되어 있으며 베네치아 공국의 역사를 살펴볼 수 있는 전시물들이 있다.

 **시계탑**
Torre dell'Orologio

성모 마리아 조각상이 있는 시계탑은 15세기 후반에 건축된 르네상스 시대의 것으로 태엽 장치가 숨겨져 있다. 시계 완성 후 다시는 똑같은 것을 만들지 못하도록 복잡한 기계 장치를 만든 두 장인의 눈을 파냈다는 섬뜩한 이야기도 전해져온다. 맨 꼭대기의 어두운색의 청동 조각상은 무어인이라 알려졌으며 정시마다 벨을 울리고 있다.

**요금** €12(롤링 베네치아 카드 등 각종 여행 패스 소지 시 €7, 예약비 €0.5)

 **날개 달린 사자상**
Leone di San Marco

산 마르코 광장 곳곳에서 볼 수 있는 날개 달린 사자는 성 마가(St. Marco)를 상징한다. '마르코'는 이탈리아에서 가장 흔한 이름 중 하나다. 예전에는 길에서 '마르코~'하고 부르면 지나가던 남자 셋 중의 하나가 돌아봤다는 이야기도 있다.

 **국립 마르치아나 도서관**
Libreria Marciana

1588년에 완공된 이곳의 층계 부분 둥근 천장은 프레스코와 황금빛 벽토로 장식되어 있어 화려하면서도 인상적이다.

# 산 마르코 성당
## Bacilica San Marco

[바실리까 싼 마르꼬]                                         MAP 14 ⓖ

십이 사도 중 한 명인 성 마르코(성서 속 마가)의 유해를 모시기 위해 세워진 성당으로, 로마네스크 양식과 비잔틴 양식을 절묘하게 혼합하며 만든 건축물이다. 대화재와 몇 차례에 걸친 재건을 거쳐 지금의 모습으로 완성되었다. 원래 그의 유해는 이집트 알렉산드리아에 있었는데, 9세기 베네치아 상인이 무슬림은 돼지고기를 금기시한다는 것에 착안해 고기 밑에 유해를 숨겨 베네치아로 옮겨왔다. 그 후 산 마르코는 날개 달린 사자로 상징되는 도시의 수호성인이 되었다.

성당 입구에 있는 네 마리의 힘찬 청동말 조각은 기원전 4세기에서 기원전 2세기 사이의 것으로 13세기에 십자군이 콘스탄티노플(지금의 이스탄불)에서 전리품으로 가져왔다. 한때 나폴레옹이 프랑스로 가져가 개선문 위를 장식했지만 그의 하야 후 다시 베네치아로 돌아올 수 있었다. 외부에 있는 것은 모조품으로 진품은 성당 안에 있다. 내부 천장의 모자이크는 구약성서의 내용을 옮겨 제작한 것이며, 성당의 가장 대표적인 유물은 팔라 도르(Pala d'Ore)라는 제단화로 보석과 금으로 장식된 비잔틴 예술의 걸작품이다. 십자군이 십자군 전쟁 당시 콘스탄티노플에서 가져온 전리품만을 모아서 전시하는 보물고(Tesoro)는 성당 오른쪽 끝에 있다.

위치 산 마르코 광장 내 주소 Piazza San Marco 1 오픈 10월 29일~4월 15일 평일 09:30~17:00, 일요일·공휴일 14:00~16:30 / 4월 16일~10월 28일 평일 09:30~17:00, 일요일·공휴일 14:00~17:00 요금 팔라도르 €2.5, 보물고 €3 전화 041-270-8311 홈피 www.basilicasanmarco.it

## 산 마르코 성당 둘러보기

- **01** 산 마르코와 천사들 중앙 아치의 꼭대기를 장식하고 있는 동상들은 15세기 초에 추가된 장식이다.
- **02** 산 마르코의 말들 네 마리의 힘찬 말 청동상은 복제품으로 원본은 성당 내부에서 볼 수 있다.
- **03** 성당 정면 모자이크 17세기에 제작되었으며 알렉산드리아에서 베네치아로 옮겨지는 산 마르코의 시신 운송 과정을 묘사하고 있다.
- **04** 중앙문 조각 13세기의 조각으로 월마다 해당되는 노동자들을 묘사하고 있으며, 사진 속 포도를 수확하는 노동자는 9월을 상징한다.
- **05** 예수 승천 돔 거대한 중앙 돔에는 영광의 예수를 묘사한 모자이크가 장식되어 있으며 13세기에 완성된 것이다. 비잔틴 양식의 영향을 받은 작품이다.
- **06** 팔라 도르 10세기에 금세공 장인이 제작한 제단 장식으로 250개의 패널들로 만들어졌다.

---

### TIP

### 산 마르코 성당 관람 꿀팁

#### 복장과 소지품 주의!

민소매 또는 짧은 치마나 반바지 차림으로는 입장이 불가능하다. 복장이 걸린다면 성당 입구에서 나눠주는 부직포 천을 이용한다. 또한, 백팩이나 캐리어, 큰 숄더백 등도 휴대하고 입장할 수 없다.

#### 소지품 무료 보관

큰 가방이나 백팩 등을 소지한 여행자는 반드시 짐을 맡겨야 한다. 산 마르코 성당 근처에 있는 산 바소(San Basso) 성당에 맡기면 되는데, 산 바소 성당은 산 마르코 성당 정면을 보고 왼쪽에 있는 사자 조각상 왼쪽 옆 골목인 Calle San Basso로 들어가면 오른쪽에 있다. 한 시간 동안 무료로 보관할 수 있다.

# 두칼레 궁전
## Palazzo Ducale

[빨라쪼 두칼레]

MAP 14 ⓚⓛ

베네치아 공국의 청사로 9세기에 처음 건축되었다. 지금의 건물은 몇 번의 화재를 겪으면서 재건된 후 15세기에 완성된 것이다. 전성기의 두칼레 궁전은 막강한 베네치아 권력의 상징이었다.

2층 대평의원실에 있는 틴토레토(Tintoretto)의 작품 〈천국 Paradiso〉은 가로 20미터, 세로 7미터 길이로 세계에서 가장 큰 유화 작품으로 유명하다. 그 밖에도 〈아리안나와 박카스의 결혼 Nozze di Arianna e Bacco〉 〈불카노의 대장간 Fucina di Vulcano〉 등이 전시돼 있다.

다른 전시실에는 칼과 창 등의 무기와 십자군 원정 때 기사들이 부인들에게 채웠던 정조대를 볼 수 있다. 전시장을 나오면 작고 어두운 통로를 통해 다리를 건너게 되는데 이것이 바로 '탄식의 다리' 내부다.

**위치** 산 마르코 광장에 위치, 종루 맞은편
**주소** Piazza San Marco 1
**오픈** 4월~10월 일~목요일 08:30~19:00, 금·토요일 08:30~23:00 / 11월~3월 08:30~17:30
**휴무** 1월 1일, 12월 25일
**요금** 두칼레 궁전 및 코레르 박물관 통합권 €20
**전화** 041-271-5911
**홈피** palazzoducale.visitmuve.it

## 두칼레 궁전 둘러보기

### 01 거인들의 계단
#### Scala dei Giganti
15세기에 제작된 것으로 베네치아 권력의 상징인 전쟁의 신 마르스, 바다의 신 포세이돈 조각으로 장식되어 있다.

### 02 카르타 문
#### Porta della Carta
고딕 양식으로 만들어진 15세기의 문으로 궁전으로 들어가는 주요 출입구다. 이곳에서 둥근 천장의 복도가 연결된다.

### 03 황금의 계단
#### Scala d'Oro
궁전 입구에서 상층부로 올라가는 계단으로 알레산드로 비토리아가 황금빛 치장 벽토로 장식한 둥근 천장을 가진 곳이다. 문 왼쪽 위가 헤라클레스, 오른쪽이 지구를 떠받치고 있는 아틀라스다.

### 04 대의원 회의실
#### Sala del Maggior Consiglio
베네치아 시의회 의원들의 회합 장소였으며, 틴토레토에 의해 1590년 완성된 가로 22미터, 세로 7미터의 거대한 작품 〈천국 Paradiso〉이 벽면을 장식하고 있다. 세계에서 가장 큰 유화이며, 그림에는 700여 명에 이르는 천사들이 그려져 있다.

### 05 스쿠도 실
#### Sala dello Scudo
총독의 사적 공간의 일부였던 곳으로 세계 지도가 벽에 걸려있으며 가운데에는 두 개의 거대한 18세기의 지구의가 있다.

### 06 감옥
#### Prigioni
탄식의 다리를 건너면 과거 악명 높았던 감옥이 나온다. 지금도 16세기 모습을 그대로 간직하고 있는 곳으로 지나가기만 해도 간담이 서늘해지는 느낌이 든다.

## 종루
### Campanile

[깜빠닐레]  MAP 14 Ⓚ

## 탄식의 다리
### Ponte dei Sospiri

[뽄떼 데이 소스피리]  MAP 14 Ⓛ

산 마르코 광장을 둘러보면 한 쪽에 길쭉하게 서 있는 종루가 눈에 들어온다. 산 조르조 마조레 성당과 함께 베네치아의 대표적인 전망 포인트로, 높이는 약 100미터다. 전망대에서는 산 마르코 광장과 더불어 베네치아의 풍경이 한눈에 들어온다. 원래 10세기의 건물로 거의 1000년을 견뎠지만, 결국 1902년에 무너져 10년의 공사 끝에 재건축한 건물이다. 원래의 종루는 말을 타고서 올라갈 수 있을 정도로 계단이 넓었지만, 지금은 매우 좁아져 전망대로는 엘리베이터를 타고 올라간다.

위치 산 마르코 광장 입구
주소 Piazza San Marco
오픈 4월~6월・10월~11월 09:00~17:00, 7월~9월 09:00~21:00, 11월~3월 09:30~15:45
휴무 겨울철 부정기 휴무
요금 €8
전화 041-522-4064

두칼레 궁전을 빠져나와 바다를 바라보며 왼쪽으로 꺾어져 똑바로 가면 몇 개의 계단이 있다. 그 위로 사람들이 많이 몰려 있는 이유는, 바로 베네치아의 명물인 탄식의 다리가 보이기 때문이다. 다리 밑으로 곤돌라가 지나갈 때면 사진을 찍으려는 관광객들로 더욱 분주해져 언제나 초만원 상태다.
다리를 건너 프리지오니 지하 감옥으로 들어가면 살아서 다시는 햇빛을 볼 수 없었던 죄수들이 저절로 한숨을 지었다고 하여 이런 이름이 붙여졌다. 옥중 일기로 유명한 실비오 펠리코(S. Pellico)와 유명한 바람둥이인 카사노바(Casanova)도 이곳에 수감된 적이 있었다.

위치 두칼레 궁전에서 바다를 바라보고 왼쪽

# 산 조르조 마조레 성당
## Chiesa di San Giorgio Maggiore

[끼에자 디 싼 조르조 마조레]

MAP 13 ⓚ

산 마르코 광장에서 바다 건너편으로 보이는 교회이며 이탈리아의 대표적인 건축가인 팔라디오(Palladio)의 설계로 1610년에 완성되었다.

베네치아 출신 화가인 틴토레토의 〈최후의 만찬〉〈성모 마리아의 집회〉가 있는 곳으로 유명하다. 특히 〈최후의 만찬〉은 매너리즘 미술의 대표작으로 꼽히고 있다. 독특한 사선 배치와 수많은 인물을 등장시켜 무언가 더 불안해 보이는 느낌을 주고 있다. 레오나르도 다빈치의 〈최후의 만찬〉를 떠올리며 비교하여 감상해 보는 것도 좋다. 하지만 무엇보다 교회 종탑(Bell Tower)에서 즐길 수 있는 베네치아의 풍경이 일품이니 이곳에도 올라가 보자. 바다 건너 베네치아의 풍경은 흡사 중세로 거슬러 올라간 듯한 착각마저 불러일으킬 정도이며 산 마르코 광장의 종루에서 보는 풍경과는 또 다른 멋이 있다.

<u>위치</u> 산 마르코 광장 근처 S. Zaccaria 선착장에서 Tronchetto 방면 2번 바포레토를 타고 S. Giorgio 선착장에서 하선
<u>주소</u> Isola di S. Giorgio Maggiore
<u>오픈</u> 5월~9월 09:30~19:00(일요일 08:30~11:00, 14:30~18:00), 10월~4월 09:30~일몰(일요일 08:30~11:00, 14:30~일몰)
<u>요금</u> 성당 무료, 종탑 €6
<u>전화</u> 041-522-7827

〈최후의 만찬〉

## 산타 마리아 델라 살루테 성당
### Basilica di Santa Maria della Salute

[바실리카 디 싼타 마리아 델라 살루떼]　　　MAP 14 Ⓚ Ⓛ

대운하 입구에 있는 바로크 양식의 성당으로 크고 둥근 지붕이 인상적이다. 17세기에 건축된 것으로 베네치아를 강타했던 흑사병의 소멸을 감사하기 위해 봉헌되었다.
팔각형의 공간에는 둥글게 배치된 여섯 개의 예배당이 있으며 티치아노 등의 작품을 볼 수 있다. 산 마르코 광장과 종루 쪽에서 본 성당의 모습은 인기 높은 촬영 포인트다.

위치 바포레토 1번 이용, Salute 선착장 하선 주소 Fondamenta Salute 오픈 09:00~12:00, 15:00~17:30 요금 성당 무료, 성물실 €4 전화 041-241-1018

## 산타 마리아 델 로사리오 성당
### Chiesa di Santa Maria del Rosario

[끼에자 디 싼따 마리아 델 로싸리오]　　　MAP 14 Ⓘ

티치아노의 1559년 작품인 〈성 라우렌티우스의 순교〉가 있는 교회로 대운하를 끼고 있는 모습이 인상적이다. 라우렌티우스는 258년 순교를 당했는데 뜨거운 석쇠 위에서 고문을 당하다 죽음을 맞이하였다. 하지만 죽어가는 순간에도 황제에게 '한쪽이 잘 구워졌으니 다른 쪽도 잘 구워 먹어라.'라며 굳건한 신앙심을 표출한 일화가 유명하다.
그림의 배경이 밤이라 어둡다 보니 장면이 더 극적으로 다가오며 왜 티치아노를 색채의 마술사로 부르는지 실감하게되는 작품이기도 하다.

〈성 라우렌티우스의 순교〉

위치 바포레토 1번 이용, Zattere 선착장에서 하선하면 바로 앞에 있다. 아카데미아 미술관에서 도보 5분
주소 Fondamenta delle Zattere 917
오픈 월~토요일 10:00~16:30
휴무 일요일, 1월 1일, 부활절, 8월 15일, 12월 25일
요금 €3

# 페기 구겐하임 미술관
## Collezione Peggy Guggenheim

[꼴레찌오네 페기 구겐하임]　　　　　　　　　　　　　　　　MAP 14 ⓙ

미술에 관심 있는 사람이라면 꼭 들르고 싶어 하는, 이탈리아에서 손꼽히는 미술관이다. 미술관 이름이기도 한 구겐하임 가문은 미국의 재벌가로, 뉴욕 구겐하임 미술관을 창립한 솔로몬 구겐하임의 조카인 페기 구겐하임(Peggy Guggenheim)이 머물던 집에 그녀가 수집한 작품들을 위주로 전시하고 있다.
입체파와 초현실주의, 추상주의 등 주로 현대 미술을 중심으로 하는 다양한 장르의 미술품이 전시되어 있다. 샤갈(Chagall), 달리(Dali), 칸딘스키(Kandinsky) 등 그 이름도 쟁쟁한 화가들의 작품을 다양하게 만날 수 있다. 운하를 바라보고 있는 테라스도 분위기가 아주 좋으니 놓치지 말고 가보자.

위치 바포레토 1번·2번 이용, Accademia 선착장 하선 주소 Dorsoduro 701-704 오픈 수~월요일 10:00~18:00 휴무 화요일, 12월 25·26일 요금 일반 €15, 학생 €9 전화 041-240-5411 홈피 www.guggenheim-venice.it

# 아카데미아 미술관
## Galleria dell'Accademia

[갈레리아 델라카데미아]    MAP 14 ① ⓙ

물 위에 펼쳐지는 감각적인 빛의 효과와 몽환적인 분위기의 베네치아 화파의 경향을 감상할 수 있는 미술관이다. 베네치아 화파의 시작부터 18세기에 이르는 많은 작가의 작품을 볼 수 있어 베네치아의 또 하나의 필수 코스로 꼽히고 있다.

그중에서도 조르지오네(Giorgione)의 〈폭풍〉, 틴토레토(Tintoretto)의 〈산 마르코의 기적〉, 티치아노 벨렐리오(Tiziano Velellio)의 〈성모의 비탄〉 등이 유명하다. 그 외에도 카르파치오(Carpaccio), 과르디(Guardi), 만테냐(Mategna)의 작품을 감상할 수 있다.

> **TIP**
> 미술관 앞에 있는 목조 다리인 아카데미아 다리(Ponte dell'Academia)는 대운하의 세 개 다리 중 하나다. 1933년에 임시로 만든 나무다리가 아직도 유지되어 있으며 이곳에서 바라보는 대운하 풍경이 무척 아름다우니 꼭 올라가 보자.

**위치** 바포레토 1번·2번 이용, Accademia 선착장 하선 **주소** Campo della Carità 1050 **오픈** 월요일 08:15~13:00, 화~일요일 08:15~18:15 **휴무** 1월 1일, 5월 1일, 12월 25일 **요금** €15(예약비 €1.5), 매월 첫째 일요일 무료 **전화** 041-520-0345 **홈피** www.gallerieaccademia.it

## 레조니코 궁전
### Ca'Rezzonico

[카레쪼니꼬]   MAP 14 ①

## 산타 마리아 글로리오사 데이 프라리 성당
### Basilica Santa Maria Groriosa dei Frari

[바실리까 싼타 마리아 그로리오싸 데이 프라리]   MAP 14 ⓔ

## 산 로코 학교
### Scuola Grande di San Rocco

[스꼴라 그란데 디 싼 로꼬]   MAP 14 ⓔ

조르조 마사리가 완성한 건물로 유명인들이 몇 년씩 머물며 거처로 삼기도 하였다.

현재는 17세기 베네치아의 풍속과 관련된 자료와 18세기 미술품과 가구들이 전시되어 있어, 다양한 전시품을 통해 당시의 생활상을 읽을 수 있다.

대운하가 바로 앞에 있어서 베란다에서 바라보는 경치가 아름답다.

**위치** 바포레토 1번 이용, Ca'Rezzonico 선착장 하선
**주소** Fondament Rezzonico 3136
**오픈** 4월~10월 10:30~18:00, 11월~3월 10:30~17:00
**휴무** 화요일, 1월 1일, 12월 25일
**요금** €10
**전화** 041-241-0100
**홈피** carezzonico.visitmuve.it

14세기 15세기에 지어진 고딕 양식의 교회로 베네치아가 자랑하는 유명인들이

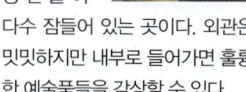
〈성모승천〉

다수 잠들어 있는 곳이다. 외관은 밋밋하지만 내부로 들어가면 훌륭한 예술품들을 감상할 수 있다.

성당 정면 안쪽은 티치아노의 〈성모승천〉으로 장식되어 있으며, 그의 무덤도 이곳에 있다. 일요일 오전에 일찍 가면 미사에 참석할 수 있다.

**위치** 바포레토 1번 · 2번 이용, S. Toma 선착장 하선, 정면 큰길로 걸어가다 작은 광장에 도착한 후 Calle Larga Prima 거리로 가면 성당이 보인다.
**주소** San Polo 3072 **오픈** 월~토요일 09:00~18:00, 일요일 13:00~18:00
**요금** €3(코러스 패스 사용 가능) **전화** 041-272-8611 **홈피** www.basilica-deifrari.it

틴토레토가 무려 24년 동안이나 온갖 노력과 재능을 쏟아 부은 곳. 비록 세상의 평가는 냉정했지만 건물의 계단과 홀 벽면, 천장을 온통 그의 그림으로 장식하였기 때문에 그의 기념비와 같은 건물이라고 할 수 있다.

56점의 그림 중에서 〈십자가의 수난〉〈목자의 경배〉〈수태고지〉 등이 유명하니 놓치지 말고 감상해 보자.

**위치** 바포레토 1번 이용, S. Toma 선착장 하선, 산타 마리아 글로리오사 데이 프라리 성당 왼쪽 골목으로 도보 2분 정도
**주소** Campo San Rocco 3052
**오픈** 09:30~17:30
**요금** €10, 18~26세 €8, 18세 미만 무료
**전화** 041-523-4864
**홈피** www.scuolagrandesanrocco.org

# 리도
## Lido

[리도]    지도 외

휴양지로 유명한 리도 섬은 해변과 더불어 카지노 · 레스토랑 · 극장 등이 있어 항상 많은 관광객으로 넘친다. 19세기에는 유럽의 대표적 휴양지로 전성기를 구가했다. 토마스 만의 소설 〈베니스에서의 죽음〉의 배경이 되고, 또한 동명의 영화에 등장한 곳이기도 하다.

여름에는 수영복을 준비해 해수욕객들이 붐비는 해변에서 한가로운 휴식을 취하는 것도 좋다. 단, 명성에 비해 해변이 그렇게 깨끗하거나 아름답지는 않으니 큰 기대는 하지 않는 것이 좋다. 바포레토 선착장 앞에서 V번 버스를 타면 해변에 갈 수 있다. 도보로는 20분 정도 걸린다.

8월 말에서 9월 초에는 세계적으로 유명한 베네치아 국제 영화제가 열려 운이 좋으면 세계적인 스타를 볼 수 있을지도 모른다. 하지만 겨울철이라면 쓸쓸한 바닷가에 불과하니 굳이 방문할 필요는 없다.

**TIP** 산 조르조 마조레 성당 앞에서 출발하는 바포레토는 베네치아 섬을 한 바퀴 돌기 때문에 무려 한 시간 이상 걸리니 산 마르코 광장 쪽에서 출발하는 바포레토를 타자.

**위치** 산타 루치아 역에서 바포레토 1번 · 5.1번 이용, Lido 선착장 하선(약 40~50분 소요), 산 마르코 광장에서는 1번 · 10번 · 5.1번 · 5.2번 바포레토를 이용한다. 반드시 리도 행인지 확인하고 탑승하자.

베네치아의 명물, **곤돌라 Gondola**

베네치아의 상징 곤돌라는 어떻게 만들어졌을까? 여러 가지 설이 있지만 가장 유력한 것은 다음과 같다. 오래전 어느 날 베네치아를 침입한 외적들이 도시의 모든 처녀를 납치하는 사건이 발생했다. 그야말로 마른하늘에 날벼락! 하루아침에 신붓감을 빼앗긴 청년들은 분노의 결의를 다지며 신붓감 구출 대작전을 세운다.
전략은 소리 없이 움직이는 작은 배를 만들어 처녀들을 구출해오자는 것! 결과는 물론 대성공이었다. 이때 고안된 배가 바로 곤돌라라는 것이다.

### 곤돌라의 비밀

그 당시에는 때가 때이니만큼 재빨리 만들었겠지만, 오늘날 곤돌라는 3개월의 건조 과정을 거친 280여 개의 나무 조각들을 두 달에 걸쳐 조립해 만드는 고급 수공예품이다. 곤돌라는 '흔들리다'라는 뜻으로, 고대의 배 모양을 본떠 만들었고 길이는 10미터 이내, 너비는 1.2미터 내지 1.6미터 정도이다. 배 중앙에 대여섯 명을 태울 수 있으며 뱃사공은 3미터나 되는 긴 노를 가지고 노를 젓는다.
평평한 바닥은 수심이 낮은 곳에서도 이동할 수 있도록 설계한 것이고, 날씬한 선체는 좁은 운하를 날렵하게 빠져나갈 수 있도록 고안된 것이다. 뱃머리는 약간 왼쪽으로 굽어 있는데 이것은 노 젓는 힘 때문에 곤돌라가 맴도는 것을 방지하는 역할을 한다.

### 곤돌라는 무조건 검은색?

원래 화려한 색과 장식을 가지고 있던 곤돌라가 왜 모조리 검은색이 되었을까? 대표적으로 두 가지 가설이 있다. 첫 번째 가설은 부자들의 곤돌라 치장이 극에 달해 사치와 낭비가 심해지자 정부가 '사치 낭비 단속 위원회'를 전격 결성, 선체와 덮개를 모두 검은색으로 통일하라는 법령을 선포했다는 것이다. 두 번째 가설은 6세기 유럽을 공포의 도가니로 만든 흑사병으로 사망한 이들에게 조의를 표하기 위해 곤돌라를 검게 칠했고, 그 전통이 지금까지 이어져 온 것이라는 것. 지금은 첫 번째 가설이 거의 정설처럼 믿어지고 있다.
하지만 곤돌라도 1년 중 한번은 다시 예전의 화려함을 찾는 때가 있다. 바로 곤돌라 축제인 베네치아 레가타 스토리카(Venezia Regata Storica) 기간이다. 이때만큼은 화려하게 치장한 곤돌라가 수로를 누비고 다닌다.

### 곤돌리에 되기는 낙타가 바늘구멍 통과하기?

뱃사공은 봉골리에 또는 곤돌리에라고 부른다. 곤돌리에 면허 따기는 하늘의 별 따기만큼이나 어렵다. 그래서 뒷거래가 무성하다는 소문이 가끔 돌 정도. 하여튼 우여곡절 끝에 면허를 딴 사람들인 만큼 운전 솜씨가 아주 뛰어나 좁은 수로를 요리조리 빠져나갈 때는 감탄사가 절로 나온다.
오페라 가수 못지않은 노래 실력의 곤돌리에는 멋진 칸소네를 불러 분위기를 띄워 주기도 한다. 단, 그 뒤에는 만만치 않은 팁도 함께 따라다닌다는 사실을 잊지 말 것!

# Eating

베네치아

## 젤라테리아 니코
### Gelateria Nico

MAP 14 ①

관광지와 거리가 있어 일부러 찾아가기가 조금 번거로운 곳이지만, 베네치아의 자존심이라고 할 만큼 맛있는 아이스크림으로 유명하다. 테이크아웃이 저렴하고 가게 내부나 외부 좌석에 앉아 주문하면 가격이 훨씬 올라간다.

<u>위치</u> 바포레토 Zattere 선착장 바로 앞
<u>주소</u> Fondamenta Zattere ai Gesuati 922
<u>오픈</u> 월~수요일 · 금~일요일 06:45~22:00
<u>휴무</u> 목요일
<u>요금</u> €2~5
<u>전화</u> 041-522-5293
<u>홈피</u> www.gelaterianico.com

## 카페 플로리안
### Café Florian

MAP 14 Ⓚ

베네치아의 대표적인 카페로, 예전에는 카페 중 유일하게 여성의 출입이 허용되었기 때문에 특히 카사노바의 단골집이었다고 한다. 그 밖에도 괴테, 바이런, 찰스 디킨스, 헤밍웨이도 이곳을 방문했었다. 유명세만큼 무엇이든 가격이 비싸다. 18세기 배경의 영화 속에 들어온 것처럼 예스럽고 호화로운 실내 분위기가 가장 만족스러운 요소.

<u>위치</u> 산 마르코 성당을 뒤로하고 광장 왼쪽에 위치
<u>주소</u> Piazza San Marco 57
<u>오픈</u> 09:00~24:00
<u>전화</u> 041-520-5641
<u>홈피</u> www.caffeflorian.com

## 그란 카페 콰드리 베네치아
### Gran Café Quadri Venezia

MAP 14 Ⓖ

카페 플로리안과 함께 베네치아의 유서 깊은 카페로 세계적으로 유명한 문호인 스탕달, 뒤마, 마르셀 푸르스트, 바이런 등이 다녀간 바 있다. 커피 맛과 친절도는 플로리안보다 낫다는 것이 중평.

<u>위치</u> 산 마르코 성당을 뒤로하고 산 마르코 광장 오른쪽에 위치
<u>주소</u> Piazza San Marco 121
<u>오픈</u> 09:00~24:00
<u>휴무</u> 겨울철 월요일
<u>요금</u> €7~
<u>전화</u> 041-521-2105
<u>홈피</u> alajmo.it

## 알 보테곤
## Al Bottegon

MAP 14 ⓘ

스페인에 타파스가 있다면 이탈리아에는 치케티(Chicchetti)가 있다. 작은 빵 위에 다양한 종류의 토핑을 얹어 가볍게 즐기는 오픈 샌드위치 치케티는 와인이나 맥주를 곁들여 가벼운 한 끼 식사를 하기에 좋다. 이곳 베네치아의 명물인 소금에 절인 대구(Baccala)뿐 아니라 여러 종류의 치케티가 있으므로 취향에 맞게 골라 맛보자.

**위치** 아카데미아 미술관을 정면에서 바라보고 오른쪽 길인 Campo della Carità 로 간다. 도보 2분 소요 **주소** Fondamenta Nani 992 **오픈** 월~토요일 08:30~20:30 **휴무** 일요일 **요금** 치케티 €1.2~1.5, 잔 와인 €1.2~ **전화** 041-523-0034 **홈피** cantinaschiavi.com

## 찻퀴릿
## Chat Qui Rit

MAP 14 ⓖ

산 마르코 광장과 가까워 여행하다 들리기 좋은 아늑한 분위기의 비스트로. 크게 붐비지 않아 쾌적한 분위기에서 맛있는 요리를 즐길 수 있다. 인테리어 분위기는 편안한 느낌을 주고, 직원들은 친절하다. 가격이 저렴한 편은 아니지만 요리가 맛있어 만족도는 높다.

**위치** 산 마르코 광장에서 50m쯤 떨어져 있다.
**주소** Calle Tron 1131
**오픈** 화~토요일 12:30~22:00
**휴무** 월·일요일
**요금** €25~
**전화** 041-522-9086
**홈피** www.chatquirit.it

## 트라토리아 알라 리베타
## Trattoria Alla Rivetta

MAP 14 ⓗ

맛있는 음식을 적당한 가격에 내오기 때문에 곤돌리에를 비롯한 현지인들도 많이 찾는 인기 레스토랑이다. 특히 튀김을 비롯한 해산물 요리가 맛있다.

**위치** 바포레토 San Zaccaria 선착장 근처
**주소** Ponte San Provolo 4625
**오픈** 화~일요일 10:00~22:30
**휴무** 월요일
**요금** €25~
**전화** 041-528-7302

## 리스토란테 산 바르톨로메오 & 로스티체리아 기슬론
Ristorante S. Bartolomeo & Rosticceria Gislon

MAP 14 ⓖ

## 알 메르카
Al Mercà

MAP 14 ⓖ

## 테라차 델 카진 데이 노빌리
Terrazza del Casin dei Nobili

MAP 14 ⓘ

베네치아에서는 드물게 저렴하면서도 맛있는 음식이 있는 레스토랑. 찾아가기가 조금 어렵지만 만족도는 높다. 1층에서는 이미 조리해 놓은 해산물이나 고기, 튀김 요리 등을 구입해 간단히 먹을 수 있고, 2층은 레스토랑으로 운영하고 있다. 레스토랑도 다른 곳에 비하면 저렴한 편으로 €1~2에 와인 한 잔을 즐길 수 있으며 튀긴 모차렐라 치즈도 맛있다.

구석진 곳에 있지만 리알토 다리와 가깝고 나름대로 유명세가 있어 1층은 언제나 북적이는데, 구입한 음식을 바로 먹을 수 있는 바가 있어 편리하다.

**위치** 리알토 다리에서 도보 3분, 산 바르톨로메오 광장에서 뒷 골목으로 들어간다.
**주소** Calle de la Bissa 5424
**오픈** 09:00~21:30
**요금** 1층 조리식품 €3~, 2층 파스타 €7~
**전화** 041-522-3569

'시장에서'라는 뜻의 이 레스토랑은 이름 그대로 베네치아에서 제일 큰 시장 바로 옆에 있는 작은 가게다. 베네치아가 속해있는 베네토 지방 특산품인 와인을 비롯해 인기 높은 이탈리아 와인을 잔으로 맛볼 수 있다. 더불어 €1.5~2의 가격으로 저렴한 샌드위치를 함께 먹을 수 있어 간단한 식사를 하기에도 그만이다.

항상 인기가 많아 사람들로 북적이니 흑판에 쓰여 있는 메뉴판을 잘 보고 주문해보자.

**위치** 리알토 다리에서 도보 3분 **주소** Campo Cesare Battisiti 213 **오픈** 월~목요일 10:00~14:30 18:00~20:00, 금·토요일 10:00~14:30 18:00~21:30 **휴무** 일요일 **요금** 잔 와인 €3~, 샌드위치 €1.5~ **전화** 346-834-0660

야외 좌석에서 바다와 석양을 바라보며 식사할 수 있는 로맨틱한 레스토랑. 가격은 다른 베네치아 식당과 비슷하고 맛 또한 뒤지지 않는다. 피자와 파스타 종류도 맛있고 음식도 예쁘게 담겨져 나와 기분이 좋아진다.

레스토랑 바로 옆에 베네치아 최고의 젤라테리아인 니코가 있어 식사 후 바로 맛있는 후식을 먹을 수 있는 것도 큰 장점이다.

**위치** 바포레토 Zattare 선착장 바로 앞
**주소** Dorsoduro 924
**오픈** 월~토요일 12:00~24:00, 일요일 12:00~18:00
**휴무** 목요일
**요금** 파스타 €11~, 메인요리 €15~25
**전화** 041-520-6895

> **TIP**
> **베네치아 기념품**

**베네치아 가면**
신비롭고 독특한
베네치아의 가면

**건물 모형**
베네치아의 아름다운 건물들을
그대로 축소한 모형

**그림**
운하와 도시 풍경을 담은 그림

**달력**
이탈리아의 풍경과
사람들이 담겨져있는 달력

**레이스**
부라노 섬의 특산품이지만
본섬에서도 많이 볼 수 있다.

**마블 공예**
세상에 하나만 존재하는 무늬가
여기에 담겨져있다.

**목각**
멋진 인테리어 소품이 될 수 있는
목각 장식품

**유리 공예**
영롱하고 반짝이는
유리 공예품들은 디자인과
색채가 매우 다양하다.

**인형**
베네치아 전통 의상을 입은
인형

# *Entertaining*

베네치아

## 곤돌라
Gondola

## 카르네발레 디 베네치아
Carnevale di Venezia

산 마르코 광장 앞이나 리알토 다리 등에서 곤돌라를 탈 수 있다. 몇 명이 타든 요금은 같으니 되도록 대여섯 명이 함께 이용하면 저렴하다. 혼자나 두 명이라면 여행안내소에서 예약할 수 있는 35분짜리 곤돌라 투어에 참여하는 것이 낫다. 저녁에는 멋진 세레나데를 불러주는 로맨틱한 투어도 운행한다.
만약 연인과 함께라면 밤에 타보는 것도 좋다. 거금을 투자해야 하지만 그야말로 저절로 키스를 부르는 분위기가 된다.

<u>요금</u> 곤돌라 라이드 €28~(1일 5회 출발), 곤돌라 세레나데 €40~(1일 3회 출발), 개인 곤돌라 20:00 이전 40분 €80~, 20:00 이후 40분 €100~(25분마다 추가 요금)
※ 여행안내소에서 예약 가능, 개인적으로는 산 마르코 광장 등 주요 관광지 앞에서 출발하는 곤돌라를 흥정하면 된다.

매년 2월이 오면 베네치아 전체는 축제 분위기로 술렁이며, 사람들은 화려한 색상과 장식을 한 가면에 옛

의상을 맞춰 입고 거리를 활보한다. '축제'라는 의미의 카르나발레는 13세기부터 시작되었고, 세계적으로 가장 유명한 축제 중 하나이다.
16세기에는 1년에 6개월 동안 열릴 정도로 엄청난 인기를 불러 모았는데, 신분과 남녀 차별이 있던 당시 가면만 쓰면 누구라도 귀족, 예술가, 교황에서 왕자와 공주에 이르기까지 꿈꾸던 인물이 될 수 있었기 때문이다. 그러나 다른 한편으로는 불륜이나 강도, 암살과 스파이 목적 등으로 악용되는 부작용도 있었다고 한다.
축제는 베네치아 공국의 몰락과 함께 중단되었다가 1970년에 부활하였다. 축제 기간에는 가면 콘테스트, 19세기의 역사적 인물을 테마로 한 무도회, 가면 복장으로 하는 저녁 식사 등의 이벤트들이 진행된다.

<u>오픈</u> 대부분 1월과 2월에 개최, 사순절 10일 전부터 시작되므로 해마다 날짜가 변경된다.
<u>홈피</u> www.carnevale.venezia.it

## 베네치아 국제 영화제
## Venezia International Film Festival

## 베네치아 비엔날레
## Venezia Biennale

## 레가타 스토리카 카날 그랑데 (곤돌라 경주)
## Regatta Storica 'Canal Grande'

칸느 국제 영화제, 베를린 국제 영화제와 함께 세계 3대 국제 영화제로 1932년 창설되었다. 우리나라는 1987년 임권택 감독의 〈씨받이〉로 강수연 배우가 여우주연상을 수상했다. 2002년에는 이창동 감독의 〈오아시스〉가 감독상과 신인배우상을 받은 바 있다. 2012년 9월에는 〈피에타〉가 영화제 대상인 황금사자상을 수상한 바 있다. 한국영화가 세계 3대 영화제에서 대상을 받은 것은 당시가 처음이었다.

**오픈** 9월 초순
**위치** 리도 섬의 시네마 궁전(Palazzo del Cinema)
**홈피** www.labiennale.org/en/cinema

베네치아 전역에서 열리는 미술 축제로, 세계 3대 비엔날레 중 하나다. 우리에게 잘 알려진 비디오 아티스트인 백남준이 황금사자상을 수상하기도 했다. 최근 우리나라 작가들이 좋은 평가를 받으며 한국 미술과 예술가들의 위상을 높이고 있다.

**오픈** 홀수 해의 6월~10월
**홈피** www.labiennale.org

13세기부터 시작된 곤돌라 경기로 대운하를 중심으로 열린다. 좋은 자리에서 관람하려면 많은 돈과 노력이 필요한 축제다.
하지만 1년에 단 한번 화려하게 변신한 곤돌라의 모습과 스펙타클한 퍼레이드 등은 보는 이를 즐겁게 한다.

**오픈** 9월 첫 번째 일요일
**홈피** www.regatastoricavenezia.it

# *Sleeping*

### 오스텔로 베네치아
### Ostello Venezia
MAP 13 ⓙ

유스호스텔증이 꼭 필요하며, 오후 3시 이후에 체크인할 수 있다. 밤 12시에 문을 닫으니 주의할 것. 저렴하지만 공식 유스호스텔이라 전반적인 시설은 잘 갖추어져 있다.

**위치** 주데카(Giudecca) 섬에 있어 산타 루치아 역에서 4.1·4.2번 바포레토(40분 소요)를 타거나 산 마르코 광장에서 2·4.1·4.2번 바포레토(5분 소요)를 타고 Zitelle 선착장에서 내려 오른쪽으로 조금 걷는다.
**주소** Fondamenta di Zitelle 86 **요금** 도미토리 €19.5~(조식 포함) **전화** 041-877-8288
**홈피** www.hostelvenice.org

### 포레스테리아 발데세 디 베네치아
### Foresteria Valdese di Venezia
MAP 14 ⓗ

18세기의 고풍스러운 건물을 개조한 호스텔로 체크인은 리셉션 운영시간인 09:00~13:00, 18:00~20:00 사이에만 가능하다. 11월 3주간은 운영하지 않으니 미리 확인하자.

**위치** 산타 루치아 역에서 82번 바포레토를 타고 San Zaccaria 선착장에서 내린 다음 Santa Maria Formosa 광장을 찾아간다. 거기서 Calle Lunga Santa Maria Formosa 거리를 따라 첫 번째 다리를 건너면 된다. 찾아가기 어려운 편이니 주의하자. **주소** Sestiere Castello 5170 **요금** 도미토리 €22~, 1일 이상 €21~ **전화** 041-528-6797 **홈피** www.foresteriavenezia.it

### 오스텔로 산타 포스카
### Ostello Santa Fosca
MAP 14 ⓑ

무난한 시설을 갖춘 저렴한 호스텔로 체크인은 16:00~19:00 사이에 가능하다. 유스호스텔증은 필요 없으며 아침 식사가 제공된다.

**위치** 산타 루치아 역에서 산 마르코 광장으로 가는 길로 도보 20분, 또는 바포레토 1번 이용해 S. Marcuola 선착장에서 내려 도보 10분 **주소** Cannaregio 2372 **요금** 도미토리 €20~ **전화** 041-715-775 **홈피** www.ostello-santafosca.it

### 카사 알로지 제로토 칼데란
### Casa Alloggi Gerotto Calderan
MAP 14 ⓐ

산타 루치아 역과 가까운 곳에 있는 비교적 저렴한 숙소로 기본적인 시설은 갖춰져 있다. 엘리베이터는 없지만 광장과 운하에 면해 있어 주변 분위기도 괜찮은 편.

**위치** 산타 루치아 역에서 나오자마자 왼쪽으로 이어지는 골목길을 따라 도보 2분 **주소** Campo San Geremia 283 **요금** 도미토리 €21~25, 더블 €46~100 **전화** 041-715-562 **홈피** www.casagerottocalderan.com

### 호텔 미네르바 에 네투노
### Hotel Minerva e Nettuno
MAP 14 ⓐ

산타 루치아 역과 가까운 비교적 저렴한 호텔과 3인실과 4인실을 운영하고 있다. 객실은 소박한 느낌이고 아침 식사도 괜찮은 편.

**위치** 산타 루치아 역을 등지고 왼쪽 골목으로 도보 10분 **주소** Lista di Spagna 230 **요금** 싱글 €50~70, 더블 €80~130 **전화** 041-715-968 **홈피** www.minervaenettuno.com

### 안티카 카사 카레토니
### Antica Casa Carettoni
MAP 14 ⓐ

예스러운 분위기의 3성급 호텔로 시설도 괜찮고, 역에서 가깝다는 것이 장점. 근처에 비교적 저렴한 가격대의 식당도 있다.

**위치** 산타 루치아 역을 등지고 왼쪽으로 뻗은 Rio Terra Lista di Spagna 거리를 걷다 보면 왼쪽에 위치, 도보 6분 소요. **주소** Lista di Spagna 130 **요금** 싱글 €85~190, 더블 €120~285 **전화** 041-716-231 **홈피** www.hotel-carettoni.com

**Travel Plus**

# Murano
## 무라노

베네치아의 특산품인 유리 공예품을 만드는 공방들이 모여 있는 섬으로 베네치아 본섬에서 1.5 킬로미터 떨어져 있다. 예전에는 염전과 어업을 주로 하였지만 12세부터 화재의 위험과 기술의 외부 유출을 피해 유리 공방들이 이곳으로 이전하면서 본격적으로 유리 공업의 중심지가 되었다. 섬을 둘러보다 보면 곳곳에 유리로 만든 아름다운 조각품들이 있어 무라노가 유리 공예의 중심지임을 실감할 수 있다.

# 무라노 가는 방법

### Per Murano

베네치아 본섬에 머물면서 당일 또는 반나절 일정으로 여행할 수 있다. 섬을 연결하는 바포레토의 운항 횟수가 적으니 미리 확인하고 여행을 계획하자.

**베네치아 ➡ 무라노**   바포레토 30분~

## >> 바포레토로 가기 In Vaporetto

베네치아 본섬에서 바포레토 3번 · 4.1번 · 4.2번을 이용, Murano Navagero 선착장에 내린다(30분 내외 소요). 무라노 섬 안에서는 천천히 걸으며 산책하듯 여행하면 된다.

본섬으로 돌아갈 때는 내린 선착장이나 Murano Colonna 선착장에서 P. le Roma 행 3번 · 4.1번, F. te Nove 행 4.2번 바포레토를 타면 된다.

무라노에서 부라노로 가는 12번이나 NLN번 바포레토를 타면 하루에 두 섬을 모두 둘러볼 수 있다. 또한 무라노에서 리도(Lido) 섬으로 갈 때는 NLN번과 · 18번 (시즌에 따라 변경) 바포레토를 이용하면 된다. 20분 내지 30분이 소요된다.

본섬에서 다니는 바포레토보다 운항 횟수가 현저히 적으니 섬에 도착하면 바로 바포레토 운항 시각을 확인한 후 시간 계획을 세워 움직이는 것이 좋다.

### 무라노 여행 정보

**무라노의 먹거리 및 쇼핑**
운하를 따라 뻗어 있는 폰다멘타 데이 베트라이 산책로(Pondamenta dei Vertai)에는 유리 공예 상점과 다양한 레스토랑들이 모여 있다.
유리 공예품은 본섬보다 조금 저렴하기는 하지만 크게 차이가 없다. 그러나 더 독특한 디자인의 제품들이 꽤 있으니 눈을 크게 뜨고 찾아보자. 산책로 근처 레스토랑들에서는 본섬보다 10퍼센트 내지 20퍼센트 정도 저렴하게 신선한 각종 해산물 요리와 파스타 등을 즐길 수 있어 만족도가 높은 편이다.

**무라노에서 부라노 가기**
부라노로 가는 NLN번 바포레토는 폰다멘타 데이 베트라이 산책로의 두 번째 다리를 건너 Calle Bressagio 거리를 따라가면 나오는 Faro 선착장에서 타면 된다.

**무라노와 부라노 하루에 둘러보기**
하루에 두 섬을 모두 방문한다면 본섬 → 부라노 → 무라노 → 본섬 일정을 추천한다. 자세한 안내는 486쪽을 참조하자.

# 무라노 이렇게 여행하자

## Il Turismo

선착장에 내리면 베네치아 유리 공예의 본고장 무라노 섬의 풍경이 펼쳐진다. 섬 곳곳에 설치되어 있는 미술 작품과 같은 커다란 유리 공예품은 이곳의 특성을 잘 보여주고 있다.
무라노에서는 차분한 분위기의 섬과 유리 박물관 등을 둘러보다 문득 눈에 띄는 공방이나 상점에 들어가 보자. 어쩌면 내 맘에 쏙 들어오는 반짝이는 보물을 발견할지도 모른다.

## 산타 마리아 에 도나토 성당
Cheisa dei Santi Maria e Donato

[끼에자 데이 싼타 마리아 에 도나토]   MAP p.481

무라노에 있는 작은 성당으로 외관은 소박한 편이지만 내부에 들어가면 황금빛 모자이크로 완성된 12세기의 작품〈성모 마리아의 기도〉를 볼 수 있다. 산 마르코 성당의〈황금 선반〉과 함께 베네치아 비잔틴 양식을 대표하는 작품이다.

위치 바포레토 Murano Navagero 선착장에서 운하 길을 따라가다 다리를 건너면 나오는 광장에 있다. 도보 약 6분 소요
주소 Campo San Donato 11
오픈 월~토요일 09:00~18:00, 일요일 12:30~18:00
요금 성당 무료, 천장 조명 €3
전화 041-739-056
홈피 sandonatomurano.it

## 유리 박물관
Museo del Vetro

[무제오 델 베트로]   MAP p.481

섬세한 유리 공예품을 전시하는 곳으로 상점에서는 보기 힘든 보석만큼 아름다운 작품들을 감상할 수 있다. 더불어 예전에 사용했던 제작 도구는 물론 유리 제작의 역사까지 볼 수 있어 꽤 흥미롭다.

위치 산타 마리아 에 도나토 성당에서 도보 1분 주소 Fondamenta Giustinan 8 오픈 4월~10월 10:30~18:00, 11월~3월 10:30~16:30 휴무 1월 1일, 5월 1일, 12월 25일 요금 €14 전화 041-739-586 홈피 museovetro.visitmuve.it

**TIP**
핸드백과 큰 짐은 박물관 입구 왼쪽에 있는 보관소(€0.5)에 맡겨야 한다. 무라노는 공중화장실이 없으니 박물관 화장실을 이용하는 것도 좋다.

## 유리 공방
### Glass Factory

MAP p.481

무라노에는 170여 개의 공방이 있으며 지금도 전통 기법 그대로 장인들이 유리 제품을 생산한다. 성수기에는 바포레토 선착장 앞에서부터 공방으로 안내해주는 사람들을 볼 수 있다.

공장을 방문하면 제품 판매를 위해 무료로 공예품을 만드는 시연을 볼 수 있는데 볼수록 재미있고 신기하다. 아무리 전문가라지만 형체도 없던 유리를 단 몇 번의 손길로 짧은 시간에 유니콘으로 만들고 돌고래로 만드는 기술은 신기에 가까울 뿐이다.

유리 가공 기술은 학교에서 가르치는 것이 아니라 공장마다 대대로 대물림해 오는 것이라 철저한 도제 제도를 유지하고 있다.

무라노의 공방에서는 베네치아 본섬보다 조금 저렴하게 유리 공예품을 살 수 있다. 대부분 포장을 튼튼하게 해주지만 일부 허술한 곳도 있으니 포장 과정을 옆에서 꼼꼼하게 지켜보는 것이 좋다.

> **TIP**
>
> 대표적인 대형 공방으로는 마체가 유리 공방(Mazzega Glass Factory)이 있다. 상점 안쪽에 공방이 있어 스태프들의 양해를 구한 후 들어가야 한다. 1층 공간에서는 그나마 부담 없는 액세서리류와 기념품을, 2층에서는 고가의 공예품들을 전시하고 판매한다. 1층 출입은 제한이 없지만 2층을 둘러보려면 직원에게 문의한 후 함께 가야 한다.
>
> ●**마체가 유리 공방 Mazzega Glass Factory**
> 위치 바포레토 Murano Da Mula 선착장에서 왼편으로 바로 보인다. 주소 Fondamenta da Mula 147 오픈 09:00~17:30 전화 041-736-888 홈피 www.mazzega.it

## 리스토란테 달라 모라
### Ristorante dalla Mora

MAP p.481

무라노 운하 옆에 있는 부담 없는 분위기의 레스토랑으로 특히 해산물 요리가 맛있다. 실내는 물론 운하를 바라보는 야외 좌석도 마련되어 있다. 각종 해산물을 모둠으로 맛볼 수 있는 Gran antipasto misto di pesce (€21~) 등이 추천 메뉴.

위치 유리 박물관에서 운하를 따라 도보 7분 내외 주소 Fondamenta Manin 75 오픈 금~수요일 12:00~21:30 휴무 목요일 요금 €25~ 전화 041-736-344 홈피 ristorantedallamora.com

# 폰다멘타 데이 베트라이
## Fondamenta dei Vetrai

[폰다멘따 데이 베뜨라이]　　　　　　　　　　　　MAP P.481

유리공예로 유명한 무라노 섬에서도 많은 유리 공방들이 모여 있는 운하. 일명 '유리 공예가들의 제방'이라 불리는 곳으로 운하 주변으로 파브리체(Fabriche)라 부르는 유리 공방들과 그들이 작업하고 있는 용광로(Fornaci)가 밀집되어 있다.
아름다운 운하를 따라 산책하기도 좋은 곳이며, 운하를 따라 걸으며 수십 개가 넘는 유리 공예 전문점들을 지나가기 때문에 꼭 구입하지 않더라도 아름다운 공예품들을 보며 눈요기를 하기도 좋다.
특히 47번지에 있는 유리공방 베니니(Venini)가 유명하다. 현대적이고 감각적인 디자인의 유리 공예품들을 선보이고 있다.

**베니니 Venini**
오픈 월~토요일 09:30~17:30
휴무 일요일
전화 041-273-07211

**Travel Plus**

# Burano
## 부라노

아름다운 레이스와 화려한 색감의 집들로 유명한 부라노 섬은 베네치아 본섬에서 북쪽으로 9킬로미터 정도 떨어져 있다. 원래는 조용한 어촌마을이었지만 집들의 외벽을 산뜻하고 화려한 색감으로 칠하면서 본섬 못지않은 인기 관광지가 되었다. 어디에서 촬영해도 엽서나 그림 같은 풍경이 되는 곳이 많아 패션 화보나 뮤직비디오, CF의 단골 배경이 되기도 한다.

# 부라노 가는 방법

**Per Burano**

베네치아 본섬에 머물면서 당일 또는 반나절 일정으로 여행할 수 있다. 섬을 연결하는 바포레토의 운항 횟수가 적으니 미리 확인하고 여행을 계획하자.

| 베네치아 ➜ 부라노 | 바포레토 40분~ |

## >> 바포레토로 가기 In Vaporetto

베네치아 산타 루치아 역 앞에 있는 Ferrovia 선착장에서 바포레토 4.2번, 5.2번을 타고 본섬 북쪽에 있는 Fondamente Nove 선착장에 하차한 후, 12번 바포레토로 갈아타고 Burano 선착장에서 내린다(총 40여 분 소요). 부라노에서 바로 무라노 섬으로 가는 배도 있으니 하루에 두 곳을 묶어 여행해도 좋다.

### TIP
**부라노 & 무라노 1일 코스**

산타 루치아 역 → (4.2번 · 5.2번 바포레토) → Fondamente Nove 선착장 → (12번 바포레토) → 부라노 섬 → (12번 바포레토) → 무라노 섬 → (3번 · 4.1번 바포레토) → 베네치아 본섬

## 부라노 여행 정보

### 부라노의 먹거리 및 쇼핑

무라노와 마찬가지로 본섬보다 저렴하게 해산물 요리를 즐길 수 있다. 트라토리아 알 가토 네로(Trattoria Al Gatto Nero)는 영국의 스타 셰프 제이미 올리버가 추천하는 곳으로 특히 부라노식 해물 리소토 Risotto alla Brunella(2인분부터 주문, 1인 €17~)가 특히 유명하다.

상점마다 베네치아의 감성을 담은 예쁜 기념품이 많지만, 특히 부라노의 특산품인 레이스 공예품을 잘 살펴보자.

**트라토리아 알 가토 네로 Trattoria Al Gatto Nero**
주소 Via Giudecca 88 오픈 12:00~15:00, 19:00~21:00 휴무 월요일 전화 041-730-120 홈피 www.gattonero.com

### 부라노와 무라노 하루에 둘러보기

하루 일정으로 두 섬을 모두 둘러볼 예정이라면 아침 일찍 본섬에서 출발해 더 거리가 먼 부라노를 먼저 둘러보고 바포레토를 이용해 무라노로 와서 오후에 무라노를 둘러본 후 본섬으로 오는 것이 편리하다. 부라노는 점심시간과 오후가 될수록 더욱 붐비니 되도록 아침 일찍 가는 것이 더 여유롭게 섬을 즐길 수 있는 방법이다.

# 부라노 이렇게 여행하자

## Il Turismo

부라노 선착장에 내리면 정면에 있는 산 마우로(Strada San Mauro) 거리를 따라가다가 마르셀로(Viale Marcelo) 길이 나오는 사거리에서 오른쪽으로 가면 운하가 나온다.

대부분의 사람이 이 길로 가기 때문에 따라가다 보면 자연스럽게 운하에 도착하게 된다. 섬 전체를 여유롭게 본다면 두세 시간 정도 소요된다. 사진을 찍으며 여유를 부리다 보면 반나절은 금방 간다.

이왕 여기까지 왔다면 유럽에서도 아름답기로 소문난 작은 마을인 이곳에 예쁜 옷을 입고 가서, 일생에 남을 '인생 사진'을 남기는 것도 좋을 것이다.

**추천 코스**: 부라노 승선장 → 마을 산책 & 레이스 박물관

부라노

## 부라노 마을 산책
Burano

[부라노]　　　　　　　　　　　MAP p.487

## 레이스 박물관
Museo del Merletto

[무제오 델
메를레토]　　　　　　　　　　MAP p.487

동화처럼 예쁜 집들이 늘어서 있는 부라노 운하와 골목길을 산책하는 것은 베네치아를 방문하는 기쁨 중 하나이다. 그렇다면 부라노의 집들은 왜 알록달록해졌을까? 몇 가지 가설이 있다. 안개가 짙은 부라노 일대에서 어선이 안전하게 돌아올 수 있도록 칠했다는 설, 술에 취한 남편들이 늦은 밤에도 헷갈리지 않고 집에 잘 찾아오라고 칠했다는 가설들이 대표적이다.

지금은 이 집들이 관광 명소가 되어 주민이 집 외벽 색을 정하면 정부에서 페인트 구입비를 지원할 정도다.

위치 바포레토 선착장에서 도보 10분

남성들이 대부분 어업에 종사했다면 부라노의 여성들은 레이스 공예품을 만드는 일을 하곤 했다. 오늘날 레이스 공예품은 베네치아의 대표적인 특산품이 될 정도로 유명해졌다.

박물관은 레이스 학교 자리에 개관한 것으로 아름답고 섬세한 레이스 작품들을 감상할 수 있어 흥미롭게 둘러볼 수 있는 공간이다.

위치 바포레토 선착장에서 도보 10분, 갈루피 광장(Piazza Balda-ssarre Galuppi) 내 주소 Piazza Galuppi 187 오픈 4월~10월 10:30~17:00, 11월~3월 10:30~16:30 휴무 월요일, 1월 1일, 12월 25일 요금 일반 €5, 학생 €3.5 전화 041-730-034 홈피 museomerletto.visitmuve.it

**Travel Plus**

# Verona
## 베로나

알프스에서 시작된 아티제(Adige) 강과 사이프러스 나무의 푸름이 감싸고 있는 베로나는 〈로미오와 줄리엣〉의 배경으로 등장하는 베네토 지방의 아름다운 전원도시다. 중세의 모습을 그대로 간직하고 있으며, 고대 로마 유적도 많아 해마다 많은 관광객이 방문하고 있다.
고대 로마의 흔적은 아레나와 에르베 광장에서, 중세의 모습은 이곳에서 생산되는 분홍빛 석회암 로소 디 베로나(Rosso di Verona)로 지은 건물들에서 찾을 수 있다. 또 여름에는 세계적으로 유명한 야외 오페라 축제와 셰익스피어 연극제 등 다양한 이벤트가 열리는 도시이기도 하다.

# 베로나 가는 방법
## Per Verona

베네치아와 밀라노에서 기차로 한두 시간 거리라 당일치기 여행으로 다녀오기에 좋은 곳이다. 작은 도시이지만 뮌헨이나 오스트리아의 인스부르크 등지에서도 국제선 열차가 운행하고 있다.

| | | | |
|---|---|---|---|
| 베네치아 → 베로나 | 기차 1시간 10분~2시간 20분, €8.7~27.5 | 밀라노 → 베로나 | 기차 1시간 20분~2시간, €12.7~25 |
| 로마 → 베로나 | 기차 3시간~, €28~45 | 비첸차 → 베로나 | 기차 30분~1시간, €5.45~18 |

### >> 기차로 가기 In Treno

다른 도시에서 기차를 타고 왔다면 베로나 포르타 누오바 역(Stazione di Verona Porta Nuova)에 내리면 된다. 플랫폼을 등지고 나와 오른쪽으로 열차안내소, 여행안내소와 짐 보관소가 있다.

아레나가 있는 브라 광장(Piazza Brà)까지는 도보로 30분 정도 걸리니 버스를 타도 좋다. 역 앞에 시내버스 터미널이 있으며 그중 11번·12번·13번을 이용하면 브라 광장까지 갈 수 있다. 티켓(1회권 €1.3)은 담배가게나 정류장에서 구입할 수 있으나 버스 내에서 구입하면 €2이니 미리 사두는 것이 좋다.

**유인 짐 보관소**
위치 매표소를 등지고 오른쪽으로 걸어간다.
오픈 07:00~20:00
요금 기본 5시간 €6, 5시간 초과 시 1시간당 €1 추가, 12시간 초과 시 1시간당 €0.5 추가

### 베로나 여행 정보

#### 여행안내소 ❶
● **베로나 포르타 누오바 역**
위치 플랫폼 오른쪽 복도 오픈 07:00~21:00
● **I.A.T. Verona**
위치 브라 광장에서 아레나를 뒤로 하고 광장 문의 왼쪽 성벽을 따라가면 된다. 주소 Via degli Alpini 9 오픈 월~토요일 10:00~18:00, 일요일 10:00~15:00 전화 045-806-8680

#### 여행 관련 홈페이지
www.veronatouristoffice.it/en

#### 슈퍼마켓
● **Pam**
위치 브라 광장에서 역 방향으로 성문을 지나 오른쪽 골목 Via dei Mutilati을 따라 도보 1분 주소 Via dei Mutilati 3 오픈 월~토요일 08:00~20:30, 일요일 09:00~20:00

#### 베로나 카드 Verona Card
시내 교통 수단을 이용할 수 있으며, 아레나를 비롯해 두오모와 17개의 성당, 박물관 등을 무료로 입장할 수 있는 카드다. 주요 명소를 3곳 이상 가고 싶다면 구입해도 유용하다.
관광안내소, 아레나 매표소, 주요 호텔 등에서 구매할 수 있다.

요금 24시간권 €18, 48시간권 €22
홈피 www.veronacard.it

#### 베로나의 쇼핑
브라 광장과 에르베 광장(Piazza delle Erbe)을 연결하는 마치니 거리(Via Mazzini)는 베로나의 대표 쇼핑 구역이다. 명품 브랜드부터 패션 잡화, 기념품 상점 등이 밀집해 있다. 기념품 상점은 줄리엣의 집과 에르베 광장 주변에 특히 많다.
산토 토브로리 와인(Vino Santo Torboli)은 과일 향이 진한 와인으로 차게 마시면 더욱 맛있다. 베로나 와인 전문점에서 쉽게 볼 수 있으며 가격도 €10~13 정도로 저렴한 편이라 더욱 좋다.

#### 베로나의 숙소
작은 도시라 숙소가 아주 많지도 않은데다 오페라 축제 기간에는 요금이 평소의 두 배 이상 올라가고 예약도 너무나 어렵다. 차라리 근교 도시인 파도바(Padova)나 비첸차(Vicenza)에 머물면서 공연을 보러 오는 것도 방법이다.
하지만 평소에는 베네치아보다 훨씬 저렴한 가격으로 머물 수 있고 그리 붐비지 않는 것도 장점이다.

# 베로나 이렇게 여행하자
## Il Turismo

브라 광장에 내리면 바로 앞에 아레나가 보인다. 그 옆으로 뻗은 번화가 마치니 거리를 따라 올라가면 거리 끝 오른쪽으로 줄리엣의 집, 왼쪽으로는 에르베 광장으로 이어지는 길이 나온다.

그곳에서 시뇨리 광장(Piazza dei Signori)으로 가서 람베르티 탑과 베로나의 명문가 저택을 구경해보자. 5분 정도 걸으면 용과 성자가 등장하는 프레스코화로 유명한 산타 아나스타시아 성당이 나온다. 강을 건너 언덕을 오르면 로마 극장이 있다.

다시 다리를 건너 강을 따라 내려가며 두오모, 베키오 성을 둘러보면 베로나의 볼거리는 거의 섭렵한 셈이다. 역으로 다시 돌아갈 때는 버스를 타거나 걸어서 대략 30분 정도 가면 된다.

**추천 코스**

베로나 포르타 우노바 역 → 브라 광장 (도보 1분) → 아레나 원형극장 (도보 10분) → 줄리엣의 집 (도보 2분) → 에르베 광장 (도보 2분) → 시뇨리 광장(람베르티 탑) (도보 2분) → 산타 아나스타시아 성당 (도보 5분) → 로마 극장 (도보 6분) → 두오모 (도보 15분) → 베키오 성

*베로나 포르타 우노바 역: 도보 30분 또는 버스 이용*

# 베로나

## 브라 광장
Piazza Brà

[삐아짜 브라]    MAP p.493 ⓓ

베로나의 입구에서 여행자들을 맞이하는 광장으로 이곳에서부터 중세로 거슬러온 것 같은 베로나 구시가가 시작된다.

광장 주변으로 관광안내소와 분위기 좋은 카페, 레스토랑들이 모여 있어 언제나 여행자들로 붐비는 활기찬 분위기다. 광장에서 가장 눈에 띄는 노란색 건물은 구아르디아 궁전(Palazzo della Gran Guardia)이며, 이탈리아의 초대 국왕인 비토리오 에마누엘레 2세의 기마상도 볼 수 있다.

위치 베로나 포르타 누오바 역 앞 광장에서 11번 · 12번 · 13번 버스 이용, 브라 광장 하차. 또는 도보 25~30분 소요
주소 Piazza Brà

## 아레나
Anfiteatro Arena

[안피떼아뜨로 아레나]    MAP p493 ⓓ

1세기 무렵의 로마 유적인 아레나 원형극장은 보존 상태가 그리 좋지는 않지만, 로마의 콜로세움보다는 원형을 잘 유지하고 있다. 로마 시대에는 검투장으로 이용되었으며, 총 수용인원은 2만 2,000명 정도라고 한다. 원형 경기장으로는 이탈리아에서 세 번째로 큰 규모였으며, 고대에는 베로나의 전 인구가 다 수용될 정도였다.

현재 셰익스피어 연극제와 오페라 축제 공연장으로 활용하고 있다. 그중에서 특히 오페라 축제 공연이 세계적으로 유명하다. 1913년 베르디 탄생 100주년을 기념해 오페라 〈아이다〉가 이곳에서 초연된 것을 계기로 매년 7월에서 8월이면 어김없이 베로나는 오페라의 향연에 빠져드는 곳이 되었다. 시즌 중에 오페라를 관람하기 위해 도시를 방문하는 사람이 베로나 전체 인구보다 많을 정도라니 그 명성을 짐작해 볼 만하다.

위치 브라 광장 내 주소 Piazza Brá 오픈 7월~8월 09:00~15:30 / 그 외 시즌 월요일 13:45~19:30, 화~일요일 08:30~19:30 요금 일반 €10, 학생 €7 전화 045-800-5151 홈피 www.arena.it

# 줄리엣의 집
## Casa di Giulietta

[까사 디 줄리에따]

MAP p.493 ⓑ

13세기의 건물로 베로나를 대표하는 명소. 실제 줄리엣의 집은 아니고 소설 속 주인공들의 가상 공간이다. 하지만, 오늘도 세계에서 온 많은 여행자는 이곳에서 비극적인 사랑의 이야기를 떠올리며 로맨틱한 분위기에 취하고 있다.

마당에 들어서면 줄리엣이 로미오로부터 고백을 들었다던 발코니가 보이고, 다정한 키스를 나누는 연인들도 볼 수 있다. 마당에 있는 줄리엣 동상의 가슴이 유난히 반짝이는 것은 그녀의 가슴을 만지면 행운이 온다는 믿음 때문이다.

 **TIP**

### 로미오의 집은?
이쯤에서 '로미오의 집은 없을까?'라는 의문이 들 것이다. 당연히 있지만 별로 볼 것도 없고 현재는 레스토랑으로 운영 중이다.

### 줄리엣의 무덤 Tomba dia Giulietta
줄리엣의 가문인 카풀레티(캐퓰릿) 집안의 무덤이라 줄리엣의 무덤으로 불리는 곳이다.

**위치** 에르베 광장에서 도보 2분 **주소** Via Cappello 23 **오픈** 화~일요일 08:30~19:30, 월요일 13:30~19:30 **요금** €6 **전화** 045-803-4303

**주소** Via del Pointiere **오픈** 화~일요일 08:30~19:30, 월요일 13:30~19:30 **요금** €4.5 **지도** p. 493 ⓓ

## 에르베 광장
Piazza delle Erbe

[삐아짜 델레 에르베]   MAP p.493 ⓑ

'베로나의 마돈나'로 불리는 14세기의 분수가 있는 구시가지의 중심지다. '에르베'라는 명칭은 옛날 베로나의 약초 시장에서 유래되었다.
로마 시대에는 '포로 로마노'라 불리며 재판이나 정치 집회를 열던 공간이기도 하였다. 광장을 둘러싼 주변의 건물들은 14세기에서 16세기에 건축된 유서 깊고 호화로운 것들이다.

위치 아레나에서 Via G.Mazzini 따라 도보 10분

## 시뇨리 광장
Piazza dei Signori

[삐아짜 데이 시뇨리]   MAP p.493 ⓑ

광장 중앙에 단테의 동상이 서 있는 분위기 좋은 장소. 오른쪽에 있는 초기 르네상스 양식의 회랑 로지아 델 콘실리오(Loggia del Consiglio)의 회의실은 베로나에서 태어난 명사들의 동상으로 장식돼 있다. 베로나의 명문 스칼리제레 가문의 저택인 조베르노 저택(Palazzo del Governo)에는 조토와 단테도 초대되었다고 한다.
광장 한편에는 14세기에 건설된 라조네 궁전(Palazzo della Ragione)이 자리한다. 궁전 안뜰과 계단도 인상적이지만 84미터의 람베르티 탑에 올라가서 내려다보는 베로나의 전망이 일품이다.

위치 에르베 광장에서 도보 2분

> **TIP**
>
> 람베르티 탑
> **Torre di Ramberti**
> 주소 Via della Costa 1
> 오픈 화~일요일 09:30~19:30,
> 월요일 13:30~19:30
> 요금 엘리베이터 €8, 계단 €6
>
>

# 산타 아나스타시아 성당
## Chiesa di Santa Anastasia

[끼에자 디 싼타 아나스따시아]

MAP p.493 ⓑ

고딕 양식의 건물로 1290년에 건축되었으며 겉에서 보는 것보다 내부가 훨씬 멋있다. 입구의 성수반을 두 걸인이 받치고 있는 조각도 유명하지만, 중앙 제단 오른쪽의 펠레그리니 예배당(Cappella Pellegiri)에 꼭 들러보자. 벽면 아치문 위쪽을 장식하고 있는 파사넬로의 1428년 프레스코화 작품 〈성 조르조와 공주〉는 그의 대표작이자 당시 양식의 특징을 잘 나타내고 있는 수작이다.

성 조르조(San Giorgio)는 3세기에서 4세기의 성자로 용의 괴롭힘을 받던 시민들을 기독교로 개종시키고 용을 죽여 제물로 바친 공주를 구한 일화로 유명하다. 이러한 이야기는 많은 중세의 그림에서 모티프로 사용되기도 하였다.

〈성 조르조와 공주〉

**위치** 시뇨리 광장에서 에르베 광장 반대쪽으로 도보 5분
**주소** Piazza Santa Anastasia
**오픈** 3월~10월 월~금요일 09:00~18:30, 토요일 09:00~18:00, 일요일·공휴일 13:00~18:30 / 11월~2월 월~토요일 10:00~17:00, 일요일·공휴일 13:00~17:00 **요금** €3 **전화** 045-800-4325 **홈피** www.chieseverona.it/en/our-churches/the-basilica-of-saint-anastasia

## 로마 극장
### Theatro Romano

[떼아뜨로 로마노]   MAP p.493 ⓑ

산 피에트로 성 아래에 있는 로마 극장에 가면 반원형의 고대 극장과 박물관을 볼 수 있다. 박물관에서는 로마 시대의 그림과 조각, 당시 생활용품들이 전시되어 있다. 박물관으로 오르는 고대 극장의 계단은 상당히 높아 올라가는데 힘들지만, 박물관에서 내려다보는 베로나의 풍경은 잔잔하고 평화롭다.
고대 극장에서는 셰익스피어의 연극제가 개최되며 연극 공연 관련 안내는 로마 극장 입구나 관광안내소에서 받을 수 있다.

위치 구시가에서 강을 건너 언덕을 따라 올라간다 주소 Regaste Redentore 2(박물관) 오픈 화~일요일 08:30~19:30, 월요일 13:45~19:30 요금 일반 €5, 학생 €4 전화 045-800-0360 홈피 estateteatraleveronese.it

> **TIP**
>
> **셰익스피어 연극제**
>
> **티켓 구입**
> Ente Lirico
> Arena di Verona
> 전화 045-807-7219
> 요금 €10~30
>
>

## 두오모
### Duomo

[두오모]   MAP p.493 ⓑ

1139년 건축이 시작된 유서 깊은 성당. 현관 조각은 산 제노 마조레 교회의 부조를 새긴 니콜로의 작품이다. 샤를마뉴 기사단의 두 사람인 올리버와 롤란드가 새겨져 있는데 이들은 중세의 문학에서 용맹스런 기사로 숭상받는 인물들이다.
남쪽에는 구약성서의 한 장면인 요나를 삼킨 고래와 요나의 모습이 새겨져 있다. 내부에 있는 티치아노의 작품 〈성모 마리아의 승천〉은 16세기의 걸작이니 놓치지 말고 보자.

위치 시뇨리 광장에서 도보 10분
주소 Piazza del Duomo
오픈 월~토요일 06:45~11:30 16:00~19:30, 일요일 07:00~13:30 17:00~19:30 / 대성당 12:00~16:00
요금 €3

# 베키오 성
## Castel Vecchio

[까스뗄 베끼오]   MAP p.493 ⓒ

# 베로나 오페라 축제
## Arena di Verona Opera Festival

칸 그란데 2세에 의해 1355년부터 20년에 걸쳐 축조된 성으로, 아티제 강을 끼고 고고한 모습으로 서 있다. 지금은 미술관으로 사용하고 있다. 후기 로마 시대와 초기 기독교 시대의 유물과 성모 마리아상을 비롯한 훌륭한 예술품들이 많이 있다. 소장품도 멋지지만 강과 어우러져 있는 성 자체가 한 폭의 그림 같은 풍경이다.

<u>위치</u> 아레나에서 도보 10~15분
<u>주소</u> Corso Castel Vecchio 2
<u>오픈</u> 화~일요일 08:30~18:45, 월요일 13:30~18:45
<u>요금</u> 일반 €6, 학생 €5
<u>전화</u> 045-806-2611
<u>홈피</u> comune.verona.it

매년 여름에 개최되는 세계적인 오페라 축제. 날마다 프로그램이 바뀌면서 다양한 공연이 올려진다. 그중에서도 〈토스카〉 〈아이다〉 〈카르멘〉 등의 대중적인 공연이 특히 인기 만점이다. 당연히 표도 비싸고 구하기도 어려워 수개월 전에 예매해도 좋은 자리를 구하기가 쉽지 않다.

<u>위치</u> 아레나 원형 극장 내
<u>주소</u> Via Dietro Anfiteatro 6/B
<u>오픈</u> 6월 셋째 주 금요일~8월 마지막 일요일
<u>휴무</u> 화요일(이외에도 공연이 없는 날이 있으니 확인 요망)
<u>요금</u> 공연에 따라 요금이 달라진다. 1st Sector Stalls €139~210, 2nd Sector Stalls €120~, 계단 예약석 €75~, 계단 비예약석 €22~(계단석 만 66세 이상, 25세 이하 할인)
<u>전화</u> 045-800-5151
<u>홈피</u> www.arena.it

>  **TIP**
> 계단석을 예매한 경우 편안한 관람을 위한 방석을 꼭 준비하도록 하자!

## 레 칸티네 델라레나
Le Cantine del'Arena

MAP p.493 ⓑ

브라 광장 근처 레스토랑은 맛은 평범하면서 가격이 비싼 경우가 많은데, 이곳은 가격과 맛 모두 괜찮은 피자와 파스타를 맛볼 수 있어 항상 인기다. 야외 좌석도 마련되어 있다. 30여 종의 다양한 피자가 있으니 좋아하는 것을 골라보자.

위치 아레나를 바라보고 왼쪽 골목 입구
주소 Piazzetta Scalette Rubiani 1
오픈 12:00~14:30, 19:00~23:30
요금 피자 €5~, 파스타 €9~, 서비스차지 1인당 €1.9
전화 045-803-2849
홈피 www.lecantine-arena.com

## 트라토리아 알 폼피에레
Trattoria al Pompiere

MAP p.493 ⓑ

작고 조용한 골목 안에 있는 레스토랑이지만 성수기에는 예약을 권할 정도다. 셰프 마르코가 만든 지방색이 잘 가미된 홈메이드 요리들을 맛볼 수 있으며 테이블 사이가 좁아 조금 불편하지만, 실내 분위기는 편안하고 부담 없다.

위치 줄리엣의 집에서 도보 1분
주소 Vicolo Regina d'Ungheria 5
오픈 월~토요일 12:30~14:00, 19:30~22:30
휴무 일요일
요금 파스타 €12~, 메인요리 €16~
전화 045-803-0537 홈피 alpompiere.com

**Travel Plus**

# Vicenza
## 비첸차

'팔라디오의 마을'이라는 별명을 가지고 있는 작은 도시 비첸차의 곳곳에는 건축가가 꿈꾸던 이상적 도시의 흔적들이 잘 보존되어 마침내 자랑스러운 문화유산이 되었다.
12세기 이후 자유도시로 번영을 누렸던 이곳은 15세기 이후 베네치아 공국의 휘하로 들어갔지만, 이후에도 꾸준히 문화 예술이 발달하며 풍요로움을 누려온 도시다.

# 비첸차 가는 방법
## Per Vicenza

베네치아와 밀라노에서 기차로 한두 시간 거리라 당일치기 여행으로 다녀오기에 좋은 곳이다. 작은 도시이지만 뮌헨이나 오스트리아의 인스부르크 등지에서도 국제선 열차가 운행하고 있다.

| | | | | |
|---|---|---|---|---|
| 베네치아 → 비첸차 | 기차 40분~1시간 10분, €6~20 | 베로나 → 비첸차 | 기차 30분~1시간 €5~20 |
| 밀라노 → 비첸차 | 기차 1시간 50분~2시간 40분, €14.8~32 | 인스부르크 → 비첸차 | 기차 4시간, €50.6~ |

### >> 기차로 가기 In Treno

베네치아나 베로나에서 가까우니 기차를 이용해 당일로 여행하면 좋다. 비첸차 역(Stazione Vicenza)은 시내에서 약 500미터 정도 떨어져 있어 걸어서 시내로 가도 된다. 역에 짐 보관소가 없으니 참고할 것.
역 앞에 곧게 뻗어 있는 대로인 로마 거리(Viale Roma)를 따라가면 시내 입구인 카스텔로 광장(Piazza del Castello)이 나온다.

### 비첸차 여행 정보

**여행안내소** ❶
● 마테오티 광장
위치 올림피코 극장 옆 주소 Piazza Matteotti 12 오픈 09:00~17:30 전화 0444-320-854
● 시뇨리 광장
위치 팔라디아나 교회 맞은편 주소 Piazza dei Signori 8 오픈 10:00~14:00, 14:30~18:00 전화 044-454-4122

### 여행 관련 홈페이지
www.visitvicenza.org

### 비첸차 공통 입장권 Vicenza Musei e Palazzi Card
비첸차의 미술관과 올림피코 극장 입장권 등이 포함되어 있는 카드로 관광안내소에서 구입할 수 있다. 가격도 저렴하고 매번 번거롭게 줄설 일도 없어 편리하다.
요금 €15

### 주의사항
월요일에는 비첸차의 주요 볼거리들이 모두 문을 닫아 내부 관람이 어려우니, 되도록 다른 요일에 여행하자.

# 비첸차 이렇게 여행하자

## Il Turismo

작은 도시인데다 주요 볼거리가 모여 있어 도보로 여행해도 충분하다. 카스텔로 광장에서 마테오티 광장(Piazza Matteotti)을 연결하는 안드레아 팔라디오 거리(Corso Anderea Palladio)가 중심가며 이 길을 따라 볼거리가 집중되어 있다. 건축에 크게 관심이 없더라도 팔라디오의 아름다운 예술품들을 감상하다보면 이곳에 온 보람이 느껴질 것이다.

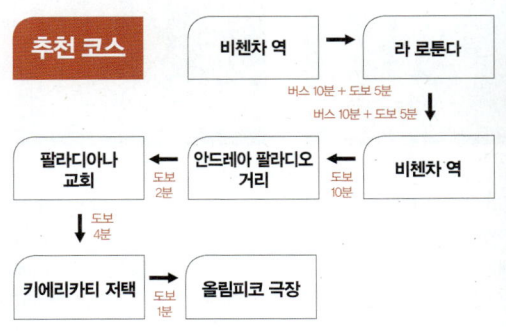

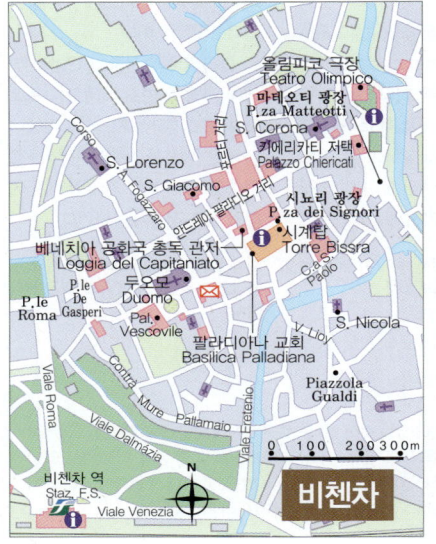

 talk

### 이상적인 도시를 꿈꿨던
### 안드레아 팔라디오
**Andrea Palladio**

로마에서 공부한 팔라디오(1508~1580)는 파도바 출신이지만 비첸차에서 오래 살았던 건축가다. 고대 건축을 응용하여 정면에 열주를 세우는 방식을 사용하였고, 이러한 스타일은 이후 영국부터 시작해 유럽 곳곳에서 '팔라디오 양식(Palladianism)'이라는 이름으로 폭넓은 인기를 얻었다.
비첸차 곳곳에는 건축학적으로 이상적인 도시를 만드는 것을 목표로 한 팔라디오의 작품들이 남아있다. 특히 약 700미터에 이르는 안드레아 팔라디오 거리(Corso Andrea Palladio) 양쪽에 그의 작품들이 대표적이다.

## 라 로톤다
### La Rotonda

[라 로똔다]  지도 외

비첸차 근교에 있는 곳이라 일부러 찾아가야 하지만 팔라디오의 작품 중에서 가장 유명한 것이기도 하다. 이 건물은 워싱턴에 있는 토마스 제퍼슨 기념관(Thomas Jefferson's Monticello)에 영향을 주었으며, 영화 〈돈 조반니〉의 배경으로도 등장한 바 있다.

그리스 신전 형태의 페디먼트(Pediment)로 설계되었으며 건물 양 사면 어느 쪽에서 보더라도 같은 모양이다. 내부에는 그리스 로마 신화의 내용이 화려한 프레스코화가로 그려져 있다.

<u>위치</u> 비첸차 역에서 8번 버스를 타고 10분 정도 가서 로톤다에서 내린다. <u>주소</u> Via della Rotonda 45 <u>오픈</u> 3월 중순~10월 화~일요일 10:00~12:00, 15:00~18:00 / 11월~3월 중순 화~일요일 10:00~12:00, 14:30~17:00 <u>휴무</u> 월요일 <u>요금</u> 수 · 토요일 실내 방문 €10, 일 · 화 · 목 · 금요일 정원 방문 €5 <u>전화</u> 044-432-1793 <u>홈피</u> www.villalarotonda.it

## 안드레아 팔라디오 거리
### Corso Andrea Palladio

[꼬르소 안드레아 빨라디오]  MAP p.503

카스텔라 광장과 마테오티 광장 사이에 뻗어있는 거리로 14세기에서 18세기에 건축된 아름다운 건축물들이 들어서 있어 걷기만 해도 즐거움을 준다. 특히 웅장한 모습의 발마나라 저택(Palazzo Valmanarra, 16번지)과 중세 고딕 양식 건축의 걸작이라 일컬어지는 스키오 저택(Palazzo da Schio, 147번지) 등이 유명하다.

또한, 비첸차의 중심대로이기 때문에 각종 상점과 레스토랑, 패스트푸드 체인점 등이 모여 있어 식사와 쇼핑을 즐기기에도 좋다.

<u>위치</u> 비첸차 역에서 로마 거리(Viale Roma)를 따라 도보 10분

> **TIP**
> **라 로톤다 오가기**
> 정류장 바로 앞에 있는 것이 아니므로 기사에게 내릴 곳을 말해달라고 부탁해 두는 것이 좋다. 표지판을 따라 5분 정도 걸어가면 된다. 티켓(편도 €1,2)은 비첸차 역 타바키에서 미리 두 장을 사는 것이 좋다. 로톤다에서 다시 시내로 돌아오는 버스 시간표도 정류장에서 미리 확인해두자.

## 포르티 거리
### Contrà Porti

[꼰뜨라 뽀르띠]  MAP p.503

안드레아 팔라디오 거리에서 뻗어있는 길로 '꼰뜨라'는 거리를 말하는 비첸차의 방언이다. 거리에는 화려한 발코니가 있는 고딕 양식의 건물들이 있다. 1570년에 건축된 11번지의 귀족 저택 바르바란 저택(Palazzo Barbaran) 또한 팔라디오의 작품이다.

또 팔라디오의 작품인 12번지 티에네 저택, 21번지 에세포 다포르토 저택도 챙겨보자. 특히 티에네 저택은 저렴하고 가벼운 벽돌로 건축했지만 멋진 기술력 때문에 마치 석조 건물처럼 보인다.

<u>위치</u> 팔라디아나 교회와 안드레아 팔라디오 거리를 사이에 두고 맞은 편에 위치

## 팔라디아나 교회
Basilica Palladiana

[바실리까 빨라디아나]　　　　MAP p.503

시뇨리 광장에 있는 비첸차에서 가장 큰 규모의 건물로 팔라디오의 대표작이자 야심작이기도 하다. 시뇨리 광장은 원래 고대 로마 시대의 포로 로마노가 있던 자리이며 그때부터 현재까지 비첸차의 중심 광장 역할을 하고 있다.

교회는 팔라디오가 의뢰받은 최초의 공공 건축으로, 도리아와 이오니아식 기둥이 겹쳐져 있는 회랑이 특히 인상적이다. 지붕은 뒤집혀있는 배 모양이며 난간은 그리스 신화에 나오는 신들의 조각으로 장식했다. 교회 옆에 있는 '바늘 시계탑'이라 불리는 탑은 12세기에 건축한 것으로 높이가 82미터나 된다. 교회 맞은편에는 팔라디오의 미완성 작품인 로지아 델 카피타니오(Loggia del Capitanio)가 있다. 예전에는 베네치아 총독 관저였고 현재는 시청사로 사용되고 있다.

위치 팔라디오 거리에서 Via Monte 또는 Via Morette 등으로 꺾어져 들어오면 된다. 주소 Piazza Dei Signori 오픈 09:00~19:00 전화 0444-222-811 홈피 museicivicivicenza.it

## 키에리카티 저택
Palazzo Chiericati

[빨라쪼 끼에리카띠]　　　　MAP p.503

안드레아 팔라디오 거리 끝에 있는 마테오티 광장에 있는 건물로, 현재 시립 미술관(Museo Civico)으로 사용되고 있다. 줄리오 카르피오네의 프레스코는 해를 표현한 것으로 유명하고 15세기에서 18세기 베네치아 회화가 있는 회화관도 볼만하다.

벨리니의 〈그리스도의 세례 Battesiamo di Cristo〉, 베로네세의 〈동방 3박사의 방문 Adorazione dei Magi〉, 틴토레토의 〈발을 치료하는 성 아우구스티누스〉를 챙겨보자. 그 밖에도 반 다이크 등의 플랑드르파의 작품도 전시되어 있다.

위치 팔라디아나 교회에서 안드레아 팔라디오 거리 따라 도보 4분 주소 Piazza Giacomo Matteotti, 37/39 오픈 화~일요일 09:00~17:00 휴무 월요일 요금 €15(공통권) 전화 0444-222-811 홈피 museicivicivicenza.it

# 올림피코 극장
## Teatro Olimpico

[떼아뜨로 올림피코]

MAP p.503

1580년 고대 극장의 모습을 모티브로 팔라디오가 설계한 목조 극장으로, 설계 후 얼마 지나지 않아 사망했기 때문에 그의 마지막 작품이 되었다. 그의 사후 1583년 3월 그의 아들 실라가 소포클레스의 비극인 〈오이디푸스〉 개관 공연에 맞춰 완공했다.

유럽에서 가장 오랜 역사를 가진 실내 극장으로 마치 대리석으로 건축된 극장 같지만, 회반죽과 나무를 사용한 후 대리석처럼 칠을 하여 마감한 것이다. 원근감이 뛰어난 인상적인 모습의 무대는 팔라디오의 제자였던 스카모치가 원근법을 사용하여 만들었다.

무대는 원기둥과 수많은 조각상으로 장식되어 있다. 고대 로마의 의상인 토가를 입고 있는 사람들은 극장 건축을 재정적으로 후원한 인물들이다. 13단의 계단 모양으로 만들어진 객석 위쪽에도 조각상이 늘어서 있으며, 천장의 하늘을 묘사한 그림도 독특하다.

**위치** 마테오티 광장에 위치
**주소** Piazza Matteotti 11
**오픈** 화~일요일 09:00~17:00
(7월~8월은 10:00~18:00)
**휴무** 월요일, 1월 1일, 12월 25일
**요금** €15(공통권)
**전화** 0444-222-800
**홈피** www.olimpicovicenza.it

세계적인 미항의 아름다운 풍경 속으로

# NAPOLI

# 나폴리

NAPOLI

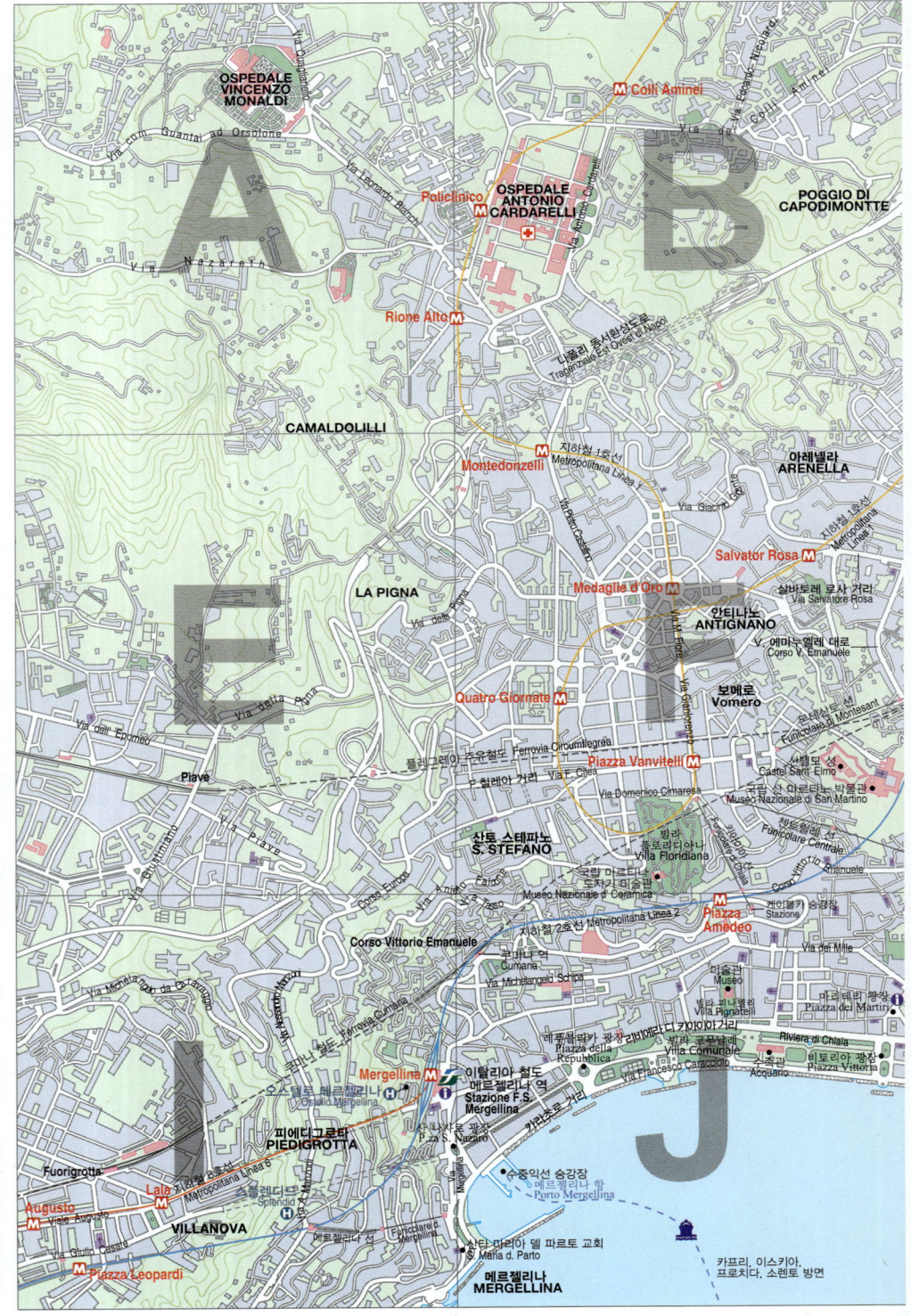

# 01 나폴리는 어떤 곳일까?
## La Napoli

세계 3대 미항으로 손꼽히는 나폴리는 고대 그리스 시대부터 새로운 도시라는 뜻의 '네아폴리스(Neapolis)'로 불리며 휴양지로 주목받았던 곳이다. 푸른 바다에 떠 있는 하얀 요트와 해변 산책로를 걷다 보면 '나폴리를 보고 죽자(Vedi Napoli e poi muoia)'라는 말이 왜 생겼는지 조금은 이해가 된다.

그러나 미항이라는 말만 믿고 평화로운 항구 도시를 떠올리며 나폴리를 방문한다면 바로 실망할지도 모른다. 역을 나서자마자 만나게 되는 무질서한 교통 상황, 곳곳에서 들려오는 온갖 소음, 거리에 나뒹구는 쓰레기 등이 너무나도 곤혹스러울 것이기 때문이다. 도저히 소음과 혼란을 견디지 못하겠다면 일찌감치 주변 섬이나 폼페이로 자리를 옮기는 편이 나을지 모른다. 하지만 쉽게 포기하기에는 나폴리 깊숙한 곳에 감추어진 아름다움이 너무 많다. 인내심을 가지고 조금만 더 지켜보면 어느덧 나폴리의 멋과 맛에 젖어든 자신을 발견할 수 있을 것이다.

- 면적 117.27km² ● 인구 966,144명(2018년) ● 지역번호 081

### >> 나폴리의 볼거리

무언가 정신없고 복잡해 보이지만 시내 곳곳에 나폴리만의 분위기를 가지고 있는 명소들이 포진해있다. 그중에서도 국립 고고학 박물관과 스파카 나폴리 주변이 바로 이 도시의 참모습이라 할 수 있을 듯하다. 또, 나폴리 주변의 아름다운 근교 마을을 함께 여행하는 것도 추천한다.

### >> 나폴리의 먹거리

이탈리아의 대표 음식인 피자와 파스타의 원조 고장답게 전통 있고 유명한 식당이 많다. 여기에 항구도시라 신선하고 맛있는 해산물 요리도 풍부하다. 나폴리의 명물로 불리는 버섯처럼 생긴 바바빵은 달콤 촉촉하고 부드러운 맛이 일품이라 많은 사람이 좋아하는 간식이다. 나폴리 곳곳의 카페나 베이커리 등에서 판매하니 잊지 말고 꼭 맛보자.

바바 빵

## >> 나폴리의 쇼핑

도자기와 금 세공품, 예술 관련 서적이 주요 쇼핑 품목. 움베르토 1세 거리와 산타 루치아 거리, 톨레도 거리, 로마 거리 등이 주요 쇼핑지구이며 고급스러운 물건이 모여 있는 곳은 아케이드 형식의 움베르토 1세 갈레리아(Galleria Umberto I)이다.

명품을 제외하고는 좋은 물건 발견하기가 어려운 나폴리지만, 요리 재료를 사고자 한다면 여기만큼 좋은 곳도 없다. 갖가지 모양을 한 형형색색의 파스타와 신선한 재료들은 구경만 해도 즐겁다. 미술 관련 서적에 관심이 있다면, 단테 광장(Piazza Dante)에서 포리아 거리(Via Foria), 메쪼카노네 거리(Via Mezzocannone)로 가자.

주의할 것은 바로 악질 사기단! 이탈리아에서 나폴리 물건, 나폴리 사람을 말하는 '나폴레타노'는 조악한 물건이나 가짜라는 뜻과 일맥상통하는 경우가 많다. 친한 척 다가와 파격적인 가격을 제시하는 등의 수법에 넘어가면 한순간에 피해자가 되는 것이니 조심하도록 하자.

## >> 나폴리의 숙소

저렴한 숙소는 중앙역 가리발디 광장과 단테 광장, 두 오모 주변으로 몰려 있다. 성수기와 주말에는 반드시 예약하는 것이 좋다. 역에서 호객꾼이 나오기도 하지만 직접 방문해 확인하는 것이 좋다. 도시세는 1박에 €1~4 정도다.

>  **TIP**
>
> **알아두면 경제적인 나폴리 여행 패스!**
>
> 나폴리와 주변 도시들을 함께 여행할 계획이라면 아래에 소개되어 있는 여행 패스 구입을 고려해보자. 잘만 활용하면 시간과 경비 모두 절약할 수 있다.
> <u>홈피</u> www.campaniartecard.it, unicocampania.it
>
> **유니코 캄파니아 Unico Campania**
> 나폴리 시내 교통은 물론 폼페이와 소렌토행 사철, 포지타노와 아말피 등의 구간을 운행하는 SITA 버스 등을 모두 탈 수 있는 1일권 티켓. 평일에는 오전 10시 이후부터 살 수 있고 주말에는 시간에 상관없이 구입할 수 있다.
> <u>요금</u> 평일 €12, 주말 €6.3(1~5 Zone)
>
> **아르테 카드 Arte Card**
> 나폴리와 근교를 여행하는 사람들이 애용하는 아르테 카드는 두 종류로 나뉜다. 나폴리 지역만 해당되는 '나폴리 아르테 카드', 나폴리와 더불어 폼페이와 아말피 지방까지 포함되어 있는 '캄파니아 아르테 카드'가 있으니 자신의 일정에 맞게 구입하자.
>
> 안내 책자에 수록되어 있는 명소 중 나폴리 아르테 카드는 처음 세 곳, 캄파니아 아르테 카드는 처음 두 곳을 무료입장할 수 있다. 이후에는 10퍼센트 내지 50퍼센트 할인된 가격에 입장료를 구입할 수 있다. 나폴리 아르테 카드는 시내 교통수단을, 캄파니아 아르테 카드는 SITA 버스와 사철을 비롯한 지역의 교통수단을 무제한으로 이용할 수 있다. 다른 할인 혜택도 많아 이틀만 머물러도 충분히 본전을 뽑고도 남는 나폴리 여행의 필수 아이템이다.
> ● 나폴리 아르테 카드
> <u>요금</u> 일반 €21, 18~25세 €12
> ● 캄파니아 아르테 카드
> <u>요금</u> 3일권 일반 €32, 18~25세 €25 / 7일권 €34

# 02 나폴리 가는 방법
## Per Napoli

이탈리아 남부의 주요도시라 항공과 철도, 페리 등 다양한 방법으로 갈 수 있다. 유럽 다른 국가에서 올 때는 항공편을 이용하면 편리하고 이탈리아 북부 도시와 야간열차로 연결되기도 한다. 로마나 피렌체 등 비교적 가까운 중부 대도시에서 올 때는 고속열차를 이용하는 것이 편리하다.

| | | | | |
|---|---|---|---|---|
| 로마 ➡ 나폴리 | 기차 1시간~2시간 40분, €11.2~46 | 피렌체 ➡ 나폴리 | 기차 3시간~5시간 20분, €68~ |
| 밀라노 ➡ 나폴리 | 기차 4시간 35분~11시간, €68~139 | 베네치아 ➡ 나폴리 | 기차 5시간 10분~, €69.5~119 |
| 팔레르모 ➡ 나폴리 | 기차 9시간 10분~10시간 10분, €40~86, 페리로 12시간, €60~ | | |

### >> 비행기로 가기 In Aereo

나폴리국제공항(Aeroporto Internazionale di Napoli, NAP)은 시내에서 6킬로미터 떨어져 있어 이동이 편리하다. 규모는 작지만 유럽 곳곳의 도시와 연결되어 있다. 공항버스인 알리버스(Alibus)는 공항 청사 앞에서 출발(편도 €5)한다. 공항 안내소에서 아르테 카드(Arte Card)를 구입한다면 알리버스도 함께 이용할 수 있다. 나폴리 중앙역 앞의 가리발디 광장에 도착하며 15~20분 정도 소요된다.
전화 081-789-6111 홈피 www.aeroportodinapoli.it

### >> 기차로 가기 In Treno

특급열차 IC, 또는 예약을 하고 탑승하는 고속열차를 이용하면 비교적 빠르고 편리하게 나폴리로 이동할 수 있다. 이외 기차는 소요시간이 오래 걸린다. 대부분의 기차가 발착하는 중앙역은 가리발디 광장과 붙어 있으며, 간혹 중앙역 지하에 있는 가리발디 역에서 발착하는 경우가 있으니 반드시 확인하자.
나폴리 중앙역(Stazione Napoli Centrale)은 예전에는 더럽고 복잡한 역이었지만 지금은 대대적인 공사 끝에 이탈리아에서도 현대적이고 깨끗한 역이 되었

### 유인 짐 보관소
위치 2~3번 플랫폼 앞쪽, 'Deposito Bagagli'라고 표시되어 있다.
오픈 08:00~20:00
요금 짐 1개당 €6(5시간), 5시간 초과 시 1시간당 €1 추가, 12시간 초과 시 1시간당 €0.5 추가

>> **페리로 간다 In Nave**

카프리(Capri), 이스키아(Ischia), 프로치다(Procida), 소렌토(Sorrento), 시칠리아의 팔레르모(Palermo)에서 오가는 배편이 있으며, 나폴리에는 메르겔리나(Mergellina) 항구과 모로 베베렐로(Molo Beverello) 항구 등 두 개의 항구가 있다.

메르겔리나 항으로는 카프리, 이스키아, 프로치다 행 선박이 주로 출·도착한다. 이곳보다 스케줄이 훨씬 많은 모로 베베렐로 항으로는 카프리, 소렌토, 이스키아 행 선박이 드나든다. 팔레르모까지 가는 배는 모로 베베렐로 항에 있는 터미널 나폴리 마리티마 역(Terminal Napoli Stazione Marittima)을 이용한다.

페리 시간표는 운항사 홈페이지를 참고하는 것이 좋다. 요금은 시즌, 주중, 주말에 따라 유동적이며 날씨에 따라 일정 변동이 심하다.

**터미널 나폴리 마리티마 역**
홈피 www.terminalnapoli.it
**다이렉트 페리**
홈피 www.directferries.co.uk

다. 역내 편의시설은 대부분 플랫폼을 등지고 왼쪽에 몰려있으며 1층에 티켓 오피스와 여행안내소, 경찰서 등이 있다.

가운데 계단을 통해 지하층으로 내려가면 메트로와 소렌토·폼페이행 사철(Circumvesuviana) 역, 나폴리 가리발디(Napoli Garibaldi) 역이 있다.

역 앞의 가리발디 광장에는 항구나 시내로 가는 버스들이 모여 있다. 언제나 여행객과 현지인이 섞여 번잡하고 소란스러우며, 주변에 소매치기가 많으므로 조심하자. 주말 저녁에는 역이 매우 혼잡하니 늦지 않게 역에 도착하는 것이 좋다.

# 03 나폴리 시내 교통
## Trasporto

대중교통 수단으로 버스·트램·메트로와 더불어 등산 케이블 철도인 푸니콜라레(Funicolare)가 있다. 티켓은 공용이며 담뱃가게, 신문가판대, ATAN 안내소에서 살 수 있다. 이동이 잦다면 1일권 등이 유용하다. 렌터카로 여행할 때는 꼭 관리인이 있는 주차장에서 표를 받고 주차하자. 그러지 않았을 경우 렌터카는 어느새 바람과 함께 사라진다. 사람 많은 버스 안은 소매치기의 온상이니 항상 주의하자.

**대중교통 티켓**
요금 1회권 Corsa Semplice €1.1(1회 사용만 가능)
     1회권 Biglietto Orario €1.6(90분간 환승 가능)
     1일권 Biglietto Gioraliero €4.5
     1주일권 Abbonamento Settimanale €12
홈피 www.anm.it

> **TIP**
> 1주일권 교통 티켓의 경우, 처음 개찰한 날이 속한 주의 일요일 자정까지 유효하기 때문에 주초에 구입해야 유리하다.

### 》》 버스 및 트램 Autobus & Tram

교통 체증이 심하고 늘 만원이지만 지하철이 연결되지 않는 곳까지 운행해 편리하다. 안내방송이 없는 경우가 많으니 지도를 열심히 보거나 현지인의 도움을 받자. 최근에는 전자 안내판을 부착한 버스가 늘고 있다. 노선 변동도 잦으니 중앙역 앞의 가리발디 광장에 있는 버스 안내 센터에서 확인하는 것이 좋다.

## 주요 노선

**1번 트램** 가리발디광장(중앙역앞) – 가리발디 거리 – 누오바 마리나 거리 – 무니치피오 광장 – 갤러리아 빅토리아 광장

**R2번 트램** 가리발디광장 – 움베르토 1세 거리 – 무니치피오 광장 – 산 카를로 거리 – 메디나 거리 – 움베르토 1세 거리 – 가리발디 광장

**24번 트램** 카포디몬테 거리 – 단테 광장 – 마테오티 광장 – 무니치피오 광장 – 트라이에스테 데 트렌도 광장

### >> 메트로 Metropolitana

총 세 개 노선 중 2호선(L2)만 유레일 패스 이용이 가능하다. 나머지 노선은 티켓을 구입해야 한다. 1호선과 2호선은 국립 고고학 박물관이 있는 무제오(Museo) 역에서 교차한다. 중앙역 지하에서 출발하는 2호선은 관광지가 몰려있는 몬테산토(Motesanto) 역을 지나 유스호스텔이 있는 메르젤리나(Mergellina) 역까지 연결된다. 1호선은 가리발디 광장에서 시작해 도시의 남북을 연결하고 있다.

### >> 푸니콜라레 Funicolare

언덕을 오르는 등산 케이블 철도의 일종으로 세 개의 노선이 있다. 그중 몬테산토 노선은 Piazza Montesanto에서 Via Morghen까지 운행하며, 여행 중 쉽게 이용할 수 있는 구간은 톨레도 거리 끝 부분에 정류장이 있는 푸니콜라레로 산 엘모 성 근처의 Via Fuga까지 간다. 시설 노후 등으로 수리하는 경우가 많아 임시 폐쇄인 경우가 있으니 운행 여부를 미리 확인해 보자.

버스 정류장

버스 티켓 판매소

### >> 택시 Taxi

요금은 무척이나 비싸지만 다른 교통수단에 비해 안전도는 높다. 그러나 미터기 사용을 하지 않아 요금 시비가 생기는 경우가 있으니 항상 확인해야 한다. 또한 거스름돈도 잘 확인해야 한다.

**요금** 평일 €4.5, 주말·공휴일·야간 €6(65m 또는 10초당 €0.76 추가, 가방 추가 €0.5~1)

노선 안내

# 04 나폴리 베스트 여행 코스
## Migliori cosa da vedere a Napoli

나폴리와 폼페이가 핵심 여행지이지만, 이곳까지 왔는데 아말피 해안과 카프리 섬 등을 보고 가지 않는다면 너무 아쉬운 일정이 될 것이다. 수많은 여행자들이 '죽기 전에 꼭 봐야할 곳'으로 꼽는 아말피의 작은 마을들을 여행하다 보면 어느덧 이탈리아의 남부 아름다움에 푹 빠져 있을 것이다.

### 단 하루만 나폴리를 본다면?

### 나폴리 & 폼페이 1일 핵심 코스

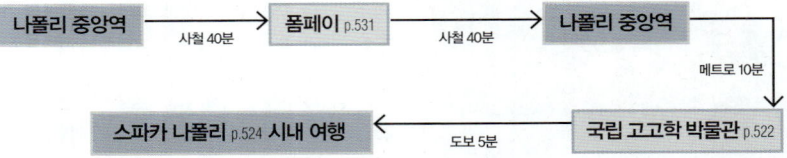

나폴리 중앙역 —사철 40분→ 폼페이 p.531 —사철 40분→ 나폴리 중앙역 —메트로 10분→ 국립 고고학 박물관 p.522 —도보 5분→ 스파카 나폴리 p.524 시내 여행

# 3일 동안 나폴리 완전 정복!

## 나폴리 **3**일 기본 코스

**1st day**

나폴리 중앙역 →(메트로 5분 또는 도보 15분)→ 국립 고고학 박물관 p.522 →(도보 5분)→ 스파카 나폴리 p.524 →(도보 15분)→ 누오보 성 p.525 →(도보 10분)→ 플레비시토 광장 p.526 →(도보 1분)→ 레알레 궁전 p.526 →(푸니콜라레+도보 20분)→ 산텔모 성 p.527

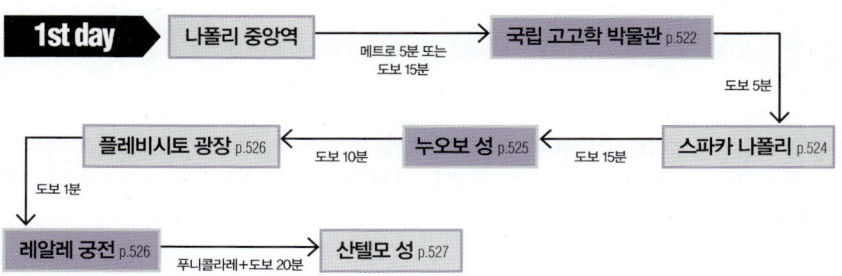

**2nd day** 폼페이 p.531 & 소렌토 p.539

**3rd day** 카프리 p.547 or 아말피 p.561

# 나폴리
# 이렇게 여행하자

**Access** 나폴리 중앙역에서 메트로를 타고 Museo 역에 하차, 또는 중앙역에서 도보 20분

나폴리의 볼거리는 몰려있는 편이라 대부분 도보로 여행할 수 있지만 역에서 시내까지 갈 때는 지하철이나 버스를 이용하는 것이 편리하다. 소매치기의 위험이 많은 복잡한 버스나 지하철, 거리에서는 항상 귀중품을 주의하며 보관해야 한다.

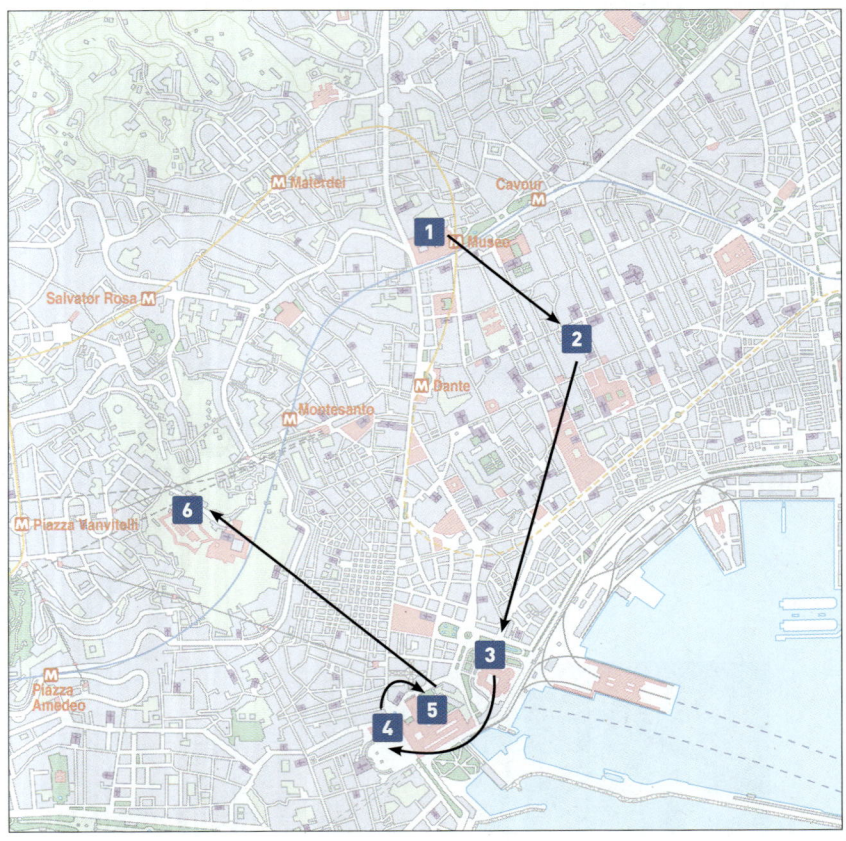

## 추천 코스

예상 소요 시간
약 7시간

**1** 국립 고고학 박물관

도보 5분

**2** 스파카 나폴리

도보 15분

**5** 레알레 궁전

**4** 플레비시토 광장

**3** 누오보 성

도보 1분 ← 도보 10분 ←

푸니콜라레 + 도보 20분 ↓

**6** 산텔모 성

> **TIP**
> **한걸음 더, 나폴리!**
>
> **시간이 허락된다면 들러볼 만한 명소**
> ● 제수 누오보 성당 p524 다른 성당과는 사뭇 다른 외양이 특징
> ● 산타 키아라 성당 및 수도원 p525 마졸리카 타일의 장식이 인상적인 곳
> ● 오보 성 p527 전설을 가지고 있는 바닷가의 성

# Sightseeing

## 국립 고고학 박물관
## Museo Archeologico Nazionale

[무제오 아르께올로지꼬 나찌오날레]

MAP 16 ⓑ

1885년 건립되었으며 18세기에 폼페이에서 발굴된 수많은 유물을 전시하고 있어 폐허만 남아있는 유적지보다 오히려 볼거리는 많다. 여기에 고고학적으로 매우 가치가 높은 고대 이집트와 그리스, 로마 시대의 유물들과 로마 건국지 팔라티노(Palatino) 언덕에서 출토된 유물도 볼 수 있다.

폼페이에서 출토된 성애(性愛)에 관한 유물 전시관인 비밀의 방(Gabinetto Segreto)를 보려면 매표소 옆에 있는 예약 창구에서 신청해야 한다. 개관 초기에는 전시회를 보기 위해 몰려든 하루 관람객 수가 3,000~4,000명을 넘었다고 한다.

**위치** 중앙역에서 도보 20분 또는 메트로 Museo 역 하차 **주소** Piazza Museo 19 **오픈** 수~월요일 09:00~19:30 **휴무** 화요일, 1월 1일, 5월 1일, 12월 25일 **요금** €12 **전화** 081-442-2149 **홈피** cir.campania.beniculturali.it/museoarcheologiconazionale

## 국립 고고학 박물관 둘러보기

❶ 기원전 333년의 이수스 전투를 묘사하고 있는 모자이크 〈알렉산더 대왕과 다리우스의 싸움〉, ❷ 〈파르네세 황소〉, ❸ 나폴레옹도 그대로 두고 온 것을 후회했다는 조각품 〈파르네세 헤라클레스〉, ❹ 고대의 프레스코화 〈플로라〉, ❺ 〈사포의 초상화〉 관람을 놓치지 말자!

## 스파카 나폴리
Spacca Napoli

[스파까 나뽈리]　　　　　　　　MAP 16 ⒝ ⒡

## 제수 누오보 성당
Chiesa del Gesù Nuovo

[끼에자 델 제수 누오보]　　　　MAP 16 ⒡

스파카 나폴리라는 이름은 곧게 뻗은 길이 시가지를 둘로 나눈다 하여 붙여진 것이다. 산텔모 성 아래의 파스콸레 스쿠라 거리(Via Pasquale Scura)에서 동쪽으로 뻗은 크로체 거리(Via Benedetto Croce)를 지나 포르첼라 거리(Via Forcella)까지의 직선 도로를 말한다. 마르티노 언덕에서 내려다보면 곧게 뻗은 길을 볼 수 있다.
이 주변은 가장 오래된 주거지역으로 나폴리 서민들이 어떻게 사는지 잘 볼 수 있어 흥미롭다. 창문마다 걸려있는 막대기의 빨래들이 바람에 날리며 마르고 있는 모습은 소박하고 정감 넘치고, 주민들이 이용하는 동네가게도 친근하게 다가온다.

위치 파스콸레 스쿠라 거리에서 포르첼라 거리까지

르네상스 양식으로 건축한 산세베로 궁전(Palazzo Sansevero)을 예수회가 17세기에 성당으로 개축한 것이라 보통 성당과는 외양이 다른 것이 특징이다. 내부의 라베스키에리 예배당(Capella Ravaschieri)에 있는 금박 입힌 72개의 흉상을 비롯해 외양에 비해 화려한 내부를 가지고 있다.

위치 메트로 Dante 역에서 도보 5분
주소 Piazza del Gesù Nuove 2
오픈 08:30~12:30, 16:30~19:00
전화 081-557-8151
홈피 www.gesunuovo.it

## 산타 키아라 성당 & 수도원
Basilica di Santa Chiara & Monastero di Santa Chiara

[바실리까 디 싼따 끼아라 에 모나스떼로 디 싼따 끼아라]   MAP 16 ⓕ

## 누오보 성
Castel Nuovo

[까스뗄 누오보]   MAP 16 ⓙ

아기자기하고 우아한 분위기를 가지고 있는 산타 키아라 성당은 나폴리 사람들이 결혼식장으로 많이 사용하고 있다. 14세기에 건축되었으며 제단 가운데에는 화려한 장식을 하고 있는 나폴리 왕국의 왕 로베르토 앙주(Robrto d'Angio)의 무덤이 있다. 바로 옆에 있는 산타 키아라 수도원은 꽃과 시골 풍경이 그려져 있는 마졸리카 타일 장식이 인상적이다.

위치 제수 누오보 성당 맞은 편 주소 Via Santa Chiara 49/c 오픈 성당 07:30~13:00, 16:30~20:00 / 수도원 월~토요일 09:30~17:30, 일요일·공휴일 10:00~14:30 요금 성당 무료 / 수도원 일반 €6, 학생 €4.5 전화 081-797-1224 홈피 www.monasterodisantachiara.it

1279년 프랑스 앙주 가문에 의해 건축된 것으로 유럽에서 가장 강인한 인상을 주는 성으로 꼽힌다. 15세기 스페인 아라곤 왕국의 알폰소(Alfonso) 왕이 나폴리를 지배했을 때 현재 입구로 쓰이고 있는 르네상스 양식의 하얀 대리석 개선문을 축조하였다. 개선문에는 왕의 모습이 조각되어 있으며 맨 위는 천사장 미카엘(Michael)의 모습이다.

나폴레옹 점령 시대에는 집무실로 사용되었고, 시의 회실인 '남작들의 방(Sala dei Baroni)'은 팔각형의 천장을 가진 멋진 방이다. 이곳은 1486년 반란을 일으킨 주동자들을 잔인하게 처단한 비극적인 사연을 가지고 있기도 하다.

위치 제수 누오보 성당이 있는 스파카 나폴리 거리에서 도보 15분 주소 Via Vittorio Emanuele Ⅲ 오픈 08:30~18:30 요금 미술관 €6 전화 081-795-7722

## 플레비시토 광장
Piazza del Plebiscito

[삐아자 델 쁠레비시또]   MAP 16 ①

각종 행사가 자주 열리는 광장으로 주변에 산 프란체스코 디 파올라 교회(Basilica Reala San Francesco di Paola)와 레알레 궁전(Palazzo Reale)이 있다. 1846년에 지어진 산 프란체스코 디 파올라 교회는 신고전주의 양식이며, 부르봉 왕가의 페르디난도 디 보르보네(Ferdinando di Borbone)가 나폴레옹으로부터 왕권을 되찾은 것을 기념하여 세운 것이다. 그래서 광장 한가운데에는 페르디난도와 카를로 3세의 동상이 자리한다. 성당의 둥근 지붕은 로마의 판테온에서 영감을 받았으며 열주는 산 피에트로 광장을 모방하여 건축한 것이다.

위치 누오보 성에서 도보 10분

## 레알레 궁전
Palazzo Reale

[팔라쪼 레알레]   MAP 16 ①②

1602년 완성되었고 왕궁으로 사용된 시기는 1734년 부르봉 왕조 때부터다. 이후 19세기부터 개보수를 하여 현재의 모습이 되었다. 1888년 만들어진 여덟명의 역대 나폴리 왕의 석상이 왕궁 벽면을 장식하고 있다. 궁전 안 박물관에는 부르봉 왕가의 화려한 모습을 볼 수 있는 가구와 회화 등이 있으며, 일부분은 국립 도서관으로 사용된다.

위치 플레비시토 광장에 면해 있다. 주소 Piazza del Plebiscito 1 오픈 09:00~19:00 휴무 수요일, 1월 1일, 5월 1일, 12월 25일 요금 €4 전화 081-580-8111 홈피 palazzorealenapoli.it/cms/

## 산텔모 성
### Castel Sant'Elmo

[까스뗄 싼뗄모]　　　　　　　　　　MAP 15 ⒡

나폴리의 전경을 한눈에 바라볼 수 있으며, 특히 저녁놀 풍경이 일품이다. 산 마르티노 박물관(Museo di San Martino) 전시실에는 나폴리 역사에 관한 유물·회화·생활용품이 전시돼 있지만, 사실 전시실보다는 정원에서 바라보는 나폴리의 풍경이 더 인상적이다.

위치 시내에서 푸니콜라레를 타고 올라가며, 어느 노선 역에 내리든 10~15분 정도 성 쪽으로 걸으면 된다. 주소 Via Tito Angelini 22 오픈 08:30~19:30 휴무 화요일 요금 €5 전화 081-229-4431

> **TIP**
> **산텔모 성, 이것도 놓치지 말자!**
> 푸니콜라레를 타고 올라가서 근처를 산책하고 아름다운 나폴리의 해 질 녘 풍경을 감상하자.

## 델로보 성
### Castel dell'Ovo

[까스뗄 델로보]　　　　　　　　　　MAP 15 ⓚ

시인이자 마법사인 비르질리오(Virgiglio)가 깨뜨리면 재앙이 온다는 달걀(Uovo)을 지하에 묻었다 해서 '달걀 성'이란 이름이 붙여졌다. 1154년 노르만인에 의해 처음 축성된 요새이며 한때 왕궁으로 사용하기도 했다. 현재 우리가 보고 있는 모습은 14세기 말 전면 개축한 성을 1975년에 복원해 놓은 것이다. 내부는 기원전 유물을 전시한 토속 박물관과 로마 시대 별장에서 가져온 원주, 감옥, 왕족의 방 등으로 구성되어 있다. 밤이 되면 성으로 들어가는 입구의 가로등이 켜지는데 바다에 떠 있는 듯한 성이 조명과 어우러지는 모습은 마치 영화의 한 장면 같다. 단, 날씨에 따라 주변 분위기가 공포와 로맨스를 오간다.

위치 누오보 성에서 해안도로를 따라 약 1.2km 주소 Via Eldorado 3 오픈 월~토요일 09:00~18:30, 일요일 09:00~14:00 요금 무료 전화 081-795-4593

# Eating

나폴리

## 안티카 피제리아 다 미켈레
### Antica Pizzaria da Michele

MAP 16 ⓒ

선대부터 내려오는 비법으로 오직 두 종류의 피자만을 만든다. 토마토소스와 마늘, 오레가노 향신료와 기름으로 만드는 마리나라(Marinara)와 토마토소스와 모차렐라를 넣고 바질로 마무리하는 마르게리타(Margherita)! 나폴리에서 최고라 말하는 사람도 많고, 영화 〈먹고 기도하고 사랑하라〉에도 등장했을 정도로 유명세가 높은 피제리아. 식사 시간 근처에는 번호표를 받고 대기하다 합석하여 앉는 것은 기본이다.

**위치** 가리발디 광장에서 Corso Umberto I 을 따라 도보 15분 **주소** Via Cesare Sersale 1/3 **오픈** 월~토요일 08:00~23:00 **휴무** 일요일 **요금** €6~(1인용 피자) **전화** 081-553-9204 **홈피** damichele.net

## 피제리아 브란디
### Pizzeria Brandi

MAP 16 ⓘ

1889년 피제리아 주인인 에스포시토(Esposito)에 의해 최초로 마르게리타(Margherita) 피자가 만들어진 가게다. 오래된 오븐에 구워 만들 바삭한 맛이 특징이며 클린턴 전 대통령과 세계적인 테너인 플라시도 도밍고도 방문했었다.

**위치** 플레비시토 광장에서 도보 4분 **주소** Salita Sant'Anna di Palazzo 1/2 **오픈** 12:00~15:30, 19:30~24:00 **휴무** 월요일 **요금** €9~(1인용 피자) **전화** 081-41-69-28 **홈피** www.brandi.it

## 안티카 피제리아 포르탈바
### Antica Pizzeria Port'Alba

MAP 16 ⓑ

1830년에 개업해 지금까지 성업 중인 세계 최초의 피자 전문 레스토랑. 1층은 피제리아로, 2층은 해산물 요리를 하는 레스토랑으로 운영한다.

식당 바깥에 야외 좌석도 마련되어 있으니 날씨가 좋은 날에는 이곳을 이용해보자.

**위치** 단테 광장에서 도보 2분 **주소** Via Port'Alba 18 **오픈** 11:30~01:30 **요금** €12~ **전화** 081-45-97-13

지역 가이드

## 움베르토 1세 갈레리아
Galleria Umberto I

MAP 16 ⓘ

나폴리뿐 아니라 이탈리아에서도 아름답기로 소문난 건물로 1880년대에 철과 유리를 이용해 건축되었다. 내부에는 고급 상점들과 함께 분위기 좋은 카페들이 들어서 있어 복잡한 나폴리에서 한숨 돌리기에 좋다. 건물 안에 우체국도 있다.

<u>위치</u> 플레비시토 광장에서 도보 2분
<u>주소</u> Galleria Umberto I

## 산 카를로 극장
Teatro San Carlo

MAP 16 ⓘ

이탈리아 3대 오페라 극장 중 한 곳으로, 나폴리 사람들의 자랑 중 하나다. 1737년 카를로 3세의 명령을 건설이 시작되었으며 1816년에 다시 재건축되었다.
로시니와 도니제티의 작품이 초연된 곳이기도 하며 화려한 내부는 영어 또는 이탈리아어 투어로 돌아볼 수 있다.

<u>위치</u> 플레비시토 광장에서 도보 2분
<u>주소</u> Via San Carlo 98
<u>오픈</u> 투어 10:30, 11:30, 12:30, 14:30, 15:30, 16:30
<u>요금</u> 투어 €7, 오페라 박물관 €6
<u>전화</u> 081-797-2111
<u>홈피</u> www.teatrosancarlo.it

# Sleeping

### 오스텔로 메르젤리나
### Ostello Mergellina

MAP 15 ①

저렴한 숙소로 여름에는 최대 3일만 머물 수 있고, 성수기인 7월과 8월에는 미리 예약해야 한다. 인터넷과 세탁기 사용은 유료.

**위치** 메트로 Mergellina 역에서 도보 4분 **주소** Salita della Grotta 23 **요금** 도미토리 €18~28(아침식사, 시트 포함) **전화** 081-761-23-46

### 펜지오네 만치니
### Pensione Mancini

MAP 16 ⓒ

친절하고 영어 잘하는 부부가 운영하는 깨끗한 숙소다. 개인 사물함이 있어 편리하며, 간단한 아침 식사도 무료로 제공한다.

**위치** 가리발디 광장에서 조금 떨어진 만치니 광장에 있으며 중앙역에서 도보 가능 **주소** P. Mancini 33 **요금** 도미토리 €20~35 **전화** 081-200-800 **홈피** www.hostelmancininaples.com

### 카사노바 호텔
### Casanova Hotel

MAP 16 ⓓ

편의시설이 잘 갖춰져 있는 중저가 호텔. 방은 깨끗하게 유지되고 있으며 옥상을 바(Bar)로 운영하고 있다.

**위치** 중앙역에서 도보 7분 **주소** Via Venezia 2 **요금** 더블 €50~80 **전화** 081-26-82-87 **홈피** www.hotel-casanova.com

### 호텔 자라
### Hotel Zara

MAP 16 ⓓ

중앙역에서 가까운 중저가 호텔로 대로변에 있어 찾기도 쉽다. 인기가 높고 가격이 저렴한 편이라 예약은 필수.

**위치** 중앙역에서 도보 5분 **주소** Via Firenze 81 **요금** 싱글 €40~, 더블 €50~80 **전화** 081-28-71-25 **홈피** www.hotelzara.it

### 호텔 지네브라
### Hotel Ginevra

MAP 16 ⓓ

가족이 경영하는 아담한 호텔로, 시설은 기본적이지만 저렴하고 깔끔해 인기가 많다. 중앙역에서 걸어서 갈 수 있다.

**위치** 노바라 거리(Corso Novara)의 두 번째 블록에서 오른쪽 길로 간다. **주소** Via Genova 116 **요금** 싱글 €40~, 더블 €75~90 **전화** 081-28-32-10 **홈피** www.hotelginevra.it

### 호텔 포텐차
### Hotel Potenza

MAP 16 ⓓ

중앙역에서 가까운 호텔로 26개의 룸이 있다. 엘리베이터는 없지만 위치가 좋아 인기가 높은 편. 3인실과 4인실도 있다.

**위치** 중앙역에서 도보 3~4분 **주소** Piazza Garibaldi 120 **요금** 싱글 €55~70, 더블 €85~110 **전화** 081-28-63-30 **홈피** potenza.naples-hotelitaly.com/it

**Travel Plus**

# Pompei
## 폼페이

고대 로마인들이 한창 번영을 누리던 서기 79년 8월 24일, 검고 어두운 그림자가 아름다운 휴양도시 폼페이를 덮쳐왔다. 풍요롭고 화려했던 폼페이가 베수비오 화산의 거대한 폭발로 한순간에 멸망한 것이다. 이 폭발은 이집트에서도 관찰할 수 있을 정도였고, 화산재의 영향으로 멀리 동양에 있는 중국까지 대기근이 왔다고 한다.
한순간에 화산재 아래로 사라진 도시이기 때문에 전성기의 화려한 모습과 찬란했던 문명을 그대로 간직하고 있는데, 당시의 높은 생활 수준을 짐작할 수 있는 호화로운 대욕탕과 상하수도 시설, 공공시설, 극장과 거주지 등의 유적을 둘러보고 있노라면 절로 감탄사가 나온다.

# 폼페이 가는 방법
## Per Pompei

나폴리 중앙역 지하나 소렌토에서 탈 수 있는 주유철도(Ferrovia Circumvesuviana)는 기차 패스를 사용할 수 없는 사철이지만 캄파니아 아르테 카드 소지자는 별도의 추가 요금 없이 이용할 수 있다.

한 시간에 두 대 이상 운행하고 도착역도 유적지와 매우 가까워 편리하다. 기차 패스 소지자는 국철을 이용해 갈 수 있다. 하지만 여행에 편리한 사철을 이용하는 경우가 대부분이다.

| | | |
|---|---|---|
| 나폴리 → 폼페이 | 사철 35~40분, €3.2 |
| 소렌토 → 폼페이 | 사철 20~30분, €2.8 |

### >> 주유철도(사철)로 가기 Ferrovia Circumvesuviana

나폴리와 소렌토를 연결하는 사철로 나폴리 중앙역 지하에서 출발한다. 중앙역 지하로 내려가 주유철도(Circumvesuviana) 표지판을 따라 왼쪽으로 가다 보면 티켓 판매소가 보인다. 티켓을 구입(캄파니아 아르테 카드 소지자 무료)한 후 개찰구를 지나면 플랫폼으로 갈 수 있다.

주로 3번 플랫폼에서 출발하지만, 반드시 소렌토(Sorrento) 행인지를 확인해야 한다. 기차를 타고 40분 정도 가서 폼페이 스카비(Pompei Scavi-Villa dei Misteri) 역에 내린다. 큰 짐은 입구 옆 유인 짐 보관소에 맡기면 된다. 밖으로 나와 오른쪽으로 조금 내려가면 바로 유적 입구다.

요금 편도 €2.9

### >> 기차로 가기 In Treno

나폴리 역에서 살레르노(Salerno) 행을 타고서 약 30분 정도 간 후 폼페이 국철역(Stazione Pompei)에서 하차하자. 유효한 유레일 패스나 이탈리아 철도 패스 소지자는 무료 탑승이 가능하다. 여기서 유적지 동쪽 입구까지 도보로 약 10분 정도 걸린다. 역을 나와 Via Scala를 따라 내려가다가 Via Roma 쪽으로 계속 내려오면 매표소가 나타난다.

### >> 버스로 가기 In Autobus

나폴리나 소렌토 등에서 SITA 버스를 타고 갈 수 있다. 나폴리에서 폼페이까지 소요시간은 약 40분 정도.

요금 편도 €3.5

## 폼페이 여행 정보

### 여행안내소 ⓘ
**위치** 유적지 입구 매표소 옆
**주소** Piazza Porta Marina Inferiore 12
**오픈** 4월~10월 08:30~18:00, 11월~3월 08:30~15:30
**전화** 081-536-3293
※ 짐 보관은 08:30~19:30(무료지만 상황에 따라 폐쇄할 때 있음)

### 여행 관련 홈페이지
www.pompeiisites.org
www.pompeiturismo.it

### 필수 준비물
햇빛이 강하고 그늘이 없어 물과 모자, 선글라스가 필수품이다. 또 돌길을 계속 걸어야 하니 꼭 편한 신발을 신자. 유적지 안에 카페테리아가 있지만 비싸고 맛도 별로니 간단한 먹거리를 미리 준비해 오는 것도 좋다.

### 화장실
유적지 입구와 유적지 내 카페테리아에 화장실이 있다. 유적지 안내 지도에 화장실 위치가 표시되어 있으니 참고하자.

### 아는 만큼 보인다?!
주로 돌덩이와 건물만 보이는 폼페이 유적지에서 아무 정보 없이 다니면 너무나 지루하다. 가이드 투어도 좋은 여행 방법이지만, 만약 개별 여행을 한다면 여행서의 설명을 참고하거나 여행안내소에서 판매하는 한국어 안내서(€7~)를 구입해서 유적지 곳곳의 의미를 알아보며 여행하는 것이 더 재밌다.

# 폼페이 이렇게 여행하자
## Il Turismo

사철을 타고 왔다면 매표소를 지나 마리나 문을 통해 폼페이 유적지로 들어가게 되고, 국철을 타고 왔다면 원형 경기장 쪽으로 들어가게 된다. 어느 쪽으로 들어가든 여행 안내소 ❶에서 얻은 지도에 볼 곳을 확인하고 순서를 정하자. 그렇지 않으면 어느 순간 계속 한 자리를 맴돌고 있는 자신을 발견하게 된다.

마리나 문을 통해 들어왔다면 추천 코스 순서대로 보면 된다. 꽤 넓은 유적지라 전체를 돌아본다면 서너 시간 이상, 주요 볼거리가 있는 서쪽 구역만 본다면 한두 시간 이상 소요된다. 동쪽 끝 원형 경기장까지 보았다면 다시 뒤돌아 나오지 말고 폼페이 국철역에서 나폴리로 돌아가도 좋다.

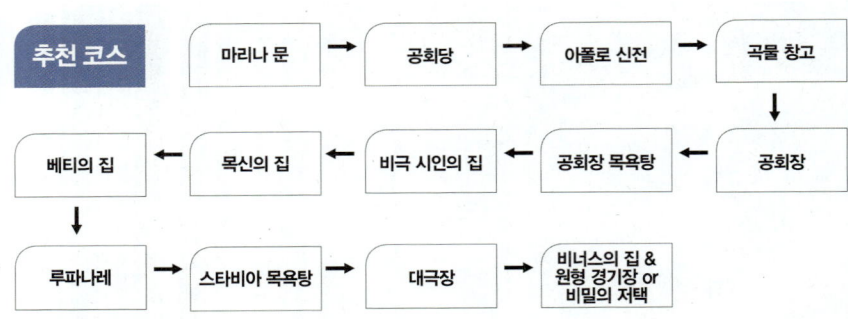

추천 코스: 마리나 문 → 공회당 → 아폴로 신전 → 곡물 창고 → 공회장 → 공회장 목욕탕 → 비극 시인의 집 → 목신의 집 → 베티의 집 → 루파나레 → 스타비아 목욕탕 → 대극장 → 비너스의 집 & 원형 경기장 or 비밀의 저택

# 폼페이 유적지
## Foro di Pompei

[포로 디 뽐뻬이]

MAP p.534

18세기에 발굴된 폼페이는 용암이 아닌 화산재에 덮여 있었기 때문에 2,000여 년 전의 생활상을 그대로 간직할 수 있었다. 유적지에서는 부유층의 호화로운 저택들과 수도(水道)·포장로·상점을 그대로 찾아볼 수 있다. 3미터가 넘는 화산재 속에 파묻혀 있던 도시는 현재 70퍼센트 정도 발굴된 상태이며 현재도 발굴과 복원 작업을 계속 진행하고 있다.

폼페이는 도로와 수도관, 하수구 시설이 완벽하게 되어있었지만, 수도관이 납으로 되어 있었던 것이 함정! 따라서 시민들은 인체에 치명적인 납중독에 시달릴 수밖에 없었다고 한다.

폼페이의 상징이자, 유적 너머로 언제나 아득히 보이는 베수비오 산은 사화산(死火山)이 아니다. 1631년에도 큰 폭발이 있어 2만여 명이 희생되었고 최근 1973년과 1979년에도 분화가 있었다. 그러니 별 활동이 없다 싶을 때 얼른 방문하는 것이 좋다.

오픈 4월~10월 09:00~19:30, 11월~3월 09:00~17:00(입장은 폐관 1시간 30분 전까지) 휴무 1월 1일, 5월 1일, 12월 25일 요금 입장료 €15, 오디오 가이드 €8 홈피 www.pompeiisites.org
※ 티켓 판매소 옆에 배치된 유적지 무료 지도를 반드시 챙기자!

> **TIP**
> **캐스트** Cast
>
> 유적지에 전시된 사람의 형상은 화석이 아니다. 원래 사체가 들어 있던 화산재의 빈 공간에 석고를 부어 넣어 사람의 형상을 얻어낸 것이다.
>
>

## 폼페이 유적지 둘러보기

###  01 마리나 문
#### Porta Marina

언덕 서쪽에 자리한 마리나 문은 '바다의 문'이라는 이름에서 알 수 있듯 항구를 향해 만들어진 문이었다. 지금은 유적지의 입구 역할을 하고 있으며 둥근 천장의 두 개의 통로로 되어 있다. 예전에는 하나는 보행자, 또 하나는 마차와 가축이 지나다니는 출입구였다. 이곳을 지나면 공회당(Basilica)과 아폴로 신전(Tempio di Apolo)이 있다.

###  02 공회당
#### Basilica

학자들이 미국의 월 스트리트(Wall Street)에 비견했듯이 이곳은 사업과 경제, 법률에 관한 전반적인 행정이 이루어졌던 폼페이의 핵심부였다. 코린트 양식의 거대한 기둥이 인상적이며 시장과 법원으로 사용돼 재판이 열리기도 하였다.

###  03 아폴로 신전
#### Tempio di Apollo

비록 복제품이나 활을 쏘는 역동적인 아폴로 동상을 볼 수 있다. 반대편에 있는 흉상은 그의 여동생인 달의 여신 다이아나(Diana)다. 아폴로 동상 앞마당 가운데 계단이 있는 주춧돌이 보이는데 바로 신전이 있던 자리로 추정된다. 전방에 여섯 개, 측면에 아홉 개의 코린트식 원주가 있는 아름다운 신전이었다고 추측된다.

###  04 곡물 창고
#### Granai del Foro

예전 곡물 창고에 가면 임시로 보관하고 있는 유물들과 함께 사람과 동물들의 캐스트(Cast)를 볼 수 있다.
죽어가며 느끼는 고통이 그대로 전해지는 듯한 생생한 모습이 그날의 비극을 짐작하게 한다.

###  05 공회장
#### Foro

직사각형의 긴 형태를 가진 광장으로 세 개의 계단을 만들어 마차가 들어가지 못하는 보행자 전용도로를 만들어 놓았다. 광장 주변으로는 정치와 경제, 종교, 행정을 담당했던 건물이 있었으며 원형 경기장이 완공되기 전까지는 검투 시합장으로 사용되기도 하였다.
광장 끝에 있는 제우스 신전(Tempio di Giove)은 폼페이에서 가장 신성한 장소로서 제우스와 그의 부인 헤라, 지혜의 여신 미네르바(아테네) 등 세 명의 신에게 봉헌된 곳이다. 당시에는 사제만이 출입할 수 있고, 일반인은 범접 불가능한 장소였다.

### 06 공회장 목욕탕
**Terme del Foro**

지금처럼 남탕과 여탕이 구분되어 있는데, 무엇보다 놀라운 것은 현대와 비교해도 뒤떨어지지 않는 각종 편의시설이다.
탈의실에는 희생자의 캐스트가 있으며 미온(微溫) 욕실과 원형의 냉온 욕실이 남아있다.

### 07 비극 시인의 집
**Casa del Poeta Tragio**

입구에 있는 '개조심(CAVE CANEM)' 모자이크로 아주 유명한 곳. 집을 지키는 것처럼 사슬에 묶여 있는 사나운 개의 모습을 모자이크로 만들어 놓았다. 입구에는 현관과 연결되는 두 개의 창고가 있다.

### 08 목신의 집
**Casa del Fauno**

이 저택은 로마의 술라 장군 처조카인 푸블리오 술라의 자택으로 추정되며 한 블록을 다 차지할 만큼 넓은 저택이다. 정원에 춤추는 듯한 목신 조각이 있어 집의 이름이 유래되었다. 이곳에 있는 목신 조각은 복사품으로 진품은 나폴리 고고학 박물관에 소장되어 있다. 같은 박물관에 있는 〈알렉산더와 다리우스의 전투〉라는 멋진 모자이크도 바로 이 집에서 발굴되었다.

### 09 베티의 집
**Casa dei Vetti**

입구에서부터 눈에 확 들어오는 그림이 있는 베티의 집은 폼페이에서 가장 유명한 명소 중 하나이다. 부유한 상인이었던 베티의 집으로 '폼페이의 빨강'이라 불리는 적갈색 프레스코화로 유명하다. 어두워서 잘 보이지는 않지만, 적갈색의 프레스코화와 아기자기한 정원을 잘 둘러보자. 입구 오른쪽에 있는 과장되고 적나라한 남자 그림과 침실의 원색적인 그림 덕분에 발굴 초기에는 창녀의 집으로 추정되었지만, 사실은 마귀를 쫓는 부적이라고 한다.

### 10 루파나레
**Lupanare**

창녀의 영업장소였던 유곽 거리로, 방에는 노골적인 그림과 낙서가 즐비하게 남아 있다. 재미있는 것은 각각의 방문 위에 그려져 있는 그림은 그녀들의 가장 자신 있는 특기를 의미한다는 것. 지금도 알아볼 수 있는 그녀들의 글 속에는 고객에 대한 자랑, 은밀한 만족, 성병에 대한 불평 등의 내용이 담겨 있다고 한다. 곳곳에 보이는 동양적인 이름은 당시의 폭넓은 물적·인적 교류를 보여준다.

###  스타비아 목욕장
Terme Stabiane

폼페이에 있는 욕장 중에서도 가장 크고 오래되었으며, 보존 상태가 좋은 곳이다. 총 네 단계의 건축 시기가 있었는데 가장 오래된 부분은 기원전 4세기 말에 건축된 것이라고 한다.
이곳 역시 남녀가 구분돼 있으며 사우나와 목욕탕, 체육시설 등 각종 편의시설이 잘 갖추어져 있다.

###  대극장
Teatro Grande

5,000명을 수용할 수 있는 대극장에는 천을 덮어 햇빛을 가렸던 흔적까지 있다. 앞자리에 있는 귀빈석은 대리석으로 포장되어 있어 신분제 사회 로마의 모습을 잘 보여주고 있다.
대극장 옆에 있는 1,500석 규모의 소극장(Odeion)에서는 무언극이나 음악 공연이 열렸다고 한다.

### 13 비너스의 집
Casa di Venere

이미 서기 62년의 지진으로 심하게 손상을 입어 서기 79년 베수비오 화산 폭발 때도 복원 중이었다고 한다. 정원 뒤쪽 벽의 아름다운 프레스코화에는 조개 위에서 보석으로 치장한 채 알몸으로 누워있는 고혹적인 자태의 비너스와 그의 아들이자 사랑의 신인 큐피드가 크게 그려져 있다. 왼쪽 벽에 방패를 들고 서 있는 남자는 그녀의 애인이자 전쟁의 신 마르스다.

###  원형 경기장
Anfiteatro

총 2만 명을 수용할 수 있는 3층 규모의 원형 경기장은 기원전 80년에 건설되었다. 땅 밑으로 6미터를 파서 건축했다.
통로를 따라 만들어진 두 개의 방에는 검투사들의 치료실과 시체 안치소가 있었다고 한다. 비가 오거나 햇빛이 강할 때는 극장 위로 벨라리움이라는 천막이 설치되기도 하였다.

###  비밀의 저택
Villa dei Misteri

유적지가 몰려 있는 곳과는 조금 거리가 있지만, 꼭 들러볼 만한 곳이다. 동쪽 끝의 원형 경기장과는 정반대의 위치에 있어 이곳까지 오려면 꽤 걸리니 시간이 부족하다면 한 곳만 선택하는 것이 좋다.
60여 개의 크고 작은 방이 있는 대저택 벽면에는 각가지 표정과 동작을 한 여러 인물들이 '폼페이의 빨강'을 배경으로 그려져 있다. 보존상태가 너무 좋아 고대의 그림이라고는 믿어지지 않을 정도며 보면 볼수록 감탄이 절로 나온다.

**Travel Plus**

# Sorrento
## 소렌토

아름다운 푸른빛이 가득한 나폴리 만(灣)을 사이에 두고 나폴리와 마주 보고 있는 소렌토는 해안을 끼고 있는 아기자기한 풍경의 작은 마을이다. 태양의 생명력이 넘치는 아말피 해안지방 여행의 출발지이기도 하며, 여름에는 해수욕을 즐기고 겨울이면 추운 겨울바람을 피하는 휴양지로 유명하다. 또한, 우리에게도 학창시절 배우는 〈돌아오라 소렌토로〉라는 노래로도 친숙하다. 깎아지른 듯한 절벽 위에 심은 마을 뒤쪽 오렌지와 레몬 나무는 워낙에 아름다운 마을을 더욱 향기롭게 한다.

# 소렌토 가는 방법

### Per Sorrento

기차와 페리 둘 다 가능하니 갈 때와 올 때 방법을 달리하면 좋다. 폼페이에서 간다면 기차로 가서 시내를 둘러본 다음 페리를 타고 나폴리나 카프리로 가면 되고, 반대의 경우에는 배에서 내려 절벽 위의 길을 따라 계단을 올라가거나, 버스를 타고 시내로 들어가면 된다. 페리는 날씨가 조금만 안 좋거나 바람이 세게 불면 운행이 취소되는 경우가 많으니, 운행 여부를 꼭 확인하자.

| | | | | |
|---|---|---|---|---|
| 나폴리 → 소렌토 | 사철 1시간, €3.9 | | 폼페이 → 소렌토 | 사철 20~30분, €2.8 |
| 카프리 → 소렌토 | 페리 40분 €14~21 | | 포지타노 → 소렌토 | SITA 버스 1시간, €2 |
| 아말피 → 소렌토 | SITA 버스 1시간 30분~2시간, €2.9 | | | |

### >> 주유철도(사철)로 가기 Ferrovia Circumvesuviana

소렌토행 열차는 사철(Circumvesuviana)이라 유레일 등의 기차 패스를 이용할 수 없다. 하지만 캄파니아 아르테 카드 소지자는 무료 탑승이 가능하다. 종점이 소렌토 역이며 역을 나와 왼쪽으로 가면 시내와 항구로 연결된다.
소렌토 사철역 2층 바(Bar)나 연결 지하도에 있는 보관소에 짐을 맡길 수 있다. 역을 나가 계단을 내려가면 바로 앞에 아말피 해안 도시로 가는 SITA 버스가 출발하는 정류장이 있다.

### >> 페리로 가기 In Nave

나폴리에서 하루 4~6차례 운행하며(계절에 따라 변경) 약 45분 정도 소요된다. 카프리에서 소렌토로 바로 온다면 페리를 이용하면 된다. 페리는 기차나 버스보다 티켓 가격이 비싸지만, 바다를 가로질러 오는 특별한 경험을 제공한다. 주황색 C번 버스(€1.5)가 소렌토의 마리나 피콜라 항구(Marina Poccola Portogkdrn)와 사철역을 연결한다. 티켓은 운전기사에게 살 수도 있다. 항구는 절벽 밑에 있으므로 위로 올라오려면 계단을 따라 올라가거나 엘리베이터(€1)를 타면 된다.

## 소렌토 여행 정보

### 여행안내소 ❶
위치 타소 광장 근처 주소 Via Correale 3 오픈 월~금요일 08:30~18:00, 토요일 09:00~13:00 휴무 일요일
전화 081-807-4033

### 여행 관련 홈페이지
www.sorrentotourism.com
www.sorrentoinfo.com

### 아말피 교통 안내
SITA 버스 www.sitabus.it
페리 운행 정보 www.livesalerno.com/ferry-connections

### 슈퍼마켓
● Deco
위치 소렌토 사철역에서 도보 3분
주소 Corso Italia 223
오픈 월~토요일 08:30~20:30, 일요일 09:30~13:00 16:30~20:00

### 소렌토의 쇼핑
아말피 해안 마을에는 예쁜 기념품과 공예품이 많으니 선물이나 장식용품을 사고 싶다면 이곳에서 구입하자. 특히 아말피와 포지타노, 소렌토의 상점에 다양하고 예쁜 것들이 많다. 상점들이 많이 모여 있는 거리는 Via Padre Regionaldo Giuliani 일대이다. 대표적인 상품은 레몬이 주원료인 노란색 술 리몬첼로(Limoncello), 레몬이 들어간 초콜릿, 사탕, 쿠키 등이다.
그 밖에도 화려한 문양의 도자기, 질 좋은 가죽으로 만든 수제 슬리퍼, 컬러풀한 공예품, 아름다운 경치를 담은 그림들이 구입할 만하다.

### 아말피 여행의 기점, 소렌토
소렌토는 사철의 종착역이며 아말피 해안지방을 운행하는 SITA 버스, 카프리 섬 등으로 가는 페리도 운행되는 곳이라, 이곳에 머물며 여행하면 폼페이 등 근교 지역을 여행할 때 나폴리에서 움직이는 것보다 시간이 훨씬 절약된다.
소렌토의 숙박은 최성수기인 8월을 제외하면 숙소 잡기가 그렇게 어렵지는 않다. 단, 성수기와 비수기 요금 차이가 크게 난다.

### 소렌토 및 세이렌
소렌토의 지명은 그리스 신화에 등장하는 세이렌(Siren)에서 유래되었다.
그녀는 반은 새, 반은 여자였는데 바로 이 근처 섬에서 살았다고 한다. 그녀는 선원들을 정신없이 홀리는 아름다운 목소리를 가지고 있어 수많은 배를 난파시켰는데, 호머의 〈율리시스〉에 의하면 귀에 왁스를 넣어 세이렌의 목소리에 혹하지 않고 무사히 지나간 율리시스를 보고 자신이 능력을 상실했다고 절망한 나머지 바다에 빠져 자살했다고 한다.

# 소렌토 이렇게 여행하자

## Il Turismo

역에서 시내까지는 물론 항구까지 가는 것도 도보면 충분하다. 아니면 스쿠터를 빌리거나 렌터카를 이용해 시내와 외곽을 둘러보는 것도 좋다.

워낙 작은 도시라 시내를 둘러보는 데 한두 시간이면 충분하다. 빌라 코무날레(Villa Comunale) 공원으로 가서 바다로 내려가 보자. 여름철이라면 색색의 파라솔이 늘어서 있는 해수욕장이 보이고 오른쪽에는 베수비오 화산, 왼쪽 멀리로는 포로치다(Procida) 섬이 보인다.

박물관도 있지만 마을의 아기자기한 상점을 구경하는 것이 훨씬 더 흥미로울 것이다. 소렌토의 중심지는 역에서 나와 비탈길을 약간 내려가면 나오는 이탈리아 대로(Corso Italia)에서부터 타소 광장(Piazza Tasso)까지다. 시간 여유가 있다면 아름다운 아말피 해안을 따라 지중해의 보석 같은 마을들도 함께 여행해보자.

요금 스쿠터 렌트 1일 €30~, 렌터카 1일 €65~

**추천 코스**: 소렌토 사철역 → (도보 10분) → 타소 광장 → (도보 10분) → 비토리오 광장

## 타소 광장
Piazza Tasso

[삐아짜 타쏘]   MAP p.542

소렌토의 중심 광장으로 많은 레스토랑과 카페, 가게들이 광장 주변에 들어서 있다. 노란색의 귀여워 보이는 카르미네 성당(Chiesa del Carmine)과 주변 야자수들이 광장 분위기를 더욱 산뜻하게 만들어 주는 듯하다. 광장에 있는 조각상은 악마를 밟으며 응징하고 있는 성 안토니오의 모습이다.
광장 한쪽에서는 소렌토 시내와 해안 도로를 한 바퀴 도는 기차 모양 오픈 버스(1시간 간격 운행, €7)도 있어 인기를 끈다.

위치 소렌토 사철역에서 직진해 사거리가 나오면 이탈리아 대로(Corso Italia)의 왼쪽으로 도보 10분 주소 Piazza Tasso

## 비토리아 광장
Piazza della Vittoria

[삐아짜 델라 비또리아]   MAP p.542

훌륭한 전망대 역할을 하는 비토리아 광장에서는 한눈에 들어오는 소렌토 앞바다와 섬, 나폴리 만의 풍경을 즐길 수 있다. 여름이면 아름다운 파라솔이 펼쳐지는 해변에서 해수욕을 즐기는 피서객들도 보인다.

위치 타소 광장에서 이탈리아 대로로 5분 정도 걸어가 Oltre 매장 오른쪽 골목인 Via Torquato Tasso로 들어가 5분 정도 가면 바다 전망의 광장이 보인다.
주소 Piazza Vittoria

 **타소는 누구?**

소렌토의 중심 광장 이름으로 기념되고 있는 토르콰토 타소(Torquato Tasso, 1544~1595)는 소렌토 출신으로 르네상스 시대의 유명한 시인이었다.
그는 괴테를 비롯한 많은 문인들에게 영향을 끼쳤으며, 십자군 전쟁을 배경으로 펼쳐지는 관능적인 사랑 이야기로 유명한 대서사시 〈해방된 예루살렘 Gerussalemme liberata〉과 〈아민타 Aminta〉 등으로 유명하다.
소렌토에는 그의 유품을 전시하고 있는 코레알레 디 테라노바 박물관(Museo Correale di Terranova)이 있다.

## 젤라테리아 다비드
Gelateria David

MAP p.542

1957년에 개업한 곳으로 지금도 창업주의 손자가 운영하고 있다. 레몬 껍질을 곁들인 화이트 아몬드 젤라토인 소렌토 문(Sorrent Moon)과 레몬 크레메(Lemon Creme) 등이 유명하다.

**위치** 소렌토 사철역에서 도보 2분 **주소** Via Marziale 19 **오픈** 08:00~01:00 **휴무** 11월~2월 **요금** €2.5~ **전화** 081-807-3649 **홈피** www.gelateria-davidsorrento.it

## 프리마베라
Pirmavera

MAP p.542

소렌토에서 가장 유명한 젤라테리아. 수많은 명사가 다녀간 흔적들이 사진과 기사로 가게 곳곳에 남아 있다. 모든 맛이 골고루 맛있지만 쌀로 만든 리조(Riso)와 상큼한 레몬맛이 나는 크레마 리모네(Crema Limone) 등이 인기 품목이다.

**위치** 타소 광장에서 이탈리아 대로 왼쪽으로 도보 2분 **주소** Corso Italia 142 **오픈** 월~토요일 10:00~03:00, 일요일 10:00~24:00 **요금** €2.5~6 **전화** 081-877-0385 **홈피** www.primaverasorrento.it

## 리스토란테 라 란테르나
Ristorante La Lanterna

MAP p.542

가족이 경영하는 친절한 레스토랑으로 편안한 분위기에서 맛있는 음식을 즐길 수 있다. 여행자들 사이에서도 잘 알려져 있어 식사 시간이면 긴 줄을 서기도 한다. 가격도 합리적이라 더욱 좋다.

**위치** 타소광장에서 도보 2분 **주소** Via Santa Cesareo 23 **오픈** 12:00~15:00, 19:00~24:00 **휴무** 수요일 **요금** 파스타 €8~, 메인 요리 €11~ **전화** 081-878-1355 **홈피** www.lalanternasorrento.it

## 호텔 안티체 무라
Hotel Antiche Mura

MAP p.542

소렌토를 대표하는 럭셔리 호텔로 레몬 나무가 자라고 있는 정원이 있는 4성급 호텔이다. 50여 개의 방이 있으며 바다를 향해있는 발코니를 가진 방은 특히 요금이 올라가며 아침 뷔페도 훌륭하다.

위치 타소광장에서 Via Fuorimura를 따라 한 블록 주소 Via Fuorimura 7 요금 더블 €150~280, 3인실 €300~, 4인실 €340~ 전화 081-807-3523 홈피 www.hotel-antichemura.com

## 호텔 나이스
Hotel Nice

MAP p.542

소렌토 사철역에서 가까운 곳으로 대로에 있어 주변은 소란스럽지만 여행하기에 편하고 가격도 저렴하다. 예약 시 조용한 방으로 해달라고 부탁하면 좋다. 11월부터 3월까지는 문을 닫는다.

위치 사철역에서 도보 3분 주소 Corso Italia 257 요금 싱글 €50~, 더블 €60~90 전화 081-878-1650 홈피 www.hotelnice.it

## 오스텔로 레 시레네
Ostello Le Sirene

MAP p.542

저렴하고 역과 가까워 젊은 여행자들에게 특히 인기가 높은 곳. 언제나 예약이 밀리니 되도록 빨리 서두르자.

위치 소렌토 사철역 뒷길로 가서 왼쪽으로 도보 5분 주소 Via degli Aranci 160 요금 도미토리 €18~, 더블룸 €50~ 전화 081-807-2925 홈피 www.hostellesirene.com

## 울리쎄 딜럭스 오스텔로
Ulisse Deluxe Ostello

MAP p.542

역에서 조금 멀지만 깔끔하고 깨끗한 시설에 비해 합리적인 가격이라 인기가 많다. 도미토리 외에도 2인실과 3인실, 4인실을 두루 갖췄다.

위치 이탈리아 대로에서 왼쪽으로 가다가 Via del Capo가 나오면 계단으로 내려가서 Via del Mare를 따라간다. 주소 Via del Mare 22 요금 도미토리 €25~,더블룸 €70~, 3인실 €105~ 전화 081-877-4753 홈피 www.ulissedeluxe.com

**Travel Plus**

# Capri
## 카프리

회백색으로 빛나는 산, 몬테 솔라로(Monte Solaro)가 점점 선명히 보인다면 '호화로운 천국'이라 불리는 아름다운 카프리에 도착한 것이다. 나폴리 만 입구에 있는 카프리 섬은 전체가 용암으로 뒤덮여 있는 곳이지만 예부터 워낙 사람이 살기에 좋아 신석기 유적이 남아 있다.

주변에도 섬이 많지만, 카프리의 아름다움을 따라올 수가 없다. 바다와 어우러져 있는 섬은 엽서 같은 풍경 그대로이며, 대표적인 명소인 '푸른 동굴'은 자연의 오묘함이 얼마나 위대한지 실감하게 한다. 그래서 이스키아(Ischia) 섬을 가지고 있던 아우구스투스 황제는 카프리에 매료되어 몇 배나 넓은 이스키아와 맞바꿔 오랫동안 섬에 머물렀다. 폭군으로 유명한 티베리우스 또한 아예 섬에 저택을 지어놓고 10년 가까이 살기도 하였다. 이렇게 많은 이들의 마음을 사로잡은 아름다운 섬 카프리로 떠나보자.

# 카프리 가는 방법
## Per Capri

| 나폴리 → 카프리 | 쾌속정 또는 페리 50분~1시간 40분, €14.8~23 |
| 소렌토 → 카프리 | 페리 20~40분, €16.9~21 |
| 포지타노 → 카프리 | 페리 30~50분, €18~21 |

### >> 페리로 가기 In Nave

나폴리의 몰로 베베렐로(Molo Beverello) 항구나 소렌토 마리나 피콜라(Sorrento Marina Piccola) 항구에서 수시로 운행되는 페리를 이용하자. 쾌속정과 일반 페리가 있지만 대부분 쾌속정이 운행된다. 요금은 선박의 종류와 시즌, 주중과 주말에 따라 유동적이다. 보통 30~50분 사이 간격으로 운행된다. 섬에서의 일정은 변수가 있을 수 있으므로 티켓은 편도로 구입하는 것이 좋다.

배를 타고 섬의 관문인 마리나 그란데(Marina Grande) 항구에 도착하면 부두 초입에 여행안내소 ❶가 있으며 그 앞쪽으로 푸른 동굴행 배들이 정박해 있다. 부두를 벗어나 오른쪽 언덕을 올라가면 버스 정류장과 택시 승강장이 보인다.

**카프리행 페리**
전화 **Caremar** 081-551-38-82
　　**SNAV** 081-761-23-48
　　**NLG Line Jet** 081-552-72-09
홈피 www.capri.net
※ 홈페이지의 'Getting Here>Ferry Schedule'에서 페리 시간과 요금을 확인할 수 있다.

# 카프리 시내 교통

### Trasporto

작은 섬이지만 산 위에 마을이 있어 도보 여행은 힘들다. 목적지에 따라 페리, 푸니콜라레, 미니버스 등을 이용하자. 페리가 발착하는 마리나 그란데부터 카프리 마을은 푸니콜라레와 버스로 연결되며, 아나카프리까지는 버스가 있다. 푸른 동굴로 갈 때는 항구에서 푸른 동굴행 배를 타는 것이 편리하다. 일행이 여럿이면 하얀색 오픈카 택시를 이용해도 좋다.

항구 주변에는 스쿠터나 렌터카 대여점도 있다. 짧은 시간 안에 섬을 돌아볼 수 있고, 구불구불한 산길을 타고 도는 스릴을 맛볼 수 있다.

**푸니콜라레 · 미니버스**
요금 1회권 €2, 1일권 €9

**택시**
요금 마리나 그란데→카프리 €12~, 마리나 그란데→아나카프리 €15~

**스쿠터**
요금 1일 €55~

**렌터카**
요금 1일 €70~

## 카프리 여행 정보

### 여행안내소 ❶

●**페리 선착장**
위치 마리나 그란데(Marina Grande)에 있다.
주소 Banch-ina del Porto, Marina Grande
오픈 5월~9월 월~토요일 09:30~13:30 15:30~18:45, 일요일 09:30~13:30 / 10월~4월 월~토요일 09:30~ 14:30 휴무 10월~4월 일요일 전화 081-837-0634

●**카프리**
위치 카프리 시내 움베르토 1세 광장에 있다.
주소 Piazza Umberto I
오픈 월~토요일 09:30~13:30 15:30~18:45, 일요일 09:30~13:30(비수기 단축 운영) 전화 081-837-0686

### 여행 관련 홈페이지
www.capritourism.com
www.capri.net
www.caprionline.com

### 카프리의 쇼핑
지중해의 선명한 색이 그대로 표현된 타일과 보드카 맛과 비슷하지만 노란색이 너무 예쁜 리몬첼로, 신선하고 달콤한 향이 그대로 들어가 있는 향수 등이 추천 품목. 하지만 다른 관광지나 본토보다 가격이 비싼 편이니 반드시 카프리가 아니면 살 수 없는 것들 위주로 구입하자.

### 카프리의 숙박
워낙 유명한 관광지라 숙박비가 정말 만만치 않다. 특히 여름에는 엄청나게 뛰어오르는 데다 예약하기도 어렵다. 여의치 않을 때는 나폴리나 소렌토에 머물면서 당일치기로 여행하는 것도 좋다. 숙소를 찾을 때는 카프리 여행 관련 홈페이지에서도 정보를 얻을 수 있다.

# 카프리 이렇게 여행하자

## Il Turismo

카프리의 볼거리는 두말할 것 없이 푸른 지중해를 끼고 있는 아름다운 자연이다. 섬 곳곳이 비경이라 어디를 보아도 엽서 그대로의 풍경이다. 동서로 긴 모양의 카프리 섬은 중앙의 몬테 솔라로(Monte Solaro)를 사이에 두고 동쪽에 카프리(Capri), 서쪽에 아나카프리(Anacapri) 마을이 있다. 카프리를 돌아볼 때는 여러 교통수단을 이용해야 하고 요금도 비싼 교통비가 만만치 않지만, 그만한 가치는 충분할 것이다. 섬에 도착하면 배를 갈아타고 카프리의 얼굴, 푸른 동굴을 보러 가자. 그다음 버스를 타고 아나카프리로 가서 아기자기한 마을을 둘러보자. 몬테 솔라로에 올라 나폴리 만과 지중해의 절경을 감상한 후 카프리 마을로 가면 된다. 여유가 있다면 섬에서 수영을 즐기는 것도 좋다. 카프리 섬 여행은 최소 다섯 시간에서 하루 정도를 잡고 느긋하게 둘러보는 것이 좋다.

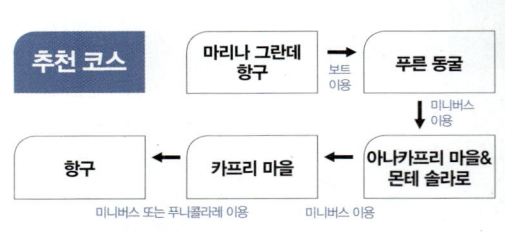

**추천 코스**: 마리나 그란데 항구 → (보트 이용) → 푸른 동굴 → (미니버스 이용) → 아나카프리 마을 & 몬테 솔라로 → (미니버스 이용) → 카프리 마을 → (미니버스 또는 푸니콜라레 이용) → 항구

# 푸른 동굴
## Grotta Azzura

[그로따 아주라]

MAP p.550

보트를 타고 좁은 입구를 통해 동굴 안으로 들어서면 동굴 안의 강렬한 푸른빛 바다가 눈을 매료시킨다. 온통 푸른빛으로 빛나는 해식동(海蝕洞)으로, 동굴 입구에서 들어오는 햇빛이 수면 아래로 뚫린 또 하나의 동굴을 통과하면서 푸른빛을 반사해 동굴 안을 매력적인 색으로 환히 밝히고 있다. 자연이 만들어내는 완벽한 푸른빛의 조명은 그 어떤 인위적인 특수 효과와는 비교도 할 수 없다.

마리나 그란데에서 배를 이용해 푸른 동굴 입구까지 가고 거기서 작은 배로 다시 갈아탄 후 동굴 안으로 들어간다. 입구가 좁고 들어갈 수 있는 배가 한정되어 있어 차례가 오기까지 한참을 기다리기도 한다. 뱃사공이 팁을 노골적으로 요구하는데, 보통 €3~5 정도면 적당하다. 밀물 때는 동굴 입구가 막히니 시간을 잘 맞춰야 하고 날씨가 나쁜 날에는 개방하지 않으니 여행안내소에 미리 확인해보자. 또한, 겨울철이나 날씨가 흐린 날에는 가보았자 별로 예쁘지도 않으니 굳이 큰돈 들여가며 갈 필요는 없을 듯하다.

위치 마리나 그란데에서 푸른 동굴행 배(왕복 €15)를 탄다. 동굴 입구에 도착하면 동굴로 들어가는 작은 보트(동굴 입장료+보트 €14)로 갈아탄다. 푸른 동굴에서 아나카프리 시내로 돌아갈 때는 버스를 이용하는 것도 좋다. 또는 저렴하게 동굴 입구까지 가고 싶다면 아예 처음부터 버스(편도 €2)를 타고 가면 된다. 하지만 버스가 오기까지 시간이 오래 걸리니 시간과 비용 중 어느 것을 아낄지 선택해야 한다. 오픈 09:00~17:00(날씨에 따라 유동적)

## 아나카프리 마을
Anacapri

[아나카프리]   MAP p.550

작은 마을인 아나카프리 시내도 천천히 거닐며 구경할만 하다. 마을을 둘러보는 것은 채 한 시간도 걸리지 않을 것이다. 버스가 출·도착하는 비토리아 광장(Piazza Vittoria) 주변이 마을의 중심지로, 이 근처에 예쁜 기념품을 파는 상점과 레스토랑들이 모여 있다. 바로크 양식의 산 미켈레 성당(Chiesa di San Michele)은 규모는 작지만 아름다운 곳이다. 교회 바닥에 있는 에덴동산의 아담과 이브를 표현한 타일 그림도 인상적인데 제대로 보려면 계단을 올라가야 한다. 또한 아나카프리에서는 카프리 섬의 전망대 역할을 하는 몬테 솔라로에 올라가 보는 것도 즐겁다.

<u>위치</u> 푸른 동굴이나 마리나 그란데 항구에서 미니버스를 타고 간다.

## 몬테 솔라로
Monte Solaro

[몬테 쏠라로]   MAP p.550

몬테 솔라로의 정상에 있는 전망대로 올라가 날씨만 좋으면 멀리 나폴리까지 보인다. 멋진 사진도 찍을 수 있고, 분위기 만점의 카페도 있어 일광욕을 즐기며 한가로이 시간을 보내기에 그만이다.

<u>위치</u> 아나카프리의 비토리아 광장 Piazza Vittoria에서 출발하는 리프트를 타고 올라가면 몬테 솔라로 정상까지 간다.
<u>오픈</u> 3월~4월 09:30~16:00, 5월~10월 09:30~17:00, 11월~2월 09:30~15:30
<u>요금</u> 편도 €8, 왕복 €11
<u>홈피</u> www.capri-seggiovia.it (리프트 안내)

# 카프리 마을
## Capri

[카프리]                                                            MAP p.550

아나카프리와 카프리 사이는 버스를 타고 이동할 수 있으며 두 마을이 비슷하지만 카프리가 조금 더 번화한 분위기다. 예전부터 유명인들이 방문이 이어지는 곳이라 괴테, 클라크 게이블, 막심 고리키, 재키 오나시스 등도 이곳을 찾았다. 시내를 걷다 보면 방문했던 유명인의 사진이 계속 눈에 띄고는 한다.
마을 중심 광장인 움베르토 1세 광장(Piazza Umberto I)을 중심으로 명품 숍과 기념품 가게, 밤늦게까지 영업하는 레스토랑과 바들이 모여 있다. 움베르토 광장에서 Viale Botteghe 거리를 따라 한 시간 정도 걸어가면 티베리우스 황제의 빌라 요비스(Villa Jovis)가 나오는데 유적지 자체는 볼거리가 별로 없지만 가는 길의 전망이 훌륭하다. 하지만 비탈길과 계단이 이어지는 길이라 조금 힘들 수 있으니 체력에 따라 선택하자.
카프리 마을의 또 하나의 전망 포인트는 아우구스토 정원(Giardini di Augusto)으로 움베르토 광장에서 30분 정도 걸어가면 된다. 꽃이 피는 계절이면 정원 한가득 핀 꽃들과 함께 카프리의 절경을 즐길 수 있다.
지중해의 푸른 물에서 멋지게 수영을 하고 싶다면 섬의 서남쪽인 마리나 피콜라(Marina Piccola) 쪽으로 가고, 아니면 푸니콜라레를 타거나 산길을 따라 마라나 그란데 부두로 돌아간다.

위치 아나카프리에서 1번 버스를 타고 간다. 또는 마리나 그란데 항구에서는 푸니콜라레나 버스를 탄다.

## 빌라 에바
### Villa Eva
MAP p.550

아나카프리에 있는 인기 숙소. 시내와는 조금 거리가 있지만 멋진 정원과 수영장, 바가 있다. 밤이면 자연스럽게 투숙객들이 어울려 맥주 파티를 한다. 유명한 곳이니 서둘러 예약하는 것이 좋다.

위치 아나카프리 중심에서 도보 15~20분 소요. 다메쿠타 고고학 공원(Da-mecuta Archeological Park)과 가깝다. 아니면 아나카프리의 파체 광장(Piazza Pace)에서 푸른 동굴행 버스를 타고 기사에게 빌라 에바 앞에서 내려달라고 부탁한다. 호텔에 요청하면 아나카프리 시내까지 픽업을 나오기도 한다. 주소 Via La Fabbrica 8, Anacapri 요금 더블 €70~130, 트리플 €110~160, 4인실 €160~220 전화 081-837-1549, 081-837-2040 홈피 www.villaeva.com

## 스텔라 마리스
### Stella Maris
MAP p.550

카프리 시내의 중심광장인 움베르토 1세 광장 바로 근처라 밤늦게까지 주변이 소란스러운 것은 생각해야 한다. 그러나 시내 중심이라 여행하기에는 장점이 많다.

위치 움베르토 1세 광장 바로 옆 주소 Via Roma 27, Capri 요금 싱글 €50~, 더블 €70~120 전화 081-837-7246 홈피 hotel-stella-maris.caprihotelsitaly.net

## 알라 부솔라 디 에르메스
### Alla Bussola di Hermes
MAP p.550

다른 곳에 비해 가격이 비교적 저렴해 아나카프리에서 인기 많은 숙소. 바다 전망이 가능한 객실은 조금 더 비싸다. 부엌과 세탁기를 무료로 쓸 수 있는 것도 장점이다.

위치 항구에서 아나카프리행 버스를 타고 Blue Grotto Bar에서 내려 Via Pagliaro를 따라 걷다가 첫 번째 거리의 오른쪽으로 뻗어있는 Via Padre Reginaldo Giuliani를 따라가다가 Via Vigna를 거쳐 주소의 거리로 접어든다. 버스에서 내려 도보 10분 이상 소요. 택시를 타도 5분 정도는 걸어 들어가야 한다. 주소 Via Traversa La Vigna 14, Ana-capri 요금 더블 €60~150, 트리플 €90~175, 4인실 €130~250 전화 081-838-20-10 홈피 www.bussolahermes.com

**Travel Plus**

# Positano
## 포지타노

절벽 위에 아찔한 모습으로 붙어 있는 포지타노는 아말피 해안 마을 중에서 가장 아름다운 경치를 자랑하는 곳이다. 언제나 수많은 화가와 사진작가들이 이곳에 머물며 그 아름다움을 캔버스와 앵글에 끊임없이 담아내기 위해 노력하고 있다.

절벽 위에 지어진 컬러풀한 집들은 코발트블루 빛의 바다와 함께 평생 잊을 수 없는 경치를 자아낸다. 햇빛 찬란한 낮에도 아름답지만 어스름한 저녁, 집집마다 불이 하나씩 켜질 때면 포지타노의 아름다움은 절정에 달한다.

# 포지타노 가는 방법

## Per Positano

소렌토나 아말피 해안 도시에서 SITA 버스를 이용하는 것이 빠르고 저렴하다. 조금 비싸더라도 기분을 내고 싶다면 페리를 이용하여 여행해도 좋다.

| | | | | |
|---|---|---|---|---|
| 아말피 → 포지타노 | 버스 50분 소요, €1.3 | 소렌토 or 아말피 → 포지타노 | 페리로 25분 소요, €5 |
| 카프리 → 포지타노 | 페리 1시간 소요, €12~ | 나폴리 → 포지타노 | 페리 1시간 45분 소요, €8 |

### >> 버스로 가기 In Autobus

소렌토 사철역 앞에서 출발하며 티켓은 사철역 2층에 있는 바(Bar)에서 사면 된다. SITA 버스가 달리는 아슬아슬한 절벽 도로는 세계에서 가장 아름다운 해안 도로 중 하나이다. 소렌토에서 갈 때 운전석 반대쪽에 앉아야 제대로 절경을 감상할 수 있다.
포지타노에서 SITA 버스는 키에사 누오바 정류장과 스폰다 정류장 두 곳에서 정차한다. 키에사 누오바 정류장에서 내려 여행을 시작한 후 포지타노를 떠날 때는 Via G. Marconi와 Via Cristoforo Colombo 거리가 만나는 곳에 있는 스폰다 정류장에서 버스를 타면 된다. 아말피행인지 소렌토행인지 방향을 잘 확인하고 타도록 하자.

### >> 페리로 가기 In Nave

부활절 이후 여름에는 페리도 운행하고 있다. 나폴리, 살레르노, 아말피 등에서 운행하며 요금은 거리에 비해 많이 비싼 편이다.

### 포지타노 여행 정보

**여행안내소** ❶
**위치** 두오모를 뒤로하고 계단을 내려가면 있는 사라치노 거리(Via del Saracino)에 위치 **주소** Via del Saracino 4 **오픈** 월~토요일 09:00~13:00, 15:30~18:45(겨울철 09:00~15:00) **휴무** 일요일 **전화** 089-875-067

**여행 관련 홈페이지**
www.aziendaturismopositano.it

**포지타노의 먹거리**
해안 근처에는 해산물과 레몬을 주재료로 맛있는 음식을 파는 레스토랑이 몰려 있다. 아말피 해안에 왔다면 조금 비싸기는 하지만 모둠 해산물 구이와 노란 레몬 크림 케이크 위에 싱긋한 레몬 껍질 향이 어우러진 케이크를 꼭 맛봐야 한다. 그 밖에도 예쁜 노란색을 띠고 있는 술 리몬첼로, 레몬이 들어간 초콜릿과 사탕, 쿠키 등을 맛보자. 리몬첼로는 보기와는 달리 독한 보드카와 맛이 비슷하다.

**포지타노의 쇼핑**
아말피 해안 지방의 기념품은 거의 비슷하니 포지타노에서 살만한 것들을 잘 살펴보자. 포지타노 풍경을 담은 타일과 도자기, 그림이나 예쁜 수제 샌들이 특히 눈길을 끈다.

**포지타노의 축제**
4월과 5월부터 그런데 해변(Spiaggia Grande)에서는 수영과 일광욕을 즐길 수 있고, 8월 말에서 9월 초에는 클래식 음악 축제인 'Summer Music'이 열리기도 한다.

# 포지타노 이렇게 여행하자
## Il Turismo

작은 마을이라 도보로 여행할 수 있지만 경사가 있기 때문에 마을버스를 타고 돌아보는 방법도 있다. 도보로 여행할 경우, 키에사 누오바 SITA 버스 정류장에서 계단길을 따라 천천히 산책하듯 둘러보면 된다. 버스 정류장에서 물리니 광장으로 갈 경우 도보로 약 20분 정도가 소요되며 광장에서 해변까지는 약 10분 정도 걸린다. 한두 사람이 겨우 지나갈 수 있는 좁은 골목의 계단을 따라 내려가면 레스토랑과 카페가 늘어서 있는 해변이 나온다. 3월에서 10월에는 해변에서 보트를 이용하면 에메랄드 동굴에 갈 수도 있다.

포지타노 마을버스(Interno Positano)는 아침 9시부터 밤 12시까지 30분 간격으로 물리니 광장에서 출발해 마을을 순회한다. 요금은 €1.70이며, 티켓은 정류장 근처 타바키(Tabacchi)에서 사면 된다. 버스 기사에게 직접 사면 추가 요금을 내야한다.

# 포지타노 마을
## Positano

[포지타노]  MAP p.557

마을로 가는 길에 들르는 전망대에서는 마을과 바다가 한 눈에 들어오니 잠시 감상해보자. 굽이굽이 나있는 좁은 길을 따라 내려가는 경치가 무척 아름답다. 해변까지 이어지는 포지타노 특유의 골목길을 산책하는 것도 즐겁다. 한두 사람이 겨우 지나갈 수 있는 좁은 골목길 사이로 아름다운 집들이 늘어서 있다.

파시테아 거리(Viale Pasitea)와 물리니 거리(Viale dei Mulini)가 큰 길에 속하지만 대도시에 비하면 작은 골목과 같다. 마치 뱀처럼 구불구불하게 나있는 계단으로 된 좁은 길은 이곳의 정취를 더욱 살려주고 있다. 길을 따라 분위기 좋은 호텔과 펜션, 아기자기한 기념품과 토산품을 파는 상점들이 즐비하게 늘어서 있어 자꾸만 발걸음을 멈추게 한다.

포지타노의 중심 광장은 물리니 광장(Piazza dei Mulini)으로 마을버스(Interno Positano)가 이곳을 중심으로 마을을 순회한다. 주변에 카페와 식당이 모여 있어 언제나 사람들로 붐비는 곳이다.

포지타노의 랜드마크인 산타 마리아 아순타 성당(Chiesa di Santa Maria Assunta)은 포지타노 풍경을 담은 엽서와 그림의 단골 소재이다. 이곳을 배경으로 바다와 함께 멋진 사진을 촬영해보자. 해수욕이 가능한 시즌이라면 그란데 해변(Spiaggia Grande)으로 가자. 검은색 자갈 해변으로 포지타노의 정취를 즐기면서 해수욕을 즐길 수 있다. 입장료가 없어 더욱 좋다.

## 리스토란테 카페 포지타노
### Ristorante Caffè Positano

MAP p.557

해안과 마을 풍경이 한 눈에 들어오는 곳에 있어 포지타노에서 최고의 전망을 자랑하는 카페 겸 레스토랑. 이곳 테라스에 앉아 여유로운 한때를 보내는 것도 좋은데, 몇 개 안되는 자리라 성수기에는 경쟁이 치열할 정도다.

<u>위치</u> 몰리니 광장에서 해변 쪽으로 도보 10분
<u>주소</u> Viale Pasitea, 168~170
<u>오픈</u> 08:00~24:00
<u>요금</u> 커피 €5~10
<u>전화</u> 089-875-082
<u>홈피</u> www.caffepositano.it

## 셰 블랙
### Chez Black

MAP p.557

해변을 바라보며 해산물 요리를 즐길 수 있는 레스토랑. 1949년에 창업했고 생선이나 오징어 먹물로 만든 스파게티와 해산물 모둠 구이 'Mixed Seafood Grill'이 인기 메뉴다. 근처에 비슷한 분위기의 레스토랑이 많이 있다.

<u>위치</u> 산타 마리아 아순타 성당 바로 앞
<u>주소</u> Via del Brigantino 19
<u>오픈</u> 11:00~24:00
<u>요금</u> €30~
<u>전화</u> 089-875-036
<u>홈피</u> www.chezblack.it

## 브리케테 호스텔
### Brikette Hostel

MAP p.557

시설이 깨끗하게 운영되며 대부분의 방이 바다를 향하고 있다. 다양한 도미토리가 있어 숙박비가 정말 비싼 포지타노에서 혼자일 경우 저렴하게 머물 수 있는 거의 유일한 곳이다. 스튜디오 룸이나 더블 룸도 있다.

<u>위치</u> 키에사 누오보 SITA 버스 정류장 앞에 있는 Bar Internazionale에서 서쪽으로 150m 정도 가면 나온다.
<u>주소</u> Viale G. Marconi 358
<u>오픈</u> 3월~10월
<u>휴무</u> 11월~2월
<u>요금</u> 도미토리 €25~
<u>전화</u> 089-875-857
<u>홈피</u> hostel-positano.com

## Travel Plus

# Amalfi
## 아말피

중세 이탈리아의 4대 해상국 중 하나인 아말피 공국의 중심지였던 아말피는 한때 막강한 부를 누렸던 화려한 도시였지만, 불행히도 더는 뻗어 나갈 땅이 없어 쇠락의 길을 걷고 말았다. 현재는 5,500여 명 정도가 살고 있지만, 최고 전성기였던 11세기에는 7만 명이 넘는 사람들이 거주했다고 한다. 지금은 예전의 번영을 뒤로하고 인기 관광지이자 아말피 해안 여행의 기점이 되고 있다.

# 아말피 가는 방법
## Per Amalfi

SITA 버스가 소렌토, 포지타노, 아말피, 살레르노를 이으며 아말피 해안을 따라 운행한다. 여름철에는 페리가 운행되기도 한다. 나폴리와 함께 아말피 해안을 여행할 생각이라면 유니코 캄파니아(Unico Campania) 또는 아르테 카드(Arte Card)와 같은 여행 패스 카드를 구입하는 것이 좋다.

| 소렌토 → 아말피 | 버스 1시간 30~40분, €6.8 | 포지타노 → 아말피 | 버스 50분, €3.6 |
|---|---|---|---|
| 살레르노 → 아말피 | 버스 1시간 20분, €3.4 페리로 35분, €7 | | |

### >> 버스로 가기 In Autobus

소렌토에서는 소렌토 사철 역 앞에서 출발하는 버스를 타면 되며, 유효한 유니코 캄파니아나 아르테 카드 소지자는 탑승할 수 있다.
아말피의 버스 터미널 역할을 하는 곳인 플라비오 조이아 광장(Piazza Flavio Gioia)에 도착하며, 아말피와 더불어 여행하는 근교 마을 라벨로로 갈 때는 아말피에서 버스를 갈아타야 한다. 라벨로도 함께 둘러볼 생각이라면 시간표를 확인한 후 여행 계획을 짜는 것이 좋다. 우선 라벨로를 둘러본 후 다시 아말피로 와서 여행하는 것이 다음 이동에 편리하다.

### 아말피 여행 정보

**여행안내소**
**위치** 버스에서 내린 광장의 오른쪽으로 바다를 따라가는 길의 우체국 옆에 있다. **주소** Corso della Repubblica Marinare 27 **오픈** 월·수·금 08:30~12:30, 화·목 08:30~12:30 16:00~18:00 **휴무** 토요일·일요일 **전화** 089-871-107

**여행 관련 홈페이지**
www.amalfitouristoffice.it

**아말피의 쇼핑**
소렌토부터 카프리, 아말피 해안의 마을들의 쇼핑 품목과 가격은 거의 비슷하다. 하지만 그중에서도 카프리와 포지타노 쪽이 조금 더 비싼 편이다.

**아말피의 축제**
해마다 6월 첫 번째 일요일에는 유명한 축제인 'Regatta of the Four Ancient Maritime Republic'이 개최된다. 중세 이탈리아의 4대 해상 공국이었던 베네치아와 피사, 제노바, 아말피가 돌아가며 개최하는 성대한 축제다.

### >> 페리로 가기 In Nave

여름철에는 소렌토와 포지타노, 살레르노 등에서 페리가 운행된다. 요금은 거리에 비해 많이 비싼 편이니 비용을 생각하면 버스, 분위기를 내고 싶다면 페리 이동을 선택하면 된다.

# 아말피 이렇게 여행하자
## Il Turismo

SITA 버스를 타면 바다에 면해 있는 플라비오 조이아 광장에 도착한다. 이곳은 아말피를 거쳐 가는 모든 버스가 발착하는 곳이기 때문에 거의 버스 터미널 같은 분위기다. 광장을 중심으로 앞에는 바다, 뒤로는 도시가 형성되어 있으니 길을 건너 도시 안으로 들어가면 된다. 아말피는 작은 마을이라 도보로 충분히 둘러볼 수 있다.

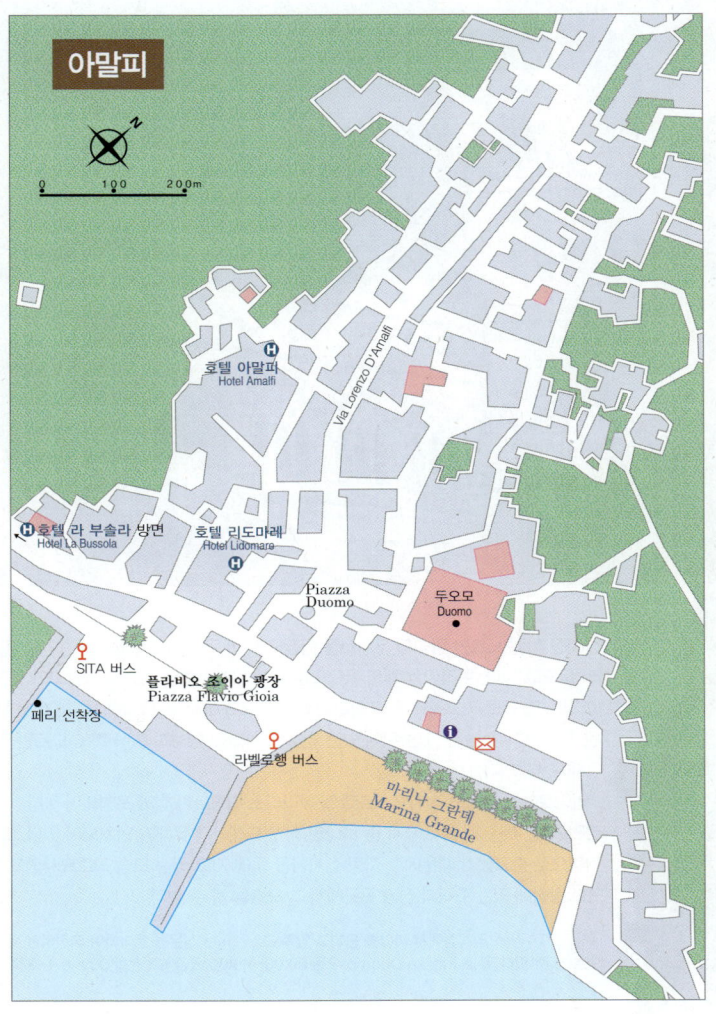

# 두오모
## Douomo

[두오모]

MAP p.563

아말피의 멋진 아랍 노르만 양식의 두오모를 중심으로 한 구시가의 아름다운 풍경은 많은 관광객을 불러 모으고 있다. 화려한 색채의 두오모는 10세기에 건축된 것으로 아말피의 유명인들이 잠들어있는 옆 건물 키오스트로 델 파라디소(Chiostro del Paradiso)와 함께 아말피의 가장 큰 볼거리이다. 높은 계단 위에 있는 건물은 사라센 양식과 롬바르드-노르만 양식으로 지어진 것이다.

입장료에는 두오모와 키오스트로 델 파라디소 입장료가 함께 포함되어 있다.

두오모에는 예수의 열두 제자 중 하나인 성 안드레아의 유해가 안치되어 있다. 그는 십자가형으로 순교했기 때문에 'X'자형 십자가를 등에 지고 있는 모습으로 묘사되고 있다. 두오모 광장에 있는 조각과 성당 곳곳에서 그 모습을 볼 수 있다.

위치 SITA 버스 정류장에서 바다를 등지고 앞쪽으로 보이는 성문을 통과하여 직진하면 두오모 광장으로 갈 수 있다. 주소 Piazza Duomo 오픈 09:00~19:00 요금 €3 전화 089-871-324

> **TIP**
>
> ### 아말피 여행, 이것도 놓치지 말자!

#### 마리나 그란데 Marina Grande
아말피의 해수욕장으로 맑고 푸른 바다와 고운 모래사장이 있어 언제나 인기만점이다. 입장료는 무료이지만 파라솔을 대여하려면 €15~20정도 지불해야한다.

#### 아말피의 종이박물관 Museo della Carta
13세기에 건축된 집에 있으며 오랜 역사를 가진 종이 제작의 과정을 살펴볼 수 있다.

주소 Via delle Cartiere 23 요금 €4
전화 089-830-4561 홈피 www.museodellacarta.it

#### 호텔 루나 Hotel Luna
지금은 호텔로 사용되는 13세기의 건물 카푸치니파의 수도원과 사라센 첨탑도 둘러보자. 성당 앞 작은 광장에는 예쁜 기념품을 팔고 있는 상점과 분위기 좋은 카페가 있으니 이 주변에서 시간을 보내자.

주소 Via Pantaleone Comite 33 전화 089-871-002
홈피 www.lunahotel.it

#### 스메랄도 동굴 Grotta dello Smeraldo
아말피에서 4킬로미터 정도 떨어진 곳에 있는 마을 콘카 데이 마리니(Conca dei Marini)에는 아름다운 에메랄드빛 동굴이 있는데, 푸른빛의 아름다운 바다와 종유석 등을 볼 수 있다. 성수기에는 아말피에서 출발하는 보트도 있다.

### 호텔 리도마레
### Hotel Lidomare

MAP p.563

가족이 운영하는 친절한 호텔로 타일 장식과 골동품들로 멋스럽게 꾸며져 있다. 많은 여행자가 추천하는 숙소 중 하나로, 일부 객실은 자쿠지 욕조를 갖추고 있고 바다 전망이 있는 발코니를 가진 방도 있다.

위치 두오모 앞 광장에서 도보 1분 주소 Largo Duchi Piccolomini 9 요금 싱글 €50~, 더블 €120~ 전화 089-871-332 홈피 www.lidomare.it

### 호텔 아말피
### Hotel Amalfi

MAP p.563

40개의 객실과 아담한 정원이 있는 곳으로 바다 전망은 없지만, 두오모에서 가까워 여행과 이동에 편리하다. 와이파이는 무료이며 아침 식사는 옥상 테라스에서 제공한다.

위치 두오모에서 Via Lorenzo D'Amalfi로 가다가 왼쪽으로 꺾어져 Via Duca Mastalo II을 따라간다. 두오모에서 도보 2~3분 주소 Via dei Pastai 3 요금 더블 €80~160 전화 089-871-440 홈피 www.hamalfi.it

### 호텔 라 부솔라
### Hotel La Bussola

지도 외

항구에서 멀지 않은 곳에 있는 숙소로 50개의 객실을 갖추고 있다. 많은 객실이 바다를 향해있는 테라스를 가지고 있어 더욱 분위기가 좋다. 와이파이는 무료이며 주차료는 1일 €15~.

위치 항구에서 서쪽으로 도보 5분 주소 Lungomare dei Cavalieri 16 요금 싱글 €90~, 더블 €140~ 전화 089-871-533 홈피 www.labussolahotel.it

**Travel Plus**

# Ravello
## 라벨로

아말피 뒤편 언덕에는 라벨로(Ravello)라는 아름다운 마을이 있다. 이곳은 아말피 해안에서도 가장 뛰어난 전망을 자랑하는 곳으로 예전에는 수많은 유명 인사들의 은거지가 될 정도로 묘한 매력을 지니고 있다.
〈좁은 문〉의 작가 앙드레 지드도 라벨로에 매료되었고, 롱펠로우와 재클린 케네디, 험프리 보가트 등이 머물렀으며 세기의 여배우 그레타 가르보는 이곳을 사랑의 도피처로 삼기도 하였다. 아말피에서 버스를 타고 차 한 대가 겨우 지나가는 산길을 따라 올라가다 보면 '이런 산골에 무슨....'이란 생각이 들지만, 라벨로에 도착해보면 세련되고 아름다운 마을의 풍경에 나도 모르게 매료되고 만다.

# 라벨로 가는 방법

## Per Ravello

산골에 있는 마을이라 아말피에서 출발하는 SITA 버스를 이용하면 된다. 아말피에서는 약 30분 거리이며 바다가 맞닿은 높은 지대에 위치해 아름다운 풍경과 시원한 전망을 자랑하는 작은 전원 마을이다.

**아말피 → 라벨로** 버스 25분, 편도 €2,4~

### >> 버스로 가기 In Autobus

아말피에서 라벨로행 SITA 버스를 탄다. 좁은 산길을 올라오는 버스라 우리나라의 마을버스 정도의 작은 크기다. 버스는 아말피의 버스 터미널 역할을 하는 광장인 플라비오 조이아 광장(Piazza Flavio Gioia)에서 바다를 바라보고 맨 왼쪽 정류장에서 출발한다. 도착 후 라벨로에서는 도보로 둘러보면 된다.

아말피로 돌아올 때는 라벨로에서 내린 자리의 정류장으로 다시 오면 된다. 버스 시간표는 계절에 따라 변경되며 운행편이 많이 않으니 꼭 시간표를 확인한 후 여행을 시작하자.

간혹 예고 없이 버스 운행이 중단되는 경우가 있는데, 이럴 경우 일행 또는 다른 여행자들과 함께 택시를 흥정하여 다녀오는 방법이 있다. 5인 정도가 탈 수 있는 택시 가격은 사실 부르는 사람 마음대로라 상황에 따라 최대한 흥정해보는 것이 최선이다.

### 라벨로 여행 정보

**여행안내소** ⓘ
위치 두오모 광장에서 도보 1분 주소 Via Roma 18 오픈 10:00~18:00(겨울~16:00) 전화 089-857-096

**여행 관련 홈페이지**
www.ravellotime.com

**라벨로의 축제**
라벨로는 세계의 유명 음악가와 오케스트라가 기꺼이 참여하는 클래식 음악 축제로도 유명하다. 축제는 7월에서 10월 사이에 이어지며 자세한 일정은 관광안내소에 문의하거나 홈페이지를 참고하자.
홈피 www.ravellofestival.com

**여행 일정 잡기**
라벨로는 아말피에서 다시 버스를 타고 들어가는 곳이라 이래저래 시간이 꽤 소요된다. 나폴리에서 출발해 폼페이를 둘러보고 포지타노와 라벨로까지 가려면 꽤 빡빡한 일정이니 소렌토 등 한 도시를 포기하는 것이 좋다.

라벨로행 버스 정류장

# 라벨로 이렇게 여행하자

## Il Turismo

도보로 둘러보는 것이 라벨로를 즐길 수 있는 유일한 수단이다. 교황의 사택이었고 후에 독일 작곡가 바그너의 안식처가 된 루폴로 저택(Villa Rufolo)과 바다와 절벽이 어우러져 있는 절경을 볼 수 있는 침브로네 저택(Villa Cimbrone)이 라벨로를 대표하는 명소다. 루폴로 저택과 침브로네 저택의 정원과 발코니에서는 인상적이며 스펙터클한 전망을 즐길 수 있다.

두 곳 이외에도 마을을 산책하며 둘러보는 풍경은 엽서처럼 아름다워 좁은 골목길과 풍요로운 포도밭과 레몬밭들이 이어지는 풍경은 더없이 평화롭다.

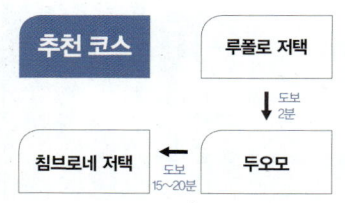

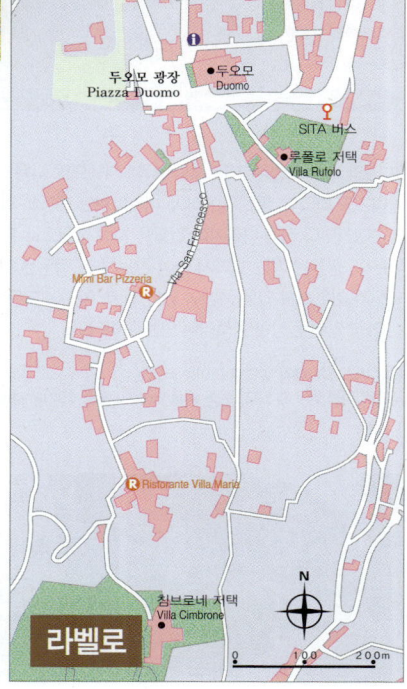

## 루폴로 저택
### Villa Rufolo

[빌라 루폴로]                                    MAP p.569

몇 명의 교황과 앙주 가문 샤를 1세의 저택으로 사용되었고 바그너는 이곳에서 '파르지팔(Parsifal)'의 악상을 떠올리기도 하였다. 특히 정원에서 내려다보는 풍경이 라벨로의 대표적인 이미지이기도 하다.

입구에서부터 길을 따라가다 건물을 지나 정원으로 통하는 계단을 내려오면 색색의 꽃이 심겨 있는 예쁜 정원이 나온다. 정원은 계단 위에서 봐야 한눈에 잘 정돈된 모양새를 알 수 있다. 정원 너머로는 바다와 아름다운 나무, 교회가 어우러져 있는 풍경이 있다. 바로 이곳이 모든 여행자가 라벨로 인증 사진을 남기는 곳이며 라벨로 엽서에 가장 많이 등장하는 풍경이 있는 곳이다.

**위치** 버스에서 내려 앞으로 보이는 터널을 지나면 두오모 광장(Piazza Duomo)이 나오고 광장에 들어가기 전 왼쪽에 루폴로 저택으로 가는 입구가 있다. **주소** Villa Rufolo **오픈** 09:00~19:00 **요금** €7 **전화** 089-857-621 **홈피** www.villarufolo.it

## 두오모
### Duomo

[두오모]    MAP p.569

작은 광장에는 11세기에 건축된 아담한 성당이 있다. 라벨로의 중심 성당인 두오모로 외형은 썰렁해 보이지만 내부에는 여섯 개의 나선형 기둥으로 장식돼있는 아름다운 13세기의 설교단이 있다.
또한, 조반니 안젤로의 〈대천사 미카엘〉을 전시하므로 잊지 말고 감상해보자. 악마를 무찌르는 모습으로 등장하는 미카엘은 한 손에 영혼을 심판하는 저울을 든 모습이 인상적이다.
두오모 광장은 라벨로의 중심이자 여행의 기점으로 주변에 상점과 카페, 우체국, 여행안내소가 자리한다.

<u>위치</u> 버스에서 내려 터널을 지나자마자 보이는 광장에 위치 <u>주소</u> Piazza Duomo <u>오픈</u> 5월~10월 09:00~13:00, 16:00~19:00(이외 시즌 단축 오픈) <u>요금</u> 두오모 무료, 박물관 €3(09:00~19:00) <u>전화</u> 089-858-311 <u>홈피</u> www.chiesaravello.com

## 침브로네 저택
### Villa Cimbrone

[빌라 침브로네]    MAP p.569

스펙터클한 전망이 있는 침브로네 저택으로 가는 길에는 아기자기한 기념품 가게와 화랑, 지방 특산품인 원색의 도자기 상점, 산 프란체스코 도서관, 풍요로워 보이는 포도밭과 레몬밭들이 이어져 있어 즐거운 마음으로 산책하기에 좋다.
저택의 잘 꾸며진 정원도 좋지만, 테라스에서 보이는 풍경도 일품이다. 바다를 향해 있는 테라스에서는 시원하게 펼쳐진 아말피 해안 곳곳에 들어서 있는 작은 마을들과 깎아지른 듯한 절벽이 한 폭의 그림처럼 펼쳐진다.
저택 안에는 고급 호텔도 있는데 이곳에 할리우드의 대스타였던 그레타 가르보가 머물기도 하였다.

<u>위치</u> 두오모 광장에서 Villa Cimbrone이란 표지를 따라 Via San Francesco를 따라 간다. 두오모에서 도보 15~20분 <u>오픈</u> 09:00~일몰 전까지 <u>요금</u> €7 <u>전화</u> 089-857-459 <u>홈피</u> www.villacimbrone.com

Travel Plus

# Salerno
## 살레르노

아기자기하고 예쁜 아말피 해안의 마을들과는 달리 복잡한 도시의 면모가 강한 살레르노는 상대적으로 여행지로서의 인기는 떨어지는 편이다.
그러나 나폴리에 이어 캄파니아 지방 제2의 도시이자 남부해안의 중요 산업 도시이기 때문에 주변으로의 교통이 편리하고 다른 곳보다 숙박비가 저렴하다. 이곳에 숙박을 정하고 근교 아말피나 파에스툼을 여행하면 경비를 절약할 수 있다. 또한, 중세의 모습을 그대로 보존하고 있어 둘러볼 만한 가치가 있는 구시가도 있다.

# 살레르노 가는 방법
## Per Salerno

| | | | |
|---|---|---|---|
| 로마 ➡ 살레르노 | 기차 약 2시간~, €39~ | 나폴리 ➡ 살레르노 | 기차 35분, €8.5~ |
| 폼페이 ➡ 살레르노 | 버스 1시간 10분, €2.2~ | 아말피 ➡ 살레르노 | 버스 1시간 20분, €2.5~ |
| 파에스툼 ➡ 살레르노 | 버스 1시간 €3.4~ | | |

살레르노는 이탈리아 남부의 주요 도시 중 하나로 로마와 나폴리에서 직행 열차가 운행된다. 아말피 해안에서도 가장 남쪽에 있는 도시라 로마나 나폴리에서 갈 때는 기차를 이용해 가는 것이 빠르고 편리하다.
소렌토나 아말피 해안 도시에서는 SITA 버스를, 폼페이나 파에스툼에서는 CSTP 버스를 타면 된다.

### 살레르노 여행 정보

**여행안내소** ⓘ
위치 해안 산책로 앞 주소 Lungomare Trieste 7 오픈 월~토요일 09:00~13:00, 15:00~19:00 휴무 일요일 전화 089-231-432

**여행 관련 홈페이지**
www.turismoinsalerno.it

**우체국**
위치 살레르노 역에서 도보 10분
주소 Corso Giuseppe Garibaldi 203
오픈 월~금요일 08:20~19:05, 토요일 08:20~12:35
휴무 일요일
전화 089-275-9754
홈피 www.poste.it

# 살레르노 이렇게 여행하자

### Il Turismo

살레르노 역을 나와서 바로 우측으로 이어지는 번화가인 비토리오 에마누엘레 대로(Corso Vittorio Emanuele)를 따라 구시가까지는 도보로 이동할 수 있다. 다시 역으로 올 때는 야자수가 심겨 있는 해안 산책로를 따라 걷거나 버스를 타고 콩코르디아 광장(Piazza della Concordia)까지 와서 역으로 걸어오면 된다.

살레르노는 중세 시대 베네치아, 제노바와 어깨를 나란히 한 해양 도시답게 커다란 항구에서 수많은 자동차, 컨테이너들을 대형 선박 안으로 선적하는 활발한 모습을 볼 수 있다. 항구를 거쳐 신·구의 대조를 느낄 수 있는 구시가지로 들어서면 중세 거리가 그대로 남아 있어 그 시대의 분위기를 느낄 수 있다.

살레르노는 중세 시대 과학의 중심지로 의학이 많이 발달한 곳이기도 하였다. 차가 들어오지 못하는 좁은 골목 사이에는 수백 년의 역사를 지닌 건물들과 고풍스러운 상점과 서점, 화랑 등이 남아 있고, 10세기부터 만들어진 두오모(Duomo)는 구시가를 둘러 볼 때 꼭 방문하는 명소이기도 하다.

**추천 코스**: 살레르노 역 → (도보 20분) 구시가 → (도보 5분) 해안 산책로

# 두오모
## Duomo

[두오모]  MAP p.575

살레르노의 두오모는 중세 이탈리아 성당에서도 아름다운 곳으로 꼽히는 장소다. 이곳에서 가장 특징적인 것은 28개의 아트리움이다. 기둥들은 근처 유적지인 파에스툼에서 가져온 것이라고 하며 지하에는 954년에 이곳으로 옮겨진 성 마테오(마태)의 무덤이 있다.

주입구인 레오니 문(Porta dei Leoni)은 12세기에 건축된 것으로 대리석으로 된 사자 조각 장식이 인상적이다. 주변의 우아한 아치들과 12세기에 건축된 종탑도 함께 둘러보자.

또한, 교회에 있는 13세기의 화려한 색깔의 섬세한 모자이크들도 그냥 지나칠 수 없는 관람 포인트다. 두오모의 예배당 중 하나인 크로치아테 예배당(Cappella delle Crociate)도 매우 훌륭한 프레스코화와 멋진 모자이크들로 유명하다.

두오모는 18세기에 대대적인 재건축을 했지만, 불행히도 1980년의 지진으로 피해를 당하기도 하였다.

위치 살레르노 역에서 비토리오 에마누엘레 대로(Corso Vittorio Emanuele)를 따라 구시가로 들어와 Via dei Mercanti와 Via duomo를 따라간다. 도보 약 20분 주소 Piazza Alfano I 오픈 월~토요일 08:30~20:00, 일요일·공휴일 08:30~13:00 16:00~20:00 요금 무료 전화 089-231-387 홈피 www.cattedraledisalerno.it

> **TIP**
> 살레르노 여행, 이것도 놓치지 말자!

**데오체사노 박물관 Museo Diocesano**

상아로 만든 11세기의 제단인 '팔리오토'를 비롯하여 많은 보물이 전시돼 있다. 또한, 노르만 시대부터 내려온 공예품들과 조각품을 볼 수 있기도 하다.

주소 Largo del Plebiscito 12 오픈 09:00~13:00, 15:00~19:00 휴무 수요일 요금 €2 전화 089-239-126 홈피 museodiocesanodisalerno.it

**지역 미술관 Pinacoteca Provinciale**

안드레아 사바티니(Andrea Sabatini)를 비롯한 살레르노 출신 화가들의 작품들을 주로 선보이고 있으며 르네상스 시대부터 20세기까지에 걸쳐 다양한 작품들을 감상할 수 있는 곳이다.

주소 Via dei Mercanti 63 오픈 09:00~19:45 휴무 월요일 전화 089-25-83-073 홈피 provincia.salerno.it

**아레키 성 Castello di Arechi**

263미터 높이의 언덕 위에서 살레르노를 굽어보고 있는 아레키 성은 비잔틴 시대의 성벽으로, 살레르노에서 가장 유명한 랜드마크라고 할 수 있다.

주소 Località Croce 오픈 화~토요일 09:00~17:00, 일요일 09:00~15:00 휴무 월요일 요금 €4 전화 089-295-4015 홈피 www.ilcastellodiarechi.it

### 오스텔로 아베 그라티아 플레나
Ostello Ave Gratia Plena

MAP p.575

16세기 건물에 있는 호스텔로 공식 유스호스텔이며 구시가 중심에 있다. 새벽 2시에 문을 닫는 규칙은 도미토리에만 적용된다. 호스텔에서 자전거를 빌릴 수도 있다.

위치 두오모에서 도보 5분
주소 Via dei Canali
요금 도미토리 €16~, 싱글 €45~, 더블 €52~
전화 089-234-776
홈피 www.ostellodisalerno.it

### 플라자 호텔
Plaza Hotel

MAP p.575

기차역에서 매우 가까운 호텔로 이동에 편리하다. 가격과 시설 모두 합리적인 곳으로 테라스에서는 시내나 뒤편 산도 조망할 수 있다.

위치 살레르노 역에서 도보 2분
주소 Piazza Vittorio Veneto 42
요금 싱글 €65~, 더블 €100~
전화 089-224-477
홈피 www.plazasalerno.it

**Travel Plus**

# Paestum
## 파에스툼

이곳을 건설한 그리스인들은 이곳을 포세이돈의 땅이라 생각하고 '포세이도니아' 또는 '파에스툼'이라 명명하였다. 캄파니아 지방뿐 아니라 이탈리아 남부에서 가장 중요한 고대 그리스의 유적지이며 심지어 그리스에 남아 있는 그 어떤 신전보다도 보존 상태가 좋다.

연둣빛 들판에 흐드러지게 피어있는 하얀색과 노란색의 들꽃 위로 우뚝 솟아 있는 거대한 신전의 감동적인 모습은 예부터 수많은 여행자의 발걸음을 이끌고 있다. 파에스툼은 보름달이 떠오르는 밤에 더욱 신비스럽다. 달빛과 함께 신전을 더욱 빛나게 만들고 있는 조명이 어우러져 잠시 고대의 시간으로 거슬러 올라간 듯한 착각마저 들게 한다.

# 파에스툼 가는 방법
## Per Paestum

| 살레르노 ➡ 파에스툼 | 버스 1시간 30분~2시간, €3.4~, 기차로 35분~, €2.7~ |
|---|---|
| 나폴리 ➡ 파에스툼 | 기차 1시간 15분, €5.9~ |

살레르노 역(Stazione Salerno) 근처의 콩코르디아 광장(Piazza Concordia)에서 CSTP 34번 버스(www.cstp.it)를 타고 가면 된다. 소요시간은 한 시간 내지 한 시간 30분 정도지만 마을마다 들러가는 버스에 정체까지 겹치면 30분 이상 지체되는 경우도 있다. 버스 정류장은 유적지 가까이 있지만 바로 보이지 않기 때문에 운전사에게 내릴 곳을 알려 달라고 미리 부탁해 두는 것이 좋다.

나폴리에서는 파에스툼까지 운행하는 기차도 있다. 한 시간에 한 대꼴로 운행되며 소요시간은 한 시간 25분 정도다. 기차는 대부분 살레르노를 경유하는데, 살레르노에서 파에스툼까지는 35분 정도 소요된다. 파에스툼 기차역(Stazione Paestum)은 유적지로부터 약 1킬로미터 정도 떨어져 있다.

## 파에스툼 여행 정보

### 여행안내소 ❶

**위치** 파에스툼 국립 고고학 박물관 옆 **주소** Via Magna Grecia 827 **오픈** 09:30~18:30 **전화** 0828-721-181

### 여행 관련 홈페이지

www.infopaestum.it

### 달밤의 파에스툼

달이 빛나는 밤의 신비로운 유적지 풍경은 기념엽서에 자주 등장할 만큼 유명하지만 유감스럽게도 야간 개방은 하지 않기 때문에 거리를 두고 볼 수밖에 없다. 그러나 어느 정도 분위기는 느낄 수 있으니 상황이 된다면 방문해보자.

# 파에스툼 이렇게 여행하자

## Il Turismo

파에스툼 역에 내려서 정면의 도로를 따라 곧장 1킬로미터 정도 간다. 큰길 오른쪽으로 가면 박물관과 신전 입구가 나온다.

파에스툼의 볼거리는 세 개의 신전이 거의 완벽한 모습으로 남아 있는 유적지와 이곳에서 출토된 유물들을 전시하고 있는 박물관이다. 두 곳 모두 꼭 방문해 볼 만한 가치가 있는 장소들이다.

**추천 코스**: 파에스툼 유적지 → 국립 고고학 박물관 (도보 1분)

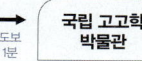

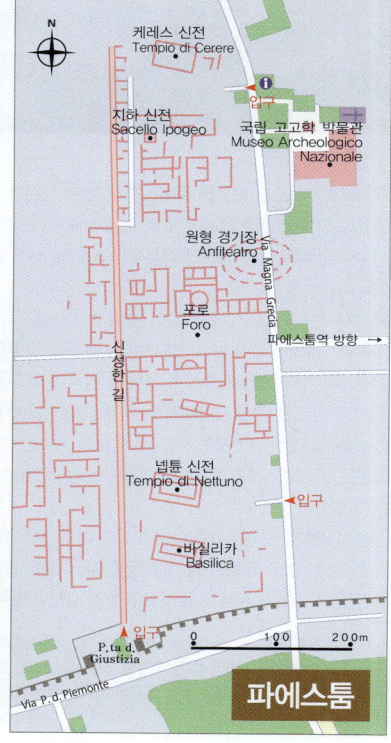

# 파에스툼 유적지
Paestum

[파에스툼]                                    MAP p.581

세계문화유산으로 지정된 파에스툼 유적지는 오랜 세월 잊혀 있다가 18세기에 와서야 도로 건설자에 의해 발견된 곳이 대부분이라 보존 상태가 다른 유적지들에 비해 좋은 편이다.

유적지에는 도리아식 신전들이 들어서 있는데 헤라 신전(Tempio di Hera) 또는 바실리카(Basilica)라고 불리는 기원전 6세기의 신전과 중세 시대에는 기독교 교회로 사용되기도 하였던 기원전 5세기의 케레스 신전(Tempio di Ceres), 또 가장 크면서도 지붕 등 몇 곳을 빼고는 완벽하게 보존된 기원전 5세기의 넵튠 신전(Tempio di Nettuno)이 그것이다.

신전의 완벽한 모습은 아름다운 꽃밭과 어우러져 있어 바라보는 것만으로도 감동을 불러일으킨다. 유적지는 겉에서 보는 것보다 규모가 커서 다 둘러보려면 꽤 시간이 걸린다.

위치 파에스툼 역에서 1km, 도보 15분 오픈 08:30~19:30(첫째·셋째 월요일은 13:40까지) 휴무 1월 1일, 5월 1일, 12월 25일 요금 유적지+박물관 통합 입장권 €9, 오디오 가이드 €5 전화 0828-81-10-23

# 파에스툼 국립 고고학 박물관
## Museo Archeologico Nazionale di Paestum

[무제오 아르께올로지꼬 나찌오날레 디 파에스툼]                    MAP p.581

파에스툼에서 출토된 유물들과 고대인들의 석관을 전시한다. 석관 안에는 각기 다르면서도 독특한 개성이 담겨 있는 아름다운 그림들이 그려져 있다. 특히 다이빙 하는 남자의 모습이 담겨 있는 그림은 파에스툼을 상징하는 아이콘이 되기도 하였다. 1968년에 발굴된 해당 그림은 기원전 470년경의 작품으로 공중에서 다이빙 하고 있는 남자의 모습은 삶에서 죽음으로 향하는 것을 묘사한 것이라고 해석되고 있다. 그 외에도 남성들의 연회장면 그림도 매우 유명하다.

**위치** 유적지 바로 건너편
**주소** Via Magna Grecia 919
**오픈** 08:30~19:30(첫째·셋째 월요일은 13:40까지)
**휴무** 1월 1일, 5월 1일, 12월 25일
**요금** 유적지+박물관 통합 입장권 €9
**전화** 0828-811-023
**홈피** www.museopae

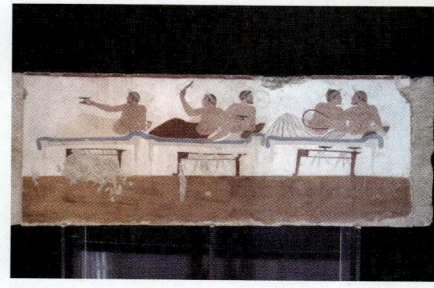

이슬람의 향기를 품은 시칠리아의 중심

# 팔레르모

PALERMO

# 01 팔레르모는 어떤 곳일까?
## Il Palermo

독일의 대문호 괴테가 '세계에서 가장 아름다운 이슬람 도시'라 칭했으며, 자신의 도시가 피렌체보다 열 배는 좋다고 말하는 자부심 가득한 사람들의 도시가 바로 팔레르모다. 팔레르모의 전성기는 이슬람 지배 시기였던 9세기에서 11세기로 '지중해의 정원'이라 불리며 화려한 번영을 누리기도 하였다.
팔레르모를 방문하면 고대 그리스 시대부터 이슬람과 비잔틴, 노르만 양식 등의 서양 문화가 응축되며 만들어낸 독특한 시칠리아의 모습을 만날 수 있다.

● 면적 160.59km² ● 인구 668,405(2018년) ● 지역번호 091

### >> 팔레르모의 볼거리

구시가의 볼거리는 하루 정도면 둘러볼 수 있다. 벨리니 광장(Piazza Bellini)에서 시작되는 이슬람 시대의 모습이 남아있는 팔레르모의 볼거리들은 이탈리아 반도와는 또 다른 독특한 느낌으로 다가온다. 여유가 있다면 하루는 시내를 둘러보고 다음 날은 몬레알레 등의 근교 마을을 방문하면 좋지만, 서두르면 시내와 몬레알레를 하루에 모두 둘러볼 수도 있다. 걸어서 다니는 일정이 많으니 편한 신발은 필수다.

### >> 팔레르모의 먹거리

갓 잡아 올린 신선한 해산물로 만든 시칠리아 요리들은 팔레르모에서 꼭 맛보아야 할 메뉴이다. 팔레르모 인근에서 많이 잡히는 황새치(Pesce Spada)나 성게가 들어간 파스타, 황새치 그릴 구이 등이 일품이다.
달콤한 선인장 열매들도 목마르고 지친 여행자들에게 훌륭한 간식이며, 이탈리아에서도 유명한 디저트인 달콤한 칸놀리 시칠리아니(Cannoli Siciliani) 등도 꼭 맛보자.

### >> 팔레르모의 쇼핑

번화가인 로마 거리(Via Roma)와 마쿠에다 거리(Via Maqueda)에 주요 상점들이 모여 있다. 곳곳에 있는 기념품 가게에서는 본토와는 느낌이 많이 다른 시칠리아만의 토속 기념품과 도자기류의 인기가 높다. 마시모 극장(Teatro Massimo) 바로 앞에 있는 바라 알로리벨라 골목(Via Bara all'Olivella)에 가면 인형극의 인형과 전통 공예품 상점을 볼 수 있다. 특히 유명한 인형 공방은 Il Laboratorio Teatrale(주소 Via Bara all'Olivella 48/50)이다.

### >> 팔레르모의 숙소

이탈리아의 다른 대도시에 비해 숙박 요금이 저렴한 편이라 합리적인 가격에 시설도 좋은 곳에 머물 수 있다. 역 근처나 콰트로 칸티(Quattro Canti) 등의 구시가에 있는 숙소를 잡는 것이 여행에 편리하다.
저렴한 숙소의 경우 빈대(베드 버그)가 있거나 위생 상태가 좋지 않은 경우도 가끔 있으니 예약 전 확인해 보는 것이 현명하다. 도시세는 1박에 €1~3 정도다.

### 팔레르모 여행 정보

**여행안내소** ❶

● APT
위치 팔레르모 중앙역 정문으로 나와서 왼쪽으로 보이는 신호등을 건넌 후 정면에 보이는 Via Maqueda를 따라 직진. 마시모 극장을 지나 5분 정도 더 걸어가면 왼쪽으로 보이는 카스텔누오보 광장(Piazza Castelnuovo) 안에 있다. 총 도보 25분 소요 주소 Piazza Castelnuovo 35 오픈 월~금요일 08:30~14:00 14:30~18:00, 토요일 09:00~13:00 휴무 일요일 · 공휴일 전화 091-605-8351

● 중앙역
오픈 월~금요일 08:30~14:00 14:30~18:00, 토요일 09:00~13:00 휴무 일요일 · 공휴일 전화 091-616-5914

**여행 관련 홈페이지**

www.palermotourism.com

**우체국**

● 중앙 우체국 Palermo Centro
주소 Via Roma 320 오픈 월~수요일 08:00~18:30, 토요일 08:00~12:30 휴무 목 · 금 · 일요일

**경찰서**

위치 중앙역 8번 플랫폼 앞 오픈 24시간 전화 091-1-616-1984

**슈퍼마켓**

● Coop
주소 Piazzetta Bagnasco 16/17 오픈 월~토요일 09:00~20:30 휴무 일요일

# 02 팔레르모 가는 방법

## Per Palermo

시칠리아의 주도(州都)이기 때문에 비행기와 기차, 버스 등 교통편이 잘 발달해 있다. 로마나 나폴리에서 야간열차를 이용하면 아침에 도착하니 효율적인 여행 일정을 계획할 수 있다. 나폴리나 제노바 등에서 페리를 이용해 갈 수도 있지만, 운행 일정 변경과 결항이 잦아 기차 등의 교통수단을 이용하는 것이 확실하다.

| | | | | |
|---|---|---|---|---|
| 로마 ➡ 팔레르모 | 기차 12시간 20분~, €59~100 | | 나폴리 ➡ 팔레르모 | 기차 9~10시간, €58~ |
| 메시나 ➡ 팔레르모 | 기차 3시간~3시간 30분, €12.8~26.5 | | 아그리젠토 ➡ 팔레르모 | 기차 2시간 5분, 버스 2시간, €9~ |
| 카타니아 ➡ 팔레르모 | 기차 3시간, 버스 2시간 30분, €15.5~ | | 시라쿠사 ➡ 팔레르모 | 기차 4~6시간, €15.7~25.5 |

### >> 비행기로 가기 In Aereo

로마나 밀라노에서 비행기를 타고 갈 수 있다. 소요시간은 1시간~1시간 30분 정도. 팔레르모 공항은 시내에서 약 30킬로미터 정도 떨어져 있고 버스나 기차가 시내와 연결하고 있다. 팔레르모 공항의 예전 이름은 지명에 따라 푼타 라이시(Punta Raisi)였다. 지금은 마피아의 폭탄 테러로 희생된 검사의 이름인 팔코네 보르셀리노 국제공항(Falcone Borsellino Airport, PMO) 으로 불린다. 또는 테라시니 친니시(Terrasini Cinisi)라고 말하기도 한다. 세 가지 이름 모두 같은 공항을 의미하니 혼동하지 말자.
전화 800-541-880 홈피 www.gesap.it

### 공항에서 시내로

카스텔 누오보 광장(Piazza Castelnuovo)에 정차한 후 팔레르모 중앙역에 도착하는 버스를 이용하거나, 공항에서 출발해 팔레르모 중앙역까지 운행되는 철도 편인 'Trinacria Express'를 이용하는 것이 편리하다.

**버스**
공항 도착층 출구에서 오른쪽으로 가면 있는 정류장에서 출발하며, 최종 목적지는 중앙역 앞 줄리오 체사레 광장(Piazza Giulio Cesare)이다. 중앙역까지는 45분 내지 한 시간 정도 소요된다. 티켓은 운전사에게 직접 구입하면 된다.
오픈 05:00~23:00(30분 간격) 요금 편도 €6.3, 왕복 €11
홈피 www.prestiaecomande.it

 **기차**
공항 청사 지하에 푼타 라이시 기차역(Stazione di Punta Raisi)이 있으며 1번과 2번 플랫폼에서 출발한다. 팔레르모 중앙역(Stazione di Palermo Centrale)까지 약 한 시간 정도 소요되며 티켓은 2번 플랫폼 앞쪽에 있는 창구의 직원이나 자동발매기에서 구입하면 된다.
오픈 04:45~20:09(20분 간격) 요금 편도 €5.9

### >> 기차로 가기 In Treno

로마나 나폴리에서 기차를 타면 팔레르모까지 바로 갈 수 있다. 주로 야간열차를 많이 이용하며, 바다를 건널 때는 기차가 분리돼 페리 내부로 들어가게 된다. 팔레르모 중앙역은 규모가 크지는 않지만 여행안내

소나 유인 짐 보관소, 화장실 등의 편의 시설은 잘 갖춰져 있는 편이다. 시칠리아의 각 도시로 가는 기차도 자주 운행되기 때문에 기차를 이용해 시칠리아를 여행할 생각이라면 팔레르모에 기점을 두거나 출발지로 삼아도 좋다.

**유인 짐 보관소**
위치 8번 플랫폼 앞 오픈 07:00~23:00
요금 기본 5시간까지 €6, 이후 6시간 이상 12시간 이하 시간당 €1 추가, 이후 시간당 €0.5 추가

**유료 화장실**
위치 8번 플랫폼 앞 요금 €1

>> 버스로 가기 In Autobus

시칠리아의 다른 도시에서 온다면 버스가 빠르고 편리하다. 팔레르모 중앙역 앞 광장에는 시내버스 정류장이 있고 역을 바라보고 왼편에 있는 거리인 Via Paolo Balsamo에는 지방에서 오고가는 장거리 시외 버스 터미널이 있다. 일요일과 공휴일은 운행 횟수가 현저히 줄어드니 미리 확인하는 것이 좋다.

**주요 버스 회사**
SAIS Autolinee(카타니아 연결)
전화 091-616-6028 홈피 www.saisautolinee.it
SAIS Trasporti(로마 연결)
전화 091-617-1141 홈피 www.saistrasporti.it
Cuffaro(아그리젠토 연결)
전화 091-616-1510 홈피 www.cuffaro.info

>> 페리로 가기 In Nave

제노바, 로마, 리보르노, 나폴리 등에서 페리를 이용해 갈 수 있다. 페리의 요금은 계절에 따라 다른데 7월에서 9월이 가장 비싸며 시간표 또한 매년 바뀌므로 사전에 미리 확인해야 한다. 팔레르모의 몰로 비토리오 베네토 항구(Molo Vittorio Veneto al Poreto)에 도착하며 139번 버스를 타면 중앙역까지 갈 수 있다.

**주요 페리 회사**
Tirrenia
전화 091-602-1111 홈피 www.tirrenia.it
Grandi Navi Veloci
전화 091-587-404 홈피 www.gnv.it

# 03 팔레르모 시내 교통

Trasporto

남쪽에 있는 팔레르모 중앙역에서부터 이어지는 로마 거리와 마쿠에다 거리는 팔레르모 구시가의 중심 거리다. 대부분의 볼거리는 구시가에 몰려 있으며 마시모 극장 북쪽으로 있는 신시가지에는 세련된 상점들과 카페, 레스토랑이 모여 있다. 중앙역에서 구시가 주변만 여행한다면 도보로도 충분하다. 역에서 구시가까지는 도보로 15분정도 소요된다. 신시가로 간다면 역에서 시내버스 101번과 102번 등을 이용하면 된다. 팔레르모 도심과 외곽을 연결하는 한 개 노선의 메트로가 있지만 관광객은 거의 이용할 일이 없다.

버스 티켓 요금 1회권 €1.4(90분 유효), 1일권(당일 자정까지 유효) €3.5
교통 안내 홈피 www.amat.pa.it

# 팔레르모
# 이렇게 여행하자

**Access** 팔레르모 중앙역(Stazione di Palermo Centrale)에서 여행을 시작하면 좋다.

구시가의 볼거리들은 대부분 모여 있으니 도보로 여행하는 것도 좋은 방법이다. 조금 복잡한 시내지만 천천히 산책하듯 둘러보면 된다. 외곽에 있는 몬레알레 수도원으로 갈 때는 버스를 이용하면 된다.

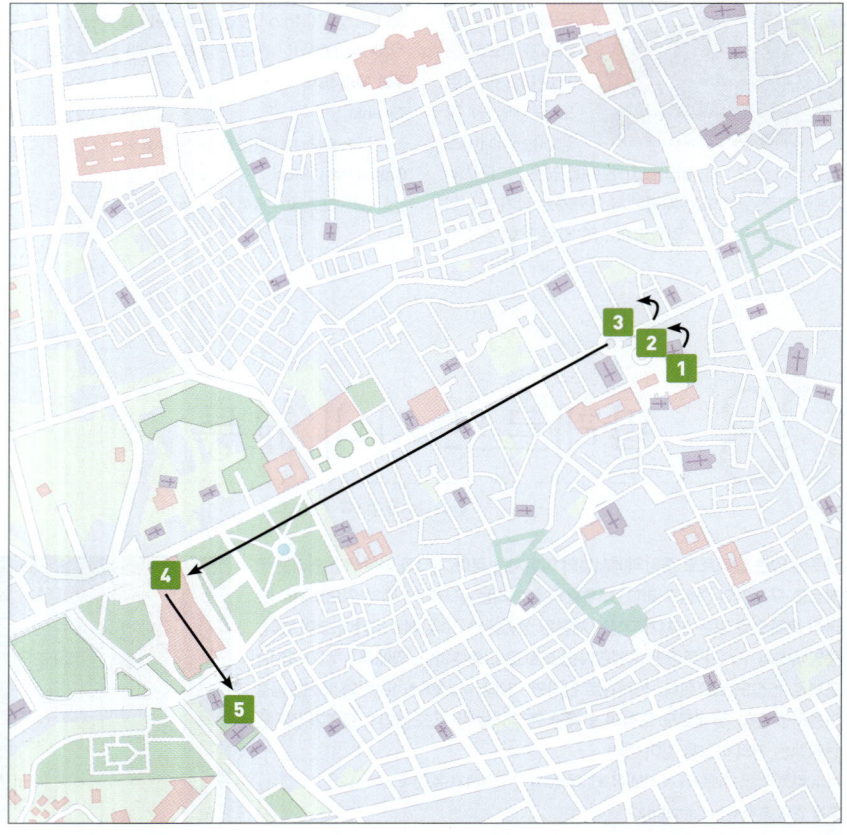

## 추천 코스

**예상 소요 시간**
약 9시간

**1** 벨리니 광장
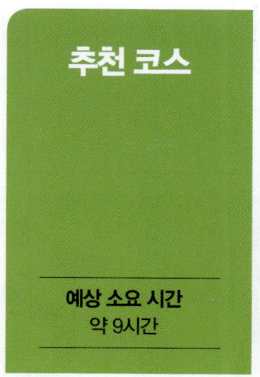

→ 도보 2분

**2** 프레토리아 광장

↓ 도보 1분

**3** 콰트로 칸티

← 도보 20분

**4** 노르만 왕궁

← 도보 5분

**5** 산 조반니 델리 에레미티 성당

↓ 버스 1시간

**6** 몬레알레

# Sightseeing

## 벨리니 광장
**Piazza Bellini**

[삐아짜 벨리니]　　　　MAP 17 ⓖ

12세기 초에 지어진 바로크 양식의 마르토라나 교회(Santa Maria dell'Ammiraglio)와 노르만 아랍 양식의 산 카탈도 교회(Chiesa di San Cataldo)가 있는 장소.
특히 세 개의 붉은색 돔이 특징인 산 카탈도 교회는 아랍 분위기가 물씬 풍기는 곳으로, 잠깐 우체국으로도 사용되었던 적이 있는 특이한 이력을 갖고 있다.

**위치** 중앙역에서 마쿠에다 거리(Via Maqueda)를 따라 도보 10분

## 콰트로 칸티
**Quattro Canti**

[꽈뜨로 깐띠]　　　　MAP 17 ⓖ

콰트로 칸티는 '네거리'란 뜻으로, 말 그대로 마쿠에다 거리와 비토리오 에마누엘레 거리(Corso Vittorio Emanuele)가 십자가처럼 만나는 지점이다. 이곳 주변으로 팔레르모의 주요 여행 포인트들이 자리하고 있으니 여행의 기점으로 삼기에 적당하다.
콰트로 칸티가 볼거리 중 하나인 이유는 바로 주변에 들어선 3층 규모의 건물들이 모두 스페인 바로크 양식으로 꾸며져 있어 마치 거리 전체가 미술관과 같은 느낌을 주기 때문이다. 시칠리아를 다스렸던 왕과 성녀들의 모습을 표현한 섬세하고 화려한 조각들이 여행자들의 시선을 사로잡는다.

**위치** 중앙역에서 마쿠에다 거리를 따라 도보 10분

## 프레토리아 광장
## Piazza Pretoria

[삐아짜 프레또리아]　　　　　MAP 17 ⓖ

시청사 앞에 있는 광장으로, 중앙에는 광장 전체를 거의 차지하고 있는 커다랗고 멋진 분수가 있다. 조각가 프란체스코 카밀리아니가 제작한 프레토리아 분수(Fontana Pretoria)는 그것을 둘러싸고 있는 16세기의 누드 조각들 때문에 '부끄러움의 광장(Piazza Vergoma)'이라는 별칭이 붙기도 하였다. 섬세하고 우아한 표현의 조각이 일품이며 근처 분위기도 좋으니 오가는 길에 꼭 들러보자.

**위치** 콰트로 칸티 바로 옆에 위치
**주소** Piazza Pretoria

## 팔레르모 대성당
## Cattedrale di Palermo

[까떼드랄레 디 팔레르모]　　　　MAP 17 ⓙ

12세기 시칠리아 노르만 양식으로 지어진 대성당으로, 한때 이슬람 사원으로 사용되었던 건물을 성당으로 바꾼 것이다. 로마네스크 양식의 돔과 건물 곳곳에 새겨진 섬세하고 화려한 조각 장식이 눈에 띈다. 이슬람과 비잔틴, 노르만과 네오 고딕 양식 등이 혼합된 독특하면서도 아름다운 건축물이다.
안으로 들어가면 팔레르모의 수호 성녀 로사리아를 기리는 소성당이 있고, 페데리코 2세 등의 팔레르모를 통치했던 왕들의 묘지와 그들이 사용했던 왕관과 성물을 전시해놓은 보물관이 있다.

**위치** 콰트로 칸티에서 비토리오 에마누엘레 대로(Via Vittorio Emanuele)를 따라 도보 5분 **주소** Corso Vittorio Emanuele **오픈** 성당 월~토요일 07:00~19:00, 일요일·공휴일 08:00~13:00 16:00~19:00 / 보물관·무덤 월~금요일 09:00~17:30, 토·일요일·공휴일 10:00~12:30 **요금** 성당 무료, 왕들의 무덤과 보물 박물관 €3 **전화** 091-334-373 **홈피** www.cattedrale.palermo.it

# 노르만 왕궁
## Palazzo dei Normanni

[빨라쪼 데이 노르마니]                        MAP 17 ①②

아랍과 노르만 분위기가 한데 섞여 있는 이 왕궁은 본래 아랍인의 성이었는데 노르만 왕들이 사용하게 된 곳으로, 팔레르모의 가장 중요한 볼거리 중 하나다.
가이드와 동행을 해야만 왕들의 방을 둘러볼 수 있다. 특히 루제로 2세의 화려한 팔라티나 소성당과 루제로 왕의 방(Sala di Ruggero) 등을 눈여겨보자. 가이드와 투어는 약 30분간 진행된다. 단, 현재 주의회 의사당으로 사용되어 회의가 열리기 때문에 회의가 없는 요일에만 둘러볼 수 있다.
궁전 근처에 있는 누오바 문(Porta Nuova)은 카를로 5세가 튀니지와의 전쟁에서 승리한 것을 기념하여 1535년에 건축한 것이다.

위치 대성당에서 비토리오 에마누엘레 거리를 따라 도보 3분 주소 Piazza Indipendenza 오픈 월~토요일 08:15~17:45, 일요일 08:15~13:00 요금 금~월요일 €10, 화~목요일 €8(왕들의 아파트 입장에 따라 입장료 달라짐) 전화 091-626-2833 홈피 www.federicosecondo.org

## 노르만 왕궁 둘러보기

### 팔라티나 예배당
Cappella Palatina

노르만 왕인 루제로 2세가 지은 것으로, 황금 빛깔의 장식과 우아함에 연신 감탄사를 연발하게 한다. 천장과 벽을 수놓은 섬세한 모자이크 장식은 아랍 분위기가 물씬 풍긴다. 제단이며 벽이 모두 황금빛으로 번쩍거려 둘러보는 내내 눈이 황홀할 지경이다. 모자이크의 내용은 구약과 신약의 이야기가 담겨 있는 것이며 베드로와 사도 바울의 이야기가 특히 강조되어 있다.

노출이 심한 반바지나 민소매 티셔츠 복장은 입장이 불가능하니 주의할 것.

## 산 조반니 델리 에레미티 성당
### Chiesa San Giovanni Degli Eremiti

[끼에자 싼 죠반니 델리 에레미띠]    MAP 17 ⓙ

본래는 수도원이었던 곳인데 이슬람 지배 당시 사원으로 사용하다가 이후 루제로 2세가 1136년에 다시 가톨릭 성당으로 사용하게 하였다. 아랍인 건축가의 작품이라 이국적인 붉은 돔들이 눈에 띈다.
특히 섬세하고 아름다운 회랑과 노르만 양식의 기둥이 있는 정원이 있어 감상하면서 잠깐 쉬었다 가기에도 좋은 장소다.

<u>위치</u> 노르만 궁전에서 도보 5분
<u>주소</u> Via dei Benedettini 16
<u>오픈</u> 성당 월~토요일 09:00~18:30, 일요일 09:00~13:00 / 종탑 11:00~15:00
<u>요금</u> 성당 €6, 종탑 €1.5
<u>전화</u> 091-651-5019

## 시칠리아 주립 미술관
### Galleria Regionale della Sicilia

[갈레리아 레지오날레 델라 시칠리아]   MAP 17 ⓗ

〈수태고지〉

아바텔리스 궁전(Palazzo Abatellis) 내에 있는 미술관으로, 이탈리아에서도 유명한 작품이 소장되어 있는 곳이니 미술에 관심이 있다면 들러볼 만한 곳이다.

중세 시대부터의 시칠리아 예술품들을 전시한다. 특히 안토넬로 다 메시나(Antonello da Messina)의 1473년 작품인 〈수태고지 Annunziata〉와 프란체스코 라우라나(Francesco Laurana)의 1471년 작품 〈엘리오노라 다 라고나의 흉상 Eleanor of Aragon〉 등을 놓치지 말자.

**위치** 중앙역에서 Via Lincoln을 따라가다 Via Carlo Rao를 만나면 왼쪽 길로 간다. 직진하다가 Via Alloro로 우회전한다. 총 도보 15분 소요
**주소** Via Alloro 4
**오픈** 화~금요일 09:00 ~18:00, 토·일요일·공휴일 09:00~ 13:00
**휴무** 월요일
**요금** €8
**전화** 091-623-0011
**홈피** www.regione.sicilia.it

## 고고학 박물관
### Museo Archeologico Regionale

[무제오 아르께올로지꼬 레지오날레]   MAP 17 ⓕ

본래는 수도원이었던 건물로 이탈리아 각지에서 발견된 고대 그리스 유물들이 전시되어 있다. 대표적인 전시품으로는 시라쿠사의 청동 작품 〈양 L'ariete〉과 사슴을 사냥하는 헤라클레스의 청동 조각이 다.

또한 기원전 6세기에서 기원전 5세기의 셀리눈티네(Selinuntine)의 신전 유적에서 출토된 예술품들과 기원전 5세기의 이메라(Imera) 사원에서 출토된 사자상도 유명하다.

**위치** 중앙역에서 Via Roma와 Via Bara all'Olivela를 따라 도보 15분
**주소** Piazza all'Olivella 24
**오픈** 화~금요일 09:30~13:30, 14:30~17:30, 토~일요일·공휴일 09:30~13:30
**휴무** 월요일
**요금** €3
**전화** 091-611-6807
**홈피** www.regione.sicilia.it/bbccaa/salinas

## 카푸치니 카타콤베
### Catacombe dei Cappuccini

[카타콤베 데이 카푸치니]   지도 외

16세기 카푸치니 수도원 지하에 자리한 고대 기독교의 지하 공동묘지. 수도승의 유골을 비롯해 시민들의 유골까지 약 8,000여 구의 영혼이 잠들어 있는 곳.

다른 카타콤베와는 다른 이곳의 특징은 유골을 관에 넣지 않고 벽에 걸어놓아 관람객들이 자세히 볼 수 있게 해놓은 것이다. 보존 상태가 매우 좋아서 아직 머리카락이 남아있는 것도 있다. 너무 생생해 공포감까지 느껴지니 평소 자신의 상태를 생각해 입장 여부를 고려할 것.

**위치** Piazza Indipendenza에서 327번 버스 이용, Pitre Pindemonte에서 내려 Via I Pindemonte를 따라간다. **주소** Piazza Cappuccini 1 **오픈** 09:00~13:00, 15:00~18:00 **휴무** 지하묘지 3월 말~10월 일요일 오후 **요금** €3 **전화** 091-652-7389 **홈피** www.catacombepalermo.it

## 포카체리아 마시모
### Focacceria Massimo
MAP 17 Ⓕ

단돈 €5로도 푸짐하게 먹을 수 있는 서민적인 식당으로 언제나 현지인들로 북적인다.
당일 메뉴가 매일 바뀌어 나와 꼭 우리의 백반집 같은 분위기다. 점심시간을 피해 가면 그나마 덜 붐빈다.

<u>위치</u> 마시모 극장 길 건너편 주소의 골목으로 들어가 도보 3분
<u>주소</u> Via Bara all'Olivella
<u>오픈</u> 월~토요일 12:00~16:00
<u>휴무</u> 일요일
<u>요금</u> 파스타 €3~, 주요 메뉴 €4~
<u>전화</u> 091-335-628

## 페로 디 카발로
### Ferro di Cavallo
MAP 17 Ⓖ

현지인들에게도 인기가 높고 여행자들 사이에서도 인기 높은 식당으로 부담 없는 분위기에서 맛있는 시칠리아 요리를 즐길 수 있다. 파스타와 음료만 선택하면 €10 내외로도 가능하지만 시칠리아의 신선한 재료를 사용하는 해산물 등의 메인 요리가 인기가 많다.
이곳에서 디저트로 제공하는 칸놀리(€1.5)도 맛있기로 유명하다.

<u>위치</u> 콰트로 칸티에서 도보 5분 <u>주소</u> Via Venezia 20 <u>오픈</u> 월·화요일 12:00~15:30, 수~토요일 12:00~15:30 19:00~23:00
<u>휴무</u> 일요일
<u>요금</u> 메인 요리 €13~18 <u>전화</u> 091-331-835
<u>홈피</u> ferrodicavallopalermo.it

## 스핀나토
### SPINNATO
MAP 17 Ⓗ

팔레르모의 유명 돌체 가게로 1860년에 창업해 유서 깊은 전통을 가지고 있다.
시칠리아의 대표적인 빵과 돌체들을 맛볼 수 있으며 각종 칸놀리 또한 유명하다. 테이크아웃이 저렴하며 가게 앞 테이블에 앉아 주문하면 가격이 올라간다.

<u>위치</u> 카스텔누오보 광장에서 왼쪽에 있는 맥도날드 바로 옆
<u>주소</u> Piazza Castelnuovo 16/17
<u>오픈</u> 월~금요일 07:30~21:30, 토·일요일 07:30~23:00
<u>요금</u> 칸놀리 €3~, 커피 €2~
<u>전화</u> 091-329-220

## 발라로 시장
### Mercato Storico Ballarò

MAP 17 Ⓙ

전통 시장인 발라로에 가면 언제나 생동감이 넘쳐흐른다. 큰 규모를 자랑하는 곳으로 생선과 고기를 비롯한 각종 과일과 채소 등 없는 것이 없다. 저렴한 물가지만 관광객에게는 조금 더 부르는 경향이 있으니 흥정을 해보자.
부치리아 시장(Mercato Vucciria) 또한 발라로와 함께 시칠리아를 대표하는 대형 시장으로 언제나 크게 울려 퍼지는 상인들의 호객 소리가 인상적이다. 품목은 발라로 시장과 큰 차이가 없다.

**위치** Via Maqueda에서 Via del Bosco를 따라간다.
**오픈** 07:30~22:30

## 오페라 데이 푸피
### Opera dei Pupi

MAP 17 Ⓕ

시칠리아의 인형극은 18세기 중반에 시작되었는데 르네상스 시대의 문학 작품이나 샤를마뉴 대제의 전쟁 이야기 등을 소재로 한 것이 많다. 나무로 만든 인형에 줄을 매달아 사람이 조작하는 것으로 인형 중 큰 것은 1.5미터에 달한다. 2001년에는 유네스코 세계무형문화재에 등록된 바 있으며, 이곳 외에도 주로 소극장들에서 공연이 열리고 있다.

**위치** 마시모 극장에서 도보 5분 **주소** Via Bara all'Olivella 52 **오픈** 화~금요일 17:30~20:00, 토요일 18:30~21:00 **휴무** 일요일 **전화** 091-323-400 **홈피** www.figlidartecuticchio.com

## 마시모 극장
### Teatro Massimo

MAP 17 Ⓕ

이탈리아에서도 유명한 오페라 극장으로 도시의 랜드마크이기도 하다. 영화 〈대부 Ⅲ〉의 마지막 장면에 등장하기도 했으며, 그 외에도 수많은 영화와 드라마의 배경으로 사용되기도 하였다. 내부는 가이드 투어로 돌아볼 수 있다.
오페라와 발레, 음악 콘서트 시즌에 맞추어 방문하면 수준 높은 공연들을 즐길 수 있으니 마음에 드는 공연을 예매해보자.

**위치** 콰트로 칸티에서 Via Maqueda 따라 도보 8분
**주소** Piazza Giuseppe Verdi
**오픈** 09:30~18:00
**요금** 가이드 투어 €8, 학생 €5
**전화** 091-605-3267
**홈피** www.teatro-massimo.it

### 비앤비 아멜리에
B&B Amélie

MAP 17 Ⓑ

마시모 극장에서 멀지 않는 신시가지 지역에 있는 깔끔한 숙소. 다양한 색으로 장식된 방과 햇빛이 잘 들어오는 테라스가 있다. 아침 식사로 제공되는 집에서 만든 빵과 잼도 맛있다.

위치 마시모 극장에서 도보 5~6분 주소 Via Principe di Belmonte 94 요금 싱글 €40~60, 더블 €60~80, 트리플 €90~100 전화 091-335-920 홈피 www.bb-amelie.it

### 호텔 오리엔탈레
Hotel Orientale

MAP 17 Ⓚ

중앙역과 가까운 저렴한 숙소로 가격에 비해 분위기도 좋은 곳이다. 8개의 방이 있으며 중앙에 마당과 대리석 계단이 있는 예스러운 건물이다. 발라로 시장이 바로 옆에 있어 여러 가지로 편리하다.

위치 팔레르모 중앙역에서 도보 3분 주소 Via Maqueda 26 요금 싱글 €30~, 더블 €40~50, 트리플 €50~60 전화 091-616-5727

### 퀸토칸토 호텔
Quintocanto Hotel

MAP 17 Ⓖ

콰트로 칸티 바로 옆에 있어 여행하기에 편리한 곳으로 16세기 저택을 현대적으로 개조한 것이다. 숙박객은 터키식 욕탕과 월풀 시설이 있는 사우나를 무료로 이용할 수 있으며 별도의 요금으로 이용하는 마사지 프로그램도 운영한다. 호텔 예약 전문 사이트를 이용하면 더욱 저렴한 요금으로 예약할 수 있다.

위치 콰트로 칸티 바로 옆, 도보 1분 주소 Corso Vittoria Emanuele 310 요금 싱글 €125~, 더블 €145~200 전화 091-584-913 홈피 www.quintocantohotel.com

SPECIAL

# 몬레알레 [몬레알레]
## Monreale

팔레르모에서 남서쪽으로 약 8킬로미터를 달리면 몬레알레라는 언덕 위 작은 마을에 도착한다. 몬레알레는 '왕의 산'이라는 뜻으로, 경치가 아름다워서 예전에는 왕족들의 별장이 있던 곳이다. 팔레르모에서 반나절 정도 일정으로 다녀오기도 좋은 근교 도시이다.

여행자들이 이곳을 찾는 이유는 바로 1174년에 지어진 두오모 성당 때문이다. 굴리엘모 2세가 노르만 아랍 양식으로 지은 베네딕트회 수도원으로, 황금빛의 모자이크와 기하학적인 문양의 장식으로 유명하다.

두오모는 기둥, 벽 등 어느 곳 하나 그냥 지어진 것이 없다. 특히, 황금빛 모자이크는 보는 순간 그 장엄함과 화려함에 감탄을 연발하게 된다. '예수의 생애', '아담과 이브' 등 구약성서와 신약성서의 내용을 담고 있는 눈부신 모자이크는 두오모 최고의 하이라이트다. 성당 내부가 어두워 제대로 모자이크를 보려면 곳곳에 있는 조명 기계에 €1를 넣어야 한다.

두오모 오른쪽에 자리한 수도원의 베네데티니 회랑(Chiostro dei Benedettini) 역시 큰 볼거리인데, 상감이 된 화려한 기둥과 아치가 아름다움 그 자체이다. 228개의 아름다운 기둥이 서 있는 회랑을 따라 걷고 있노라면 마치 이슬람 사원에 온 것 같은 기분이 든다.

또한 베네데티니 회랑의 전경이 한눈에 내려다보이는 경치도 매우 인상적이니 테라스(Terrazza)에도 올라가 보자. 이곳에서 더 올라가 첨탑까지 가면 날씨가 좋을 때는 멀리 팔레르모까지 볼 수 있다.

● 위치 팔레르모 시내의 인디펜덴차 광장(Piazza Indipendenza)의 버스 정류장에서 309번 버스(편도 €1.4)를 타고 30분 소요, 또는 팔레르모 중앙역 앞에서 출발하며 1시간에 1회 운행하는 AST 몬레알레 버스(편도 €1.8, 왕복 €2.8)를 타면 40분 정도 소요

● 두오모 주소 Piazza del Duomo 오픈 월~토요일 08:30~12:45 14:30~17:00, 일요일 08:00~10:00 14:30~17:00 요금 두오모 무료, 북쪽 수랑 €2, 테라스 €2 전화 091-640-4413

● 베네데티니 회랑 위치 두오모 오른쪽 오픈 화~토요일 09:00~18:30, 일·월요일 09:00~13:00 요금 €6

SPECIAL

01 몬레알레 두오모의 안뜰  02 두오모의 본당 내부  03 베네데티니 회랑  04 두오모의 모자이크
05 안뜰에서 바라본 두오모  06 예수의 모습이 새겨진 황금빛 모자이크  07 아담이 아들 이삭을 희생양으로 바치려했던 창세기의 일화 모자이크

**Travel Plus**

# Agrigento
## 아그리젠토

그리스 시인 핀다로스(Pindaros)가 '사람이 만든 세계에서 가장 아름다운 도시'라 칭송했던 고대 도시 아그리젠토를 방문하면 한때 지중해를 주름잡았던 그리스의 영광을 엿볼 수 있는 유적지를 만날 수 있다. '신전의 계곡'으로 불리는 이곳에는 20여 개의 신전 유적이 있으며 봄과 여름에는 유적지 주변으로 싱그러운 아몬드 나무와 꽃이 만발해 로맨틱한 분위기까지 풍기는 아름다운 장소다.

# 아그리젠토 가는 방법

### Per Agrigento

팔레르모나 카타니아에서 기차나 버스를 이용해 갈 수 있다. 팔레르모에서 출발하는 버스 운행 횟수가 가장 빈번하니 기차 패스가 없다면 이것을 이용하는 것이 편리하다.

팔레르모와 카타니아와 연결되는 기차는 버스보다 횟수도 적고 때로는 갈아타야 하는 경우도 있다. 또한 버스는 해안선을 따라가는 기차와 달리 내륙 도로를 이용하기 때문에 소요시간도 단축되는 장점이 있다.

| 팔레르모 → 아그리젠토 | 기차 2시간 30분 €8.3~, 버스 2시간 €8.7~ |
| 카타니아 → 아그리젠토 | 기차 4시간 30분 €10.4~15, 버스 3시간 €12.4~ |

## ≫ 버스로 가기 In Autobus

아그리젠토에 도착하는 시외버스는 중앙역에서 도보 10분 정도 거리의 로셀리 광장(Piazza Rosselli)으로 가며 이곳에 티켓 판매소와 터미널이 있다. 팔레르모와 연결하는 버스를 운영하는 회사는 Cuffaro 이외에 몇 개가 있으며 요금과 소요시간은 비슷하다. 카타니아와 연결하는 회사는 SAIS 버스다.

**Autobservizi Camilleri**
전화 092-247-1886
홈피 www.camilleriargentoelattuca.it

**Cuffaro**
전화 091-616-1510  홈피 www.cuffaro.info

**SAL**
홈피 www.autolineesal.it

**SAIS**
전화 092-229-324  홈피 www.saistrasporti.it

## 아그리젠토 여행 정보

### 여행안내소 ❶

● **아그리젠토 중앙역**
위치 기차역 내  오픈 월~금요일 08:00~20:00, 토요일 08:00~14:00  휴무 일요일

● **시내**
위치 중앙역에서 나와 왼쪽 광장에 위치. 기차역에서 도보 2분  주소 Piazza Aldo Moro 1  오픈 월~금요일 08:30~13:30  휴무 토 · 일요일  전화 800-236-837

### 여행 관련 홈페이지
www.agrigento-sicilia.it
www.lavalledeitempli.eu

### 필수 준비물
유적지에는 그늘도 별로 없고 매점도 없다. 생수는 필수로 준비하고 선글라스와 모자, 선크림 등을 준비하는 것이 좋다. 유적지 서쪽 출입구 근처에 화장실이 있다.

# 아그리젠토 이렇게 여행하자
## Il Turismo

로셀리 광장이나 아그리젠토 중앙역 앞 광장에서 신전의 계곡(Valle dei Templi)으로 가는 버스 1번·2번·3번 등(편도 €0.85)을 타고 가면 된다. 신전의 계곡은 아그리젠토 중심부에서 약 3킬로미터 정도 떨어져 있다. 지도 등이 필요하다면 여행안내소에 들리면 되지만, 유적지 입구에서 티켓을 살 때 간단한 설명이 있는 안내도를 받을 수 있다. 숙소가 마땅하지 않은 경우가 많으니 당일치기나 경유지로 여행하는 것이 편리하다. 역 주변이나 시내에서 미리 간식을 준비한 다음 유적지를 둘러보는 것도 좋다.

**추천 코스**

아그리젠토 중앙역 또는 버스터미널
↓ 버스 10분
신전의 계곡 & 국립 고고학 박물관
↓ 도보 1분
헬레니즘 로마기 지구

# 신전의 계곡
## Valle dei Templi

[발레 데이 템플리]

MAP p.607

아그리젠토 최대의 볼거리로, 20여 개에 달하는 그리스 신전들이 모여 있는 곳이다. 신전의 계곡은 낮에 둘러보는 것도 좋지만, 밤에 보면 조명이 들어와 더 신비롭고 환상적인 모습을 감상할 수 있다.

위치 버스터미널 역할을 하는 로셀리 광장이나 아그리젠토 중앙역 앞 마르코니 광장(Piazza Marconi)에서 30분 간격으로 출발하는 1번·2번·3번 시내버스를 타고 Piazza dei Templi에서 하차. 약 10분 소요(편도 €1.2, 버스 내에서 구입하면 €1.65) 주소 Valle dei Templi 오픈 08:30~19:00(입장은 17:30까지) 요금 €12(신전의 계곡 및 고고학 박물관 통합권 €15.2) 전화 092-262-1657 홈피 www.parcodeitempli.net

## 신전의 계곡 둘러보기

###  주노네 신전(헤라 신전)
#### Tempino di Giunone Lacinia

헤라 여신을 위해 기원전 460년에서 기원전 440년에 세워진 것으로, 도리아식의 우아한 외관이 많은 여행자의 시선을 끈다. 총 34개의 기둥 중에서 25개가 남아 있어 거의 완전한 형태라 볼 수 있다. 신전 한쪽에는 제물을 바치는 제단으로 사용되었던 평평한 바위가 있다.

###  콘코르디아 신전
#### Tempio della Concordia

기원전 450년에서 기원전 440년에 세워진 도리아식 신전으로, 그리스 아테네에 있는 파르테논 신전과도 비슷한 모습을 하고 있다. 총 34개의 기둥이 신전을 지탱하고 있는데, 원형에 가까운 상태로 잘 보존되어 있어서 고고학적으로도 큰 가치가 있다. 한때 기독교도들이 이곳을 교회로 사용하기 위해 기둥들 사이에 벽을 만들기도 했지만, 이후 벽을 모두 제거하였다.

### 03 에르콜레 신전 (헤라클레스 신전)
#### Tempio di Ercole

아그리젠토에서 가장 오래된 도리아식 신전으로, 기원전 520년에 헤라클레스를 위해 세워졌다. 영국의 고고학자인 하드캐슬 경이 복원한 여덟 개의 기둥이 남아있다. 신전 옆에는 카르타고 군대와 싸웠던 로마군의 기념비인 테로네의 묘(Tomba di Terone)가 있다.

###  조베 올림피코 신전 (쥬피터 신전)
#### Tempio di Giove Olimpico

지진 때문에 신전의 터만 남은 상태이지만, 길이 113미터, 폭 57미터로 이 지역에서 가장 큰 규모의 신전이었던 것으로 추정된다. 신전 내에는 7.75미터의 거대한 규모의 석상인 텔라몬(Telamone)이 있었다. 현재 이곳에서 볼 수 있는 것은 복제품이고 진품은 국립 고고학 박물관에 전시되어 있다.

### 05 디오스쿠리 신전 (카스토레 폴루체)
#### Tempio dei Dioscuri (di Castore e Polluce)

기원전 5세기의 것으로 추정되며 쌍둥이 카스토르와 폴룩스를 위해 세워졌다. 그들은 스파르타 여왕 레다와 백조로 변신했던 제우스 사이에서 태어난 형제로 쌍둥이 별자리의 주인이기도 하다. 하지만, 카르타고 군대에 의해서 붕괴되어 지금은 모서리 쪽 기둥 세 개만 볼 수 있다.

## 국립 고고학 박물관
**Museo Archeologico Nazionale**

[무제오 아르께올로지꼬 나찌오날레]    MAP p.607

## 헬레니즘 로마기 지구
**Quartiere Ellenistico-Romano**

[꽈르띠에레 엘레니스띠꼬 로마노]    MAP p.607

1967년에 개관한 곳으로, 아그리젠토는 물론이고 이탈리아 중부에서 출토된 고대 그리스의 유물들을 볼 수 있다.
총 18개의 전시관이 있는데, 제6관의 조베 올림피코 신전에 있었던 석상 텔라몬(Telamone)을 꼭 챙겨볼 것. 텔라몬상은 아시아, 유럽, 아프리카를 상징하는 것이라고 하며, 당시 모습을 재현한 모형도 있어 그 웅장했던 모습을 상상해볼 수 있다.
박물관 옆에 있는 기원전 1세기의 팔라리데의 소예배당(Oratorio di Falaride)과 그리스의 원형 극장(Comitium), 13세기에 건축된 산 니콜라 교회(Chiesa San Nicola)도 함께 둘러보자.

마치 고대 로마에 와있는 듯한 착각이 들게 하는 곳으로, 기원전 4세기에서 기원전 3세기 당시 도시의 모습을 상상해볼 수 있다. 모자이크 바닥은 덮개로 보호되고 있다.

<u>위치</u> 고고학 박물관 옆
<u>오픈</u> 08:30~17:00
<u>요금</u> 신전의 계곡 공통권 €13.5

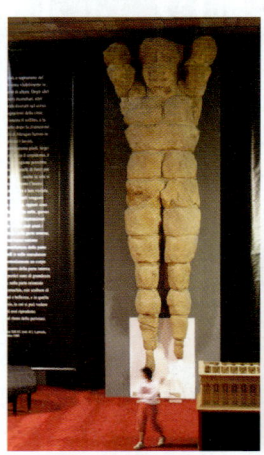

<u>위치</u> 신전의 계곡에서 도보 10~15분, 역으로 돌아올 때는 박물관 앞 정류장(Museo)에서 1번・2번・3번 버스를 타면 된다. <u>주소</u> Via Panoramica dei Templi <u>오픈</u> 화~토요일 09:00~19:00, 일요일 09:00~13:00 <u>휴무</u> 월요일 <u>요금</u> 신전의 계곡 공통권 €15.2 <u>전화</u> 092-240-1565

**Travel Plus**

# Siracusa
## 시라쿠사

"유레카(Heurēka)!"라는 외침으로 유명한 고대 그리스의 수학자 아르키메데스(B.C. 287?~212)의 고향 시라쿠사는 고대 로마의 철학자 키케로가 '모든 그리스의 도시 중 가장 위대하고 아름답다'는 칭송을 했던 곳이다.
포에니 전쟁 이후 로마 제국에 복속된 이후 바울의 전도로 기독교 도시가 되기도 했던 이 도시는 9세기 이후에는 아랍의 땅이 되는 굴곡 많은 역사를 가지고 있다. 이러한 역사 때문인지 고대 그리스와 로마 유적지가 많이 남아 있어 오늘날에는 시칠리아의 주요 관광지가 되었다.

# 시라쿠사 가는 방법

## Per Siracusa

카타니아나 메시나에서 갈 때는 버스와 기차가 비슷하니 어떠한 것을 선택해도 무방하다. 팔레르모에서 출발한 경우 해안을 따라와 소요시간이 긴 기차보다는 섬 중간을 가로질러 가는 버스를 선택하는 것이 효율적이다.

| | | |
|---|---|---|
| 팔레르모 → 시라쿠사 | 기차 4~7시간 €14.5~20, 버스 3시간 15분 €12~ | |
| 카타니아 → 시라쿠사 | 기차 1시간~1시간 15분 €6.35~9, 버스 1시간 30분 €6.2~ | |
| 로마 → 시라쿠사 | 기차 12시간 €70.5~ | 나폴리 → 시라쿠사  기차 10시간 €57.5~ |

### >> 기차로 가기 In Treno

시라쿠사는 시칠리아의 주요 도시 중 하나이기 때문에 로마나 나폴리에서 기차를 타고 올 수도 있다. 10시간 이상의 거리라 야간열차를 이용하는 것이 좋다. 팔레르모에서는 해안을 따라 오기 때문에 거리에 비해 소요시간이 길다.
시라쿠사 중앙역은 시내에 위치하며 1번 플랫폼 근처에 경찰서와 화장실 등의 편의 시설이 집중되어 있지만 짐 보관소는 운영하지 않는다. 티켓 매표소 운영시간 이외 시간에는 자동발매기를 이용하면 된다.

**매표소**
오픈 월~토요일 08:25~11:13, 13:15~17:15
휴무 일요일

### >> 버스로 가기 In Autobus

버스터미널은 시라쿠사 중앙역 근처의 겔론 대로(Corso Gelone)에 있다. 버스 회사 AST와 INTERBUS가 운행하는 버스가 있으며 팔레르모나 카타니아 등의 도시를 연결하고 있다.

**AST**
홈피 www.aziendasicilianatrasporti.it

**INTERBUS**
홈피 www.interbus.it

### 시라쿠사 여행 정보

**여행안내소 ❶**

● **UTRS**
위치 20번 버스를 타고 오르티자(Ortigia) 섬의 Piazza Archimede에 하차하여 주소의 길을 따라 도보 3분 주소 Via Maestranza 33 오픈 월~금요일 08:00~14:00, 14:30~17:30, 토요일 08:00~14:00 휴무 일요일 전화 0931-464-255

● **UTPS**
위치 20번 버스를 타고 오르티자 섬의 Piazza Archimede에 하차하여 광장 정면에 있는 Via Roma를 따라 도보 3분 주소 Via Roma 31 오픈 월~금요일 09:00~13:00, 15:00~18:00, 토요일 09:00~13:00 휴무 일요일 전화 800-055-500

**여행 관련 홈페이지**
www.siracusaturismo.net

**경찰서**
주소 Piazza S Giuseppe 전화 0931-651-76

**시라쿠사의 먹거리**
미식의 도시로 유명한 시라쿠사의 레스토랑들은 오르티자 섬을 중심으로 많이 모여 있다. 좁은 골목길 사이로 많은 레스토랑과 카페 등이 자리하고 있는데 주로 해산물을 전문으로 하는 곳이 많다. 다른 관광지에 비해 가격도 합리적이다.

**시라쿠사의 숙박**
저렴한 호텔은 오르티자 섬이나 중앙역 쪽에 많이 있고, 시내에는 중·고급 호텔들이 많이 있다. 여름에는 여행자가 많이 몰려 숙박 사정이 좋지 않으니 서둘러 예약하는 것이 좋다.

# 시라쿠사 시내 교통

**Trasporto**

지하철이 없는 시라쿠사는 버스가 주요 대중교통 수단이다. AST에서 운행하는 시내버스는 보통 오전 6시 50분경 운행을 시작해 오후 8시에서 9시쯤 운행이 끝나니, 이후에는 도보나 택시를 이용해야 한다. 정류장에 노선표가 없어 이용하기가 어려운 편이니 현지인들의 도움을 받는 것이 좋다.

시내와 오르티자 섬에서는 걸어서 여행할 수 있으니 두 지역 사이를 이동할 때만 버스를 이용하면 된다. 1번·3번·12번이 네아폴리 고고학 공원과 오르티자 섬을 연결하며 중앙역과 오르티자 섬은 무료 AST 셔틀버스인 20번 버스가 20분 내지 1시간 간격으로 운행되고 있다.

**요금** 1회권 €1.1(2시간 유효)

# 시라쿠사 이렇게 여행하자

**Il Turismo**

중앙역이나 버스터미널에 도착해 여행을 시작하면 되는데, 이곳에서 오르티자 섬까지는 버스가 운행된다. 시라쿠사의 볼거리는 도시 북쪽의 고고학 지구(Parco Archeologico dello Neapoli)와 오르티자 섬의 구시가이니, 옛 유적지와 함께 활기 넘치는 어시장과 바다 산책길을 즐겨보자.

만약 시간이 있다면 시라쿠사에서 하루 정도 머물며 여유롭게 둘러보아도 좋다. 오르티자 섬의 야경도 분위기가 좋고, 맛있다고 소문난 레스토랑에서 시칠리아의 음식을 즐겨도 좋을 것이다. 이틀 동안 머물 예정이라면 본문에 소개한 명소들을 중심으로 하루는 오르티자 섬, 다음 날은 고고학 지구를 중심으로 한 여행 코스로 나누어 둘러보면 된다.

**추천 코스**: 시라쿠사 중앙역 → (도보 20~25분) → 네아폴리 고고학 공원 → (버스+도보) → 두오모 → (도보 5분) → 아레투사의 샘 → (도보 7분) → 벨로모 궁 주립 미술관

> **TIP**
> 
> **한걸음 더, 시라쿠사!**
> - 눈물의 성모 마리아 성당 p.617 마리아 상에서 눈물이 흐른 기적을 기념한 성당
> - 주립 파올로 오르시 고고학 박물관 p.617 시칠리아에서 발굴된 고대 그리스의 유물들을 전시
> - 산 조반니 에반젤리스타 교회(카타콤베) p.618 3세기의 성자 산 마르치아노를 기리기 위한 곳
> - 산타루치아 알라 바디아 성당 p.618 카라바조의 〈산타 루치아의 순교〉가 있는 교회
> - 아폴로 신전 p.620 신전과 성당, 이슬람 사원으로 변모했던 고대의 유적지

# 네아폴리 고고학 공원
## Parco Archeologico della Neapolis

[빠르꼬 아르께올로지꼬 델라 네아폴리스]   MAP p.614 Ⓐ

그리스 로마 시대의 유적들이 모여 있는 공원으로, 시라쿠사 최고의 명소다. 이곳에는 그리스 극장을 비롯해 로마 원형 극장, 천국의 채석장 등이 있어 시라쿠사에 온 여행자들은 필수적으로 둘러보는 곳이다.

위치 시내의 Piazza Pantheon에서 Corso Gelone를 따라 도보 10~12분정도 가다 왼쪽의 Viale Paolo Orsi로 접어들면 오른쪽에 로마 원형극장부터 나오는 입구가 보인다. 주소 Via Paradiso 14 오픈 08:30~18:30(입장은 한 시간 전 마감) 요금 네아폴리 고고학 공원 €10, 매월 첫째 일요일 무료, 주립 파올로 오르시 고고학 박물관 통합권 €13.5 전화 0931-662-06

# 네아폴리 고고학 공원 둘러보기

시라쿠사

### 01 로마 원형극장
**Anfiteatro Romano**

고대 로마인들의 가장 즐겼던 과격한 검투 경기를 위해서 세워진 타원형의 극장으로, 객석과 검투사들이 드나들던 입구가 남아있다. 폐허에 가깝지만 규모만 보더라도 당시의 모습을 상상해볼 수 있다.

### 02 그리스 극장
**Teatro Greco**

기원전 5세기에 지어진 고대 극장으로, 1만 6,000여 명의 인원을 수용할 수 있는 세계 최대 규모를 자랑한다. 인위적으로 지어진 것이 아니라, 비탈진 자연의 형태를 그대로 살려 거대한 암석을 그대로 깎아 만들어진 것이라 고대인들의 재치와 기술에 놀라지 않을 수 없다. 당시 나우마키아(Naumachia)라 불렸던 모의 해전을 즐겼던 것으로 보이는 수로의 흔적도 남아있다. 지금도 여름이 되면 발레와 연극 공연 등이 열려 많은 이들의 사랑을 받고 있다.

### 03 천국의 채석장
**Latomia del Paradiso**

이름 그대로 채석장이었던 곳으로, 신전과 주택들을 만드는 데 필요한 돌들을 이곳에서 가져왔다. 1693년 대지진 전에 큰 바위가 하늘 높이 솟아 하늘의 뚜껑이 만들어졌다고 해서 화가 카라바조가 '천국의 채석장'이라 불렀다고 한다.

이곳에는 본래 10여 개 이상의 동굴들이 있었는데, 그중 '디오니시우스의 귀(Oreccchio di Dionisio)'라 불리는 동굴은 폭군 디오니시우스가 감옥으로 사용했다고 전해진다. 65미터의 길이에 천장의 높이만 23미터로 동굴 형태가 귀 모양과 닮아있는 이곳에는 한때 전쟁포로를 7,000명이나 가두었다고 한다.

내부 울림이 좋아 전쟁포로나 정치범들이 하는 이야기를 밖에서 몰래 엿들을 수 있을 정도였다고 전해지며, 이것을 들은 카라바조가 '디오니소스의 귀'라는 이름을 붙였다. 그 옆에 있는 것은 코르다리의 동굴(Grotta dei Cordari)이다.

## 눈물의 성모 마리아 성당
### Basilica Santuario Madonna delle Lacrime
[바실리까 싼투아리오 마돈나 델레 라끄리메]   MAP p.614 Ⓐ

시라쿠사를 대표하는 명소 중 하나로 1953년 8월 29일부터 9월 1일까지 마리아상에서 눈물이 흘렀던 놀라운 기적을 기념하기 위해 지어졌다. 1967년부터 공사를 시작해서 1993년이 되어서야 완성된 것으로, 마치 고깔모자와 같은 형태를 하고 있다. 워낙 독특한 모양에 시라쿠사 어느 지역에서도 눈에 띄어 랜드마크 삼아 여행하기에도 좋다.

안으로 들어가면 중앙의 제단에는 1953년 눈물을 흘렸던 성모 마리아상이 모셔져 있고 모두 19개의 소성당이 있다. 당시 성모상이 흘렸던 눈물을 채취해 분석한 결과 사람의 것과 같다는 결론이 내려져 더욱 화제가 되기도 하였다.

<u>위치</u> 고고학 공원에서 Viale Augusto와 Viale Teocrito를 따라 직진, 도보 약 10분 <u>주소</u> Viale Luigi Cadorna 139 <u>오픈</u> 07:30~13:00, 15:00~20:00 <u>요금</u> 무료 <u>전화</u> 0931-221-02 <u>홈피</u> www.madonnadellelacrime.it

## 주립 파올로 오르시 고고학 박물관
### Museo Archeologico Regionale Paolo Orsi
[무제오 아르께올로지꼬 레지오날레 빠올로 오르씨]   MAP p.614 Ⓑ

빌라 란돌리나(Villa Landolina) 안에 자리한 고고학 박물관으로, 시칠리아에서 발굴된 고대 그리스 시대의 출토품들이 전시되어있다.

전시실은 총 네 개의 파트로 구분되어 있다. 선사 시대의 다양한 토기와 초기 그리스 회화, 그리스 신전 유적지의 유물 등을 전시하고 있다. 그중 풍만한 스타일의 조각인 〈아나디오메네 비너스 Venere Anadiomene〉가 대표적인 전시품이다.

<u>위치</u> 눈물의 마리아 성당의 후문에서 길 건너 정면으로 위치. 도보 2분
<u>주소</u> Viale Teocrito 66
<u>오픈</u> 화~토요일 09:00~18:00, 일요일·공휴일 09:00~13:00
<u>휴무</u> 월요일
<u>요금</u> 고고학 박물관 €8, 고고학 공원 통합권 €13.5
<u>전화</u> 0931-489-511
<u>홈피</u> www.regione.sicilia.it/beniculturali/museopaoloorsi

## 산 조반니 에반젤리스타 교회(카타콤베)
San Giovanni Evangelista (Catacombe)

[싼 조반니 에반젤리스따(까따꼼베)]　　MAP p.614 Ⓐ

6세기 경에 지어진 교회로, 시라쿠사에 기독교를 전파하고 발렌티아누스 황제 때 순교한 3세기의 성자 산 마르치아노를 기리기 위한 것이다. 도리아식 기둥에 아름답고 우아한 장미 창이 있지만, 1693년 지진 때문에 많은 부분이 무너져 내려 지금의 모습만 남게 되었다.

교회 지하에는 산 마르치아노의 무덤과 지하 예배소가 있고, 기독교도들의 카타콤베가 남아 있다. 이곳 카타콤베에는 가족묘나 처녀들만 모셔진 방 등 다른 곳과는 조금 다른 특징으로 여행자들의 호기심과 눈길을 끌고 있다.

<u>위치</u> 주립 파올로 오르시 고고학 박물관에서 도보 3분 <u>주소</u> Largo San Marciano 1 <u>오픈</u> 09:30~12:30, 14:30~17:30(영어 또는 이탈리아어 가이드 투어 30분 간격으로 운영) <u>휴무</u> 1월 7일~2월 7일 <u>요금</u> €8 <u>전화</u> 0931-646-94 <u>홈피</u> www.secretsiracusa.it/dove-andare-a-siracusa/catacomba-di-san-giovanni

## 산타루치아 알라 바디아 성당
Chiesa di Santa Lucia alla Badia

[끼에자 디 싼따 루치아 알라 바디아]　　MAP p.614 Ⓓ

산타 루치아는 시라쿠사 출신의 성녀로, 이곳은 1703년에 그녀를 기리기 위해 지어진 성당이다. 성당 정면에는 성녀의 상징이었던 칼과 기둥, 그리고 구원과 승리를 뜻하는 왕관과 종려나무가 새겨져 있다.

안으로 들어가면 카라바조(Caravaggio)의 작품인 〈산타 루치아의 순교〉를 볼 수 있다. 기독교 박해에 맞서 자신의 신앙을 위해 목을 칼에 찔려 순교한 산타 루치아의 죽음을 묘사한 것으로 유명하다.

<u>위치</u> 두오모에서 도보 1분, 두오모 바라보며 광장 오른쪽에 위치 <u>주소</u> Via Pompeo Picherali 4
<u>오픈</u> 화~일요일 11:00~16:00
<u>휴무</u> 월요일
<u>전화</u> 0931-65-328
<u>홈피</u> www.secretsiracusa.it/dove-andare-a-siracusa/santa-lucia-alla-badia-siracusa

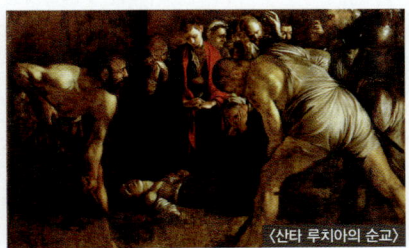

〈산타 루치아의 순교〉

# 두오모
## Duomo

[두오모]　　　　　　　　　　　　　　　　　　　　　　　MAP p.614 ⓓ

웅장한 바로크 양식의 두오모로 시라쿠사에서 빼놓을 수 없는 명소다. 본래는 지금의 두오모 터는 아테네 신전이 있던 자리로, 수차례의 공사를 거쳐 오늘날 아름답고 우아한 코린트 양식의 기둥을 갖게 되었다. 성당 정면의 가장 중앙에는 성모 마리아상이 있고, 왼쪽으로는 산 마르치아노, 오른쪽에는 산타 루치아의 동상이 있다. 계단 양옆에는 천국의 열쇠를 지닌 베드로와 전도서와 칼을 들고 있는 사도 바울의 모습도 보인다.

이탈리아에서도 아름답기로 손꼽히는 시라쿠사의 두오모 광장은 모니카 벨루치가 나왔던 영화 〈말레나〉의 주요 배경으로 등장해 더 유명해지기도 하였다.

**위치** 시내에서 버스를 타고 Piazza Archimede에서 내려 Via S. Landolina를 따라 도보 5분
**주소** Piazza del Duomo 5
**오픈** 08:00~19:00
**요금** €2
**전화** 0931-653-28
**홈피** www.arcidiocesi.siracusa.it

## 아레투사의 샘
### Fonte Aretusa

[폰떼 아레뚜사]   MAP p.614 Ⓓ

시민들의 편안한 휴식처로, 파피루스가 자라고 오리들이 노니는 작은 연못이다. 이곳에는 흥미로운 신화가 얽혀있어 여행자들의 호기심을 더욱 불러일으킨다.
어느 날, 목욕하고 있던 달의 여신 아르테미스의 시녀 아레투사에게 강의 신 아르페우스가 첫눈에 반한다. 아르페우스가 쫓아오자 아레투사는 이를 피해 달아나다가 결국 그리스에서 이곳 시칠리아 섬까지 도망을 와서 샘으로 변했다고 한다.
샘에는 아레투사와 아르페우스의 모습이 새겨져 있는 조각상이 있으며, 무엇보다도 이곳 전망대에서 보이는 바다와 항구의 경치가 매우 아름다우니 시간이 된다면 꼭 찾아가 보자.

<u>위치</u> 두오모의 오른쪽 길인 Via Pompeo Picherali를 따라 도보 5분
<u>주소</u> Largo Aretusa

## 벨로모 궁 주립 미술관
### Galleria Regionale di Palazzo Bellomo

[갈레리아 레지오날레 디 빨라쪼 벨로모]   MAP p.614 Ⓓ

13세기에 지어진 궁전 안에 자리한 미술관. 벨로모라는 이름은 당시 이 궁전의 주인이었던 로마 귀족의 이름이다. 많은 회화 작품들을 소장, 전시하고 있는데 특히 안토넬로 다 메시나의 〈수태고지 Annunciazione〉를 놓치지 말자. 1474년부터 이듬해까지 만들어진 작품으로 크기가 큰 것도 아니고 훼손이 많이 되기도 하였지만 신의 뜻을 받들겠다는 뜻으로 두 손을 순종적으로 포개고 있는 마리아의 모습이 매우 인상적이다. 그 외에도 카라바조의 〈산타 루치아의 매장 Seppellimento di Santa Lucia〉도 유명하다.

<u>위치</u> 산타루치아 알라 바디아 성당에서 도보 5분, 아레투사의 샘에서 도보 7분 <u>주소</u> Via Giuseppe Maria Capodieci 16 <u>오픈</u> 화~토요일 09:00~19:00, 일요일 14:00~19:30 <u>휴무</u> 월요일 <u>요금</u> €8 <u>전화</u> 0931-695-11 <u>홈피</u> www.regione.sicilia.it/beniculturali/palazzobellomo

## 아폴로 신전
### Tempio di Apollo

[뗌삐오 디 아뿔로]   MAP p.614 Ⓓ

기원전 4세기경 건축된 신전으로, 지금은 그 터만 있지만 남아있는 가로 24미터, 세로 54미터의 흔적으로 보았을 때 꽤 큰 규모였을 것이라 추정된다.
한때는 신전, 이후에는 비잔틴 양식의 성당, 또 이슬람 사원으로 계속 그 용도가 변경되기도 했던 특이한 이력을 갖고 있다.

<u>위치</u> 두오모 근처의 Plazza Archimede에서 Corso Giocomo Matteotti를 따라 도보 5~6분
<u>주소</u> Piazza Pancali

## 시칠리아 인 타볼라
Siclia in Tavola

MAP p.614 ⓓ

많은 여행자들이 추천하는 맛집으로 카부르 거리에 있는 인기 레스토랑 중 하나다.
홈메이드 파스타와 신선한 해산물 요리를 주로 제공하며 왕새우 라비올리도 추천 메뉴.

<u>위치</u> 두오모 광장에서 Via Saverio Landolina와 주소의 길을 따라 직진. 도보 3~4분
<u>주소</u> Via Cavour 28
<u>오픈</u> 화~일요일 13:00~14:30, 19:30~22:30
<u>휴무</u> 월요일
<u>요금</u> 파스타 €7~15
<u>전화</u> 392-461-0889
<u>홈피</u> www.siciliaintavola.eu

## 레드 문
Red Moon

MAP p.614 ⓑ

시라쿠사에서 가장 맛있는 해산물 요리를 제공하는 레스토랑 중 하나. 가족이 경영하며 친절한 분위기에 가격도 합리적이라 인기가 높다.
성게 알을 넣은 스파게티 Spaghetti ai ricci 와 해산물 모듬 튀김 Fritto Misto 등 모든 메뉴가 골고루 맛있다.

<u>위치</u> 중앙역에서 Via Ibla와 바닷가를 따라있는 길 Riviera Dionisio Il Grande를 지나 Porto Piccolo 선착장 옆에 위치 <u>주소</u> Riva Porto Lachio 36 <u>오픈</u> 화~일요일 13:00~16:00, 20:00~23:00 <u>휴무</u> 월요일 <u>요금</u> 메인 요리 €25~ <u>전화</u> 093-160-356

## 피콜로 테아트로 데이 푸피
Piccolo Teatro dei Pupi

MAP p.614 ⓓ

시칠리아의 전통 인형극을 볼 수 있는 곳으로 정기적으로 공연이 열리고 있다. 공연 일정은 홈페이지를 확인해보자.
옆에 있는 공방에서는 인형극에 등장하는 인형들을 구입할 수도 있다.

<u>위치</u> 아르키메데 광장(Piazza Archimede)에서 Via della Maestranza를 따라가다 오른쪽에 있는 주소의 길로 들어가면 왼쪽에 위치
<u>주소</u> Via della Giudecca 17/19
<u>전화</u> 0931-465-540
<u>홈피</u> pupari.com

## 롤 호스텔
### Lol Hostel

MAP p.614 Ⓐ

시라쿠사 역에서 가까운 곳으로 도미토리와 더불어 2인실과 3인실, 4인실도 있다. 가격도 합리적이고 시설도 깔끔해 선호가 높은 숙소.

<u>위치</u> 중앙역 광장 옆의 Via Francesco Crispi 따라 도보 2분
<u>주소</u> Via Fran-cesco Crispi 92/96
<u>요금</u> 도미토리 €19~25, 더블 €60~70
<u>전화</u> 0931-465-088
<u>홈피</u> www.lolhostel.com

## 호텔 구트코브스키
### Hotel Gutkowski

MAP p.614 Ⓓ

조용한 분위기의 스타일리시한 호텔로 바다 전망을 가진 방들이 특히 인기다. 오르티지아 섬에 있으며 테라스가 있는 바다 전망 방을 예약하려면 서둘러야 한다.

<u>위치</u> 중앙역이나 버스터미널에서 택시를 타고 이동하는 것이 편리하다. 아폴로 신전에서 Via Resalibera 따라 도보 4분 <u>주소</u> Lungomare di Levante Elio Vittorini 18 <u>요금</u> 싱글 €60~80, 더블 €75~130 <u>전화</u> 0931-465-861 <u>홈피</u> www.guthotel.it

## 비앤비 데이 비아지아토리 비안단티 에 소그나토리
### B&B dei Viaggiatori Viandanti e Sognatori

MAP p.614 Ⓓ

두오모와 멀지 않은 곳에 위치한 저렴한 숙소로 위치가 매우 좋다. 주변에 서점과 골동품 상점이 모여 있고 아침 식사가 제공되는 옥상에서는 바다를 내려다 볼 수 있다.

<u>위치</u> 두오모 뒤편 길인 주소의 길을 따라 두오모 뒤쪽에서부터 도보 3~4분
<u>주소</u> Via Roma 156 <u>요금</u> 싱글 €35~50, 더블 €55~70, 트리플 €75~80
<u>전화</u> 0931-247-81 <u>홈피</u> www.bedandbreakfastsicily.it

Travel Plus

# Catania
## 카타니아

수차례에 걸친 에트나 산의 분화로 고통을 받았던 도시 카타니아에 도착하면 가리발디 문의 시계에 새겨져 있는 '나는 나의 재로부터 아름답게 부활한다'라는 도시의 모토가 새삼스레 다가온다. 아홉 차례에 걸친 파괴와 복구 속에도 도시는 발전을 거듭하여 현재는 인구 30만에 달하는 시칠리아 제2의 도시로 성장하였으며 작곡가 벨리니(Vincenzo Bellini)의 고향답게 문화의 도시로 불리고 있다.

# 카타니아 가는 방법
## Per Catania

시칠리아 섬 동쪽 해안에 있는 카타니아는 타오르미나, 시라쿠사, 팔레르모에서 기차로 갈 수 있으며 팔레르모에서 갈 때는 버스를 이용하는 것이 빠르다. 카타니아는 공항이 있는 도시로 이탈리아나 유럽 도시에서 항공편을 이용하여 바로 올 수도 있어 시칠리아 여행의 시작 도시로 삼아도 된다.

| | |
|---|---|
| 타오르미나 → 카타니아 | 기차 45분 €3.9~7.5, 버스 1시간 20분 €5.1~ |
| 시라쿠사 → 카타니아 | 기차 1시간 20분 €6.35~9.5, 버스 1시간 30분 €6.2~ |
| 팔레르모 → 카타니아 | 기차 3시간~5시간 45분 €12.5~15.5, 버스 2시간 30분 €15.2~ |
| 아그리젠토 → 카타니아 | 기차 3시간 45분 €10.4~15, 버스 3시간 €12.4~ |
| 나폴리 → 카타니아 | 기차 7~8시간 €25.3~68, 페리 11시간 €43~ |
| 로마 → 카타니아 | 기차 9시간~10시간 30분 €63~120, 버스 14시간 €49~ |

### >> 비행기로 가기 In Aereo

로마나 밀라노 등 이탈리아 국내 도시나 베를린, 런던 등지에서 유럽계 항공편을 이용해 갈 수 있다. 이탈리아 국내에서는 한 시간 내외로 이동 가능하다.
카타니아의 공항은 폰타나로사 공항(Aeroporto di Fontanarossa, CTA)으로 시내에서 남동쪽으로 5킬로미터 정도 떨어져 있다. 공항 청사에서 나오면 오른쪽으로 버스 정류장(Fermata)이 있고 이곳에서 알리버스(Alibus)를 타면 카타니아 중앙역으로 갈 수 있다. 티켓(편도 €4, 20분 소요)은 공항 도착층 왼쪽의 잡지 가판대나 여행안내소 왼쪽의 자동발매기 등에서 구입

할 수 있다. 버스 내에서 운전사에게 직접 구입할 경우 조금 비싸진다.

공항에서 직접 타오르미나(1일 14~15회 운행, 편도 €8.2~, 1시간 30분 소요)나 시라쿠사(1일 8회 운행, 편도 €6.2~, 1시간 20분 소요)로 가는 버스도 탈 수 있다. 공항청사에서 나와 왼쪽으로 가면 시외버스 정류장이 있다.

전화 800-605-656
홈피 www.aeroporto.catania.it

### >> 기차로 가기 In Treno

타오르미나 또는 시라쿠사와 같이 가까이에 있는 도시들은 물론 나폴리, 로마 등에서도 기차를 이용해 갈 수 있다. 카타니아 중앙역 안에는 편의 시설이 잘 갖춰져 있으며 화장실은 1번 플랫폼 앞쪽에 있다.

**유인 짐 보관소**
위치 1번 플랫폼 근처
오픈 07:00~21:00
요금 5시간 €6, 이후 12시간까지 시간당 €1 추가, 12시간 이후 시간당 €0.5 추가

### >> 버스로 가기 In Autobus

중앙역 앞쪽의 요한 23세 광장(Piazza Giovanni XXIII)과 근처에 정류장들이 있다. 타오르미나처럼 가까운 도시나 팔레르모로 갈 때는 열차보다 버스가 편리하다.

**주요 버스 회사**

**AST S.P.A(카타니아, 에트나 연결)**
홈피 www.aziendasicilianatrasporti.it

**INTERBUS(시라쿠사, 타오르미나 연결)**
홈피 www.interbus.it

**SAIS Trasporti(팔레르모, 아그리젠토, 로마 등 연결)**
홈피 www.saistrasporti.it

### 카타니아 여행 정보

**여행안내소** ❶

● 공항
위치 공항 도착 층 오픈 월~토요일 08:00~19:15
휴무 일요일 전화 095-730-6266

● 중앙역
위치 중앙역 정면 오른쪽
오픈 7월~8월 09:00~15:00, 9월~6월 09:00~14:00
휴무 일요일 전화 095-730-6255

● 시내
위치 두오모 성당 옆 길인 주소의 길로 도보 2분
주소 Via Vittorio Emauelle 172
오픈 월~토요일 08:00~19:15, 일요일 08:30~13:30
전화 095-742-5573

**여행 관련 홈페이지**
www.turismo.catania.it
www.comune.catania.it

**경찰서**
주소 Piazza Santa Nicolella
전화 095-736-71111

**24시간 응급의료 지원**
Ospedale Vittorio Emanuele
주소 Via Plebiscito 628
전화 091-743-5452

**우체국**
주소 Via Etnea 215
오픈 월~금요일 08:00~18:30, 토요일 08:00~12:30

# 카타니아 이렇게 여행하자
## Il Turismo

기차역은 시내에서 동쪽으로 1킬로미터 정도 떨어져 있어 중심부로 갈 때는 약 20분 정도 걷거나 버스를 타고 간다. 두오모 광장과 연결되는 에트네아 거리(Via Etnea)에는 고급스러운 분위기의 상점들과 카페, 레스토랑이 들어서 있다. 차 한 잔을 하면서 오가는 사람들을 보며 여유를 찾기에 좋은 장소기도 하다. 이곳과 비토리오 에마누엘레 2세 거리(Via Vittorio Emanuele II)가 도시의 중심지 역할을 하고 있다.

**AMT 시내버스**
요금 1회권 €1(90분 유효)
홈피 www.amt.ct.it

**추천 코스**: 중앙역 → (버스+도보) 두오모 광장 → (도보 7~8분) 로마 극장 → (도보 1분) 벨리니 박물관

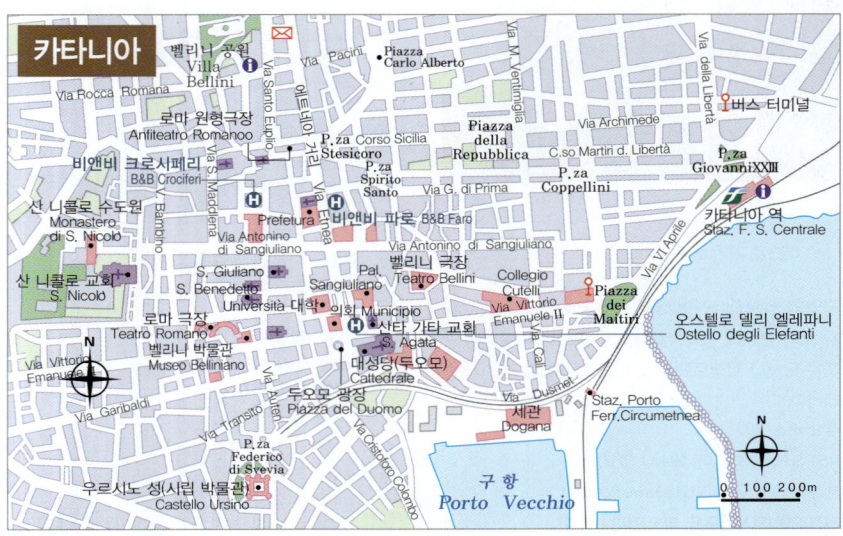

카타니아

# 두오모 광장
## Piazza del Duomo

[삐아짜 델 두오모]　　　　　　　　　　　　　　　　　MAP p.626

바로크 양식의 아름다운 건물들이 들어서 있는 곳으로, 특히 18세기에 만들어진 코끼리 분수와 아름다운 두오모, 그리고 시청사(Palazzo del Municipio)가 눈에 들어온다.
유네스코 세계문화유산인 이곳에 있는 두오모(Cattedrale di Sant'Agata)는 1093년에 아가타 성녀를 기리는 뜻에서 세운 것으로, 이후 지진으로 파손되었지만 재건되었다. 두오모 성당 옆의 회랑에는 아가타 성녀의 두개골과 팔뼈가 보관되어있는 성상이 있다.
두오모 광장에는 오벨리스크를 업고 있는 코끼리 상이 있는 분수(Fontana dell'Elefante)가 있다. 조각상은 원래 로마인들이 에트나 화산의 현무암을 이용해 만든 것으로 현재는 도시의 상징물이 되었다.

위치 중앙역에서 429번 버스를 타고 두오모 광장이나 에트네아 거리에 내려서 도보 2분 주소 Piazza del Duomo 오픈 두오모 월~토요일 07:30~12:30 16:30~19:00, 일요일 · 공휴일 07:00~12:00 16:00~19:00 전화 두오모 095-320-044

## 로마 극장
### Teatro Romano

[떼아트로 로마노]　　　　　　　　MAP p.626

2세기 때 지어진 것으로, 약 5천 명을 수용할 수 있는 규모다. 원래 그리스의 극장을 로마 시대에 반원형 극장으로 재건축하였다고 한다. 지금도 관람석이 일부 남아 있다. 한때 사람들이 이곳에 집을 지어 살기도 했는데 지금은 이 집들이 그대로 남아있어 또 다른 볼거리를 제공한다. 극장 바로 옆에 있는 오데온(Odeon)은 배우나 가수들의 연습장소로 사용되었던 곳이다.

<u>위치</u> 두오모 광장에서 왼쪽으로 이어진 주소의 길을 따라 도보 7~8분
<u>주소</u> Via Vittorio Emanuele II 262
<u>오픈</u> 09:00~18:30
<u>요금</u> 일반 €6, 학생 €3
<u>전화</u> 095-715-0508

## 벨리니 박물관
### Museo Belliniano

[무제오 벨리니아노]　　　　　　　MAP p.626

카타니아 출신의 오페라 작곡가로 알려진 빈첸초 벨리니(Vincenzo Bellini)가 1801년 태어나서 자란 생가로, 지금은 벨리니를 기억할 수 있는 유품과 물건들을 전시하는 공간으로 일반인들에게 공개되고 있다. 안으로 들어가면 벨리니의 원본 악보와 그의 사진들, 그리고 데스마스크 등을 볼 수 있다.

<u>위치</u> 로마 극장에서 도보 1분
<u>주소</u> Piazza San Francesco 3
<u>오픈</u> 09:00~19:00
<u>요금</u> 무료
<u>전화</u> 095-715-0535

## 벨리니 공원
### Giardino Bellini

[자르디노 벨리니]    MAP p.626

벨리니를 기념하는 공원으로 예쁘고 아담한 분수와 파피루스가 자라는 작은 연못, 곳곳의 나무들이 조화를 이루어 시민들의 편안한 쉼터 역할을 하고 있다.
카타니아에서는 벨리니를 기리며 그의 이름을 붙인 장소가 곳곳에 있다. 벨리니 공원과 함께 벨리니 극장(Teatro Bellini)도 그중 하나다. 19세기에 지어진 오페라 극장으로, 지금도 오페라, 발레 등의 공연이 열리는 곳이다.
극장이 있는 광장 또한 벨리니 광장(Piazza Bellini)으로 명명되어 있다.

<u>위치</u> 두오모 광장에서 번화가인 Via Etnea를 따라 도보 12~15분 정도 간 후 Via Argentina 등의 왼쪽길로 접어들면 공원이 보인다.
<u>오픈</u> 06:00~ 22:00

## 로마 원형극장
### Anfiteatro Romano

[안피떼아뜨로 로마노]    MAP p.626

고대 로마인들이 검투사들의 경기를 즐기기 위해서 세운 것. 252년에 에트나 화산이 폭발하면서 극장이 무너지고 용암에 묻혀버리기도 했다.
게다가 한때 채석장으로 사용되면서 상당 부분이 훼손되었지만 이후 복원 작업을 거쳐 오늘날의 모습을 갖추게 되었다.

<u>위치</u> 두오모 광장에서 오른쪽 길인 Via Etnea를 따라 도보 7~8분
<u>주소</u> Piazza Sitescicoro

## 우르시노 성
### Castello Ursino

[까스뗄로 우르시노]    MAP p.626

13세기 페데리코 2세가 아랍으로부터 시칠리아 섬을 지키기 위해 세운 것. 본래는 해안선을 따라서 세워졌지만 1만 2,000여 명의 희생자가 나왔던 1669년 에트나 화산 폭발 당시 용암이 흘러내리면서 성 주변에 육지를 형성해서 지금의 모습이 되었다.
노르만 양식으로 건축된 성으로 정사각형 모양의 성탑 벽은 2.5미터로 매우 굳건한 형태를 하고 있다. 한때는 왕들이 머물던 곳으로, 또 감옥으로도 사용되었지만 1934년부터 현재까지 시립 박물관으로 운영되고 있다.

<u>위치</u> 두오모 광장에서 두오모를 등지고 정면에 보이는 Via Giuseppe Garibaldi를 따라가다 왼쪽의 Via Castello Ursino로 접어들어 도보 10분 내외
<u>주소</u> Piazza Federico di Svevia
<u>오픈</u> 09:00~18:00
<u>요금</u> €6
<u>전화</u> 095-345-830

### 오스텔로 델리 엘레파니
Ostello degli Elefanti

MAP p.626

카타니아의 인기 숙소로 가격도 합리적이고 두오모와 가까운 위치도 장점이다. 고급스럽고 깔끔한 분위기는 아니지만 지내기에는 불편하지 않다. 방이 넓은 편이라 쾌적하다. 아침 식사는 무료로 제공되며 사전에 예약하면 저녁식사(유료)도 가능하다.

위치 엘레파니 궁전 Palazzo degli Elefanti 바로 옆 주소 Via Etnea 28 요금 도미토리 €22~ 전화 095-226-5691 홈피 ostellodeglielefanti.it

### 비앤비 크로시페리
B&B Crociferi

MAP p.626

더블룸부터 4인실까지 갖추고 있는 곳으로 시내 중심에 있어 여행하기에 편리하다. 앤티크 타일과 높은 천장, 프레스코화 등으로 예스러운 분위기가 물씬 풍긴다.

위치 에트네아 거리 옆길인 Via Alessandro Manzoni를 따라가다 Salita S. Camilo를 지나 나오는 주소의 길에서 오른쪽 방향으로 위치 주소 Via Crociferi 81 요금 더블 €75~85, 트리플 €100~110 전화 095-715-2266 홈피 www.bbcrociferi.it

### 비앤비 파로
B&B Faro

MAP p.626

분위기가 좋은 숙소로 평가받으며 나무로 마감된 바닥과 깨끗한 욕실, 앤티크 타일 등으로 마감된 인테리어도 편안한 느낌을 준다. 투숙자들을 위한 자전거 대여도 가능하다.

위치 에트네아 거리를 따라가다 오른쪽의 Via Montesano로 접어든 후 길을 지나 나오는 주소의 길에서 오른쪽 편에 위치 주소 Via San Michele 26 요금 싱글 €50~, 더블 €80~, 트리플 €100~ 전화 349-457-8856 홈피 www.bebfaro.it

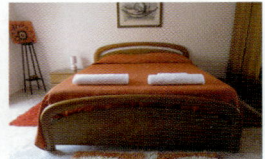

**Travel Plus**

# Taormina
## 타오르미나

해발 200미터 높이의 언덕에 있어 앞으로 이오니아 해가 한눈에 들어오는 타오르미나는 시칠리아의 대표적인 휴양지로 유명한 마을이다. 더욱이 뒤로는 에트나 산까지 병풍처럼 펼쳐져 있어 1년 내내 방문하는 여행자들로 붐비는 곳이다.
겨울보다는 봄부터 가을이 분위기가 더욱 좋다. 신혼여행지로도 인기가 높으며 예전부터 작가나 예술가, 왕족들까지 방문하기도 하였다.

# 타오르미나 가는 방법

## Per Taormina

| 카타니아 → 타오르미나 | 기차 40~55분 €3.95~8, 버스 1시간 15분 €5.1~ |
|---|---|
| 메시나 → 타오르미나 | 기차 40~1시간 15분 €3.95~8, 버스 55분~1시간 45분 €4.1~ |

카타니아에서 기차로 40~50분 정도 소요되는 곳이라 카타니아에 머물며 당일로 여행해도 좋은 곳이다. 카타니아 중앙역 앞 광장에서 버스 회사 INTERBUS 버스를 타고 한 시간 15분 정도 소요되는데, 버스 터미널이 산 위 마을 근처에 있어 접근성이 기차역보다 훨씬 좋다.

마을에서 언덕 아래로 4킬로미터 정도 떨어져 있는 기차역에 도착하면 역 앞에서 버스(편도 €1.8, 30~90분 간격 운행)를 타거나 택시(편도 €15 내외)를 이용해 마을로 올라와야 한다.

마을 안에서는 도보로 여행하면 충분하고 마을에서 역으로 가거나 리도 마자로 해변으로 갈 때 버스 등을 이용하면 된다.

### 타오르미나 여행 정보

**여행안내소** ⓘ

**위치** 메시나 문을 지나 움베르토 1세 거리 (Corso Umberto I)를 따라 도보 2분
**주소** Piazza Santa Caterina, Palazzo Corvaja
**오픈** 월~금요일 08:30~14:30, 15:30~19:30 / 4월~10월 토요일 09:00~13:00 14:00~16:30
**휴무** 일요일, 11월~3월 토요일
**전화** 094-223-243

**여행 관련 홈페이지**

www.taormina.it

**경찰서**

**주소** Corso Umberto 219
**전화** 094-261-0201

# 타오르미나 이렇게 여행하자
## Il Turismo

타오르미나 역에서 INTERBUS 버스를 타고 마을 입구에 내리면 동쪽에 있는 메시나 문(Port Messina) 근처에서 내린다. Via L. Pirandello를 따라 오르막길을 가다보면 왼쪽에 메시나 문이 보인다. 이곳에서 카타니아 문(Porta Catania)을 잇는 움베르토 1세 거리(Corso Umberto I)가 이곳의 중심가다.
4월 9일 광장(Piazza IX Aprile)은 마을의 전망대 역할을 하고 있고 두오모 광장(Piazza del Duomo)에는 마을의 상징인 여자 켄타우로스 조각이 있는 분수가 있다.

## 그리스 극장
Teatro Greco

[떼아뜨로 그레꼬]　　　MAP p.633

타오르미나의 가장 큰 볼거리. 절벽 위에 자리한 큰 규모의 야외 원형극장으로 기원전 3세기에 지어졌다. 지금도 여름이 되면 발레와 음악회, 영화제 등 다양한 공연을 볼 수 있어서 시민들의 많은 사랑을 받고 있다. 특히, 객석에 앉으면 건너편에 지중해와 에트나 산이 보이는데 이 놀라울 만큼 아름다운 경관도 그리스 극장을 찾게 되는 큰 매력 중 하나다.

위치 메시나 문에서 비토리아 에마누엘레 광장(Piazza Vittorio Emanuele)을 지나 왼쪽의 언덕길을 올라간다.
주소 Via Teatro Greco 59
오픈 08:30~19:30
요금 일반 €10, 학생 €5
전화 093-166-206

## 움베르토 1세 거리
Corso Umberto I

[꼬르소 움베르또 쁘리모]　　　MAP p.633

타오르미나의 가장 번화한 중심가로 호텔과 레스토랑, 카페, 상점들이 빼곡하게 들어서 있다. 중세의 분위기가 그대로 남아있는 도보자 전용 도로니 천천히 상점들을 둘러보며 산책을 해보자. 산책 중 만나게 되는 4월 9일 광장(Piazza IX Aprile)의 전망대에서 바라다보는 에트나 산과 해변 경치도 빠뜨리지 말 것.

위치 메시나 문에서 카타니아 문까지

# 리도 마자로
Lido Mazzarò

[리도 마자로]                                          MAP p.633

타오르미나 마을 아래쪽에 있는 해변으로 규모가 크지는 않지만 레스토랑과 바들이 모여 있고 여름이면 해수욕을 위한 파라솔과 의자들이 설치된다. 많은 사람들이 이곳을 보기 위해 타오르미나를 방문하는 경우가 많다. 고급 호텔이 늘어서 있는 이곳은 장기 체류자들이 많은 곳이기도 하고 이탈리아 사람들이 선호하는 여행지이기도 하다. 해변 남서쪽에 있는 작은 섬 이솔라 벨라(Isola Bella)도 해변과 어우러지는 아름다운 풍경이 인상적이다. 해변에서 작은 보트를 빌리거나 낚시 배를 타고 둘러볼 수도 있다.

위치 타오르미나 마을에서 케이블카 탑승 오픈 09:00~20:15 요금 케이블카 편도 €3, 왕복 €3.5

# Travel Preparation

## 여행 준비하기

- 여행 계획 세우기
- 여권과 비자 준비하기
- 항공권 예약하기
- 숙소 예약하기
- 철도 패스 구입하기
- 철도 구간권 예약하기
- 면세점 이용하기
- 환전하기

# 여행 계획 세우기

### 여행 일정 짜기

가고 싶은 곳이 너무 많겠지만, 그중에서도 관심 있는 곳과 최고의 볼거리를 골라 여행 일정을 짜보자. 주의할 것은 너무 욕심내지 말아야 한다는 것. 한 곳에 가더라도 여유를 가지고 제대로 본다면 훨씬 기억에 남는 여행이 될 수도 있다.

### 여행 기간과 여행지 선정

'이탈리아 주요 도시만 여행한다면 얼마나 걸릴까요?'라는 질문에는 정답이 없다. 도시마다 볼거리는 무궁무진한 데다 자신만의 특별한 개성과 특색을 가지고 있어 선뜻 여행지와 기간을 결정하기 어렵다. 결국 자신의 상황에 맞는 여행 기간을 설정해야 한다. 이탈리아를 처음 방문하고 단기 여행이라면 로마, 피렌체, 밀라노, 베네치아, 나폴리 중 두세 개 도시를 선택해 근교를 포함한 여행코스를 짜보자. 54쪽에 대표 추천 루트를 제시하였으니 참고하여 계획을 세우면 된다. 다른 사람과 달리 독특한 여행을 하고 싶다면 미술이나 음악, 영화, 건축, 식도락, 문학 등 평소에 좋아하던 것을 선택해 '나만의 테마여행'을 기획해 보는 것도 좋다.

또 내가 여행할 때 개최되는 특별한 이벤트를 찾아보자. 이탈리아는 1년 내내 끊임없이 축제와 각종 이벤트가 이어지는 곳이다. 월별 축제 일정과 세계적인 박람회나 공연 행사 등을 미리 체크하고 간다면 인상에 깊이 남는 여행이 될 수 있다. 공연 등의 월별 이벤트는 각 도시의 여행안내 홈페이지에서 찾아볼 수 있다.

### 우선순위를 매겨 최종 결정

가고 싶은 도시를 정했다면 그중에서도 관심도를 별표 해보자. 별 하나, 둘, 세 개로 구분해 나눠보면 된다. 별까지 매겨 놓았다면 일정에 맞춰 도시를 추려 최종 여행지를 결정하자.

### 출·도착 도시를 정하자

우리나라에서 이탈리아로 갈 때는 로마 왕복 티켓을 구입하는 경우가 많지만, 로마뿐 아니라 베네치아, 밀라노, 나폴리 등 대부분 대도시에 취항하고 있는 유럽 항공사들을 이용한다면 더욱 편리한 여행 루트가 나올 수 있다. 아시아 계열 항공사들도 밀라노에 취항하는 경우도 있으니 세심히 살펴보고 자신에게 맞는 항공권을 선택하면 된다.

### 지도에 표시하고 동선을 정한다

출·도착 도시가 정해졌다면 지도에 표시한 후 여행지마다 체류 일수를 정하고 이동 동선을 정해보자. 여행 일정표를 만들어 옆에 기차 시각 등도 함께 적어 넣으면 훌륭한 나만의 계획표를 만들 수 있다.

도시 간 이동이 있고 근교 도시를 여행할 생각이라면 미리 이탈리아철도청 홈페이지에서 기차 시간표를 조회해 보자. 비록 연착도 많고 파업도 자주 일어나지만 예전에 비하면 비교적 정확하게 운행을 하고 있어 여행자의 편리한 이동수단이 되고 있다.

## 알뜰살뜰 예산 짜기

불필요한 낭비를 줄이려면 미리 여행에 지출할 경비를 뽑아보자. 무조건 아끼고 보겠다는 생각보다는 꼭 보고 싶거나 하고 싶은 것에 좀 더 투자하기 위한 '지출의 지혜'가 필요하다.

### 준비 비용
여행을 떠나기 전 우리나라에서 지출되는 비용이다. 주로 항공권, 철도 패스, 각종 증명서, 준비물 등을 구입할 때 든다.

●**항공권**
항공사와 조건에 따라서 가격이 모두 다르지만, 대개 70~130만 원 수준이다. 경유편이 직항보다 저렴한 것이 일반적이지만 경우에 따라서는 비슷한 것도 있다. 학생을 위한 저렴한 티켓도 판매되고 있다.

●**철도 패스**
여행 일정과 기간에 맞는 패스를 사는 것이 관건. 나이와 여행 기간 등에 따라서 비용이 달라지니 일정을 계획한 후 구입하자.

●**기타 비용**
여권·국제학생증·유스호스텔증 등 각종 증명서를 만들거나 여행자보험에 가입할 때도 비용이 든다. 또한, 가이드북을 포함한 서적과 배낭 등 준비물 구매비도 함께 책정해야 한다. 개인마다 차이가 있지만 보통 10~30만 원 정도 예상하면 된다.

### 현지 비용
현지에서 지출되는 비용으로 먹고, 자는 비용에 교통비, 입장료 등이 지출된다. 여기에 추가로 공연 관람 등의 기타 비용을 더하면 대략의 예산을 세울 수 있다.

●**숙박비**
저렴한 유스호스텔이나 민박의 경우 도미토리 이용 시 1박에 3~4만 원 정도가 보통이다. 호텔은 더 비싸서 일반 호텔 정도면 보통 더블룸 1박에 10~15만 원 내외는 책정해야 한다.

●**식비**
유럽의 레스토랑에서는 물과 서비스 요금 등을 따로 받는다. 레스토랑에서 한 끼 식사비용은 1인당 2~4만 원 정도이며, 저렴한 곳에서는 1만 원 내외로도 먹을 수 있다. 패스트푸드는 세트 메뉴가 보통 5천~1만 원 정도로 우리나라보다 꽤 비싼 편. 만약 슈퍼마켓에서 재료를 사서 샌드위치나 스파게티 등을 만들어서 먹는다면 하루에 1만 원 내외면 넉넉하다.

●**교통비**
걸어 다니면 교통비가 덜 들겠지만, 로마와 같은 큰 도시에서 무작정 걷는 것은 시간과 체력의 소모가 크다. 동선에 따라서 적절하게 대중교통을 이용하자. 도시 간 이동 시 유로스타(Eurostar)나 쿠셋 등의 기차 좌석 예약비는 5,000원~3만 원 정도 든다.

●**입장료**
유명 박물관이나 미술관의 입장료는 8,000~1만 2,000원 안팎으로, 하루에 두세 곳을 관람할 경우에는 입장료로 2만 5,000원 내외가 필요하다.

●**공연 관람비**
이탈리아에는 볼거리도 많지만 즐길거리도 많다. 오페라나 축구, 각종 공연 등 보고 싶은 것이 있다면 미리 예산을 책정해두자. 대략 20~30만 원 정도 지출된다.

●**잡비**
인터넷 사용, 화장실 이용, 코인로커, 전화·우편비, 기념품 구입 등에 지출되는 비용이다. 하루에 1만 원 정도 예상하면 된다.

●**비상금**
위 항목 이외에 예상치 않게 돈이 필요한 경우가 생길 수 있다. 총 경비의 10퍼센트 정도는 따로 챙겨가거나 신용카드를 준비해가자.

---

> **TIP**
>
> **15일 이탈리아 자유여행 예상 경비 예시**
>
> **준비 비용**
> ① 항공권 : 120만 원
> ② 철도 패스 : 29만 원 (성인 2등석 5일 패스)
> ③ 기타 비용 : 25만 원
>
> **현지 비용**
> ① 숙박비 : 56만 원 (도미토리 기준 14박)
> ② 생활비 : 130만 원
> ③ 잡비·공연 관람비·기타 : 35만 원
>
> **총 예상 경비 395만 원**

# 여권과 비자 준비하기

여권은 해외에서도 자신의 국적과 신분을 확인하고 인정받을 수 있는 중요한 신분증으로 해외여행을 계획했다면 가장 먼저 할 일은 여권 만들기다. 여권 유효 기간이 6개월 미만인 사람도 여권을 재발급해야 한다.

### 여권 발급 절차
신청서 작성 ➡ 발급 기관(지정된 구청과 도청 등) 접수 ➡ 신원 조회 확인 ➡ 각 지방 경찰청 조회 결과 회보 ➡ 여권 서류 심사 ➡ 여권 제작 ➡ 여권 교부

## 여권의 종류

### 복수 여권
횟수에 제한 없이 여행할 수 있는 여권으로 5년과 10년의 유효기간 부여된다.

### 단수 여권
1회에 한하여 여행할 수 있는 여권. 출국했다가 한국으로 돌아오면 유효기간이 남아 있더라도 효력을 상실한다.

### 여권 발급 구비 서류
신분증(주민등록증, 운전면허증, 공무원증, 신분증, 유효한 여권), 여권용 컬러 사진 1매, 여권 발급 신청서 1매, 여권 인지대 (복수 여권 1만 5,000~5만 3,000원, 단수 여권 2만 원)

### 여권 발급처
전국 도청, 서울시청, 광역시청, 구청에 있는 여권과에서 신청하고 발급받을 수 있다. 단, 여권 신청은 본인이 하는 것이 원칙이며 예외사항이 인정될 때만 대리인이 신청할 수 있다. 여행 성수기에는 여권을 신청하려는 사람들이 많으므로 인터넷으로 방문 예약을 하고 가면 편리하다. 여권 발급 신청서도 출력할 수 있으므로 미리 작성해서 가져갈 수도 있다.

※ 여권 발급처 조회 및 여권 접수 예약
passport.mofat.go.kr

## 비자

비자(사증)는 여행 대상국의 입국 허가증이라 할 수 있다. 최근 여행객들이 주로 찾는 지역은 몇몇 국가를 제외하고는 비자 면제 협정을 맺은 국가가 많아서 비자 없이도 여행할 수 있어 편리하다.
이탈리아도 비자 면제 협정에 의해 관광을 갈 경우에는 비자 없이 입국해서 90일 동안 체류가 가능하다. 단, 여권 유효기간이 6개월 이상 남아 있어야 한다.

 **병역 미필자의 여권**

25세 이상 병역 미필자의 경우에는 5년간 유효한 복수 여권과 단수 여권만 발급받을 수 있다. 또한 병무청에서 발행하는 국외 여행 허가서도 필요한데 현재는 인터넷으로도 간단하게 발급받을 수 있으며 약 이틀 정도 소요된다. 발급받은 서류는 여권 발급 신청 시 제출하면 된다.

※ 병무청 국외 여행 허가서 신청 www.mma.go.kr

# 항공권 예약하기

우리나라에서 이탈리아로 가는 항공사가 점점 늘어나는 추세라 선택의 폭이 넓어지고 있다. 인천공항에서 로마까지는 대한항공과 아시아나항공, 이탈리아항공이 직항 노선을 운행한다. 그밖에 유럽과 동남아, 중동 지역 항공사까지 이탈리아로 가는 항공편은 다양하다.

**항공권 구입 절차**
요금 및 좌석 조회 ➜ 항공권 선택 ➜ 항공권 총 금액 확인 ➜ 개인 정보 및 여권 정보 입력 ➜ 항공권 예약 완료 ➜ 결제 마감 시간 확인 ➜ 결제 금액 입금 또는 온라인에서 신용카드 결제 ➜ 발권된 전자 티켓 이메일로 수령 ➜ 내용 확인 후 인쇄

## 이탈리아로 가는 항공권

한국에서 이탈리아로 가는 직항 항공편은 11시간 내외가 소요된다. 유럽 계열은 유럽 내 자국 기점 도시를 한 번 경유하는 것이 대부분이며, 일본이나 동남아 항공사 또한 기점 도시를 한 번 경유하여 로마 등으로 이동하곤 한다.
경유편은 환승 시간 등을 더하면 보통 직항편보다 7~10시간 정도 더 소요된다. 항공권은 시기와 조건에 따라 가격 차이가 많이 나니 저렴하면서도 편리한 항공권을 구하기 위해서는 정보를 많이 수집하여 부지런히 움직이는 것이 좋다.

## 구입 요령

항공사에서는 출발 서너 달 전에 저렴한 가격에 항공권을 판매하는 경우가 많다. 단, 예약 후 바로 구입해야 한다던가 구입 후 취소할 경우 50퍼센트 정도만 환불되는 등의 제약이 있다. 같은 항공권이라도 항공사나 여행사마다 판매 가격은 서로 다르다. 따라서 항공권을 구입할 때는 여러 항공사와 여행사 사이트 등을 두루 살피자. 여러 여행사에서 내놓은 항공권 가격을 한꺼번에 비교해 볼 수 있는 사이트도 있다.

## 주의 사항

할인 항공권은 유효기간이 짧은 경우가 많다. 날짜 변경이나 귀국 공항 변경이 아예 불가능하거나 가능하다 하더라도 큰 비용을 지불해야 하는 경우가 대부분이다. 항공사에 따라서는 당일에 연결이 불가능한 경우도 있다. 이때 경유지에서 숙박이 제공되는지도 확인해보자. 같은 일정이라 하더라도 항공사에 따라 5~10만 원 정도의 세금 차이가 나기도 한다.

## 마일리지 적립

이탈리아를 왕복하면 한 번에 1만 마일 이상 적립된다. 항공권을 구입할 때는 마일리지를 적립할 수 있는지 확인하고 가능할 경우 마일리지카드를 만들어 꼭 적립하자. 여행을 다녀온 후 마일리지를 적립하는 것은 불가능하니 반드시 사전에 만들어야 한다.
단체나 대폭 할인된 항공권은 마일리지 적립이 불가능한 경우도 있다. 또 마일리지 적립이 누락 된 경우에는 티켓 복사본과 탑승권이 있어야 하니 적립 확인 전까지는 절대 버리지 말자. 국내항공사 중 대한항공은 스카이팀, 아시아나항공은 스타얼라이언스의 멤버이다.

스카이팀 www.skyteam.com
스타 얼라이언스 www.staralliance.co.kr
원 월드 www.oneworldalliance.com

# 숙소 예약하기

먹고 자는 문제를 해결하는 것은 여행의 기본 명제. 그중에서도 내일의 여행을 위해 푹 쉴 수 있는 안락한 잠자리는 즐거운 여행을 보장해주는 중요한 요소다. 자신에게 알맞은 숙소를 미리 알아본 후 예약까지 마치면 낯선 곳에서의 두려움과 마음속 부담이 훨씬 덜어질 것이다.

---

**숙소 예약 절차**
숙소 및 가격 조회 → 호텔 및 객실 선택 → 개인 정보 및 여권 정보 입력 → 신용카드 결제 → 예약 확정 및 확인증 발급 → 내용 확인 후 인쇄

---

### 호스텔, 호텔 조회 및 예약

호스텔의 경우 호스텔스닷컴(www.hostels.com), 호스텔월드닷컴(www.hostelworld.com), 호스텔부커스닷컴(www.hostelbookers.com) 등의 사이트를 통해 원하는 호스텔의 위치, 요금, 리뷰, 조건 등을 자세히 살펴본 뒤 신용카드로 결제하여 예약한다. 일반적으로 예약 시 전체 요금의 10퍼센트만 지불하고 나머지는 호스텔 현지에서 투숙하는 당일에 지불한다.

호텔의 경우 호텔 예약 전문 사이트인 부킹닷컴(www.booking.com), 호텔스닷컴(www.hotels.com), 익스피디아(www.expedia.com) 등을 통해 호텔의 요금을 비교한 뒤, 원하는 호텔을 선택하여 위치, 조건, 객실 내 시설 따위를 꼼꼼히 따진 후 예약한다.

### 숙박 예약 시 주의 사항

#### 예약 사이트 선결제 및 환불 조건 확인
일부 호텔의 경우 예약 전문 사이트에서 예약 시에는 결제되지 않는다고 명시되어 있으면서도, 체크인 전에 신용카드 결제가 이루어지는 곳이 있을 수 있다. 또한 예약 후 환불이 되지 않는 경우도 있으니 유의해야 한다.

#### 예약 사이트와 숙소 홈페이지 가격 비교
호텔 예약 전문 사이트와 예약하고자 하는 호텔 웹사이트를 각각 방문하여 원하는 호텔 객실의 스페셜 요금을 비교해보자. 단, 요금 비교 시에는 항상 조건을 함께 따져봐야 한다.

#### 숙소 시설 확인
호텔 객실 예약 시 객실 형태, 발코니 유무, 창문 유무, 전망, 객실 내 무료 무선 인터넷 사용 여부, 조식 포함 여부, 엘리베이터 유무 등의 조건을 꼼꼼히 확인하자. 이탈리아의 일부 오래된 건물에 있는 호텔의 경우 위층에 객실이 있어도 엘리베이터가 없어 무거운 짐을 들고 계단을 오르내려야 하는 경우도 있다.

#### 숙소 주변 교통여건 확인
숙소에서 시내나 인근 관광 명소까지의 교통 정보를 살펴보자. 숙소에서 관광지까지 거리가 있더라도 전철역으로 가깝게 연결될 경우 관광을 하는 데 큰 문제가 없다.

#### 체크인 및 체크아웃 시간 확인
대부분의 숙소들은 오후 2시 이후에 체크인하고 정오에 체크아웃 한다. 하지만 호텔에 따라서 체크인 시간이 늦거나 체크아웃 시간이 빠른 경우가 있다. 특히 호스텔들은 체크아웃 시간이 오전 11시 이전인 경우가 많다. 예약 시 반드시 확인하도록 한다.

# 철도 패스 구입하기

아무래도 여행자들이 가장 편리하게 이용할 수 있는 이동수단은 이탈리아 전역을 촘촘히 연결하고 있는 기차다. 그러니 출발 전에 철도 패스를 구입할 것인지, 아니면 구간별 티켓을 따로 구입할 것인지 결정하자. 구간별 티켓 요금이 다른 서유럽 국가보다는 저렴한 편이라 이동 횟수가 적거나 거리가 짧다면 구간 티켓이 더 저렴할 수 있다.

## 패스 구입 요령

이탈리아 철도 패스는 연속 패스가 아닌 선택적 사용 패스다. 사용 기한은 한 달이며, 3일 · 4일 · 5일 · 6일 · 8일 중 선택하여 사용할 수 있다. 사용 가능한 일수에 따라 가격도 달라지므로 일정에 맞게 구입하자. 유럽 외 국가에 거주하는 외국인이 구입할 수 있으며 현지에서는 구입이 불가능하다. 외국인이라 하더라도 유럽에서 6개월 이상 체류하였다면 구매할 수 없다. 유스(만 12세~25세)와 어린이(만 0세~11세)는 성인(만 26세 이상)보다 저렴한 가격으로 패스를 구입할 수 있다. 단, 유스 할인은 이등석 패스에만 해당되며, 일등석을 원할 경우 성인 요금을 내야한다. 성수기에 여행한다면 이등석은 매우 혼잡할 수 있다. 패스는 구입 후 6개월 이내에 현지에서 개시해야 사용이 가능하다.

이탈리아 패스 요금표 (2019년 6월 기준, 각종 프로모션으로 변동 가능)

| 종류 | 일등석 | | 이등석 | |
|---|---|---|---|---|
| 기간 | 성인 | 유스 | 성인 | 유스 |
| 3일(1개월내) | €169 | €135 | €127 | €105 |
| 4일(1개월내) | €204 | €163 | €153 | €126 |
| 5일(1개월내) | €236 | €189 | €177 | €146 |
| 6일(1개월내) | €266 | €212 | €200 | €164 |
| 8일(1개월내) | €320 | €256 | €240 | €198 |

> **TIP**
> 이탈리아의 열차 구분
> **FR(프레치아로사 Frecciarossa / 프레치아르젠토 Frecciargento / 프레치아비앙카 Frecciabianca)** : 이탈리아 국철 운영 초고속열차
> **Italo(이탈로)** : 민영 운영 초고속열차, 유레일 패스 사용 불가
> **EC (에우로 시티 Euro City)** : 국내외 연결 급행열차, 좌석 예약 필수
> **IC (인테르 시티 Inter City)** : 국내 도시 연결 급행 열차, 좌석 예약 필수
> **R (레지오날레 Regionale)** : 국내 연결 완행열차. 예약 불필요

# 철도 구간권 예약하기

성수기는 물론 1년 내내 붐비는 이탈리아를 여행할 때는 기차표를 미리 구입해 놓는 것도 좋다. 이탈리아 철도청 트렌이탈리아(Trenitalia) 홈페이지 등에서 구입할 수 있다. 과정도 어렵지 않은데다가 현지에서 급하게 예매하는 것보다 가격도 훨씬 저렴해 여러 가지로 편리하다.
현지에서 구입할 때는 오랜 시간 줄을 서야하는 창구보다 역내에 마련되어 있는 자동 발매기를 사용하기를 추천한다.

## 홈페이지에서 구간권 구입하는 방법

### 1 홈페이지 접속
이탈리아 철도청인 트렌이탈리아 홈페이지에 접속한다. 영국 국기를 클릭하면 메뉴가 영어로 변경된다.
홈피 www.trenitalia.com

### 2 회원 가입 후 로그인 또는 시간표 조회하기
구간권 구입 시 회원으로 가입해도 되고, 비회원으로도 구매가 가능하다. 아무래도 회원으로 가입해두면 이후 다른 구간을 예약하거나 예매 티켓을 조회할 때 편리하다.
회원으로 가입하고 오른쪽 상단에 있는 'Customer area access'를 누르면 로그인 화면이 나오니 아이디와 비밀번호를 입력한다.

※ 회원 가입 방법
중앙 상단에 있는 'Register'로 들어가 이름 Name, 성 Surname, 사용 아이디 User ID, 이메일 주소 Email, 이메일 확인 입력 Confirm Email 등을 입력한다. '*'표시가 있는 것은 반드시 기입해야 한다. 약관에 동의 'I agree' 한 후 'Proceed'를 누르면 '비밀번호를 이메일로 보냈습니다'라는 팝업이 뜬다. 메일함으로 가서 'Clicca qui'를 클릭해 비밀번호 변경으로 가서 처음 이메일로 받았던 비밀번호를 넣은 후 본인이 변경할 비밀번호를 두 번 입력하고 'Submit'을 누르면 회원 가입이 끝난다.

### 3 구매 예정 구간권 조회하기
구매 할 티켓의 정보를 지정한다. 출발 도착역과 날짜 등을 넣고 'Confirm'을 누르면 된다.

### 4 구입할 구간권 선택
조회된 구간권을 보고 구입을 원하는 티켓 요금 옆의 'Select'를 누른다.

### 5 옵션 선택
'Select Seat'을 체크하고 'Continue'를 눌러 원하는 좌석을 선택하자. 녹색으로 표시된 좌석 중에서 선택할 수 있다.

### 6 정보 확인
선택한 구간권의 모든 조건들이 맞는지 다시 한 번 확인 후 'Continue'를 누른다.

### 7 세부 정보 넣기

이름과 티켓을 받을 이메일 주소가 맞는지 확인하고 할인 받을 수 있는 패스나 카드가 있다면 추가 선택한다.

### 8 결제하기

신용카드와 페이팔(Pay Pal) 중 결제 수단을 정하고 결제를 진행한다. 신용카드의 경우 이름(First name 이름, Last name 성)과 카드 종류(해외 결제 가능 카드만 유효), 카드 번호, 유효기간을 입력한 후 결제하면 이메일로 티켓을 받을 수 있다.

### 9 이메일 확인 및 인쇄

이메일로 PDF 파일 형식의 전자 티켓을 받을 수 있다. 이것을 출력해 현지에서 발권하면 된다. 발권한 티켓은 검표 시 승무원에게 제시한다.

## 현지에서 자동 발매기로 구매하기

**1** 모니터에서 영국 국기를 누르면 영어 화면으로 전환된다.

**2** 왼쪽 상단 'BUY YOUR TICKET'을 선택

**3** 도착 역 선택. 목적지 역이 보이지 않으면 왼쪽 자판으로 역 이름을 입력한다. 출발역이 현재 있는 곳이 아니라면 오른쪽 상단의 'MODIFY DEPARTURE'를 눌러 출발역을 찾자.

**4** 시간을 선택한다. 기준은 오늘이며 다른 일자를 원하면 오른쪽 상단 'MODIFY DATE & TIME'을 누르면 된다.

**5** 기차 요금이 표시되며 기차 패스가 없다면 'BASE'를 누르자.

**6** 현재 구매 가능한 좌석과 요금이 나온다. 원하는 티켓을 선택하고 구매 수량을 지정한 후 'FORWARD'를 누른다.

**7** 좌석 지정을 원하면 'CHOOSE SEATING'을 누른다.

**8** 좌석을 선택하면 의자가 주황색으로 변하며, 'CONFIRM'을 확정된다. 'FORWARD'를 누르면 계속 진행이 되고 최종 화면이 나온다. 마지막으로 다시 한 번 확인한 후 'PURCHASE'를 눌러 현금(CASH), 카드(CARDS)를 선택해 결제한다. 이후 인쇄된 기차표를 받으면 된다.

> **TIP**
> **현지 구입 구간권은 반드시 각인!**
>
> 현지에서 구입한 종이 구간권은 열차 탑승 전 반드시 각인해야만 한다. 만약 각인을 하지 않고 티켓만 소지한 채 탑승하면 무임승차로 간주 받아 정상 요금의 몇 십 배의 벌금을 내야한다.

# 면세점 이용하기

항공권을 예약하기 전에는 여행 날짜와 일정을 구체적으로 정하는 것이 먼저다. 그런 다음 인터넷과 여행사를 통해 저렴한 항공권을 물색하면 된다. 항공권은 여행 경비에 많은 비중을 차지하므로 꼼꼼히 따져보고 신중하게 구입하는 것이 중요하다.

## 면세점 종류

### 도심 면세점
시내에 위치한 면세점으로 직접 방문해서 쇼핑한다. 실물을 보면서 쇼핑 할 수 있어 편리하다. 출국 당일 공항 면세점을 이용하는 것보다 한결 여유가 있다. 대부분 영업 시간은 오후 9시까지.

### 온라인 면세점
면세점 쇼핑도 홈페이지를 통해 언제든지 할 수 있다. 여행 준비에 쫓겨 시간이 부족한 여행자나 지방 거주 여행자에게 유리하다. 면세점 홈페이지에 회원 가입하면 곧바로 사용할 수 있는 다양한 할인 쿠폰도 따라온다.

### 공항 면세점
출국 심사를 마치고 난 다음부터는 모두 공항 면세점 구역이다. 도심 면세점이나 온라인 면세점을 이용하지 못했다면 이곳에서 원하는 상품을 찾아보자. 물품을 따로 찾을 필요 없이 그 자리에서 구입할 수 있어 편하다.

> **TIP**
> **주요 면세점**
>
> **동화면세점**
> 주소 서울특별시 종로구 세종로 광화문 빌딩 211
> 전화 02-399-3000
> 홈피 www.dutyfree24.com
>
> **롯데면세점(소공점)**
> 주소 서울특별시 중구 소공동 1 롯데백화점 본점 10층
> 전화 02-759-8360
> 홈피 www.lottedfs.com
>
> **신라면세점**
> 주소 서울특별시 중구 장충동 2가 202
> 전화 02-2230-3662
> 홈피 www.shilladfs.com

# 환전하기

이탈리아만 여행하는 경우라면 고민할 필요 없이 전부 현지 통화인 유로(€)화로 바꿔 가면 된다. 현금만 소지할 경우 분실 또는 도난을 당했을 경우 매우 난감한 처지가 되니 신용카드와 현금카드 등을 따로 준비해 가는 것이 현명하다.

## 알뜰한 환전 노하우

① 시중 은행은 고객의 거래 실적에 따라 환율을 우대해준다. 따라서 주거래 은행에 가서 주거래 고객임을 밝히고 환전 수수료 우대를 받는 것이 편리하다. 거래 실적에 따라 20퍼센트 내지 40퍼센트 정도의 환전 수수료를 아낄 수 있다.

② 인터넷 검색을 통해 환율 우대 쿠폰을 찾아보는 방법도 있다. 시중 은행 홈페이지나 여행사 홈페이지, 면세점 홈페이지 등을 통해 환율 우대 쿠폰을 발행하는 경우가 있다. 이런 쿠폰을 활용하면 조금이나마 이득을 볼 수 있다.

③ 시중 은행의 홈페이지에서 사이버 환전 서비스를 신청하면 원하는 지점에서 외환을 바로 찾을 수 있다. 공항에서 수령하고 싶다면 해당 은행의 공항 지점이 있는지 미리 확인해보는 것이 좋다.

④ 서울이나 부산 같은 대도시 중심가의 사설 환전소를 이용하면 은행보다 조금 더 유리한 조건으로 환전할 수 있다. 단, 사설 환전소는 충분히 정보를 검색한 후 방문할 것을 추천한다.

> **TIP**
> 
> 인터넷 환전 절차
> 
> 거래 은행 접속 → 인터넷 환전 신청 → 환전 영수증 인쇄 또는 환전 번호 메모 → 공항 은행 창구에서 신분증과 환전 영수증/환전 번호 제시 → 외화 수령 및 금액 확인

# 찾아보기

## 로마

|  |  |
|---|---|
| 갈레리아 알베르토 소르디 | 137 |
| 공화국 광장 | 172 |
| 구스토 | 132 |
| 그랜드 호텔 팰리스 | 210 |
| 나보나 광장 | 118 |
| 다 올림피오 | 196 |
| 다 판크라치오 | 135 |
| 다래민박 | 214 |
| 다르 포에타 피제리아 | 207 |
| 다프네 인 | 211 |
| 대전차 경기장 | 105 |
| 더 비하이브 호스텔 | 213 |
| 더 옐로우 호스텔 | 213 |
| 더 인 앳 더 스페니시 스텝스 | 210 |
| 돔 룸 | 113 |
| 두에첸토 그라디 | 165 |
| 두오모(오르비에토) | 234 |
| 라 팔롬바 | 238 |
| 라 페를라 | 139 |
| 라 휄트리넬리 | 113 |
| 란골로 디비노 | 136 |
| 래디슨 블루 | 210 |
| 로마 | 72 |
| 로마 국립 박물관 | 170 |
| 로마 국립 오페라 극장 | 208 |
| 로카 마조레 | 229 |
| 린살라타 리카 | 164 |
| 메르카토 첸트랄레 | 176 |
| 메체나테 팰리스 | 210 |
| 바르베리니 광장 | 194 |
| 바르베리니 궁전 | 194 |
| 바르카차 | 130 |
| 바르툴루치 이탈리 | 141 |
| 바빙톤스 티 룸 | 129 |
| 바울 교회 | 185 |
| 바티칸 데이즈 | 212 |
| 바티칸 박물관 | 146 |
| 밥 앤 잠 | 214 |
| 베네치아 광장 | 109 |
| 베네토 거리 | 193 |
| 베르테키 | 141 |
| 보르게세 공원 | 190 |
| 보르게세 미술관 | 191 |
| 브리겐티 | 139 |
| 비토리오 에마누엘레 2세 기념관 | 110 |
| 빌라 데스테 | 220 |
| 빌라 아드리아나 | 222 |
| 산 다미아노 수도원 | 229 |
| 산 루피노 성당 | 229 |
| 산 마르코 | 165 |
| 산 조반니 인 라테라노 대성당 | 181 |
| 산 카를로 알레 콰트로 폰타네 성당 | 195 |
| 산 크리스피노 | 130 |
| 산 파트리치오의 우물 | 236 |
| 산 프란체스코 성당 | 226 |
| 산 프란체스코아 리파 교회 | 202 |
| 산 피에트로 광장 | 156 |
| 산 피에트로 대성당 | 158 |
| 산 피에트로 인 몬토리오 성당 | 204 |
| 산 피에트로 인 빈콜리 성당 | 184 |
| 산타 마리아 노벨라 | 140 |
| 산타 마리아 델 포폴로 교회 | 127 |
| 산타 마리아 델라 비토리아 성당 | 174 |
| 산타 마리아 델리 안젤리 성당 | 230 |
| 산타 마리아 델리 안젤리 에 데이 마르티리 교회 | 173 |
| 산타 마리아 마조레 성당 | 183 |
| 산타 마리아 인 트라스테베레 성당 | 203 |
| 산타 체칠리아 인트라스테베레 교회 | 202 |
| 산타 키아라 성당(아시시) | 228 |
| 산탄젤로 성 | 163 |
| 성 십자가 성당 | 182 |
| 성스러운 계단 | 182 |
| 성지 순례 투어 | 178 |
| 세르모네타 글로브즈 | 138 |
| 스타디오 올림피코 | 208 |
| 스페인 광장 | 121 |
| 슬로피 샘스 | 209 |
| 시스티나 예배당 | 152 |
| 아 엣세 로마 스토어 | 140 |
| 아시시 | 223 |
| 안드레아 | 196 |
| 안티카 에노테카 | 129 |
| 안티코 카페 그레코 | 128 |
| 알레산드로 팰릭스 호스텔 | 213 |
| 알렉산더플라츠 | 209 |
| 앨리스 피자 | 164 |
| 에노테카 프로빈치아 로마나 | 112 |
| 에스타테 로마나 | 208 |
| 엠앤제이 플레이스 호스텔 | 213 |
| 오르비에토 | 231 |
| 오스타리아 알트렌타 우노 | 131 |
| 오스티아 안티카 | 215 |
| 오텔로 알라 콘코르디아 | 131 |
| 오페라 델 두오모 박물관 | 235 |

| | | | | | | | |
|---|---|---|---|---|---|---|---|
| 올드 브리지 | 164 | 트라야누스 시장 | 106 | 호텔 아틀란테 스타 | 210 |
| 우핌 | 177 | 트라토리아 다 루치아 | 207 | 호텔 체르비아 | 211 |
| 이 돌치 디 케코 에카레티에레 | 206 | 트라토리아 달카바리에르 지노 | 136 | 호텔 컬러스 | 212 |
| 일 브릴로 파를란테 | 131 | 트레 스칼리니 | 135 | 호텔 콜럼비아 | 211 |
| 일 콘비비오 | 136 | 트레비 분수 | 122 | 호텔 테아트로 파체 | 212 |
| 자니콜로 언덕 | 204 | 트리마니 에노테카 | 177 | 호텔 판다 | 212 |
| 지오반니 파시 | 175 | 트리마니 와인 바 | 175 | 호텔 폰타나 | 212 |
| 지올리티 | 133 | 티베리나 섬 | 202 | | |
| 지하도시 | 235 | 티볼리 | 217 | | |
| 진실의 입 | 105 | 파브리아노 | 141 | | |
| 치비타 디 바뇨레조 | 237 | 파스콸레티 | 238 | **피렌체** | |
| 카라칼라 욕장 | 104 | 파파 레 | 206 | | |
| 카르체리 암자 | 230 | 판테온 | 119 | 고고학 유적지(피에솔레) | 317 |
| 카르피사 | 176 | 팔라티노 언덕 | 98 | 구이니지의 탑 | 348 |
| 카스텔 간돌포 | 216 | 팔롬비 | 197 | 구찌 박물관 | 279 |
| 카스텔 로마노 | 177 | 퍼니 팰리스 | 213 | 그롬 | 270 |
| 카스트로니 | 165 | 페데리코 폴리도리 | 138 | 난니니 | 330 |
| 카페 산테우스타키오 | 134 | 페라리 스토어 | 139 | 단테의 집 | 278 |
| 카푸치노 민박 | 214 | 펜디 | 137 | 더 몰 | 306 |
| 카피톨리니 미술관 | 108 | 펜지오네 오타비아노 | 213 | 두오모 오페라 박물관(피렌체) | 267 |
| 캄포 데 피오리 | 120 | 포로 로마노 | 99 | 두오모(산타 마리아 델 피오레 성당) | |
| 캄피돌리오 광장 | 107 | 포로 트라이아노 | 106 | | 262 |
| 코무네 광장 | 228 | 포르타 포르테세 시장 | 205 | 두오모(시에나) | 326 |
| 코스 | 137 | 포폴로 광장 | 126 | 두오모(피사) | 336 |
| 콘도티 거리 | 124 | 폰테 에 파리오네 | 135 | 라 테라차 | 309 |
| 콘스탄티누스 개선문 | 98 | 폼피 | 133 | 라 펠레 | 305 |
| 콜로세움 | 96 | 피자 레 | 132 | 로베르타 | 305 |
| 콜론나 광장 | 120 | 피제리아 바페토 | 134 | 루카 성벽 | 348 |
| 콰트로 분수 | 195 | 피제리아 이보 | 207 | 루카 | 339 |
| 쿠오바디스 교회 | 180 | 하드 록 카페 | 197 | 리스토란테 일 라티니 | 271 |
| 키코 밀라노 | 138 | 하우스 앤 키친 | 113 | 리스토란테 파올리 | 292 |
| 타겟 레스토랑 | 176 | 해골사원 | 193 | 메디치 리카르디 궁전 | 260 |
| 타겟 인 | 211 | 해리스 바 | 209 | 메르카토 델 포르첼리노 | 293 |
| 타베르나 데이 포리 임페리알리 | | 호텔 데 자르티스테스 | 211 | 미켈란젤로 광장 | 303 |
| | 112 | 호텔 드 루시 | 210 | 바르젤로 국립박물관 | 278 |
| 타베르나 트릴루사 | 206 | 호텔 모딜리아니 | 212 | 베키오 궁전 | 279 |
| 테르미니 역 | 172 | 호텔 세레나 | 211 | 베키오 다리 | 288 |

651

| | | |
|---|---|---|
| 보볼리 정원 | 301 | |
| 비볼리 | 290 | |
| 비알레띠 | 293 | |
| 비앤비 라보엠 | 349 | |
| 사포리 앤 딘토르니 코나드 | 304 | |
| 산 도메니코 교회 | 329 | |
| 산 로렌초 성당(피렌체) | 257 | |
| 산 마르코 박물관 | 268 | |
| 산 마르티노 성당(두오모) | 342 | |
| 산 미켈레 교회 | 344 | |
| 산 조반니 세례당 | 264 | |
| 산 지미냐노 | 312 | |
| 산 프란체스코 수도원 | 317 | |
| 산 프레디아노 교회 | 346 | |
| 산타 마리아 노벨라 성당 | 256 | |
| 산타 마리아 노벨라 약국 | 272 | |
| 산타 마리아 델 카르미네 성당 | 302 | |
| 산타 크로체 교회 | 289 | |
| 산토 스피리토 성당 | 301 | |
| 산티시마 안눈치아타 광장 | 267 | |
| 살바토레 페라가모 박물관 | 288 | |
| 성녀 카테리나의 집 | 329 | |
| 시계탑 | 347 | |
| 시뇨리아 광장 | 280 | |
| 시에나 | 319 | |
| 아카데미 호스텔 | 311 | |
| 아카데미아 미술관 | 269 | |
| 알란티코 비나이오 | 292 | |
| 알베르고 트레 돈첼레 | 330 | |
| 에노테카 피티 골라 에 칸티나 | 304 | |
| 오스테리아 비니에 베키 사포리 | 292 | |
| 오스텔로 산타 모나카 | 311 | |
| 오스페달레 델리 인노첸티 | 268 | |
| 우피치 미술관 | 282 | |
| 원형경기장 광장 | 346 | |
| 이 두에 프라텔리니 | 291 | |
| 이터리 | 273 | |
| 일 파피로(피렌체) | 273 | |
| 전망대(피에솔레) | 316 | |
| 젤라테리아 데이 네리 | 290 | |
| 줄리오 지아니니에 휘로이 | 305 | |
| 중앙시장(메르카토 첸트랄레) | 273 | |
| 지오토의 종탑 | 266 | |
| 질리 | 291 | |
| 캄포 광장 | 322 | |
| 쿠킹 클래스(피렌체) | 308 | |
| 토르나부오니 거리 | 294 | |
| 트라토리아 다 레오 | 349 | |
| 트라토리아 다 자자 | 271 | |
| 트라토리아 마리오 | 270 | |
| 트라토리아 콰트로 레오니 | 304 | |
| 트라토리아 파페이 | 330 | |
| 파스코브스키 | 291 | |
| 판네르 궁전 | 345 | |
| 페르케 노! | 290 | |
| 푸블리코 궁전 | 324 | |
| 푸치니 박물관 | 345 | |
| 푸치니 페스티벌 | 349 | |
| 프라다 스페이스 아웃렛 | 307 | |
| 피나이더(피네이데르) | 293 | |
| 피렌체 | 240 | |
| 피사 | 331 | |
| 피사의 사탑 | 335 | |
| 피에솔레 | 313 | |
| 피콜로 호텔 푸치니 | 349 | |
| 피티 궁전 | 300 | |
| 필룽고 거리 | 347 | |
| 호스텔 아르키 로시 | 311 | |
| 호텔 달리 | 310 | |
| 호텔 두오모 | 310 | |
| 호텔 로레나 | 310 | |
| 호텔 로롤로조 | 310 | |
| 호텔 로지아토 데이 세르비티 | 310 | |
| 호텔 스코티 | 310 | |

## 제노바

| | |
|---|---|
| 가리발디 거리 | 362 |
| 두라조 공원 | 383 |
| 두칼레 궁전(제노바) | 364 |
| 라 카사 디 베네레 | 376 |
| 라 크레메리아 델리 에르베 | 367 |
| 레 시레네 | 376 |
| 리오마조레 | 372 |
| 마나롤라 | 373 |
| 몬테로소 알 마레 | 374 |
| 바띠 바띠 | 375 |
| 발리 패밀리 호텔 | 368 |
| 발비 거리 | 360 |
| 베르나차 | 374 |
| 브라운 성 | 380 |
| 사랑의 길 | 372 |
| 산 로렌초 성당(제노바) | 364 |
| 산 마테오 광장 | 366 |
| 산 엘모 교회 | 383 |
| 산 조르조 교회 | 380 |
| 산타 마르게리타 리구레 해변 | 383 |
| 산타 마르게리타 리구레 | 381 |
| 스피놀라 국립 미술관 | 361 |
| 슬로우 피시 | 368 |
| 엠메 카페 | 367 |
| 옛 항구와 해안 산책로 | 361 |
| 오스텔로 디 코르닐리아 | 376 |
| 오스텔로 제노바 | 368 |
| 오스텔로 친퀘테레 | 376 |
| 왕궁 박물관 | 360 |
| 웨일 와치 리구리아 | 368 |
| 제노바 | 350 |

| | |
|---|---|
| 제노바 국제 보트쇼 | 368 |
| 제노바 수족관 | 361 |
| 친퀘테레 | 369 |
| 코르닐리아 | 373 |
| 콜럼버스의 집 | 366 |
| 쿠프 친퀘테레 | 375 |
| 트라토리아 델라 라이베타 | 367 |
| 페라리 광장 | 365 |
| 포르토피노 | 377 |
| 호텔 아넬로 도로 | 368 |
| 호텔 파스콸레 | 376 |

## 밀라노

| | |
|---|---|
| 나빌리오 지구 | 408 |
| 누오보 오스텔로 디베르가모 | 428 |
| 두오모(밀라노) | 398 |
| 두오모(크레모나) | 432 |
| 두칼레 궁전(만토바) | 438 |
| 디티 인트렌드 | 408 |
| 라 리나센테 | 408 |
| 라 스칼라 오페라 | 409 |
| 라조네 궁전 | 426 |
| 런던 호텔 | 410 |
| 레오나르도 다빈치 국립 과학기술 박물관 | 404 |
| 마드레 섬 | 421 |
| 마조레 호수 | 417 |
| 만토바 | 435 |
| 몬테 나폴레오네 거리 | 402 |
| 밀라노 | 384 |
| 바렌나 | 416 |
| 바이올리노 박물관 | 433 |
| 베르가모 | 423 |
| 베르가모 종탑 | 426 |

| | |
|---|---|
| 베키아 광장 | 426 |
| 벨라 섬 | 422 |
| 벨라지오 | 416 |
| 브레라 미술관 | 401 |
| 브루나테 산 | 414 |
| 비토리오 에마누엘레 2세 갈레리아 | 400 |
| 사비오네타 | 439 |
| 산 로렌조 고고학 박물관 | 434 |
| 산 시로(주세페 메아차) 경기장 | 404 |
| 산타 마리아 델레 그라치에 교회 | 396 |
| 산타 마리아 마조레 교회 | 427 |
| 세라발레 아웃렛 | 407 |
| 스칼라 극장 | 400 |
| 스트레사 | 421 |
| 스포르체스코 성 | 404 |
| 스피치코 | 406 |
| 아카데미아 카라라 미술관 | 427 |
| 암브로시아나 미술관 | 403 |
| 에르베 광장(만토바) | 438 |
| 엠포리오 아르마니 카페 | 406 |
| 오비카 | 405 |
| 오스텔로 피에로 로타 | 410 |
| 유로 호텔 | 410 |
| 일 리스토란테 트루사르디 알라 스칼라 | 406 |
| 일 포르나이오 | 428 |
| 코모 시내 | 414 |
| 코모 호수 산책가 | 415 |
| 코모 호수 유람 | 415 |
| 코모 호수 | 411 |
| 코무네 광장 | 432 |
| 콜레오니 예배당 | 427 |
| 크레모나 | 429 |
| 크레모나 시립 박물관 | 434 |
| 크레모나 종루 | 433 |

| | |
|---|---|
| 테 별궁 | 439 |
| 텐 코르소 코모 | 407 |
| 판제로티 루이니 | 405 |
| 페스카토리 섬 | 421 |
| 펙 구르메 델리 | 405 |
| 포뮬러 원 | 409 |
| 폴디 페촐리 미술관 | 403 |
| 프라다 | 407 |
| 호텔 가르다 | 410 |
| 호텔 그란 두카 디 요크 | 410 |
| 호텔 산 토마소 | 410 |
| 호텔 피아차 베키아 | 428 |

## 베네치아

| | |
|---|---|
| 그란 카페 콰드리 베네치아 | 472 |
| 두오모(베로나) | 498 |
| 두칼레 궁전(베네치아) | 462 |
| 라 로톤다 | 504 |
| 레 칸티네 델라레나 | 500 |
| 레가타 스토리카 카날 그랑데 (곤돌라 경주) | 477 |
| 레이스 박물관 | 488 |
| 레조니코 궁전 | 469 |
| 로마 극장(베로나) | 498 |
| 로스티체리아 기슬론 | 474 |
| 리도 | 470 |
| 리스토란테 달라 모라 | 483 |
| 리스토란테 산 바르톨로메오 | 474 |
| 리알토 다리 | 457 |
| 무라노 | 479 |
| 베네치아 | 440 |
| 베네치아 곤돌라 | 476 |
| 베네치아 국제 영화제 | 477 |
| 베네치아 비엔날레 | 477 |

| | | |
|---|---|---|
| 베네치아 산타 루치아 역 | 456 | |
| 베네치아 종루 | 464 | |
| 베로나 | 489 | |
| 베로나 오페라 축제 | 499 | |
| 베키오 성 | 499 | |
| 부라노 마을 산책 | 488 | |
| 부라노 | 485 | |
| 브라 광장 | 494 | |
| 비첸차 | 501 | |
| 산 로코 학교 | 469 | |
| 산 마르코 광장 | 458 | |
| 산 마르코 성당 | 460 | |
| 산 조르조 마조레 성당 | 465 | |
| 산타 마리아 글로리오사 데이 프라리 성당 | 469 | |
| 산타 마리아 델 로사리오 성당 | 466 | |
| 산타 마리아 델라 살루테 성당 | 466 | |
| 산타 마리아 에 도나토 성당 | 482 | |
| 산타 아나스타시아 성당 | 497 | |
| 시뇨리 광장 | 496 | |
| 아레나 | 494 | |
| 아카데미아 미술관 | 468 | |
| 안드레아 팔라디오 거리 | 504 | |
| 안티카 카사 카레토니 | 478 | |
| 알 메르카 | 474 | |
| 알 보테곤 | 473 | |
| 에르베 광장(베로나) | 496 | |
| 오스텔로 베네치아 | 478 | |
| 오스텔로 산타 포스카 | 478 | |
| 올림피코 극장 | 506 | |
| 유리 공방 | 483 | |
| 유리 박물관 | 482 | |
| 젤라테리아 니코 | 472 | |
| 줄리엣의 집 | 495 | |
| 찻퀴릿 | 473 | |
| 카도로 | 456 | |
| 카르네발레 디 베네치아 | 476 | |

| | |
|---|---|
| 카사 알로지 제로토 칼데란 | 478 |
| 카페 플로리안 | 472 |
| 키에리카티 저택 | 505 |
| 탄식의 다리 | 464 |
| 테라차 델 카진 데이 노빌리 | 474 |
| 트라토리아 알 폼피에레 | 500 |
| 트라토리아 알라 리베타 | 473 |
| 팔라디아나 교회 | 505 |
| 페기 구겐하임 미술관 | 467 |
| 포레스테리아 발데세 디 베네치아 | 478 |
| 포르티 거리 | 504 |
| 폰다멘타 데이 베트라이 | 484 |
| 호텔 미네르바 에 네투노 | 478 |

## 나폴리

| | |
|---|---|
| 국립 고고학 박물관(나폴리) | 522 |
| 국립 고고학 박물관(파에스툼) | 583 |
| 나폴리 | 508 |
| 누오보 성 | 525 |
| 데오체사노 박물관 | 577 |
| 델로보 성 | 527 |
| 두오모(라벨로) | 571 |
| 두오모(살레르노) | 576 |
| 두오모(아말피) | 564 |
| 라벨로 | 567 |
| 레알레 궁전 | 526 |
| 루폴로 저택 | 570 |
| 리스토란테 라란테르나 | 544 |
| 리스토란테 카페 포지타노 | 560 |
| 마리나 그란데 | 565 |
| 몬테 솔라로 | 552 |
| 브리케테 호스텔 | 560 |
| 비토리아 광장 | 543 |

| | |
|---|---|
| 빌라 에바 | 554 |
| 산 카를로 극장 | 529 |
| 산타 키아라 성당(나폴리) | 525 |
| 산텔모 성 | 527 |
| 살레르노 지역 미술관 | 577 |
| 살레르노 | 573 |
| 셰 블랙 | 560 |
| 소렌토 | 539 |
| 스메랄도 동굴 | 565 |
| 스텔라 마리스 | 554 |
| 스파카 나폴리 | 524 |
| 아나카프리 마을 | 552 |
| 아레키 성 | 577 |
| 아말피 | 561 |
| 아말피 종이박물관 | 565 |
| 안티카 피체리아 다 미켈레 | 528 |
| 안티카 피체리아 포르탈바 | 528 |
| 알라 부솔라 디 에르메스 | 554 |
| 오스텔로 레 시레네 | 545 |
| 오스텔로 메르젤리나 | 530 |
| 오스텔로 아베 그라티아 플레나 | 578 |
| 울리쎄 딜럭스 오스텔로 | 545 |
| 움베르토 1세 갈레리아 | 529 |
| 제수 누오보 성당 | 524 |
| 젤라테리아 다비드 | 544 |
| 침브로네 저택 | 571 |
| 카사노바 호텔 | 530 |
| 카프리 | 547 |
| 카프리 마을 | 553 |
| 타소 광장 | 543 |
| 파에스툼 | 579 |
| 파에스툼 유적지 | 582 |
| 펜지오네 만치니 | 530 |
| 포지타노 | 555 |
| 포지타노 마을 | 558 |
| 폼페이 | 531 |

| | |
|---|---|
| 폼페이 유적지 | 535 |
| 푸른 동굴 | 551 |
| 프리마베라 | 544 |
| 플라자 호텔 | 578 |
| 플레비시토 광장 | 526 |
| 피제리아 브란디 | 528 |
| 호텔 나이스 | 545 |
| 호텔 라 부솔라 | 566 |
| 호텔 루나 | 565 |
| 호텔 리도마레 | 566 |
| 호텔 아말피 | 566 |
| 호텔 안티체 무라 | 545 |
| 호텔 자라 | 530 |
| 호텔 지네브라 | 530 |
| 호텔 포텐차 | 530 |

## 팔레르모

| | |
|---|---|
| 고고학 박물관(팔레르모) | 598 |
| 국립 고고학 박물관(아그리젠토) | 610 |
| 그리스 극장 | 634 |
| 네아폴리 고고학 공원 | 615 |
| 노르만 왕궁 | 596 |
| 눈물의 성모 마리아 성당 | 617 |
| 두오모 광장(카타니아) | 627 |
| 두오모(시라쿠사) | 619 |
| 레드 문 | 621 |
| 로마 극장(카타니아) | 628 |
| 로마 원형극장 | 629 |
| 롤 호스텔 | 622 |
| 리도 마자로 | 635 |
| 마시모 극장 | 600 |
| 몬레알레 | 602 |
| 발라로 시장 | 600 |

| | |
|---|---|
| 벨모 궁 주립 미술관 | 620 |
| 벨리니 공원 | 629 |
| 벨리니 광장 | 594 |
| 벨리니 박물관 | 628 |
| 비앤비 데이 비아지아토리 비안단티 에 소그나토리 | 622 |
| 비앤비 아멜리에 | 601 |
| 비앤비 크로시페리 | 630 |
| 비앤비 파로 | 630 |
| 산 조반니 델리 에레미티 성당 | 597 |
| 산 조반니 에반젤리스타 교회(카타콤베) | 618 |
| 산타루치아 알라 바디아 성당 | 618 |
| 스핀나토 | 599 |
| 시라쿠사 | 611 |
| 시칠리아 인 타볼라 | 621 |
| 시칠리아 주립 미술관 | 598 |
| 신전의 계곡 | 608 |
| 아그리젠토 | 605 |
| 아레투사의 샘 | 620 |
| 아폴로 신전 | 620 |
| 오스텔로 델리 엘레파니 | 630 |
| 오페라 데이 푸피 | 600 |
| 우르시노 성 | 629 |
| 움베르토 1세 거리 | 634 |
| 주립 파올로 오르시 고고학 박물관 | 617 |
| 카타니아 | 623 |
| 카푸치니 카타콤베 | 598 |
| 콰트로 칸티 | 594 |
| 퀸토칸토 호텔 | 601 |
| 타오르미나 | 631 |
| 팔레르모 | 584 |
| 팔레르모 대성당 | 595 |
| 페로 디 카발로 | 599 |
| 포카체리아 마시모 | 599 |
| 프레토리아 광장 | 595 |

| | |
|---|---|
| 피콜로 테아트로 데이 푸피 | 621 |
| 헬레니즘 로마기 지구 | 610 |
| 호텔 구트코브스키 | 622 |
| 호텔 오리엔탈레 | 601 |

# 이탈리아 100배 즐기기

**개정 2판 1쇄** 2019년 7월 5일

**지은이** 홍수연

**발행인** 양원석
**본부장** 김순미
**편집장** 고현진
**책임편집** 김영훈
**디자인·지도** 글터
**해외저작권** 최푸름
**제작** 문태일, 안성현
**영업마케팅** 최창규, 김용환, 윤우성, 양정길, 이은혜, 신우섭
            김유정, 조아라, 유가형, 임도진, 정문희, 신예은

**펴낸곳** (주)알에이치코리아
**주소** 서울시 금천구 가산디지털2로 53 한라시그마밸리 20층
**편집 문의** 02-6443-8930 **구입 문의** 02-6443-8838
**홈페이지** http://rhk.co.kr
**등록** 2004년 1월 15일 제 2-3726호

ⓒ 홍수연 2019

ISBN 978-89-255-6701-3 (13980)

※이 책은 (주)알에이치코리아가 저작권자와의 계약에 따라 발행한 것이므로
  본사의 서면 동의 없이는 어떠한 형태나 수단으로도 이 책의 내용을 이용하지 못합니다.
※잘못된 책은 구입하신 서점에서 바꾸어 드립니다.
※책값은 뒤표지에 있습니다.

# 여행 이탈리아어
TRAVEL ITALIAN

이탈리아어 독음 표기는 시중서출 이탈리아어 독음 표기 원칙에 따라 한글과 원리에 영양을 동용하였습니다.

# 1

## 개혁 이들리아어

옮긴이

추천의 재

군은이의 재

주신이의 재

# 인사하기

❶ 안녕하세요.
**Buongiorno.**
부온죠r르노

❷ 상점 점원에게 건네는 인사말
**Salve.**
쌀베

❸ 저녁 · 늦은 밤 인사말
**Buona sera.·Buona notte.**
부오나쎄r라 · 부오나놋떼

❹ 감사합니다.
**Grazie.**
그라r z찌에

❺ 죄송합니다.
**Scusi.**
스꾸시

❻ 괜찮습니다.
**Non fa niente.**
논f파니엔떼

❼ 반갑습니다.
**Piacere.**
삐아체l레

❽ 저는 한국 사람입니다. (여성·남성)
**Sono coreana.·Sono coreano.**
쏘노 꼬r레아나 · 쏘노 꼬r레아노

❾ 저는 이탈리아어를 할 줄 모릅니다.
**Non posso parlare l'italiano.**
논 뽓쏘 빠r를라r레 리딸리아노

❿ 다시 말씀해주세요.
**Me lo dica un'altra volta.**
멜로디까 우날뜨라 v볼따

⓫ 네.
**Sì.**
씨

⓬ 아니요.
**No.**
노

**TIP** 숫자 세기

| 1 | uno | 우노 | 6 | sei | 쎄이 |
|---|---|---|---|---|---|
| 2 | due | 두에 | 7 | sette | 쎗떼 |
| 3 | tre | 뜨r레 | 8 | otto | 옷또 |
| 4 | quattro | 꽛뜨r로 | 9 | nove | 노v베 |
| 5 | cinque | 칭꿰 | 10 | dieci | 디에치 |

# 식당에서

🍽️

**❶ 혼자입니다. (여성 · 남성)**
Sono da sola.·Sono da solo.
쏘노 다 쏠라 · 쏘노 다 쏠로

**❷ 두 명입니다.**
Siamo in due.
씨아모 인 두에

**❸ 예약하고 싶습니다.**
Vorrei prenotare.
v보r레이 쁘레노따r레

**❹ 메뉴판을 보여주세요.**
Mi faccia vedere il menù,
per favore.
미 f팟챠 v베데r레 일 메누 뻬r르 f파v보r레

**❺ 추천 요리는 무엇인가요?**
Quale piatto è particolare?
꽐레 삐앗또 에 빠r르띠꼴라r레

**❻ 이거 주세요.**
Mi dia questo, per favore.
미 디아 꾸에스또 뻬r르 f파v보r레

**❼ 다른 소스도 있나요?**
C'è un'altra salsa?
체 우날뜨r라 쌀싸

**❽ 포장해주세요.**
Me lo faccia da portare via,
per favore.
멜로 f팟챠 다 뽀r르따r레 v비아 뻬r르 f파v보r레

**❾ 여기서 먹을게요.**
Mangio qui.
만죠 뀌

**❿ 이거 더 주세요.**
Di questo me ne dia un po' di più.
디 꾸에스또 메네디아 운 뽀 디 삐우

**⓫ 계산해주세요.**
Il conto, per favore.
일 꼰또 뻬r르 f파v보r레

**⓬ 카드 결제할 수 있나요?**
Posso pagare con la carta?
뽓쏘 빠가r레 꼴라 까r르따

**⓭ 별로예요.**
Non è niente di speciale.
노네 니엔떼 디 스뻬챨레

**⓮ 맛있어요.**
È buono.
에부오노

7

# 관광할 때

❶ 여기가 어디인가요?
Qui dov'è?
뀌 도v베

❷ 어떻게 가면 될까요?
Come possiamo andare?
꼬메 뽓씨아모 안다r레

❸ 택시를 불러주세요
Mi chiami un taxi,
per favore.
미 끼아미 운딱씨 뻬r르 f파v보r레

❹ 이 주소로 가주세요.
Vada a questo indirizzo,
per favore.
v바다 아 꾸에스또 인디r릿z쪼
뻬r르 f파v보r레

❺ 여기로 가주세요.
Vada qui, per favore.
v바다 뀌 뻬r르 f파v보r레

❻ 얼마나 걸리나요?
Quanto ci vuole?
꽌또 치 v부올레

❼ 요금은 얼마인가요?
Quant'è?
꽌떼

❽ 여기서 세워주세요.
Si fermi qui, per favore.
씨f페r르미 뀌 뻬r르 f파v보r레

❾ 사진을 찍어주세요.
Ci scatti una foto, per favore.
치 스깟띠 우나 f포또 뻬r르 f파v보r레

❿ 사진 찍어도 되나요?
Posso scattare una foto?
뽓쏘 스깟따r레 우나 f포또

⓫ 역은 어디에 있나요?
Dov'è la stazione?
도v베 라 스따z찌오네

⓬ 매표소는 어디에 있나요?
Dov'è la biglietteria?
도v베 라 빌리엣떼r리아

⓭ 입구(출구)는 어디에 있나요?
Dov'è l'uscita?
도v베 루쉬따

⓮ 한국어 해설을 듣고 싶어요.
Voglio sentire la spiegazione in coreano.
v볼리오 센띠r레 라 스삐에가z찌오네 인 꼬r레아노

# 쇼핑할 때

**❶ 얼마인가요?**
Quant'è?
꽌떼

**❷ 너무 비싸요.**
È troppo costoso.
에 뜨r롭뽀 꼬스또소

**❸ 조금 깎아주세요.**
Mi faccia uno sconto,
per favore.
미 f팟챠 우노 스꼰또 빼r르 f파v보레

**❹ 계산해주세요.**
Mi faccia il conto, per favore.
미 f팟챠 일 꼰또 빼r르 f파v보레

**❺ 더 저렴한 것이 있나요?**
C'è qualcosa di più
economico?
체 꽐꼬사 디삐우 에꼬노미꼬

**❻ 다른 색상도 있나요?**
C'è un altro colore?
체 우날뜨r로 꼴로레

**❼ 다른 사이즈도 있나요?**
C'è un'altra taglia?
체 우날뜨r라 딸리아

**❽ 입어 봐도 되나요?**
Posso provarlo?
뽓쏘 쁘r로v바r를로

**❾ 영수증 주세요.**
Mi dia lo scontrino, per favore.
미 디아 로 스꼰뜨r리노 빼r르 f파v보레

**❿ 계산이 잘못된 것 같아요.**
Credo che abbia sbagliato a fare il
conto.
끄레도 께 압삐아 스발리아또 아 f파레 일 꼰또

**⓫ 포장해 갈게요.**
Me lo faccia da portare via,
per favore.
멜로 f팟챠 다 뽀r르따레 v비아 빼r르 f파v보레

**⓬ 문제가 있어요.**
C'è un problema.
체 운쁘r로블레마

**⓭ 교환해주세요.**
Me lo cambi, per favore.
멜로깜비 빼r르 f파v보레

**⓮ 환불해주세요.**
Vorrei riavere i soldi, per favore.
v보레이 r리아v베레 이 쏠디 빼r르 f파v보레

# 2

**식당** 이탈리아어

파스타

피자

PLUS 메뉴판 읽기

# 파스타
**Pasta**

## ■ 토마토소스 파스타

**파스타 알 포모도로**
Pasta al Pomodoro
토마토를 사용하여 만든 파스타

**파스타 알라 볼로네제**
Pasta alla Bolognese
토마토를 베이스로 간 고기를 넣어 만든
미트소스 파스타

## ■ 크림소스 파스타

**파스타 알라 카르보나라**
Pasta alla Carbonara
달걀, 베이컨, 페코리노치즈 등을
넣어 만든 파스타

**파스타 콘 크레마 디 감베레티**
Pasta con Crema di Gamberetti
크림소스에 새우를 넣어
만든 파스타

## ■ 올리브유 파스타

**파스타 알레 봉골레**
Pasta alle Vongole
올리브유에 바지락을 볶아서
만든 파스타

**파스타 알리오 에 올리오**
Pasta aglio e olio
올리브유에 마늘을 볶아서
만든 파스타

## ■ 지역 명물 파스타

**파스타 알 네로 디 세피아**
Pasta al nero di Seppia
오징어 먹물을 넣어 만든
베네치아 지역 파스타

**파스타 알 리치 디 마레**
Pasta al Ricci di mare
성게가 듬뿍 들어간
시칠리아 지역 파스타

## ■ 기타 파스타

**파스타 알라 마리나라**
Pasta alla marinara
마늘과 토마토소스를 듬뿍 넣어 만든
해산물 파스타

**라비올리**
Ravioli
얇은 반죽에 양념한 고기 또는 치즈를
넣어 만든 파스타

## ■ 파스타 면 종류

| 긴 면 | 짧은 면 | 스터프드 |
|---|---|---|
|  |  |  |
| **스파게티** Spaghetti<br>일반적인 국수 모양의 면 | **제멜리** Gemelli<br>국수 두 가닥이 꼬여 있는<br>모양의 면 | **라비올리** Ravioli<br>만두처럼 밀가루 반죽에<br>소를 넣는 면 |
|  |  |  |
| **페투치네** Fettuccine<br>면발이 넓적한 면 | **펜네** Penne<br>뾰족한 단면에 가운데가<br>비어 있는 면 | **뇨끼** Gnocchi<br>감자와 밀가루로 만들어<br>뭉툭한 모양의 면 |
|  |  |  |
| **탈리아텔레** Tagliatelle<br>계란을 넣어 만든,<br>페투치네보다 더 넓적한 면 | **마카로니** Macaroni<br>대표적인 숏파스타.<br>샐러드에도 많이 쓰인다. | **라자냐** Lasagna<br>반죽을 얇게 밀어 넓적한<br>직사각형 모양의 면 |

## 피자
### Pizza

### ■ 나폴리 피자

**피자 마리나라**
Pizza Marinara
토마토소스와 마늘, 오레가노,
올리브유를 넣어 만든 간단하고
담백한 맛의 피자

**피자 마르게리타**
Pizza Margherita
토마토소스와 모차렐라치즈,
올리브유 등을 넣어 만드는
대중적인 피자

**피자 마르게리타 엑스트라**
Pizza Margherita Extra
토마토소스와 모차렐라치즈,
올리브유를 넣어 만든 이탈리아
3대 피자 중 하나

**피자 마레키아로**
Pizza Marechiaro
마르게리타 피자에 해산물과
오레가노를 추가한 피자

### ■ 시칠리아 피자

**피자 시칠리아나**
Pizza Siciliana
치즈에 가지를 얹어 담백한 맛을
내는 피자

**칼조네**
Calzone
모차렐라치즈와 햄, 올리브나 버섯 등을
반죽 안에 넣고 구운 반달 모양의 피자

### ■ 라치오 피자

**피자 나폴레타나**
Pizza Napoletana

토마토소스와 모차렐라치즈,
앤초비를 넣어 만든 피자

**피자 카프리초사**
Pizza Capricciosa

토마토소스와 모차렐라치즈에 계절에 따라
버섯 올리브 등을 올리는 피자

**피자 쿼트로 스태지오니**
Pizza Quattro Stagioni

카프리초사와 비슷하지만 재료를
섞지 않고 4등분하여 구워내는 피자

**피자 쿼트로 포르마지**
Pizza Quattro Formaggi

고르곤졸라, 폰티나, 에멘탈, 모차렐라, 브리,
카망베르 중 네 가지 치즈를 얹어 구워낸 피자

### ■ 이색 피자

**피자 프로슈토 에 풍기**
Pizza prosciutto e Funghi

프로슈토 햄의 짠맛과 버섯의 담백한 맛이
조화를 이루는 피자

**피자 디아볼라**
Pizza Diavola

토마토소스에 살라미와 모차렐라치즈를
올려 먹는 피자

**피자 인살라타**
Pizza Insalata

토마토소스에 루콜라를 비롯해 채소와
치즈가 올라가는 피자

**피자 페스카토라**
Pizza Pescatora

조개와 새우, 오징어 등 해산물을
듬뿍 올린 피자

## PLUS 메뉴판 읽기

### ■ 이탈리아 코스 요리

| 이탈리아 정찬 코스 | 이탈리아어 | 의미 |
| --- | --- | --- |
| 아페리티보 | aperitivo | 식전주 |
| 안티파스토 | antipasto | 전채요리 |
| 주파 | zuppa | 수프요리 |
| 프리모 피아토 | primo piatto | 첫 번째 주요리 |
| 세콘도 피아토 | secondo piatto | 두 번째 주요리 |
| 콘토르노 | contorno | (주요리에 곁들이는) 야채요리 |
| 포르마조 | formaggio | 치즈 |
| 프루타 또는 돌체 | frutta 또는 dolce | 과일 또는 디저트 |
| 카페 또는 디제스티보 | caffè 또는 digestivo | 커피 또는 식후주 |

### ■ 주요리 핵심 단어

| 이름 | 이탈리아어 | 발음 |
| --- | --- | --- |
| 고기 요리 | carne | 까r르네 |
| 생선 요리 | pesce | 뻬쉐 |
| 양고기 | abbacchio | 아박끼오 |
| 어린 양고기 | agnello | 아녤로 |
| 쇠고기 | manzo | 만z쪼 |
| 돼지고기 | maiale | 마이알레 |
| 닭고기 | pollo | 뽈로 |
| 칠면조 | tacchino | 딱끼노 |
| 토끼 | coniglio | 꼬닐리오 |
| 내장 | coratella | 꼬r라뗄라 |
| 농어 | spigola | 스삐골라 |
| 집게 새우 | scampo | 스깜뽀 |
| 작은 새우 | gamberetti | 감베r렛띠 |
| 홍합 | cozze | 꼿z쩨 |
| 오징어 | calamari | 깔라마리 |
| 조개 | vongole | v봉골레 |

### ■ 주문 관련

| 이름 | 이탈리아어 | 발음 |
| --- | --- | --- |
| 계산서 | il conto | 일 꼰또 |
| 서비스 요금 | servizo | 쎄r르v비z찌오 |
| 테이블 차지 | coperto | 꼬빼r르또 |
| 메뉴판 | il menù | 일 메누 |
| 주문 | l'ordinazione | 로r르디나z찌오네 |

### ■ 도구

| 이름 | 이탈리아어 | 발음 |
| --- | --- | --- |
| 포크 | la forchetta | 라 f포r르껫따 |
| 나이프 | il coltello | 일 꼴뗄로 |
| 스푼 | il cucchiaio | 일 꾹끼아이오 |
| 냅킨 | il tovagliolo | 일 또v발리올로 |

### ■ 기타

| 이름 | 이탈리아어 | 발음 |
| --- | --- | --- |
| 밥 | il riso | 일 r리소 |
| 빵 | pane | 빠네 |
| 파니노 | panino | 빠니노 |
| 소금 | sale | 쌀레 |
| 후추 | pepe | 뻬뻬 |

## ■ 커피

| 이름 | 표기 | 발음 |
|---|---|---|
| 에스프레소 | caffè | 까페 |
| 카페 아메리카노 | caffè americano | 까페 아메r리까노 |
| 카페 코레토 (리큐어 첨가) | caffè correto | 까페 꼬r렛또 |
| 카페 라테 | caffè latte | 까페 랏떼 |
| 카페 마키아토 | caffè macchiato | 까페 마끼아또 |
| 카푸치노 | cappuccino | 까푸치노 |

## ■ 주류

| 이름 | 이탈리아어 | 발음 |
|---|---|---|
| 와인 | vino | v비노 |
| 레드와인 | vino rosso | v비노 r롯쏘 |
| 화이트와인 | vino bianco | v비노 비앙꼬 |
| 맥주 | birra | 비r라 |

## ■ 기타 음료

| 이름 | 이탈리아어 | 발음 |
|---|---|---|
| 생수 | acqua minerale | 악꾸아 미네랄레 |
| 탄산수 | acqua frizzante | 악꾸아 f프r리z짠떼 |
| 무탄산수 | acqua naturale | 악꾸아 나뚜랄레 |
| 오렌지주스 | aranciata | 아r란챠따 |
| 아이스크림 | gelato | 젤라또 |
| 셔벗 | granita | 그r라니따 |
| 우유 | latte | 랏떼 |
| 홍차 | tè | 떼 |

## ■ 젤라토

| 이름 | 표기 | 발음 |
|---|---|---|
| 콘 | cono | 꼬노 |
| 컵 | coppetta | 꼽뺏따 |
| 체리와 우유 혼합 | amarena | 아마r레나 |
| 파인애플 | ananas | 아나나스 |
| 수박 | anguria | 앙구r리아 |
| 오렌지 | arancia | 아란차 |
| 커피 | caffè | 까페 |
| 초콜릿 | cioccolato | 쵹꼴라또 |
| 코코넛 | cocco | 꼭꼬 |
| 크림 바닐라 아이스크림 | crema | 끄r레마 |
| 딸기 | fragola | f프r라골라 |
| 산딸기 | frutti di bosco | f프r루띠 디 보스꼬 |
| 요구르트 | yogurt | 요구r르뜨 |
| 우유 | latte | 랏떼 |
| 레몬 술이 들어간 젤라또 | limoncello | 리몬첼로 |
| 레몬 | limone | 리모네 |
| 망고 | mango | 망고 |
| 사과 | mela | 멜라 |
| 멜론 | melone | 멜로네 |
| 민트 | menta | 멘따 |
| 헤이즐넛 | nocciola | 놋츌라 |
| 복숭아 | pesca | 뻬스까 |
| 피스타치오 | pistacchio | 삐스딱끼오 |
| 쌀 젤라또 | riso | r리소 |
| 초코칩 | stracciatella | 스뜨r랏챠뗄라 |
| 티라미수 | tiramisù | 띠r라미수 |

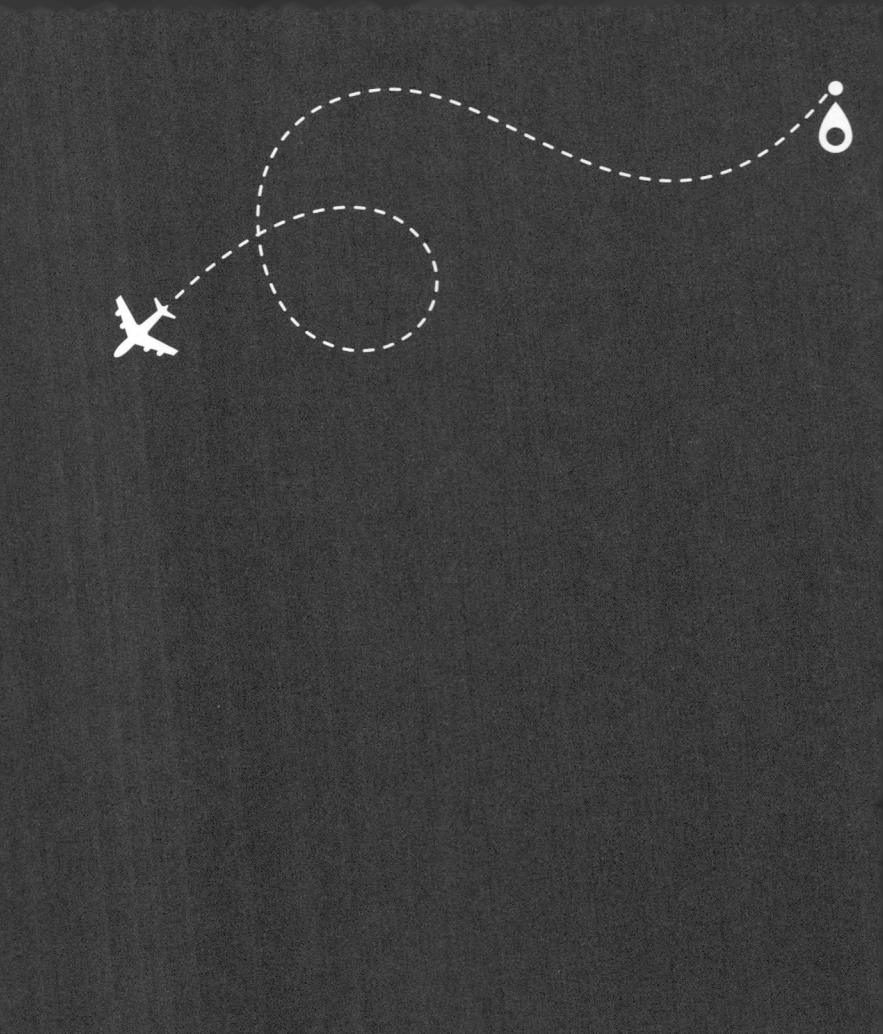

# 여행 영어

## TRAVEL ENGLISH

# 1

## **왕초보** 영어

왕초보 영어 패턴

왕초보 영어 표현

# 왕초보 영어 패턴

저는 이걸로 할게요.
**I'll** take this one.
**아월** 테익 디스 원.

저는 현금으로 계산할게요.
**I'll** pay by cash.
**아월** 페이 바이 캐쉬.

저는 ~할 게요(~로 주세요).
**I'll ~** 아월 ~

저는 그냥 물 주세요.
**I'll** just have water.
**아월** 저스트 햅 워러.

저는 디저트는 안 먹을게요.
**I'll** skip the dessert.
**아월** 스킵 더 디절트.

---

이건 무엇인가요?
What **is this?**
왓 **이즈 디스?**

이건 시내 가는 버스인가요?
**Is this** a bus for downtown?
**이즈 디스** 어 버스 포 다운타운?

이건 ~인가요?
**Is this~?** 이즈 디스~?

이거 세일해요?
**Is this** on sale?
**이즈 디스** 언 쎄일?

이건 무료인가요?
**Is this** free?
**이즈 디스** 프리?

---

방 청소해주세요.
Clean my room, **please.**
클린 마이 룸, **플리즈**

창가 좌석으로 부탁합니다.
A window seat, **please.**
어 윈도우 씻, **플리즈**

~를 부탁해요.
**~, please.** ~, 플리즈.

냅킨 좀 부탁해요.
Napkin, **please.**
냅킨, **플리즈**

하나 더 부탁해요.
One more, **please.**
원 모어, **플리즈**

요금은 얼마인가요?
**How much is** the fare?
하우 머취 이즈 더 풰어?

입장료는 얼마인가요?
**How much is** the admission?
하우 머취 이즈 디 애드미쎤?

~는 얼마인가요?
**How much is~?**
하우 머취 이즈~?

중량 제한이 얼마인가요?
**How much is** the weight limit?
하우 머취 이즈 더 웨잇 리밋?

1박에 얼마인가요?
**How much is** it for one night?
하우 머취 이짓 포 원나잇?

제 자리가 어디인가요?
**Where is** my seat?
웨얼 이즈 마이 씻?

매표소가 어디인가요?
**Where is** the ticket window?
웨얼 이즈 더 티켓 윈도우?

~는 어디인가요?
**Where is~?**
웨얼 이즈~?

4번 게이트가 어디인가요?
**Where is** gate number four?
웨얼 이즈 게잇 넘벌 포?

화장실은 어디인가요?
**Where is** the restroom?
웨얼 이즈 더 뤠스트룸?

한국어 팸플릿 있나요?
**You got** a brochure in Korean?
유 가러 브로슈얼 인 코뤼안?

전통적인 상품이 있나요?
**You got** something traditional?
유 갓 썸띵 트뤠디셔널?

~가 있나요?
**You got~?** 유 갓~?

다른 거 있나요?
**You got** another one?
유 갓 어나덜 원?

다른 색상 있나요?
**You got** another color?
유 갓 어나덜 컬러?

사진 찍을 수 있어요?
**Can I** take a picture**?**
캐나이 테이커 픽철**?**

여기서 걸어갈 수 있어요?
**Can I** walk from here**?**
캐나이 웍 프럼 히얼**?**

~할 수 있나요?
**Can I~?** 캐나이~?

할인되나요?
**Can I** get a discount**?**
캐나이 게러 디스카운트**?**

리필 되나요?
**Can I** get a refill**?**
캐나이 게러 뤼필**?**

잠시 후에 체크아웃하고 싶어요.
**I wanna** check-out later**.**
아이 워너 췌카웃 레러러.

룸 서비스를 주문하고 싶어요.
**I wanna** order room service**.**
아이 워너 오러 룸 썰비쓰.

~하고 싶어요.
**I wanna~.** 아이 워너~.

이거 교환하고 싶어요.
**I wanna** exchange this**.**
아이 워너 익스췌인쥐 디스.

화장품을 좀 보고 싶어요.
**I wanna** see some cosmetics**.**
아이 워너 씨 썸 커즈메틱스.

이건 무엇인가요?
**What is** it**?**
왓 이짓**?**

방문 목적은 무엇인가요?
**What is** your purpose for coming here**?**
왓 이즈 유어 펄포스 포 커밍 히얼**?**

~는 무엇인가요?
**What is~?** 왓 이즈~?

가장 인기 있는 게 무엇인가요?
**What is** the most popular one**?**
왓 이즈 더 머스트 파퓰러 원**?**

가장 유명한 관광명소가 무엇인가요?
**What is** the most famous tourist attraction**?**
왓 이즈 더 머스트 페이머스 투어리스트 어트랙션**?**

# 왕초보 영어 표현

| 여기<br>**here**<br>히얼 | 저기<br>**there**<br>데얼 | 이것<br>**this**<br>디스 |
| --- | --- | --- |
| 저것<br>**that**<br>댓 | 네<br>**Yes**<br>예스 | 아니요<br>**No**<br>노우 |
| 알겠습니다<br>**I know**<br>아이 노우 | 모르겠습니다<br>**I don't know**<br>아이 돈 노우 | 실례합니다<br>**Excuse me**<br>익스큐즈 미 |
| 감사합니다<br>**Thank you**<br>땡큐 | 천만에요<br>**You're welcome**<br>유얼 웰컴 | 문제 없어요<br>**No problem**<br>노 프라블럼 |
| 여기 있습니다<br>**Here you are**<br>히얼 유 알 | 어서 오세요<br>**Welcome**<br>웰컴 | 안녕히 가세요<br>**Good bye**<br>굿바이 |
| 일반 인사<br>**Hello**<br>헬로 | 아침 인사<br>**Good morning**<br>굿모닝 | 저녁 인사<br>**Good night**<br>굿나잇 |
| 좋아요<br>**I like it**<br>아이 라잌 잇 | 싫어요<br>**I hate it**<br>아이 헤잇 잇 | 미안해요<br>**I'm sorry**<br>암 쏘리 |
| 충분해요<br>**That's enough**<br>댓츠 이너프 | 충분하지 않아요<br>**That's not enough**<br>댓츠 낫 이너프 | 저 한국인이에요<br>**I'm a Korean**<br>암 어 코뤼안 |
| 도와주세요<br>**Help me**<br>헬 미 | 잠깐만요<br>**Just a moment**<br>저스트 어 모먼트 | 즐겨요<br>**Enjoy**<br>엔조이 |

# 2

## 욥기 · 그네베시사

목표달성기

수익률 찾기

연봉 시나리오 만들기

기대 수익 극대화기

면담 상태분석기

탈출 수락하기

# 탑승 수속하기

탑승 수속을 하기 위해 필요한 표현들을 모았어요. 수속 시 공항 안내 구역 및 수하물, 좌석에 관한 기내에 탑승한 후 자리와 공항에 필요한 수속내용 등의 아이들이 이해하여 활용하면 공항에서의 긴장이 풀어져서 수속과 이동에 도움이 될 것이라고 판단됩니다.

## ◀) 여행 단어

| 여권 | passport 패스포트 | 탑승권 | boarding pass 보딩패스 |
|---|---|---|---|
| 무게 | weight 웨잇 | 좌석 | seat 씻 |
| 초과 수하물 | overweight 오버웨잇 | 추가 요금 | extra charge 엑스트라 챠지 |
| 연착 | delay 딜레이 | 경유 | layover 레이오버 |
| 다음 비행편 | next flight 넥스트 플라잇 | 수하물 | baggage=luggage 배기지=러기지 |

## 🛫 여행 회화

① ○○항공 카운터가 어디인가요? — Where is the ○○ Air Counter? 웨얼 이즈 더 ○○ 에얼 카운터?

② 창가 좌석으로 부탁드립니다. — A window seat, please. 어 윈도우 씻, 플리즈.

③ 중량 제한이 얼마인가요? — How much is the weight limit? 하우 머치 이즈 더 웨잇 리밋?

④ 제 짐 무게가 초과했나요? — Is my baggage overweight? 이즈 마이 배기지 오버웨잇?

⑤ 4번 게이트가 어디인가요? — Where is gate number four? 웨얼 이즈 게잇 넘버 포?

⑥ 제 비행기 연착되었나요? — Is my flight delayed? 이즈 마이 플라잇 딜레이드?

# 보안
## 검색대 통과하기

공항에서 모자나 외투 등 소지품을 바구니에 담아서 놓는다. 주머니에 있는 물건도 빠짐없이 담고 가방까지 진동 검사대로 통과하지만 몸에 지니고 있던 자성의 물질에 따라서까지.

## 🔊 여행 단어

| | | | |
|---|---|---|---|
| 모자 | hat 모자 | 인사임 | pregnant 임산부의 |
| 소지품 | belonging 소지품 | 외투 | outerwear 아우터웨어 |
| 휴대폰 | cell phone 휴대 전화 | 주머니 | pocket 포켓 |
| 액체류 | liquids 리퀴즈 | 이상한 | weird 이상한 |
| 벗다 | take off 테이크 오프 | 안경 | glasses 글래시스 |

## 🧳 여행 회화

| | |
|---|---|
| ❶ 무슨 문제 있나요? | Is there any problem? 이즈 데얼 애니 프라블럼? |
| ❷ 주머니에 아무것도 없어요. | I have nothing in my pocket. 아이 해브 낫씽 인 마이 포켓. |
| ❸ 액체류 없어요. | I don't have any liquids. 아이 돈 해브 애니 리퀴즈. |
| ❹ 이상한 거 아니에요. | It's nothing weird. 잇츠 낫씽 위얼드. |
| ❺ 이제 가도 되나요? | Can I go now? 캐나이 고우 나우? |
| ❻ 저 임산부예요. | I'm a pregnant women. 암 어 프레그넌트 위맨. |

# 기내 서비스
## 요청하기

특히 긴 비행 중에는 기내식을 비롯해 베개, 담요 등 필요한 기내 서비스를 제공받거나 요청할 수 있다. 저가항공의 경우 종류에 따라 유료 서비스인 경우도 있으니 염두에 두자.

## ◀》 여행 단어

| 베개 | pillow<br>필로우 | 기내 면세품 | tax-free goods<br>택스-프뤼 굿즈 |
| --- | --- | --- | --- |
| 담요 | blanket<br>블랭킷 | 입국 신고서 | entry card<br>엔트뤼 카드 |
| 냅킨 | napkin<br>냅킨 | 생리대 | sanitary pads<br>쌔니태리 패즈 |
| 식사 | meal<br>미일 | 두통약 | aspirin<br>애스피륀 |
| 마실 것 | drink<br>드륑크 | 비행기 멀미 | airsick<br>에얼씩 |

## 🎤 여행 회화

❶ 냅킨 좀 주세요.

Get me some napkins, please.
겟 미 썸 냅킨즈, 플리즈.

❷ 마실 것 좀 주세요.

Get me something to drink, please.
겟 미 썸띵 투 드륑크, 플리즈.

❸ 식사는 언제인가요?

When is the meal?
웬 이즈 더 미일?

❹ 비행기 멀미가 나요.

I feel airsick.
아이 퓔 에얼씩.

❺ 다른 베개 가져다 주세요.

Get me another pillow, please.
겟 미 어나덜 필로우, 플리즈.

❻ 입국 신고서 작성 좀 도와주세요.

Help me with this entry card, please.
헬 미 윗 디스 엔트뤼 카드, 플리즈.

# 입국
## 심사받기

해외여행지로 가는 첫 관문, 바로 입국 심사다. 각국의 입국 심사 절차는 조금씩 다를 수 있지만,
입국신고서를 정확히 작성하고 간단한 질문에 답할 수 있다면 큰 무리 없이 통과된다.

## ◀) 여행 단어

| 입국 신고서 | entry card<br>엔트뤼 카드 | 여권 | passport<br>패스포트 |
|---|---|---|---|
| 세관 신고서 | customs form<br>커스텀스 폼 | 지문 | fingerprint<br>핑거프린 |
| 입국 심사 | immigration<br>이미그뤠이션 | 일주일 | a week<br>어 윅 |
| 관광 | sightseeing<br>싸잇씨잉 | 왕복 티켓 | return ticket<br>뤼턴 티켓 |
| 출장 | business trip<br>비즈니스 트립 | 전화번호 | phone number<br>포온 넘벌 |

## 🎤 여행 회화

❶ 방문 목적은 무엇인가요?
What is your purpose for coming here?
왓 이즈 유얼 펄포스 포 커밍 히얼?

❷ 관광하러 왔어요.
I'm here for sightseeing.
암 히얼 포 싸잇씨잉.

❸ 왕복 티켓 있나요?
Do you have your return ticket?
두 유 햅 유얼 뤼턴 티켓?

❹ 지문을 여기에 갖다 대세요.
Scan your fingerprint here.
스캔 유얼 핑거프린 히얼.

❺ 호텔에 묵을 거예요.
I'm staying at a hotel.
암 스테잉 애러 호텔.

❻ 한국인 통역사를 불러주세요.
Can you get me a Korean interpreter?
캔 유 겟 미 어 코뤼안 인터프뤼털?

31

# 수하물 찾기

수하물 안내판에서 탑승한 항공편에 해당하는 컨베이어 벨트 번호를 확인한 후 수하물을 찾으면 된다. 수하물에 문제가 생겼을 경우 곧바로 공항 직원에게 문의하자.

## 🔊 여행 단어

| 수하물 | baggage 배기쥐 | 분실한 | missing 미씽 |
| 수하물 찾는 곳 | baggage claim 배기쥐 클레임 | 파손 | damage 데미쥐 |
| 수하물 표 | baggage tag 배기쥐 택 | 이름표 | name tag 네임 택 |
| 기내 휴대 수하물 | carry-on baggage 캐리-언 배기쥐 | 전화번호 | phone number 포온 넘벌 |
| 카트 | trolley 트롤리 | 분실물 센터 | lost and found 러스트 앤 퐈운 |

## 🎤 여행 회화

❶ 수하물은 어디서 찾아요?

**Where is the baggage claim?**
웨얼 이즈 더 배기쥐 클레임?

❷ 제 수화물을 못 찾겠어요.

**I can't find my baggage.**
아이 캔트 파인드 마이 배기쥐.

❸ 카트는 어디에 있어요?

**Where is the trolley?**
웨얼 이즈 더 트롤리?

❹ 수하물이 파손됐어요.

**My baggage is damaged.**
마이 배기쥐 이즈 데미쥐드.

❺ 수하물 표를 분실했어요.

**My baggage tag is missing.**
마이 배기쥐 택 이즈 미씽.

❻ 이상한 거 아니에요.

**It's nothing weird.**
잇츠 낫띵 위얼드.

# 환전
## 하기

한국에서 미처 환전하지 못했다면 현지 공항에 도착해 환전소를 찾아보자. 공항에서도 환전하지 못했거나 여행 경비가 부족하다면 여행지 곳곳의 환전소를 이용하면 된다.

## 🔊 여행 단어

| | | | |
|---|---|---|---|
| 환전 | money exchange<br>머니 익스췌인쥐 | 지폐 | paper money<br>페이펄 머니 |
| 환전소 | currency exchange<br>커런시 익스췌인쥐 | 동전 | coin<br>코인 |
| 환율 | exchange rate<br>익스췌인쥐 뤠이트 | 수수료 | fee<br>퓌 |
| 은행 | bank<br>뱅크 | 영수증 | receipt<br>뤼씻 |
| 잔돈 | small bills<br>스몰 빌즈 | 달러 | dollar<br>달러 |

## 🎤 여행 회화

❶ 환전소는 어디인가요?

**Where is the currency exchange?**
웨얼 이즈 더 커런시 익스췌인쥐?

❷ 환전을 하고 싶어요.

**I'd like to exchange money.**
아드 라익 투 익스췌인쥐 머니.

❸ 오늘 환율은 얼마인가요?

**What's the exchange rate today?**
왓츠 디 익스췌인쥐 뤠이트 투데이?

❹ 수수료는 얼마인가요?

**How much is the fee?**
하우 머치 이즈 더 퓌?

❺ 잔돈으로 주세요.

**Small bills, please.**
스몰 빌즈, 플리즈.

❻ 영수증 주세요.

**Receipt, please.**
뤼씻, 플리즈.

# 3

## 교통수단

승차권 구매하기

버스 이용하기

전철 · 기차 이용하기

택시 이용하기

도보로 길 찾기

교통편 놓쳤을 때

# 승차권 구매하기

알맞은 교통수단을 택하고, 일정에 맞는 승차권을 구매하는 것부터가 여행의 시작. 일정과 동선에 맞는 교통패스를 활용해 교통비를 줄이는 센스도 필요하다.

## 🔊 여행 단어

| | | | |
|---|---|---|---|
| 승차권 | ticket<br>티켓 | 왕복 | round trip<br>롸운 트립 |
| 시간표 | timetable<br>타임테이블 | 편도 | one-way<br>원-웨이 |
| 발권기 | ticket machine<br>티켓 머쉰 | 일일 승차권 | one-day pass<br>원-데이 패쓰 |
| 매표소 | ticket window<br>티켓 윈도우 | 일등석 | first class<br>펄스트 클래쓰 |
| 급행열차 | express train<br>익쓰프레쓰 트뤠인 | 일반석 | coach class<br>코취 클래쓰 |

## 🎤 여행 회화

❶ 매표소는 어디에 있나요?
**Where is the ticket window?**
웨얼 이즈 더 티켓 윈도우?

❷ 발권기는 어떻게 사용하나요?
**How do I use the ticket machine?**
하우 두 아이 유즈 더 티켓 머쉰?

❸ 왕복 티켓 한 장이요.
**One ticket, round trip please.**
원 티켓, 롸운 트립 플리즈.

❹ 요금은 얼마인가요?
**How much is the fare?**
하우 머취 이즈 더 풰얼?

❺ 급행열차는 어디에서 타요?
**Where should I go for the express train?**
웨얼 슈라이 고 포 디 익쓰프레쓰 트뤠인?

❻ 출발은 언제인가요?
**What time is the departure?**
왓 타임 이즈 더 디파춰?

36

# 버스
## 이용하기

구석구석 찾아다닐 수 있는 기동성만큼은 버스가 최고다. 다만, 정류장 위치, 진행 방향 등을 유념해서 탑승해야 목적지까지 실수 없이 도착할 수 있다.

## 🔊 여행 단어

| | | | |
|---|---|---|---|
| 버스 정류장 | bus stop<br>버스 스탑 | 놓치다 | miss<br>미쓰 |
| 버스 요금 | bus fare<br>버스 풰얼 | 환승 | transfer<br>트렌스풜 |
| 내리다 | get off<br>게러프 | 잔돈 | change<br>췌인쥐 |
| 다음 버스 | next bus<br>넥스트 버스 | 내릴 정류장 | my stop<br>마이 스탑 |
| ~행 버스 | bus for~<br>버스 포~ | 매표소 | ticket window<br>티켓 윈도우 |

## 🎤 여행 회화

❶ 버스 정류장이 어디에 있나요?
**Where is the bus stop?**
웨얼 이즈 더 버스 스탑?

❷ 이 버스 시내로 가나요?
**Is this a bus for downtown?**
이즈 디스 어 버스 포 다운타운?

❸ 버스 요금이 얼마인가요?
**How much is the bus fare?**
하우 머치 이즈 더 버스 풰얼?

❹ 여기서 내리는 거 맞아요?
**Do I get off here?**
두 아이 게러프 히얼?

❺ 내려야 할 때 알려주세요.
**Let me know when to get off.**
렛 미 노 웬 투 게러프.

❻ 내릴 정류장을 놓쳤어요.
**I missed my stop.**
아이 미쓰드 마이 스탑.

# 전철·기차 이용하기

지하철은 시내에서 주요 명소로 이동할 때, 기차는 도시 간 장거리 이동 시 선호하는 교통수단. 승강장 위치와 열차 종류, 환승 노선 등은 승·하차 시 반드시 체크할 것.

## ◀» 여행 단어

| | | | |
|---|---|---|---|
| 전철 역 | subway station<br>썹웨이 스테이션 | 노선도 | line map<br>라인 맵 |
| (지하철)노선 | line<br>라인 | 승강장 | platform<br>플랫폼 |
| 교통패스 | pass<br>패쓰 | 환승 | transfer<br>트렌스펄 |
| ~가는 표 | ticket to~<br>티켓 투~ | 침대칸 | sleeper<br>슬리뻘 |
| 시간표 | timetable<br>타임테이블 | 직행 | direct<br>다이렉트 |

## 🎤 여행 회화

❶ 전철 역이 어디예요?
**Where is the subway station?**
웨얼 이즈 더 썹웨이 스테이션?

❷ 급행열차 어디에서 타요?
**Where should I go for the express train?**
웨얼 슈라이 고 포 디 익쓰프레쓰 트뤠인?

❸ 노선도를 보여주시겠어요?
**Could you show me the line map?**
쿠쥬 쇼 미 더 라인 맵?

❹ 승강장을 못 찾겠어요.
**I can't find the platform.**
아이 캔트 퐈인더 플랫폼.

❺ 어디에서 환승해요?
**Where do I transfer?**
웨얼 두 아이 트렌스펄?

❻ 여기서 전철로 얼마나 걸려요?
**How long does it take by subway?**
하우 롱 더짓 테익 바이 썹웨이?

# 택시 이용하기

다른 교통수단에 비해 대체로 비싼 편이지만, 목적지까지 대중교통을 이용하기 애매하거나 에너지를 보충해야 할 때 유용하다. 서너 명이 함께 이동해야 한다면 경제적으로 효율적인 때도 있다.

## 🔊 여행 단어

| 택시 정류장 | taxi stand<br>택씨 스탠드 | 세우다 | pull over<br>풀 오벌 |
|---|---|---|---|
| 이 주소 | this address<br>디스 어드뤠쓰 | 빨리 | faster<br>풰스털 |
| ~로 가주세요 | take me to~<br>테익 미 투~ | 잔돈 | change<br>췌인쥐 |
| 기본 요금 | starting fare<br>스타링 풰얼 | 동전 | coins<br>코인즈 |
| 트렁크 | trunk<br>트뤙크 | 신용카드 | credit card<br>크뤠딧 카드 |

## 🎤 여행 회화

❶ 택시 정류장은 어디인가요?

**Where is the taxi stand?**
웨얼 이즈 더 택씨 스탠드?

❷ 이 주소로 가주세요.

**Take me to this address.**
테익 미 투 디스 어드뤠쓰.

❸ 트렁크 열어주세요.

**Please open the trunk.**
플리즈 오픈 더 트뤙크.

❹ 더 빨리 갈 수 있나요?

**Can you go faster?**
캔 유 고 풰스털?

❺ 여기서 세워주세요.

**Pull over here.**
풀 오벌 히얼.

❻ 신용카드 되나요?

**Do you take credit cards?**
두 유 테익 크뤠딧 카드?

# 도보로
# 길 찾기

구글맵이 있다면 목적지가 어디든 도보로 찾아가기 어렵지 않다. 포켓 와이파이나 유심칩을 미리 준비해서 구글맵을 원활하게 사용할 수 있도록 하자.

## ◀)) 여행 단어

| 길 | way<br>웨이 | 거리 | street<br>스트릿 |
|---|---|---|---|
| 주소 | address<br>어드뤠쓰 | 모퉁이 | corner<br>코널 |
| 지도 | map<br>맵 | 골목 | alley<br>앨리 |
| 왼쪽 · 오른쪽 | left·right<br>레프트 · 롸잇 | 먼 · 가까운 | far·near<br>퐐 · 니얼 |
| 구역 | block<br>블락 | 사거리 | intersection<br>인터섹션 |

## 🎤 여행 회화

❶ 저 여기 찾아요.

I gotta find this.
아 가라 퐈인 디스.

❷ 여기 어떻게 가요?

How do I get here?
하우 두 아이 겟 히얼?

❸ 여기가 지도상의 위치인가요?

Is this the location on the map?
이즈 디스 더 로케이션 언 더 맵?

❹ 여기서 걸어갈 수 있어요?

Can I walk from here?
캐나이 웍 프럼 히얼?

❺ 걸어서 얼마나 걸려요?

How long does it take by walking?
하우 롱 더짓 테익 바이 워킹?

❻ 이 길이 맞아요?

Is this the right way?
이즈 디스 더 롸잇 웨이?

## 교통편 놓쳤을 때

교통편을 놓쳤다면 규정에 따라 수수료를 지급하거나 별도의 수수료 없이 다음 교통편으로 재발권할 수 있다. 단, 규정에 따라 재발권이 불가능한 경우도 있으니 티켓 판매처에 문의하자.

### ◀» 여행 단어

| 비행기 | flight<br>플라잇 | 다음 | next<br>넥스트 |
| --- | --- | --- | --- |
| 열차 | train<br>트뤠인 | 기다리다 | wait<br>웨잇 |
| 시간표 | timetable<br>타임테이블 | 추가 요금 | extra charge<br>엑쓰트라 촬쥐 |
| 변경 | change<br>췌인쥐 | 대기 명단 | waiting list<br>웨이팅 리스트 |
| 환불 | refund<br>뤼풘 | 여행사 · 항공사 | travel agency·airline<br>트래블 에이전씨 · 에얼라인 |

### 🎙 여행 회화

❶ 저 비행기를 놓쳤어요.

**I missed my flight.**
아이 미쓰드 마이 플라잇.

❷ 전 어떻게 해야 하나요?

**What should I do?**
왓 슈라이 두?

❸ 다음 비행기는 언제인가요?

**When is the next flight?**
웬 이즈 더 넥스트 플라잇?

❹ 변경이 가능한가요?

**Can I change it?**
캐나이 췌인쥐 잇?

❺ 추가 요금은 얼마인가요?

**How much extra do you charge?**
하우 머취 엑쓰트라 두 유 촬쥐?

❻ 가능한 빨리 출발하고 싶어요.

**I'd like to leave as soon as possible.**
아이드 라익 투 리브 애즈 순 애즈 파서블.

# 4

## 숙소에서

숙소 체크인하기

숙소 체크아웃하기

숙소 서비스 요청하기

불편사항 말하기

# 숙소 체크인하기

혹시 모를 상황에 대비해 숙소 예약 바우처를 출력해 챙겨가는 것이 좋다. 숙소 체크인 시간은 나라별로, 숙소별로 다를 수 있으므로 체크인 전에 미리 확인해두는 센스!

## ◀» 여행 단어

| | | | |
|---|---|---|---|
| 예약 | reservation<br>뤠절베이션 | 객실 번호 | room number<br>룸 넘벌 |
| 몇 층 | which floor<br>위치 플로어 | 와이파이 비밀번호 | Wifi password<br>와이파이 패스워드 |
| 객실 키 | room key<br>룸 키 | 1박 · 2박 | one night · two nights<br>원 나이트 · 투 나이츠 |
| 짐 | baggage<br>배기쥐 | | |
| 싱글 · 더블 · 트윈 | single · double · twin<br>씽글 · 더블 · 트윈 | | |

**TIP** 체크인을 일찍 할 경우 추가 요금을 받는 곳도 있으니 염두에 두자. 또 체크인 시 음료 쿠폰이나 부대시설 이용 쿠폰을 제공하는 곳도 있으니 확인해보자.

## 🎤 여행 회화

❶ 체크인할게요.
**Check-in, please.**
췌킨, 플리즈.

❷ 제 이름 ○○○으로 예약했어요.
**I got a reservation under my name, ○○○.**
아이 가러 뤠절베이션 언덜 마이 네임, ○○○.

❸ 제 방은 몇 층에 있나요?
**Which floor is my room?**
위치 플로어 이즈 마이 룸?

❹ 객실 키가 안 돼요.
**My room key is not working.**
마이 룸 키 이즈 낫 월킹.

❺ 이 사이트에서 예약했어요.
**I got a reservation through this website.**
아이 가러 뤠절베이션 뜨루 디스 웹싸잇.

❻ 객실 요금은 이미 지불했어요.
**I've already paid for the room.**
아이브 얼뤠디 페이드 포 더 룸.

# 숙소 체크아웃하기

체크아웃 시간 또한 숙소마다 조금씩 다르다. 사정상 늦은 체크아웃을 해야 한다면 레이트 체크아웃에 따른 추가 요금을 확인할 것.

## ◀» 여행 단어

| | | | |
|---|---|---|---|
| 체크아웃 | **check-out** 췌카웃 | 분실하다 | **lost** 러스트 |
| 계산서 | **bill** 빌 | 보관하다 | **keep** 킵 |
| 요금 | **charge** 촬쥐 | 몇 시 | **what time** 왓 타임 |
| 추가 요금 | **extra charge** 엑쓰트라 촬쥐 | 연장하다 | **extend** 익스텐드 |
| 객실 키 | **room key** 룸 키 | 잠시 후에 | **later** 레이러 |

## 🎤 여행 회화

❶ 체크아웃할게요.
Check-out, please.
췌카웃, 플리즈.

❷ 체크아웃 몇 시예요?
What time is the check-out?
왓 타임 이즈 더 췌카웃?

❸ 잠시 후에 체크아웃할게요.
I wanna check-out later.
아이 워너 췌카웃 레이러.

❹ 짐을 맡길 수 있나요?
Can you keep my baggage?
캔 유 킵 마이 배기쥐?

❺ 택시를 불러주세요.
Please call a taxi.
플리즈 콜 어 택씨.

❻ 계산서를 보여주세요.
Show me the bill, please.
쇼 미 더 빌, 플리즈.

# 숙소 서비스 요청하기

콜택시 요청하기, 모닝콜 부탁하기, 귀중품 위탁하기 등 필요한 서비스가 있다면 다음의 표현을 활용해 직접 프런트에 말해보자.

## 🔊 여행 단어

| | | | |
|---|---|---|---|
| 공항 | **airport** <br> 에어폴트 | 개인 금고 | **safe** <br> 쎄이프 |
| 짐 | **baggage** <br> 배기쥐 | 와이파이 비밀번호 | **Wifi password** <br> 와이파이 패스워드 |
| 귀중품 | **valuables** <br> 밸류어블즈 | 셔틀버스 | **shuttle bus** <br> 셔틀 버스 |
| 모닝콜 | **wake-up call** <br> 웨이컵 콜 | | |
| 청소 | **clean** <br> 클린 | | |

> **TIP** 객실 내 개인금고가 없다면 프런트에 맡기고 확인증을 받아두자. 청소를 별도로 요청해야 하는 호텔에서는 추가 요금이 있는지 꼭 확인하자.

## 🎤 여행 회화

**❶ 룸 서비스 주문할게요.**
I wanna order room service.
아이 워너 오러 룸 썰비쓰.

**❷ 모닝콜 해주세요.**
I want a wake-up call.
아이 원 어 웨이컵 콜.

**❸ 택시를 불러주세요.**
Please call a taxi.
플리즈 콜 어 택씨.

**❹ 객실을 청소해주세요.**
Clean my room, please.
클린 마이 룸, 플리즈.

**❺ 공항으로 가려면 무엇을 타야 하나요?**
What should I take to the airport?
왓 슈라이 테익 투 디 에어폴트?

**❻ 와이파이 비밀번호를 알려주세요.**
Tell me the Wifi password.
텔 미 더 와이파이 패스워드.

# 불편사항 말하기

불편한 상황을 구체적으로 설명하기 어렵다면 호텔 직원에게 객실 방문을 부탁하자. 상황을 직접 보여주면 생각보다 쉽게 해결할 수 있다.

## 🔊 여행 단어

| 고장 나다 | not work 낫 월크 |
|---|---|
| 더운 · 추운 | hot·cold 핫 · 콜드 |
| 인터넷 | internet 인터넷 |
| 청소 | clean 클린 |
| 화장실 | toilet 토일렛 |

| 문제 | trouble 트러블 |
|---|---|
| 시끄러운 | noisy 노이지 |
| 온수 | hot water 핫 워러 |

**TIP**
일부 숙소에서는 Wifi를 Wireless internet [와이얼리쓰 인털넷]이라 표현하기도 한다.

## 🎤 여행 회화

❶ 온수가 안 나와요.

**Hot water is not coming out.**
핫 워러 이즈 낫 커밍 아웃.

❷ 귀중품을 잃어버렸어요.

**I lost my valuables.**
아이 러스트 마이 밸류어블즈.

❸ 내 방에서 냄새나요.

**My room is smelly.**
마이 룸 이즈 스멜리.

❹ 와이파이가 안 터져요.

**I can't get the Wifi.**
아이 캔트 겟 더 와이파이.

❺ 객실에 문제가 있어요.

**I'm having some trouble with the room.**
아임 해빙 썸 트러블 윗더 룸.

❻ 처음부터 고장 나 있었어요.

**It was broken from the beginning.**
잇 워즈 브로우큰 프럼 더 비기닝.

47

# 5

## 식당에서

메뉴 주문하기

식당 서비스 요청하기

불만사항 말하기

음식값 계산하기

패스트푸드 주문하기

커피 주문하기

# 메뉴 주문하기

사진 메뉴판이 있다면 손가락으로 메뉴를 가리키며 "this one 디스 원"이라고 말하는 것으로 주문할 수 있다. 선택하기 어려울 때는 인기 메뉴를 추천받는 것도 좋은 방법이다.

## ◀》 여행 단어

| 메뉴 · 주문 | menu·order<br>메뉴 · 오러 | 아침 식사 | breakfast<br>브렉퍼스트 |
| --- | --- | --- | --- |
| 예약 | reservation<br>뤠절베이션 | 점심 식사 | lunch<br>런치 |
| 추천 | recommendation<br>뤠커멘데이션 | 저녁 식사 | dinner<br>디너 |
| 자리 | table<br>테이블 | 금연석 | non-smoking area<br>넌 –스모킹 에어리어 |
| 이것 | this one<br>디스 원 | 실내 · 야외 | inside·outside<br>인사이드 · 아웃사이드 |

## 🎙 여행 회화

❶ 예약했어요(예약 안 했어요).

I got a reservation(no-reservation).
아이 가러 뤠절베이션(노–뤠절베이션).

❷ 지금 주문할게요.

I wanna order now.
아이 워너 오러 나우.

❸ 추천해줄 수 있나요?

Any recommendations?
애니 뤠커멘데이션스?

❹ 다른 자리로 주세요.

Get me another table.
겟 미 어나덜 테이블.

❺ 소스는 따로 주세요.

Sauce on the side, please.
쏘스 언 더 싸이드, 플리즈.

❻ 야외에 앉을 수 있나요?

Can we sit outside?
캔 위 씻 아웃사이드?

# 식당 서비스 요청하기

부족하거나 필요한 것이 있을 때 서비스를 요청할 수 있지만, 격식을 갖춰야 할 레스토랑에서는 손을 들고 큰 소리로 부르기보다는 눈을 맞추고 조용히 얘기하는 것이 예의다.

## ◀» 여행 단어

| | | | | |
|---|---|---|---|---|
| 포크 | **fork**<br>폴크 | | 물티슈 | **wet tissue**<br>웻 티슈 |
| 칼(나이프) | **knife**<br>나이프 | | 소스 | **sauce**<br>쏘스 |
| 잔 | **glass**<br>글래쓰 | | 리필 | **refill**<br>뤼필 |
| 접시 | **plate**<br>플레잇 | | 얼음 | **ice**<br>아이쓰 |
| 휴지 | **napkin**<br>냅킨 | | 하나 더 | **one more**<br>원 모얼 |

## 🎙 여행 회화

❶ 접시를 하나 더 주세요.
I want one more plate.
아이 원 원 모얼 플레잇.

❷ 다른 칼을 주세요.
I want another knife.
아이 원 어나덜 나이프.

❸ 휴지 주세요.
Get me napkins, please.
겟 미 냅킨즈, 플리즈.

❹ 냅킨이 없어요.
There's no napkin.
데얼즈 노 냅킨.

❺ 이거 리필이 되나요?
Can you refill this?
캔 유 뤼필 디스?

❻ 이거 포장해주세요.
I want this menu to go.
아이 원 디스 메뉴 투 고.

51

# 불만사항 말하기

주문한 음식이 너무 늦게 나오거나 주문한 음식과 다른 메뉴가 나왔을 때, 혹은 음식 맛이나 조리법에 문제가 있을 때도 아래 표현을 활용해 불만사항을 말할 수 있다.

## 🔊 여행 단어

| 메뉴 | menu<br>메뉴 | 짠·싱거운 | salty·bland<br>쏠티 · 블랜드 |
|---|---|---|---|
| 웨이터 | waiter<br>웨이러 | 달콤한·매운 | sweet·spicy<br>스윗 · 스파이씨 |
| 테이블 | table<br>테이블 | 바꾸다 | change<br>췌인쥐 |
| ~가 없다 | there's no~<br>데얼즈 노~ | 너무 익히다 | overcook<br>오벌쿡 |
| 이상한 | weird<br>위얼드 | 덜 익히다 | undercook<br>언더쿡 |

## 🎤 여행 회화

❶ 테이블을 닦아주세요.
Clean the table, please.
클린 더 테이블, 플리즈.

❷ 메뉴가 잘못 나왔어요.
I got the wrong menu.
아이 갓 더 륑 메뉴.

❸ 제 메뉴가 아직 안 나왔어요.
My menu hasn't come out yet.
마이 메뉴 해즌 컴 아웃 옛.

❹ 이거 너무 익었어요.
This is overcooked.
디스 이즈 오벌쿡드.

❺ 이거 너무 짜요(매워요).
This is too salty(spicy).
디스 이즈 투 쏠티(스파이씨).

❻ 이거 맛이 이상해요.
This tastes weird.
디스 테이스트 위얼드.

# 음식값 계산하기

식사를 마치고 계산을 요청할 때 영미권 레스토랑에서는 보통 "Check, please. 첵, 플리즈"라고 말한다. 이밖에 계산할 때 쓸 수 있는 간단한 표현들.

## 🔊 여행 단어

| | | | |
|---|---|---|---|
| 계산서 | check 첵 | 세금 | tax 택스 |
| 영수증 | receipt 뤼씻 | 잔돈 | small change 스몰 췌인쥐 |
| 지불하다 | pay 페이 | 주문 안 하다 | not order 낫 오더 |
| 신용카드 | credit card 크뤠딧 카드 | 포함하다 | include 인클루드 |
| 현금 | cash 캐쉬 | 각각의·따로 분리된 | separate 세퍼뤠이트 |

## 🎤 여행 회화

❶ 계산할게요.

Check, please.
첵, 플리즈.

❷ 신용카드 되나요?

Do you take credit cards?
두 유 테익 크뤠딧 카드?

❸ 계산서를 주시겠어요?

Can I have my check?
캐나이 햅 마이 첵?

❹ 세금을 포함한 가격인가요?

Is tax included in this?
이즈 택스 인클루디드 인 디스?

❺ 계산서가 잘못 됐어요.

Something is wrong with my check.
썸띵 이즈 륑 윗 마이 첵.

❻ 따로 계산해주세요.

Separate bills, please.
세퍼뤠이트 빌즈, 플리즈.

# 패스트푸드 주문하기

간단히 한 끼를 해결하기 좋은 패스트푸드점, 주문도 역시 심플하다. 하지만 단품인지 세트인지, 매장에서 먹을지 포장할지를 명확히 말해야 착오가 없다.

## 🔊 여행 단어

| 단품 · 세트 | single meal·combo meal<br>싱글 미일 · 컴보 미일 | 여기 | here<br>히얼 |
|---|---|---|---|
| 햄버거 | burger<br>벌거얼 | 소스 | sauce<br>쏘스 |
| 감자튀김 · 케첩 | chips·ketchup<br>칩스 · 켓첩 | 빨대 | straw<br>스트로우 |
| 포장 | to go<br>투 고 | | |
| 리필 | refill<br>뤼필 | | |

> **TIP** 점원이 'For here or to go? 포 히얼 올 투 고'라고 물으면, 포장을 원하면 'to go 투 고', 매장에서 먹고 간다면 'For here 포 히얼'이라고 말하자.

## 🎤 여행 회화

**❶ 5번 세트 주세요.**
I'll have meal number five.
아윌 햅 미일 넘벌 퐈이브.

**❷ 햄버거만 하나 주세요.**
I'll just have a burger.
아윌 저스트 해버 벌거얼.

**❸ 감자튀김만 얼마인가요?**
How much for just chips?
하우 머취 포 저스트 칩스?

**❹ 리필할 수 있나요?**
Can I get a refill?
캐나이 게러 뤼필?

**❺ 여기서 먹을 거예요.**
It's for here.
잇츠 포 히얼.

**❻ 햄버거만 포장해주세요.**
A burger to go, please.
어 벌거얼 투 고, 플리즈.

# 커피
## 주문하기

우리나라에선 원하는 커피 메뉴 다음에 사이즈와 수량을 차례대로 말하는 반면, 영어로 주문할 때는 수량 다음에 커피 메뉴를 말하는 게 일반적이다. 주문 시 알아둘 것.

## ◀» 여행 단어

| 아메리카노 | americano 아메뤼카노 | | 휘핑크림 | whipped cream 윕드 크륌 |
|---|---|---|---|---|
| 카페라테 | latte 라테이 | | 보통 사이즈 | regular size 뤠귤러 싸이즈 |
| 에스프레소 | expresso 에스프레쏘 | | 큰 사이즈 | large size 라알쥐 싸이즈 |
| 샷 추가 | one extra shot 원 엑쓰트롸 샷 | | 작은 사이즈 | small size 스몰 싸이즈 |
| 시럽 | syrup 씨뤕 | | 진한·연한 | strong·weak 스트롱 · 윅 |

## 🎤 여행 회화

❶ 아이스 아메리카노 한 잔이요.

One iced americano, please.
원 아이쓰드 아메뤼카노, 플리즈.

❷ 샷 추가해주세요.

With an extra shot, please.
윗 언 엑쓰트롸 샷, 플리즈.

❸ 어떤 사이즈로 드릴까요?

Which size would you like?
위치 싸이즈 우쥬 라익?

❹ 얼음 많이 주세요.

A lot of ice, please.
어 랏 오브 아이쓰, 플리즈.

❺ 얼음 빼고 주세요.

No ice, please.
노 아이쓰, 플리즈.

❻ 시럽 조금만 넣어주세요.

A little bit of syrup, please.
어 리틀 빗 오브 씨뤕, 플리즈.

떠후윤군

9

관광지 정보 얻기

사진 촬영 부탁하기

공연 표 구입하기

관광 명소 관람하기

# 관광지 정보 얻기

현장에서 얻은 생생한 정보는 여행을 역동적으로 만들어준다. 현지인에게 핫하고 정확한 정보를 캐내는 간단한 표현들.

## 여행 단어

| | | | |
|---|---|---|---|
| 추천 | recommendation 뤠커멘데이션 | 할인 | discount 디스카운트 |
| 유명한 | famous 페이머스 | 지도 | map 맵 |
| 안내소 | information booth 인포메이션 부쓰 | 코스 | route 룻트 |
| 팸플릿 | brochure 브로슈얼 | 시간표 | timetable 타임테이블 |
| 입장료 | admission 애드미션 | 가까운 | close 클로즈 |

## 여행 회화

❶ 추천할 만한 볼거리가 있나요?
Do you have a recommendation on what to see?
두 유 해버 뤠커멘데이션 언 왓 투 씨?

❷ 추천하는 코스가 있나요?
Could you recommend a route?
쿠쥬 뤠커멘더 룻트?

❸ 한국어 팸플릿 있어요?
You got a brochure in Korean?
유 가러 브로슈얼 인 코뤼안?

❹ 여기가 지도상의 위치인가요?
Is this the location on the map?
이즈 디스 더 로케이션 언 더 맵?

❺ 여기 어떻게 가요?
How do I get here?
하우 두 아이 겟 히얼?

❻ 걸어서 얼마나 걸려요?
How long does it take by walking?
하우 롱 더짓 테익 바이 워킹?

# 사진 촬영 부탁하기

셀카봉과 삼각대에만 의지하자니 인생샷 찍기엔 뭔가 부족한 느낌. 지나칠 수 없는 절경이라면 사진 촬영을 부탁하는 것도 좋겠다.

## ◀» 여행 단어

| | | | |
|---|---|---|---|
| 사진 찍다 | take a picture 테이커 픽철 | 같이 | together 투게덜 |
| 사진 | picture 픽철 | 누르다 | press 프레스 |
| 비디오 | video 뷔디오 | 버튼 | button 버튼 |
| 진입 금지 | No Entry 노 엔트뤼 | 가까운 | close 클로즈 |
| 촬영 금지 | No Pictures 노 픽철스 | 배경 | background 빽그라운드 |

## 🎙 여행 회화

**❶ 사진 한 장 찍어주실 수 있나요?** Could you take a picture?
쿠쥬 테이커 픽철?

**❷ 우리 같이 사진 찍어요.** Can we take a picture together?
캔 위 테이커 픽철 투게덜?

**❸ 이 버튼을 눌러주세요.** Press this button, please.
프레쓰 디스 버튼, 플리즈.

**❹ 배경이 나오게 찍어주세요.** Take a picture with this background, please.
테이커 픽철 윗 디쓰 빽그라운드, 플리즈.

**❺ 사진 찍어도 되나요?** Can I take a picture?
캐나이 테이커 픽철?

**❻ 사진 찍으시면 안 됩니다.** Pictures are not allowed.
픽철스 알 낫 얼라우드.

59

# 공연 표
## 구입하기

우리나라에서 보기 힘든 공연이 현지에서 열린다면 치열한 예매 경쟁도 감수할 만하다. 입장료가 얼마인지, 남은 좌석은 있는지 물어야 할 때 유용한 표현들.

## 🔊 여행 단어

| 공연 | performance 펄포먼쓰 | 매진 | sold out 쏠드 아웃 |
|---|---|---|---|
| 티켓 | ticket 티켓 | 취소 | cancel 캔썰 |
| 유명한 | famous 페이머스 | 뮤지컬 · 오페라 | musical · opera 뮤지컬 · 오프라 |
| 좌석 | seat 씻 | 스탠딩석 | standing seat 스탠딩 씻 |
| 시간표 | timetable 타임테이블 | 라인업 | line-up 라인–업 |

## 🎤 여행 회화

❶ 가장 유명한 공연은 무엇인가요?
**What's the most famous performance?**
왓츠 더 머스트 페이머스 펄포먼쓰?

❷ 입장료는 얼마인가요?
**How much is the admission?**
하우 머취 이즈 디 애드미썬?

❸ 공연 언제 시작해요?
**When does the performance start?**
웬 더즈 더 펄포먼쓰 스딸?

❹ 다음 공연은 몇 시인가요?
**What time is the next show?**
왓 타임 이즈 더 넥스트 쑈?

❺ 5시 공연 티켓 두 장 주세요.
**Two tickets for the five o'clock show, please.**
투 티켓츠 포 더 퐈이버클락 쑈우, 플리즈.

❻ 스탠딩석으로 주세요.
**I'd like a standing seat, please.**
아이드 라익 어 스탠딩 씻, 플리즈.

# 관광 명소
## 관람하기

여행지를 대표하는 명소는 저마다 다르지만, 자주 쓰는 표현은 크게 다르지 않다. 한국어 오디오 가이드가 있다면 관광 명소를 더욱 깊고 풍부하게 이해할 수 있는 기회!

## 🔊 여행 단어

| | | | |
|---|---|---|---|
| 주소 | address<br>어드뤠쓰 | 설명 | explanation<br>익쓰플레네이션 |
| 매표소 | ticket office<br>티켓 오피스 | 개점 · 폐점 | open · close<br>오픈 · 클로오즈 |
| 입구 · 출구 | entrance · exit<br>엔트뤤쓰 · 엑씻 | 대여 | rent<br>렌트 |
| 화장실 | restroom<br>뤠스트룸 | 박물관 | museum<br>뮤지엄 |
| 팸플랫 | brochure<br>브로슈얼 | 미술관 | art museum<br>아알트 뮤지엄 |

## 🎙 여행 회화

❶ 매표소는 어디인가요?
### Where is the ticket office?
웨얼 이즈 더 티켓 오피스?

❷ 입구(출구)는 어디인가요?
### Where is the entrance(exit)?
웨얼 이즈 디 엔트뤤쓰(엑씻)?

❸ 입장료는 얼마인가요?
### How much is the admission?
하우 머취 이즈 디 애드미쎤?

❹ 화장실은 어디에 있어요?
### Where is the restroom?
웨얼 이즈 더 뤠스트룸?

❺ 팸플릿 하나 주세요.
### Get me a brochure, please.
겟 미 어 브로슈얼, 플리즈.

❻ 한국어 설명도 있나요?
### Do you have an explanation in Korean?
두 유 해번 익쓰플레네이션 인 코뤼안?

# 7

## 쇼핑할 때

제품 문의하기

착용 요청하기

상품 계산하기

교환 · 환불하기

# 제품
## 문의하기

한국에서 보기 어려운 브랜드 제품은 여행자의 쇼핑 욕구를 높인다. 매장에 들어가 원하는 제품을 찾기 어렵거나, 제품을 고르는 데 점원의 도움이 필요하다면 다음과 같이 말해보자.

## 🔊 여행 단어

| 가격 | price 프라이쓰 | 세금 | tax 택스 |
|---|---|---|---|
| 유명한 | famous 페이머스 | 남성용 · 여성용 | for men·for women 포 맨 · 포 위맨 |
| 지역 특산품 | local product 로컬 프뤄덕트 | 할인 | discount 디스카운트 |
| 세일 | sale 쎄일 | 선물 | gift 기프트 |
| 사이즈 | size 싸이즈 | 이것 · 저것 | this·that 디스 · 댓 |

## 🎤 여행 회화

❶ 이 지역에서 가장 유명한 게 뭐예요?　What's the most famous local thing here?
왓츠 더 머스트 페이머스 로컬 띵 히얼?

❷ 이거 얼마인가요?　How much is it?
하우 머춰 이짓?

❸ 이거 세일하나요?　Is this on sale?
이즈 디스 언 쎄일?

❹ 추천 상품이 있나요?　Any recommendations?
애니 뤠커멘데이션스?

❺ 선물로 뭐가 좋은가요?　What's good as a gift?
왓츠 굳 애저 기프트?

❻ 미디엄(M) 사이즈 있나요?　Do you have a medium size?
두 유 해버 미디엄 싸이즈?

# 착용 요청하기

치수 표기법이 다른 외국에서는 특히 입어보고 신어본 후에 구매하는 것이 최선이다. 한국에 돌아와 후회하지 않으려면 구매 전에 착용해볼 수 있는지 물어보자.

## 🔊 여행 단어

| | | | | |
|---|---|---|---|---|
| 피팅룸 | fitting room<br>퓌링 룸 | | 큰 | big<br>빅 |
| 입어보다 | try on<br>트라이 언 | | 작은 | small<br>스몰 |
| 사이즈 | size<br>싸이즈 | | 다른 색상 | another color<br>어나덜 컬러 |
| 더 큰 것 | bigger one<br>비걸 원 | | 다른 것 | another one<br>어나덜 원 |
| 더 작은 것 | smaller one<br>스몰러 원 | | 라지·미디엄·스몰 | large·medium·small<br>라알쥐 · 미디엄 · 스몰 |

## 🎤 여행 회화

❶ 이거 입어 보고 싶어요.
I wanna try this on.
아이 워너 트라이 디스 온(언).

❷ 어떤 사이즈를 입나요?
What size do you wear?
왓 싸이즈 두 유 웨얼?

❸ 피팅룸은 어디인가요?
Where is the fitting room?
웨얼 이즈 더 퓌링 룸?

❹ 너무 커요(작아요).
It's too big(small).
잇츠 투 빅(스몰).

❺ 다른 거 있어요?
You got another one?
유 갓 어나덜 원?

❻ 다른 색상 있어요?
You got another color?
유 갓 어나덜 컬러?

65

# 상품
# 계산하기

현금은 미리 환전해서 준비하고, 신용카드는 해외에서 사용 가능한지 미리 확인해두자. 아래 단어와 문장을 활용하면 영수증을 요구하거나 나눠서 계산하는 일도 문제없다.

## ◀» 여행 단어

| 계산하다 | pay<br>페이 | 세금 환급 | tax refund<br>택스 뤼펀드 |
|---|---|---|---|
| 현금 | cash<br>캐쉬 | 할부 | monthly installment plan<br>먼쓸리 인스토올먼트 플랜 |
| 신용카드 | credit card<br>크뤠딧 카드 | 일시불 | a one-off payment<br>어 원 어프 페이먼트 |
| 영수증 | receipt<br>뤼씻 | 달러($)·원(₩) | dollar·won<br>달러·원 |
| 면세 | duty-free<br>듀리-프리 | 비닐 봉투 | plastic bag<br>플래스틱 백 |

## 🎤 여행 회화

❶ 계산할게요.
### Check, please.
췍, 플리즈.

❷ 신용카드 되나요?
### Do you take credit cards?
두 유 테익 크뤠딧 카드?

❸ 세금이 포함된 가격인가요?
### Is tax included in this?
이즈 택스 인클루디드 인 디스?

❹ 영수증 주세요.
### I want the receipt.
아이 원 더 뤼씻.

❺ 나눠서 계산할게요.
### I'll split the bill.
아윌 스플릿 더 빌.

❻ 세금 환급 서류를 받을 수 있을까요?
### Can I get a tax refund document?
캐나이 게러 택스 뤼펀드 다큐먼트?

# 교환·환불 하기

물품을 잘못 구매했거나 물품에 하자가 있는 경우 교환·환불을 요청할 수 있다. 단, 계산했던 신용카드와 영수증 지참 등 교환·환불 규정에 따른 요건을 갖춘 후에 정중히 요청하자.

## ◀» 여행 단어

| 교환 | exchange<br>익스췌인쥐 | 다른 것 | another one<br>어나덜 원 |
|---|---|---|---|
| 환불 | refund<br>뤼펀드 | 새 것 | new one<br>뉴 원 |
| 이미 | already<br>얼뤠디 | 영수증 | receipt<br>뤼씻 |
| 지불하다 | pay<br>페이 | 환불 규정 | refund rules<br>뤼펀 룰즈 |
| 사용하다 | use<br>유즈 | 작동하지 않다 | not work<br>낫 월크 |

## 🎤 여행 회화

**❶ 교환하고 싶어요.**
I wanna exchange this.
아이 워너 익스췌인쥐 디스.

**❷ 새 걸로 주세요.**
I want a new one.
아이 원 어 뉴 원.

**❸ 이거 환불하고 싶어요.**
I wanna refund this.
아이 워너 뤼펀 디스.

**❹ 환불하려는 이유가 무엇인가요?**
What's the reason for the refund?
왓츠 더 뤼즌 포 더 뤼펀?

**❺ 저는 사용하지 않았어요.**
I didn't use it.
아이 디든 유즈 잇.

**❻ 현금으로(신용카드로) 계산했어요.**
I paid in cash(by credit card).
아이 페이딘 캐쉬(바이 크뤠딧 카드).

67

# 8

## 위급상황

분실·도난 신고하기

부상·아플 때

# 분실 · 도난 신고하기

만약 중요한 물품을 잃어버렸다면 반드시 도난 · 분실 신고를 할 것. 여행자 보험 시 보상받는 필수 조건이 신고서 작성임을 명심하자. 여권 사본을 준비하는 것도 만약을 대비하는 좋은 방법이다.

## ◀)) 여행 단어

| 경찰서 | police station 폴리쓰 스테이션 | 휴대폰 | phone 포온 |
|---|---|---|---|
| 분실물 센터 | lost and found 러스트 앤 퐈운 | 가방 | baggage 배기쥐 |
| 도난 | robbery 뤄버리 | 여권 | passport 패스폴트 |
| 귀중품 | valuables 밸류어블즈 | 대사관 | embassy 엠버씨 |
| 지갑 | wallet 월럿 | 신고서 | report 뤼폴트 |

## 🎤 여행 회화

❶ 가장 가까운 경찰서가 어디인가요?
**Where is the nearest police station?**
웨얼 이즈 더 니어뤼스트 폴리쓰 스테이션?

❷ 제 짐을 도둑맞았어요.
**My bag has been stolen.**
마이 백 해즈 빈 스톨른.

❸ 여권을 잃어버렸어요.
**I lost my passport.**
아이 러스트 마이 패스폴트.

❹ 대사관에 전화해주세요.
**Please call the embassy.**
플리즈 콜 디 엠버씨.

❺ 분실물 센터는 어디인가요?
**Where is the lost and found?**
웨얼 이즈 더 러스트 앤 퐈운?

❻ 도난 신고를 하고 싶어요.
**I want to report a robbery.**
아이 원 투 뤼폴트 어 뤄버리.

# 부상·아플 때

고대하던 여행도 몸이 아프면 즐거울 리 없다. 견디기 힘든 통증이 있다면 약국이나 병원을 찾아 증상을 설명하고 적절한 처방을 받는 것이 좋다.

## 🔊 여행 단어

| | | | |
|---|---|---|---|
| 약국 | pharmacy<br>팔마씨 | 응급차 | ambulance<br>엠뷸런쓰 |
| 아픈 | sick<br>씩 | 멀미약 | nausea medicine<br>너지아 매디쓴 |
| 감기 | cold<br>콜드 | 감기약 | cold medicine<br>콜드 매디쓴 |
| 두통 · 복통 | headache·stomachache<br>헤데익 · 스타먹에익 | 진통제 | painkiller<br>페인킬러 |
| 생리통 | menstrual pain<br>맨스트럴 페인 | 소화제 | digestive medicine<br>다이제스티브 매디쓴 |

## 🎙 여행 회화

❶ 가까운 병원은 어디에 있나요?
**Where is the nearest hospital?**
웨얼 이즈 더 니어뤼스트 하스피럴

❷ 저 아파요(어지러워요).
**I feel sick(dizzy).**
아이 쀨 씩(디지).

❸ 감기에 걸린 것 같아요.
**I think I have a cold.**
아이 띵크 아이 해버 콜드.

❹ 두통약을 주세요.
**Get me some aspirin.**
겟 미 썸 애스피륀.

❺ 응급차를 불러주세요.
**Call an ambulance.**
콜 언 앰뷸런쓰.

❻ 어제 아침부터 아팠어요.
**I've been sick since yesterday morning.**
아이브 빈 씩 씬스 예스털데이 모닝.

## 여행 이탈리아어
### TRAVEL ITALIAN

### 1. 기초 이탈리아어
| | |
|---|---|
| 인사하기 | 6 |
| 식당에서 | 7 |
| 관광할 때 | 8 |
| 쇼핑할 때 | 9 |

### 2. 식당 이탈리아어
| | |
|---|---|
| 파스타 | 12 |
| 피자 | 14 |
| PLUS 메뉴판 읽기 | 16 |

## 여행 영어
### TRAVEL ENGLISH

### 1. 왕초보 영어
| | |
|---|---|
| 왕초보 영어 패턴 | 22 |
| 왕초보 영어 표현 | 25 |

### 2. 공항 · 기내에서
| | |
|---|---|
| 탑승 수속하기 | 28 |
| 보안 검색받기 | 29 |
| 기내 서비스 요청하기 | 30 |
| 입국 심사받기 | 31 |
| 수하물 찾기 | 32 |
| 환전하기 | 33 |

### 3. 교통수단
| | |
|---|---|
| 승차권 구매하기 | 36 |
| 버스 이용하기 | 37 |
| 전철 · 기차 이용하기 | 38 |
| 택시 이용하기 | 39 |
| 도보로 길 찾기 | 40 |
| 교통편 놓쳤을 때 | 41 |

### 4. 숙소에서
| | |
|---|---|
| 숙소 체크인하기 | 44 |
| 숙소 체크아웃하기 | 45 |
| 숙소 서비스 요청하기 | 46 |
| 불편사항 말하기 | 47 |

### 5. 식당에서
| | |
|---|---|
| 메뉴 주문하기 | 50 |
| 식당 서비스 요청하기 | 51 |
| 불만사항 말하기 | 52 |
| 음식값 계산하기 | 53 |
| 패스트푸드 주문하기 | 54 |
| 커피 주문하기 | 55 |

### 6. 관광할 때
| | |
|---|---|
| 관광지 정보 얻기 | 58 |
| 사진 촬영 부탁하기 | 59 |
| 공연 표 구입하기 | 60 |
| 관광 명소 관람하기 | 61 |

### 7. 쇼핑할 때
| | |
|---|---|
| 제품 문의하기 | 64 |
| 착용 요청하기 | 65 |
| 상품 계산하기 | 66 |
| 교환 · 환불하기 | 67 |

### 8. 위급상황
| | |
|---|---|
| 분실 · 도난 신고하기 | 70 |
| 부상 · 아플 때 | 71 |